U0936579

珍藏本
纪念版

汉译世界学术名著丛书

法国革命史

〔法〕乔治·勒费弗尔 著

顾良 孟湄 张慧君 译

商务印书馆
SINCE 1897 The Commercial Press

2017年·北京

Georges Lefebvre

LA RÉVOLUTION FRANÇAISE

Sixième Edition

Presses Universitaires de France, Paris 1968

根据法兰西大学出版社 1968 年版译出

汉译世界学术名著丛书
（120年纪念版·珍藏本）
出 版 说 明

2017年2月11日，商务印书馆迎来120岁的生日。120年前，商务印书馆前贤怀揣文化救国的理想，抱持"昌明教育，开启民智"的使命，立足本土，放眼寰宇，以出版为津梁，沟通中西，为中国、为世界提供最富智慧的思想文化成果。无论世事白云苍狗，潮流左右激荡，甚至战火硝烟弥漫，始终践行学术报国之志，无改初心。

迻译世界各国学术名著，即其一端。早在20世纪初年便出版《原富》《天演论》等影响至今的代表性著作，1950年代后更致力于外国哲学和社会科学经典的译介，及至1980年代，辑为"汉译世界学术名著丛书"，汇涓为流，蔚为大观。丛书自1981年开始出版，历时三十余年，迄今已推出七百种，是我国现代出版史上规模最大、最为重要的学术翻译工程。

丛书所选之书，立场观点不囿于一派，学科领域不限于一门，皆为文明开启以来，各时代、各国家、各民族的思想与文化精粹，代表着人类已经到达过的精神境界。丛书系统译介世界学术经典，引领时代思想，为本土原创学术的发展提供丰富的文化滋养，为推动中国现代学术和现代化进程做出了突出的贡献。

为纪念商务印书馆成立120周年，我们整体推出“汉译世界学术名著丛书”120年纪念版的珍藏本，寄望既利于文化积累，又便于研读查考，同时向长期支持丛书出版的译者、编者和读者致以敬意。

两甲子后的今天，商务印书馆又站在了一个新的历史时间节点上。我们不仅要铭记先辈的身影和足迹，更须让我们的步伐充满新的时代精神。这是商务人代代相传的事业，更是与国家和民族的命运始终紧密相连的事业。我们责无旁贷，必须做好我们这代人的传承与创造，让我们的努力和成果不仅凝聚成民族文化的记忆，还能成为后来人可以接续的事业。唯此，才能不负前贤，无愧来者。

商务印书馆编辑部

2017年10月

目　　录

第二编　资产阶级在法国的得势

第三编　反法大同盟形成前的革命和欧洲

第四编 一七九五年和约缔结前的反法同盟和革命

第五编　革命的征服性进攻

第六编　拿破仑登台时的世界

导　　言

发生在 1789 年的大革命具有深远的民族历史根源。从其主 1
要成果来看，它加速了民族历史的进程，但没有改变历史发展的方向。正如夏多勃里昂所说，这场革命是由“贵族”闹起来的；它是贵族反抗加贝王朝的长期斗争的最后阶段，因而也是以往的王朝历史的结束。这次由“平民”完成的革命实现了资产阶级的统治。它既是法国近代史的起点，也是前一历史阶段的终点，因为资产阶级在它所破坏的封建世界中的孕育成长，正是长期历史演变的一个基本特点。

法国革命的以上两种性质在欧洲并不是孤立现象。欧洲各国全都是以损害贵族的利益而形成政治国家的，并且都导致了资产阶级地位的上升，虽然上升的速度有快慢的不同。法国革命并不是使资产阶级获得利益的第一次革命；在它之前，英国的两次革命和美国革命已经开辟了这条前进的道路。

就文明发展的总趋势而言，大革命的意义似乎要更加宽广些。从蛮族入侵结束后，欧洲人在征服狂热的驱使下，竭力要统治整个世界，并且努力去发现和制伏自然力量。与此同时，为了求得个人的幸福和人类的完美，他们坚定地怀有统一经济、统一社会和统一习俗的雄心壮志。1789 年的资产阶级保障科学家享有研究自由，保障生产者享有兴业自由;它同时还试图对政治组织和社会组织进行合理调整。由此可见,法国革命是决定西方世界命运的一个重要阶段。

然而,资产阶级在扩张其实力的同时,本可以不同贵族决裂而
2 取得政权。在十七世纪的革命后,英国的绅士和资产者联合起来,同国王分享了权力;在美国,绅士和资产者一致主张不要君主制。到了十九世纪,大陆各国的王朝在顺应历史潮流的同时,能够控制住局势,实行了妥协。法国则相反,贵族既想压服国王,又要让第三等级受它控制。资产阶级鼓吹权利平等,奋起反抗。由于人民群众的介入,旧制度顷刻间土崩瓦解。贵族不仅丧失了特权,财产也受到部分损失,它的社会地位也随之下降了。但是,农民和手工业者在支持资产者进行战斗的同时,又用权利平等的原则武装自己,转过来反对资产者。大革命瞬间导致了政治民主,接着导致了初步的社会民主。

大革命以猛烈的突变加快了历史进程的步伐,它在国境线外唤起了热情的希望,但也激起了遭受威胁的各国国王和贵族的强烈反应。所以,从 1789 年至 1815 年,欧洲型文化的各国历史在很大程度上都以这一伟大事件为转移。

大革命在事后的人类生活中仍然有它的影响。作为后人,我们今天容易把它看作是世界史的一个篇章,但我们决不能认为,在本书论述的那个时代里,大革命果真具有这样的性质。当时,欧洲人对地球上相当大一部分地区还并不了解;伊斯兰教控制下的各国文明以及印度、中国和日本等国的伟大文明还没有向欧洲人的思想开放。当时,人类的大多数对在地球一角刚刚点燃的熊熊烈

火或者一无所知，或者没有感觉到它的热度。世界的统一是在我们这代人亲眼目睹下开始实现的，真正的世界史因而也只是在这个时候才刚开始。

第 一 编

法国革命前夕的世界

第一章　欧洲和新大陆

从十二世纪起，欧洲的对外征服已经在各方面跃跃欲试，而到了十六世纪，竟势如破竹地发展了起来；这股势头一度在教会和国王的反动下受到了压抑，但在十八世纪，即在米希勒所说的“伟大时代”或真正的“复兴时代”，它又重新迸发了出来。我们这里先讲述欧洲在探索和征服新大陆方面的进展，以及它的相对说来还很有限的扩张程度。

一、对地球的认识

经过十七世纪的间歇后，远洋探险在科学的推动和技术的帮助下，又重新活跃和组织起来。确定航船的位置是当时的重大创新之一，船舶的导航和地图的测绘均有赖于此。有了圆规、六分仪、纬度仪等新式航海仪器后，人们便可以精确地测量出纬度；随着秒表和船钟的制造以及星座表的制订，人们就能够算出以前仅靠估计的经度。这是一场真正的革命。

库克在 1772 至 1776 年间曾进行了多次远洋航行，其中第二次远航曾绕过澳洲大陆，到达了极地的边缘。对太平洋（占地球表面三分之一）的探险正在进行中，库克的第一次和第三次远航正是进行这样的探险；拉佩罗兹不久前曾沿着美洲和亚洲的海岸环游了太平洋。许多岛屿被发现了，只是没有统计其数字和登岸观光。此外，寻找南极洲陆地以及从东北部和西北部穿越北冰洋还尚待进行。

比海洋更难深入的大陆腹地只是慢慢在对外开放。加拿大人到达了温尼伯湖、大奴湖和哥伦比亚河，并越过落矶山脉，到达诺特加海湾，他们在这里与来自阿拉斯加的俄国人以及与来自加利福尼亚的西班牙人相会合。在美国，拓荒者进入了俄亥俄平原，但人们对密西西比和加利福尼亚之间的广阔地带仍一无所知。对于亚马逊河流域，人们知道得很少；对亚洲的了解只是一鳞半爪；至
5 于非洲，除地中海沿岸地区外，还是个未知数。机器还没有把地域的距离缩短：地球依旧是那么大，广大地区被笼罩在神秘之中。但是，大陆和海域的分布已大致被弄清；地球从黑暗中露出了自己的面目；法国的梅尚、德朗布尔和拉朗德就要去测量子午线的长度了。

二、瓜分新大陆

正如十五和十六世纪的发现新大陆一样，这些进步并没有改
6 变欧洲的命运；新大陆的发现使欧洲赢得了对海外的统治，而这个统治的四分五裂也正反映着统治者的四分五裂。对新大陆来说，欧洲似乎是征服者的一个整体，但欧洲并不像最初几次十字军东征时团结一致对付伊斯兰教那样去征服新大陆。诚然，欧洲依旧是基督徒的欧洲，但宗教分化正日趋剧烈：东欧有东正教，北欧有

基督教，南欧有天主教，中欧是各教混杂；同时，到处都有自由派的出现。在政治上，各国间的纠纷出现得更早些。随着各政治大国在十八世纪从西到东地逐步形成，统一的欧洲已不复存在，因为各个王朝的立国图强势必引起相互间的冲突。新大陆的发现扩大了敌对的领域。由此产生了两个结果：一方面，在大陆战争之外，增加了越来越复杂的海上的和殖民地的争夺；另方面，瓜分新大陆只对濒临大西洋的沿海各国有利，这些国家的经济得到了促进，从而加强了西方的领先地位。离大西洋愈远的国家，其经济的繁荣和文明的发达就愈加缓慢。地中海已经丧失了对亚洲联系的垄断，不再像以往那样是欧洲生命攸关的中心；更何况，地中海的部分沿岸地区被伊斯兰教占领着，那里的自然资源远没有西方那样丰富。从威尼斯经由布兰耐尔、奥格斯堡和莱茵河谷通向布鲁日和安特卫普的大道如今只供地区间的贸易之用。意大利和德国在欧洲经济中所占的领先地位已消失殆尽，两国在新大陆竟没有插足之地。7
意大利还勉强保住已得的部分财富，至于德国，它在三十年战争中被搞得民穷财尽后，直到十八世纪的最后几十年才终于恢复元气。只能通过波罗的海进行国际贸易的东欧，困难就更多了。它落后于西方的距离愈来愈大。尽管十八世纪开明君主的努力，东欧仍然是贫困的。人们只是不久前才开始把派别林立的莫斯科人当作欧洲人；人们没有想到，莫斯科人占领西伯利亚，也是想要建立殖民帝国：俄国的亚洲部分当时只有五十万人左右。

欧洲各国的不幸纷争在旧制度末年造成了两个后果。在十六世纪后，对世界的瓜分不能顺利地进行，这并非因为欧洲人的统治遇到了挑战，而是殖民帝国面临着内部瓦解的威胁。殖民扩张虽仍在进行，但殖民主之间的纠纷阻碍着殖民地的进一步扩大，因而使欧洲未能控制地球上的大部分居民。

三、各殖民帝国

本土狭小的葡萄牙和荷兰只保留了它们原有领地的一部分；
前者占有巴西以及非洲和亚洲的一些港口，后者占有安的列斯群
8 岛的部分岛屿、圭亚那的一部分、好望角、锡兰以及爪哇和马鲁古。
相反，西班牙不仅继续占有它的属地，甚至还通过占领加利福尼亚
和取得路易斯安那而有所扩展。在加利福尼亚，出现了旧金山这
9 个新兴城市；在路易斯安那，有了直达密西西比河的出海口和新奥
尔良城；因此，西班牙控制了墨西哥海湾和加勒比海的全部海岸，
以及其腰带状群岛中的两块宝地。来迟一步的英国和法国为占有北美、印度和小安的列斯群岛进行了争夺。法国遭到了失败，只保留海地、马提尼克、瓜德罗普和法兰西岛；1783 年，法国收复了圣卢西亚岛、多巴哥以及塞内加尔的几个口岸。所以，法国虽然受到了损失，却保住了大部分食糖生产。而且，建立不久的大不列颠帝国似乎被美国的独立运动所震动，对印度的征服已暂缓进行。英国占有孟加拉，逼迫乌德向它纳贡；加尔各答的地位超过了孟买和马德拉斯。但是，继瓦伦·哈斯丁之后的康沃利斯在致力行政改革的同时，休兵歇战，拒绝支持受迈索尔邦铁普苏丹进攻的尼扎姆。另一个同样可怕的敌手似乎是辛提亚，他控制着马拉塔封建王公的联邦，并被蒙古可汗承认为世袭执政官。尽管如此，英国的兴盛在欧洲是不容否认的。

所有这些殖民帝国的开发都主要是为了满足商业贪欲。每个宗主国都从自己的殖民地攫取它所缺少的东西，并在那里推销它的部分出口产品；宗主国原则上禁止殖民地种植和创造与自己竞争的产品，禁止殖民地同外国进行贸易，并强制使用本国的船只。这就是法国的所谓“专营贸易权”。因此，欧洲在海外不仅具有必买其产品的顾客，而且还取得活跃其经济的两种主要资源：贵金属和热带产品。

拉丁美洲提供世界四分之三的金砂开采和百分之九十以上的 10
银矿。随着波托西矿的枯竭，白银主要来自墨西哥。自从一些德国人整顿了阿尔马登矿的开采后，新的矿藏接连被开发，水银的价格下跌了一半，而产量却在 1760 年后猛烈地增长，并于 1780 至 1800 年间达到了年产九百吨的高峰。相反，用淘洗法取得的黄金产量下降了，虽然巴西和非洲的几内亚沿岸新增加了黄金开采。

粮食种植在发展着，畜牧业在潘帕斯草原也有所发展。为了出口皮革而于 1778 年开放的布宜诺斯艾利斯港开始繁荣起来。但真正为欧洲人感兴趣的只是热带作物：首先是甘蔗，然后是咖啡、可可、棉花、靛蓝和烟草。巴西的食糖、咖啡和棉花补充了西班牙殖民地的供应不足。香草、奎宁、洋苏木、桃花心木等当地的植物产品也属出口之列。被迫定居和从事强迫劳动的印第安人提供了绝大部分劳动力。卡洛斯三世原则上解除了印第安人在矿里的“徭役”，解散了把他们集合成村子以从事种植业的“土著定居村”；实际上，以墨西哥的雇工为例，他们的雇佣条件同奴隶制很少有差别。此外，土著居民要纳付直接税，官吏们勒令他们购买从欧洲运来的、强行摊派的工业品。由于许多印第安人为逃避压迫而移居

沼泽或山林地区，人们还使用了更能经受苦役的黑人奴隶。然而，据洪堡估计，黑奴的人数并不多；他认为在拉丁美洲一千六百万居民中，黑人占百分之五，印第安人占百分之四十七，还有百分之三十二的“混血儿”。

安的列斯群岛、路易斯安那以及北美从佛罗里达到马里兰的大西洋地区都没有矿产，那里的热带作物占绝对优势；马斯卡林群岛的情况也是如此。例如，大部分食糖和咖啡来自安的列斯群岛。英法两国把这些岛屿当作最宝贵的殖民地而珍爱着。美国出口烟叶，但还没有棉花，棉花从“海岛”引进只是1786年的事情。在安的列斯群岛，原有的加勒比人已被消灭干净，大陆上的印第安人在殖民主的压迫下向内地迁移；于是，这一地区的全部经济就建立在
11 黑人奴隶制的基础之上。根据洪堡的材料，黑人约占安的列斯群岛居民的百分之四十；这个百分比似乎小了一点，因为据奈克尔的估计，黑人约占法属各岛居民的百分之八十五；路易斯安那约有百分之五十的居民是黑人，美国至少也有五十万黑人。

从1790年起，估计每年有七万四千名奴隶被“黑奴贩子”运到美洲。非洲成了新大陆的“乌木”仓库，在欧洲人的劫掠下，非洲的居民正急剧减少。被装运上船的黑人一部分死在海上。白人有时也通过他们开辟的口岸同当地的土著进行交易，但他们并不力图征服土著居民。在亚洲，他们长期采用这种纯商业的办法，即不用通过武力征服，而是向当地王公购买开辟口岸的许可证，开展贸易活动。直到十八世纪，这个方法还部分地保留着。此外，美洲原有的许多享有特权的公司，除在加拿大留下少数几家从事皮毛收购外，都已不再存在，而各国的东印度公司却始终保持它们的垄断

权。因美洲战争而债台高筑的联合省东印度公司摇摇欲坠；卡龙于1785年重建了法国东印度公司；皮特于1784年改组的英国东印度公司占着主导地位。

这些公司在远东售货较少，而购货很多。在四年里，法国公司的出口额为七百万里佛，购回的货物则达五千万里佛。英国公司在同期只卖出少量毛织品和五金产品，却买进棉纱、靛蓝、食糖、大米以及大量的硝石，每年的贸易逆差达二百万英镑左右。贸易垄断没有扩展到中国：1789年，在停靠广州港的船只中，除去五十艘英国船和五十艘从事邦际贸易的印度船以外，还有二十五艘挂不同国旗的船只。但贸易也出现了逆差：中国人只买少量的鸦片，却卖出成箱的茶叶、瓷器和漆器。所以，欧洲人在美洲大发横财，在亚洲却相反入不敷出。各公司的股东们并没有因此吃亏：他们把货物重新售出，从自己的同胞那里取得巨额利润。

在大革命前夕，荷兰人和英国人采用了一种新的办法。他们像在美洲那样对当地的土著进行统治，直接剥削土著，不必再运送
黑奴。荷兰人强迫马来人必须在他们的垦殖园进行劳动，强制农 12
村种植某种作物，并征收一部分收获。英国公司垄断着食盐、鸦片和硝石的贸易，同织布商签订有利可图的预付合同，尤其代替失势的王公们征收土地税。公司经纪人的敲诈勒索甚至在英国也引起了愤慨；这在克莱武案件和瓦伦·哈斯丁案件中均有所披露，他们两人因以往的功绩而受到了宽恕；但从已暴露的事实看，他们下属的胡作非为也就可想而知了。虽然在亚洲没有“奴隶贩子”，但这里所用的办法不能不令人想起西班牙冒险家在拉美曾用过的那些手段。

雷纳尔教士在其《东西印度哲学史》一书中强烈谴责了征服者的暴行。他们的统治同奴隶制简直一模一样，这使宗教界和慈善界开始看不过去了。长期以来，只有基督教公谊会单枪匹马地谴责奴隶制；后来，一些哲学家也开始说话；最后，于1787年在伦敦成立了一个“黑人之友会”，1788年在巴黎建立了分会。维尔倍福斯和皮特对该会的纲领颇感兴趣，因为这纲领并不要求立即取消黑人奴隶制，而是主张通过废除黑奴买卖使奴隶制逐渐消失。至于殖民体系，由于这同政治家和商人的利益关系甚大，所以没有考虑放弃它，何况，还有人为殖民体系进行辩解。英国殖民者在印度或北美开战寻衅、侵城掠地的行为，在大陆各国人士中找不到很多辩护者。但是，在关于拉丁美洲的问题上，有人反驳雷纳尔说，混战的被禁止以及在工具和经济方面的显著进步，这对土著人不是没有好处的，因为大家公认，尽管有饥荒和病疫发生，土著的人口还是增加了。有人举出为减少弊端而进行的改革，提到一部分种植园主的仁慈，以及教徒们的热心相助，例如巴拉圭的耶稣会教士曾经把印第安人召集到他们的“教会”中进行教育。有人声称，富裕的和受过教育的印第安人和混血儿正形成着中间阶级的萌芽。但不容否认的是，无论本土的欧洲人或当地的种植园主都并不扶持殖民地，他们在殖民地发展生产无非是为了增加自己的利润，从
13 不考虑提高土著人的地位，以为把天主教强加于土著人就足够了。西方的语言和习俗通过交往、利益和社会分化得到了传播；充满种族偏见的白种人对被同化了的土著，甚至对他们生下的混血儿，仍然一概予以排斥。可是，大多数被征服者从没有完全逆来顺受。他们把外国语改造成为“洋泾浜”，秘密地举行自己的宗教仪

式——例如，圣多明各的服图教——甚至还保留他们的司法习惯。

白人不在热带亚洲和非洲定居。气候不允许他们这样做，西方公司的大批士兵和经纪人在那里因病死于非命。这与美洲和马斯卡林群岛的情形大不相同。在那里，除官吏和军人外，还生活着种植园主、商人、技工，以及各行各业的地位不一的“次等白人”。其中的许多定居者在当地传宗接代，因而到十八世纪末，土生土长的白人便大大超过来自宗主国的白人。

据洪堡估计，西属美洲约有百分之十九的居民是白人；在墨西哥，他认为欧洲出生的居民约占百分之七。据奈克尔的计算，在法属安的列斯群岛，白人仅占百分之十二，还有百分之三的有色人种自由民。可是，少数的奴隶主面对绝大多数的奴隶，天长日久就难免要出危险。奴隶不时揭竿而起，进行暴动。图帕克·阿马鲁于1781年在秘鲁举行起义；提拉唐代斯于1792年在巴西被处决。

种植园主对黑奴经常的行凶闹事和此起彼伏的暴乱深感恐惧。在他们看来，这是与制度本身不可分割的缺陷；在适应这种状况的同时，他们对未来充满着信心，因而逐渐摆脱对宗主国的依恋。

四、各殖民帝国的危机和美国革命

各国政府把它们的统治方法——君主专制、官僚集中、军队和警察统治，以及宗教褊狭——搬到海外领地去。唯有实行君主立 14
宪的英国颁布了宪章，给予在美国的英国国民一定程度的自主权。

旧大陆还把自己的社会结构的某些特征移植到拉丁美洲：教士享有特权，贵族骄横无忌；法属加拿大甚至建立了领主制。然而，这些特征在新的国土上有了一定程度的缓和，至少在城市中是如此。例如，在法属安的列斯群岛，直接税确实得到了实施，任何人不得减免；教会财产为数甚微；贵族和平民不分彼此地转变为近代的资产者，这些富裕产业主的地位高于“次等白人”。

在非洲和亚洲，仅有少数临时居住的白人不顾一切危险，但求尽快获得私利，他们不会想到向大公司的垄断进行挑战。虽然纠纷也不时出现，那只是个人间的对立和冲突，可是宗主国也一样受到影响。至于在殖民地土生土长的白人后裔，他们的态度就完全不同了。那些事关他们利害的重大问题竟由内阁各部的官僚们作出决定，这使他们愤愤不平。他们嫉妒王国政府的派出代表，渴望独立和自己管理自己。“专营贸易权”极大地束缚着他们，他们特别希望能同别国进行自由贸易。就安的列斯群岛来说，如果能用食糖和罗木酒换取新英格兰的定期食物供应，那对他们将是件有利可图的事。除了利害冲突以外，还有启蒙哲学传到美洲所引起的争执。白人有他们自己的中学和大学；即使在西班牙和葡萄牙的殖民地，书籍也不顾宗教裁判所的禁令到处流传。玻里瓦尔的老师罗德里格斯是卢梭的门生。此外，也有一些白人后裔来到欧洲留学。美国革命终于瓜熟蒂落，促使人们不再满足于抽象的思辨。

与拉丁美洲各色人种杂居的情形相反，在沿大西洋的北美边
15 缘地区，居民是清一色的白人；其中，那些寻找土地或职业的劳动者根本就不需要黑奴或被奴役的印第安人，居领导地位的白人是

一些以商人为主的、一般尚属小康水平的资产阶级。这是欧洲扩张的第三种形式。成群拥来的盎格鲁一撒克逊人组成了新的西方世界的核心，这种“美国型”的新西方不仅继承和发展了欧洲的冒险精神和创业精神，而且以强烈的个人主义为标榜，这种一扫因循守旧的个人主义同旧大陆上曾迫使清教徒离乡背井的教会、贵族和国王的专横统治是格格不入的。他们共同关心的问题是驱逐印第安人和不再同充当教皇走卒的法国人相毗邻。对法国人的痛恨，加上对宗主国的派出代表及其强制推行的重商主义的厌恶，促使当地白人同新英格兰和宾夕法尼亚的殖民主、港口的批发商、弗吉尼亚的种植园主，甚至同南部各州的种植园主接近起来。在南部各州，美国型的特征诚然是存在着的，但被大产业和奴隶制冲淡了。清教徒的独立精神包含着天赋人权的概念，向各殖民地颁发的宪章保留着英国“习惯法”的传统。殖民主们拒绝服从他们不派代表参加的伦敦议会，并进一步同宗主国断绝关系，由此诞生了合众共和国。美国独立的榜样在欧洲深得人心，并有力地推动了未来的社会革新和政治革新，但可以预见，它也将动摇各殖民大国的权威。首先，美国的独立表明，假如英国今后要建立由白人居住的殖民地，它就必须设计一个崭新的帝国结构。当然，这个问题的解决还并不十分紧迫，因为无论法语区的加拿大或来自美国的移民，都毫不使人感到担心：前者信奉天主教，内部十分团结，对外则显得孤立；后者因忠于英国，定居在大湖区的北部。问题仅仅是要防止两部分人之间发生冲突；皮特于 1791 年通过建立两个独立的地区，终于做到了这一点。

相反，对各拉丁大国说来，美国的解放使它们面临着像英国一

样遭到肢解的威胁。群情激愤的白人后裔本能地把他们的目光转
向从十六世纪以来与天主教国家在利益上和信仰上始终对立的盎
16 格鲁—撒克逊人。英国人对开放西属美洲的广阔市场怀有野心，
对产糖诸岛也馋涎欲滴。毫无疑问，美国不久也会高兴地看到把
欧洲人赶出新大陆；在这以前，美国取得法国人的同意，于 1784 年
进入了安的列斯群岛的某些港口。委内瑞拉人米兰达后来曾向华
盛顿和皮特请求给予帮助，1787 年，巴西人梅依阿在尼姆试图争
取杰弗逊的支持。

其实，“起义者”之所以取得胜利，是因为各宗主国不由自主地要互挖墙脚。法国、西班牙和荷兰一起支持起义的殖民地反对英国，殖民地的白人因而可以指望同其他国家结盟，并从中渔利。欧洲在它所征服的海外领地打上自己的烙印：人们可以看到，以欧洲为形象的人类正在全地球形成着。虽然有色人种觉醒的时代还远没有来到，但欧洲开始发现，它把自己的儿女送往海外，也就为海外脱离自己做好准备。与此同时，欧洲各国间的纠纷也让世界的其他部分能够暂时保持平静。

五、其他各种文明

几个世纪以来，穆斯林和基督徒似乎始终是不可分开的。双
17 方都在宗教狂热的煽惑下进行圣战。继承了希腊和罗马文明和横
跨亚欧两大洲的伊斯兰教曾经是中世纪文艺复兴的酵母；地中海
的贸易把两个大陆紧紧地连接在一起。当时，伊斯兰教继续在苏
丹和马来亚招收信徒；但是，它在欧洲方面被迫采取守势。随着亚

欧两洲的贸易绕过了伊斯兰地区,该地区的经济便停滞不前,思想和艺术的活力也日渐衰弱。

当近代的晨曦来到时,奥斯曼苏丹似乎正实现伊斯兰的统一,但他没有成功。摩洛哥对他不予理睬;波斯的什叶派奋起抵抗;柏柏尔人也不再服从他。在阿拉伯中部,阿卜杜·瓦哈伯首先鼓吹伊斯兰教应恢复建教初期的苦修生活,萨乌德接着又准备进行圣战。由于幅员辽阔,奥斯曼帝国保持着强大的外表,但它的衰落却已经显而易见。土耳其武士已习惯在“封地”的定居生活,他们竭力为自己受过学校教育的子弟谋取官职;从此,他们为奥斯曼苏丹建立起来的很有特色的行政结构和军事结构开始摇摇欲坠。外省的帕夏逐渐趋向独立:阿里·泰布兰霸占了亚尼纳;在埃及,马穆鲁克骑兵更为所欲为。土耳其人并不要基督徒改宗伊斯兰教,也不设法去同化他们,却听任他们在自己的神甫和官吏的治理下生活。希腊人和亚美尼亚人在港口经商和开设银行,他们同那些受“特惠条例”保护的欧洲商人进行贸易,逐渐形成资产阶级。此外,帝国仅有的商船——希腊船舶在地中海到处航行。最后,基督教国家为众人所注目:天主教徒受法国的保护,塞尔维亚投靠奥地利,门的内哥罗和希腊倒向俄国。奥地利首先利用奥斯曼帝国的衰落,征服了匈牙利。不久,叶卡特琳娜二世在扩展到黑海和布格 18
河后,吞并了克里米亚和高加索,从而结束了鞑靼人的劫掠,并使俄国农民能够开垦“肥沃的黑土”。土耳其帝国再也不能把欧洲同穆斯林世界隔离开了。

在非洲,欧洲人仅来到沿海口岸,主要在塞内加尔和几内亚海湾的口岸寻找奴隶。至于内地,除了好望角的荷兰殖民主外,只有

苏丹和东部地区的少数阿拉伯商人才冒险深入。那里，一些王国正在形成中，其存在的时间长短不一；例如贝宁王国在十六和十七世纪曾产生了光辉的青铜艺术，到十八世纪一度相当繁荣。豪萨各国十七世纪后在尼日尔东部兴盛了起来；索科托、博努和坎南各国在十九世纪初曾建立了稳固的统治。这些国家对整个历史没有产生过任何影响。

相反，亚洲神话般的财宝和伟大的文明远在欧洲以前就达到了顶点，它继续吸引着人们的好奇心。波斯国王和蒙古可汗的金碧辉煌和奇珍异宝没有丧失其神话般的名声，但人们开始看到，由于几百年来不再前进，世界的这部分地区正是一个供人掠夺的目标。印度正落到英国人的手里。缅甸和柬埔寨决不会进行任何反抗。比尼奥·德·贝海纳主教和本地治里的商人利用越南中部的无政府状态，企图碰碰运气。叛乱的太松族山民在占领了北越和顺化后，向交趾支那发动进攻，阮映于 1787 年签订了一项同盟条约，答应把岘港、昆仑岛和贸易垄断出让给法国。然而，路易十六没有批准这项条约。其实，这是因为印度支那的吸引力不如中国和日本那么大，传教士和商人在十六世纪已经向中国和日本渗透，但从十七世纪起，他们便不再许可去那里了。

在中国，于 1736 年登基的乾隆皇帝已接近暮年。这位崇尚武功、治国有方、才学高深的圣明君主成功地继承了康熙的事业，使满族王朝达到了强盛的顶点。他征服了历来骚扰中国和欧洲的蒙
19 古部落和土耳其斯坦部落，并使尼泊尔和越南成为藩属国。

另外，外出的侨民也扩大了中国的影响。在日本，唯有中国人才受到接待，他们在交趾支那定居，远航孟加拉和菲律宾，到处都

通过经商和高利贷发财致富。乾隆不准外国人进入中国，甚至严厉惩罚加入耶稣会和遣使会的中国臣民。对于那些给他带来钱财的“蛮夷”，天子采取宽容的态度，允许他们同本朝臣民从事贸易，但只限广州一地。西方人钦佩中国的纯伦理哲学，钦佩它的开明君主，以及中国社会的民主性，因为中国的贵族只是一个荣誉称号，并不意味着特权和官职，所有人都能通过考试而为国效力。确实，中国的官吏制度当时在世界上是独一无二的，何况中国过去还出现了一些发明家和思想家。

但是，很久以来，中国处于墨守成规和停滞不前的状态，官吏的学识往往流于形式。劳动力过剩使技术不能进步，至今只是使用畜力而已。皇帝的权威实际上得不到制度的保证，在亚洲历来是这样，一切都有赖于他个人的才干。皇帝名义上享有至高无上的权力，实际上却要受带兵理财的督抚们的牵制，而他们只向国库缴纳很少一部分税款。在北京和几个重要城市周围驻扎的军队只拥有陈旧的装备。最后，尽管满族人对汉族实行怀柔和合作政策，无数秘密会党正酝酿着一场民族主义运动。乾隆末年曾不得不镇压了多次暴乱。这个幅员辽阔的帝国也不可能对欧洲人进行有效的抵抗。

日本对欧洲更加敌视。它只向与长崎隔海相望的一个小岛上的几个荷兰人出售少量的铜，但从不向他们购买任何物品。此外，德川家族虽然征服了各“藩”，恢复了秩序，并强迫各“藩”通过国家出售他们领地的多余农产品，但将军和大名的藩政仍保留了下来，幕府继续让他们垄断地权和统治农民，并禁止农民外流，以保证各藩对劳动力的需要。日本具有巧夺天工的艺术，为贵族服务的绘

20 画和木刻在清长、歌麿和北斋时代达到了尽善尽美的程度。但如同中国一样，日本在技术和实验科学方面没有任何进展。尤其，日本的武士还停留在中世纪的阶段。

在十七世纪，这个国家似乎十分欣欣向荣，据说人口达二千三百万左右。但到了十八世纪，困居小岛弹丸之地的日本居民因连年灾荒而成批死亡。随着国家和各藩收入的减少，税收、劳役和田赋加重了农民的负担；货币不再稳定，币值不断下降。由于各藩财政支绌，向武士提供的俸禄不够他们维持生活，武士们开始不顾自己的门第而就业谋生，有些甚至沦落为社会上寻衅闹事的“浪人”。

到了德川家族的不肖后代德川家治掌权的时候，大将军和幕府官僚们对武士的衰落不但毫不关心，相反穷奢极侈，加速了这一衰落的进程。京都的皇室为了换取大将军和幕府的顺从，也助了一臂之力。1786 年，尚未成年的德川家齐出任大将军职，一切事务由他的哥哥一桥代拆代行，据说田沼老中曾提出过一些改革主张。德川家族于 1788 年推翻了一桥。新任摄政的松平定信着手恢复旧制，他至少通过限制奢侈、缩减债务和巩固币值等法令，整顿了财政。但是，由于与京都不和，又受到前任的抵制，他被迫于 1793 年引退；那时，德川家齐恰好长大成人。在大城市中（主要在大坂）已存在着商业和金融资产阶级，他们虽颇有影响，但不得出任官职和占有地产。他们是否受到华侨中崇高理性的儒家思想的影响，我们至今还不清楚；据说这些华侨竟敢断言，人在天神面前没有高低之分，他们竟敢怀疑天皇是太阳的化身。田沼和松平定信同资产阶级是否有联系，我们也并不了解，但他们同西方的开明君主却有某些相似之处。总之，一个神秘的和民族主义的潮流开

始上升，这个潮流取得了于 1769 年去世的贺茂真渊的门生、宣扬
神话历史的本居宣长的支持。贺茂真渊纯洁了日语，主张恢复“神
道”，抵御中国的影响。本居宣长提出，天照大神的子孙天皇应统 21
治世界。这个主张取得了文人和武士们的纷纷支持。这种浪漫主
义在政治方面表现为谴责大将军谋篡王权。但是，使幕府制垮台
的欧洲的干涉是迟迟在四分之三世纪以后的事。

中国和日本的技术落后使两国人民蒙受侵略的威胁。诚然，在帆船时代，遥远的距离保护着远东：往返中国的旅途需要花十八至二十个月时间，而去地中海的伊斯兰教地区，就不用考虑路程了；何况，俄国继奥地利之后，从陆上向奥斯曼帝国发动了进攻。但是，欧洲内部的敌对延缓了对外的侵略。当时欧洲约有二亿人口；美洲约有二亿五千万；一亿左右的非洲人和五至六亿的亚洲人还不在欧洲势力的控制之下，因而当法国爆发革命时，世界的大多数人都没有想到，在世界一角发生的这场革命竟会使他们的子孙受到其思想的影响。

22
第二章　欧洲的经济

随着各大国推行重商政策和从事新大陆开发，在中世纪末年已不断有所发展的欧洲经济加快了前进的步伐。英国经济在十八世纪革命般的迅猛发展开创了机器和蒸汽的新时代。到了法国大革命前夕，英国已处遥遥领先的地位，这对后来出现的长期冲突产生过根本的影响。然而，即使在英国，人们通常所说的工业革命也是慢慢才胜利的。从历史发展的眼光看，它在当时仅是世界变革的萌芽。英国人在工业革命初期所居的优胜地位恰恰意味着，大陆各国还很少受到这一革命的影响。事实上，虽然十八世纪末的经济已相当繁荣，它同旧时代毕竟还相距不远。

一、传统经济及其演变

在旧的生产技术条件下，农业依旧受气候的支配，因而发展缓
23 慢，产量低下，常遭歉收；工业则受原料匮乏和动力不足的限制。
农民为满足自己的消费而劳动，他们之所以出售产品，无非因为国
王、领主和地主向他们索取现金。手工业者仅能满足当地市场的
24 需求。交通的极端困难迫使每个地区必须自给自足，人们紧紧抓
住当地生产的粮食不放，出口既少，进口也没有条件。这种情况在

当时较为普遍：如英国进口的羊毛只占所需总量的十分之一；中欧 25
和东欧仍停留于近乎封闭的经济状态中。当然，在万不得已的情况下，人们也得建立一定的互通有无的关系。首先是粮食，据杜尔哥的估计，流通量约为六百万至七百万担。西班牙、葡萄牙、挪威和瑞典经常购买粮食；瑞士和英国六分之一的粮食消费依靠国外进口。除了粮食以外，波兰和俄国的木材、柏油、松脂和钾土，瑞典和德国的矿石和冶金产品也销售甚畅。地中海沿岸地区的产品有西班牙的葡萄酒、烧酒、食盐、苏打和羊毛，意大利的明矾和硫磺。东欧、中欧和南欧主要出售食物和原料；西欧则以制成品和殖民地产品作交换。

欧洲各国间的贸易基本上取海道进行，这对北海、英吉利海和大西洋的港口和商船，对英国、荷兰、汉萨同盟和斯堪的纳维亚等国的商人十分有利。地中海的马赛、热那亚、里窝那等港口也起一定的作用。当时出现的一个重要的新现象，即波罗的海贸易的兴旺，使控制着松德海峡的丹麦受益匪浅。这条要道成了英国海上航运的生命线，它沿着欧洲海岸包括了普鲁士、波兰、斯堪的纳维亚和俄国。相比之下，各国国内贸易显得微不足道。在这方面，英国仍处于领先地位，法国次之。内河航运比较经济，但因河道年久失修和运河很少而深受限制，通常采用的陆路运输则成本要高出
一半以上。在英国、法国和荷兰，道路不断在改善；而其他各国只 26
有一些多少铺点石子的小路，到了冬天便不能通行。例如，那时的阿尔卑斯山区还没有可供车辆行驶的大道。即使在道路较多的国家，大道间的通路和乡间小路也不宜行车，运输通常依靠牲畜驮载。愈是朝东欧和南欧方向前进，这方面的困难就愈加严重。因

此，集市贸易虽在西部正日趋瓦解，但在博凯尔等南部地区仍占有相当的地位。在法兰克福和莱比锡，集市贸易甚至还像中世纪时代那样兴旺。在这种状况下，各国的君主和领主开始设立海关（英国除外）和征收关税，虽然这样做没有把国内市场搞得支离破碎，但任何国家都不可能形成真正的民族市场。

几百年来促进欧洲经济变革的因素继续在起作用。西欧各大国从诞生的那天起便立即推行了重商主义政策，十八世纪的君主们完全继续沿用这套办法：禁止进口或课以重税，颁发航行条例和实行专营贸易，设立王家工场或垄断公司，对某些私人企业实行优惠，以某些行会的名义制订行规。在英法两国，行规尚有某些孔隙可钻：行会不能控制所有的城市和行业，乡村对行会更置之不理。重商政策无疑保护了每个国家的新兴工业——首先是奢侈品和纺织品工业——免受外来的竞争，促进了资本的积累，并让本国人独占海运和殖民开发的利益。尽管经济学家在批评重商主义和动摇它的基础，大多数君主却严格按照柯尔培尔的主张，坚持这一政策。此外，批发商和制造商虽然对贸易自由十分神往，他们却不准备接受外来的竞争，并坚定不移地维护关税制度。国家与国家间签订具有自由主义倾向的贸易协定，如维尔琴纳和皮特签订的1786年协定、叶卡特琳娜二世关于同意开放黑海港口的协定等，只是个别例外。

王公权贵们大量购买奢侈品，并为整个统治阶级所模仿，这对奢侈品工业的发展有所促进。但是，政府为扩大军事力量而增加订货对冶金、船舶制造、纺织、制革等工业的帮助则更加可观。最
27 后，由于间接税实行了承包，由于政府以短期偿付、长期偿付和年

金偿付的形式委托供应商包办某些公共服务部门和供应军需物资，金融家和银行家的事业日渐兴旺，他们的经营收益甚至不同程度地影响着王公们的财政收支。

另方面，新大陆的开发恢复了十六世纪时的强大声势。首先，贵金属产量不断增长，并于 1780 年达到了新的高峰。在整个十八世纪，白银和黄金的产量分别为五万七千吨和一千九百吨，而最后二十年的产量则达一万七千五百吨和三百五十六吨，分别占总数的百分之三十和十九。黄金的身价抬高了，白银在 1774 年后的英国已成为辅助的流通手段。卡龙于 1785 年不得不改铸金路易，以减少铸币的重量。十分之九的铸币来自拉丁美洲；西班牙和葡萄牙用铸币支付进口，转手交给英国、荷兰和法国。其中，一部分流向亚洲；另一部分用于积储或奢侈。法国的现金流通量约为二十至三十亿，按人口计算，大于荷兰，但小于英国，虽然英国的流通量不超过十亿。除此以外，还有银行的信用货币。货币的充裕使金融家有了资金；可惜的是，根据传统，他们更喜欢把资金借给负债累累的政府，虽然也部分地向生产投资。在这方面，阿姆斯特丹占据世界的首位；尽管阿姆斯特丹银行在向印度公司和市政当局的贷款中受到很大损失，处境岌岌可危，但阿姆斯特丹的金融家却始终有钱借给外国。据说，他们每年都能提供一千四百万荷盾的贷款，投资总额高达十亿荷盾。热那亚、日内瓦和伯尔尼也输出资金。伦敦和巴黎的金融家以向外借款居多。这些大城市的银行家相互保持紧密的联系，等待有利时机的到来，积极准备建立超国界的国际金融网。他们是伦敦的贝林、阿姆斯特丹的霍普和拉布谢尔、汉堡的帕里什、法兰克福的罗斯柴尔德和贝特曼，以及控制着

28 巴黎的、以瑞士人和新教徒居多的外国银行家。在每个中心城市的交易所，麇集着一批“金钱贩子”；期票交易在阿姆斯特丹和伦敦早已存在。

铸币的增多，加上英国发行信用货币和许多大陆国家发行纸币，再加上银行信贷和商业期票的流通，造成了物价的持续上涨。从1730年左右开始，物价平稳被长时期的不稳定所代替，并一直延续到1820年。虽然中间曾有周期性的波动，物价上涨为生产打开了有利可图的前景，从而鼓励人们去兴办企业。以1760年为开端的人口增长从扩大消费和增加劳动力这两个方面为兴办企业起了催化作用。但是，物价上涨仍然是刺激欧洲经济发展的主要因素之一。

最后，西欧与新大陆的关系使它的贸易有了巨大的发展。在法国革命前夕，英法两国百分之四十的贸易是同它们的殖民地进行的；在从殖民地取得的产品中，相当一部分又转手出口。英法在向西班牙、葡萄牙提供其殖民地产品的同时，也就在某种程度上间接地支配西、葡两国拥有的产品。此外，还有在西属美洲和巴西的走私活动。欧洲地主从经营种植园和其他殖民开发中取得的纯收入也可计算在内。根据皮特1798年的估计，英国人在美洲种植园的收入为四百万镑，亚洲约为一百万镑。最后，贩卖黑人的收入十分可观。据估计利物浦的“黑人贩子”每年有三十万英镑进益。在1783年至1793年期间，他们装备了一百一十至一百二十艘船只，卖出了三十万以上的奴隶，价值达一千五百多万英镑。这些资本集中在为数不多的人手里，其中一部分被穷奢极侈的开支所浪费，另一部分被借给国库，或被用于购买地产和储蓄；当然，也有相当

部分向企业投资。从技术的角度看，棉花进入欧洲工业似乎比任何其他事件都更加重要。印花布的制造便由此开始；不仅如此，英国最早的机器也应用于棉纺织业。 29

需要大胆和冒险的航海业培育了第一代革新家；大宗批发和向国家投资起着辅助的作用。这些商人改变了历来锱铢必较的习惯，他们为追逐利润敢担风险，并以尚武好胜的气概去赢得竞争，投机已成为他们进取的动力。至此，资本主义的某些特征开始表露出来，也就是说，资本和企业的集中使经营日趋合理，进而使这种经济方式在欧洲文明的发展中占据头等重要的地位。在十八世纪末，国内的批发业和金融业所冒的风险较小，而远洋贸易显然要碰运气。例如，在法国，对远洋贸易的投资被称作“冒险贷款”；作为补偿，这种投资能赚大钱。经营合理化的进程开始已久：复式簿记制和收付记账法的采用完善了汇兑、商业票据和储蓄银行的技术，并有利于企业的个体化。垄断性的大公司把企业领导权从股东手中夺走，交给了技术人员，这更是一项新的改进。合理化进程远没有结束。由于船主既是商人，又兼营运输，同时还是经纪人、保险人和银行家，职责的混乱依然存在。经营方法的改善速度不快：商品交易所只提供一个聚会地点；期货交易只是个别现象；仅少数商行雇佣推销员。因此，流动赶集的商人仍起重要作用，他们并非在集市设摊售货，而是以批发商身份去拜访零售商。许多零售商，即法国通常所说的“杂货铺”，也并非专一地从事经商。此外，在许多地区，甚至在英国，乡村里竟没有零售商，居民购买物品要靠小贩。

占有远方市场的商业资本主义很早就开始控制手工业，并在

30 农村发展低工资的和不受行会约束的乡村工业。棉花的引进使乡村工业在整个西欧迅猛发展。批发商地位的上升还很不平衡。有些仅满足于收购;而更多的却注重改善生产组织,提供原料和工具,统一规格,负责上浆和印染。他们以辅助工资为诱饵,吸引农民做工,对他们进行培训,增加劳动时间:早在工厂出现以前,妇女和儿童已经被编入了劳动大军。按通常的说法,城市中的所谓“工场”只是指商人在城市中或在城市附近雇佣的工人总体。但“工场”还有另一个含义,因为经过一段时间的演变后,部分或全部工人便集中在同一个车间内,有时甚至居住在附属的建筑物中。工具的昂贵使制造业不适于采用手工业生产方式。采矿、冶金、玻璃、陶瓷、造纸、缫丝、酿酒很久以来就是在企业主直接领导下集中进行的,印花布等新兴工业更是如此。但是,工人的人数一般并不很多。

工商业虽然兴旺了,但农业生产仍然是基础。任何人都十分明白这一点:无论富人或穷人都始终希望成为地主;政治家们也完全懂得,人口的增长要靠农业,而只有人口增加了,纳税人和兵员也能相应增加。可是,重商主义禁止原料出口往往使农业为工业作出牺牲。尤其,当局不顾经济学家和土地贵族的恳求,对取消工商行规犹豫不决。粮食的贸易自由意味着推行面包高价政策,这会激起饥民的暴动。因此,农民不能自行出售粮食:他们必须去市场出售。在那里,顾客们的讨价还价和当局的必要干预压抑着粮价的上涨。内地的粮食流通要受到种种检查;至于海上运输,运粮人必须出示证明,担保船只在本国港口靠岸。陆上运粮要受到当
31 局的盘查和引起居民的反对;粮食出口原则上是严格禁止的。至

于种植自由，政府也不愿给予通融，因为几乎所有的农民对传统惯例仍留恋不舍。

大陆上继续保持着几个世纪以来固定不变的基本特征。唯有佛兰德地区取消了休耕制，开始种植牧草和油料作物，实行集约耕作和牲畜圈养。其他各地主要靠开荒和晒地等粗放的办法来增加生产。在山区或在因土质缺钙而荒芜的地区，农民只在小块土地上耕种，这些土地四周用树桩围着，以防牲畜进入，因为牲畜是在广阔的公共荒地上放养的；人们每隔一段时间，通过放火烧荒开垦出一些地块，然后围起来耕种。在适于耕种的平原，村庄的土地仍实行轮休，北欧三年一次，南欧为二年。每个庄园都有休耕地，北欧的地块呈长条形，比较分散，其余各地比较规则。由于缺少肥料，休耕制似乎是必需的。缺少牧草的农民在冬天只能圈养少量牲畜；其余季节的牧草可取自轮休地、公共荒地和树林。牲畜的自由放牧要求开放耕地。树桩围地的做法在北欧遭到禁止，在其余各地也颇受物议，除非在荒地甚多的地区，例如法国西部，才不受干涉。自由放牧只是在地中海沿岸地区才不如此重要，因为这里耕地不多，位置分散，地块较小，部分耕地可以灌溉或修成梯田，耕地之间还种有葡萄、橄榄和其他果木。由于农民的负担很重，他们没有余力去改进耕作方法，有点积蓄也用于购买土地。他们往往是些文盲，因而极其守旧。尤其，他们顽固地维护自由放牧，认为取消这一传统将使他们无法饲养牲畜。在他们赖以为生的“集体权”中，放牧权占了首位，其次是采伐权，即在森林中伐木，供取暖和建筑之用。

以上是整个欧洲的概貌。然而在十八世纪发生了具有决定性

32 意义的大事：银行组织的发展和新工艺、新机器、新动力的出现导致了生产的彻底变革，工业资本主义代替了商业资本主义的地位，成为促进经济发展的动力；与此同时，近代农业的轮廓也逐渐形成。

这些革新主要发生在英国：英国在开始觉醒的西欧遥遥领先，而中欧和东欧则依然一团漆黑。

二、英国的经济革命

十七世纪末的经济发展明显地对英国有利。在十八世纪，英
33 国拥有的船只数量增加了两倍，吨位增加了三倍。英国造船量仅1788年就达九千六百三十艘，载重量达一百四十五万三千吨。1790年出入英国港口的船只等于1714年的三倍多。进出口贸易额从十八世纪初的六百万英镑增加到进口额一千九百万和出口额二千万。英国由于整个国土离海不远，沿海航运方便，而且优越的地理条件使它容易地建成了运河网，此外还根据麦克－亚当的设计修筑了一些道路，所以，它国内贸易的增长比其他国家容易。英国使用煤炭也比大陆更早和更多。从十五世纪起，英国的商业资本家就不以控制城市手工业为满足，开始发展乡村工业。

据估计，在1740至1800年间，英国的流动资本增加了十四倍。英国从出口贸易、贩卖黑人、开垦种植园、出租船只和经营保险业中取得了大量铸币，因而在十八世纪最后的二十五年已基本上实行了金本位制。然而，早在1694年，商人与国家已经一起在新的基础上创办了伦敦银行：一方面以黄金储备作抵押发行银行券，另方面对商业期票开办贴现业务。到了1789年，银行券的流通额约为一千万至一千一百万英镑，虽然在各郡的流通额不超过 34
一百万。但从1695年起，苏格兰也有了发行银行券的银行，1783年在都柏林又创办了这样一家银行。此外，伦敦约有六十家私人银行，外省约有三百家，苏格兰和英格兰也有，它们往往发行银行本票。如同大陆的金融家一样，伦敦银行在某种程度上也屈服于国库的需要，对大臣签发的财政证券和支票必须一概接受。但是，它还用银行券做商业期票的贴现，从而为企业开放了短期贷款。伦敦银行虽然只与本地客户有业务往来，但它允许某些也从事贴现业务的私人银行在它那里立户，因而实际上起着超级银行的作用。

工业革命进一步巩固了英国的领先地位。随着煤炭代替了木材，钢铁业分别于1783年和1784年采用了搅拌炉和轧钢机。机床的增多使铁的用途更加广泛，人们开始用钢铁建造驳船和桥梁；伯明翰的五金用品名扬四海。工程师的职业地位日渐提高，后来的莫兹利便是享有盛名的工程师之一。棉纺织业技术革新的影响更大：珍妮机、水力机和克伦普敦在1780年发明的骡机使纺纱实现了机械化，卡特赖特接着发明的织布机使织布的效率跟上了纺纱的进步。陶瓷制造和印染技术也在改进中。蒸汽机的发明以及瓦特于1764至1789年对蒸汽机的改进向人们提供了新的动力，并逐渐显示出其无比重要的意义。

工商行规一天天在被破除，商人纷纷向印度公司的垄断挑战。然而，重商主义并没有丧失其全部地位，它继续用保护关税、殖民地的专营贸易权和航行法规对付外来竞争。另方面，随着分散的

“自由放牧”地被合并和公地被瓜分，农业正沿着解放和现代化的道路迅猛前进，圈地正逐步成为可能，自由放牧正陆续被消灭。圈地的主张并不新鲜，但它的全面推广却在贵族通过第二次革命掌
35 握了全国政权以后才终于实现，议会于1780年才以法律形式把它固定下来。苏格兰的贵族把圈地扩大到苏格兰高地。由拥有知识和资本的农庄主经营的大庄园取代了自由放牧，他们发展牧草种植，增加牲畜数量，实行圈养和选种；这使英国的畜群名声大振。在1688年后不久，大地主开始主张生产粮食，实行了谷物法：谷物法一反以往的传统，准许粮食出口，但在粮价不利的情况下禁止进口。

新技术的纵深发展要比长期以来人们所想象的缓慢。圈地虽然发展最快，但个体农民在部分地区仍然存在。直到1788年，只有一家棉纺厂使用蒸汽机；二十七座高炉生产五分之一的生铁，其余炼铁设备仍用木材做燃料；织布还没有采用卡特赖特的织布机；毛纺工业根本谈不上使用机器；在伦敦，除酿造业外，手工业方式占着统治地位。英国的银行业虽然十分发达，但仍不能充分满足企业的资金需求，因而资本主义集中受到一定的限制：合股公司不但必须经过议会批准，而且不能适应英国的国情。

此外，随着蒸汽机的使用，改善交通已成为当务之急。船舶制造有了改进，从1780年起，船身开始包有铜壳。但是，船身依旧由木材制成，造船的数量和大小取决于木材采伐（造一艘大船要用四千根栎树干）和树干的长度（一万根栎树干中只有一根可做桅杆）。大多数船只不超过百吨，只是印度公司才有几艘超过八百吨的船只。还有，帆船行驶速度既慢又不安全。驿车有了一点进步，最大

的运货马车载重不到一千五百磅，而且至少要四匹马才能拉动。大批劳动力从事运输，工业一旦实现了机械化，这种状况很可能使工业陷于供应不良和销售不畅的两个极端。

然而，新时代即将到来。英国的人口有了增长，部分居民又从事工业，粮食已不再完全自给。在 1789 年英国发生的粮食危机中，虽然在一定程度上是由于歉收的缘故，人们却把责任推给机械化的不完善和对机器的迷信。伦敦银行的贴现额从 1788 年的五 36
千八百万镑下降至次年的三千五百万镑。人们指责私人银行随意放款，造成了生产过剩；人们指责棉纱生产过多，使手工织布消化不了。人们还说，东欧的战事关闭了原有的市场，而新的市场又没有打开，致使经济陷于瘫痪。大英帝国的优势直到法国革命和拿破仑时期才真正建立起来；那时候，英国才向反法同盟诸国提供了财政支持，称霸海洋，逃避大陆封锁和为本国工业打开新的市场。

三、欧洲大陆的落后

欧洲大陆明显地落后于英国经济，即使西欧各国也是如此。
法国并不例外，虽然它在大陆占着首位；越往东去，停滞状态就越 37
加严重。

银行最早出现在意大利的热那亚和威尼斯以及荷兰的阿姆斯
特丹，但这些银行只是普通的储蓄所，付款凭证虽然允许转手，但 38
毕竟起不了银行券的作用。没有一家银行做商业贴现。法国在 1776 年后才有了一家“贴现金库”，由国家批准发行纸币，支付存户向他们的客户开出的汇票。这种纸币仅在巴黎及其附近流通。私人银行为数甚少，奥尔良等大城市竟一家也没有。私人银行非在特殊情况下不敢贸然使用本票。法国只有巴黎一个城市由于税款集中而银根充裕；在外省，信用贷款很难得到，利息也很高。商业期票在意大利甚至不能贴现。一般说来，企业主拥有的资金完全是他个人以及亲友的投资，或者由企业主的地产作抵押。另方面，企业主不得不放宽买主的付款期限，即使极其富有的买主也往往采用“骑士式”的通融票据。法律只承认所谓“通用公司”，即合办的无限股份公司。成立有限股份公司必须取得国家的批准；股
39 票是具名的，或至少在公司的同意下才能转让。此外，经理和股东的责任没有法律的明文规定。由于法国的习惯法很不明确，它只是把经理和股东的责任限制在股份范围之内。同英国相反，大陆各国的银行起不了集中游资并向企业投资这样的杠杆作用。

在英国人看来，阿姆斯特丹和汉堡是重要的金融中心；里斯本同样如此，它在伦敦的汇兑市场占着举足轻重的地位，自从梅都恩协定以来，葡萄牙几乎成了英国的殖民地。只有法国依然是英国的竞争劲敌，法国的贸易额在大革命前夕打破了十亿大关，足以与英国相匹敌。法国的贸易诚然有逆差，出口额为五亿四千二百万，进口额达六亿一千一百万，但其中二亿的进口额来自殖民地。法国虽然拥有二千艘远洋货轮，但海运却发展不快。国内运输也显然落后。通航的运河有南方运河和佛兰德运河；在毕卡第和勃良第开凿的另外三条运河尚未完工。河道使用很少，在夏托—梯叶里和芒特，每年过往船只分别仅有 200 艘和 400 艘。利用农民的劳役修筑王家道路网的巨大工程正在工程桥梁局的工程师指导下

继续进行,完工尚颇费时日,大道间的通路和乡村小路则毫无眉目。国内的税卡林立造成了严重的地方主义;省际的粮食交流还刚刚开始,各省几乎普遍种植葡萄。首都的产品主要供应本地及其近郊,向外地的输送不超过七万五千吨,南部地区更鞭长莫及。

按照传统,大宗买卖在法国占着首位,海上贸易在马赛尤其兴旺;到了十八世纪,南特的地位不断上升,接着在十八世纪最后几十年,又出现了波尔多。许多工业,特别是炼糖业,保证了各海港的日益繁荣。为国王服务的金融业已积累了巨额资产。商业资本主义支配着手工业。从十六世纪起,里昂的"制造商"实际上就是买进蚕丝和出口丝织品的批发商:他们把生丝分发给织工加工。40
乡村工业有了很大的发展,并于1762年获得了御前会议正式批准。许多外省均从中受益,特别是佛兰德的棉麻毛织品,康布雷齐、埃诺和韦芒杜瓦的细麻布,上诺曼底的"鲁昂织品"和呢绒,曼恩和布列塔尼的麻布,香槟和奥尔良的针织品和朗格多克的毛料。此外,还有为国王生产奢侈品而开办的名副其实的手工工场,为海军制造船锚和大炮、为陆军制造枪支和刺刀的兵工厂。私人也创办了冶金等大企业,例如勒克勒佐工厂和佩里埃兄弟的夏约工厂。奥贝坎布在阿尔萨斯和茹依昂若沙开设了纺织厂和花布印染厂。化工业有沙普塔尔在蒙彼利埃开设的工厂。政府当局倾向放宽工商行规,但仍在摸索中。杜尔哥取消了行会;后来,行会又改头换面地复活了。工商界人士在专营贸易权和关税保护的问题上寸步不让,因为英国的现代化生产对他们是莫大的威胁。1786年协定激起了无数人的抱怨。

法国人并不缺乏创造精神:贝尔托莱于1785年改进了漂白工

艺；在这以前，蒙戈费埃把气球送上了天。他们对新机器并非无动于衷，英国人向他们提供了棉纺机械。然而，直到1789年，法国拥有的珍妮机估计仅九百台，而英国却有二万台。佩里埃兄弟工厂制造的蒸汽机还只用于昂赞和阿尼希的煤矿和克勒索工厂。冶金业变化很小，一般均使用木柴，而且十分分散。

据皮埃尔·莱翁的考察，1730至1830年间的工业增长速度在不同地区间，尤其在不同的生产部门间，是很不平衡的。传统的纺织业（即毛织和麻织业）发展缓慢：整个法国在一百年内增加了百分之六十一。在技术进步和巨额投资刺激下的“新兴”工业，如
41 煤矿、冶金和新型纺织业则发展甚快。煤炭产量的增长竟高达七至八倍。至于冶金业，直到大革命时还进展不大，后来才飞速前进。在棉布和印花布方面，鲁昂地区的棉布于1732至1786年间增长了百分之一百零七，米卢兹的印花布交易额自1758至1786年增加了百分之七百三十八。丝织业虽然属于旧工业，但在普遍繁荣的带动下，也以新兴工业相同的势头向前发展：里昂的织机数量自1720至1788年增加了百分之一百八十五；多菲内的风动丝织生产量（重量）自1730至1767年增加了百分之四百。

农业生产继续在缓慢地发展。玉米种植使西南部的农业有所改观；葡萄的种植面积不断扩大，但马铃薯和牧草的种植则尚未出现。政府竭力改进畜牧业；农业团体为此提了许多好的建议。然而，传统基本上没有改变。为了增加粮食产量，人们往往盲目开荒，对集约耕作注意不够。贵族很想听取重农学派的劝告，向英国学习。但当局在这方面表现得犹豫不决。路易十五满足于在几个省准许圈地和瓜分公地，因而成效甚微。粮食贸易的问题也颇费

踌躇：贝尔坦和杜尔哥先后废除了国内的运粮法规，但在二人去职后，旧法规经略加修改又重新恢复。

法国本质上仍是一个农业和手工业国家。资本主义的发展和经济自由遇到巨大的阻力。这对大革命具有很大影响：第三等级内部的大资产阶级和平民阶级发生分歧；救国委员会的经济统制政策遇到生产分散和运输不畅的障碍；对传统经济留恋不舍的法兰西民族并不认为建立在信贷和出口基础上的"现代伽太基"将能无往而不胜。

周围邻国的发展方向与法国相同，但发展速度却不尽一致。除荷兰外，其余各国从开发新大陆中得利较少。在卡洛斯三世批
准了几个港口同殖民地直接贸易和加强了关税保护以后，西班牙 42
似乎有了一点进步，特别是加塔洛尼亚地区。乡村工业，首先是棉布工业，唤醒了瑞士、黑森林、萨克森、意大利北部等地区，但机器生产还只是个别现象：瑞士采用了珍妮机，而在克姆尼茨，珍妮机到 1788 年才刚刚出现。鲁尔地区开始引进炼焦炉。

除波罗的海毗邻地区外，中欧和东欧还很少参与国际贸易，商业资本家仅在一些港口和少数内陆城市立足，主要从事原料出口。开明君主们效仿西欧推行柯尔培尔主义，但其效果比西欧要差得多。他们鼓励发展手工工场，或直接创办手工工场。西里西亚和乌拉尔的采矿业和冶金业纷纷发展壮大起来。在有些地方，批发商控制了手工业者，例如西里西亚的织工。乡村工业在波希米亚开始发展；普鲁士政府禁止开办乡村工业，因为城市更便于征收消费税。农业的变化很小。曾有少数人，例如德国的塔埃和科尼斯堡的克劳兹，鼓吹采用英国的方法，但响应者寥寥无几。波罗的海

贸易的发展鼓励了附近地区的粮食生产:人们用粗放的耕作法扩大粮食生产,贵族竭力排挤自耕农,以扩大他们使用劳役经营的领地。但政府并非始终放任不管;普鲁士国王对贵族圈地作出一定的限制。只是在丹麦的石勒苏益格和荷尔斯泰因,才允许乡绅进行圈地。

在英国经济革命的推动下,欧洲逐渐确立其优势地位,而在十八世纪中叶,能否取得这一优势似乎还值得怀疑。木材变得稀少了,工业生产在缓慢地发展着,农业有不能养活全部劳动力的危险。如果西欧在新大陆治理不善,殖民开发是否会把新大陆罗掘俱空呢?欧洲是否会像罗马帝国的命运一样,让纯商业和纯金融的资本主义最后以被征服国的破产而告终呢?这似乎不是没有可
43 能的。暂且看来还有希望:煤和铁将取代木材,蒸汽和各种机器将使劳动效率成倍增长,而农业将能养活劳动力。不过,这还需要欧洲大陆推行新的经济政策。假如和平得以维持,这只是个时间问题。

四、欧洲的富裕

无论如何,欧洲正变得富裕起来,西欧当然更是如此。究竟富裕到什么程度,人们却说不清楚。据说,英法两国的国民收入在十八世纪翻了一番;两国增加了税收和发行了公债。英国的公债从1701 年的一千七百万镑增加到 1784 年的二亿五千七百万镑;法国的公债在 1721 年仅十七亿里佛,而在 1789 年则上升到四十五亿里佛。人们在伊姆拉的结算中注意到,进出口贸易不是英国致

富的主要原因。对外的债务清算对英国也并不有利，因为大量资金被用于经济投资和工业投资，以及购买政府的公债。当然，除了出口商品以外，英国还可赚得运输费、保险费和佣金。但在当时，英国没有向欧洲大陆输出资金。相反，它吸收了荷兰人和日内瓦人的大量存款，这削弱了它在对外债务清算中的地位。从伊姆拉的计算中可以看出，英国在开发海外领地中得到的收入占着最重要的地位：贩卖黑人、种植园投资、印度公司职员的薪俸和退休金、44
殖民地产品的商业投机。毫无疑问，伊姆拉的结算不仅对英国，而且在不同程度上对其他殖民大国都是有效的。物质生活的优裕和人与人关系的缓和开始向纵深发展，虽然得益的主要是统治阶级。

有钱人历来喜欢炫耀，但十八世纪的风尚却是追求舒适和享乐，而且追求的程度根据各人的知识水平的不同有高低之分。除了供摆排场的大客厅外，人们还要求甚至更喜欢布置一些令人赏心悦目、又可随意取暖的整套房间。家具也为同一个目的在演变，体积由大变小，线条由直变曲，座椅铺上软垫，因而不仅比以往更加舒适，并且因装饰的千变万化和精雕细刻而变得更加迷人。异国情调也给装饰增添奇彩，桃花心木风行一时。在庞贝发现的亚历山大时代的装饰开始流行起来。彬彬有礼使沙龙的社交生活文明化了，男子向妇女的恭维也以巧言妙语的方式而保持含蓄。巴黎咖啡馆中流动的社交关系则比较自由和混杂。人们的求知欲更广了，学士院、阅览室、各种讲课和报告会如雨后春笋般发展起来。感情、爱好、善行和慈悲使享受具有多种形式。许多不像塔列兰那么富有的人后来也对1789年前“甜蜜的生活”留恋不已。

手工业者、店铺主和富裕农民从普遍的富裕中得到好处，某些食品消费量的增长足以证明这一点。在大革命前夕，茶叶消费在英国开始普及；1784 年茶叶进口量达八百五十万磅，走私还不算在内。由于皮特降低了关税，茶叶进口量在 1786 年就上升到一千二百万磅。咖啡在法国获得了同样的成功。食糖的吸引力也相应提高。据说，英国人的食糖消费等于法国人的十倍多。还要加上巧克力、烟草、啤酒、葡萄酒和烧酒。雇佣工人的增加特别引人注目：法国在七年战争后反而增加了三百万人；在整个十八世纪，英国从五百五十万人增加到九百万人；奥地利从二千万到二千七百
45 万；西班牙从五百万到一千万；意大利从一千一百万到一千八百万。饥荒的减弱和工业发展提供的条件降低了死亡率。

在许多问题上，这里还需作一点保留。中欧和东欧的贵族没有改变他们对“下属”进行体罚的习惯；在西欧，贵族的这种习俗虽然变得温和了，但并不是心甘情愿的。他们总认为自己高人一等，往往以纵情放荡和肆意挥霍而自鸣得意。在平民阶级方面，贫困和无知使酗酒和滋事习以为常。小资产者、手工业者和富裕农民最安分守法，但有时也不免表现得粗野和严酷。

总之，人们因富裕而感到乐观，进步的观念就是这种乐观主义的思想体现，它激励当时的人放心大胆去从事随着社会和精神状态的变革而必须进行的制度改革。

第三章　社会 46

在欧洲大陆上，社会结构保留着贵族的痕迹；这是旧时代打下的烙印，在那个时代里，土地几乎是唯一的财富，土地占有者把土地耕种者的各项权利一概据为己有。已对国王俯首称臣的教士和
贵族依旧享有特权；国家虽然从领主那里夺回了大部分王权，但仍 47
让他们对其领地内的“村野小民”拥有一定的权威。除开瑞典、弗里斯等地区的农民构成单独的阶级外，大陆各国的居民几乎都统称为第三等级，他们在享有特权的贵族面前，始终处于生就低贱的地位。

等级的分立尚不足以概括社会阶梯的全貌。出于某种经济的或政治的考虑，国家不仅对某些省市，而且对每个等级中的某些集团，宽容地给予“豁免”或“自由”的特权。为了达到分而治之的目的，国家维护行会组织，而行会原则从上到下都建立在权利不平等的基础之上。

在西欧，尤其在法国，动产的实力和资产阶级的能力在不断增长，平民阶级在获得解放，生产劳动、创造智慧和科学知识的优先地位更趋明显，这些演变破坏了旧的社会结构。

但是，在这方面，英国仍然不同于大陆各国。几个世纪以来，历史环境（岛国的地位至少可以对此作出局部的解释）使英国社会

具有独特的性质，随后的经济高涨又进一步加强了这些特性。

48
一、教士

君权神授的传统使国王和教会互相依赖，国王强制他的臣民信奉宗教。正统的教会拥有举行宗教仪式和从事民事登记的特权，它主持教育和济贫事业，并控制人的精神活动。除了强制和信仰这两个因素外，教会的影响还在于它拥有土地和收取什一税。教士不仅是三个等级中的第一等级，而且是一个由其自身的等级制和纪律所牢固地统一起来的、并由其特殊的集会和法庭所严格地组织起来的“群体”。

然而，凡在胜利地进行了宗教改革的地区，这种至高无上的地位已经被削弱了。在各基督教国家，担任教会首领的国王把牧师当作自己的附庸；即使在主教出席议会的英国，国教也不再能任意“召集”教徒举行集会。教会的财产已部分地世俗化了，教士的苦修生活已经被取消。独立思考精神使教会内部派别林立。教会容许派别的存在，但还没有实行完全的信仰自由：非国教的新教徒受到种种限制，天主教徒则往往有过之而无不及，他们只是勉强维持基督徒之间的社会联系；至于对犹太人和无神论者，当然是一概排斥的。最后，由大学培养的牧师浸透了理性主义思想。这个变化激起了神秘论者的反对，造成了宗教狂热的“复苏”和反扑。但这个变化并非毫无好处，教会在失去世界统一的宗教领袖以后，开始在各个国家里同正在形成的民族感情紧密地结合在一起。教会为顺应思想的潮流，甚至把教义降低到象征的地位。从此，教会便很

少同国家发生冲突，并在社会上保持着伦理的影响。在俄国，沙皇 49
同时是东正教的教主，叶卡特琳娜二世强迫教会把大部分财产交给世俗当局。拥有大量异族居民的俄罗斯帝国听任各民族信仰自己特殊的宗教，仅仅禁止东正教徒改宗其他宗教或转向异端。

在依旧信奉天主教的国家里，情形便不同了。教会保留着自己的财产、特权和独立的组织。法国教会只同意给国王无偿的赠与，赠款由教会自行征集。德国的红衣主教、主教和教士，如同意大利的教皇一样，是世俗的君主。教义在原则上仍保持统一，诉诸教皇是教会对抗国家的最后一道防线，这种情形在法国革命时将可以看到。

许多人怀有幻想，以为教会的衰落预示着灭亡。教皇的威信在下降。波旁王朝已强迫教皇取消了耶稣会的秘密组织。根据传统，英国国教不得觊觎世俗权力，它的权威仅限于教士的范围之内，国王不受它的约束。约瑟夫二世制订了详尽的规章限制天主教组织，庇护六世竟不敢与他决裂。事实上，信仰褊狭已有所缓和，宗教裁判所只在西班牙尚能猖獗。人们逐渐把神甫看作是从事伦理教育的公职人员，希望解除神甫对教育和济贫事业的领导，以便刷新教会的面貌。对修道士的敌视，首先对隐修士的敌视，已是相当普遍的现象。

此外，教会内部似乎也在解体。主教们程度不同地要维护对教廷的独立，英格兰国教的情形更加突出。德国的费布朗尼乌运动也朝同一个方向发展，并取得了一定的成功，不久前召开的艾姆斯主教会议足以证明这一点。在意大利，李奇主教领导下的皮斯托亚教区会议走上了同一条道路。李奇的主张在法国教士中有一定的影响。教皇至上主义者指责这些顽固分子怀有冉森主义的打算，这就意味着，统一教义并不比执行纪律容易。

教士在各国都只占居民的极少数。据一般估计，法国约有十三万名教士，其中担任世俗职务和教职的各占一半。从社会的角
50 度看，财富使天主教会的影响和团结受到损害。教皇如果同国王发生冲突，就有丧失他在所在国的财产的危险。贵族们把他们的子弟安插在主教、副主教、本堂神甫的要职上；低级教士和教徒们纷纷抱怨教会的钱财被人挪用。教士并不构成一个阶级，而是一个等级，其中贵族和平民各占半数。真正的贵族是拥有封号的贵族。

二、贵族

贵族在大陆各国构成一个等级，往往也是一个群体，但在法国
51 并非如此。贵族世家载入封册，享有特权，不得纡尊降贵。采邑分封制依然存在，封臣向宗主逐级缴纳贡赋，保持世袭的主奴关系。凡在国王允许平民取得封地的国家，往往向平民征收一种特别的捐税，这在法国叫做“采邑捐”。贵族有自己的习俗，其突出的表现是长子权。贵族在其领地内不但主管村庄中部分的司法和公安事务，而且享有某些荣誉性特权，以及从事狩猎、开设磨坊、征收捐税、征用劳役、使用农奴等垄断权（这种情形在东欧和中欧尤其突出），还有由贡赋所体现的对土地的名副其实的领有权。贵族还保留一个庄园，或者自己直接经营，或者出租给他人经营。

贵族是世袭的；在原则上讲，出身决定贵族的地位；为保持血

统的纯洁，贵族必须门当户对才能通婚。他们自认为与“卑劣的”平民血统不同，即使在生活方式上也注意显示自己的高贵。他们身佩长剑，毕生以征战为业，或者辅佐国王，出任大臣、总督、特使或巡按使等要职。彼得大帝为迫使贵族就范，笼络他们担任世袭的官职。有的贵族子弟被安插在教会。但是，如果他们屈尊下就或经商谋利，那便是败坏了门风。柯尔培尔曾把海外贸易算作例外，但这没有产生很大的效果。在金钱的有力推动下，经济的飞速发展给封建贵族带来了灾难。他们不再能从战争中夺得战利品和赔款，相反却随着物价的上涨、生活的日益奢侈和遗产的分割，祖业变得越来越小了。于是，在贵族内部产生了财产和生活条件的极端不平衡；贵族的成员在减少，但资产者很久以来一直在贵族队伍中填补空额。

很早以来，国王就有把他的大臣晋升为贵族的权力。为了增加收入，国王把他在行政、司法、财务和军事方面的部分权力作价出让，同时也让贵族担任某些要职，借以抬高官职的价格。例如在法国，捐纳官职是个十分普遍的现象，由此产生了一些担任行政和市镇官职或徒具其名的长袍贵族，他们的职位或者是世袭的、或者只及个人，但在一定条件下也可传给后代。这些新贵族通过婚姻
和职业联系结合在一起，构成一个特殊的集团。他们用自己的财 52
富和影响加强着统治者的力量，并且狂热地把统治者的气派、傲慢和偏见接受下来。但他们同时也改变着统治者的精神状态，并使之资产阶级化。佩剑贵族仍然专一地从事作战，但他们如今出外打仗，不再是出于他们的爱好，而是根据国王的命令和履行自己的义务。

越是接近东欧，经济发展越是缓慢，资产者晋升贵族的机会也越少；捐纳官职根本不存在，统治者保持着紧密的团结。因此，根据不同的国家，贵族的政治势力和政治态度也有明显的不同。在中欧和东欧国家，由于资产阶级人数较少，贵族主要对国王的权威十分眼红。在西欧，特别在法国，贵族同时与国王和资产阶级相对立，一方面对压制他们的王权深怀忌恨，另方面又对咄咄逼人的新兴资产阶级拼命排斥。贵族的人数的确不多，但历来对他们人数的各种估计之间分歧甚大，比对教士人数的估计分歧更大。西哀士认为法国约有十一万名贵族，他大概只算了世袭贵族，非世袭贵族肯定不包括在内。

三、资产阶级

资产阶级既不是等级，又不是群体，而是法国人所说的第三等
53 级中最富有和最能干的那部分人。资产阶级在联合省早已占着压倒的优势，随着经济的高涨，他们在法国的地位也大大加强。意大利和西班牙的情形就远不如法国，在中欧和东欧则更差。资产者来自社会的基层，少数农民和手工业者依靠劳动和积蓄，以及主要靠商业投机的运气，爬上了这个位置，中间商总是比生产者更容易和更快地发财致富。

资产阶级的组成成分远不是那么整齐划一。严格地说，自认为是资产者的那些人无非是少数发了财的平民，他们可以不用做工而靠自己的财产过着贵族式的生活，这些财产或者是土地，或者
54 是年金，少数是动产。他们勉强能接受与以下两个集团的成员为

伍，但要求这些人必须同样有钱，而且毫无例外地不从事体力劳动，只担任官职或领导职务。

在这两个集团中，最团结和最稳固的集团是国王的官吏，他们也是整个民族中最有文化的集团。他们在法国人多势众，由于官职是用金钱买来的，官员对王权保持一定的独立性，他们根据自己的职务，分别在审判所、税务所和财务所组成维护自己特权的集团。随着一部分官吏晋升为贵族，资产阶级同官吏中的长袍贵族的交往日益密切。另方面，附属于这些机构的许多法律界人士——公证人、检察官、执达吏、还有自成系统的律师——也购买自己的职务。于是便形成了一个中间阶级，在金钱的保证下，通过中间阶级的途径达到提高社会地位的目的就完全可能了。在其他自由职业者中间，只有少数著名的医生、学者、作家和艺术家才能跻身他们的行列，但始终以收入相称为条件。否则，他们即使能进入沙龙（至少在法国是如此），却不能享受平等的待遇。

另一个集团包括金融家和实业家，他们的名望较低，却往往更加有钱。包税人、王家采办和王家供奉等为国家效力的金融家地位较高，有的甚至晋升贵族，信奉新教的外国人奈克尔被提拔当了大臣。造船主、批发商、制造商的人数虽多，但势力不大。在某些城市中，他们以商会或商事法院为依托，制造商也加入本行业的行会。旧制度下的这个资产阶级就是我们所说的大资产阶级。他们同贵族一样，只占居民中的极少数。行会组织在排外性方面与贵族完全相同。库尔诺写道，一个集团对另一个集团的“种种蔑视”
阻碍了团结；而每个资产者历来都梦想跻于上等阶级的行列。在 55
法国，他们的地位如今已上升到这样的程度，以致政府开始把他们同仍然富有的贵族一起统称为“缙绅”，这个由金钱创造的和打破了门第隔阂的社会范畴已经构成现代的资产阶级。

然而，未来却为这些不同的成分准备着不同的命运。旧制度下过着“贵族式”生活的资产阶级将如同贵族一样在大革命中受到损害。至于官吏和自由职业者，他们从十六世纪以来提供了大多数科学研究和启蒙哲学的大师；与此同时，履行公职和经营产业使他们学会了管理行政事务和发号施令，这为他们即将领导大革命做了思想准备。然而，由于他们省吃俭用，并把积蓄用于地产投资，他们毕竟也有了一笔财产，因而在大动乱中不免受累。总之，同金融家和商人相比，他们从革命中得到的利益较少。唯利是图的金融家和商人拼命地扩展他们的势力，他们只看到新思想和新变革对资产阶级有利；而实际上，资本主义的发达和资产阶级的命运取决于他们对兴业、投机和冒险的狂热爱好。

我们所说的中间阶级或小资产阶级也就是缙绅们和革命民主派所说的“平民”，缙绅谈到“平民”时带有轻蔑的口吻，革命民主派则对“平民”显得亲切。资产者把这批人看作是下等人，因为他们从事体力劳动，至少有时要从事体力劳动；总之，他们都是体力劳动者出身。其中的驿站站长，营造商、出版商、印刷厂主、药剂师和少数外科医生（多数外科医生同剃头匠一样是些穷光蛋）因享有特
56 权，或因特别的行规，或与自由职业者相近，占着首要的地位。人数众多的手工业者和零售商的生活条件差别极大，其中一部分成员组成了行会，专门经营食品、衣着、鞋帽、理发、房修和家具等行业，他们的地位随着顾客的地位而上升或下降。最低级的小资产者是些经营百货、修鞋、饭铺的小店主和小商贩。以上所有的小资

产者，不论他们属于哪个范畴，都对资产者的高傲感到恼怒，但他们却以同样的态度去对待无产者。据罗伯斯庇尔的房东勒巴斯夫人说，她的父亲营造商杜普莱如果与他的“仆人”（即他雇佣的工人）同桌吃饭，那会被认为是有失身份的。

对于以上的分类，还需要作一个重要的订正。在十八世纪，有才干的知识分子日益与有钱的权贵们相抗衡，他们主张的等级制与金钱等级制是不同的。在“殷实富户”之外，教授、文人、小说家、学者、艺术家、音乐家、歌唱家、演员和舞蹈家组成一个松散和混杂的团体，他们往往刻苦勤奋，但对品行操守却不很严格。公证处、办事处、商店和工场中的文书也自认为属于中产阶级，因为他们不参加体力劳动，在生活方式上与中产阶级又没有不同，他们中间有不少人还是能说会道和著书立说的人才。这些有才无财的“人物”，或用布瓦西·唐格拉斯的说法，这批“少数野心家”当然积极主张权利平等，他们无论在何时何地都是革命的酵母，而且他们中间后来确实涌现出了相当多的革命家。

最后，人们可以注意到，虽然门第、出身和职业都是决定个人地位高低的一个因素，但富裕程度毕竟是这个无形阶梯的决定性因素。这个阶梯意味着细密的分工，同时也表明各阶层普遍怀有提高自己地位的愿望和日益强烈的个人主义。这个西方文明的显著特点在中欧和东欧方面逐渐趋向淡薄。农民的情况也不相同。

四、农民 57

农奴制在大陆的西部地区依旧存在，其中包括农奴对土地的依附，对遗产的严格限制，不准私立遗嘱，以及承受各种人身义务。
58 但一般说来，农民还是自由的。农奴也罢，农民也罢，他们都能祈
求国王裁判权的保护。自耕农仅占有部分耕地；其余的大部分土地以分成制或租佃制形式由他们承租，因为贵族、教士和资产者很少自己经营。在法国，路易十六废除了对农奴的追及权；三分之一的土地掌握在农民的手里，他们对拥有所有权的土地可以自由支配，世代相传，不受干预，因而法学家们通常称他们是自耕农。法兰西王国农村居民的境遇是相当优越的，虽然各省之间有很大的差别。法国周围的地区，如在加塔洛尼亚、巴斯克地区、皮埃蒙特和莱茵地区，以及特别在尼德兰，情形也是如此。但在卡斯蒂利亚
59 和安达卢西亚，以及在意大利南部，条件简直恶劣极了，贵族听任
大片庄园荒芜。

在欧洲各地，资产者、城市居民或贵族全都认为农民是些无知的“村俗”，他们生来就要供养统治阶级，向国库提供比别人更多的钱财和养活城市居民。乡村居民要服从领主的权威，承受种种人身义务。即使自耕农也要缴纳包括领地附加捐、领主年金（即法国所说的田赋）、土地转让捐等各种贡赋。此外，教士还征收什一税（有时什一税归世俗机构），它一般比领主权的负担更重。国王单独征收国税，至少在法国，这种税收不但特别沉重，而且一方面由于缺乏丈量和统计，另方面由于各税区体制不同，负担很不均衡。农村居民几乎全都要缴人头税，贵族只付人丁税和念一税的很少部分，资产者略受照顾，教士完全免除。然而，最使农民恼火的还是盐税和助税。最后，农民被迫将产品供应市场，为城里人服务。农民觉得他们同过去一样在当牛做马。

在对待领主、什一税、国税和城市等问题上，乡村表现得团结一致，但乡村中存在的不平等损害着团结的巩固。村里的若干“首户”往往是些大佃户或自己拥有地产的农庄主，他们操纵地方事务，向村民发号施令。其次是少数占有相当土地、经营农庄和能够自给自足的殷实富户。作为农业资产者，他们不但能出售部分产品，而且能适应农业的革新。但大多数农民则因土地太少难以养家活口，不得不打临工或从事一项辅助职业，如加入乡村工业为批发商服务。他们的劳动所得仅够维持生计，无力出售商品，因而强烈坚持传统的耕作制和集体权，反对合并农庄和扩大经营。葡萄农由于不得不购买部分或全部粮食，往往在粮食贸易问题上站在城市消费者一边。总之，如果以为所有的农民都拥有土地和农庄， 60
这种看法是错误的。当时，在法国的某些地区，尤其在波河平原、意大利南部和安达卢西亚，没有任何土地的农民占农村人口的大多数。他们是名副其实的无产者。

虽然如此，在随着资产阶级的强大而两极分化的西欧，农民的生活条件与东欧和中欧的情形相比，恰成鲜明对照。在莱茵河和易北河之间的地区，在波希米亚、奥地利和普鲁士，乡村的情形从十五世纪以来，尤其在三十年战争以后，变得更加恶劣：农奴制已经普遍推广。在普鲁士王国，农民即使不是西欧通常含义上的农奴，至少也是依附于土地和受贵族任意处置的“家奴”，虽然他们在理论上依旧是国王的臣民，并有权向国王的法官申诉。除了国王特许的某些资产者外，唯有贵族才能拥有土地所有权：他们临时出租部分采邑，而大部分地产则依靠劳役直接经营；这些劳役实际上是任意强加给农民的；此外“仆役”的孩子也必须送到贵族家中充

当仆人。波兰和匈牙利的情形更坏，农奴不准向一般司法当局告状。俄国的农奴与奴隶相差无几，因为贵族可以不连带土地单独出售农奴，甚至把农奴送往西伯利亚流放。

五、英国社会

欧洲大陆看到，英国社会的某些特点与西欧相类似；其实，不
61 同点远远超过相似点：几个世纪以来，英国社会显然具有与众不同的特点，经济的发展和革新使这些特点显得更加突出。

从原则上讲，所有英国人在法律面前一律平等，毫无例外地必须纳税，就任官职时不考虑门第出身，贵族和资产者之间不再有不可逾越的鸿沟。等级界限的确是淡薄了。封臣对宗主的隶属和义务已不复存在。贵族从事征战的特点开始消失。有关领主权的陈规旧例已被合并到民法中去，并且同采邑制一起在圈地运动中被取消。各郡的骑士历来同资产者一起在平民院平起平坐。严格说来，贵族的特权只剩下爵士享有的豁免权，爵士的子孙同乡绅一起与平民百姓为伍。另方面，爵士和乡绅从事商业不受限制，并不被认为“有失身份”。社会地位的高低主要取决于财富的多少。

爵士和乡绅保留了土地所有权和地方行政权；国王的官吏为数不多，购买官职仅在军队中盛行，因而没有形成长袍贵族。资产阶级不包括军官在内，晋升贵族和获得封地不如在法国那样对资产阶级有诱惑力。这个阶级由批发商、银行家和制造商所组成，他们尤其热衷于兴办企业和投机获利。特别突出的是，因相当富有而不必躬亲劳动的人对因发财致富而开办公司的人不抱任何偏见。

至于农民，他们早已获得了自由，圈地使他们逐渐离开了采邑。虽然个体农民没有完全被消灭，但他们正逐渐被大庄园所代替，或者充当临工，或者加入乡村工业，或者流向工业城市。从原则上说，英国人在法律面前一律平等，但“人身保护令”并不能使穷人免受“拉伕”之苦，许多穷人被“招工头”骗上王家船队充当海员，不平等在事实上和在习俗中仍占上风。土地所有权仍掌握在几千个大家族之手，爵士和乡绅在郡区和教区为所欲为，领主制的痕迹 62
仍未消失。显贵们在联姻和社交等方面怀有强烈的排外情绪，并且如同大陆各国那样，霸占着各种名利双收的职务。

六、无产阶级

欧洲各地的贵族和资产者在一个问题上没有分歧，那就是他们都认为无产者天生只配从事体力劳动，因而无产者的文明水平必定低人一等。宗教感情历来倾向对穷人应该以慈悲为怀，何况为谨慎起见，对穷人也不宜逼迫过甚。如今，由于生活条件的优裕，人们更乐于做些善事；哲学家又在慈善中加进了社会义务的概念。然而，在英国的清教徒资产者看来，贫困作为罪获天谴的表现，同上帝选民的富裕恰成鲜明对照。随着资本主义经济在欧洲大陆的发展，所谓穷是对懒和恶的惩罚这种说法广泛地传播开了。63
总之，在统治阶级内部，对穷人的厌恶和蔑视占着统治地位，人人都对穷人单独干坏事和对“群氓”集体闹事深感恐惧。

除开人数众多的仆役以外，无产阶级的队伍无论在农村或在城市都日渐壮大。从事一般农活、脱粒、造林护林、运输、采矿、乡村手工业的雇佣工人远比今天要多。零工的景况最差，一遇恶劣天气便陷于失业。城市无产者十分分散，多数铺主自己参加劳动或只雇一二名帮工。大部分没有专门技艺的小工保留着农村的习惯，农忙时便离开工场；他们并不集中在某些居民区或大企业。工人只有行帮习气，却还没有阶级意识。在法国，他们同手工业者没有明显的区别，二者在大革命初期采取了一致行动。假如工业资本主义的高涨和无产阶级反对派的形成在 1789 年以前已经出现，法国资产阶级是否还会同贵族决裂，这恐怕就很值得怀疑了。

经济发展使饥荒不再发生，这对无产阶级当然是有利的，但人口增长却使失业蔓延，阻碍了工资跟上物价上涨的速度。在 1730 至 1789 年间的法国，工资至多增加了百分之二十二，而粮价却上涨了百分之六十。根据经济学家的解释，工人的工资理所当然地不能超过工人养家活口的最低标准：杜尔哥为此提出了工资的“铁的规律”。然而，工人不断用抵制和罢工相对抗，有时甚至破坏机器和使用暴力。在某些行业，抵抗是有组织的。英国的纺织业在十八世纪甚至出现了工会。工会援引“劳工法案”，要求核定工资限额。法国的“帮工会”在建筑等行业势力很大，规定会员必须“周
64 游法国”，并根据约定的暗号与沿途城市保持联络。但是，这些行帮团体往往互相忌妒，甚至发展到流血斗殴的程度。此外，工人还成立了互助团体，这对罢工工人是有力的支持。然而，如同在英国一样，许多工人要求当局进行干预。当局有时为社会秩序考虑也主动出面调解；但当局在原则上总是站在工人的对立面。各种集体反抗的形式，即所谓“同盟”，以及帮工会或工会，都被国家所禁止和遭到教会的谴责。

法国五分之一的居民是贫民，每当经济危机发生时，贫民的人数更大大增加。此外，社会救济显然不够。在英国，教区名义上应把济贫税用于养活贫民。尼德兰也是如此。在大陆各国，一部分什一税理应供济贫之需。实际上，孤老病残者不能保证得到救济，失业工人就更谈不上了。因此，乞丐遍布各地，即使收容也无从消灭。到处流浪的乞丐进一步转化为成群抢劫；此外，还滋生了一些无业游民，他们躲过国内税卡从事走私。只要出现一次歉收，工业危机必定随之而来，生活变得更加困难，甚至手工业者、分成制佃户和自耕农也被迫出门乞讨。对“强盗”的恐惧极其普遍。统治阶级和当局开设了一些慈善工场和布施了一些食物，竭力想安抚穷人。但他们所关心的主要还是提防饥民群起暴乱和抢劫。这种担忧很容易造成畏惧和恐慌心理，大小资产阶级全都胆战心惊。这种恐惧心理成了第三等级内部不团结的根源，同时也阻碍了革命思想向国外的传布。

65 第四章　欧洲的思想

人的精神状态的转变比经济和社会的演变更加缓慢；大多数人生活条件的变化又赶不上他们思想演变的速度。然而，资产阶级的精神状态同他们独特的活动方式是协调一致的，它从一开始就与贵族和教士的精神状态有分歧。随着商业、金融业和制造业的不断进步，以及对中世纪的经济和社会的破坏，资产者的雄心壮志同传统观念终于彻底决裂。经验理性主义的诞生不仅开创了现代科学，而且力图在十八世纪把它的统治扩张到人的生活的各个领域，它向资产阶级提供的哲学思想唤醒了资产阶级的阶级意识和革新勇气，这种状况在法国特别突出。到大革命前夕，启蒙时代
66 的大师虽然已经去世，但他们的思想却完整无缺地保存着，并且以极其复杂的形式作为遗产被继承下来。另方面，旧制度的卫道士也不乏其人。所以，思想界当时处于一种动荡不定和五光十色的状态，至少在思想活动最为活跃的英国、德国和法国是这样的。

一、传统的精神状态和新思想的崛起

在旧经济制度下，生产水平很低；饥荒、疫病、战争和主人的盘
67 剥把劳动者压得喘不过气来。劳动者蜷缩在家庭、亲邻、同行、教

区的小圈子内，以求得互相帮助和保护。他们力图用陈规旧例限制竞争，稳定市价和工资，从而保障自己的安定生活和尊重他人的生存权利。他们为自给自足而劳动。食品和商品在他们看来只有使用价值。他们对前途不抱希望，因而也不求进取。手工业者和商人在利益的引诱下开始懂得交换价值和投机；但大多数人在十八世纪仍保留着许多中世纪的观念。他们满足于慢慢积蓄起来的收入，坐等顾客上门，不做广告，出售的商品既少又贵，不求加快资本的流转。他们的理想仍是购买土地，企图依靠年金安度晚年。资产者很早就希望用新的社会秩序去代替封建主混战的无政府状态和君主专制：商人把他们的货物和现金管理得井井有条，这些方法可以进一步运用到管理国家中来。司法和行政官吏竭力要让法律压倒暴力和专横，并维护他们职务的尊严和利益。然而，这毕竟是个停滞不前的社会，人们对尘世既然不抱很大希望，对来世就容易抱有幻想。由于政治结构和社会结构的专横暴戾和等级森严，平民百姓往往怀有自卑感，因而对世俗压迫逆来顺受，对宗教训诫奉若神明。

到十八世纪的末年，教士虽然部分地受到了新思想的影响，但他们在同平民阶级的关系上仍然是传统思想的坚固堡垒。英国的卫理公会继续在发展，其他教派也纷纷复活；英国国教对“福音派新教徒”再也不能等闲视之。德国的虔信派依旧活跃；康德及其门
生赫尔德都带有虔信主义的痕迹。但是，异端教派的滋生繁殖似 68
乎具有更加深远的意义，因为这个发展方向超出了时代的范围。巫术、占星术、炼金术竟与对电流、磁场这类科学发现的胡乱解释和借机行骗结合在一起。继斯维敦布尔之后，出现了帕斯库亚利

和圣·马丁。德国的玫瑰十字会和许多共济会分会对这些糊涂学说趋之若鹜；法国的阿尔萨斯和里昂也有众多的信徒；英国的布莱克竟从中吸取艺术灵感。卡格里奥斯特罗和梅斯梅尔深得群众的信服。尤其在农村，一般百姓仍没有摆脱古老的迷信，他们对各种神鬼巫术笃信不疑。敬神怕鬼的思想远没有消失。

然而，新的前景早已开始出现，并逐渐对更多的人具有吸引力。欧洲的富裕使人们的收入日益增加，随着爱好的多样化，满足这些爱好的欲望也更加强烈。人们对束缚个人发展的种种障碍感到不满，在享乐者的榜样感染下，一切自信有才干的人都宁肯冒点风险，也要过舒服的生活。家庭关系开始瓦解，每个孩子都为自己争合法权益。陈规旧例或者遇到反对，或者已不再起作用。城市的扩展犹如给这一切添加了一份增效剂，因为城市生活削弱了社会的束缚。城市生活越来越脱离传统集团的控制，乡政府最后只负责登录户籍而已。人口的迁移已变得更加方便，新大陆的吸引、工业的召唤和交通的改善使人口流动日益增加。外国人和犹太难民成为革新的积极因素。资产者把骑士的尚武精神移植到资本主义中来，鼓吹侥幸冒险、投机创业和拼力竞争，从而加速了优胜劣败的过程，使一些人发财致富，使另一些人沦落为无产者。资本主义开创了一个充满活力但又动荡不定的社会；建立在金钱基础上的权势随时都有化为泡影的危险，所以只能引起人们暂时的敬仰。资本主义保障人的尘世生活，而把来世置诸脑后。它削弱了原来限制个性发展的种种人身依附，扩大了人与人之间的契约关系，这些关系由于仅仅涉及具体的事务，其范围也就有了明确的界限。资本主义用控股公司取代亲友集资的合营企业，用样品推销取代

传统市场，用划一不二的市价取代讨价还价，用商定的工资换取必 69
要劳动力的短期契约取代农奴的劳役制和工场的帮工制。处在专制、封建和行会压迫下的人们以各种途径开始觉醒，渴望独立和自由。“哲学家们”找到了洗耳恭听的听众。

二、经验理性主义

从十七世纪上半叶起，由于物理学和机械工业与技术进步并驾齐驱，理性主义呈现了新的特性，它由天才的笛卡尔上升为一种
研究方法，又在随后的牛顿和洛克的著作中得到进一步的强调，终 70
于把信神弄鬼的宇宙观扫除干净：物质从此由精神发现的不可抗拒的规律所决定，只要精神能通过观察和实验证实它的推论或假设。建立在自然和理性相互作用基础上的科学变成对感性世界的一种具体认识，这一认识最终用数学公式表现出来，从而把科学的不同门类归于统一，科学的最大奢望是把宇宙万物列成方程。

科学的进步激发了人们的想象力。在法国，拉格朗日的数学天才光彩夺目，勒让德尔和拉普拉斯的成就声誉卓著。德国人赫舍尔发现了天王星，排列了行星系谱。以库仑为首的物理学家继续进行对电和磁的研究；继加尔瓦尼 1786 年在布伦亚的试验之后，已经颇有名望的伏打正朝着发现电流的方向走去。拉瓦锡创立了化学，他对呼吸的解释奠定了生理学的基础。尽管布丰名扬全球，自然史和地质学的研究却相对落后，依旧停留在描述阶段，但正在努力订出合理的分类法：亚当森在植物学方面取得了成果。自然科学特别引起公众的关注，因为它被应用到实际当中，例如富

兰克林的避雷针、琴纳的牛痘疫苗、蒙戈费埃兄弟的气球。同时，它还开始革新某些工业，例如法国的贝尔托莱。通过积累而获得的经验知识似乎能保证科学无止境地向前发展；人通过经验知识能够完全利用自然的力量。笛卡尔的预言已经实现："人们将毫不困难地享受土地的果实以及人间的各种舒适。"

笛卡尔是位形而上学哲学家，他认为理性是上帝给人的天赋，因而他从不涉猎政治学和经济学，对历史学也不屑一顾；对于在社会中生活的人的认识，他甚至没有想到把它当作一门观察的科学。十八世纪的哲学家则相反，他们把理性主义扩展到各个领域，并开
71 创了所谓"人文科学"。一位名叫洛克的医生摒弃了思想天赋论，并用感觉的印象来说明精神活动。他的感觉论经伏尔泰介绍到了欧洲大陆，又经孔狄亚克的发挥导致了经验心理学的诞生。爱尔维修、霍尔巴赫、边沁等大胆地把道德世俗化，使道德成为一门建立在个人利益和社会公益基础之上的"习俗科学"。至于历史学，人们很久以来一直在努力整理确凿可靠的资料，同时也展开文献评论和确定考证方法，直到十八世纪继续如此，但著作家还没有充分利用历史考证的成果。至少在伏尔泰的著作里，历史学同资产阶级的想法已十分合拍，它的研究对象不再单纯是王朝的兴亡，而且是文明的进步和社会的演变。与此同时，英国的君主立宪制以及传教士和旅行者在他们的游记中所介绍的异国情趣为人们进行比较提供了方便：《论法的精神》和《论各民族的风格和精神》曾大量运用了这方面的材料，宣告了社会学的即将诞生。关于经济史，人们还很少谈及；然而，经济管理人员由于意识到统计对他们的帮助，开始收集各种数字。随后不久出现的重农学派和亚当·斯密

主张通过对现实的观察建立一门经济科学。

理性主义既然采取了经验主义和功利主义的立场，并把人的精神世界和各项活动当作自己的研究领域，它便把形而上学当作不可求证的假设而予以抛弃。康德在1781年《纯粹理性批判》一书中宣称，“自在物”是不可认识的；拉普拉斯接着又写道：“物的首要本原和内在本质将永远不为我们所知。”可见，理性主义正逐渐变成一门实证哲学，但一般舆论还远没有接受这一认识。

三、泛神论以及自然权

感觉论并没有使洛克摆脱“自然宗教”，大多数哲学家也还信
奉“泛神论”。他们实际上通过观察和比较为泛神论寻找根据。泛 72
神论的原理在各种宗教的不同教义中既然都可找到，这些原理又被人们普遍地接受，这就证明上帝作为“宇宙伟大建筑师”的存在；证明人的灵魂不灭，以及罪孽在来世必定受到惩罚。从本阶级的利益出发，统治者认为这些思辨概念具有很大的价值，因为它们可以保证平民的驯服。尽管道德是功利的和社会的，但它仍然是强制的；因而人也依旧是自由的和有责任的。随后，卢梭在不抛弃理性的同时，提出了感情至上的主张；“有感情的”人通过对他人的爱达到舍己为人的真正道德高度；意识作为“不灭的上天之声”在现象世界的彼岸向人揭示人的命运的重要真理。康德于1788年在道德意识的岩石上重建了形而上学的大厦。此外，德国的雅科比、荷兰的汉斯坦尤斯、苏格兰的里德继续按传统方式研究哲学。

另方面，革新家们不仅希望认识世界，而且想要改造世界，因 73

而保留了从事改革的自由。更有甚者，他们援引源自斯多葛派的和由中世纪某些神学家所推崇的自然权；在多数大陆国家里，自然权一度被专制主义打入冷宫，但加尔文派仍受其影响。洛克用自然权为1688年革命进行辩护：建立社会的目的既然是为了保障人的自主，社会就应该以公民的自由契约为基础；同样，政府的权威也理应建立在享有主权的人民同受委托人之间的契约基础之上。受委托人仅仅为了维护神赋予人的不可侵犯的权利而行使其权力。美国人和法国人宣称，人权是上帝赋予的。自然权对人类的各个部分不加歧视，这体现着古代的和基督教的普救众生的思想。

如上所述，理性主义者对笛卡尔的形而上学发动了攻击，但同唯灵论仍保持着千丝万缕的联系。其原因是：他们在一定程度上仍受到教会中学中传统人道主义的影响，他们的科学素养一般也还很肤浅。他们的成长过程加强了阶级偏见或职业偏见，从而使他们把物质生产视为下贱。法国哲学家对重农学派的著作并非无动于衷，百科全书最早赋予工艺和工具重要的地位，但这还不等于说他们已经对技术的进步、社会和习俗的演变、认识的扩展、人和思想的解放进行了综合的考察。正如在自然科学方面还没有接触进化的概念一样，他们并不试图对他们以为在历史中发现的曲折前进作出有机的解释。或者，作为资产阶级的代言人，他们把历史的曲折发展单纯地归结为他们梦想加以消灭的宗教迫害和封建专制。他们认为，一旦实现了以上的梦想，社会秩序和政治秩序将永远合乎理性地建立起来；在这个条件下，进步将得到保障，一切都取决于个人的努力。同所有新兴的阶级一样，资产阶级把自己的胜利看作是历史的终结。

与此同时，毕竟还有一些反对理性主义的人，他们虽然主张对 74
历史使用观察的方法，但在非理性倾向的指导下，认为人没有共同进步的希望，因而力图保存他们认为由上帝创造的或由集体经验孕育的现存体制。在十八世纪初，与笛卡尔主义相敌对的天主教徒维科把历史仅仅看作是一个循环反复的过程，每个王朝都像生物一样，按照上帝的神秘意图，从诞生、成长、衰老，直到死亡，然后让位给另一个王朝。莱辛在宗教演变中看到了一种永恒的启示。接着，赫尔德于1784年撰写了《关于历史哲学的思想》一书。他指出：从直观所能观察到的演变中，自然是社会的创造者，个人则不以自己的意志为转移，像细胞依附于活体那样依附于社会。

在英德法这三个精神活动特别引人注目的国家里，以上的一般特点根据各国的经济、社会和政治条件分别占据着统治的地位。

四、英国和德国

看来，英国知识界很早就十分重视经验研究的价值：例如十三
世纪的罗吉尔·培根，十四世纪的奥卡姆派，以及早在笛卡尔以前 75
就讲述过经验论学说的弗兰西斯·培根。不同的是，英国人对建立一门确定科学的统一性和赋予科学结论以绝对价值的哲学不太重视。休谟从印象和感觉共同组成观念这个思想出发，作出以下的推断：由日常经验灌输给人的理性原则从来只允许人进行大致的和临时的推广和应用。从这方面看，经验理性主义与经验主义的区别仅仅在于前者的内容较后者更为丰富；因此，人们往往把经验理性主义笼统地称作经验主义，却把它同纯推理的理性主义对

立起来。毫无疑问，英国十八世纪技术发明的活跃使经验论思想进一步深化，但亚当·斯密对政治经济学的研究，显得不如重农学派那么系统。

至于如何调和经验理性主义、形而上学和传统宗教，大多数英国人并不担心会有什么困难。何况，相当部分的资产者仍然是清教徒，他们分别信奉加尔文派的不同支派，普遍的利益要求他们对国教的信徒采取随机应变的灵活态度，当时的历史环境也要求他们朝这个方向努力：随着信奉天主教的斯图亚特王朝被推翻，天主教徒遭到了排斥；洛克主张新教各派间要互相宽容，即使不给非国教的新教徒充分的言论自由，至少也要让他们能生活下去。在十八世纪初，一些泛神论者确实使教会感到担忧；在大革命前夕，吉本对基督教的敌视丝毫也不亚于伏尔泰，他把罗马帝国的灭亡归罪于基督教。然而，过后不久，理性主义者就不再给人这样的印
76 象，似乎他们想要使舆论非基督教化；在英国国教这方面，也逐渐采取了宽容的态度，例如他们的代表佩利竭力证明，国教的教义同理性没有分歧。统治阶级一致认为，宗教对政治和社会的稳定是有益的。当卫理公会复活信仰主义时，人们认为它能避免平民不守教规，因而没有坏处。

在政治方面，英国人始终主张无原则的因循守旧。然而，他们对自然权毕竟早已熟悉了：霍布斯声称，人民通过同国王订立的契约，已把他们的主权永远出让给国王，从而为专制政体进行辩解。洛克接着用相反的理由去证明君主立宪和个人权利的合理，因此，辉格党人似乎至少变成了言论派。但是，当选举改革宣传运动刚刚开始并将危及统治者的权力时，掌握国家政权的少数贵族和大

资产者便惊慌起来，洛克也威信扫地。正如伯克所指出的，统治者后退到了经验论的立场；他们断言英国的制度是由英国人民独特的演变而产生的，它同任何理性前提毫无关系。

大陆各国长期以来没有注意英国的变化。孟德斯鸠和伏尔泰提出了奉英国为师的主张。日内瓦人德洛姆在 1771 年盛赞英国的无比优越。尊重国教和把国王奉为会长的英国共济会在各国开始生根发芽，到处传播宗教宽容、个人自由和代议制的思想。直到旧制度的末期，具有平等思想的法国人才不再把英国看作是自由的母亲。

盛行新教的德国经沃尔弗的介绍才接触了理性主义。但沃尔弗在哈雷宣传的理性主义与其说是受了笛卡尔的影响，不如说是受了莱布尼茨的影响。德国通过英属汉诺威境内的哥丁根大学和汉堡同英国发生联系；德国同英国在教派林立这方面有相似之处，只是德国比英国略逊一筹，因为在德国，路德派的势力远远超过了加尔文派，但加尔文派毕竟使德国接受了宗教宽容。在普鲁士，弗里德里希二世甚至容许哲学思辨相当自由的发展。理性主义者并
不攻击启示宗教本身，后者更怕他们对《圣经》的批评，这种情形在 77
德国甚至比在英国更加普遍。另方面，新教牧师大胆地对教义加以理性化。在科学研究、技术进步和经济发展等方面，德国不能同英国相比。在德国的理性主义中，推理和形而上学大大超过经验的成分。以普鲁士为据点的启蒙思想家着重强调理性主义的纯功利性质，开明君主对此颇感兴趣，行政官吏也深表赞同。因此，启蒙思想渗透到了巴伐利亚和奥地利等天主教地区，并争取到部分教士的同情。但是，启蒙宣传毕竟只触及少数官吏和知识分子；虔

信派的神秘主义仍有深厚的社会基础；卢梭的影响十分明显；文学界的狂飙突进运动展现了带有无政府倾向的前浪漫主义；康德以后的哲学很快朝先验论唯心主义的方向发展。

王公的专制政权和封建制的存在决定了德国与英国的根本不同，资产阶级的软弱又使德国不同于法国。德国启蒙思想家从来只是羞答答地批评特权，对农奴制则更少批评。他们把具体的改革寄托在开明君主身上，声称进步取决于个人的修养，而不取决于制度的完善，并以此为他们的谨慎行事和软弱无力辩解。

五、法国

理性主义者在天主教国家里所冒的风险远比在新教国家中严
78 重得多。比利牛斯半岛各王国对理性主义尤其敌视，奥拉维特被
迫离国外逃。罗马天主教是反理性主义的灵魂。在意大利，知识
界的活力正在苏醒，预告了复兴运动的兴起。贝卡里亚是当时的
风云人物之一。在法国，哲学家们向天主教会的宗教迫害和思想
控制大胆地发起了攻击。由于教会的权威全靠世俗政权和统治阶
级的支持，哲学家们用无情的冷嘲热讽攻击教会的特权、暴戾和教
79 义。伏尔泰分子成倍地增加，对宗教的敬畏已烟消云散。冉森派
和耶稣会的争吵，高卢派和教皇至上派的争吵，废除南特敕令的不
幸后果，许多新教徒被迫改宗天主教后对信仰的冷漠，这一切都为
哲学家的攻击提供了有利条件。共济会也广泛发展起来，因为它
的基本主张是宗教宽容和自然宗教。教皇对共济会的谴责竟无济
于事，因为教皇谕旨在法国必须根据国王的命令才能生效，而国王

却拒不下令，相反对一些大贵族取得共济会分部的领导地位深感满意：许多在俗的和脱俗的神甫竟同时是共济会会员。在狄德罗的主持下，百科全书把理性主义哲学家集合在一个派别中，达朗贝尔撰写的《卷首语》就是这个派别的宣言。他们成功地改变了人们的思想状态，以致新教徒奈克尔在路易十六统治期间能够加入政府，以致宗教镇压机构逐渐走向衰落。世俗政权对望弥撒和参加复活节祭礼等活动不再关心；甚至宗教裁判所也很少追究违教行为。

大多数哲学家已把人看作是自然界的组成部分，但他们并不因此认为人的一切都由自然所决定。伏尔泰始终显得游移不定，狄德罗在其遗著中则鲜明地采取了赞同的立场。但是，对于爱尔维修、霍尔巴赫和拉美特利所坚持的原子说（唯物主义的一种传统形式），哲学家们就更加不能接受了。他们从维护旧道德出发，竭力要保留自然宗教。伏尔泰写道："即使没有上帝，也必须创造出一个上帝。"他们把天性同禁欲、把人性向善同原罪对立起来，把人的堕落归罪于社会的坏影响，并歌颂原始状态的人的善良。尽管如此，他们对人的德行并不真正抱有幻想，至少在有产阶级看来，他们自己可以不信上帝，但也要让他们所惧怕的平民"迷信"上帝，这是个稳妥的办法。伏尔泰还说："必须为平民创立一个宗教。"

卢梭的感情抒发给泛神论赤裸裸的功利主义涂上了温情脉脉的色彩："行善"这个新词使"有同情心的人"从内心感到满足。这个转变甚至帮助了天主教散布宗教感情。人们在不少革命家身上能隐约地看到这种宗教色彩，例如后来为夏多勃里昂的成名助了

80 一臂之力的罗兰夫人就是如此。传统的宗教虔诚并没有消失，这对许多教徒说来并非纯属形式。数量众多而质量低劣的正统出版物居然获得很大成功。宗教信仰在西部以及东部和北部的边缘地区，特别在山区，虽然仍十分活跃，但在巴黎四周、香槟、法国中部和马孔内地区的许多城市以及某些乡村正日趋淡薄，因为在大革命取消信仰强制以后，宗教势力便一落千丈。社会风尚既没有变好，也没有变坏；部分贵族和资产者的穷奢极欲在十八世纪并未带来新的恶果，因为他们在这以前早已如此了。此外，无论功利主义或感情至上都消灭不了法国道德中笛卡儿和高乃依的经验理性，相反，学校里教授的关于普卢塔克等古希腊作家的作品更加强了理性的影响。

封建特权、封建残余、君主专制及其种种弊端也在法国受到最猛烈的攻击。哲学家们异口同声地主张维护自然权，声称人有根据理性从事改革的自主权。《社会契约论》开宗明义就说："人是生而自由的，但却无往不在枷锁之中。"即使认为气候条件对社会发展具有决定作用的孟德斯鸠，也在《论法的精神》中写道："有一种原始的理性存在着；智能的存在物可以有自己创制的法律……如果说除了人为法所要求或禁止的东西外就没有正义与非正义可言，那就等于说，人在画出圆形以前，所有的半径并不都是相等的。"

在某些问题上，例如关于税收的不平等和领主权，哲学家们维护的是整个第三等级的利益；但也不容否认，他们更主要的是为资产阶级效力。资产阶级一旦上升到国家的领导地位，就要把金融秩序引进到管理国家中去，并要政治服从生产的繁荣。资产阶级要让经济摆脱一切羁绊，例如：农奴制妨碍工业获得足够的劳动力；教会财产的不可转让和贵族财产的继承妨碍财产的流动。为此，经济学家认为，只有加速财产的流动才能满足人对利益的贪欲，并为劳动和创业精神提供动力。负担的不平等减少了群众的购买力和积蓄；国内的税卡林立和度量衡的不统一延缓了民族市 81
场的形成；宗教迫害妨碍了科学研究。当然，这一切并不意味着资产阶级的改革热情已在他们的头脑中占了首位，工商界人士因此成为大革命的主要动力。追求法治和权利平等其实比这些改革要求更加强烈，也就是说，人们所渴望的既是权利，又是尊严。在这方面，真正左右舆论的力量是旧制度下的旧资产阶级，即那些相对独立的、有一定闲暇的，以及在职业、利益和文化这三方面都竭力坚持以法治代替暴力和专横的官吏和法律界人士。

资产阶级把一切希望寄托在国王身上，他们的代言人——哲学家——多数也信任并赞扬大陆上的开明君主。卢梭诚然是民主制和共和制的旗手，但也应该看到，《社会契约论》的读者比《新爱洛漪丝》或《爱弥儿》的读者毕竟要少得多。此外，他所信任的“普遍意志”只是一种无私的意志，因而在他设想中的民主制只可能在“君子国”中实行。他所主张的共和制是要由人民自己管理自己，因而人民的这种直接统治只适用于幅员较小的国家。至于马布利，他主要在1789年才开始出名，那些在卢梭的启示下抨击财产的私有制和遗传制的作家，那些恪守古代禁欲劝善的共产主义传统的作家，他们对舆论的影响就更加小些。人们认为这些作家只是些乌托邦；人们满足于建立代议机构，以阻止王权蜕化成暴君统治。

对国王的攻击并非来自资产阶级，而是来自贵族。贵族也受到了资产阶级代言人的影响。一旦有了公民自由，贵族将不受君主专制的某些控制；一旦有了经济自由，贵族从大地产所取得的收益将会增加。政治自由对贵族特别有吸引力，因为他们有自己的律师，其中最著名的就是孟德斯鸠。为了确保公民自由，孟德斯鸠
82 提出了三权分立，这对贵族、法院、官吏、教士这些特权集团和中间集团十分有利。孟德斯鸠援引并不可靠的古代史为依据，说贵族的地位和领主权是日耳曼族入侵时用武力强加给高卢和罗马混血种的。法院以法兰克议会的继承者和被王权篡改的古宪法的保护人自居。在贵族的心目中，政治自由将使他们在政府中重获主导地位，并取得在外省的行政权。贵族和资产阶级在争取自由的问题上团结一致，而在权利平等的问题上有不可调和的矛盾。

六、文学和艺术

新思想的传播和社会经济的演变对文学艺术具有一定的影
83 响。某些文艺体裁的成功足以为证，例如哲理故事、博马舍的新剧作、古典主义不屑使之规范的流行小说、新兴的市民戏剧以及格辽茨的绘画。沙龙的社交生活使纤巧小诗的写作技巧登峰造极。追求舒适使建筑师减少室内陈设的排场，而更讲究实用；画师和装饰师则以色情、肉感和异国情趣投人所好。版画和色粉画的技术更加细腻。此外，在肖像画、风景画和动物画方面，现实主义盛行不衰。英国的油画不受学院派传统的影响，风景画的现代化正在酝酿中。

对理性主义的反动预示着一场更加深刻的变革。英国的约翰逊是古典主义的最后一名代表，扬格的《夜思》、理查逊和斯特恩的小说标志着感伤主义的复兴。在德国，歌德和席勒为初起的“狂飙突进”文学增色不浅，这个运动与依仗法国作家的威望而得以确立的规范彻底决裂。在卢梭的影响下，前浪漫主义情绪遍布各地。人们指责理性主义和古典艺术枯竭想象力，抹杀幻想，否定神秘和黑暗的魅力，使人一味追求功利，斤斤计较。人们陶醉于英国园林里的仿自然景色；人们遨游名山大海，观赏黎明日出或在星空下沉思。伤感和涕泣，绝望和恐怖，怀古的遐想，奔放的热情，这一切打破了日常生活中的沉闷和单调。欧洲的日耳曼作家从古典文艺复兴之外的历史遗产中吸取灵感：但丁和莎士比亚、中世纪作品、假托莪相的诗歌、圣经、波斯文学和印度文学。在音乐方面，基本乐器已经存在，不久前又发明了钢琴，以格鲁克、莫扎特和海顿为代 84
表的音乐家通过交响乐、奏鸣曲和歌剧等形式使浪漫主义在德国到处风行。法国受到了这一浪潮的冲击。英国文学和德国文学被介绍到法国，杜西翻译了莎士比亚的作品。特雷桑伯爵的出版物预示着仿古行吟诗体的盛行。《保尔和薇吉妮》使贝尔纳丹·德·圣皮埃尔一举成名。儿女情长的牧歌和缠绵悱恻的哀歌为人们所喜闻乐见。音乐家们更加偏爱有大量咏叹调的歌剧和主要供人们消遣的喜歌剧。无论在巴黎或在维也纳，人们依旧为意大利人的美声唱法所倾倒。

被学院派奉为正统的古典主义继续享有威望，尽管它的生命力正日渐衰竭。阿尔菲耶里等剧作家仍在创作古典悲剧，但不再能引起人们的兴趣；史诗、抒情诗以及风行一时的咏物诗也起色不大。至于体裁比较自由的喜剧，哥尔多尼、谢里丹、塞台纳的作品较受观众的欢迎。艺术保持了对传统的敬仰，这个传统在法国由画院和罗马法兰西学院所维持，在英国则依仗弗仑的辉煌声名。建筑师和许多雕塑师仍旧忠于古典主义的传统，历史画始终受官方的褒奖。

复古倾向起源于庞贝遗址的发掘。在德国的温克尔曼、法国的凯尤斯和英国的弗拉克斯曼的推崇下，古典主义在一定程度上又重新风行。巴特雷米于1787年发表的《青年阿纳沙齐游记》取得的巨大成功，恰好与复古风气的抬头相呼应。德国作家，尤其是歌德和席勒，一度被这个潮流所吸引。法国作家几乎不受其影响，因为安德烈·谢尼埃的仿古希腊的诗文只是在后来才出现的。但在艺术方面，情况就不同了，新古典主义的建筑艺术显得更加庄重朴素。以大卫为代表的油画技巧发生了急剧的变化：色彩让位于线条，古代的经典代替了活的模特儿。然而，这种倾向远没有占绝对优势。弗拉戈纳尔和乌东不失为十八世纪的艺术巨匠，他们多才多艺的作品丰富了古典主义的艺术教育。在庞贝出土的壁画为装饰艺术开创了亚历山大风格，这些装饰同埃及的和据说是伊特鲁立亚的图案相结合，形成了与追求舒适并行不悖的路易十六风格。此外，大卫的画作对公民美德的歌颂（例如1784年的《贺拉斯
85 兄弟盟誓》）加深了对普卢塔克笔下坚韧不拔的英雄的怀念，同时也预示着未来的大革命的气氛。演说家的演说和革命节日的宏伟场面将表明，采用古典主义的文艺形式丝毫不等于文艺家在社会和政治领域中必定持保守的立场。文艺生活的丰富多彩反映了个人主义在社会中的扩展。在法国，以大卫为首的青年一代渴望着

挣脱君主专制政体强加于他们的学院派艺术的枷锁。

七、世界主义和民族问题

精神生活具有几个发源地：除英国和意大利外，后起的德国堪与法国相匹敌。由十八世纪体现其特征的哲学运动虽然最初从英国兴起，但英国随着海上实力和发达的经济加强它的霸主地位，它 86
在哲学运动中的作用却相反在削弱；贵族和大资产阶级觉得英国的影响比大胆的法国思想更令人放心，因为英国的制度保证了自由同他们的利益融合一致。然而，法国思想也有它的有利条件，因为它不仅是崭新的思想，而且路易十四的盛世使法语和法国文明名声大振。即使波旁王朝的政治实力在十八世纪屡遭挫折，欧洲的小国君主也无不对凡尔赛宫倾慕神往。哲学的名声和文学、艺术的名声，再加上宫廷和巴黎华丽优雅的魅力，人们几乎可以说："启蒙时代的欧洲是法国的欧洲。"

文化界人士相信，文明的统一正在实现，这不仅适用于业已征服的或准备征服的海外居民，欧洲本身的文化也日趋统一。虽然政治敌对继续使欧洲四分五裂，但人们注意到，国际公法正通过均势思想力图缓和这种敌对。在1783年后，均势已成为维尔琴纳的政治指导思想，皮特同维尔琴纳在维护和平这方面也是一致的。同以往几个世纪相比，战争逐渐文明化。占领军不再在被占国获得给养，而依靠后勤供应；变得"软心肠"和讲人道的军官对平民不再肆意虐待。在一般居民眼里，国家的政策是王公的事情。哲学家也持同样的态度，他们对民族利己主义深感厌恶。由于政治和

军事的统一尚未完成，德国人没有扩张好战的思想，德国作家认为这是值得引以为荣的优点。

这当然是一种错觉。世界主义其实不过是贵族和富裕资产者的漂亮招牌和知识界的时髦。欧洲各国间各方面的交往依旧十分有限，因而不能不停留在互不干扰的状态。只是在塔列兰等少数手段高明的金融家和投机家的头脑里，才隐约出现过世界主义的想法，并预见到国界线将会阻碍经济的发展。这些人的思想走在他们时代的前面，因为资本主义在各国间还没有建立起足够巩固
87 的依赖关系，因而重商主义即使在英国也并未丧失其影响。

我们这里所看到的还不是世界主义，即将在地平线上升起的将是王朝国家向民族国家的转变，赫尔德的有机论和法国的唯意志论正为这一转变准备意识形态。在英格兰，以至在整个英国，由于岛国地位和幅员较小，这种转变已经实现。在荷兰和斯堪的纳维亚各国，在瑞士、西班牙以及特别在法国，这个转变也有很大的进展；没有这一进展，法国大革命或许不可能发生。在德意志和意大利，不受法国影响和独立进行的文学复兴是政治统一运动的前奏。匈牙利的民族感情和多种语言的存在历来是哈布斯堡王朝的隐患。四分五裂的波兰开始觉醒，而在奥斯曼帝国内部，各派基督徒正以不妥协的独立精神与土耳其人相对抗。民族国家普遍形成的最大障碍在于各国的王朝政体和中世纪结构的存在。尽管国王的中央集权有所加强，这种结构仍保留了各省和各城市的地方主义，以及建立在特权基础上的社会等级制。后来的法国大革命动摇和清除了这些障碍。与此同时，世界主义不但没有深入人心，它的影响相反地逐渐减弱了。

第五章　国家和社会矛盾 88

在欧洲大陆的绝大部分地区，极权主义依然存在，但有了不同程度的改变。哲学家们以为自己的宣传已感动了君主，纷纷赞扬君主的“开明专制”。与此同时，贵族阶级责怪国王对他们约束过严，资产阶级为自己被排斥在政府之外愤愤不平，两个阶级之间的争权夺利也日益严重。通过革命来解决这种三角冲突并不是从法国最早开始的。简略地了解开明君主的观点和英美两国的解决办法，能够使我们认识到法国大革命在世界历史上所占的地位。

一、开明专制

按照君权神授的原则，大陆各国的君主在理论上拥有绝对权
力。事实却并非如此，贵族的种种特权以及省议会和市政当局的
某些自治权都是对王权的限制；此外，由于交通不便，由于行政体 89
制在陆续建立过程中缺乏通盘计划和迫于形势而造成的机构复杂
和混乱，中央集权制极不完善。这种状况在西欧比在其他地区略 90
为好些。到了十八世纪末期，经济和文化的发展使社会风气有所
改变，专横暴戾在西欧日趋和缓。在西欧人看来，君主制不等于是
专制制，因为君主需要尊重由他自己制订的法律。确实，除非君主 91

认为自己的权威面临威胁,除非君主一时任性或听任官僚们滥用职权,一般说来,臣民的人身安全和财产安全能够得到法院的保护。

另方面,从十七世纪起,法国的奋发图强要求政府以都铎王朝为榜样,推行旨在鼓励资本主义发展的重商主义。路易十四既然让柯尔培尔放手推行其政策,他那已经带有资产阶级性质的君主制也就初具开明专制的轮廓;随着贵族和司法行政官吏的作用日益被削弱,国王派往各省的巡按使的权力在扩大,特别在路易十四统治末年,又强迫贵族缴纳人丁税和拾一税[①],开明专制的性质更加明显。在十八世纪,某些大臣和许多官吏接受了新思想。宗教迫害有所缓和,陈规旧例也开始松动。西班牙的卡洛斯三世放弃了对殖民贸易的垄断。在多数情况下,已允许粮食在国内流通。撒丁国王站在改革家的前列,实行了村社对领主权的集体赎买。最后,在天主教国家,推行政教合一的君主竭力控制本国的教会,并把教皇的权力限制在纯属教义的范围之内,从而使各国保留了各自的特点。在启蒙思想家看来,耶稣会的被取缔和罗马影响的下降是个好征兆。然而,社会冲突仍悬而未决。人们盲目称颂普鲁士和俄国的开明君主,却没有看到,对这两个国家说来,关键不在于推动社会的现代化或改善国家体制,而在于创立新的国家。

这两个国家的部分疆土依然一片荒芜,在这样落后的情况下,君主的发奋图强足以决定他们应推行怎样的政策。那里的王公从

① 这里的人丁税(capitation)和拾一税(dixième)不同于农民向国王缴纳的人头税(taille)和教会征收的什一税(dîme)。——译者

一开始就与众不同地采取了宗教宽容立场，以便吸引来自其他各国的宗教避难者。诚然，他们向荷兰、英国、法国，以及通过哈布斯堡王朝的介绍，向西班牙借鉴很多。此外，弗里德里希二世及其官员受到了法国文化的熏陶，俄国沙皇要求贵族们向老牌君主国学习。他们的开明专制表明，西欧的文明、经济和制度正向东方延
伸。他们竭力建立中央集权的官僚体制，励精图治，推行重商主 92
义，从而既取得哲学家的赞扬，又达到自己的目的：充实国库、扩大军队和征掠土地。人们没有想到，这些匆促完成和极不彻底的改革依旧是脆弱的，因为官吏们只是奉命行事而已，一般百姓对改革采取冷淡的或敌对的态度，一旦创立新制度的名臣元勋去世，新制度就有搁浅的危险。普鲁士的情形不久就证明了这点，于1786年继弗里德里希二世任国王的弗里德里希－威廉二世明显地表现无能。总之，经济革新对国家以及对大地主和资产阶级虽然有利，但对其余的居民显然没有帮助，因为革新的目的是要增加出口，而不增加国内消费。此外，税收负担在日益加重；贫困、失业和乞丐问题在普鲁士的严重程度不亚于西欧。

某些德意志王公值得启蒙思想家赞扬：安霍特的利奥波德支持巴泽多夫；卡尔－奥古斯特使知识分子云集魏玛；巴登总督废除了农奴制。但是，其他王公仍专横无道：黑森的选侯竟把他的士兵卖给英国，符腾堡的卡尔－欧仁由于同地方议会发生冲突，把麦捷尔和舒巴尔特投入狱中。

弗里德里希二世的对手主要在奥地利。玛丽－泰莉莎在奥地利王位继承战争中失败后，开始以普鲁士为榜样整顿国家，但在步骤上相当谨慎。相反，约瑟夫二世在其母亲于1780年去世后，迫

不及待和全力以赴地加速改革进程。他的整个事业设计周密，富有特色，因而很难单纯用励精图治和争强好胜之类的考虑来解释；应该承认他是一个目光远大的政治家。然而，约瑟夫二世的大臣们虽然衷心拥护开明政体，但也不能否认，约瑟夫二世对哲学家们，尤其对伏尔泰，怀有戒心。作为虔诚的天主教徒，约瑟夫二世禁止其臣民改变宗教信仰，但他仍容许各种派别的基督徒担任公职。他改善了犹太人的命运；尤其突出的是，他首创了公证婚约。
93 如果一定要说约瑟夫二世未受当时思想的影响，那就应该承认，很少有这样的君主能把个人的品性如此有力地给自己的统治打上烙印。可惜的是，客观条件对约瑟夫二世的改革企图远比人们所能想象的不利，奥地利各地区之间在语言、文化、经济发展、社会结构和政治体制等方面的差别同比利时、伦巴第、德意志各邦、波希米亚、加里西亚和匈牙利的情形不相上下。约瑟夫二世在各地区树立自己的绝对权威，打破地方议会和传统体制的独立性，建立几乎划一的行政机构。在大多数省区，他要求官吏必须学会德语。同时，他彻底改组了教会组织，没收了教区的财产，把神甫改为领取薪俸的职员，并毫不考虑教皇的反对，取消了许多修道院，从而在政教合一的问题上远远走在其他天主教王公的前面。在德语区各省和在波希米亚，不满情绪开始出现，一个咄咄逼人的反对派在教会的领导下形成了。在不属于德意志神圣罗马帝国版图而由姻亲关系同奥地利相结合的匈牙利王国，政治体制和行政机构仍停留在中世纪阶段，政权完全被贵族所控制，那里的反应十分强烈。约瑟夫二世终于向领主权发起攻击，迫使马扎尔贵族群起反抗。

普鲁士和俄罗斯的开明君主在发展经济的同时，通过对旧制度的改造，走上了西欧老牌君主国的道路，但同他们的样板还有很大的距离。西欧各国的国王在法律上仍规定资产阶级的地位低于贵族，但并不禁止资产者购买土地、采邑和领地，法国国王甚至高价出售贵族封号。西欧的国王容许贵族享有特权，但并不以放弃农民作代价去换取贵族的顺从；全体臣民，包括农民在内，都能恳求国王公正裁判的保护，而且这并非是一句空话。在不时发生宫廷政变的普鲁士和俄罗斯，君主一方面惧怕贵族，另方面又认为不能失去贵族的帮助。为了不得罪资产阶级，君主让他们专门从事
自由职业和商业，帮助他们开办手工工场。叶卡特琳娜二世允许 94
资产者实行行会自治和免服兵役；弗里德里希让资产者在军队和行政机构中任职。但是，资产者未获批准不得拥有土地；晋升贵族虽然并非完全没有可能，但机会极少，因为官职不能用金钱买到。相反，司法行政官吏多数由贵族担任，贵族垄断了土地所有权。叶卡特琳娜二世于1785年颁发的宪章特许贵族在由他们推选的大臣的监督下组成特权阶级，且犯罪时由特殊的法庭审判。普鲁士贵族在各省可以为所欲为，并由他们指定行政长官；国王为贵族单独设置了抵押贷款。对农民的奴役最突出地表现了王室同贵族的狼狈为奸。弗里德里希二世曾赞同废除农奴制，主张限制农民的劳役和贡赋负担或用其他方式来代替，但他不敢贸然侵犯容克的产业，听任他们在自己的领地内独断专行，并为国王征收土地税。叶卡特琳娜二世把俄罗斯的农奴制推广到乌克兰，把从王家领地和教会产业上逐走的大批农民分配给她的心腹宠臣；贵族的横行无道比在普鲁士更甚，他们可以任意征派农奴去军队服役。

丹麦、瑞典、波兰等邻国的情形只能使普鲁士和俄罗斯的君主

对贵族采取更加谨慎的态度。在哥本哈根，建立君主极权使施特伦泽丧命；在贵族同意下执政的伯恩斯托尔夫虽然取消了农奴制，但仅是为了按照英国的方式兼并土地。在瑞典，农民是自由的，古斯塔夫三世同贵族的冲突表现在政治方面：国王在 1772 年发动了一场政变，终于执掌了政权，但他还准备发动新的政变。尤其，波兰向王公们提供了一个富有教益的榜样：他们对波兰农民所受的压迫并不关心，但他们注视着波兰封建主的无政府状态，因为他们正是利用了这种无政府状态才瓦解了共和国。

某些君主不但不放松对革新派的限制，相反对德国教会，对资产者和贵族中传统观念的衰落感到惊慌。和由不伦瑞克的斐迪南
95 所领导的共济会的忠君思想并不招惹嫌疑；但激进分子对它的软弱感到不满，特别在耶稣会仍有影响的巴伐利亚。威沙普特在因戈尔施塔特成立了光明异端会，并同汉诺威人克尼格一起制订了该会的等级和纪律。1782 年，他们在哈瑙附近的威尔海姆斯巴得的共济会会员大会上试图争取各支部的同情，但没有成功；然而，他们在德国南部和维也纳的自由职业者、官吏和绅士中争取到二千多名信徒。光明异端会分子尖锐批评已成立的政权和社会，但还没有任何事实能证明他们打算采取革命行动。如同哲学家们一样，他们只是希望通过扩大信徒的办法来取得政府的同情。在巴伐利亚，他们被敌人指控为奥地利的奸细，而奥地利当时正想吞并巴伐利亚选侯国。光明异端会于 1785 年被禁止，耶稣会掀起了一场反对自由思想的运动；威沙普特亡命出走；其拥护者受到追捕，从 1789 年起更有问罪判刑的危险。

与此同时，玫瑰十字会在普鲁士挑动政府镇压启蒙运动。弗

里德里希二世1786年去世后，玫瑰十字会更掌握了普鲁士王国，因为随之接位的弗里德里希－威廉二世是玫瑰十字会的成员之一。沃尔纳和比硕夫斯威德借机飞黄腾达，前者出任司法大臣兼情报部门的头目，后者任国王军事总监。被迫左右逢源的国王得不到信徒们的谅解；但是，他力图要新教牧师和教师皈依正统。在《宗教敕令》发布后，学生使用的课本受到严格的审查，牧师和教师必须精通教义，而且备受行政当局的种种限制和监督。反动势力在萨克森和汉诺威蔓延猖獗。

尽管强盛的邻国君主对贵族尚且曲意迁就，约瑟夫二世却坚持己见，一意孤行，拒不附和反动势力。他的可悲下场使邻国君主更加谨慎小心。约瑟夫二世决心向领主制开刀，下令废除农奴制，接受农民向法院告状，限制劳役和贡赋，允许并规定将劳役和贡赋改作赎金。1789年，他又把以上改革同土地税改革和建立土地册结合在一起：如果把土地收入按百分计算，其中农民占七十，十二 96
又三分之一归国家，领主只剩下十七又三分之二。这些措施激起了贵族的普遍反对；首先在匈牙利，他们利用1787年开始的艰难的和付出很大代价的奥土战争，促使哈布斯堡王朝土崩瓦解。哈布斯堡王朝的失败以及弗里德里希二世和叶卡特琳娜二世的成功足以说明，东欧的开明君主只能在牺牲第三等级和同贵族妥协的条件下才能成功。在意大利和西班牙，只要社会等级制不受到严重威胁，早已顺从国王和力不从心的贵族表现尚称安分；但即使在那里，也谈不到取消特权的问题。

二、英国

英国的进步同大陆各国的落后恰成鲜明对照。英国贵族对英国的经济进步起了一定作用，而资产阶级的地位在经济进步推动下上升了，这种上升在英国国教教徒和加尔文派之间的冲突和反对天主教的斗争的掩盖下，导致了最早的两次近代革命。实际上，两次革命最后都以妥协而告终，这个局面一直维持到十九世纪。一方面，贵族和大资产阶级为着自己的利益，同心协力统治社会和
97 领导政府。另方面，国王不得不最终承认立宪制原则。个人自由和法律面前人人平等的原则已经被确认，至少它们已为上层阶级所理解，并且后来也部分地得到了实现。国王同国会——即同组成贵族院的贵族——共掌政权；同时，国王又利用混乱和腐败的选举制度，部分地控制平民院的议席，既尊重富裕缙绅的地位，又巧妙地把某些“腐败选区”或“保留选区”让给大学中出类拔萃的“人才”，例如小皮特。

然而，国王毕竟享有特权，他掌握部分选区，分配“赏赐”、津贴和肥缺，出让包买权，从而使政府能掌握“顺从的多数”。在汉诺威王朝最早两任国王的统治期间，由于托利党人有同情詹姆士二世之嫌，而绅士又与新王朝作对，国王不得不帮助辉格党人控制国会，并在辉格党人中挑选大臣。英国的“议会制”从此粗具规模，真正的权力属于代表议会多数并随着议会多数的变化而变化的内阁。但是，随着斯图亚特王朝的历史教训日渐淡薄，乔治三世以为可以滥用王权，并企图重新执掌政务；皮特在同辉格党破裂后，于

1784年协助国王主持国政。他们串通一气，为“新托利党”争得了议会多数，皮特因此获得了巩固议会制的名声。其实，皮特只能指挥少数个人私党，他无非假手国王搞垮他所不赞成的改革而已。他权欲甚旺，并像他父亲一样，以为只有他才能保证国家的强盛和繁荣，因而他对国王的肆意羞辱始终逆来顺受。

社会妥协并不因此被破坏，它贯穿着整个这一时期。贵族或者在政府和国会任职，或者管理地方事务（州郡的保安官，教区的乡绅），他们要把既得利益用法律形式固定下来：圈地法和谷物法就证明了这点。大资产阶级也参与其事：他们竭力维护关税保护、航运法、殖民贸易垄断，以及凡能保证足够劳动力的法律。公债利 98
息、军需供应、对印度的掠夺使大资产阶级的资本大大增加。作为贵族和大资产阶级集团的代理人，老皮特创建了大不列颠帝国。他的儿子小皮特耐心地医治美国独立战争带来的创伤，强迫动产主作出微小的牺牲，力图整顿财政、偿还债务和恢复金融。为此，他一方面认为必须求得和平，另方面仍努力重建海军，伺机加强英国的外交地位。

阴暗面也还不少。在英国，金钱势力比任何地方都更加通行无阻。一切都可用金钱买到，人们钻营进入国会，往往只是为了扩大谋取财利的地盘。由贵族控制的大部分行政机构本身就十分软弱，加上收受贿赂、滥用特权和安插亲信，就变得更加腐败。非国教新教徒仍受限制，针对天主教徒的非常法仍然存在。许多寡头生活腐化，激起了受宗教复兴运动支持的清教徒的愤慨。人们希望纯洁公共生活；社会福利和慈善团体纷纷要求改组济贫和平民教育事业以及改善监狱待遇。有一个社会团体曾要求废止黑人买卖。此外，爱尔兰的状况始终令人担忧；那里的绝大多数居民仍然是天主教徒，他们对于向国教教会交纳什一税和教区税以及被剥夺选举权感到愤慨。新教徒和天主教徒全都抱怨政府封锁英格兰的市场和阻挠爱尔兰工业的发展。他们的领袖格拉坦要求都柏林的国会取得立法自治。在代理贵族收租的管家的中间剥削下，贫苦农户以抗租相报复，因此地方秩序很不安定。他们开始向美国移民。在美国独立战争期间，爱尔兰人组织了志愿军，以抗御法国可能的入侵，这个先例可能产生严重的后果。

99 在实行选举改革前，人们对英国国会还不能抱太大希望。被赶下台的辉格党人在福克斯、谢里丹、伯克的领导下，如今已成了在野党，他们内部并不十分融洽，但在批评政府时却完全一致：议会制的基本条件之一正在实现中。他们指责国王偏袒执政党，主张推行经济改革，裁撤闲职，纠正其他弊端。他们完全懂得，关键还在于实行选举改革。但是，他们既然尚能利用现制度，因而也就不急于去动摇它。福克斯宁可把重掌政权的希望寄托在他的朋友、可能就任国王的威尔士大公的身上。不久出现的小资产阶级民主运动使统治者更加感到害怕。在威尔克斯的领导下，这个运动在 1760 年后十分活跃，虽然它没有波及无产阶级，暂且还处在潜伏状态，但法国大革命将使它变得活跃起来。当时，旧制度面临的威胁主要来自贵族同资本主义资产阶级的可能决裂。资产阶级认为自己在国家中具有的影响同自己的地位很不相称，工业的发达有使制造商转而反对地主的危险，但是这个危险并不紧迫。皮特意识到了其中的困难，他想通过解放非国教的新教徒和天主教徒、取消黑奴买卖、对爱尔兰开放英格兰市场、实行起码的选举改

革等方法去排除某些困难。国王推翻了大臣提出的所有这些建议，仅仅同意减轻保护关税和同法国签订贸易协定。尽管资产者对此极不满意，他们仍然希望，随着立宪制和代议制的发展，寡头政治最终和平地投降。

英国领导人的妥协性超过了他们的革命胆略，这种为商人所特有的随机应变的现实主义态度得到一些人的好评。使1789年的法国资产阶级感到特别惊奇的是，英国人根本不喜欢谈论平等。其实，在英国的大资产阶级看来，自由和政治权利应该同出身和富有成正比，而平等却是只会动摇社会等级和为平民谋利的一架战争机器。同贵族合伙的大资产阶级看不到突出平等原则的任何理由，这在法国却不是如此。

三、大陆的联合省和豪门统治 100

在欧洲大陆上，有几个小国同英国的情形比较接近。不同的是，在英国，出身军人的贵族处于附属地位，出身豪门世家的资产者独掌政权，新兴的资产者也被排斥在政权之外。

联合省是由一些自治国家及其附属地区联合组成的共和联邦，这个以自由著称的国家在文明史上占有突出的地位。那里，尤其在东部地区，贵族依旧存在，并保留部分领主权。但早在十七世纪，正当荷兰在欧洲经济中遥遥领先时，贵族地位就江河日下。母亲是英格兰人、父亲是普鲁士国王内弟的奥伦治亲王威廉五世，虽然仍担任联合省的陆海军统领，并有尊位称王的野心，大资产阶级仍牢牢控制着国家、印度公司和阿姆斯特丹银行。荷兰的衰落如今已显而易见。它在海上和亚洲的优势已不得不让位于英国。由101 于缺乏煤炭和原料，工业不能革新，资本首先用于向各大国投资。尼德兰资产阶级在向食利者转变的过程中丧失了进取心。任用私人和裙带风使官职集中在少数豪门世家的手里：大资产阶级正变成垄断的和腐化的家族集团。受其排斥的资产者组成“爱国党”，要求改革政治组织，力图分享政权，使政府更有活力，并把联邦制改为统一的共和制。美国独立战争使当局的软弱无力暴露无遗，阿姆斯特丹银行因向印度公司和市政当局贷款而岌岌可危。然而，改革派的要求丝毫未能实现。何况，他们害怕无产阶级，而无产阶级则出于同资产阶级的对立，一直倒向奥伦治亲王的一边。

瑞士没有形成统一的国家，而仅是由互相独立的各州为着共同防御的目的而组成的邦联，其中部分州拥有附属地区。贵族依然存在，但什一税大部分已转入推行新教的政府之手，领主权的负担比什一税较轻。各州的权力由资产阶级豪门世家所掌握，其中以伯尔尼、苏黎世和巴塞尔的大资产阶级尤其富有。但也有一些被排除在政权之外的资产阶级家族通过长途贩运、经营乡村工业和向外国贷款获得利益，他们渴望实现民族统一和政治改革。在与瑞士邦联结盟的日内瓦共和国，冲突导致了革命：“代表”党联合被剥夺政治权利的“本地人”于1782年推翻了“否定派”的豪门寡头。法国和“伯尔尼的先生们”在那里恢复了秩序。日内瓦和瑞士的流亡者不久在动乱的欧洲发挥了一定的作用。

在德国，在许多直属皇帝管辖的共和城市里，豪门寡头也居统治地位。除汉萨同盟各港口和法兰克福外，这些城市大多并不出名。意大利的威尼斯和热那亚也是寡头统治的共和城市；但随着这些城市的逐渐演变，依靠贸易和金融致富的豪门寡头开始自封为贵族。在威尼斯，载入“金册”的豪门构成了世袭的特权等级，他们的警察专制享有理所应得的声誉。

所有这些国家都具有某些共同点。它们或者因地理位置而不 102
能进行海外扩张，或者因国小和人少而受到一定限制；自然资源也不允许它们超出商业资本主义的阶段。封闭的和僵死的寡头统治之得以维持，是因为被排斥在政权之外的资产阶级不但本身十分软弱，而且在军人贵族当中既找不到可效仿的榜样，也找不到同盟者。另外，如同其他各国的情况一样，他们也不信任平民阶级。

四、美国革命

美洲的盎格鲁一撒克逊人提供了一个特别发人深省的榜样。
在同宗主国的冲突中，起义者不仅以传统的免税权，而且以在清教 103
徒中依然流行的自然权，同宗主国相对抗；他们在人权宣言中陈述了人和公民的天赋权利，并以主权属于人民的名义创建了共和国。

消息传来，欧洲大陆受到了猛烈的震动，起义胜利激起的浪漫主义热情动摇了人们对旧秩序的服从，并产生了不同的后果。在爱尔兰，当地居民利用英国政府对可能的外来入侵的担忧，组织了志愿军；为此，英国政府认为必须同爱尔兰达成和解：向爱尔兰开放殖民地市场，允许它出口毛织品和其他制成品，缓和旨在限制天主教徒的非常措施。殖民帝国的首次分化瓦解鼓励着各殖民地的白人居民要求自主和独立。美国革命使英国的民主派更加斗志昂扬，托马斯·潘恩公然前往加入“起义者”的行列。因此，美国革命揭开了民主宣传的帷幕，法国革命不久则使这一宣传进一步展开。在大陆上，启蒙哲学的信仰者群情振奋，富兰克林的深得民心便是个证明。他出生在一个小杂货铺家庭，长期充当排字帮工，因经营书店和其他商业而逐渐富裕，进而成为资产阶级的一员；他最初仅在报界和木器业有相当影响，最后在政治界和外交界发挥作用，成为新秩序的象征。法国人之所以愿意帮助起义者反抗英国，重要原因之一是他们对七年战争仍耿耿于怀。但是，通过同起义者的并肩作战，许多出身贵族的法国军官，首先是拉法叶特侯爵，受到了一次深刻的政治教育；他们在回国后，当革命危机迫近时，便自然而然地成为自由派贵族的核心。孔多塞等人在革命过程中提出的某些创议正是从新共和国那里吸取的教益。

104 正如1688年的英国革命一样，美国革命的成功在于大地主贵族阶级同金融家、大商人、造船主和制造商等大资产阶级实现了妥协；唯一不同的是：一方面，由于在殖民地从未有过贵族院，当王权不再存在时，美国不保留任何世袭的政治权；另方面，华盛顿等人并不享有任何特权，他们之成为贵族，仅仅因为祖上拥有大量地产而已。在这个社会里，财富等级比旧大陆更加明显，统治阶级所关心的事同英国的主子没有根本性差别，只是要防止共和国朝民主的方向发展。然而，战争的后果比对未来的担忧使统治者更加不敢轻举妄动，因为他们的直接利益在战争中受到了损害。美国各州和联邦国会分别发行了纸币和公债；由于比价不断下跌，债权人在收回债款时，这些证券很可能一文不值。航运、贸易和工业在战争期间已濒于破产。在和平恢复后，英国又是一个可怕的竞争对手。

平民阶级因参加了独立战争而表现很不安分，尤其是作为债务人在通货膨胀中得益的小地主和小庄园主。他们开始与资本主义资产阶级和种植园主相敌对，对那些用低价收买贬值票据或者买进大片土地然后分作小片出售的投机商，则更加愤恨。同不久后的法国革命一样，美国革命也把流亡的保王分子的土地没收和出售。此外，随着“拓荒者”深入到俄亥俄平原，国会于 1787 年制订了有关占有这些“西部土地”的法规；商人们甚至劝诱欧洲加入对西部土地的开发。最后，由于革命精神与奴隶制互不相容，有一些州在取消黑人买卖的同时，准备根绝奴隶制。

组成合众国的十三个州原则上都是独立的；至于合众国是否如欧洲的瑞士邦联那样仅限于共同防御，这在当时还不清楚。联 105
邦当局由于没有权力，也就不能制止通货膨胀、清理货币、整顿债务、偿付利息、制订关税，以及维持一支对外保障独立、对内保护有产者的军队。1787 年宪法的通过和合众国政府的建立具有重大的意义；其创议者为此获得了应得的荣誉，但他们的本意并非单纯为了建立民族国家，阶级利益和个人利益也部分地促使他们这样做。华盛顿本人就是共和国最富有的产业主之一；罗伯特·莫里斯是个大投机商；富兰克林对赚钱的机会从不放过。相比之下，因作出杰出贡献而遭到残酷打击、最后可怜地死去的汉密尔顿显然是最冤枉的了，他公开推行了发展工商资本主义的政策。大产业主也赞成这个计划，其条件是奴隶问题由各州自行决定，以便通过有效的联邦执行机构防止可能发生的黑人起义。选举权和被选举权在各州均附有财产条件。何况，在居住分散、交通不便和缺乏组织的条件下，群众不可能同有知识、有财产的少数统治者相对抗。

城市无产阶级或者表现冷淡，或者追随雇主。反对情绪在乡村居民和退职军人中比较强烈，后者的薪饷是用贬值货币支付的。

主持费城会议的领导人在承认主权属于人民的同时，容许各州保留其独特的选举制，竭力分散联邦权力，以防止独占联邦权力的任何图谋。随后选出的众参两院只是费城会议的延续。当华盛顿于1789年就任总统时，半数以上的宪法起草人加入了他的政府。出任财政部长的汉密尔顿终于开始工作了：在1790和1791两年内，国会稳定了公债的比价，其中包括各州的公债；建立了国家银行，其中四分之三的资金来自联邦公债券；通过了关税税则；
106 出售了公有土地，其中部分土地以公债券偿付；批准了招募陆军和海军；通过对农民私人酿酒征收酒税，弥补了财政收入的不足。在建立国家机器的过程中，统治阶级满足了自身的利益，并尽量堵塞了通向民主的道路。如果完全按汉密尔顿的办法去做，人们或许会走得更远，因为他对英国宪法规定的爵位世袭颇为欣赏。约翰·亚当斯也认为，官吏终身制至少可以使人更加放心。把起义军军官集合在"辛辛纳图斯会"中已是把他们晋升为世袭贵族的一次尝试，虽然这是一次徒劳的尝试。

欧洲的民主派看来并非十分懂得这种政治生活的经济和社会实质。然而，他们觉得，同美国革命初期宣布的原则相比，革命事业尚有其不足之处。美国革命所说的信仰自由仅适用于基督徒；对黑人说来，奴隶制依旧存在。如同在英国一样，美国革命的领导人闭口不谈权利平等，这不仅因为，在一个不存在合法特权的国家里，这是理所当然的事，而且因为，这个原则只能为平民阶级的权利要求提供借口。为更加保险起见，他们把权利平等束之高阁，并

且不给平民选举权。

五、法国

由其本身的性质所决定，法国的君主制界于英国的立宪制和大陆的专制制之间。法国不同于英国，因为国王并不与贵族分享政权；它又不同于俄国和普鲁士，因为国王并不把农民完全交给贵族。法国在保留贵族特权的同时，让新贵族大量滋生，又让资产阶 107
级成长壮大。

在路易十四时代，君主制业已成为中央集权的官僚极权制，似乎已没有任何力量能动摇国王的绝对权威，贵族也似乎已永远服从国王。其实不然，正如资产阶级的上升一样，贵族的反动贯穿着整个十八世纪。贵族固然已不再动用武力，但它用资产阶级的惯用手段——对抗宫廷和诉诸舆论——抵制和破坏国王的权威。那些远祖或近祖原是平民出身的佩剑贵族自然一马当先，购买官职的司法行政官吏则随声附和，因为国王派往各省的巡按使正力图从他们手里夺走地方政务。世袭贵族和主教联合控制着各省的三级会议；在省三级会议业已消失的地区，他们力图恢复这个组织。“太阳王”对世袭贵族的不信任，如今已逐渐被他的继承人所遗忘，他们把高官显职交给世袭贵族。假如圣西门公爵在路易十六统治期间依旧在世，他或许不会再责备国王被“资产阶级宵小”所包围。除奈克尔外，所有的大臣都是四代封爵的贵族。出身同样高贵的巡按使分别在各自的辖区定居、联姻和购买土地，并与当地的贵族称兄道弟。

可见，法国开明专制的行之有效仅仅依靠了个别卓越人物的治理才能。马肖、摩普和杜尔哥推行的结构改革在贵族集团、高等法院、教士会议和各省三级会议的反对下终于惨遭失败。行政组织的改善起色不大，路易十六在任用大臣和听取意见等方面，同路易十四很少差别。随着交通和经济联系的发达，随着学校教育和首都吸引力的加强，民族统一继续有所进步，但法国仍分为“税区”和“省区”两种行政体制。在各个“税区”，巡按使包揽一切，反对高等法院有所畏惧；在各个“省区”，巡按使必须同日益扩大其自主权的省三级会议进行协商。这种情况在布列塔尼尤其突出。法国南部仍遵循罗马法，北部则在很大程度上按习惯办事。贵族仍享有一定的司法权，教会法庭执行其教规，国王的手谕高于一切。国内的税卡林立和税制不一阻碍着民族市场的形成。大至地区之间，
108 小至教区之间，度量衡均不统一。行政、司法、财政和宗教区划的极不平衡和互相牵制，只能导致一片混乱。一些享有豁免权或自主权的省区和城市把这些特权看作是对抗君主极权的护身手段，顽固地坚持地方主义。卡贝王朝在用武力统一法兰西国土的同时，理应担负起统一行政机构的历史使命；这同正在形成的民族意识本是和谐一致的，因为这既有利于国王行使其权力，又能给所有人带来方便和好处。官吏们对此也求之不得，因为这不仅将加强国王的权威，而且也扩大他们的影响。但是，正因为如此，实现行政统一首先遇到了贵族的拼命反抗。国王的伟大业绩一旦完成，就会危及当时社会的结构，这个结构本身就是对统一的否定。

即使当时的局势能提供统一行政的机会，日趋衰弱的王权也会遇到贵族更加胆大妄为的挑战，而资产阶级很可能支持贵族的

反动。佩剑贵族和长袍贵族将坚持历史先例，司法行政官吏将维持其职业传统，法律界人士和哲学家将援引自然权和理性思辨；总之，他们将异口同声地主张用法律限制王权，反对专横暴戾，保障个人自由。大地主和大资本家都赞同经济自由；对于许多行政改革，他们在原则上也并不反对。在这基础上，缙绅们很可能联合起来，强迫国王接受君主立宪，并如同在英国那样，使自由得到尊重。事实上，这种联合在多菲纳地区已开始形成。

但是，英国革命的胜利不仅意味着国王和缙绅之间的妥协，而且也意味着贵族和资产者之间的妥协。然而，法国贵族却不愿同资产者妥协；仅有少数人通过英国和美国的榜样懂得，这种妥协对他们没有任何害处。世袭贵族并非不知道金钱的威力，他们认识到，没有金钱，单凭出身尚不能使他们飞黄腾达。他们在宫廷向国王请求恩赏。一些贵族开始注意兴办大型企业，塔列兰甚至已从 109
事投机。允许圈地和瓜分公地正是为了满足大地主的利益。地主们力图向农民攫取更多的收益，这就是我们所说的“领主的反动”。然而，正当一些贵族由于商业意识和生活方式日益向资产阶级靠拢时，另一些贵族却不能再保持其身份和地位。米拉波被迫卖文为生；夏多勃里昂面对那些将为他的雄心壮志开辟道路的新事物暗自长叹：“快来吧，期待已久的暴风雨！”多数具有封建军人气质的贵族不知如何适应资产阶级的秩序，何况他们也不愿去适应：宁肯贫苦为生，决不丢失贵族的体面。他们在极端的排外主义中寻找出路。为此，他们力图使贵族等级成为封闭的特权阶级；要求废除买官制度，使平民不能跻于贵族行列，而由贵族垄断与他们的高贵身份相符的所有官职；要求增加专门的贵族子弟学校和修女院。

一些地方的高等法院已不再接受平民任职，作为贵族首领的国王对贵族的这些愿望颇为迁就。从此，所有的主教均由贵族担任；自1781年起，只要证明四代封爵，不问有无资历，均可充当司法行政官吏。在这方面，法国贵族同大陆各国的贵族十分相似；他们没有看到，他们的敌对阶级的力量却与盎格鲁一撒克逊各国不相上下。巴纳夫写道："各条道路都给堵塞了"，沙特尔大教堂堂长西哀士承认，他不会升任主教。既然所有的大门都被关上了，唯一的办法就是把大门撞开。同英美两国的情形相反，法国资产阶级为维护自身的利益，必须强调权利平等，由此决定了1789年革命在世界历史上的独特意义。

六、各国间的争夺

政治大国的形成在破除各国的封建无政府状态的同时，促进
110 了欧洲文明的发展。但是，各王朝的立国图强从一开始就引起了国与国之间的冲突。国王们把国家看作是自己的私产，他们最大的野心便是损害邻国和扩张国土。假如有人告诉这些国王，随着旧制度在法国的迅速崩溃，不仅社会的等级结构和他们自身的权威将会动摇，而且国家也有变成国民公产的危险，国王们一定会回答说，波旁王朝的垮台对他们有利，因为这意味着它将被驱逐出他们时刻注视其动静的欧洲政治舞台。

人们根据经验可以想到，国际纠纷将随之产生。英国怎能不乘机为不久前的失败报仇雪恨？尽管维尔琴纳坚持和平立场，尽管皮特似乎也倾向和平，人们预计到，英法两国将进行一次新的较

量；法国将获得其海上盟友的支持，首先是西班牙。西班牙始终为
它在美洲的领地担心，此外，它同波旁王朝还有“姻亲”的联系。人 111
们知道，一旦英法交战，英国外交部准备资助大陆联盟，从而通过大陆战争牵制敌方的兵力。自从十六世纪以来，大陆战争在意大利和德国从未间断。在外交家和军事家看来，意大利只是有名无实的一个地理概念，而德意志神圣罗马帝国也正随着普鲁士的崛起和普奥之间的对立而日趋崩溃。法国长期支持德意志各邦的王公，以遏制哈布斯堡王朝；在意大利，法国帮助西班牙拥立其王子分别在那不勒斯和在帕尔玛即位。1756 年后，法奥同盟的成立使敌对有所缓和。实际上，法国舆论对这个同盟并不欢迎，人们尤其不甘心把比利时让给哈布斯堡王朝。在人们的思想里，不时出现从十六世纪以来对奥地利的传统敌视，因而法国对那些受奥国武力威胁的国家，特别对德意志各邦的王公，深表同情。与普鲁士结盟的主张仍得到不少人的拥护，凡尔赛宫廷本身就竭力保持在莱茵地区的影响。舒瓦瑟尔和维尔琴纳虽然保留了 1756 年条约，但条约的作用已仅限于维持现状而已。维尔琴纳在但辛与叶卡特琳娜二世曾达成协议，阻止奥地利和普鲁士在巴伐利亚继承问题上挑起新的战争，并按照威斯特伐利亚条约的规定，把神圣罗马帝国置于法俄两国的保护之下。后来，由于约瑟夫二世企图开放自 1648 年后关闭的斯凯尔特河的入海口，维尔琴纳自荐充当约瑟夫二世和荷兰之间的调解人。当弗里德里希二世和德意志王公同盟反对神圣罗马帝国皇帝用奥属尼德兰换取巴伐利亚时，维尔琴纳也没有支持皇帝。人们以为，和平在西欧将能持续下去。

暂且，冲突的危险出现在东部。叶卡特琳娜二世和约瑟夫二

世打算重新分割奥斯曼帝国，普鲁士则准备乘机重新瓜分波兰。维尔琴纳拒绝接受叙利亚和埃及提出的调停请求；但是，想到通向印度的古道从此将落在俄国人的手里，皮特深感惊慌；东方问题变112 成了欧洲的问题，随时都有爆发一场全面战争的危险。

此外，由于约瑟夫二世的匆促改革，哈布斯堡帝国一旦战事失利，就有土崩瓦解的危险。对整个欧洲说来，这又会导致多少内部纷争！

在政治上，不存在统一的欧洲，正如不存在统一的德国和意大利一样。整个欧洲不懂得为维护欧洲和平和奴役海外领地而团结起来，各国君主甚至把革命看作是他们得以浑水摸鱼的机会。盎格鲁－撒克逊人正是部分地借助这种混乱局面，使他们的革命得以成功；如今，法国人也将利用这种混乱局面从事他们的革命了。

第 二 编

资产阶级在法国的得势

第一章　贵族的革命(1787—1788)

法国革命最初是在贵族领导下胜利地进行的。但是,第三等
级和贵族本身却由于不同的原因竭力把这个具有头等重要意义的
事实掩盖起来。革命的直接起因是财政危机,其根源则要追溯到 114
美洲战争:奈克尔为支持战争而接连举债;随后的卡龙又用借新债
来偿还旧债。亏空愈积愈大,以致卡龙于 1786 年 8 月 20 日向路 115
易十六呈递一份奏折,指出国家的改革已势在必行。

一、卡龙和缙绅会议

国家的财政管理十分混乱,我们这里只能就收支状况作概略的介绍。根据 1788 年 3 月编制的预算——这是旧制度下第一个也是最后一个预算,支出约六亿二千九百万,收入约五亿零三百万,赤字达一亿二千六百万,占百分之二十。当时,人们都把亏空归罪于宫廷的挥霍浪费和金融家的趁机谋利。节省开支诚然是可能的,宫廷也确实作了部分努力;但是,偿付债务一项就占了预算支出的一半以上,达三亿一千八百万:不宣布国库破产不足以削减开支。增加新的税目或许是个办法,但人们觉得税务负担已经过重。唯一的出路是:有些省份纳税较少,资产者比农民少纳税,贵

族和教士更少。从技术角度看，实行税务平等或许能使危机得到解决。

卡龙没有这么大的胆量，但他毕竟建议普遍征收盐税，实行烟草专卖，并且用所有地产主毫无例外地必须缴纳的“土地附加税”116 代替人丁税和念一税。与此同时，他还打算完全开放粮食贸易自由，废除国内的过境税和减免某些间接税，以便刺激经济的活跃，进而增加国家的整个税收。此外，他还打算把税务分配权交给由产业主不分等级地选出的省议会，僧侣的债务则通过出售其领主权来偿还。卡龙的建议如被采纳，国王的权力将得到加强；在财政收支恢复平衡后，高等法院的对抗将变得无足轻重，国家的统一将前进一大步，资产阶级将与行政当局携手合作。

要求特权阶级作出的牺牲虽然是微薄的——他们仍免缴人头税以及代替筑路劳役的劳力捐，但卡龙并不幻想高等法院对他的计划持欢迎态度。假如他能指望国王给他撑腰，他或许会同高等法院进行公开的较量。杜尔哥和奈克尔的前车之鉴使他不敢这样做。何况，虽然法兰西王国仍威名远扬，路易十六个人却威信扫地。除了狩猎、手工和大吃大喝外，他对游艺、舞会等交际活动毫无兴趣，因而受到廷臣们的窃笑。有关王后的种种流言飞语使他成为人们的笑柄，玛丽一安托瓦内特被人称作是当代的梅萨琳娜，1785 年的项链事件使她声名狼藉。因此，卡龙只得采取迂回的策略。他想召集一次主要由各类贵族参加的缙绅会议。他以为，凭着行政当局的影响和贵族对国王的恭顺，由他亲自挑选的代表将会表现比较顺从，一旦他的建议取得缙绅的同意，高等法院也就容易制伏。但是，既然国王不再对贵族下达圣旨，而是向他们征求意

见,这毕竟是国王对贵族的第一次投降。

于 1787 年 2 月 22 日召开的缙绅会议对不分等级地选举省议会,对省议会职权的狭小,以及对侵犯教士的领主权,都颇有怨言;当然,他们的批评首先指向土地附加税,并要求先向他们公布国库账目。他们口头上答应为挽救国家而作出贡献,同时却又要求满足他们的先决条件。路易十六明白卡龙将一无所获,便在 4 月 8 日将他免职。

二、布里盎和高等法院 117

在卡龙众多的政敌中,特别引人注目的是图卢兹大主教洛梅尼·德·布里盎;他一心想当大臣,这一愿望很快也就实现了。为了拉拢缙绅,布里盎公布了账目,并答应在省议会中保留等级区分和不触动僧侣的领主权。但他再次提出了增设“土地附加税”的计划,并要求增加印花税。缙绅会议以他们无权同意加税为推托,暗指此事需交三级会议决定。5 月 25 日,缙绅会议宣布解散。卡龙的迂回策略遭到了失败,布里盎只得正面同高等法院进行交涉。

巴黎高等法院痛快地接受了关于粮食贸易自由、改劳役为纳税和设立省议会等法案,但增加印花税一案却被驳了回去。至于土地附加税,高等法院明确答复需交三级会议讨论。8 月 6 日,御前会议强行通过增税法案,高等法院宣布御前会议无效,接着又传讯卡龙,后者被迫逃往英国。同月 14 日,高等法院法官被放逐至特鲁瓦。各国王室纷纷支持高等法院,布里盎不久即行退让。9 月 19 日,高等法院接受了这一让步,重新复职视事。

布里盎被迫再次要求借债。他仍遇到了原来的困难：必须征得高等法院的同意。一些法官在接受谈判后，断然提出了先决条件，要求政府同意召开三级会议。布里盎答应，如能在五年内借债一亿二千万，则三级会议将于 1792 年召开。但是，他对能否取得会议多数还没有把握，于是就迫不及待地让国王在 11 月 8 日御前
118 会议上颁发谕旨，而这次御前会议的召开又没有遵守传统的惯例。奥尔良公爵提出了抗议，谕旨被高等法院宣布无效。路易十六以放逐奥尔良公爵和高等法院的二名参议作为报复。高等法院出面为他们进行辩护，谴责国王滥用“密札”捕人，要求保障臣民的人身自由。1788 年 5 月 3 日，为预防发生政变，高等法院发表了法兰西王国根本法宣言，主要内容如下：国王的王位世袭罔替，加税需经三级会议通过，臣民不得任意逮捕和监禁，法官终身任职，各省习俗和特权不容侵犯。

人们看到，政府已决心重演摩普的故伎。5 月 5 日，军队包围了高等法院，直到国王下令逮捕的两名参议被交出为止。路易十六决定由王族和廷臣组成的“全权法院”接受掌玺大臣拉摩仰起草的六份谕旨。与此同时，他还决定：改革司法组织，削弱高等法院的权力，但不取消买官制度；废除处决罪犯前的酷刑（审判时的酷刑在 1780 年业已取消）；原告可不接受领主的司法调解，直接要求王家法庭受理案件。这最后一项决定是对贵族的一个新的打击。

这一次，贵族的反抗比以往更加广泛和更加强烈。各省高等法院和低级法院纷纷提出抗议。教士会议已被不久前颁布的关于给新教徒以公民地位的谕旨所激怒，更大肆批评改革措施，并决定减少给国王的赠与。巴黎和外省爆发了多次骚动。6 月 7 日，格

勒诺布尔发生了“抛瓦事件”。与此同时，于 1787 年末开始成立的省议会丝毫满足不了舆论的要求，许多外省要求恢复拥有决定税收权的省三级会议。多菲内省的贵族同资产阶级一起于 1788 年 7 月 21 日在维齐尔乡墅自行召集了三级会议。布里盎再次被迫作出让步。

国库已空，国王只得减少恩赏；年金被停止发放；透支金库的纸币实行强制流通。由于财政拮据，路易十六听任普鲁士入侵荷兰，支持同法国断绝联盟关系而改同英国结盟的陆海军统领镇压资产阶级。布里盎再一次屈膝投降：三级会议将在 1789 年 5 月 1 日召开。布里盎于 1788 年 8 月 24 日退职，国王召请奈克尔继任。119
奈克尔上台后，首先将拉摩仰免职并恢复高等法院。9 月 20 日，高等法院马上作出决定，三级会议将如同 1614 年那样由三个等级组成，每个等级占有名额相等的代表，分别讨论议案，并对其他等级拥有否决权。因此，贵族和教士将主宰三级会议，这是贵族的胜利。

在同国王的斗争中，特权阶级团结一致地展开宣传和组织抵抗，这在布列塔尼特别突出；他们威胁或拉拢各省的巡按使和军事首领，有时甚至挑动他们的佃户和仆役闹事。这一切为今后的革命行动提供了先例。高等法院尤其具有榜样的作用，法官的策略同第三等级随后在三级会议上采取的策略如出一辙。他们竟敢对大臣提出弹劾，卡龙因此而成为第一名流亡者。

120 # 第二章 资产阶级的革命

有些平民，首先是法律界人士，为了同大臣作对而同情贵族的反叛；不打算乘机渔利的许多其他平民，例如罗兰夫妇，则采取中立的立场。直到 1788 年夏，仍没有任何迹象表明，资产阶级将会介入冲突。但是，三级会议即将召开的消息震动了资产阶级，因为国王将允许他们维护自身的利益。最初，他们同贵族达成协议的可能并未排除。在多菲内省，贵族在按人投票和税务平等的问题上向第三等级作了让步，这个榜样激起了资产阶级的热情。在高等法院 9 月 23 日的决定公布后，整个事态发生了急剧的变化；法官们一夜间民心尽失，不满之声响彻全国。马莱、杜潘于 1789 年 1 月承认："公众改变了议论的主题。从此，国王、专制和立宪已降到次等地位，第三等级同其他两个等级之间的一场较量已经成为议论的中心。"

一、爱国党的形成

至此，关系还没有完全破裂。一些自由派大贵族仍与大资产阶级联合组成了"国民"党或"爱国"党。在对爱国党具有重大影响
121 的"三十人委员会"中，拉罗施夫柯－良库尔公爵、拉法叶特侯爵和

孔多塞侯爵与塔列兰主教和西哀士教士平起平坐，米拉波也是成员之一。后两人同拥有广阔领地、大量钱财和巨大势力的奥尔良公爵保持经常的联系。在巴黎和外省，不但私人间的交往，而且团体同仁间的联系——在十八世纪，学士院、农学会、慈善团体、读书会、共济会等团体日益增多——全都被利用了起来。共济会法国分会会长奥尔良公爵被认为起着主导作用，尽管该会的总干事卢森堡公爵对贵族的事业仍忠心耿耿。贵族在共济会中人数众多，共济会竟站在第三等级一边，这的确令人难以置信；但事实表明，共济会没有因内部冲突而发生分裂。

爱国党的宣传曾遭到反对派的驳斥，但政府方面没有给宣传设置任何障碍。既然国王邀请其臣民就三级会议发表见解，爱国党便大批出版小册子，自由地申述他们的愿望。这些宣传巧妙而又审慎，他们援引省议会和多菲内省三级会议的先例，仅仅要求让第三等级的代表名额等于教士和贵族的总数。他们号召各地向政府请愿，各市镇当局于是也自觉或不自觉地担负起这方面的责任。实际上，爱国党寄希望于奈克尔。

二、奈克尔和代表名额加倍

为了应付最紧迫的需要，财政大臣一方面要求贴现金库同意捐助，另方面让金融家向国家提供贷款和包收税款。这只是为了 122
争取时间，他打算等三级会议召开以后，再废除税务特权。假如贵族在三级会议上占了上风，政府将会受贵族的摆布。因此，奈克尔有点偏向第三等级，但也不完全站在他们一边。只要他同意把第三等级代表的人数增加一倍，又把按人投票局限于财政问题，他就能把各方调解妥帖：税务平等将得到通过，三个等级在体制改革问题上的冲突将由国王作出裁决。在体制问题上，奈克尔私下的盘算是毫不含糊的。他赞赏英国的君主立宪，在他看来，一方面设立贵族院，另方面让所有人不分出身均能担任公职，这就既能使贵族放心，又能使资产阶级满意。

他不想吐露以上的想法。作为一个因投机而发迹的外国人和新教徒，他历来受到贵族、宫廷和国王的猜忌。他的许多同事，尤其是新任掌玺大臣巴朗坦，处处刁难他。为了首先保住权力，他在行动上不得不小心谨慎。如同卡龙一样，他希望能说服缙绅们同意把第三等级的代表人数增加一倍，于是他在 1788 年 11 月 6 日再次召开了缙绅会议。会议使他大失所望。亲王们于 12 月 12 日交给路易十六一份奏折。这份意图清楚和语调夸张的奏折可被认为是贵族的宣言："国家处境危急……政府的方针正酝酿着一场革命……所有权不久将受到攻击，财富不均也将成为改革的目标……难道陛下决心牺牲和羞辱您的忠勇可敬的贵族吗？第三等级应该停止攻击其他两个等级的权利……第三等级应该仅仅要求减轻它可能负担过重的税收。在这些条件下，其他两个等级可以承认第三等级是他们亲爱的公民，并以宽大为怀的态度，放弃自己以金钱利益为目标的特权，同意一律平等地承受公共负担。"

奈克尔在一些大臣的支持下，对这份奏折不予理睬；他取得了胜利，这也许因为布里盎的下台使王后十分不满，而贵族的反叛又
123 使国王闷闷不乐。12 月 27 日的大臣会议接受了关于把第三等级的代表人数增加一倍的议案。有人曾责备路易十六没有把投票方

式同时加以解决。从法律上看，这项指责是没有道理的，因为奈克尔在其报告中已经提到，根据规定，三级会议应该按等级投票。但是由于疏忽，大臣会议的决定没有就此作出记载，而奈克尔又隐约说过，三级会议可能会认为，在税收问题上实行按人投票是适宜的。

第三等级高呼胜利，以为按人投票已经被确定下来。贵族则拒不承认，并在普瓦图、弗朗什－孔代、普罗旺斯等地区强烈抗议使按人投票得以成立的关于增加第三等级代表名额的决定。在布列塔尼，阶级斗争转化成为内战。1789 年 1 月末，雷恩市已开始有了战斗。愤怒的第三等级开始主张采取激进办法。2 月，西哀士在其著名的小册子《什么是第三等级？》中以尖刻的冷嘲热讽，表达了对贵族的仇恨和鄙视："这个无所事事的阶级肯定是自外于民族的。"同时，米拉波在其准备向普罗旺斯省三级会议发表的演说中，赞扬马里乌斯"把以出身为自豪的罗马贵族斩尽杀绝"。这句令人胆战心惊的话预告了内战的即将发生。

三、三级会议的选举和陈情书

如果事先作出规定，三级会议的代表将由各省的三级会议选
举产生，或者把第三等级的部分席位留给乡村，资产阶级当选代表 124
的机会就会大大减少。一些贵族曾提出以上的主张，但被奈克尔否定了。

选举程序在各地很不一致，但 1789 年 1 月 24 日的规定大体得到了贯彻执行。选区的划分采取了旧司法区的格局，尽管这些司法区在地域和人口方面极不平衡。同以往的惯例相反，全体世袭贵族，包括不拥有领地的贵族在内，都应召出席本等级的选举大会；但是，人们错误地把封爵只及自身的贵族推到了第三等级的行列中去。至于教士选举会，除了主教以外，还有本堂神甫均全体出席，一般教职人员则仅派代表参加。本堂神甫几乎都出身于第三等级，因而他们掌握着会议的多数，他们往往不选贵族出身的主教。第三等级的选举会由城市代表和教区代表所组成。在乡村各教区，他们由纳税人直接选出，在城市需经二级选举产生。如果属于小司法区（即委托司法区），选举大会仅起草一份陈情书，而派遣其四分之一的代表去出席大司法区（即直辖司法区）的选举大会。在第三等级的选举会上，农民代表占最大多数。由于缺乏知识和不善演讲，尤其在起草陈情书时对辩论往往感到胆怯，农民几乎全都选举资产者。

在僧侣和贵族选出的代表中，也有一些反对改革而颇有才能的人，例如卡查累斯和摩里教士。但是，当时的环境只允许杜波尔、亚历山大·德·拉默和拉法叶特等自由派站在前列。第三等级的代表多数是中年人，一般比较富有或至少小康，有知识，勤奋
125 而且正直。有的已功成名就，例如学士院院士巴依和塔尔热；更多的人在省内小有名望，例如多菲内的穆尼埃和巴纳夫，布列塔尼的朗瑞内和勒霞不列，诺曼底的都累和蒲佐，佛兰德地区的都埃的梅兰，亚多瓦的罗伯斯庇尔。特别引人注目的是，资产阶级长期把里翁的贵族代表拉法叶特侯爵当作偶像，而资产阶级最著名的代表西哀士和米拉波却是由特权阶级所推荐的。由此可见，贵族同资产阶级相结合，实际上也为自己在现代社会中确立了地位。西哀

士和米拉波都是普罗旺斯人。前者是弗雷儒斯一位公证人的儿子，在沙特尔大教堂任司铎，他在巴黎被选为三级会议代表，在革命的最初几个星期里领导了第三等级。他写的小册子使他获得了未卜先知的美名。作为立宪政权的理论家，他主张：主权仅仅属于国民，在宪法起草完成和付诸实行前，国民代表拥有独裁的权威。正是资产阶级的这位忠实代言人把国民分成积极公民和消极公民。但是，由于处事不能专一和缺少口才，他很快便陷于孤立。相反，米拉波却具有政治家的现实眼光，他既善于操纵他人，又有无与伦比的雄辩才华。可惜的是，他青年时代生活放荡，追逐钱财不择手段，因而不受人们的尊敬。任何人都不怀疑，只要宫廷愿意，随时都能把他收买。同西哀士一样，他也领导不了第三等级。大革命是第三等级集体领导的成果。

奈克尔本可以对陈情书的起草施展很大的影响。当时担任里翁市海事总管和第三等级代表的马鲁埃曾向奈克尔指出，必须代表国王提出一份纲要，以便指导舆论，强迫贵族接受，并遏止第三等级的骚动。奈克尔无疑十分赞赏这个聪明的建议，但第三等级代表的加倍给他招来的种种攻击，他还记忆犹新，因而不敢再冒新的风险；他为自己居然能说服路易十六采取中立立场，已经感到十分幸运。

于是，资产阶级自由地参与了各教区陈情书的起草工作。来自巴黎或在本地起草的范本可供人们参考，陈情书往往由法律界人士和本堂神甫执笔。然而，不少陈情书也颇有特色。起草人对体制改革显然不感兴趣，他们仅仅就平民阶级的不堪重负提出批评，虽然这些批评远没有忠实反映平民的内心感情。因为，农民在

126 领主面前始终不敢把心里话说完；此外，无产者也很少参与有关陈情书的讨论。司法区一级的陈情书更不能代表平民的愿望，资产者在起草时早已把下级陈情书所提出的，但他们所不喜欢或不感兴趣的愿望删掉了。城乡平民所强烈关注的问题不仅有税务平等和减轻税收，而且有取消什一税和领主权，保障农民的集体权，实行粮食贸易管制，以及以增税为手段限制资本的扩张。这些要求对特权阶级的财产和特权是个威胁，对资产阶级的雄心也同样是个威胁。但是，平民毕竟进不了三级会议，三级会议中只有国王、贵族和资产阶级进行角逐，以解决他们的三角冲突。

贵族和资产阶级在他们的陈情书中一致表示对国王的忠诚；但他们还一致要求用取得国民代表同意的法律统治代替国王的极权统治，要求保障人身自由，反对警察和法官的专横无道，给予书报以合理的出版自由，革新包括教会组织在内的各行政部门。在争取实现民族统一的基础上，这里加上了地方自治和市镇自治的强烈要求：希望在放松中央集权的同时，结束大臣的独断专行。他们赞成实行宗教宽容，但还没有达到要求国家世俗化的地步，因为他们仍让天主教享有举行公开祭礼的特权，不打算把教会从教育和济贫事业中排斥出去，甚至也不打算建立非宗教的民事登记。僧侣们对此并不满意，他们不能容忍出版物批评教义，不能容忍异教徒与信徒一律平等。国王不久前关于给新教徒合法地位的谕旨已激起了他们的抗议。除了这些分量不轻的保留以外，他们的主张同其他等级基本一致。经过相当广泛的酝酿后，自由终于成了民族的共同愿望。

但是，阶级冲突仍然是明显的。特权阶级同意在税务方面作出一点牺牲，但对他们纳税的范围和方式仍有不少保留。他们普遍反对三级会议按人投票，并明确表示，必须保留等级，维护贵族的荣誉特权和领主权，而第三等级则认为，权利平等同自由是不可 127
分割的。

这远不等于说，国王的裁决注定要失败。任何人都不否认君主拥有立法批准权和全部行政权。卡贝王朝如果不再独断专行，而在三级会议允许的范围内继续其统治，这只会加强它的民族性质，它的权威也会由于适应现代的需要而不被削弱。不论他们愿意与否，许多人势必会接受贵族和资产阶级之间的妥协。面对国王的决心，贵族中的忠君思想将会动摇对立情绪。马鲁埃和穆尼埃等资产者的主要愿望是结束专制主义，他们会看到，等级之间的争吵有使专制主义得以永存的危险。他们很少考虑农民，因而对尊重领主权和贵族的荣誉特权并不感到为难。慑于内战的迫近，贵族和资产者暗中主张和解。

路易十六和奈克尔假如主动和解，他们或许成为伟大的国王和伟大的大臣。路易十六不是亨利第四；奈克尔虽然心明眼亮，但他的出身和身份使他备受掣肘。国家处于无人掌舵的状态。

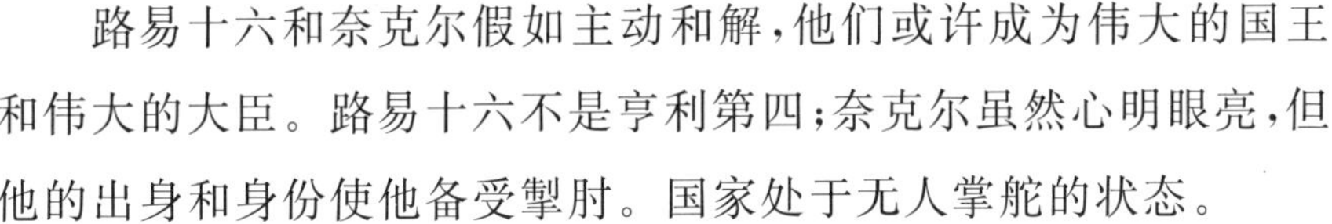

四、资产阶级的胜利

宫廷不但不想进行妥协，反而企图抛弃奈克尔；深感后悔的高等法院也助了一臂之力：同年 4 月，传说政府即将改组，新政府的 128
首要任务将是无限期推迟三级会议的召开。大臣们在三级会议代表资格审查问题上争论不休。巴朗坦坚持认为，根据先例，资格审查应由大臣会议负责。奈克尔则拒不同意。路易十六最后支持了奈克尔。宫廷革命遭到了流产，代表资格审查权问题仍悬而未决。原定 4 月 27 日召开的三级会议被推迟到 5 月 5 日举行。上述的左右牵扯大概就是会议推迟的原因。

如果从谨慎考虑，三级会议的会址理应选在远离巴黎的地方。但国王喜欢狩猎，王后及其随从不能离开玩乐，会址结果被选在凡尔赛。宫廷在其他问题上处事不慎，拘泥繁文缛节，因而使第三等级无端受到羞辱：三个等级按规定穿戴不同的服饰，于 5 月 2 日分别觐见国王。在 5 月 4 日圣灵节的祭仪过程中，第三等级代表一律身穿黑色衣服，除了容貌奇丑的米拉波外，广大群众对其他代表均不熟悉，但以信任的掌声欢迎他们。后面是穿着饰有金边的华
129 贵装束的贵族和默默无声的本堂神甫，在伴随国王的乐队后边，服饰鲜艳夺目的主教们招摇过市。这场小小的礼仪战一直持续到 7 月 14 日。当国王御临三级会议时，第三等级坚持同贵族和僧侣一样不肯脱帽行礼。巴依声称，由他带领的代表们将不在国王面前下跪。

面对巴黎大道的游艺厅被布置成僧侣和贵族的会议室。在该厅后方沿尚蒂埃街的另一所大厅原是为贵族建造的，如今经过扩大和装修，供国王主持全体会议之用。可是，人们借口第三等级代表人数众多，没有适当的地点供他们开会，这所“国民大厅”平时也就交给第三等级使用。大厅四周的看台恰好可当作旁听席。旁听者纷纷涌来，逐渐习以为常，并参与会议的辩论，这个惯例一直保留到国民公会结束。这一安排虽然事出偶然，却提高了第三等级的地位，并把畏缩不前的代表置于无所畏惧、毫不妥协的舆论的压

力和监督之下。

路易十六于5月5日前来主持会议开幕式。代表们对他的简短演说鼓掌欢迎。随后讲话的巴朗坦声音简直低得让人听不见。奈克尔的报告中途由他人代行宣读，满怀期望的代表们对他的夸夸其谈很快感到厌倦和失望，因为财政大臣在长达三小时的演说中详细阐述了国库的现状和准备改善的办法，却只字不提体制改革。他把希望寄托于贵族的宽宏气量，因而在表决方式问题上，只是重申了他在去年12月的见解。5月6日，贵族和僧侣分别开始审查代表资格；第三等级拒不从命，三级会议陷入僵局。

布列塔尼和多菲内的代表本想打破按等级投票的惯例，但这样做就会破坏法制，他们出于策略的考虑，不愿匆忙地冒险从事。代表们互相并不认识，谁都不知道究竟其他人准备走多远。布列塔尼代表的狂热已明显地使不少人感到惊恐。为此，必须采取拖延的办法。奈克尔拒绝让大臣会议审查代表资格，这正为布列塔尼代表准备了脱身的机会。第三等级于是主张，每个等级都应对其他两个等级的合法性给予认可，这就等于让三个等级共同审查代表资格。暂且，第三等级代表避免正式开会，既不作会议记录，也不定会议守则，甚至不设会务处，而仅让年长的议员巴依从6月
3日起充当召集人。此外，第三等级从一开始就自称是“平民院”， 130
尽管除少数学者外，一般代表并不了解中世纪的平民院究竟是什么东西。这个词反映了人们对以往平民反抗封建主的怀念，以及对近代英国历史的认识。但是，第三等级首先想表明，他们不再承认自己被人贬低到社会阶梯的最后一级。

第三等级的以上做法并非无懈可击，平民可能因此以为，这将

使税务特权迟迟不能废除。马鲁埃提议在保障贵族的权利和财产的条件下三个等级进行协商,但遭到了粗暴的拒绝。大家都感到,必须找出一个新的斡旋办法。僧侣等级自告奋勇出任调解。贵族却不为所动,并于5月11日宣布资格审查业已完毕。尽管有相当比重的本堂神甫支持第三等级,但僧侣等级建议三个等级各派代表联合组成代表资格审查委员会。第三等级为了拉拢僧侣,终于接受了调解。5月23日和25日的讨论未能达成协议,贵族坚守历史先例这道防线,第三等级竭力辩驳,并以理性和自然权作反对的理由。第三等级转而采取新的策略,要求僧侣同意三个等级一起开会;主教们感到自己已丧失对本堂神甫的控制,便恳请国王进行干预。5月28日,路易十六下令三个等级的代表与大臣们一起开会商讨;奈克尔于6月4日提出一项协议草案:每个等级将各自审查本等级代表的资格,把审查结果通报其他两个等级,并听取其他两个等级的不同意见,在不能达成一致意见的条件下,由国王进行裁决。第三等级再次处于进退维谷的地位。可是,贵族却坚持,除了对整个代表团由三个等级共同选出的多菲内和少数司法区以外,他们拒绝国王的裁决,这就反而帮助了第三等级摆脱困境。这是革命行动即将发生的信号。

6月10日,根据西哀士的提议,第三等级邀请特权等级同他们一起开会,拒不出席者将按缺席处理。代表资格审查以唱名方式进行,于12日开始,至14日结束。几名本堂神甫前来应唱,但没有一名贵族。经过两天的讨论,第三等级于6月17日把这个名不符实的三级会议改称“国民议会”,并立即规定,非经国民议会同意,不得增加税收。这是否意味着主权已转到国民的手里呢?并非完全如此，因为巴依在 6 月 20 日承认，这些革命措施尚需取得国王的批准。

路易十六没有给予批准的打算。由于王太子 6 月 4 日猝然去 131
世，国王守在马尔里宫闭门不出，王后和亲王乘机向他灌输种种谗言。放弃了自身利益并转而支持国王的贵族也要求国王迫令第三等级顺从。6 月 19 日，大多数僧侣代表决定参加国民议会，一些主教赶紧向国王求救。大臣们和奈克尔本人也都认为，国王必须进行干预。大臣会议宣布，国王将于 22 日亲临三级会议。但是，国王在会上将说什么好呢？在蒙穆兰和圣普里斯特的支持下，奈克尔向国王表示，为了迁就第三等级，国王可对其决定置之不理，但不宜断然予以否定。国王最终决定出面表态，他准备实行税务平等，同意所有法国人均可出任公职，允许三级会议按人投票决定未来的组织形式，但附有两项条件：三级会议将包括两个议院；国王将拥有全部行政和立法批准权。他还把贵族的财产和特权置于按等级投票的保护之下。国王的以上主张仍遭到巴朗坦的反对，后者认为这会导致英国的立宪制。尚在犹豫的路易十六迟迟不能作出决定，于是把会期推迟至 23 日。

6 月 20 日，第三等级代表见到会议厅大门紧闭，而事先他们又未接到任何通知。他们当即借用附近的网球场开会。有人主张将会议地点迁至巴黎，以便取得平民的保护。穆尼埃挺身而出，建议会议不制定出宪法决不解散。代表们对国王即将御临三级会议表示愤慨，几乎一致同意了穆尼埃的建议。如同高等法院一样，第三等级不等国王表明态度，就进行了反抗。

6 月 21 日，路易十六召请他的几个兄弟一起参加了大臣会议，终于决定免去奈克尔的职务，并于次日推翻了奈克尔的计划。23 日，游艺厅四周出现大批军队，禁止公众靠近。在一片静默中，路易十六让人宣读了两项清楚地说明冲突实质的决策性声明。声明内容如下：今后增税、举债以及决定财政拨款，包括宫廷经费，均须经三级会议同意；保障个人自由和出版自由；省三级会议将保证地方权力；一项庞大的改革计划将提交三级会议讨论。这样，立宪制、公民自由和民族统一将成为君主和国民的共同权利和义务。
132 路易十六只是例外地照顾了僧侣，指出有关宗教和教会的任何决议必须得到僧侣的同意。此外，国王装出一副不偏不倚的姿态：第三等级的决议案虽然被他所否定，但特权等级为推行按等级投票和延缓税务平等而提出的代表委托书问题也同样被撤销。代表资格的审查将按 6 月 4 日的方案进行。三个等级可以就普遍利益的问题共同会商。国王强烈希望僧侣和贵族将同意承担他们那部分公共负担。

但是，国王没有强制推行税务平等，对出任公职问题保持沉默，明确主张维持三个等级，不肯把未来的三级会议的组织形式以及领主制和贵族的荣誉特权等问题交给三级会议按人投票决定，这就等于把自己的砝码放在天平的一端，起着保护传统的社会阶梯和贵族的高贵地位的作用。从这项决定可以看出，革命的目标将是争取权利平等。

路易十六最后命令各等级散会，并且以解散议会相威胁。他走出了会场，后面跟着贵族和大部分僧侣。第三等级仍安坐不动，当大司仪官布勒泽前来重申国王的命令时，巴依回答说：“代表国民的议会不能接受命令。”西哀士一针见血地说：“你们至今旧习未改。”正如前不久的高等法院一样，第三等级宣布会议无效，坚持他们已经通过的决议，并宣布会议成员人身不受侵犯。巴依和西哀士的反驳完全合情合理，值得传诸后世。可是，后代人却往往记住了米拉波的那句名言：“除非迫于武力，我们决不离席。”第三等级当时本没有提出这种挑战的能力；但是，由于骚动的威胁已是如此严重，宫廷不得不认为，暂且以不接受挑战为好。于是，特权阶级更加分化，大多数僧侣和四十七名贵族代表追随了第三等级；到了27 日，甚至国王也劝说顽固分子去参加国民议会。

由法律界人士进行的资产阶级革命似乎已取得胜利，这场和平的革命是他们采取了向高等法院借用的法律手段而实现的。7 月 7 日，国民议会任命了宪法委员会，穆尼埃于 9 日提出了该委员会的第一项报告。国民议会从此在历史上被称作制宪议会。11 日，拉法叶特提出了人权和公民权宣言的草案。

五、调动军队

第三等级保持了镇定。西哀士关于建立宪政独裁的主张并未占得上风。因为国王的批准仍被认为是必需的；所谓先立法、后执法的现代宪法观念尚未产生。由于历史原因而拥有特殊权力的路易十六将与国民缔结一项契约。此外，第三等级在召集了三个等级的代表开会后，并未宣布取消三个等级，它甚至不敢提出改选议会。可见，资产阶级没有实现阶级的专政，相反，议会似乎有可能组成温和的多数派：僧侣已表示了同意，自由派贵族同样如此，还有第三等级的部分代表。但是，大多数贵族对既成事实显然不肯善罢甘休，人们怀疑路易十六正准备发动一场政变。人们看到，在巴黎和凡尔赛的四周，军队调动十分频繁。发动政变的借口似乎随时都可以找到：骚动在日益扩大；饥荒使社会秩序混乱；到了6月底，法兰西卫队的抗命在巴黎激起了暴乱。

宫廷固然没有制订一个周全的政变计划，而要制订这个计划，就必须赶走奈克尔及其一伙。国王召见了布洛利元帅和布勒特依男爵。为了谨慎从事，他们决定先在暗中组织政府，等调集到足够的军队后，随时准备上台。这是关系重大的一个回合。大家知道，国王把第三等级代表看作反叛，而贵族则把投降视为耻辱。但是，一旦图谋失败，流血的责任就会落在国王和贵族的肩上。7月11日，奈克尔被匆匆免职，并被逐出法国，中枢要职改由布勒特依及其一伙担任。任何事件都没有发生。但是，国民议会作了最坏的准备，资产阶级革命似乎遭到了挫折。平民的力量将挽救国民议会和资产阶级革命。

第三章　平民的革命 134

调动军队使三个等级的冲突演变成一场内战；法国革命不但因此具有突变的性质，而且革命的深远程度也超出资产阶级的初衷和预见。在平民加入革命后，旧制度顷刻间土崩瓦解；然而，群众是在经济危机和三级会议召开的双重影响下逐渐动员起来的。这两项原因的结合为起义做好了思想准备。

一、经济危机

法国在七年战争后出现的生产高涨，即路易十五的盛世，自1778 年起在重重困难的阻挠下停止了。传统经济的周期性危机和农业的丰歉失调导致了历史学家所说的“路易十六的衰落”。最初，葡萄的特大丰收造成酒的销售不畅，酒价下跌一半。1781 年 135
后，酒价虽略有回升，但葡萄农的境遇没有好转，因为酒价回升完全是由供不应求造成的，但偏在那时，葡萄农却没有许多酒可供出售。法国几乎普遍种植葡萄，这是大多数农民收益最大的商品生产。酒贱伤农：农民收入大大减少，分益佃农更没有出路。此外，粮食价格也下降了，粮价过低的状况一直持续到 1787 年。最后，在 1785 年，一场旱灾造成了牲畜的大量死亡。

乡村居民占消费者的最大多数，由于乡村购买力的削减，工业生产从1786年起也直线下降。英法贸易协定虽然并非如人们历来所说那样是工业不景气的根本原因，但它毕竟使法国工业暂时处于困境，迫使它实行现代化的改造，以适应外来的竞争。失业现象变得愈加严重，在乡村工业已获发展的农村，困难情形并不比城市好。

因此，当1788年农业出现灾难性歉收、平民阶级面临饥荒时，粮食却没有一点储备。面包价格不断上涨。到1789年7月，在政府赔本抛售进口粮的情况下，巴黎每磅面包售价仍高达四苏，而在某些外省则要加倍。据估计，要使雇佣劳动者的生活得以维持，面包价格每磅不得超过二苏。面包是他们的主食，每人每天平均消费一磅半，重体力劳动者甚至需要二至三磅。奈克尔下令向国外购买大批粮食。如同通常那样，人们开设赈济所，布施汤粥。严寒过后，青黄不接，物价继续暴涨。我们不能再被所谓经济发达产生社会富裕这个假象所蒙骗了。半个世纪以来，特别由于饶勒斯的努力，我们已经清楚地看到，法兰西王国的繁荣是资产阶级力量壮大的根源。在这个意义上，我们有理由反驳米希勒的断言，并进一步指出，大革命不是在一个因天不佑人和灾难丛生的社会中，而是
136 在一个蒸蒸日上的社会中出现的。应该看到，殖民开发的高额利润首先要通过转手出口才取得，因而本国的劳动者从中不能得到人们想象的那么多的好处。何况，长时期的物价上涨增加了大地主和资产者的收入，而工资却没有相应地提高。大家知道，在大革命前的十年里，法国的生产既不稳定又不景气，群众的生活更加拮据，饥荒的袭击终于到来。

不论平民（手工业者、小店主和职员）和无产者（下等平民）还是农民（收成不足自给的小自耕农和分成制佃户，不生产粮食的葡萄种植者）和城市居民，他们一致把灾难归罪于政府和统治阶级。税收丝毫不减，收入却一落千丈。在诸物昂贵的时期，征收消费税更令人痛恨。酒之所以卖不出去，是因为酒税限制了消费。面包之所以不够，是因为布里盎在1787年解除了对粮食贸易和粮食出口的一切限制。奈克尔固然禁止了粮食出口，对进口给予了奖励，并恢复了集市贸易制度，但那已为时过晚！囤积居奇者早已乘机钻了空子。只要一名官吏从事囤积，所有的官吏，包括政府在内，都有囤积的嫌疑，“结党营私”毕竟不是一句空话。收取什一税的僧侣和领主也同样激起人们的愤怒。什一税从本已微薄的收成中提出一定比例，势必危及耕种者的生计；尤其，僧侣和领主把收得的实物地租囤积起来，耕种者的贫困愈严重，他们所得的利益就愈大。总之，第三等级的团结发生了动摇。粮商、面包商和磨坊主感受到威胁；主张经济自由的资产者遭到平民的敌视，平民反对资本主义，自然就倾向实行征购和限价。奈克尔曾允许各地酌情征购部分粮食以保证市场供应，但各省的巡按使和市政当局却置之不理。

1789年一天一天地在过去，骚动使地方当局胆战心惊，难以招架。4月28日，巴黎市郊圣安东尼区的雷威永工场和昂利奥工场被洗劫一空。全国各地的市场随时都有闹出乱子的可能。此
外，由于加工和运输的需要，粮食往往在饥民众目睽睽之下经水陆 137
往返运送。军队和骑警四出保护，疲于奔命；尤其，他们同乱民一样食不果腹，因而往往对他们表现得十分宽容，甚至无意识地慢慢同乱民站在一起。旧制度的大厦已摇摇欲坠。

动荡的局势在农村特别严重。农村被税收压得喘不过气来，什一税和领主征收的贡赋更令人不堪忍受。作为一个整体，农民包括了短工、分成制佃农、小自耕农和大农庄主，尽管他们已经感到他们内部存在着种种分歧，但他们在反对国王的税收和贵族的问题上却团结一致。早在7月14日前，反抗运动已风起云涌，例如3月末在普罗旺斯，4月在加普地区，5月在康布雷齐和毕卡第，均有农民暴乱的发生。在凡尔赛和巴黎四郊，猎物被捕杀尽净，树林被大批砍伐。但是，在另一方面，暴动使平民自己也担惊受怕，因为乞丐转眼间如瘟疫般遍布全国，许多零工和小自耕农也纷纷外出行乞。穷人们离乡背井，流离失所，麇集城市，劫掠村庄，纵火行凶，宰杀禽畜，偷割青苗，无所不为。地方当局对这些不逞之徒无可奈何，于是同意各村庄武装自卫。恐慌情绪十分普遍，人们往往无惊自扰，谈虎色变，草木皆兵。胆怯者以为大难临头，逃难者又把惊慌带往他乡。

二、“好消息”和深切的期望

假如三级会议的召开没有深刻地触动平民的感情，经济危机还不一定会推动平民去帮助资产阶级。平民虽然选举了资产者，
138 资产者却为着自己的目的，对平民很少关心。但是，三级会议的召开毕竟被当作一个预示着人的命运将发生奇迹般变化的“好消息”在平民中传开了。这个奇特的事件激起了人们既鲜明又模糊的希望；希望所有人都比以往生活得更加幸福。资产阶级同样怀有这个希望；它把第三等级中各种不同的成分凝聚在一起，从而成为革

命理想主义的源泉。但在平民中间，希望还赋予革命所谓“神秘幻想”的性质，这种“幻想”孕育着主动性和坚毅性，以及有关未来的一系列观念。可以说，在其开始，这些观念堪与处在创始阶段的宗教运动相比拟，穷人们乐于从中看到人间天堂的恢复。

7月14日，阿尔蒂尔·扬格在去阿尔贡省的依丝莱脱的途中遇到一名贫穷的妇人；她向他诉说自己的苦难：“听说，一些大人物将为减轻穷人的苦难做点好事”；但是，她不知道究竟大人物是谁和他们要做什么好事。她又说：“愿上帝给我们带来好世道，各种赋税实在太重了。”

既然国王向其臣民征询意见，这说明他有怜悯之心。而国王所能帮助臣民的，无非是减轻其负担，即国税、什一税和贡赋。假如有人能猜出他的意图，他一定会感到高兴。可是，在三级会议代表选出后，贵族从四面八方纷纷报警，因为农民公开宣布，他们对一切税款将概不缴纳。

与此同时，深切的期望燃起了强大无比的激情，资产阶级也毫不例外。这一期望充满着革命情绪，并给这一阶段的历史打上了深刻的烙印。

三、贵族阴谋和革命情绪

第三等级立即相信，贵族将顽固地维护他们的特权。反对第三等级代表加倍和反对按人投票证明了这个预见。人们由此产生 139
了种种怀疑，而且人们又很容易由怀疑转变为肯定：贵族将不择手段压垮“村俗小民”；他们将包围善心的国王，要求解散三级会议；

他们将拿起刀枪，坚守城堡，挑起内战，在“盗匪”中招募军队，监狱和流放地为他们提供士兵。为了使第三等级陷于饥饿，贵族已把他们的存粮囤积，而且希望把即将收获的粮食也抢劫干净。人们迅速把对贵族的怀疑同对盗贼的恐惧联系在一起，把召开三级会议的后果和经济危机的后果联系在一起。此外，外国将应贵族的请求出力相助，亚多瓦亲王不久果然流亡国外，争取其岳父撒丁国王、西班牙和那不勒斯的波旁王族以及王后的兄弟神圣罗马帝国皇帝的支持。等待着法国的将是遭受普鲁士践踏的荷兰的命运。在大革命的历史上，同外国的冲突占着举足轻重的地位；这种情形从革命开始就已经出现，人们在 7 月就普遍担心外国的入侵。整个第三等级都相信，贵族在搞阴谋。

在第三等级看来，国王的中央集权和三个等级的冲突是出现危机的主要原因。他们不把危机归罪于自然条件，又不懂得分析经济条件，却把责任推到了国王和贵族身上。这个看法虽然不够全面，却不能说不正确。显然，布里盎规定的粮食贸易自由有利于投机商人。如果有人借口这项规定能促进生产，平民就会反驳说，生产的发展首先对贵族和资产者有利，而平民却为此付出代价。同样，虽然贵族并不像第三等级所断言的那样具有“倒转乾坤”的能力，但不容否认，宫廷同贵族确实正合谋惩罚犯上作乱的第三等级，何况被过早揭露的贵族阴谋不久就会变成现实。总之，这种思
140 想状态对历史学家具有重大的意义，因为它表明，导致新事实出现的直接原因并非寓于以往的历史先例之中，而表现在串演新事实的人物身上。

贵族阴谋和“盗贼”横行的确使不少人惊惶万分，但也有一些

人并不感到特别害怕，并坚定地正视这个危险。因此，如果说“大恐慌”竟把整个第三等级吓得不敢动弹，这就未免言过其实。实际上，革命情绪使人们能够以自卫本能去克服恐惧心理。第三等级从他们代表的来信中了解到时局的演变，又以大批复信鼓励他们的代表。资产阶级很想让事态进一步发展，希望从少数司法行政官吏的手中夺走市镇的权力。缙绅们也有组织“民兵”的打算。巴黎的选举人曾向制宪议会提出过这个建议，但制宪议会不敢给予批准。这是个一箭双雕的图谋：抵抗国王调来的部队，镇压平民的暴乱。在建立民兵前，缙绅们竭力争取军队。这一努力居然取得了一定的成功，因为下级军官们没有升迁的任何希望，士兵们则深受物价上涨之苦，薪饷早已因购买生活用品而预支干净。在巴黎，法兰西卫队在罗亚尔宫与平民一起联欢；6 月底，平民把因参加这次联欢而被关在阿培监狱的士兵释放出来。据了解，一些知名人士曾向士兵慷慨解囊，或出资赔偿七月起义者的损失。当然，其中部分钱财来自奥尔良公爵，这已是无可怀疑的了。

除自卫的本能外，还要有惩戒的决心，换句话说，平民既要挫败贵族的阴谋，挫败囤积居奇者和一切人民公敌，就必须惩办这一批人。从 7 月起，惩戒的决心表现为一些平民擅自进行监禁、施刑和杀人。

“恐惧心理”、自卫本能、惩戒决心是革命情绪的三个特征，认识这三个特征是了解下阶段历史的关键。到了 1789 年底，阴谋似乎已被挫败，镇压也逐渐放松。随后，阴谋又重新抬头，其性质未出人们所料，而且外国也拔刀相助了。出于自卫本能，各地涌现出大批义勇军，接着又宣布了大举征兵。惩戒决心导致了 1792 年的

屠杀，而在1793年局势再次恶化时，国民公会只是通过恐怖统治
141 才预防了新的屠杀。“恐惧心理”以及伴随着它的自卫本能和惩戒
决心，直到法国革命取得肯定无疑的胜利后，才逐渐消失。

四、巴黎的革命

群众的思想状况既然如上所述，奈克尔被免职一事起了在火药库点燃导线的作用。贵族的阴谋开始付诸行动。巴黎谣传纷纷。7月12日(星期日)，天气晴朗，在罗亚尔宫门前，特别在奥尔良公爵不久前刚对外开放并成为娱乐中心的花园和长廊，聚集了成群游人，他们围在即席演说者的四周(其中的一位演说者卡米尔·德穆兰名垂青史)。过后不久，游行队伍走上了街头。在圣奥诺兰街，骑兵开始驱散群众，接着又在路易十五广场向人群发起冲锋，但遭到了法兰西卫队的反击。巴黎驻军司令伯桑瓦尔男爵当晚把所有部队带到了马尔斯广场。

巴黎人没有想到赶赴现场援救国民议会，他们只是间接地帮助了国民议会脱离险境。他们忧虑的只是他们自己的命运，因为他们深信，处在国王部队和强盗包围下的巴黎城，将遭到来自蒙马特尔高地和巴士底狱的炮击，以及强盗的抢掠。在这些天里，市内惊恐频生，演出了“大恐慌”的第一幕。此外，警察早已绝迹，人们纵火焚烧税卡，并把圣拉扎尔看守所的囚犯全部释放。人身安全和财产安全似乎都受到了威胁，无人管理的首都笼罩在一片恐惧之中。

自卫本能立即作出了反应。街头建起了街垒，武器商店被抢

劫一空。选民们任命了一个常设委员会，开始组织民兵。14 日晨，人们从伤兵院取来三万二千支枪武装民兵，接着又要求巴士底狱交出武器。由于驻军较少，堡垒的指挥官德洛内一边进行交涉，142
一边下令守军撤出前院，群众随即进占。高达三十米的垒墙，围有二十五米宽的堑沟，沟内放满了水，德洛内对骚乱并不害怕。但是，由于失去镇定，他下令开了枪。一些人中弹倒下，其余人在混乱中后退；人们大骂指挥官不讲信义，以为他故意让人群靠近，以便随后枪杀群众。人群中携带武器的也开始射击，战斗在力量悬殊的情况下继续进行，围攻方面死伤一百多人，被围困者仅一人受伤。据事后的调查，在我们所知道的“攻打巴士底狱”的许多战士中，社会的各阶级都有其代表，但大多数战士属于市郊圣安东尼区的手工业者。

正当双方胜负未决时，法兰西卫队和国民卫队在原下级军官乌兰和爱利上尉的率领下，从市政厅赶到现场，进入了巴士底狱前院，冒着枪林弹雨，把大炮对准大门架了起来。惊慌失措的德洛内表示愿意放下武器。爱利同意了，但士兵们纷纷抗议：不许投降！德洛内在慌乱中命令放下了吊桥，群众于是涌进堡垒。大多数防守者保全了性命，三名军官和三名士兵被杀。德洛内被人群带到市政厅门口，并在那里处死。不久，巴黎市商会会长弗莱塞尔遭到了同样的命运。人们割下他们的首级，刺在矛尖上，在市内游街示众。

伯桑瓦尔男爵将部队撤到了圣克罗。选民们接收了市镇权力，任命巴依为市长，并请拉法叶特任国民卫队司令。拉法叶特后来把代表巴黎的红蓝二色作为国民卫队的徽饰，而在红蓝二色的中间，他又加上了代表国王的白色。由他设计的和作为大革命象征的三色旗把新旧法国结合在一起。

任何人事先都没有想到，攻打巴士底狱竟在冲突中起了关键的作用。任何人最初也没有想到，巴士底狱的陷落竟决定了冲突的结局。惊惶情绪仍然存在。攻下巴士底狱本身虽然没有重大意义，但它却粉碎了宫廷的反抗。宫廷掌握的武力不足以占领巴黎，何况这些部队也并不可靠。国王对是否逃出巴黎犹豫不决。他不顾亚多瓦亲王的反对，决意退让。7 月 15 日，他亲临制宪议会，宣
143 布把军队调走。16 日，他召回奈克尔；17 日，他来到巴黎接受三色徽饰。

至此，还不能说贵族已经甘心失败，种种可怕的谣传仍纷至沓来。亚多瓦亲王和其他许多贵族亡命国外。据传说，一支英国舰队在布雷斯特港外游弋。常设委员会命令搜索巴黎四郊，追捕盗贼，结果仅找到一些流浪汉，被遣送回原籍了事。由于郊区害怕强盗出没作案，惊惶情绪有增无减。巴黎巡按使贝蒂埃·德·苏维尼同他的内弟富隆·德·杜埃以及伯桑瓦尔本人均被逮捕，屠杀又重新开始。7 月 22 日，前二人在格雷夫广场被处绞刑；30 日，由于奈克尔及时赶到，第三人才幸免于难。一些资产者在他们亲身经历的危险的刺激下，参与了平民的狂暴举动。巴纳夫当着制宪议会厉声说道："难道说这血不是污浊的吗？"在这种情况下，怎能使人同意必须停止任意杀人。7 月 23 日，黎塞留街的一位公证人代表本街区来到议会，要求设立平民法庭。30 日，巴依又重新提出这个法案。议会对此置若罔闻，直到 10 月才决定对叛国罪进行追究，并交付巴黎的沙特累初级法庭审理。虽然如此，制宪议会于

7月建立了一个“追查委员会”，这是未来的公安委员会的雏形；巴黎市政当局另设了一个委员会，从而成为最早的革命委员会。与此同时，在通信秘密问题上，各种政治色彩的议员，从古依·达尔西侯爵和学士院院士塔尔热到巴纳夫和罗伯斯庇尔，都强烈主张战争和革命时期的治理方式应不同于和平时期，也就是说，人们准备承认的公民权在实施范围上要顾及当时的局势。革命政府的理论便由此产生。

五、市镇的革命

奈克尔的免职在外省同样也激起了强烈而迅速的反响。人们
不再以呈递威胁性请愿书为满足。在许多城市，人们开始夺取银 144
库、弹药库和军需库，成立常设委员会来负责组织民兵和向邻近市镇以至农民请求帮助。第戎的驻军司令被逮捕，贵族和僧侣被禁止外出，这为拘禁嫌疑犯提供了最早的先例。在雷恩市，居民鼓励士兵开小差，发动了民变，军队指挥官被迫离开了这个城市。

当攻下巴士底狱和国王亲临巴黎的消息传开时，外省居民纷纷热烈庆祝，从此变得大胆的资产阶级在各地接收了政权。我们所说的“市镇革命”在大多数情况下都是和平地完成的。市镇当局或者吸收部分缙绅参加，或者改由选举产生。市镇当局往往被迫或听任成立一个常设委员会，以负责组织国民卫队，但该委员会逐渐把全部行政事务包办起来。也有这样的情况，平民配合资产阶级的示威行动，要求降低面包价格，当他们的要求迟迟得不到满足时，骚乱就随之发生，乱民不但袭击官吏和囤积居奇者的房屋，同时也往往解散旧的市镇机关。

各地的市镇革命具有不同的性质，而且往往半途而废。这一革命在某些城市是彻底的。例如在斯特拉斯堡，旧的市镇机关被武力解散；在第戎和帕米埃，旧的市镇机关虽保持其职能，但旧官吏在常设委员会中只占少数；在波尔多，市镇权力被削减为只管“一般的警察事务”，而常设委员会则具有革命权力机关的性质。在诺曼底的某些城市，市镇革命尚不彻底，旧政权和革命政权同时并存。在麦斯和南锡，两个政权的并存反映了两种不同社会成分的对立处于势均力敌的状态。在蒙托邦和尼姆，社会对立之外还存在宗教对立。在里昂和特鲁瓦，爱国党在 7 月的胜利遇到了旧
145 势力的反扑。最后，在相当数量的城市，市镇革命没有进行。例如，图卢兹的旧市政机关得到爱国党的信任；艾克斯的市镇机关因得到军队和法院的支持而得以维持。这多种多样现象的出现，其原因可以用旧制度下市镇结构的多样性和社会对抗的演变来说明。在佛兰德地区，资产阶级的政治要求同平民群众的社会要求在时间上并不合拍。因此，市镇革命的规模较小。一般说来，在法国北部和南部那些具有市镇自治传统的地区，革命运动相对地显得较为和缓。

市镇革命的结果在各地却都是相同的。人们不再听从国民议会的命令，国王也丧失了任何权威。与此同时，中央集权在逐渐削弱，每个市镇不仅在本市镇，而且在附近的教区也行使绝对权力。从 8 月开始，城市之间开始订立互助协议，从而使法国自发地变成一个市镇联邦。这种自治为少数办事果断的人打开了方便之门，他们不等巴黎的命令，强制推行他们认为对救国必须采取的措施，

这是保卫革命的一般基本原动力。

但是,也应看到事情的另一面。制宪议会享有任何其他机构所没有的威望,但居民只遵守适合他们的法令。居民的最大愿望是什么呢?改革税制,废除间接税,统制粮食贸易。当时,赋税已停止征收;盐税、间接税、入市税已被取消;粮食流通已被阻止或禁止;当局的公告和命令已不起任何作用。巴黎的情形更有过之而无不及,在为选举三级会议代表而划定的各选区中,公民们以选民为榜样自动集会,企图代替选民而监督选出的市镇机关。在他们看来,主权属于国民意味着直接民主,这一观念将为后来的无套裤汉所珍视。

六、农民的革命和“大恐慌” 146

乡村紧跟城市的步伐,但巴黎革命在乡村的影响更加深远。许多地区发生了土地暴动。在诺曼底西部、埃诺和上阿尔萨斯,农民袭击贵族乡墅和修道院,焚毁文契档案,强行取消领主权。在弗朗什—孔代和马孔内,农民烧毁或洗劫许多贵族乡墅。资产阶级也并不始终得以幸免:农民要求他们提供捐赠。亚尔萨斯的犹太人受到很大损失。此外,农民清楚地表明他们对资本主义的敌视,从而为反动领主所利用。自由放牧的旧规矩被重新恢复,圈地遭到了破坏,树林被任意砍伐,瓜分了的公地又被收回。农民革命是一把双刃的利剑。为此,缙绅们开始互相靠拢。城市的民兵下乡恢复秩序。在马孔内,除了正常的刑事法庭外,资产阶级又成立了特刑庭;三十三名农民被判处绞刑。农民暴动诚然令人触目惊心,但消极抵抗的影响更大；整个法国的农民普遍抵制什一税和田赋，缴纳赋税全凭自愿。“大恐慌”进一步给了抗租运动不可抗拒的力量。

巴黎的事态发展加强了人们的恐慌心理，在贵族的阴谋策动下，外国可能为支持他们而入侵法国，“盗贼”也可能受他们的收买。现在，小麦已经成熟，巴黎和其他大城市又宣布驱赶乞丐和流浪者，盗贼之祸变得一天比一天可怕。饥民骚乱和土地暴动，城市的国民卫队下乡查抄贵族乡墅和征集粮食，更使乡村里人心惶惶。
147 大恐慌的产生是由六次地方事件引起的，这些事件本身与曾经带来种种虚惊的以往的事件大同小异；不过，这次的恐慌风潮在流传中经过添油加醋变得更加骇人听闻，流传的路线竟长达几百公里，扩散的面广达几个省份。犹如连锁反应一般，惊恐由一地传至另一地，流传的地域又如此广大，这不能不说明“大恐慌”的独特性质，同时也说明何以产生“大恐慌”的思想状态。

南特发生的一次“惊人事件”使整个普瓦图地区人心不安；博韦齐地区的埃斯特雷－圣但尼的另一事件把恐慌传诸四方；香槟南部的又一事件使惊恐遍布加蒂内、布尔博内和勃艮第；邻近拉费尔丹－贝纳尔的蒙米拉依林区发生的另一事件使曼恩、诺曼底、昂儒和都兰等地区警报频传。惊恐从希赞树林四周传到昂古莱姆、贝里和中央高原，又向阿基坦和比利牛斯地区蔓延。在东部，弗朗什－孔代和马孔内的土地暴动把惊恐一直传到地中海沿岸。

革命者和贵族互相指责对方制造了恐慌。革命者说，革命的敌人在散布无政府状态，借以搞垮国民议会。贵族说，资产者要平民提高警惕是为了推动他们进行武装暴乱，而贵族自己则只求平安生活。这后一种说法容易被人们所接受，因为大恐慌激起的自卫本能使平民转而反对贵族。在勒芒附近和在维瓦雷，三名贵族被处死，多菲内的农民四出烧毁贵族宅第，从而惊动了附近地区。根据人们事后的说法，恐慌是在秘密信使的串联下在各地同时爆发的，它同时为土地暴动起了推波助澜的作用。实际上，恐慌远不是那么普遍，布列塔尼、洛林、下朗格多克等地区就没有发生。从时间上看，它从 7 月 20 日延续到 8 月 6 日。一些文件往往指名道姓地说出那些散布了恐慌的人。奇怪的是，在原已发生暴乱的地区却反而没有出现恐慌，多菲内的农民起义是恐慌引起的唯一的 148
一次骚乱。恐慌对农民革命虽然有所促进，却不是它的起源。当时，农民已经站立起来了。

七、8 月 4 日之夜和《人权与公民权宣言》

正当平民革命在全面铺开时，制宪议会的辩论却议而不决。应该立即公布人权宣言，还是推迟至宪法完成以后，以保证宣言和宪法的一致，两种方案究竟何种为好呢？议员们停留于泛泛而谈，不讲明产生不同意见的真实理由：宣言的原则将谴责等级的存在和特权。因此，贵族主张推迟发表，希望能保住他们的一部分特权。失去耐心的爱国党人指责贵族设置障碍，一些头脑清醒的人则怀疑第三等级中有部分议员为维护本省或本市的特权而与贵族秘密串通。8 月 4 日早晨，制宪议会决定就宣言问题先行表决；可以预料，辩论将会遇到新的阻力。

另一方面，平民革命总应该有个结局。平民革命既然挽救了制宪议会，制宪议会也只能肯定平民革命；但必须恢复秩序，以便让平民平静地等待他们的代表决定适当的改革。在城市中，资产阶级有控制平民的可能。农民的情形则不同，他们不顾制宪议会，自作主张地破除了领主制。这该怎么办呢？制宪议会假如诉诸军队和法院，就会同平民决裂，使自己受国王和贵族的摆布。另一个方案是满足暴动农民的要求，但为第三等级的胜利助了一臂之力的本堂神甫和自由派贵族又决不肯答应。

149 在8月3日至4日的夜晚，一百多名议员聚集在阿摩利咖啡馆，商讨决议案的措辞以及力争使决议获得通过所应采取的策略。阿摩利咖啡馆又名“布列塔尼俱乐部”；在4月末，布列塔尼的议员到首都以后，逐渐养成了到这里来共同协商的习惯，其他省区的议员不久也加入了他们的会商。总之，议员们决心“用一种神奇的魔力”带动整个制宪议会，厄基养公爵答应就解决封建权问题提出倡议。

8月4日晚间，由于诺亚依子爵抢先提出了议案，厄基养公爵只能给予附议。议会在热烈气氛中一致同意：在法律面前人人平等，除人身依附应无偿取消外，其他封建权实行赎买。接着，其他提案也纷纷获得通过：刑罚平等，人人得以出任公职，废除官职捐纳制度，将什一税改作可予赎取的贡赋，宗教仪式一概免费，禁止教士兼职谋利，废除首岁捐，即新任主教把任职第一年的全部收入赠送教皇的陋习。最后，各省和各城市也同意作出牺牲，放弃自己享有的特权。“魔力”居然成功地发挥了作用。

以上的决议尚待见诸文字，因而议会于次日继续开会，直到8月11日为止，法令的最后文本在篇首写道：“国民议会完全废除封建制度。”这一表述远不符合事实，因为长子权和领主的荣誉特权依旧被保留下来，贡赋的赎取又颇费时日。相反，什一税却无偿地被取消；但是，正如在赎偿方式尚未制定前，贡赋仍需缴纳一样，在法律尚未就公开祭礼作出规定前，教会仍收取什一税。

总之，在8月4日晚间，议会原则上实现了国家的法律统一，推翻了贵族在乡村的统治，迈出了财政改革和教会改革的第一步。在一切准备就绪以后，议会如今可以讨论宣言了；讨论于8月20日开始，直到26日为止。这个文件既是自由、平等和国民主权的宣言，又是被平民革命所消灭的旧制度的“死亡证书”。

八、十月事件 150

路易十六对8月5日至11日通过的议会法令和人权宣言一概不予批准，危机再次产生。议会认为这些文件具有宪法的效力。穆尼埃声称，立宪权是至高无上的，高于君主的宪法不需要取得国王的同意。西哀士的论点占了上风，宪法从此不再是一项契约，而以近代的面目出现在人们的面前。

鉴于爱国党面临着分裂，路易十六便力图争取时间。一些自由派贵族、本堂神甫以及拥有领主权和官职的资产者集合成了一个旨在停止革命的派别，他们赞同奈克尔在6月提出的关于国王享有立法批准权，即“绝对否决权”的主张，以便与国王妥协；他们还同意奈克尔关于建立上议院的主张，以便与贵族妥协。人们把这伙议员称作是“英国派”或“王政派”。其中最著名的有拉利－托伦达尔、克莱蒙－托内尔和马鲁埃等人，穆尼埃后来加入了他们的行列;米拉波在绝对否决权问题上也支持他们。杜波尔、巴纳夫、亚历山大·德·拉默三巨头一跃成为爱国党的领袖,并取得了胜利。9 月 10 日,关于两院制的提议被否决了,第二天,议会只同意赋予国王对法律的延缓否决权,并通过奈克尔说,国王在接受议会的八月决议的同时,已默认了放弃宪法批准权。事实当然并非如此。议会只是在 10 月 1 日,而不是更早,才决定向国王“递交”八月法令,而国王既可以给予批准也可以拒绝接受。因此,唯一的出路只有再次强迫国王退让。

在巴黎,群众的激动情绪并没有平息。报纸和小册子到处散发。马拉在 9 月创办了《人民之友报》,猛烈攻击巴依、拉法叶特和奈克尔。8 月末,有人在罗亚尔宫鼓动群众向凡尔赛行进,结果这
151 次尝试失败了。但事后不久,贵族的阴谋再次显得咄咄逼人,国王调来了军队,佛兰德率领的团于 9 月 23 日到达。由拉法叶特选派的资产阶级子弟所组成的国民卫队和由他招募的雇佣兵都相信将有发生新事件的可能。尽管十月事件发生的原委和经过至今不很清楚,但无可怀疑的是,巴黎的革命者和爱国党议员之间已有默契。米拉波大概为了奥尔良公爵的利益也参与其事。不论拉法叶特如何表白,看来他和巴依都没有反对这项计划,因为他们没有采取任何措施加以制止。

可见,政治形势是发生十月事件的基本原因。然而,正如 7 月的情况一样,如果没有经济困难这个因素,动乱的规模或许会小一些。外国人、贵族和富人纷纷辞退仆人,离开首都。钱财或者流往外国或者被藏匿起来。奢侈品工业一落千丈。失业人数空前增多。此外,面包不但价格昂贵,而且有时供不应求。小麦收成很

好，但尚未收获，市场空空如也，粮食流通十分困难。由于风小水浅，磨坊转转停停。人们再次把粮食匮乏归罪于阴谋：揪住国王不放似乎是个合理的办法。经济危机和政治危机又一次互相促进，互助推动。

10 月 1 日，宫廷卫队的军官设宴欢迎佛兰德的军队；当宴会临近结束时，国王全家在一片欢呼声中亲临宴席。宾客们纷纷对国民表示敌意，并把其象征——三色帽徽——抛在地下践踏。犹如奈克尔被免职一样，在事件的经过传开后，巴黎群情激愤，立即准备起义。10 月 5 日，哈勒区和市郊圣安东尼区的妇女拥到市政厅前要求面包。这可能不是件偶然的事，但对其筹备经过，我们至今一无所知。巴依和拉法叶特均不在场。妇女们让攻打巴士底狱的一名“勇士”马雅尔领头，向凡尔赛进发。在正午左右，国民卫队已集中完毕，当拉法叶特刚刚赶到时，他们向拉法叶特表示也要前往凡尔赛。群众愈聚愈多，并提出种种威胁。公社最后下达了出发命令，并派两名代表陪同拉法叶特前往，负责把国王带回巴黎。运动的政治性质至此已十分明显。

在妇女到达凡尔赛前不久，议会再次要求路易十六接受八月
法令。马雅尔仅要求议会保证巴黎的供应和调离佛兰德的军队， 152
并没有谈到国王。议会却立即派遣会议主席穆尼埃前往宫中。正在狩猎的路易十六被召请回宫，他和善地接见了妇女，向她们许诺供应巴黎的急需。部分群众已开始返回，宫廷尚不知道国民卫队已经出发，以为事情已经解决。不久，国王接到了拉法叶特派人送来的通知；在圣普里斯特的劝说下，他决定前往朗布叶宫，但随即又改变了主意。他大概以为，国民卫队无非是要他接受八月法令，

因而只要把同意及时通知穆尼埃，就能结束危机。但是，当拉法叶特与公社代表于晚间十一时到达时，他们却要求国王搬到巴黎去住。人们向他提出这样的要求还是第一次，他推托等第二天再说。国民议会在那天得到的唯一实际好处，就是国王接受了八月法令。10 月 6 日清晨，示威群众进入王宫大院；宫廷卫队予以制止，冲突随之发生。一名工人被打死，接着又有几名卫队队员丧命。群众打开一条通道，直奔王后的卧室前厅，王后被迫逃到国王的房间里躲避。最后，国民卫队把宫中其他人赶走。这时拉法叶特也出面了，他同国王全家一起到阳台上与群众见面。群众以“国王到巴黎去！”的呼声作答复。路易十六被迫让步，议会宣布跟随国王前往巴黎。

午后一时，一支杂乱不堪的队伍出发了。一些在刺刀尖上挑着面包的国民卫队队员护卫着装有小麦和面粉和盖有树叶的四轮货车在前面开道，一些坐在或骑在炮筒上的搬运工人和妇女同赤手空拳的宫廷卫队、佛兰德的军队以及瑞士雇佣兵混杂而行，拉法叶特骑马紧随国王和王后的御辇在一旁侍候，代表国民议会的一百名议员驱车前进，接着是国民卫队，最后是群众。天下着雨，队伍在泥泞中行走；天色很早就暗了下来。平民对这凄凉的景色似乎毫无感觉，他们显得平静而有信心，分享着胜利的欢乐。他们把“面包房的老板、老板娘和小老板”一起带了回来。巴依在市政厅欢迎国王，后者当晚住在杜依勒里宫。制宪议会于 10 月 19 日才离开凡尔赛，暂借大主教府做会址，于 11 月 9 日正式迁至杜依勒里宫的骑术院。

部分资产者同贵族一起愤怒抗议对国王施加暴力。一些保王

分子脱离了爱国党，转而反对革命，穆尼埃回到了多菲内，不久从 153
那里亡命国外。当时，人们普遍认为，平民的革命行动既然已使资产阶级摆脱了困境，危机将很快结束。其实，革命行动只是使危机更加严重。由于取消了等级和特权，贵族的财产和威信都受到了损害，大部分贵族对革命恨之入骨，贵族的阴谋从此见诸行动，并准备向外国求助和挑起内战。与此同时，第三等级发生了分裂。既然无产阶级和小资产阶级全都参加了战斗，他们不再甘心被排斥在政治生活之外，民主运动在巴黎各街区和各选区开始萌芽。议会享有无限的威望，人们只服从议会的命令。但这种服从是以议会的命令与舆论相一致为条件的。人们仍然拒绝缴纳捐税和贡赋。一项法令恢复了粮食贸易自由，而任何人都不遵守它。

正如米拉波所指出的，资产阶级需要建立一个强有力的政府，以巩固自己的统治；但是，从路易十六在 7 月的举动看来，他还很值得人们怀疑。他几个月来一再声称忠于宪法，议会也担保自己的忠诚以安抚胆怯者，而怀疑却始终存在。制宪议会由于对国王怀有戒心，将行政权力置于议会各小组委员会的监督之下，实际上施行了议会专政，虽然这种专政还并不十分有效，因为大臣及其部属仍能暗中阻挠。为此，西哀士、米拉波等人想逼迫路易十六同意把王位交给太子，而让一位取得国民信任的摄政代替他发号施令。他们的计划没有成功，因为他们唯一的人选奥尔良公爵不但没有威望、没有骨气，而且遭人唾骂。革命已使路易十六无力招架，但到 1793 年止，革命也使法国处于没有政府的状态。

154 第四章　拉法叶特得势的一年

旧制度在原则上已经被破坏，但在法律制订出替代的法规前，大部分行政机构和行政人员仍原封未动。几个月来，制宪议会继续从事自9月开始的建设性工作，同时密切注视贵族的阴谋和平民的骚动。资产阶级革命派已经转化成为君主立宪派，他们把深孚众望的拉法叶特当作崇拜的偶像，而拉法叶特则竭力调和矛盾，并自以为得计。这就是这一阶段的特点。

一、拉法叶特和爱国党

拉法叶特自认为在10月6日救了国王和王后，便以他们的恩人自居；国王和王后对拉法叶特虽然痛恨万分，却装出宠信这位“宫相”的样子。1790年4月，在法夫拉斯的阴谋暴露后，路易十六就对国民议会唯命是从，并宣誓忠于宪法。这位“新旧大陆的英雄”的豪侠仗义使资产阶级为之倾倒，他们以有这样的领袖而骄傲。这位神态优美和豁达大度的贵族使平民肃然起敬。他的得势似乎是秩序的保障。他梦想成为法国的华盛顿，争取君主和贵族
155 赞同革命，争取议会赞同组织一个强有力的政府。他充满天真的乐观，又自认为才华出众；他在玩走钢丝的把戏，杰弗逊在奉召回

国前曾为他捏了一把冷汗，美国的新任代表、喜爱讽刺的戈文诺、莫里斯刚到巴黎，恰好目睹他的垮台。

像典型的美国人一样，他深信掌权要靠舆论，因而完全以实用主义的态度去积极活动和操纵舆论。许多家报纸，例如布里索的《导报》、《法兰西爱国者》、孔多塞的《巴黎消息》都受他的影响。不善演说是他的最大弱点，但他在西哀士的帮助下，为他的拥护者创立了一个协商和活动中心，即"1789 年社"，议员、文人、贵族和银行家在那里畅怀交谈。他不惜出钱收买帮佣：当民主派崭露头角时，他发表文章予以制止，捧场者一时竟使议会讲台有人满之患。如果他能紧密团结爱国党人，调解议会中的分歧意见，加快议会的辩论过程，并把各派的首领吸收到一个稳定而积极的政府班子中去，他或许有成功的一线希望。但在当时，即使多数派内部的意见也不能完全一致，因为怀有浓厚个人主义的革命党人始终极端厌恶党派纪律。议会也不可能正常地进行工作。除了内部对立和外部环境不断引起种种事端外，同舆论保持联系的紧迫必要使议会不得不停下日常工作，去接待成批的代表团，听取他们宣读请愿书。奈克尔的声望正日益下降，他在 8 月提出的两项借款已遭到失败，于 9 月 29 日决定筹集的爱国捐也不能长期支持国库的需求。改组政府的机会出现了。拉法叶特同杜波尔、拉默、米拉波进行了磋商。他先派奥尔良公爵出使伦敦，借以摆脱他，接着又建议米拉波出任驻君士坦丁堡大使，企图把这位人所共知的公爵排斥在外。米拉波不但不肯接受，反而于 10 月 24 日把改组政府的问题提交议会讨论。他指出，为使君主立宪制同存在一个有效率的政府并行不悖，国王应该从议员中挑选大臣，以便保证两种权力的

信任合作。这个论点本身是无可非议的，因为它符合议会制的方向，而且已为英国所采用。但米拉波暴露了自己的野心。爱国党
156 人觉得他更加可疑，并正确地认识到，诱饵还会使其他的变节者上钩。11 月 7 日，制宪议会决定禁止议员充当大臣。拉法叶特的计划终于流产，但他的贪欲却进一步受到刺激。米拉波接受了宫廷的收买，由拉马克伯爵牵线，不断向宫廷递送报告（第一份报告写于 1790 年 5 月 10 日），虽然这些报告并未为宫廷所重视。最初，路易十六要米拉波同拉法叶特合作，企图使议会承认国王有决定和平和战争的权利。但两人合作不久，对拉法叶特心怀嫉妒的米拉波向国王大骂“假恺撒”，竭力破坏拉法叶特的名誉。他建议路易十六成立一个大规模的宣传机构，广泛开展贿赂和收买工作，纠集王党，然后离开巴黎，解散议会，向国民发出呼吁，必要时甚至挑起内战。但他同时请国王不要靠近边境，以免沾上勾结外国的嫌疑。杜波尔、巴纳夫和拉默这三巨头对拉法叶特的嫉妒不亚于米拉波。他们同拉法叶特虽然没有本质的分歧，但为了同他故意作对，往往提出极端的主张。

二、革命的进展

制宪议会的工作逐渐走上正轨。11 月 7 日法令明确规定，等
157 级从此不再存在。1790 年 2 月 28 日的另一项法令宣布，军队中的捐纳制度已经废除，人人都有晋升军官的机会。同年 9 月 23 日，四分之一的少尉军衔决定留待由军士晋升。1790 年 2 月，每个市镇按照 1789 年 12 月 14 日的法律选举市政府，领主在乡村享

有的司法行政权也被废止。自 11 月至 2 月,制宪议会调整了地方区划和改组了行政机构,州、县二级的政权机关在夏初开始就职。7 月 12 日通过的《教士法》确定了僧侣的地位。最后,8 月 6 日,司法机关的改造也告一段落。

此外,爱国党加强组织并展开宣传。他们纷纷加入国民卫队和各俱乐部。1789 年 11 月,布列塔尼俱乐部迁至巴黎的雅各宾—圣奥诺兰修道院,改称“宪法之友会”,各大城市纷纷建立了类似的组织,并很快成为“宪法之友会”的分会。各俱乐部和社团的成员都是追随拉法叶特的自由派贵族和富裕的资产者;钻进行政机构的贵族和保守派分子对温和、谨慎而又忠于革命的国民议会尚且经常挑剔和刁难,他们对这些俱乐部和社团的监督和催促更看不顺眼。报刊的出版量在成倍增长,其中有路斯塔洛的《巴黎革命》、卡米尔·德穆兰的《法兰西和布拉邦特的革命》、哥尔萨的《通讯》、卡拉的《年鉴》。爱国党的主要成功表现在“联盟”运动,这足以证明他们取得全国的拥护。最早的“联盟”组织产生于 1789 年。第一个组织于 11 月 29 日在瓦朗斯出现。接着,蓬蒂维和多尔在 1790 年 2 月,里昂在 1790 年 5 月 30 日,斯特拉斯堡和利尔在 1790 年 6 月,陆续成立了大批“联盟”组织。这个运动最后导致了以庄严而明确的形式体现着法兰西统一的 1790 年 7 月 14 日全国联盟节。拉法叶特容光焕发地出席了全国联盟节大会;当塔列兰面对祖国的神坛做完弥撒后,他代表人民军队进行宣誓,国王不得 158 不跟着宣誓。尽管当时大雨倾盆,充满信心的群众热情洋溢地高唱《前进曲》。

然而,革命的画面上也出现一些阴影。可以看到,第三等级还

没有受过公民教育；他们只想从革命中图得预期的好处，但对革命要求他们作出的努力却缺乏热情。十分之九的积极公民没有参加选举，国民卫队对服役很快感到厌倦。在消极公民方面，他们对自己被排斥在市镇生活之外深感委屈。小资产阶级和自由职业者对罗伯斯庇尔和某些民主派徒劳地坚持的普选制并不感兴趣，同时却对使他们不能当选公职的选举保证金制度愤愤不平。总之，关心公共事务的公民主张实行公民的直接统治；他们的各种牵制使当选的代表日子很不好过。巴黎各区经常同巴依和拉法叶特分庭抗礼。由丹东领导的科特利埃区于 1790 年 1 月将马拉藏匿起来，对抗司法当局的传讯。制宪议会于 6 月改组了首都的行政机构，用四十八个行政区代替原来的六十个选区，但各行政区不久也同样表现得争强好斗。

最令人关心的事毕竟是人身安全和财产安全。国民议会刚搬到巴黎不久，在其会址大主教府的附近，一名面包商被人杀害。议会十分震惊，于 10 月 21 日立即通过了著名的“戒严法”。当社会出现动乱时，市镇当局有权执行戒严法，就是说，先打出红色旗帜，经三次警告后即可下令开枪。但是，国民卫队能否服从，还是个问题。在巴黎，拉法叶特幻想能够取得国民卫队的支持。他把国民卫队削减至二万四千人，有购买制服能力的富人才能参加；此外，他又主要在法兰西卫队中选拔了六千人，组成领取薪饷的常备营队。但在其他各地，情况则不同。国防大臣为了解除平民的武装，声称军火库已告空虚，同时又削减军事订货。各地市镇当局固然可以请求军队给予帮助，但它们往往不愿这样做。右派公然要求
159 让军队自动进行干预，国民议会意识到右派心怀叵测，因而坚决不

予同意。至于原有的重罪法庭，它在 1789 年 10 月 9 日已被勒令停止工作，到了 1790 年 3 月，更禁止它受理任何刑事诉讼。

骚扰市场和阻碍粮食流通的事件仍不断发生；1790 年的丰收使国内总的形势有所好转，但地方性危机仍此起彼伏，土地暴动尚未停止。一些胆小的农民缴纳了贡赋，但 1790 年 3 月 15 日法重申贡赋必须赎买，这使农村继续处于混乱状态。1790 年 1 月，在凯尔西、佩里戈、上布列塔尼，以及在普洛埃梅和雷东之间的地区，爆发了农民起义；同年 5 月，在布尔博内及其附近地区，也有类似事件发生。加蒂内地区的农民在收割后拒绝缴纳什一税和田赋。到了年底，凯尔西和佩里戈再次发生暴动。日益严重的威胁促使贵族以更加强硬的态度进行抵抗，由此引起的贵族的反动和流血惨案使混乱局势进一步恶化，使阶级对抗更加严重。拉法叶特试图推行的妥协正成为幻想。

三、贵族的阴谋

“黑党”[1]对那些与革命“沆瀣一气”的王政派分子表示蔑视。在“黑党”的演说家中，摩里教士坚持抵制的立场；卡查累斯倾向采取更灵活的策略，但他的意见没有被接受。他们的记者蒙茹瓦、里伐罗尔和罗若教士在《国王之友》报攻击一切新事物，鼓吹旧制度，甚至把贵族的革命也一概否定。苏录在《使徒行传报》和《小高蒂 160

① 指 1789 年制宪议会中比保王党更右的议员，他们创设反革命的俱乐部，参与策划 1790 年末的里昂暴动，失败后大批亡命国外。——译者

埃报》放肆辱骂爱国党人，并讥讽他们是“败国主义”。1789 年 10 月和 11 月，“黑党”力图利用多菲内和康布雷齐的高等法院和省三级会议。他们要求进行新的选举。次年春，第三等级指责国王派去建立新行政机构的官员在那里组织选举。接着，本笃会修士热勒于 4 月 13 日建议制宪议会承认天主教仍为国教，遭到了议会的否决；包括议会主席维里厄伯爵在内的二百四十九名议员签署了抗议书。维里厄伯爵被迫提出辞职。后来，贵族又败坏指券的信誉，试图阻碍国有产业的出售；他们对穷人说，特权阶级的破产将使穷人失去劳动和施舍。反革命的“和平之友”俱乐部在各地纷纷建立。

在那些因对革命不满而流亡国外的人中间，一些人是为了求得安静；另外一些人则是为了组织武装，等待外国干涉，例如在都灵定居的亚多瓦伯爵正向各方联络；还有些人同亚多瓦伯爵相配合，准备在法国南部挑起内战。最早的一次阴谋是“朗格多克计划”，其依靠对象有原里昂市长安贝尔—科洛美、孔塔地区的莫尼埃·德·拉卡累、艾克斯的帕斯卡里、马赛国民卫队司令里厄都，以及打算在尼姆煽动天主教工人反对基督教厂主的佛罗孟。这次阴谋造成了 5 月 10 日在蒙托邦和 6 月 13 日在尼姆的流血冲突。接着又有“里昂计划”。7 月 25 日，里昂发生了一起因拒付入市税而引起的骚动，国防大臣拉都尔·杜班派遣一名心腹军官和可靠的军队前往弹压。布西伯爵和奥利埃兄弟分别在博若莱和热伏唐活动。马尔博斯于 8 月把维瓦雷的天主教徒召到雅勒斯集会。普瓦图和奥弗涅地区的贵族组织了许多活动小组，准备联合向里昂进军，亚多瓦伯爵打算率领撒丁部队同他们在那里会师。他们还希望国王也来到里昂。在十月事件后，奥日尔和马依·德·法夫拉斯曾先后企图使国王逃出巴黎。1790 年初夏，革命党允许国王一家住在圣克罗宫；外逃似乎并不困难，“黑党”的俱乐部“法兰西沙龙”早就提出过这个建议：里昂暴动的日期定在 12 月 10 日。但是，路易十六拒绝了这项建议和米拉波的劝告。他在 10 月另行准备外逃计划。爱国党非常警惕。人们不断揭露国王可能出走。161
法夫拉斯已被判处绞刑，许多阴谋分子陆续遭到逮捕，其中博恩·德·萨瓦丹在 4 月，特罗阿·德·里渥尔在 7 月，布西在 9 月先后被逮捕；最后，里昂的阴谋分子在 12 月被一网打尽。奥弗涅地区的贵族在前往里昂的途中转道流亡国外。亚多瓦伯爵离开都灵，于 1791 年 5 月在曼图亚求见利奥波德二世，随后便前往科布伦茨。

平民的担忧造成新的恐慌浪潮。1790 年 7 月和 8 月，在蒂埃拉什、香槟、洛林等地区，特别在瓦伦附近，谣传派往攻打比利时人的奥地利军队将入侵法国。群众仍准备采取自卫行动；马拉在 7 月号召群众先发制人。总之，惩罚行动时有发生，例如帕斯卡里在艾克斯被杀。

四、军队的解体

拉法叶特的幻想不幸落空了，冲突蔓延到了军队。一些贵族坚持效忠革命；但大多数军官从一开始就对革命持保留态度，随着制宪议会的改革触犯了他们的利益，更赤裸裸地采取敌对立场。他们的士兵也分裂成两个阵营：一些军人蔑视国民卫队，说他们是

“不堪一击的蓝军”[①]，另一些军人则经常光顾俱乐部，转而反对他们的长官。军港士兵和弹药库工人中也出现了不稳定现象。爱国党对贵族军官很不放心，越来越多的贵族军官流亡国外。爱国党或者攻击贵族军官，或者与犯上作乱的士兵相联合。但是，面对虎视眈眈的欧洲，制宪议会不敢贸然接受罗伯斯庇尔关于清洗贵族军官的要求。制宪议会不把从穷人中招募的士兵放在眼里。杜布
162 瓦一克朗赛建议采用义务兵役制，以便把国王的军队改造成为国民的军队，这个建议也未被制宪议会采纳，因为议会知道，法国人对旧制度下的民兵十分敌视。议会认为，只要采取增加薪饷和改革行政和纪律，就足以解决问题。

兵变在军港和驻军中时有发生。作为职业军人，拉法叶特在纪律问题上一点也不含糊。1790 年 8 月，他决定采取断然措施。当时，南锡驻军发生暴动，拉法叶特便支持其表兄布叶侯爵进行武力镇压，处决了几名闹事士兵，又把夏托维厄的四十一名瑞士雇佣兵遣送苦役场。制宪议会最初曾同意这个行动，但拉法叶特的名声从此受到了损害。爱国党在事后立即提出抗议，制宪议会的多数议员也开始感到怀疑，因为他们听说，布叶在南锡把所有拥护革命的人统统打成嫌疑犯。10 月，默努男爵对全体大臣提出弹劾；议会最后宣布，除蒙穆兰一人外，全体大臣已不受国民的信任。旧的大臣们辞职了，新上任的大臣仍不受欢迎。就在那时，《教士法》导致了教会的分裂，路易十六向外国求助：大革命正走向一个新的高潮。

---

① 国民卫队穿蓝色制服，又名蓝军，旧式正规军穿白色制服，又名白军。——译者

第五章　制宪议会的业迹 163
（1789—1791）

伯克和泰恩曾先后指责制宪议会，说它为了执行脱离实际的抽象原则而使法国社会经历一场大乱。我们这里不打算研究1789年的原则究竟是否具有普遍价值的问题，但这些原则确实释放了能量，并塑造了一个经久不衰的社会。至于那些制宪议员，他们诚然读过哲学家的著作，但这种文化素养并没有影响或削弱他们的现实精神。面对反革命的威胁和平民的不受约束，他们既要照顾僧侣和爱国贵族，又要关注经济利益和殖民利益，因而从未脱离过现实的环境。甚至，正因为带着环境的深刻烙印，制宪议会相当部分的业迹才终于落空。

一、1789年的原则

在旧制度被推翻后，用武力夺得权利的制宪议会需要证明他
们的胜利的合法性。同时，用巴纳夫的话来说，法国人需要从“国 164
民教义问答”中学习新秩序的原则。既然美国人已经提供了榜样，
制宪议会随即颁布了《人权和公民权宣言》。然而，大家将会看到，
他们的思想并没有完全包括在宣言中，制宪议会的其他法律和 165

1791 年宪法的前言也容纳了这些思想。

制宪议会参考了美国的独立宣言，拉法叶特曾把自己的宣言草案交给了当时驻凡尔赛的美国代表杰弗逊。两个宣言的亲缘关系远比文字对照所能反映的要深刻得多。它们一致确认人的尊严和主动精神的价值，都带有希腊哲学和基督教给欧洲思想打上的烙印，并接受上帝的保护。大部分起草人或者笃信启示宗教，或者是形而上学的唯灵论者，他们把自由看作是人的自由意志的结果和保障。此外，还必须指出，从历史考察的观点看，个人主义象征着欧洲人为用知识和发明去征服世界和征服自然，最终达到治理国家和社会，并为自己管理自己而冲破一切阻挠的奋斗精神。在这个意义上，新的原则提出了一个理想，即人在经过千百年坚持不懈的努力后，将逐渐变成自己的上帝，并在尘世中获得拯救。

制宪议会的业迹也显示了它的独创性：它把平等和自由紧密地结合在一起；平民的革命在推翻封建特权和封建制度的同时，突出了平等的重要地位，而这正是盎格鲁－撒克逊人所未能做到的。革命党人和资产阶级全都寄予平等无比的价值。在他们看来，除了以法律——共同体自愿接受的法律——的名义外，自由人不能接受任何其他人的发号施令。对法国农民说来，领主权的取消是大革命的基本成果。

由此可见，我们可以把 1789 年的原则归纳成两条。首先，“人生来是和始终是自由的，并应享有平等的权利”：人是自身的主人，在尊重他人自由的条件下，人应该不受任何阻拦地从事其体力活动和脑力活动。人可以说话、写作、劳动、创造以及取得和拥有财产。法律对所有人同样有效。不论出身如何，所有人都可担任公

职。其次，国家本身不是目的，国家的存在是因为它负有保障公民 166
享受其公民权的使命。主权属于全体公民；国民把他们的权力委托给一个负责的政府；如果国家不履行自己的义务，公民将反抗国家的压迫。

由其哲学的和非物质的价值所决定，自然权一词具有普遍的意义；如同美国的“起义者”一样，制宪议员在援引自然权时使用了一般的术语，因而有人以此为借口，说他们是在抽象中迷失了方向的意识形态家。《宣言》的“历史”性质毕竟是显而易见的：在《宣言》的每项条款背后，制宪议员以及与他们同时代的人心里都想着他们为之感到痛苦的具体事实。例如，非经出示司法传票，任何人不受逮捕和拘禁，这意味着不准再发“密札”随意捕人。公民在法律面前一律平等，这就是说，特权将受到谴责。反抗压迫是合法行动这项条款为7月14日起义提供了合法根据。正如奥拉尔所说，宣言首先是旧制度的“死亡证书”。所以，制宪议会不按推理的顺序进行阐述，各项原则强调的程度也各不相同：个人自由占三条；信仰自由在我们看来似乎十分重要，但制宪议员却为了照顾爱国的本堂神甫，只是含蓄地提到宗教宽容。《宣言》的缺点也相当突出。它难道不应该就财产及其继承问题作出说明和规定吗？其实，《宣言》的第二条已简单地谈到了财产，但没有下一个定义，因为这个问题在当时还没有被提出。到最后才加上的《宣言》第十七条重新又谈到财产，确认了对领主贡赋的赎买，同时又规定，财产如因公共事业的需要而征用，必须事先给予公平的补偿。制宪议会直到1791年才宣布资产阶级最迫切要求的经济自由，这是因为，旧制度并不反对这个要求，而第三等级在行会问题上意见又不

一致。《宣言》没有提到集会权和请愿权；制宪议会在 1791 年才同意建立公共教育制度和公共救济制度：这些条款不涉及过去，而关系到未来。

167　然而，为谴责旧制度而申述的原则也是新制度必须执行的原则。在前一方面，人们对原则的解释不产生任何含混，因为所有人都不赞成原则所谴责的事实，但在涉及后一方面时，原则就没有确切的解释，因而也就容易产生分歧。为此，有些人曾坚持等宪法完成后再起草《宣言》，以便二者之间不出现任何矛盾。另一些人建议至少应对《宣言》的内容作进一步的补充。西哀士要求规定，在财产问题上没有平等可言，以便堵塞通向社会平等的道路；格雷古瓦教士希望，在列举公民权利的同时，也应列举公民的义务。制宪议会的大多数议员对这些建议未加理睬，这就再次暴露了《宣言》的本质。在《宣言》起草人的心目中，它的意义是不容讨论的，因而对各种警告都无动于衷。这是资产阶级在胜利气氛中怀着对未来的充分信心所写下的作品；他们相信，由他们设计的、符合自然法则和上帝的合理意志的新秩序将永远保证人类的幸福。

总之，资产阶级关于自由和权利平等的原则不但符合自己的利益，而且也为革命吸引了无数拥护者。它为个人的力量、智慧和创业精神披荆斩棘，吁请出类拔萃的人才担负起社会的经济和政治的领导。竞争和选拔将使领导阶层避免出现与世袭制不可分割的老化现象。从此，每个人都有被选拔的机会，这一前景激起了人们的希望和进取心。尤其，由革命引起的动乱为有效地利用各种机遇提供了极大的方便。大量的地产被出售；货币流通使资本倍增，这为投机事业开辟了广阔的前景。行会垄断已被废除，永久租

约已遭到禁止,取消长子权和继承平等使财产不断分割;从此以后,所有的财产都摆在人们的面前,只要努力就能取得。随着人人都可担任公职以及公职数量的不断增加,随着政界人物的周期性更新,随着报纸的发展以及科学和机械工业的发达,那些没有金钱而有知识的人从此就有新的道路可走了。在当时的欧洲,君主制
的旧框架仍束缚和阻碍着社会的进步,以上措施所唤起的个人主 168
动性将成为大革命和现代社会的生命和力量的无穷源泉。这个事业的保卫者将涌现出一些杰出的组织家、学者和将军;这个事业还将激起各国怀才待时的优秀人物的热情欢迎。

个人主义的竞争狂热带来了不容忽视的后果。强者排斥弱者,而强者往往又是富人和他们的子孙。人们在宣布权利平等的同时,却让每人自己去设法取得享受权利的手段。这种幻想不久就破灭。但是,当资本主义集中尚未在经济中占统治地位时,所有缺少竞争条件的人开始并不都对前途丧失信心。何况,面对贵族的阴谋,第三等级内部还保持一定的团结和友爱,从而部分地掩盖了阶级对抗。因此,自由和平等对人们的想象具有不可抗拒的魅力。法国人民以为他们的生活将能改善,他们的子孙将生活得更加幸福,他们甚至希望其他各国人民也将有同样的命运,自由和平等的各国人民将永远和睦相处。那时候,世界将从压迫和贫困中解脱出来,和平的阳光将普照大地。革命的幻想犹如鲜花盛开。许多人为着这个如此崇高的事业甘愿作出牺牲,它所激起的热情鼓励着其他人继续英勇奋斗,把革命的光芒传遍世界。米歇尔·博比依在出发去同暴君作战前,先把这个好消息告诉了沃兹华斯,人们在长诗《序曲》中可以看到革命幻想那令人炫目的光芒。革命

把热情同脚踏实地的努力结合在一起，这是它胜利的双重秘诀。它在各国都获得一些人的同情和理解，许多人主动为革命奔走宣传。

至少有一部分资产阶级怀有这样的希望。资产者不把自己看作是一个特权阶级，他们甚至以为，随着等级被废除，阶级也将被消灭，资产阶级的大门对所有人都是开放的。虽然如此，他们从没有忘记现实，也没有忘记资产阶级的最高主宰权。为了反对旧制度，资产阶级宣布人的权利是天赋的和不受时效限制的。那么，这
169 是否意味着，人权是对每个人都确认的、高于社会的和不可触犯的国民主权呢？这个问题经常引起争论，但从未得到彻底的和令人满意的解决。在实践中，人们通常根据情况去执行原则，从而把人权置于公众利益之下和限制它的普遍应用。《宣言》指出，权利受法律的制约。貌似绝对的权利由此就变成相对的了，权利的阐述不构成一部法典，而反映着一种理想或一种意向，其价值则不可避免地要根据具体的环境和按照统治阶级的利益进行调节。大量事实证明，在制宪议会看来，他们可以根据不同的情况和以不同的方式去执行他们的原则，甚至可以延缓和反对执行这些原则。

在个人自由的问题上，制宪议会通过对刑事诉讼的改革表现了对《宣言》的完全忠诚，这是他们立下的丰功伟绩之一。除现行犯外，必须持有法官的传票方可执行逮捕；法官必须在二十四小时内审讯被告，请他或为他指定一名律师，律师可以同被告自由交谈。提出起诉和立案定罪不再由法官负责，这一职权交给了公民陪审团。法庭根据书面卷宗审理案件的方式被原告、证人、被告和律师之间的公开辩论所代替。《宣言》在宗教宽容问题上落后于形

势。制宪议会于1789年12月27日才同意给新教徒公民权;法国南部的犹太人在一个月后也取得了公民权,东部的犹太人一直等到1791年9月27日才取得公民权。但是,信仰自由没有完全取得胜利;民事登记仍由教会负责,公共祭礼仍为天主教所垄断。个人主义把结社当作居心叵测,行会组织被取消,教会内部的修会也大部被解散。但是,既然反革命的威胁依然存在,人们也就听任政治性社团大量发展,并容许它们集体请愿。后来,制宪议会对民主派很不放心,因而在解散前针对俱乐部通过了一项镇压法令。经济自由最终导致了行会的废除,但资产阶级并不掩饰禁止“同盟”[①]的矛头是针对帮工组织和罢工。

在奴隶制和选举制这两个问题上,对《宣言》的歪曲表现得特 170
别明显。制宪议员不仅用法律限制自由,而且主张人应该在“德行”即“公民精神”的指导下,根据理性去享受自由权。在他们看来,很多人尚未达到完全行使权利的成熟程度。从新秩序的利益着想,同时也为资产阶级的利益着想,他们便限制和不准这些人享受权利。农奴制在法国已无偿地被废除,但黑人买卖和奴隶制却依然存在;因为一旦加以取消,殖民剥削就会受到损失。制宪议会最后把“有色人种”——包括混血儿和自由黑人——的政治地位问题交给殖民主去决定,决定的结果当然是可想而知的。《宣言》承认,“全体”公民有权“亲自或通过他们的代表”参加法律的制订。“亲自”二字是很可怀疑的。制宪议会所建立的是彻头彻尾的代议制,国民仅仅在选举时才行使主权,代表一经人民选出,就不受任

① 这里指的是著名的《勒霞不列法》。——译者

何监督。制宪议会甚至不把1791年宪法交给人民批准，更何况修改宪法要受种种过细的限制，完全超出了一般公民的能力范围。至少，议员能否代表全体公民呢？完全不能。西哀士指出，选举和当选是履行职责的一种方式，而履行职责则需要有能力。资产阶级特意说明，能力必定意味着富裕，因为如果才能不同财产相结合，很容易就变成革命的酵母。制宪议会剥夺了“消极公民”的选举权，凡纳税额不足三天工资收入的公民或充当仆役的公民不但没有选举权，而且不能参加国民卫队。“积极公民”的意见也要经过两级选举的过滤，尤其，由第一级选举选出的人数有限的“选举人”，纳税额应在十里佛以上，这就更加有利于缙绅们当选。最后，议员的选举保证金竟高达一马克白银（约等于五十二里佛），他们还必须拥有地产。有些人主张实行职务“阶梯制”，即必须先在下级行政机构中任职，然后才能当选上一级的职务。

为了同贵族斗争，或者为了遏制平民，或者为了同平民取得和解，制宪议会有时不惜歪曲和否定《宣言》的原则，这些原则毕竟不是抽象的，而是实在的。类似的例子读者在本书的下文将会见到。

171

二、政府组织

宣言规定，政府全体成员应“明确”认识到，他们的权力来自国家，他们应对国家负责。毫无疑问，在十月事件后，宪法的现代概念已经明确，路易十六必须“接受”宪法。政权从此由宪法“创立”，国王将被称作“国家的第一名公务员”。这个名称毫无贬义，因为在当时，人们只把人民的政治代理人称作公务员，而不包括他们雇佣的职员。虽然如此,国王毕竟是世袭的、不对委托人负责的和神圣不可侵犯的公务员,甚至对国王犯有叛国罪行时应如何处置也没有作出规定。制宪议会的每个议员都想到了这种可能性,但在欢庆国王和议会团结一致的时候,怎能去承认这个可能性呢?《宣言》规定了许多预防措施:公务员对国家负责;警察只服从法律;征税必须取得议会同意;立法、行政、司法三权完全分立,即令使政府机构陷于瘫痪也在所不惜。但是,路易十六仍保留着重大的特权:支取高达二千五百万的年俸,决定外交方针,挑选和任命六名大臣以及军事长官和大使。制宪议会甚至不顾三权分立的原则,授予国王对立法议会的决定的延缓否决权,为期两届,即不超过四年。

国王单独不能行使这些大权,因为他下达的命令必须经一名大臣副署,而大臣则可能被议会提出弹劾,大臣去职时必须向议会提出报告,在把职责移交清楚后才准许离开巴黎。可是国王对议会却一点也把握不住。议会是常设的、不可侵犯的和不得解散的;唯有议会才能决定法律,议会提出的税收法、弹劾令和宣言书,即使否决权也对之无可奈何。规章制订权也属于议会,就是说,议会有权解释法令并就执行法令作出具体规定。高等法院的阻挠将不 172
再出现,因为法庭应无条件地遵循法律来审理案件;与美国的情形不同,法国司法机关的存在并非为了研究法律是否符合宪法。司法权的次要地位和立法权的纯代议性,这是法国公法中的两项永不变更的原则。

由此可见,立法议会是国家的主宰,而这个议会也就是资产阶级。据估计,在排斥了三百万名“消极公民”后,还有四百二十五万名积极公民组成“初级选民会”,由积极公民选出约五万名“选举人”，再在州县的首府选举议员。为了把议席留给缙绅，选举制确实经过了十分周密的考虑。这种君主立宪制也就是资产阶级的共和国。

可是，这个共和国却没有一个真正的政府，因为没有议会的信任，大臣就无能为力，而大臣又偏偏得不到议会的信任，由国王任命的大臣同国王一样是可疑分子。他们在议会中受到批评，被议会召来质询，并且受议会各小组委员会的密切监视，而英国的议会并不设立小组委员会。此外，大臣们还看到，议会欢迎各行政部门直接向它请示，并且不征求大臣的意见就给予答复。此外，行政组织也使大臣们不能有效地发挥作用，甚至不能有效地贯彻下达的命令。

三、行政组织

制宪议会确实完全改变了行政组织的中央集权制。议会之所
173 以乐于这样做，因为它想使国王失去一个可能的帮手，而且这也符合全国的深切愿望。各省区和各教区一致要求摆脱巡按使长期以来大权独揽和高高在上的状况。各地对中央政权的敌视态度在陈情书中往往以褊狭的地方主义形式而出现；前面已经谈到，地方主义利用了市镇革命，这种情绪即使在 8 月 4 日晚以后也没有完全消失。法国人之所以放弃他们的地方特权和赞同民族统一，这是因为他们认为从此可以自己管理自己了。

1789 年 12 月 14 日法令给予各市镇广泛的权力：负责分配和征收税额，领导国民卫队和维持秩序，召请军队和宣布戒严，以及审理一般违法案件。然而,在市镇当局和中央政权之间,不能没有适当的中间环节。陈情书承认这一必要性,因而要求成立省三级会议。法国已被划分成八十三个州,州又划分为县,县再划分为区。国王在创设税区时,早已开始打破省的传统格局,新的组织形式进一步完成了这一事业。但是,改革的直接目的并没有那么大的奢望。正如都累所指出的,法国人仅仅希望能明确划定各行政单位,使各村庄就近集合在一个设有市场的市镇的周围。自从创立了国民代表机构以后,设置选举区已势在必行,所有人都承认, 174
原来的税区已不再适应要求。各地区的议员纷纷协商确定选区的划分,这些讨论是十分实际和自然的。

1789 年 12 月 22 日法令规定:各州将设立州议会、州政府和一名州检察官,各县将设立县议会、县政府和一名县检察官;检察官负责贯彻执行法律,实际上成为州、县政府的秘书长或办公室主任。所有地方行政官员全都由"选举人"在他们中间选出;因此,地方行政部门完全被缙绅们包办。州级机构的政治态度往往比县一级更加温和;而市镇机构中表现出的民主精神往往比国民议会更强,因为由市(镇)长和市镇官员组成的市镇机构,以及他们同缙绅们和检察官共同组成的市镇委员会是由当地的积极公民选出的。在农村,由于没有纳税额能达到十天收入的候选人,往往就不顾法律的规定,在一般积极公民中遴选市镇官员。在革命蓬勃发展的情况下,穷人看到自己竟被排斥在选举之外,不免感到惊异,因为在旧制度下,他们至少还能参加居民大会。革命时期的市镇政治生活十分活跃,这是当时的特点之一。

以上的组织形式也有它的缺点。选举会议往往开得很长,间隔时间又短,因为行政机构的成员每二年就改选一半,每次会议都必须唱名检查投票人数。大多数公民对此不感兴趣;有的“选举人”甚至不肯支付来往首府的旅费。当选者对从事费力费时而影响自己的事务的公职开始感到犹豫。许多太小的市镇找不到办事干练的市镇官员。市镇委员会会议往往一拖再拖,最后干脆不再举行。有人提出设立“大市镇”的建议,以便把几个市镇合并起来,组成一个集体的市镇当局;这个建议没有被接受,因为每个市镇都坚持它的自治权利。

所有的行政部门都根据新的行政区划进行了调整。新的行政区划还为各级法庭规定了适当的职责范围。当时的法国人喜欢打
175 官司,十分希望能就近找到法官。因此,每个区设置一名治安法官处理民事诉讼就特别受到欢迎。在区上一级的县设置常设法庭,不服判决时可就近向县级法庭上诉,制宪议会不愿设立使人回想起高等法院的高级审判庭。在刑事诉讼方面,市镇当局负责审理违章案件,治安法官审理轻罪,州法庭审理重罪。全国范围有两个法庭,即终审法庭和最高法院。商事法庭仍予保留,但行政诉讼,包括有关国有产业和流亡贵族的问题,则由州县政府处理。

官职捐纳制度已被废除,人们已不再容忍国王派遣旧时代的法官去新法庭任职。因此,法官和行政官员一概由选举产生。新法官在已有五年以上职业经验的法律界人士中选出,任期六年。公证人须经考试录用;检察官改称诉讼代理人,成为自由职业者。职业律师不再存在。国民强烈希望能更直接参与司法工作,以保证司法机关办事公平、迅速和经济。制宪议会仅仅同意在审理刑事案件时成立由公民组成的陪审团,陪审团在县级法庭负责提起

公诉,在刑事法庭负责审理。在民事诉讼方面,制宪议会仅同意陪审团对家庭纠纷享有裁决权和审理权,在前一种情况下,裁决须经县级法庭复查,在后一种情况下,审理须经县级法庭核准。

中央政权对地方行政部门的权力减少到几乎等于零。国王仅仅有权勒令地方行政官吏停职,而国民议会还能恢复他们的工作。把审理民事和刑事的司法机构同行政机构分开,这是一项根本的改革。然而,检察部门的职能无疑被削弱了,并且分散在个人出身和社会关系各不相同的四个人手中,他们是宪兵军官,县法庭庭长,刑事法庭的公诉人或公诉团主任,以及国王派驻每个法庭的代
表。议会同国王一样不掌握有效地迫使法国人纳税或遵守法律的 176
手段。甚至,有些被反革命掌握的市镇机构竟援引反抗压迫的原则来对付国民议会。只要危机更加恶化,国家的存在将因地方分权而蒙受危险。造成分权和受分权所鼓励的思想实质上是一种联邦主义倾向。幸而,革命党人在分权过程中发挥了主动精神,这就是人们所说的雅各宾联邦主义。

四、财政状况

地方分权不仅加剧了局势的动乱,而且给财政带来了灾难。手持武器的平民拒不缴纳间接税,并拖欠其他税款,市镇当局也不想动用强制手段。有人说,制宪议会不该承认拒纳间接税的既成事实,而匆忙去改革其他税制,因为间接税本可以提供一笔立时可用的收入。其实,在当时,征收盐税和助税与领主收取什一税和贡赋至少是同等困难的事。至于直接税,当局还能勉强按旧例征收,

因为陈情书中最坚决的要求之一就是改革直接税。

土地税仍是最主要的税目，因为土地毕竟是主要的财富形式。177 这项收入大致有二亿四千万。此外，还有按个人收入征收的动产税，约五千万，以及按利润比例征收而并非平均分摊的工商企业所得税。这些税目在原则上是根据实际财富征收的，但在动产税方面，滥行征税的情形也并非完全没有。税制改革引起了众多的非难。陈情书曾要求编制土地册。在进行土地丈量和登记前，制宪议会决定先根据纳税人的自报，建立一本土地底账。这一措施在各市镇取得了实在的成绩，因为它使税务负担分配得比较公平，特别是使特权阶级从此也承受他们的那部分负担。但是，陈情书还反对各省间和各市镇间的极端不平等。在没有进行全国土地丈量登记前，如何做到"填平补齐"呢？制宪议会以及市镇当局不得不参照原来的征税总额，经酌情调整后，临时规定应收的税额。人人都希望少纳税，而不少市镇的税额却同以往一样多，甚至更多。奇怪的是，农民承受的动产税竟特别沉重，城市的资产阶级却受到照顾。不满情绪的蔓延使革命的名声受到严重破坏。

实施新税制需要时间。乡村的市镇当局既没有加快实施新税制的愿望，也没有办好新税制的手段。制宪议会本身也并不着急：旧税制于 1791 年 1 月 1 日被取消；新土地税则、动产税则和营业税则分别于 1790 年 11 月 23 日、1791 年初和 1791 年 3 月 2 日制订完毕。1789 年设置的爱国捐规定居民应将其收入的四分之一缴给国家，但各人的收入全凭自报，无法检查，上缴款项远不能满足国家的需求。国库仍然空虚。国家在平时因税收不足而采取的应急手段如今也无法运用。1789 年 8 月发行的两批公债遭到失

败;制宪议会又禁止用税收作抵押向金融家借款。制宪议会取消
了用金钱捐纳官职、在税务收益中截留和提取一定比例的包税人,
并用领取工薪的职员代替他们,从而丧失了包税人以税收保证金
形式向国库提供的贷款,而这种贷款可以在银行贴现提取。与此
同时,财政开支增加了僧侣年金和宗教费用。最后,除了已偿清的 178
债务外,旧制度还留下一大笔余欠。例如,议会因下令续付年金在
两年内就付出了三亿七千万。为了偿还僧侣的欠债,赎回卖出的
官职,偿还旧官吏的就职保证金,以及赎买被“封赏”的即出让给在
俗教徒的什一税,国家承担的浮动债务竟高达十亿。

1789 年 10 月,财政状况已恶化到无可挽救的地步。奈克尔依靠贴现金库的垫支,仍惶惶不可终日。贴现金库发行的流通券已达一亿一千四百万,其中八千九百万交给了国家,不得不宣布财源已经枯竭。而为了完成革命,势必要寻找新的财源;在这种情况下,唯一的办法就是发行纸币。制宪议会总算发现了为纸币作保的手段。财政危机迫使它采取两项根本性措施:出售教会产业和发行“指券”。

议会指出,由于教会不再构成一个群体,它的产业已因无主而属于国家;只要国家把教会的教育和济贫事业同时接受下来,财产捐赠人的本意就得到了尊重;最后,普遍利益也要求把不可转让的法人财产付诸流通,这是最无可反驳的论据。11 月 2 日,教会产业被“收归国家支配”。僧侣在所有权问题上仍持有异议,因而悬而未决;接着,议会答应僧侣领取适当薪给;在此条件下,大多数议员投票通过了法令。奈克尔建议将贴现金库改作国家银行。议会不想让国王支配纸币的发行事宜。12 月 19 日,议会创办了“特种

金库”,划定价值四亿的教会财产和王家产业作担保,发行以借据形式出现的“指券”,年利为百分之五。指券的推销很不容易。教会仍在经营其产业,教会改革又尚未开始,人们不知道究竟那块土地将交给债权人。为此,制宪议会取消了除教育和济贫机构以外的各个修会(1790 年 2 月 13 日),剥夺了僧侣对其财产的经营权(3 月 17 日),增设了教会费用的预算(4 月 17 日)和规定了出售指券的具体办法(5 月 14 日)。从此,制宪议会就能强制债权人接受
179 国家用指券偿债。

显然,许多债权人更需要现金,以债券形式出现的指券仍不能应付国库的日常需要。议会于是在 8 月重新开始辩论,这一次,问题总算得到了彻底解决:指券将变成银行券,发行量订为十二亿。杜邦·德·纳莫尔、塔列兰、拉瓦锡、孔多塞等人预言将出现通货膨胀,以及由此产生的种种灾难。但是,政治利益和财政困难都要求必须这样做。如果说第一批指券的发行意味着把教会财产交给国家的债权人,即交给金融家、供应商和官职拥有者,那么发行新的指券将使所有人都能取得这份产业。于是,人们甚至主动购买指券,以便把纸币脱手,而纸币的贬值既有利于穷人,也有利于投机者。从金融的观点看,发行指券愈是注定要彻底失败,它在当时就愈能得到成功。

指券的贬值是不可避免的,人们对约翰·劳的失败记忆犹新,贵族到处声称,他们一旦掌握政权,将不承认革命的货币。制宪议会准许指券买卖加快了指券的贬值。5 月 17 日,国家自己收购指券,给部队发饷。铸币被藏了起来。制宪议员对发行小额票据颇感不快,因为他们希望不用纸币支付工资。于是,私人银行便发行

大量信用券作为补充;制宪议会于 1791 年终于通过法令,发行票面为五里佛的指券。随着食品价格的上涨,出现了铸币和纸币的两种不同价格。生活用品的昂贵不久产生了饥荒的同样结果,并把相对平静的人民群众重新发动起来。

发行指券的计划尽管相当周密,它却是一项冒险的政策,因为它不仅用于清偿债务,而且也为了弥补财政赤字。人们设想,在几年以后,随着税收的恢复、国有产业的出售和公债的发行,将能控制通货膨胀。这样就不但为革命争取到时间,而且在初期对经济也是个促进。汇兑率确实降低了。1790 年初,一百里佛在伦敦的
汇值为九十;到 1791 年 5 月,汇值只剩七十三。出口商在国外收 180
进大量铸币,而他们在国内付出的工资却增长缓慢,这对他们是十分有利的。直到战争爆发,由于指券泛滥成灾,这一政策才终于失败。在那以后,战争给许多其他货币带来了同等的厄运,而这些货币却不像指券那样有无可怀疑的价值作担保。

五、制宪议会的经济业绩——土地改革

人权宣言没有谈到经济自由,这是因为平民阶级对工商行规
仍留恋不舍,属于资产阶级的法律界人士对金融家很不信任,对大 181
耕作和大工业也并不全都怀有热情。经济自由只是逐步得到实现,并最终在 1791 年宪法和 9 月 27 日的乡村法典中得到确认。

1789 年 10 月 12 日,有息借贷取得了合法地位,但行会和工
厂法规只是在 1791 年 2 月 16 日才被取消。从此,资本和工具得 182
到了广泛的应用,在发明专利权保障下的新技术也得到了自由推

广。粮食贸易于1789年8月重新恢复了布里盎所规定的完全自由，但仍禁止出口。一些垄断被废除了，国家保留了对制硝、火药和造币的垄断，但放弃了烟草专卖。印度公司丧失了外贸垄断，好望角以远的贸易已自由开放。马赛对中东各国的贸易特权也被取消。自由港仍然存在，立法议会将负责监督执行普通法。在矿藏方面，1791年法保留了1744年由国王同意的租让原则，但露天矿列为例外，而露天矿的数量相当多。

此外，统一的民族市场正在形成，所谓“栅栏后撤”，即把税卡推到边界线上，使原来被称作“事实上的外国”的阿尔萨斯省和洛林省（因为这两个省可以同外国自由贸易）包括进国界线之内。国内的商品流通从此摆脱了通行税，免除了有关盐税和助税的重重检查（盐税和助税的税率因地区而不同），取消了“内地”和“外省”以及“外省”和“事实上的外国”之间的关税。

国家仍保护本国产品免受外国竞争。制造商十分希望废除1786年同英国签订的贸易协定，但制宪议会仍按1791年确定的税率征收不多的关税，仅禁止少量货物的贸易，例如不准进口棉纱，不准出口某些原料。

解除束缚生产的障碍不等于变革生产。人们一再说，从这个观点看，革命不具有变革生产的划时代意义。革命的确并没有开创和推动生产的变革，战争甚至延缓了生产的发展。制宪议会的功绩在于它为未来的生产发展开辟了道路。我们认为，在欧洲第一次宣告经济自由，这是资产阶级已上升为统治阶级的最好证明。

当时的人不可能预见到这一事件的全部深远意义，他们看不
183 到这将是机器的胜利和资本的进一步集中。经济自由遇到了强烈

的反抗。在某些行业，废除行会具有民主的性质，因为帮工开办作坊或店铺并不十分困难，但并非所有的行会师傅都甘心丧失他们的垄断。对粮食的贸易自由，不论无产者或手工业者，不论城市居民或乡村的零工和收获不足以养家活口的自耕农，普遍持敌视态度。当局无法把这一措施付诸实施。在农民方面，大多数人感到不安：耕作自由意味着彻底确认地主对土地的全部所有权和突然结束十八世纪以来旨在解除对土地的一切束缚的法律的演变过程：从此，不再强制实行土地轮作，允许取消休耕，地主有权任意圈地。自由放牧似乎再也行不通了，乡村法典甚至明确规定，人工草场不允许他人进入自由放牧。实际上，制宪议会并未保证该原则的执行。它大概知道，在英国，土地兼并为执行该原则提供了前提条件；但是，它并未作这方面的暗示。为了安抚农民，制宪议会一方面允许圈地，另方面又特意规定，凡因实行圈地而不准他人牲畜进入其土地者，不得让自己的牲畜进入他人的土地，因为这样做会引起公愤。即使如此，也毫无效果。农民坚持维护他们的集体权。集体权后来延续了很长时间，甚至拿破仑也不敢贸然下令剥夺农民的这个权利。但是，农民们关于分割大农庄、改革分成制租契和确定地租限额的希望却完全落空了，制宪议会对所有这些要求一概置之不理。

正如改革税制一样，制宪议会在废除领主权和出售国有产业问题上作出的具体规定也使大部分农村居民深感失望。制宪议会毫不犹豫地取消了什一税，因为在它看来，什一税或者是一种税，或者是教会的群体所有权。对于贵族土地的免税待遇、采邑分封等级和其他特殊法规，特别是长子权和非贵族采邑主所缴纳的采

邑捐，制宪议会也痛快地下令取消，但它对由宗主权演变而来的领
184 主权却要求实行赎买。它担心因牺牲宗主权而树立一个有害的先例，从而进一步危害一般的个人所有权。因此，当它通过1790年3月15日法令最后确定执行1789年8月5日至11日有关领主权的法令时，制宪议会根据都埃的梅兰的报告，把领主权分成两种。一种是贵族损害了国家利益而攫取和强占的权利，其中包括领主的司法权和荣誉权、狩猎权和捕鱼权、猎兔权和养鸽权、磨坊权、通行捐和入市捐、人身劳役以及农奴制的其他形式，都一概予以无偿废除，此外，还命令取消三十年来违背1667年敕令进行的公地抽签。但对另一种领主权，即对那些负担要重得多的土地贡赋或"实在"贡赋，例如年贡、田赋、年金、"节敬"或转让权，情形就完全不同了，因为制宪议会认为这些是领主租让其采邑而换得的权益。为此，制宪议会决定对这部分领主权实行赎买，并于5月3日确定赎买费为现金贡赋的二十倍和实物贡赋的二十五倍，"节敬"则以重量按相应比例增加。这种分类使人们从法律和历史的角度提出了种种非议。总之，农民坚持他们的主张，认为，原则既已确定，领主必须出示其租让的原始凭证，而一般说来，原始凭证或者从未存在，或者已不复存在。在没有见到凭证前，农民便不进行赎买，也不再缴纳贡赋。

制宪议会还规定，取消什一税的利益将归地产主所有，而与佃户无关。不仅如此，立法议会和国民公会后来在废除对实物贡赋的赎买时，也作出了同样的规定。取消人身劳役对农民的好处并不大，无地农民更得不到任何其他好处。只要出售国有财产确能增加自耕农的人数，这就对废除封建制具有一定的社会意义。在

绝大部分农民没有土地或拥有土地而不足以独立生活的情况下，分配国有财产的意义就更加重大，因为它能缓和土地危机。假如议会把土地交给村社进行分配，假如议会命令把土地分成小块，由乡村政府负责估价出售、拍卖或出租，贫苦的零工就能得到一块建 185
造其茅舍的土地，赤贫农户甚至也能无偿地分得一小块土地。

这个设想同国家的财政需要和债权人的利益是水火不相容的。1790 年 5 月 14 日法律和 11 月 2 日法令使这个梦想破灭。为了不得罪农庄主，土地租约仍被保持，整块大地产在县的首府进行拍卖。制宪议会希望一部分农民能成为自耕农，从而使他们依附革命和资产阶级的秩序。它允许实行十二年分期付款，并且规定，假如地产作价超出了一次拍卖的范围，也可分成几个份额零碎拍卖。除非联合起来，农民是买不起大块土地的。幸好，许多土地，尤其是教区的土地，原本就分成小块出租，一些投机商又在买下以后，再分成小块重新卖出。但是，在某些地区，也有农民联合起来把本村的土地全部买下。土地暴动终于达到了它的最高目标。在 1791 至 1793 年间，康布雷齐农民取得的土地比资产阶级多两倍以上。劳诺瓦和毕卡第平原的情况也同样如此。在赛诺内，在佛兰德和埃诺的部分地区和在圣高丹县，农民取得土地的份额占了很大比重。

尽管有关土地问题的精确研究至今不多，但毫无疑问，以上事例仅是个别现象。自耕农的人数有了一定增加；由于大产业被划小，农庄主的人数也有所增加。但是，拍卖首先有利于富裕的耕作者。在大多数县，绝大多数农民，尤其是零工，都受到排斥。土地问题没有得到彻底解决。这对乡村中的革命热情是最严重的

打击。

至于无产者,人们几乎没有想到他们;唯一例外的是议会在1791年6月14日通过勒霞不列法,明确禁止帮工会和罢工。制宪议会在拒绝实行食物限价的同时,又剥夺工人维护自己工资的手段。它暂时保留一些慈善工场,给工人提供部分工作,但不打算承认工人有劳动权,因而在1791年5月下令关闭了慈善工场。同意给予残废人的帮助仍不幸地停留在原则上;济贫事业不但没有
186 发展,反而因取消了教会施舍而受到严重损害。在所有这些方面,雇佣工人和贫民没有从革命那里取得任何利益。制宪议会曾答应建立平民教育,但塔列兰的报告当时只是一纸空文。民主派利用了群众的幻想破灭,但贵族和顽固派神甫也力图利用群众的不满情绪。

六、教会的改革

教会眼看自己至高无上的地位受到削弱,不能不感到懊恼。
187 天主教已不再是国教,宗教宽容已作为法律记载下来,教会的独立性受到了损害,因为它不再构成一个群体,教士也因教会财产的世俗化而降低到领取薪俸的公务员地位。制宪议员既没有预见到会发生对反革命如此有利的宗教冲突,更不愿意看到这些冲突的发生,因为他们从小受到神甫的教育,受到轻视他们的古罗马文化的灌输,政教分离的观念对他们依然是陌生的。他们不但不想把宗教同国家分开,相反希望把二者紧密地结合起来。哲学家们承认,没有宗教,社会便不能生存,而在法国,这一宗教只能是天主教。

诚然，他们或许更喜欢公民的宗教，而革命的理想主义正以祖国的神坛、革命的节日和象征，趋向于建立一种新的崇拜。但人民自发地把这些仪式同天主教的祭礼结合起来，而爱国的本堂神甫则用福音书充当人权和公民权的根据。制宪议员意识到，他们在每个市镇都需要通过一个中间人向无知的群众解释他们的法令，并命令群众服从法律。没有人能比本堂神甫更成功地担负这个使命。何况，许多制宪议员本身是教徒，甚至是恪守教规的信徒。因此，天主教保留了举行公开祭礼的特权，唯有天主教会由国家供养；天主教负责的民事登记不移交给世俗当局，教会至少暂时仍兼管教育和济贫事业。

然而，卡缪的一句名言说得好：“国家包括宗教，宗教不包括国 188
家。”他还说：“我们肯定有改变宗教的能力，但我们不这样做，因为抛弃宗教是有罪的。”法国的哲学家历来主张，除宗教教义外，国家完全有权改革教会的组织和纪律；约瑟夫二世曾行使过这个权力，法国国王在十八世纪也曾给过天主教修会猛烈的打击。人们至多承认，在国家和教会之间，存在一些界限从未划清的“混合”领域。法国教会必须改革，这是得到僧侣同意的。教会在新社会中的作用愈大，就愈不能让国王挑选主教；既然国家在出售教会产业后负责供养教士，就必须削减教士的人数，以使国家的开支不致过大。1789 年 8 月 12 日，制宪议会选出了一个宗教事务委员会。

人们已经看到，“政教协议”将不再存在。1789 年 8 月 5 日至 11 日的法令废除了首岁捐、教廷费和多俸制。任何人都不怕同教皇发生冲突。庇护六世没有丝毫威望：他不敢同约瑟夫二世和叶卡特琳娜决裂，后者没有征求教皇的意见，就擅自打乱了波兰的教区组织。法国的僧侣只是部分地反对政教协议，何况高卢派教会既没有违背教义，又有十分雄厚的势力。

制宪议会首先打击的是脱俗修士，政治家和经济学家很久以来一直对他们恶言相加；何况，他们的没落已确定无疑，尤其是他们中的隐修士。1790 年 3 月 13 日，制宪议会宣布取消各种修会，凡愿还俗的修士将发给年俸；其他修士则集中到暂时保留的几个修道院中。从事教育和济贫事业的教团暂时得以保存，由于禁止了加入修会，这些组织的成员的来源也将逐渐枯竭。

从 1790 年 5 月 29 日开始，制宪议会在极其平静的气氛中讨论了在俗教士的改革问题。7 月 12 日，议会通过了《教士法》。行政区划从此同时成为教士组织的区划：各州均有自己的主教，每个市镇有一至几名本堂神甫。他们将如同其他公务员一样由选举产
189 生，本堂神甫将任命其司铎。制宪议会恢复了教会内部的议事权，规定各州应召开教士会议；教务会议被宣布取消，代之以一个理事会协助主教，理事会的决定对主教具有约束力。教皇不能再从法国攫取钱财；教皇从此只是有“位”无“权”的一个名义。当选的主教将同教皇进行协商，但不能向他请求核准；主教的就职仪式由本国主教主持，主教核准本堂神甫的任命。

但是法学家心目中的教会自主同高卢派教会心目中的教会自主有着深刻的不同。高卢派教会虽然维护自己对罗马教廷的自主，但却不准备为国家而牺牲教廷，因为罗马能帮助它抵制国家的侵犯。此外，主教们对减少自己的特权并不心甘情愿。出席制宪议会的主教们对以上的议案没有正式表示反对，而在投票时弃权。其他许多主教准备和解。埃克斯大主教布瓦日兰明确指出，这些

改革应经过教皇批准。换句话说，教会并不拒绝同国家保持和谐的关系，但它否认国家的至高无上。剩下的问题是：谁能代表教会，是主教会议还是教皇？主教们对召开主教会议一事求之不得，但制宪议会不予同意，害怕全部是贵族出身的主教们操纵会议，使之成为反革命分子手中的战争武器。布瓦日兰又说，在这种情况下，唯有教皇能够为《教士法》行“洗礼”。议会自己不愿向教皇提出这一要求，但默许国王和主教们向教皇疏通。于是，制宪议会和法国教会就把本该自己决定的事交到了教皇的手中，教皇也就可以对他们挑拨离间。按照规定，制宪议会通过的法令只请求国王接受，而不需要国王批准。7 月 22 日，路易十六在布瓦日兰以及在波尔多市大主教兼司法大臣尚比翁·德西赛的劝告下，终于接受了法令。8 月 1 日驻罗马大使贝尔尼主教接到命令去请求庇护六世的批准。

庇护六世采取了反对的立场。根据国王的要求，他在去年取消首税捐时没有提出抗议，但这次的事关系到他的权威。尤其，阿维尼翁地区否认了教皇的主权，于 6 月 11 日要求并入法国版图。
庇护六世对他的精神特权和世俗权力同样斤斤计较。人权宣言触 190
怒了他，他在 3 月 29 日秘密谴责了这份宣言，又在 7 月 10 日接连下了两道敕令，宣布不能接受《教士法》。当敕令送到巴黎时，国王已通知议会接受法案。为国王出谋划策的主教们仍不丧失希望：他们将教皇敕令保密，而在教皇方面，也不透露消息。制宪议会和外交大臣蒙穆兰知道，教皇指望法国能帮助他恢复在阿维尼翁的权力，因而认为教皇最后必定会让步。教皇在等待对方提出建议，而建议又处于难产之中。尽管议会暂缓讨论阿维尼翁事件，它总不能支持那里的反革命。此外，与亚多瓦伯爵保持联系的贝尔尼鼓动教皇进行对抗。庇护六世虽然担心得罪高卢派教会，因而不敢匆忙地公开表明态度，只是打算先了解法国僧侣的立场。

事情被拖了下来，制宪议会要求颁布法令。由于一些主教和本堂神甫的去世，必须选举新的主教和本堂神甫去填补空缺。抗议纷纷而起；教皇的沉默使持调和立场的人也发生动摇。10 月 30 日，兼任制宪议员的主教发表了一项原则宣言，他们不正面否定《教士法》，仅要求在付诸实施前等待教皇的批准。但是，由于僧侣负责民事登记，人们不能让本堂神甫的位置长期空着。在行政当局的缠磨下，制宪议会终于下决心采取了断然行动。

11 月 27 日，制宪议会要求所有神甫以公务员身份向法兰西王国宪法和包括在宪法中的《教士法》宣誓尽忠；否则，他们将被撤职并不再能主持圣事，但仍领取年俸。议会于 12 月 26 日迫使国王批准执行。鉴于高级僧职人员中不乏徇私舞弊之辈，神甫之间又争权夺利，制宪议员对僧侣相当轻视，以为他们从利害出发也会屈服。实际上，仅有七名主教进行了宣誓，本堂神甫中接受和反对的各占一半，但在地区分布上有很大的不平衡。例如，拥护《教士法》的神甫，即宣誓派或宪政派，在法国东南部占绝大多数；相反，在佛兰德、亚多瓦、阿尔萨斯，以及特别在西部，宣誓者为数甚少。
191 比例的不同看来与主教的名望和教士的思想状态，以及与高卢派、冉森派和教皇至上派教士之间长期纠纷所留下的隔阂有一定关系。李奇派的影响也没有消失。尽管一些原来的修道士给予了帮助，有些州竟不能配齐各教区的教士班子。眼看民事登记有中断的危险，人们只得让拒绝宣誓的顽固派神甫继续任职。

然而,奥登的主教塔列兰和里达的主教戈培尔同意了为当选的主教主持授职仪式:宪政派教士开始组织自己的教会。那时候,庇护六世打破了沉默,公开谴责革命和《教士法》的原则(1791 年 3 月 11 日和 4 月 13 日)。分裂已经成为事实,罗马教的教义同人权和公民权宣言相对立,这个事实具有不可估量的意义。

宗教分裂对反革命宣传具有极大的推动作用。顽固派教士竭力笼络教徒,并秘密举行圣礼。其中,朗格勒主教等人甚至要求把民事登记移交给在俗教士管理(以便从宪政派教士手中夺走)。安排宪政派教士就职往往需要动用武力,而他们还很可能备受虐待。至今意见一致的工人和农民发生了分裂,许多人不愿舍弃他们"善良的神甫",以免灵魂得不到拯救。当然,他们并不想恢复什一税和领主权。即便如此,他们仍上当受骗,在贵族的裹胁下举行暴动。更糟糕的是,路易十六最终受到了牵连。他的姑母克服了种种困难,于 1791 年 2 月流亡国外。国王于 4 月 17 日在一名顽固派神甫的主持下望了弥撒;当他于次日前往圣克罗时,竟被聚集的人群所阻止。

在革命党方面,他们把拒绝宣誓的教士当作公敌。某些地方行政机构建议将这些教士逐出教区。群众开始了行动;在 4 月,一些修女在巴黎街头遭人鞭打。这一事件发生后,议会试图居间调停,使不符合《教士法》的宗教活动合法化。5 月 7 日法令规定,凡在做圣礼时攻击宪法的教堂一概加以封闭,但法令还宣布,拒绝宣誓的教士可以与宣誓的教士在教堂里共同举行祭礼。人们可以想到,在一起履行圣职所引起的强烈争执。由于法令并不允许拒绝宣誓的教士主持圣礼,也不允许他们掌管教徒的民事登记,这些教

192 士仍然感到不满意。已宣誓的教士唯恐失去自己的地位，往往摆出一副好斗的姿态，其中许多人倒向了支持他们的雅各宾派的一边。在某些雅各宾分子看来，《教士法》仍过于胆怯；他们希望，在举行圣礼时使用法语，神甫可以结婚。因此，宪政派教会从它诞生那天起，就面临着威胁。尤其，那时又出现了一个完全反对僧侣和反对基督教义的新派别。他们认为，既然两派教士奉行的是同一种宗教，而其中一派同革命发生了决裂，这个宗教本身就行迹可疑。

七、殖民地

资产阶级没有预见到资产阶级革命竟会威胁殖民地的繁荣，而殖民地的繁荣正是资产阶级的力量的主要源泉之一。对海外领地说来，三个等级的争夺、特权和领主权等问题都并不重要，它们所关心的是能否与本土合作，共同反对行政当局的专制统治。最初，海外领地和本土的联系似乎更加紧密。圣多明各的殖民主由于在三级会议中没有取得议席，便联合在巴黎居住的种植园主，自动指派了几名议员。制宪议会接受了其中六名，接着又接受了其他殖民地的代表。从此，各殖民地便成为统一的法兰西的组成部分。

严重的困难不久就出现了。行政权力的下放可能扩展到殖民地。国民议会保留了立法权，而且显然要继续独占立法权。殖民地代表在议会中只占极少数。人权宣言的普遍性使人可以预见，
193 包括混血儿和黑人自由民在内的有色人种将要求享有人权。“黑

人之友会”并不要求立即废除奴隶制，但希望做好这样的准备，首先取消黑人贩卖。总之，不能设想制宪议会将把这一原则载入宪法。港口的船主和大城市的批发商同种植园主有着紧密的利害关系，但在议会独占立法权的问题上，他们的意见却同种植园主截然相反。此外，在法国本土，人们不主张剥夺有色人种的平等权利，因为法国不存在种族偏见。面对这个混乱局面，议会避不表明立场。这正是最糟的办法，因为种植园主乘机得寸进尺，借以压迫议会和要求自治。

在巴黎，种植园主把他们软弱的议员撇在一边，单独在马西亚克家中集会，组织了以马西亚克命名的俱乐部。在巴纳夫的一手策划下，议会于 1790 年 3 月 8 日通过了一项法令，接着于 23 日又制订了具体的规定，同意设立殖民地议会，并许诺在讨论有关殖民地问题的议案时向殖民地议会征求意见。殖民地议会将由纳税人选出。由于制宪议会没有明确指出有色人种应包括在纳税人之内，种植园主和混血种全都高呼胜利。但在海外领地，这项模棱两可的法令已经落后于形势。

圣多明各的种植园主利用中央政权的软弱无力，在圣马克市成立了议会，选举了巴纳夫的亲戚巴贡·德拉·什瓦勒利为主席，并于 3 月 28 日通过了一部宪法。他们无视国民议会的权威，把宪法只交给国王批准。在马提尼克，殖民地议会夺取了政权，并派军队占领圣比埃尔城，因为城内的商人反对这个议会。法兰西岛议会也自己发号施令，丝毫不把本土放在眼里。法国的统一已变成对国王一人的共同忠诚。制宪议会丧失其专一的立法权，将损害本土资产阶级的利益。白人排斥了有色人种，独占了海外领地的

统治，并保留了奴隶制。

他们走得委实太远和太快了。圣多明各总督于8月6日用军队驱散了圣马克议会，并把部分议员押送法国。10月11日，制宪议会宣布解散圣马克议会。11月29日，宣布马提尼克议会暂停活动，并派遣了民事专员前往向风群岛。1791年5月15日，根据
194 巴纳夫的提议，制宪议会决定，非经殖民主要求，在人身地位问题上不再制订新的法律。接着，反对派也提高了嗓门，制宪议会退一步承认，父母为自由民的黑人将享有公民权。但到了9月24日，人身地位问题又无保留地交给殖民地议会处理。至少在这个问题上，议会终于屈服了。

在这以前，各殖民地都处于混乱的无政府状态。圣马克议会的"红帽党"与不愿同法国断绝关系的"白帽党"展开斗争。混血种也加入了战斗：1790年10月，曾先后旅居英国和美国的奥热取道巴黎回到圣多明各，试图发动起义，因时机尚不成熟而失败，他自己也被活活打死。瓜德罗普和马提尼克的总督克罗尼和贝阿格加入了反革命派，并勾结种植园主夺取了政权。此外，奴隶中也出现了骚乱。1791年8月末，圣多明各的法兰西角发生了奴隶暴动。混血种往往站在奴隶的对立面，但有时也调转枪口反对白人。奴隶暴动使殖民地普遍遭到蹂躏，从而使本土的主要财源之一陷于枯竭。

八、1791年的法国

人们从春天就开始感到，制宪议会建造的大厦在完工前已出

现了裂缝。宗教分裂加剧了贵族的反抗,拉法叶特的政策濒临破产。内战烽火虽未严重到使全国惊慌的程度,但不满情绪在与日俱增。废除封建制和官职捐纳制度不仅打击了贵族,也损害了不 195
少资产者的利益。取消旧有的政治体制使更多的人丢了饭碗,他们必须找到一个维持生计的职业,但却不一定都能找到。例如,取消盐税使走私盐商陷于绝望的境地,舒安党的名称就是来自一个走私盐商的名字。更严重的是第三等级开始瓦解,民主派的兴起即是其表现之一。

反革命派早在 1789 年就对资产阶级提出警告:如果他们为废除贵族特权而否认出身的优越,他们迟早会看到这个论据转过来反对他们自己。因为,人们会说,通过财产继承,出身同样保证富人享有事实上的特权。人们援引人权宣言的平等原则最初并非为了直接批评社会制度。人们只是从政治角度对选民的法定纳税额提出异议,因而间接地攻击社会制度。罗伯斯庇尔等几名议员以及一些记者虽然一贯主张普选制,但更使他们感到愤懑不平的还是选举保证金制度,根据这个制度,才能如果不同财产相结合,就没有当选的资格。民主派主要通过建立俱乐部而逐渐发展壮大,平民俱乐部的创始人不是议会议员或雅各宾派成员,而是一些默默无闻的鼓动家。随着时间的推移,急躁冒进情绪更加活跃。一些至今未能引人注目和获得权势的人——演员、写作家、艺术家和教师,一些刚被选进市镇委员会的新人,他们由于资历不深、亲属不多和关系不广,还没有受到因循守旧思想的束缚。在巴黎,一个名叫唐萨尔的寄宿学校校长于 1790 年 1 月 2 日创立了第一个“两性联谊会”,类似的团体接着逐渐增多。1790 年 4 月和 1791 年 3

月，先后成立了科特利埃俱乐部和贫民俱乐部。这两个俱乐部接纳消极公民为会员，会费十分低廉。随着制宪议会即将改选，骚乱更加严重。各平民团体在 5 月联合选举了中央委员会，并在 6 月 15 日向制宪议会提交了反对选举保证金的请愿书。另方面，设在罗亚尔宫的"社会俱乐部"开办了公共演讲会，福歇教士在会上讲
196 解《社会契约论》。博纳维尔在《铁嘴报》宣传民主思想。马拉在《人民之友报》鼓励民主运动。到了秋天，以罗伯特为首的民主分子在《国民信使报》开始自称是共和派。

某些作家的作品已隐约接触到真正的社会问题：对于没有享受权利条件的人说来，权利平等只是幻想。贵族乘机向平民挑拨说，他们将对失去旧时代教会的施舍和贵族的宽厚而感到留恋和惋惜。过后不久，有人指责经济自由将为富裕雇主的利益制造"新的封建制"，并把他们的工人置于奴隶地位。虽然平民群众的眼光还看不到那么远，但他们鼓掌欢迎对"金钱贩子"和"囤积居奇分子"的攻击。即使资产阶级内部的殷实富户、旧官吏和法律界人士也像民主派一样对以上两种人十分仇视，并对他们进行猛烈的攻击。

正如通常发生的情形一样，"形势"对雇佣劳动者起了动员的作用。市场供应暂且还不引起普遍的忧虑，但在通货膨胀刺激下的经济活动使无产阶级感到，改善他们地位的时机已经来到。巴黎的排字工人首先组织起来，要求订出工资的最低限额。冬末，建筑工人开始罢工，接着又有马蹄铁匠。帮工会试图把外省发动起来。民主派的社团和报刊纷纷给予支持。实际上，当时任何人都还没有提出罢工权的问题。雇佣劳动者已习惯于当局进行干预，

并比较倾向求得政府的调解。因此,民主派的宣传就更加深入人心:假如平民阶级争取到选举平等,国家的力量将转而为平民阶级服务。正是这一点使资产阶级感到惶惶不安。

米拉波更加热衷于为宫廷出谋划策,但宫廷只接受了“从事收买”这一条意见。塔龙用国王的年俸豢养了一批奸细,并不断收买同伙。米拉波于 1791 年 4 月 2 日去世,这位演说家真是死得其时,他的夭折挽救了他的政治家的声誉,因为他像拉法叶特一样,没有摸清路易十六的意图,失败正在等待着他。他的地位立即被杜波尔、拉默和巴纳夫所取代。这三巨头正为民主派的发展和工人的骚动而惊慌不安,因而想制止革命的前进。他们接受了宫廷 197
的金钱,创办了《字谜报》;到了 5 月,他们已接近同拉法叶特重归于好。在他们的带动下,大多数制宪议员同意向右派让步,并通过 5 月 7 日法令正式承认顽固派神甫的宗教活动。与此同时,消极公民今后将被开除出国民卫队;集体请愿遭到禁止。巴依把科特利埃俱乐部从其集会的修道院中驱逐出去。6 月 14 日,勒霞不列法禁止“同盟”和罢工。宪政派报刊也同反革命派一起指责平民运动企图实行“土地法”,即企图以抢劫手段均分财产。惊恐万状的资产阶级希望把平民收拾服帖。第三等级的分化更趋严重。拉法叶特和三巨头进而想到,必须重新审查制宪议会的业绩,提高选民的法定纳税额,取消各俱乐部,限制出版自由。但是,在“黑党”的帮助下击破平民的攻势,这已不是制止革命的前进,而是要革命后退。于是,他们想扩大国王的权力和建立上议院。在答应改选制宪议员的同时,他们必须首先保住自己的权力和抓住大臣的职位,因而重申了 11 月 7 日法令。业已成为民主派首领的罗伯斯庇尔使改选的建议遭到否决，从而给他们一个致命的打击。但他们仍坚持自己的主张。同米拉波一样，他们把 1789 年原则看作是神圣不可侵犯的原则，因而他们的计划也意味着路易十六将忠于这些原则。国王的突然出逃使他们的计划全部落空。

第 三 编

反法大同盟形成前的革命和欧洲

第一章　制宪议会和欧洲

路易十六之所以出逃，是想向外国君主乞求，最终得到他们的
支持。外国君主反对革命，这是任何人都毫不怀疑的。革命所宣 200
告的和推行的原则革新了有关权利、政府和社会的全部观念。但
各国间的争夺使君主们无暇顾及法国的内乱，直到路易十六主动
向他们求援，他们才开始予以重视。瓦伦事件给了法国君主制致
命的打击，它对革命和欧洲的关系也具有决定性影响。

一、宣传

最使国王们感到放心不下的还是革命的国际影响。他们很早
就对“俱乐部分子”的宣传横加指责，并怪罪法国政府的姑息和纵
容。其实，正如十八世纪的启蒙思想一样，革命思想的传播是自发
地进行的。法国的事态发展自然也刺激了人们的好奇心。无论在
德国还是在意大利，纯文学报刊的读者不断在减少。法国出版商
对他们所能得到的这批新主顾决不肯轻易放弃。西班牙驻巴黎大
使努内兹于 1789 年 8 月指出，有人将书刊译成西班牙文，准备运 201
往加塔洛尼亚。人们要尽种种花招逃脱警察的追查，即使宗教裁
判所对书报走私也束手无策。成千上万的法国侨民是革命的义务

宣传员，旅法的大批外国人为革命宣传出力更大。

成群的外国人拥向法国，这是空前的盛况。巴泽多夫的继承人岗普司铎带着他的学生威廉·洪堡于7月14日后从德绍来到法国。因随同库克作了环球旅行而名扬四海的乔治·福斯泰从美因兹前来参加联盟节。斯特拉斯堡吸引着莱茵人和施瓦本人；波恩大学教授、嘉布遣会教士欧洛格·施奈德尔于1791年到该地定居。来自英国的有丹东的朋友霍尔克洛夫脱（1789年到达），布里索的朋友、贵格会教士皮戈，诗人沃兹华斯和威廉斯小姐（1790年到达），后者不久对罗兰夫人钦慕备至。甚至从俄国也来了作家卡拉姆津，以及由其家庭教师罗默陪同的斯特罗加诺夫大公的儿子。在这些客人中，竟有不少人公开参与法国人的内部纷争。这在风行世界主义的当时是不足为奇的。革命党人以为世界的振兴将以他们为榜样，因而热情欢迎一切愿意加入革命的新人。当然，并非所有的外国人都被革命所诱惑。格里姆男爵坚持反对革命；拉马克伯爵收买了米拉波；科尔夫男爵夫人和英国人克拉福特帮助了国王出逃；《信使报》社长马莱·杜潘最后转向反革命一边。外国人中间还有一些间谍，如英国间谍埃利沃脱和米尔纳，普鲁士间谍埃弗拉姆，荷兰间谍埃尔台男爵夫人。但是，大多数外国人对自由事业怀有真诚的热情，特别是沃兹华斯。他们分别参加了“1789年俱乐部”、“雅各宾俱乐部”、“社会俱乐部”和“科特利埃俱乐部”。有些人很快一举成名，如人所共知的马拉；克洛兹男爵于1790年6月19日带领一群世界主义者来到制宪议会，以“人类演说家”的名义要求荣幸地代表世界各国参加联盟节活动。通过他们同自己祖国的联系，或者通过他们回国后从事的活动和撰写的游记，这些

“爱国分子”分散地、几乎不自觉地变成了革命的宣传员。

在外国人中表现突出和惹起较多麻烦的是那些政治避难者。由于 1781 年和 1782 年的动乱，一些纳沙特尔人和日内瓦人逃到 202
了法国。1787 年有荷兰的难民；1790 年又有萨瓦、列日和布拉邦特的难民。这些因深受迫害、离乡背井而满怀怨愤的人把宣传当作发泄怨气和怒火的机会。他们往往因不了解法国的情况而把希望当作现实，并以自己的幻想来感染他们的法国朋友。瑞士的政治避难者于 1790 年就在巴黎成立了“海尔维第俱乐部”，卡斯台拉律师在瑞士各州进行了串联。当年夏季，伯尔尼和弗里堡正式提出了抗议。

秋天很快来到了，一些民主分子似乎也想到要展开宣传。社会俱乐部的讲演者以及博纳维尔的《铁嘴报》分别发出号召，要求各国人民通过自由实现世界和平。随后，庞卡尔·台依萨尔曾试图在伦敦建立该俱乐部的分部。社会俱乐部是由共济会组织“真理之友社”创立的；博纳维尔在共济会的另一组织“苏格兰圣约翰社”中颇有影响，该社出版的小册子由斯特拉斯堡市长底特里希负责向德国散发。光明异端会于 1787 年曾试图在法国共济会中吸收会众，博纳维尔同他们建立了联系。在萨瓦方面，革命宣传看来利用了苏格兰共济会——该组织在旧制度末年就以里昂为中心，并演变为法国共济会的一个分支组织。大革命时代的著作家往往过分强调秘密会党的影响，却不能提供任何证据。这些团体可能对革命有所帮助，但也不应过分夸大，队伍比较整齐和能起一定政治作用的会党肯定不多。总而言之，在瓦伦事件前夕，宣传正逐渐成为战斗的工具。

二、革命思想的传播

革命宣传并不一帆风顺，事实证明它所遇到的障碍是根深蒂
203 固的。人们由于看不到或轻视这些障碍，往往把浮夸和狂热的罪
名加在革命者头上。确实，攻克巴士底狱曾激起了一些贵族和资
产者的热情，这种热情甚至使法国人自己也上当受骗。“向自由朝
204 圣”的各国使者向革命党人保证，革命的拥护者遍布全世界。他们
当然有权这么说，但是，革命的拥护者在东欧显然人数不多，影响
不大。诺维科夫、诗人拉季舍夫、哥里津大公等少数俄国人对革命
泛泛地表示同情，他们所希望的仅是由中央政权来推动革命，也许
他们还等着拉哈尔普一手教育成人的、叶卡特琳娜二世的孙子的
上台。女沙皇把波兰贵族当作雅各宾分子看待，因为贵族们在拉
捷维尔家里设立了一个俱乐部，并且以西欧为榜样制订了 1791 年
5 月 3 日宪法。可是，城市的权利要求呼声不高，在柯仑泰的努力
下，贵族仅接纳了几名资产者参加议会有关贸易和市镇事务的讨
205 论。至于农民，他们得到的不过是在理论上受法律保护而已。匈
牙利的局势在 1790 年仍十分动荡。数百篇政论以“人民”的名义
要求恢复代议制和接受马扎尔语为国语。但这里所说的人民仍然
指贵族。费克蒂·德·加朗塔等一些贵族对伏尔泰和卢梭赞叹不
已，他们在约瑟夫二世统治期间曾是反对派领袖，但在同利奥波德
二世重归于好后，却要他放弃解放农民。诚然，在约瑟夫二世和法
国人的双重影响下，巴提亚尼和哈日诺齐等作家如今在大叫大嚷
地反对贵族。其中有些人，如出身旧官吏家庭的拉兹科维奇以及

加入了光明异端会和在巴黎同孔多塞结为好友的博学教授马尔提诺维支，表现得尤其咄咄逼人。但他们在群众中没有任何影响。这些国家毕竟远离法国，革命宣传不易达到。老实说，革命党人对这些国家也并不重视，关键在于争取邻国的舆论。邻国的敌对是极其可怕的，因为这是外国入侵的温床。在这方面，首先需要争取的是德国和英国，恰巧就在这两个国家，革命思想的传播可能获得最大的成功。

法国革命在德国无疑激起了许多达官名人的好感。其中包括一些贵族和王公，例如哥达公爵和公爵夫人，但多数是作家、记者和教授。在当时最自由的知识中心美因兹，有瑞士史学家和埃塔尔大主教的秘书约翰·弥勒以及大学图书馆馆长福斯泰；在哥丁根，有施略策尔和诗人施托尔贝格；在不伦瑞克，有米拉波的朋友毛维雄少校；在汉堡，有克洛普什托克。表现最冷淡的恐怕要算魏玛的一批文人：首席牧师赫尔德、《德意志信使报》社长维兰特和让－保尔·李希特尔支持革命；歌德和席勒首鼠两端，不肯公开反对。在易北河彼岸的基尔，大学里也分成了两派，尼布尔表示不赞成革命。在普鲁士，许多人乐于向沃尔纳的权威提出挑战，他们同
《智慧女神报》编辑阿尔申霍兹、德意志丛书出版社社长尼古拉和 206
柏林歌剧院院长雷哈德一起盛赞革命。康德和费希特这两位伟大的哲学家没有改变他们对革命的信念。即使在维也纳，启蒙运动也蓬勃高涨。唯独受耶稣会教士控制的巴伐利亚长期抵制革命的宣传。

革命宣传不是单纯的思想运动。汉堡的资产阶级于 1790 年 7 月 14 日举行了庆祝活动。一些报刊作家发表了言辞激烈的演

讲；不久，有人控告光明异端会在准备起义。更严重的是，莱茵地区的群众正酝酿反抗。由于饥荒蔓延，城市陷于混乱，寡头统治面临着挑战。在阿尔萨斯的影响下，莱茵地区的农民开始拒绝缴纳贡赋，这种情况在帕拉丁地区和莱茵河沿岸地区尤其严重。动荡正逐渐深入德国内地：吕根岛、迈森市郊和萨克森选侯国都爆发了规模不等的土地暴动，汉堡于1791年出现了罢工。

如果比利时和瑞士的起义能为宣传助一臂之力，革命思想在德国的传播还将会更加容易些。巴黎一度曾对此寄予希望。列日主教国在1787年前局势始终平稳，随着法国消息的传来，逐渐变得动荡起来。那里的贵族比较软弱，而资产阶级却随着工业的发展变得十分强大。后来成为吉伦特派大臣的勒布伦当时在列日出版《欧洲总汇报》。在攻克巴士底狱和8月4日晚的消息传到后，群众在柏桑日、法布里和朗松内的领导下，于8月18日举行了起义。主教逃往特里尔避难，但骚乱不久又蔓延到了特里尔。工人和农民正自己解放自己，列日公国正走上自发响应法国革命的道路。这种情况固然是独一无二的，但继法国的榜样之后，列日的榜样鼓舞了比利时人反抗帝国皇帝的压迫。于1787年建立的中央集权的官僚统治激起了一场猛烈的政治风潮；至今默默无声地忍受约瑟夫二世统治的僧侣乘机起来造反。省三级会议对君命时有抗拒，布拉邦特的省三级会议于1789年6月18日被撤销。在布雷达避难的律师万代·诺脱向英国和普鲁士请求支援布拉邦特，英普两国为了使奥地利陷于困境，接受了这个请求。省三级会议完全听命于贵族，第三等级并不真正代表资产阶级。在布拉邦特，
207 第三等级的议员由布鲁塞尔、安特卫普和卢万三大城市的行业公

会所选出。但在当时,还有一个由冯克领导的改革派,这位布鲁塞尔的律师受到富裕资产阶级、部分低级僧侣和少数贵族的支持,他在列日地区组织了几支部队,由曾在法国和奥地利担任军官的汪德曼什指挥,正准备发动起义。万代·诺脱勉强接受了他们的帮助。冯克的队伍于 11 月偷袭了根特城;蒙斯和布鲁塞尔同时举行了起义。奥国军队于 12 月撤出了比利时各省。

不仅在莱茵地区,而且在瑞士德语区,阿尔萨斯的榜样都具有很大的影响。奥克什和未来的巴黎省主教戈培尔在巴塞尔大肆活动,迫使当地主教请求奥地利派军占领他被改良派逐出该城后仍保留的国土。在苏黎世,罗兰的朋友拉瓦代把新法国的拥护者团结在自己的周围。在日内瓦,"消极派"被迫同意于 1789 年 2 月和 12 月先后两次修改宪法。远在圣彼得堡的拉哈尔普煽动沃州和瓦莱州居民进行反抗。在联邦中左右一切的各大州感到尤其恐慌,因为它们发觉革命的火种有可能在自己身边点燃:饥荒导致了萨瓦州的骚乱,农民拒绝纳付取消领主权的赎金。萨瓦的医生杜班同许多人一起逃出瑞士,到巴黎去寻求支持。

英国的情形正相反,那里没有发生任何平民骚动。革命接触群众只能通过激进运动的介绍;革命对激进运动的复活虽然有所促进,但这需要足够的时间。统治阶级对法国人为建立立宪制所作的努力最初曾宽宏大量地表示赞同。福克斯及其朋友谢里丹、斯坦霍普、罗德戴尔和厄斯金均给予同情。边沁起草了一份司法改革计划,请米拉波交给了制宪议会。最热情欢迎革命的是那些非国教的新教徒。普莱斯于 1789 年 11 月 4 日作了一次布道,非国教的新教徒们接着推动"1688 年革命会"向法国国民议会寄送

支持信，于 1790 年 7 月 14 日举行庆祝活动，并与巴黎各俱乐部建立联系。他们坚持要求取得已经许诺的改革，但托利党却随着革
208 命的向前发展而逐渐变得冷淡。皮特保持沉默。于是，非国教的新教徒的态度逐渐强硬起来。他们在 1791 年重建了由选举改革派成立的“伦敦宪政宣传促进会”。当时，在大多数城市，都有一些由通常不信国教的知识分子组成的团体，程度不同地主张刷新政治制度。在伦敦，站在普莱斯一边的有霍恩·图克、葛德文、托马斯·潘恩，以及女权运动的主持人玛丽·沃斯托恩克拉夫。在伯明翰，有著名的化学家普列斯特莱。曼彻斯特的“宪政会”于 1790 年宣布成立。苏格兰本是邓达斯的禁脔，这位大臣巧妙地使用种种拉拢和腐蚀手段，使那里陷于一片死气沉沉；如今，政治生活也开始活跃起来。然而，在瓦伦事件发生前，没有任何迹象表明群众受到了宣传的影响。只是在 1791 年末，群众才开始关心法国革命。爱尔兰的反应比较敏锐，因为自 1782 年以来，群众的情绪从未真正安定过。那里的天主教徒支持法国人实行宗教宽容和废除什一税。与此同时，在主权属于国民这一思想的启示下，天主教徒菲茨杰拉德和新教徒沃尔夫·汤恩提出了爱尔兰独立的要求。辉格党俱乐部在 1789 年已在都柏林和贝尔法斯特成立。议会领袖格拉坦竭力把独立要求限制在合法范围之内，到 1791 年末，他也失去了控制。

南欧各国受宣传的影响更少。革命在意大利文学界博得一些同情。例如，那不勒斯的齐亚加和戈伐尼伯爵，意大利北部的帕里尼、品德蒙脱兄弟、阿尔菲耶里等人至少在初期是拥护革命的。皮斯托亚的主教会议对教皇政权仍怀有敌意；该市的主教希比昂·

李奇同格雷古瓦和凡尔赛宪政派主教克莱芒都保持通信联系。分散在各地的革命党人准备伺机而动，例如著名的邦纳罗蒂。然而，革命思想长期没有深入人心。比利牛斯半岛的情形更差；无论是自称启蒙思想之友的霍韦利亚诺斯和康波曼内斯，还是伏尔泰分子阿兰达，都不敢公开表示拥护革命。

革命党人知道意大利当时自顾不暇；认为西班牙也不在话下。
因此，他们毫不害怕这两个国家。但是，他们不能不看到，在英国 209
和德国，反动势力正与革命势力在同时增长；尼德兰的革命使他们深感失望。

三、反动势力和十字军计划

1789 年的事态发展，特别是平民起义，播下了革命党人幻想的种子。他们说，人民已站了起来，推翻了暴君。他们显然已经忘记，人民只是在最后关头才加入了革命，甚至资产阶级也只是由于三级会议的召开才开始行动，而三级会议又是国王在贵族的逼迫下才同意召开的。随着土地暴动的发生，特别在制宪议会于 8 月 4 日晚通过了废除封建权的法令后，人们就能衡量出欧洲贵族为对抗极权主义而炫耀的“哲学”的价值。除个别例外，欧洲的哲学家都摇身一变而成了反革命派。出售教会财产的法令更使各国僧侣惶惶不可终日。欧洲的王公贵族从法国贵族所犯的错误中吸取了教训，从此不再抱怨君主的专制主义，而与国王共同努力保护他们的特权和财产。因为，一旦国王的权力陷于瘫痪，整个旧制度就会崩溃。在这些国家，资产者的力量还很薄弱，贵族采取以上的态度已足以使他们不敢轻举妄动。何况，即令资产者并不绝对否定新原则，他们毕竟害怕平民的骚乱和要竭力保护自己的产业和利益。麦考莱说过，在二十个有身份和有产业的英国人中间，有十九
210 人是反对革命的。平民的行动稍有越轨之处，统治者便齐声叫嚷要把不轨分子镇压服帖。可见，在革命胜利之前和之后，法国在其邻国引起了完全相反的反应。

法国流亡者竭力把警报传到各国。在都灵的亚多瓦伯爵以及法国驻罗马和马德里大使贝尔尼主教和拉伏古荣公爵尽力保护他们。他们于 1790 年开始在特里尔选侯国集结流亡武装。但大多数流亡者仍迷恋于玩乐，以为流亡生活不久就能结束。他们一掷千金的挥霍竟使物价为之上涨。许多流亡者表现得傲慢、放肆、轻佻和糊涂，因而任何人都不喜欢他们。当地贵族把他们当作活教材，他们讲述的耸人听闻的故事充斥于报刊和书本，令人不能不信以为真。他们断言，国内同胞早已不能忍受少数坏分子的暴政，只要派出相当的部队，便能长驱直入地攻下巴黎。他们在国外的表演与流亡法国的外国政治避难者确实有着异曲同工之妙。

尼德兰事变对革命者应该是一次极好的教育。在奥地利军队撤退后，冯克向万代·诺脱提出了改革计划：实现权利平等，改造省三级会议，第三等级代表加倍并由各教区直接选出，召开联省议会。冯克丝毫不想用法国的方式去对待贵族和僧侣。尽管他的改革要求十分温和，万代·诺脱领导的“国家派”却认为一无是处；1790 年 1 月 12 日，当他们宣布“比利时合众国”独立时，“国家派”只是单纯恢复了省三级会议，然后由各省代表参加的国会负责处理政务；他们甚至不去争取列日代表的参加，而列日的革命者本可

以给他们宝贵的帮助，以完成比利时的统一大业。万代·诺脱像以往一样向英国和普鲁士寻求支持，但毫无成果。同样，冯克向法国争取帮助也不成功，除了拉法叶特派几名前来出谋划策的使者外，就只剩一心想当国王的比顿·夏洛斯特公爵。冯克派在一些城市建立了委员会。资产阶级内部发生了分裂，行业公会纷纷宣布拥护旧制度。僧侣在司铎万厄本和耶稣会教士费勒的领导下，发动了一场反对改革的运动，猛烈攻击改革的目的是要推翻教会； 211 万代·诺脱成了他们的工具。工人和农民附和了这个运动，因为冯克的改革计划中没有任何东西可以打动工农群众。同他的对手相反，冯克没有充当群众领袖的天赋。"国家派"对汪德曼什率领的"义勇军"存有怀疑，指责他们图谋不轨。最后，1790 年 3 月 16 日至 18 日，数百名暴动者在布鲁塞尔追逐冯克分子，冯克本人被迫流亡法国。特权阶级保住了政权，但他们没有抗御奥地利的能力，只得被动地等待自己最后的失败。1790 年 11 月和 12 月，奥军恢复了列日主教大公的权威，并重新占领了比利时各省。

在英国，也是教会首先发出了警报，接着是土地贵族。1790 年大选时，托利党的多数地位得到了加强。关于废除对非国教的限制和改革议会制的主张比以往任何时候更无成功的希望。皮特声称，采取这些措施将是软弱的表现，在目前形势下，应该暂缓执行。确实，这种状况维持了整整一代人的时间。辉格党发生了分裂。温德海姆夸大地渲染教会所面临的危险，借以恐吓下议院，这使福克斯深感不快。接着，在议会讨论有关组织加拿大的立宪政治的议案时，伯克郑重宣布同福克斯绝交，由此引起了辉格党内的一系列分裂。在这以前，伯克已于 1790 年 11 月发表了《法国革命

感想录》,这部著作已成为反革命派的福音书。他有力地指出,单凭一纸法令,不足以使人们学会行使自由权利和履行公民责任,从而把进化的概念引进到历史学和政治学的领域中去;在这方面,他不愧是个思想家。但是,他给社会的进化确定了一个限度,而这恰恰是他的著作获得成功的原因。在他看来,阶级的尊卑贵贱完全是神的安排;他谴责法国革命是大逆不道,说它破坏了全部社会等级,因为革命使贵族沦于破产。他比任何人都更加清楚地看到了问题的关键和要害。伯克的成功并不妨碍他遭到了出乎意外的反
212 驳。在持反对意见的人中间,多数只是为适应资产阶级的要求,对伯克就 1688 年革命和社会进化论所作的解释提出异议。苏格兰人马根多士的《高卢的要求》就是一个例子。但是,因参加了美国独立战争而享有盛名的托马斯·潘恩却独树一帜,他对政治和社会不平等的谴责,以及对国王和贵族的猛烈攻击,深深地打动了平民的心。《人权论》的第一部分于 1791 年发表,全书以廉价的普及本形式在全国广为发行,使群众懂得法国的榜样在哪些方面能对他们有用。

在德国,施略策尔从 1790 年初开始攻击法国的“暴民统治”,但仍不否定自由的原则。人们批评“哥丁根的风标”,但越来越多的报刊作家却反而站在他的一边。他们是:奥托卡尔·赖哈德、吉尔塔梅、汉诺威的秘密顾问布兰德,以及耶拿《文学评论》的主笔德国人伯克雷贝尔。在维也纳,得到利奥波德保护的霍夫曼在《维也纳报》展开了猛烈攻击自由派的宣传运动。秘密会党和大学到处都成了嫌疑对象。一篇题为《游人来信》的匿名短文指责秘密会党在法国煽动混乱。“魔笛”社因举行共济会仪式而在维也纳被查

禁。最严重的征兆也许是：自由派在称赞制宪议会的改革同时，却拒绝把改革引进德国，仅仅强调要努力推动个人在文化和道德方面的进步。法国革命的直接目的——改变制度——被推迟到可望而不可即的遥远将来。这就充分表明了自由派的软弱。

舆论的转变只能有利于普鲁士自 1789 年前业已开始了的对启蒙运动的反动。在弗里德里希—威廉二世的全力支持下，沃尔纳不顾牧师和教授们的强烈反抗，努力迫使他们重新接受严格的宗教教规。国王下令修改弗里德里希法典，删除有损国王和容克的权威的条文。他明确表示，不准备对封建制作任何更改。在哈布斯堡王朝各国，1789 年的比利时暴动以及匈牙利起义也导致了改良主义政策的后退。约瑟夫二世于 1790 年 2 月去世前，停止执 213
行或废除了他曾采取的几项革新措施。在继承其兄弟就任皇帝前，利奥波德二世曾是托斯卡纳公国的开明君主。但他首先要保住帝国的遗产；他不得不同贵族和解，满足地方主义的要求，以便尽可能挽救约瑟夫二世的事业。为了安抚僧侣，他取消了新的祈祷文和神学院，把已被取消的修道院交回给教士管理，并答应今后不再取消任何修道院。但他仍坚持教会的世俗化，不允许破坏宗教宽容，不改变国家对教皇的独立。他恢复了帝国议会以及匈牙利和各州区的独立体制，允许比利时在平定暴动后恢复传统的行政结构；因此，在帝国的各领地，又重新出现了各行其是的松散状态。最后，利奥波德二世放弃了税务改革和土地改革；尽管波希米亚和匈牙利不断发生农村骚动，领主制仍确定不变，但已被废除的人身奴役不再复活。

在其他天主教国家，政府采取了防守的立场。1790 年 12 月，

巴伐利亚重申对光明异端会的镇压措施，甚至巴黎的《总汇报》在这里也禁止发行。同年，撒丁国王要求共济会不再举行集会，约瑟夫·德·梅斯特尔劝诱他的朋友科斯塔·德·博雷加尔投入了反动阵营。教皇敕令教徒为拯救教会而斋戒祈祷，并对不守教规的异教徒明令申斥。在意大利，反动浪潮迅速遏制了革命激起的微弱同情。共济会、冉森派和自由派统统受到报刊和学院的谴责。许多法国人被逮捕或被驱逐出境。然而，如同德国一样，意大利也有一些王公不主张采取镇压措施。例如托斯卡纳大公。西班牙的情况正相反，弗洛伊达·勃朗卡和宗教裁判所于 1789 年末共同决定，取缔法国书报；检查来自外国的信件和商品。霍韦利亚诺斯被流放，康波曼内斯被逐出卡斯蒂利亚省政府。法国侨民受严密的监视，卡瓦鲁斯等人被逮捕，更多的人被驱逐出境。葡萄牙的情况
214 也是如此。一个法国人不知为了什么原因于 1790 年 6 月 18 日刺伤了弗洛伊达·勃朗卡，镇压于是变得更加严峻了。1791 年 3 月，西班牙在比利牛斯沿线部署警戒部队，防止“法国瘟疫”的渗透。

伯克希望各国都这样做，希望英国政府主持旨在对付革命宣传的和平封锁。他认为，这仅是一项预防性措施。他主张对这个向野蛮倒退的民族发动十字军征讨。格里姆男爵及其顾问原瑞士医生后成为汉诺威贵族的齐美尔曼立即在德国响应伯克的创议。1791 年春，当庇护六世公开谴责革命的原则时，各国国王不能不表明自己的立场，为了保护自己的利益，他们也跟着宣布反对新的叛教分子。问题已到了应该解决的时候了。

四、路易十六和流亡者向外国求援

问题的提出并非仅仅由于论战的需要和国家利益的需要。流亡者和路易十六分别以公开和秘密的方式敦促各国国王采取行动。在都灵，亚多瓦伯爵曾向撒丁国王恳切陈词，他还派遣伏特勒依前往罗马和马德里。1791 年 5 月，他在曼图亚向利奥波德二世求见。他虽然主要想乞求经济资助，但也希望奥国进行军事干涉，以支持法国南部掀起的暴乱。6 月，他同波拉斯通夫人一起前往申博恩比斯特府邸，在他叔父特里尔选侯的领地定居，随行的还有一批挥霍无度的近臣，而孔代亲王在沃尔姆斯集结的渴望战斗的流亡者部队却被抛在一边，缺少最起码的供应。于 1790 年末为孔代亲王出谋划策的卡龙主要寄希望于普鲁士，但也不忽视奥国皇帝可能给予的支持，同时还准备以出让某些殖民地为代价，争取实现英法联盟。他认为，有了孔代的部队为外国军队开道，就能复辟 215
旧制度。流亡者一方面对本国同胞进行声色俱厉的威胁，另方面对顺从地忍受议会压迫的路易十六嗤之以鼻。

其实，路易十六的屈服只是表面现象。由于害怕发生新的“事件”，他不得不采取两面手法，而结果却使自己威信扫地。但是，早在 1789 年 11 月，他就向他的亲戚西班牙的卡洛斯四世表示，他对被迫作出的让步概不承认。玛丽—安托瓦内特向她的朋友瑞典伯爵阿列克赛·德·费逊以及向奥地利驻法大使梅尔西·阿尔让多倾诉了她对拉法叶特和宪政派的仇恨。携带国王抗议书前往马德里的丰脱布律恩教士受命向西班牙宫廷试探是否可能给予国王支

持和贷款。丰脱布律恩于 1790 年再次出使维也纳。于同年 2 月继位的利奥波德二世同先皇约瑟夫二世同是玛丽—安托瓦内特的兄弟，还有另一名兄弟当时任科隆大主教。玛丽—安托瓦内特的两个姐妹分别是尼德兰和那不勒斯的统治者。然而，丰脱布律恩所得到的仅是好言安慰而已。那时 6 月即将结束，由此可见，路易十六决定向外国求援，根源并不在《教士法》。当然，信仰方面的考虑更加强了他的决定，但其他原因也促使他义无反顾。由于制宪议会建立的行政机构开始履行职权，国王挑选的大臣相继去职，路易十六不得不承认，这场革命与通常的贵族反抗已不可同日而语。10 月，已经流亡国外的帕米埃教区主教达戈重返巴黎，敦促国王行动；他不费唇舌就说服了国王。布勒特依男爵全权负责指挥一切，向各外国宫廷派出了特命使者。路易十六决定秘密逃出首都，指定麦斯军区司令、镇压南锡事件的刽子手布叶侯爵采取迎候圣驾的各项措施。12 月，德·费逊着手进行外逃的准备工作。

路易十六和玛丽—安托瓦内特一直抵制流亡者展开的外交努力，亚多瓦伯爵为此曾与法国驻威尼斯大使蓬倍尔侯爵大闹一场。蓬倍尔虽然不顾职守。积极为亚多瓦伯爵效力，但他毕竟要服从国王的秘密命令。国王和王后责备流亡者只顾逃命而把他们扔下
216 不管，又责备流亡者采取急躁和莽撞的行动而危害他们的安全。他们还担心在胜利后会沦为贵族的附庸。与其让孔代亲王率军入侵法国，他们宁肯要各国联合陈兵边境，胁迫制宪议会根据国王的意志修改法令。路易十六准备驻跸蒙梅迪，居间进行斡旋，并操纵事态的发展。他一再强调指出，他不要求外国军队进入法国。但是，如果国王没有想到，至少王后已经想到，一旦议会不肯就范，已

陈兵法国边境的各国国王难免会命令部队越过边界。在这种情况下，法国无疑要酬答各国给予的帮助，割地赔款也就在所不免。出让几个省份，这是路易十六很不愿意的事。但是，根据布叶的建议，国王于1791年5月派人出使英国，准备以部分殖民地做代价换取英国的中立。

各国国王对支持路易十六或支持流亡者意见很不一致。叶卡特琳娜二世热烈欢迎流亡者，积极主张发动一次无情的十字军讨伐。她说："铲除法国的无政府状态将是一件万世不朽的勋业。"瑞典国王古斯塔夫三世持相同观点，他于1791年春亲临斯巴和亚琛，表示愿赴前驱。撒丁国王维克多—阿梅代和教皇已经表示赞同亚多瓦伯爵的主张。弗里德里希—威廉二世装出一副见义勇为的样子，似乎迫不及待地要帮助路易十六，但他同他的近臣比硕夫斯威德一样，对流亡者也言听计从。相反，西班牙的弗洛伊达·勃朗卡对流亡者不理不睬，认为他们是些成事不足败事有余之徒。至于利奥波德二世，他也无意同流亡者合作。这位皇帝于1791年1月拒绝接见卡龙，并命令卡龙离开维也纳。同年5月，他在曼图亚又不肯召见亚多瓦伯爵。在英国，国王、大臣和议会的想法不尽相同，却一致主张，除非出于国家利益的需要，否则决不进行干涉。伯克向他的同胞鼓吹十字军讨伐，响应者屈指可数。

流亡者的朋友们显得十分起劲地反对革命，但没有利奥波德的首肯，他们将办不成任何事情。叶卡特琳娜二世把别人推在前面，自己却决心落在后面。弗里德里希—威廉二世于1790年8月
热情接待了罗尔男爵，并于9月同维也纳进行了初步会商，但他由 217
于未得到奥地利的同意而不能作出承诺。就国土的地理位置和同

玛丽一安托瓦内特的兄妹关系而言,利奥波德理应是反法同盟的当然领袖,而他却偏偏最不主张动武。从他以往在托斯卡纳推行的政策来看,制宪议会的大部分改革措施并不使他感到可怕。何况,他不认为旧制度在法国复辟是有益的或可能的。当然,他并不想放弃自己一丝一毫的权威,但他又觉得法国国王权威的削弱对他并非是件坏事。最后,他在本国为解决约瑟夫二世留下的难题已伤透了脑筋。因此,他不鼓励他的妹夫倒行逆施,而希望后者同宪政党达成妥协。他借口别国意见不一或行动迟缓,又借口英国态度不明,竭力推托拖延。在玛丽一安托瓦内特的信件中,以及在努内兹大使的信件中,人们可以看到王室的种种努力和有限的选择逐渐都陷于落空。王室本身也有意见分歧,伊丽莎白王姐和国王的姑母站在流亡者的一边,王后则抱怨各国君主的自私和不明事理,特别是她的兄长利奥波德。后来,有人为了把挑起冲突的责任加在革命党头上,曾竭力强调各国君主对革命并不怀有敌意。其实,对于革命宣传的危险,以及对于自己因血缘联系和君主间的声援而应尽的义务,利奥波德并不是无动于衷的,但他像其他君主一样正确地看到,他们没有任何必要害怕法国革命。当时,他正忙于重新征服比利时和平定匈牙利的暴乱,因而认为,在着手去管路易十六的事情以前,理应先管好自己的事情。

五、制宪议会的对外政策

在各国君主和革命法国之间,确实在有关公法和领土等问题
218 上出现了一些冲突。废除领主权侵犯了在阿尔萨斯留有领地的某

些德意志王公的利益;他们援引威斯特伐利亚条约向帝国议会提出控诉,斯特拉斯堡、凡尔登等地的法国主教也跟着这样做。此外,阿维尼翁和孔塔地区由于放弃旧制度,同教皇发生了冲突。1790 年 6 月 12 日,阿维尼翁要求并入法国;卡彭特拉只是宣布接受法国的宪法,但不考虑教皇的否决。制宪议会没有表明态度,阿维尼翁和卡彭特拉之间便爆发了战争,阿维尼翁的贵族和爱国党也互相残杀。

这两次冲突的发生促使大革命从革命原则中推导出一种新的国际法,虽然 1789 年科西嘉被接纳为法国的一个行省已使人们预感到这一点。杜埃的梅兰于 1790 年 11 月代表制宪议会向德意志王公作了如下答复:阿尔萨斯之所以属于法国,并非因为 1648 年条约把这块领土交给了路易十六,而是因为阿尔萨斯人通过他们参加联盟节的特派代表表达了和自己的同胞团结一致的决心。革命不仅是人和公民的解放,也是民族的解放,它甚至认为民族具有生存权。在这以前,法律只承认国家的存在:人跟随土地一起被征服或被割让。1790 年 5 月 22 日,制宪议会庄严地否定了征服权。从此,自由表达的人的意志反过来主宰土地;王朝的地理国家也就被民族国家所取代。为此,左派要求制宪议会根据阿维尼翁人的愿望,将阿维尼翁并入法国版图。1791 年 5 月,议会以微弱多数 219
拒绝了这个要求,但仍决定占领阿维尼翁和孔塔,以便恢复秩序和征询居民的意见。合并的建议于当年 9 月终于被接纳。那时,教皇早已请欧洲各国出面干涉。在国王们看来,实行这种新法等于宣布法国可以和平地和无代价地兼并所有国家,只要这些国家的居民同本国君主发生冲突,也想搞一场革命。在法国同欧洲各国

之间，所有的条约完全被撕毁，所有的法律联系全部被割断。各国君主和外交官怎能不感到愤怒呢？

然而，他们口头上不作空洞的表示。让阿尔萨斯和阿维尼翁问题悬而未决对他们只会有好处，因为他们可以随时找到宣战的借口。但是，各大国的利益并未受到损害：除非法国实力完好无损，大国才会感到威胁；而在当时，法国在陆军、海军和财政方面已无实力可言，原来的同盟关系又完全断绝。革命党人实在狂妄得令人可怜，只要一有机会，人们就会打消他们的气焰。

制宪议会看来确实害怕战争。这不仅因为它在原则上就反对战争，而且因为战争将加强国王的地位。为此，它拒绝接受比利时三级会议的通告；它虽然不准奥国派往尼德兰的部队从法国过境，却又听任这些部队占领巴塞尔主教国。它在原则上否定德意志王公的权利，却又主动提议给予赔偿，路易十六则赶忙派奥日尔劝说德意志王公拒绝接受。在阿维尼翁并入法国的问题上，制宪议会也尽最大可能进行拖延。1790 年 5 月，为了不让国王把既成事实强加于议会，它又规定国王行使宣战和缔约的权利必须交立法机构批准。它让国王继续领导外交事务，但于 8 月 1 日设立了外交委员会。最后，由于旧制度原有的同盟关系有使法国不由自主地卷进某个冲突中去的可能，制宪议会宁肯陷于孤立，也不肯去冒这个风险。实际上，法国同哈布斯堡王朝的同盟已经自动解除。一方面，皇帝不再把衰弱的法国放在眼里，而法国革命党人从法维埃等作家的著作中接受了反奥传统，加上他们对王后的仇恨，就更加倾向普鲁士。另方面，普鲁士大使戈尔兹和间谍埃弗拉姆也在鼓
220 动亲普情绪。这种反奥传统十分强大，甚至流亡者也像敌对方面

一样偏向普鲁士。法国和西班牙的同盟曾使两国在上次战争中打败了英国，尽管没有人反对法西同盟，制宪议会却放弃了这一联系。看来，许多革命者转而同情英国，塔列兰以及金融家和批发商自然都是亲英分子。1790 年 5 月，西班牙在皮特咄咄逼人的威胁下，曾向姻亲波旁家族求援。制宪议会于 8 月 6 日同意武装四十五艘战舰，但又宣布王朝间的同盟已经不再有效，必须重新谈判两国的同盟条约。任何人一眼就能看出，皮特的间谍密尔斯和埃利沃脱肯定已经收买了米拉波，并同他通了气；他们对法西同盟从此不再存在深感庆幸。

法国显然已不再是个强国了。人们认为，自古以来，衰弱是革命的后果。对各国国王说来，聪明的策略是放任不管，只追求自己的目的；如果法国国王能够先顶住革命，然后再去恢复他的权威，那也还为时不晚。

六、欧洲政治

法国革命在最初几年远没有吸引欧洲的全部注意力，因为人们以为一场全欧大战即将来临。约瑟夫二世于 1782 年与叶卡特琳娜二世结成了同盟，逐渐被“希腊计划”所迷惑。这项计划的内容包括：恢复东罗马帝国，由沙皇的孙子任皇帝；重建达西亚古国，波将金正窥视该国的王位。另方面，这项计划还准备把奥斯曼帝国的塞尔维亚各省以及威尼斯的领土交给奥地利。因此，威尼斯将和伦巴第连成一片，奥地利自 1715 年以来企图征服意大利的野
心也将加速实现。 221

维尔琴纳和皮特二人都不赞成肢解土耳其。法国在土耳其占有特殊的地位；皮特希望不让俄国靠近地中海和印度航线。但是，由于荷兰陆海军统领于1787年同资产阶级发生冲突，并要求英国和普鲁士给予支持。普鲁士军队开进了联省共和国，皮特乘机施展外交手腕，使联省共和国脱离法国。他声称，如果法军向普军开战，英国将进行干涉。布里盎当时正与高等法院闹翻，维尔琴纳不久前刚去世，接任外交大臣的蒙穆兰只得承认现实。陆海军统领重新执政后，荷兰与普鲁士和英国结成了三边同盟。这场失败使法国国王的威望受到很大损失，同时又使约瑟夫二世相信他的盟友不想在东方起任何作用。总之，西方各国间和睦共处的可能从此被排除了。

如果说法国因国内的困难而无能为力，皮特同样也处境艰危。1788年，国王乔治三世精神失常，王太子要求出任摄政。尽管王太子十分低能，他的这个要求却很难加以拒绝。但是，皮特一再坚持，摄政的人选应由议会决定。在无法排斥王太子的情况下，他让议会通过一项法令，限制摄政的权力。皮特之所以取得议会制保护人的名声，这件事无疑起了相当重要的作用。其实，他是个善于执行国王意图的人，他主要想约束势必会将他免职的王太子以及可能接替他担任首相的福克斯。但是，他们之间长篇大论的争执只是空吵了一场，因为国王于1789年恢复了健康，皮特始终主持着政府。在这期间，欧洲的危机已经开始了。

1788年8月，早已忍无可忍的土耳其人抢先挑起了战争，最初战争形势对土耳其有利。俄国军队向位于第聂伯河和布格河入海口的奥恰科夫猛扑，但要塞久攻不下。奥地利军队的情况更糟；

在攻打贝尔格莱德失败后，奥军被迫且战且退，土耳其占领了巴纳特。后来，土军终于势衰力竭。洛顿夺取了贝尔格莱德，苏沃洛夫攻克了奥恰科夫。但是，希腊计划显然不会实现。此外，约瑟夫二世的军事失败鼓励了各附属国纷纷起来反抗，哈布斯堡王朝面临瓦解的危险。就在这时，约瑟夫二世于 1790 年 2 月猝然去世。由 222
此又产生了出现新动乱的可能。

瑞典和普鲁士利用了这个局面。瑞典向俄国进攻，直达圣彼得堡城下。瑞典贵族乘机向古斯塔夫三世夺权，部分军官拒绝在军队服役，从而缓解了叶卡特琳娜二世的困难。但是，瑞典国王通过一场新的政变，巩固和加强了自己的权威，战争又继续进行。瑞典军队在陆上打了败仗，但于 1790 年取得了海战的胜利。至于普鲁士，它于 1789 年支持了列日的起义者，又在比利时策动反对奥地利的阴谋；它希望不让俄国控制波罗的海。皮特也持同样的立场，因为英国和荷兰的贸易在波罗的海占着绝对的统治地位。由于皮特的以上立场，丹麦也就不敢帮助俄国去反对瑞典。然而，普鲁士首先主张，如果奥地利和俄国向土耳其方面扩张，普鲁士应该在波兰方面得到补偿。叶卡特琳娜二世自从波兰被瓜分后一直占领着这个国家，对普鲁士的主张自然不能接受。因此，普鲁士竭力怂恿波兰贵族举行暴动，并答应同他们结成同盟。“爱国党”的势力在波兰日益壮大，它改善教育组织，煽动民族感情，主张通过废除“自由否决权”来结束无政府状态。叶卡特琳娜二世扶植的傀儡斯塔尼斯拉夫·波尼亚托夫斯基国王虽然正谈判缔结一项协定，准备把原来留给“共和国”的部队派去同土耳其作战，但在 1788 年 9 月议会（即所谓“四年议会”）开会时，爱国党看穿了弗里德里希一

威廉的建议的虚伪性，不愿作任何考虑。1789 年 5 月，他们要求占领军撤出波兰。人们普遍以为普鲁士决不肯就此罢休，因为在人们的心目中，普鲁士不但野心勃勃，而且国力强盛。但是，历史进程表明，普鲁士的领导人十分无能，他们迁延不决，动摇犹豫，终于导致了 1792 年的惨败。根据海尔兹伯格于 1789 年 5 月向国王呈递的“伟大计划”，奥地利从土耳其方面得到扩张后，就把加里西亚归还波兰，后者则把但泽、托伦、波兹南让给弗里德里希－威廉。海尔兹伯格以为，只要普鲁士军队一调动，就足以使这笔交易成功。国王则相反，他并不把事情看得如此简单，何况他还想从奥地利手中夺走尼德兰，在可能的情况下，甚至还要占领波希米亚。为
223 此，他鼓动比利时人和匈牙利人反抗奥国，争取英国的支持，并于 1789 年 8 月在西里西亚集结军队。正当需要他作出决断和拿出勇气的时候，他把军事行动推迟到次年春季。在此期间，约瑟夫二世突然去世，英普同盟的计划终于搁浅。

皮特认识到英普同盟的可贵，因为同盟能帮助他遏制俄国和在尼德兰扩大影响，但他不想超出这个限度，尤其不愿冒武装冲突的危险。荷兰由于向叶卡特琳娜二世出借了巨额贷款，更不希望发生战争。它为哈布斯堡王朝的瓦解感到担忧，因为这将打破大陆的均势，并使取得独立的比利时成为法国的势力范围。对荷兰说来，重要的是维持现状。另方面，皮特的注意力集中在海上和殖民地。他首先是个事业家和金融家，因而不希望打仗；但当他觉察到对方有软弱的迹象时，也愿意显露自己的胆气，在美洲战争中的战胜国自然首先是他的打击对象。为此，他在 1787 年曾对法国进行威吓，并抓住荷兰事件大作文章。接着就轮到西班牙了。西班

牙于1790年在太平洋沿岸加利福尼亚北部的诺特加海湾扣留了几艘英国船只。尽管该海湾的归属历来存有争议，皮特却要求给予赔偿，并于1790年5月进行军事动员。英国拥有战舰九十三艘，西班牙仅三十四艘。由于法国竭力回避，马德里归还了被扣船只，并于10月24日在最后通牒的威胁下出让了海湾。既然皮特的注意力集中在以上方面，人们也就可以理解，在整个这一年里，为什么皮特不断告诉普鲁士，说普方的计划不符合同盟的精神。

然而，假如弗里德里希－威廉利用约瑟夫二世的去世立即采取行动，皮特恐怕也很难阻止他这样做。由于他放过了这个机会，皮特就有了同利奥波德磋商的时间，从而在普奥之间进行调解。利奥波德不像他哥哥那样容易冲动和急躁。为了挽救奥地利，他必须尽可能保住在对土战争中夺得的利益，同时又要首先孤立普鲁士。4月，当英国提出在恢复原状的基础上进行调解时，他赶紧接受了建议。此外，他把“恢复原状”作了“简单恢复”和“改善恢复”的区分，因而打算在同普鲁士谈判时力争第二种方案。科尼兹反对这个政策，但利奥波德有他的“秘密”：副首相菲利浦·科本泽尔和掌玺大臣斯皮尔曼不顾“老头”的反对，竭力为皇帝效劳。谈 224
判会议在西里西亚的赖兴巴赫召开，同时，十七万普军在那里同十五万奥军相对垒。海尔兹伯格修改了计划，以期达成全面和解：奥地利将仅仅交出加里西亚的六分之一，在土耳其夺得的利益也相应减少；普鲁士将仅仅占有但泽和托伦。英国人立即变了脸色，波兰人提出了抗议。弗里德里希－威廉慌了手脚，突然放弃一切割地要求，斯皮尔曼只得于7月27日伤心地接受了“简单恢复原状”。

实际上，利奥波德从这场会谈中得到了他想得到的全部好处。6月，他同马扎尔贵族实现了和解；11月，奥军开进了比利时，12月初，相继占领了布鲁塞尔和列日。12月10日，海牙三边联盟迫使他同意实行大赦和维持尼德兰各省的特权，但他拒不批准协议书。他在西斯托瓦同土耳其人的谈判没有签订和约。奥地利局势恢复了稳定，这对普鲁士是个可悲的失败。

普鲁士为自己准备了新的失败。叶卡特琳娜二世收到了要她接受调解的通知。沙皇对此已有准备，由于看到利奥波德作了退让，便同古斯塔夫三世讲和。于1789年在福克沙尼打了胜仗并把战线推向多瑙河的苏沃洛夫，于12月22日占领了伊兹梅利亚，对驻军和居民进行了骇人听闻的屠杀。叶卡特琳娜于是不再迁就普鲁士，相反普鲁士却向她表示，在不牺牲波兰的条件下，准备达成一项协议。1791年3月26日，沙皇向普鲁士发了一份照会，提出第二次瓜分波兰的建议，但照会到达柏林已为时过晚，否则，整个反革命行动就会以另一种面目出现。

处在犹豫不决中的弗里德里希一威廉仍然拿不定主意。他周围的亲信纷纷向他建议同奥地利接近，以便孤立叶卡特琳娜，他自己也制订了一项“秘密计划”，甚至把海尔兹伯格也完全蒙在鼓里。比硕夫斯威德于1790年向利奥波德作了初步试探，接着于1791年2月前往维也纳。利奥波德不想同俄国搞坏关系，又认为以不得罪普鲁士为好。因此，他在接待普王的宠臣时只听而不作任何许诺。这一态度足以使比硕夫斯威德头脑发热。利奥波德在回国后报告说，一旦普俄发生战端，奥地利将持中立立场。3月11日，普鲁士国王要求英国答复，如果普国对俄国采取惩罚行动，英国将

持何种立场。

在羞辱了法、西两国和挽救了奥地利以后，皮特的气焰已嚣张得不可一世。英国舰队仍处于动员状态，驻彼得堡大使惠特沃思 225
保证俄国已无力进行新的战争。至今只靠虚声恫吓就取得成功的皮特被胜利冲昏了头脑。在驻柏林大使依瓦特的怂恿下，他决心由英国发起，联合瑞典、波兰、土耳其和普鲁士等国，组成反俄同盟，彻底打退俄国的扩张。内阁于 3 月 21 日和 22 日作出决定，向叶卡特琳娜二世发出最后通牒。普鲁士立即表示响应。但皮特没有考虑到辉格党会反对。在俄国驻英代表沃龙佐夫的合谋下，辉格党煽动舆论反对这场战争。俄国四分之三的进口商品来自英国，英国人难道要支持土耳其异教徒反对购买英国商品的俄国吗？在那时，只有皮特一人预见到俄国是对印度航道的威胁。在下议院，拥护皮特的多数派出现了分化，大臣也分成了两派。为了保住首相的职位，皮特于 4 月 6 日无可奈何地收回了成命。丹麦大臣伯恩斯托尔夫作出保证，叶卡特琳娜将以德涅斯特河的东侧为界，这算为皮特保全了面子。依瓦特于 20 日再次出使波茨坦，通知普鲁士英国已抛弃了它。叶卡特琳娜用以下的话表达了对胜利的兴奋：“爱吠的狗不一定都咬人。”通过雅西协定（1792 年 1 月 9 日），她守住了奥恰科夫和德涅斯特一线。

遭罪的这次不仅是普鲁士一个国家，波兰首当其冲面临着叶卡特琳娜的报复。外来的威胁促使国王斯塔尼斯拉夫同爱国党领袖让·波托茨基、马拉霍夫斯基、科伦泰和恰尔托雷斯基重归于好。1791 年 5 月 3 日，他们起草的新宪法获得了议会的通过，决定废除自由否决权和实行君主立宪制，斯塔尼斯拉夫的王位由萨

克森选侯的女儿继承。人们当时预计，波兰将没有足够的时间组织防御，俄国将重新占领波兰。对奥地利和普鲁士说来，这将是一个灾难性的结局，两国终于决定团结起来。由于海尔兹伯格已经失宠，比硕夫斯威德于 5 月 12 日经国王同意，向利奥波德提出建立普奥同盟的建议。6 月 11 日，他前往米兰觐见奥地利皇帝，后者接受了这一建议，并答应同土耳其签订和约。双方同意，两国君主将在萨克森的皮尔尼茨会面。另方面，利奥波德要求普鲁士同奥地利一起承认波兰宪法，有关萨克森选侯的女儿继承王位的问题也包括在内。最后的协议将在维也纳签署。德意志的两个大国
226 已同意一致对付俄国。但是，他们的合作建立在一个误会的基础上。利奥波德希望保全波兰，而弗里德里希－威廉则力图肢解这个国家。后者认为，波兰议会既然已于 1790 年 9 月 6 日禁止出让任何国土，同波兰结盟也就丧失了任何价值，相反，这只会有利于波兰的复兴。他打算把奥地利从俄国那里分化出来，从而迫使俄国同意重新瓜分波兰。总之，事态发展很可能重复 1772 年的历史先例，即在奥地利作出让步后，重建的三国同盟将集中全力共同对付法国。但是，反革命的计划已经渗透到了欧洲政治中去；在波兰问题尚未解决前，普奥两国就冒险在西线作战，这对叶卡特琳娜极其有利，而反法同盟却在缔结前就注定要破产。

在赖兴巴赫会议失败后不久，普鲁士首先提出了干涉法国的建议。弗里德里希－威廉附有两项条件：奥地利的合作；还有必要的军费补偿。具体地说，巴伐利亚将把茹利埃和贝尔格两地割让给普鲁士；作为报偿，奥地利将和巴伐利亚一起在阿尔萨斯和洛林取得部分领土。这一主张成了普奥两国于 1790 年 9 月开始接近

的借口。不容否认，普鲁士国王对路易十六和流亡者的个人感情促使他提出了这项创议，但赖兴巴赫会议的失败也反过来使普王觉得，反对法国革命是他求得主动的一个机会。一方面，普奥同盟可以使他获得一个盟友，以代替态度日渐软化的英国；另方面，为了个人的荣誉，必须扩大普鲁士的版图。后来，尽管东方的形势出现了种种波折，他对这个方案始终不能忘情。1791 年 2 月，比硕夫斯威德向奥皇重申，普鲁士在对法干涉问题上将随奥皇马首是瞻。6 月，他在米兰再次申述了这个意见。

利奥波德最初对干涉法国装聋作哑。5 月 18 日，他在曼图亚谢绝了亚多瓦伯爵的拜访。叶卡特琳娜二世不断催促他出兵法国，这反而使他增加了拖延的理由。突然，他在米兰热情地欢迎比硕夫斯威德的建议，并把反对法国革命作为两国协议的基础之一。原因是，他接到了玛丽一安托瓦内特关于王室即将出逃的来信。人们过分夸大了利奥波德对法国王室的冷淡；其实，为了避免受到 227
前后夹攻，他不得不尽量克制自己，这是个聪明的策略。一旦他的妹妹和路易十六的处境更加恶化，他当然有义务去援救他们。这个思想状态使他的行动受路易十六的摆布；由于路易十六的外逃，他必须立即动手。

228 第二章　国王出逃和对奥宣战（1791年6月—1792年4月）

无论对欧洲或对革命说来，路易十六的出逃是本阶段的举足轻重的大事之一。革命知道各国君主全都反对革命，但由于国王们忙于他事，革命希望至少在一段时间里能和平地推进其事业。路易十六的主动出逃加速了冲突的爆发，而冲突的直接后果就是国王的垮台。

一、瓦伦事件及其在法国的后果

费逊为王室出逃已作了很长时间的准备，消息不免有所泄露，
229 马拉等人又不断向人们提出这样的警告。6月20日晚，忧心忡忡的巴依派遣拉法叶特前往杜依勒里宫；就在国王全家逃出宫门时，拉法叶特却还认为宫廷的守卫十分严密。这究竟是疏忽或是合谋，恰恰在这个最重要的问题上，情况也最不清楚①。一辆华丽而笨重的轿式马车带着王室朝夏龙方向奔驰而去，准备经夏龙转赴

① 专攻这段历史的专家们对这个问题没有作出任何解释。圣普里斯特伯爵在其《回忆录》中说，拉法叶特在杜依勒里宫留下一道门不加看守，以便费逊随时去王后那里。

蒙梅迪。留在斯特内恭候王室的布叶派出了几支小分队，在圣梅内乌德前方迎接。但是，马车迟到了五个小时。1789 年以来在东部地区接连发生的骚动使居民处在风声鹤唳、草木皆兵的惊惶状态。小分队的带队军官对国王的姗姗来迟感到迷惑不解，因而下令队伍撤退。当国王一行于深夜到达瓦伦的高岗时，因找不到约定等候的驿马，被迫停止前进。出逃计划便落空了。

国王没有设法躲藏，在认出国王的人中间，除德鲁埃一人外，再没有任何人愿意或敢于采取行动。正是圣梅内乌德驿站的这位站长的坚毅和果断才决定了国王的命运。他飞马赶上停下的轿式马车后，又冲到埃尔河的桥头设防把守。当路易十六终于到达桥头时，道路已被堵住，他便承认自己是国王。警钟声把农民聚集了起来。赶到现场的轻骑兵同农民携手合作。拉法叶特的使者在天亮时赶到，宣读了议会的命令：国王必须重返巴黎。国王处在愤怒群众的包围之中，路上的情景十分凄惨。丹比埃尔伯爵前来向国王问安，竟被农民杀死。6 月 25 日，王室再次回到了受严密看守的杜依勒里宫。

在获悉王室出逃后，议会表现的镇定堪称典范，它宣布国王停止履行职务和否决权，直接向大臣发号施令，把法国实际上变成了一个共和国。接着，它按原定日程继续开会。但是，这一事件震动了全国，直至穷乡僻壤。大家立刻想到，国王的出逃是外国入侵的预兆。边境沿线的要塞自动开始警戒；议会于 21 日决定从国民卫队中抽调一百六十九个营充当野战部队。贵族们转瞬即逝的欢乐加强了群众的惩罚反应：贵族和顽固派神甫往往被无故毒打，一些贵族乡墅也被付之一炬。从此，最可怕的敌人不正是路易十六吗？

230 群众一鼓作气把他抓了回来，他已不再是国王，而是人质。

国王出逃的消息在巴黎激起了一场攻击国王和王后的风暴，有些攻击甚至是粗俗的谩骂。共和分子欣喜若狂。科特利埃俱乐部宣称：“我们已经自由，不再有国王。”他们希望带动整个民主派，于 21 日要求制宪议会宣布共和国的成立，或至少在选举前对政体不作任何决定。布里索、博纳维尔和孔多塞侯爵先后表示拥护共和制。外省的一些俱乐部也不同程度地明确表示了相同的立场。但国王的归来和议会的态度阻碍了共和运动的发展；何况，并非所有的民主派都能接受建立一个没有普选制的和由拉法叶特出任总统的共和国。罗伯斯庇尔就不赞成这种主张。不少人始终想让奥尔良公爵上台，马拉则坚持必须拥立一位独裁者。罗伯斯庇尔强调，应该把路易十六交付法庭审判，迅速选出立法议会，以抛开形迹可疑的制宪议会。

制宪议会仍毫不动摇，对各种请愿置之不理。在它看来，宣布共和制就是挑起内战，为民主开辟道路，鼓励农民暴动和工人罢工，而资产阶级对今春发生的罢工还心有余悸。从出逃事件发生起，制宪议会的第一个本能反应就是指责“对国王的劫持”，借以制造一个神话，准备为国王开脱。议会的三巨头同拉法叶特实现了和解。21 日晚，巴纳夫向雅各宾分子发布了“以宪法为指针、以议会为中心”的号令。接着，他又在议会指出，革命已经结束，再前进一步只会导致社会的倾覆。为了阻止业已召开的基层选民会议表达拥护共和制的愿望，议会下令推迟选举。国王回巴黎后，杜波尔和巴纳夫在幕后为国王出谋划策，巴纳夫同王后秘密通信。路易十六自己承认，他对法国的民心作了错误估计，并表示将接受宪

法。7 月 15 日和 16 日的议会法令决定对“劫持者”提起公诉，并宣布国王和王后无罪。

但是，15 日晚，经科特利埃俱乐部发起，并取得社会俱乐部的 231
支持，群众拥到了雅各宾俱乐部，后者同意参加一次新的请愿活动，要求议会撤换路易十六。第二天，布里索对请愿书作了最后修改，加上了“以合乎宪法的各种手段”的字样。当请愿书在马尔斯广场征集签名时，科特利埃俱乐部提出了抗议，反对增加以上的话，因为这只会为奥尔良伯爵所利用。人们征求雅各宾分子的意见，后者刚接到议会为国王开脱的法令，便放弃了请愿的计划。罗伯斯庇尔也赞成这个决定，但科特利埃分子仍坚持原议，于 17 日来到约定地点。他们在马尔斯广场的祖国神坛前，立时起草了新的请愿书。

群众赤手空拳地前往制宪议会请愿；在当时，即使发动起义，也没有任何成功的希望，因为纯粹由资产者组成的国民卫队正积极准备镇压“恶棍”。但是，由于不久前失业的慈善工场工人加入了行动，秩序井然的请愿逐渐变成了吵吵嚷嚷的群众游行。游行队伍中不时发出威胁的言论，并出现了严重的事端：在祖国神坛下抓获的两名嫌疑分子于当天早晨被群众处死。巴依和拉法叶特在制宪议会的鼓动下决心杀一儆百。国民卫队冲进马尔斯广场，向群众开火，打死打伤多人。屠杀结束后，他们又大肆逮捕，使监狱一时有人满之患。民主派的许多出版物被迫停刊，科特利埃俱乐部也暂停活动。雅各宾俱乐部则因内部意见分歧而濒于瓦解。绝大多数议员后来前往福扬修道院另组新的俱乐部。唯有罗伯斯庇尔独支危局，挽救了雅各宾派的组织。爱国分子从此分成了两个

部分。一方面是宪政派和有缴纳选举保证金能力的资产者，他们为了维护自己的利益，准备同国王和“黑党”妥协；另方面是民主派，其中共和分子的势力将逐渐扩大，正是他们在马尔斯广场撒下了鲜血，也正是他们将主持三色旗的恐怖。

在控制了局势后，杜波尔、巴纳夫和拉默兄弟试图联合右派修改宪法。他们希望扩大国王权力，提高选举保证金，设立上议院，恢复贵族爵位，允许议员连选连任和兼任大臣。他们的图谋基本
232 上遭到了失败，因为贵族仍顽固不化，部分爱国分子又不愿走那么远。那时，路易十六已被迫接受了宪法，并重新行使其职权。但是，人们对他的真实思想已不再有任何幻想。瓦伦事件已“撕破了面纱”。

二、皮尔尼茨宣言（1791年8月27日）

路易十六的被捕震动了整个欧洲，这在英国更触犯了人们的忠君思想。各国君主纷纷来了个一百八十度的大转弯。普鲁士国王惊呼：“这是个多么可怕的先例！”西班牙首先作出反应，弗洛伊达·勃朗卡于7月1日照会法国进行威胁。对事态深感不安的蒙穆兰和努内兹大使试图缓和紧张的气氛。大使受到了申斥，并被召回国内。然而，卡洛斯四世并未坚持强硬立场，只于7月20日要求法国侨民对他宣誓尽忠，否则就驱逐出境。所有人的目光都转向了利奥波德皇帝。瓦伦事件虽然使他十分丧气，但他没有犹豫：7月6日，他在帕多瓦致函各国宫廷，要求采取一致行动，以拯救路易十六全家和法国君主制；8月4日，他在西斯托瓦同土耳其

谈判媾和。帝国议会再次进行了热烈的讨论，决定要皇帝采取行动，保护那些因法国革命而权益遭受损害的德意志王公。比硕夫斯威德看到利奥波德终于亲自出马，未经请示便赶到维也纳，于7月25日签署了原在米兰草拟的协议书。普鲁士国王于8月12日不顾许多大臣的反对，批准了协议书，并动身前往皮尔尼茨，随行的竟没有一名外交官，却有许多军官。

然而，利奥波德又改变了主意。各国君主给他的答复并不令人鼓舞。乔治三世指出，英国将保持中立，尽管他本人对路易十六深表关心。西班牙国王卡洛斯四世和撒丁国王维克多－阿梅代三世等着奥地利先投入战争，以免本国首先挨打。只有叶卡特琳娜二世和瑞典国王古斯塔夫三世热烈支持一致行动。利奥波德完全明白，在同法军开战前，俄军将占领波兰，普鲁士对波兰的态度也使利奥波德感到担忧。弗里德里希－威廉于6月已通知波兰，
1790年的盟约不能保证事后通过的宪法；8月9日，他又向奥地利 233
指出，只要俄国保持沉默，他便不能就波兰宪法表明态度。

假如制宪议会废黜了路易十六，利奥波德或许会不顾一切地硬干；制宪议会表现的谨慎和温和使利奥波德有可能去考虑自己的利益。7月11日，巴纳夫、杜波尔、拉默和拉法叶特对奥皇驻布鲁塞尔代表梅尔西指出，议会即将讨论有关宣布国王无罪的报告；如果各国君主把事情闹僵，他们的臣民将从法国学到“废黜国王”的危险榜样。7月30日，巴纳夫等四人又请王后向利奥波德写了一封请求和解的信件，并派路易教士前往布鲁塞尔把梅尔西召来巴黎。

玛丽－安托瓦内特于当天就否定了她所采取的正式步骤。她

在 8 月 26 日声称："那个步骤仅是为了麻痹他们，使他们的阴谋不能得逞……我们除了向外国求援，再也没有任何别的出路，必须不惜一切代价争取外国前来援救我们，但应该由皇帝出面牵头。"利奥波德觉得，为路易十六和他自己的利益着想，还是接受福扬派的建议比较策略。他在 8 月 20 日宣布，只要路易十六接受了宪法，各国也将予以承认；因此，弗里德里希—威廉在皮尔尼茨也就不再鼓吹武装干涉。

在以上的条件下，聪明的策略应该是保持沉默，进行威胁只能导致福扬派的垮台，这恰恰正是亚多瓦伯爵所希望的事。利奥波德和科尼兹没有察觉这个陷阱。他们相反以为，发表宣言进行威胁将慑伏乱党和扩大宪政派的权威。两国君主于是决定发表 8 月 27 日的皮尔尼茨宣言。鉴于恢复法国秩序与欧洲的利益休戚相关，两国君主吁请各国国王与他们同心协力，"那时候和在此情况下"，他们将采取行动。由于至少英国始终拒绝参加一致行动，利奥波德仍保留了回旋余地。他还说，"那时候和在此情况下，我将有必胜的把握和信心。"他相信雅各宾派必定会感到害怕，因而听任法国王公把这项宣言解释成是最后通牒。

9 月 14 日，路易十六接受了宪法，并重新就任王位。9 月 30
234 日，制宪议会宣布解散。利奥波德为国王的决定感到欣慰，竭力让王后打消一切幻想。王后写道："多么不幸，皇帝出卖了我们。"12 月 3 日，国王亲自写信给普鲁士国王，要他出兵镇压法国的叛乱。弗里德里希—威廉答复说，他不能单独行动。利奥波德仍未放弃奥普同盟的计划，于 11 月重开谈判，准备最后签署协议。但对他说来，关键是要俄国作出维持波兰现状的保证。

利奥波德相信，他对制宪议会的恐吓已挽救了路易十六，因而坚持用威吓手段来遏制乱党的胆大妄为。11 月 12 日，他再次通告各国宫廷，敦促实现一致行动。皮尔尼茨宣言被分发各国；根据各国的意见，准备在来年春天开始战争。雅各宾派的表现完全超出了利奥波德的意料之外，他们不但不在威胁面前忍辱退让，反而主动向他挑战，从而把利奥波德的计划全部打乱。

人们往往责备雅各宾派的笨拙和愚蠢，这几乎已成了老生常谈。雅各宾派固然可以向外交家请教，后者也可以告诉他们办外交的诀窍，但是，他们毕竟正确地看到，革命正面临威胁；这个威胁实际上主要来自普鲁士，而在这方面，他们恰好犯了严重的错误。当然，波兰问题一旦解决，利奥波德也可能转过身来对付他们。由于对各国宫廷的秘密一无所知，法国人势必根据流亡者的解释去理解皮尔尼茨宣言，何况宣言的作者对流亡者的解释予以默认。最后，我们不能忘记，任何干涉威胁，即使其语句并非咄咄逼人，也是一种侮辱。为谨慎起见，法国人或许应该置之不理，但任何一个民族都不能忍受这样的侮辱。

三、立法议会和吉伦特政治
（1791 年 10 月—12 月）

马尔斯广场事件发生后，福扬派似乎已控制了法国政局。共 235
和制问题已不再提起，科洛·德布瓦公开出版持王党立场的《钱拉老头箴言录》。在 1791 年 10 月 1 日召开的立法议会中，真诚的宪政派人士占绝大多数。杜波尔、巴纳夫和拉默以为国王和王后对他们将言听计从。他们推举了几名大臣，特别是接替蒙穆兰和杜博塔伊出任外交和国防大臣的德莱萨尔和纳尔蓬。实际上，他们的影响并不很大：巴纳夫指责反革命派擅自招收王室卫队，主张吸收部分宪政派人士组成王室管理处，国王竟不予置理。他们同拉法叶特的关系也不好；在修改宪法的问题上，拉法叶特并不始终支持他们。另方面，他们也不支持拉法叶特，而让著名的民主派人士佩蒂昂当选了巴黎市长。尤其，他们并不出席立法议会，在议会中
236 不占有多数。据统计，二百六十四名议员属于福扬派，一百三十六名议员参加雅各宾派和科特利埃俱乐部，余下占议会一半的宪政派议员归属不定。但是，瓦伦事件记忆犹新，皮尔尼茨宣言言犹在耳，大部分议员对国王抱有不可克服的怀疑。

群众情绪仍不安定。贵族和顽固派神甫蠢蠢欲动。他们在 8 月挑起了旺代暴乱后，又于 1792 年 2 月组织了洛泽尔暴动。1791 年 10 月 16 日，他们在阿维尼翁杀害了莱斯古雅市长，爱国分子接着以格拉西埃街屠杀作报复。瓦伦事件后，贵族外逃的现象更趋严重，特别是军官。国王在政府中安插亲信，由贝尔特朗·德莫勒维尔担任海军大臣。人们对国王的奸细和三巨头统统表示怀疑，攻击他们策划组织所谓“奥地利委员会”，从而使温和派也乱了方寸。外国的干涉威胁使怀有强烈民族自尊心的拉法叶特怒火中烧。指券不断在贬值。圣多明各暴乱的消息传来使本土感到愕然：混血儿居然也同白人相对抗。太子港于 11 月被乱民洗劫一空。革命派终于被政府的动摇畏缩所激怒；当左翼议员提出以“有力措施”恢复秩序和信任时，温和派立即作了让步。

这部分左派中有一些新人物开始脱颖而出，直到 1792 年 6 月

前，他们起着决定性的推动作用，特别是巴黎选出的议员布里索和吉伦特省最著名的议员维尼奥。人们当时称他们是布里索派，后来拉马丁改称他们为吉伦特派。制宪议会规定议员不得连选连任，为这些第二代革命家当选议员开辟了道路。他们有些人原是律师或报刊作家，家境清寒，但曾受过很好的教育。随着他们进入政界，他们不仅更加野心勃勃，渴望出人头地，而且对沙龙社交生活的雅兴也日渐增加。他们同造船主、批发商和银行家等商业资产者过从甚密，而商业资产者所希望的是要镇压反革命和恢复指券的比价，即使挑起一场战争也在所不惜。如果战事发生，只要它不蔓延到海外，军需商将能大量赚钱，而港口的繁荣仍不受影响。马赛和南特，尤其波尔多，是当时资本主义的命脉所在，这些港口对法国革命中的党派斗争具有极大的影响。

从其成员的社会出身和哲学信仰来看，吉伦特派似乎能接受 237
政治民主，但他们的爱好和联系又决定了他们要求尊重财产和承认才能。布里索和维尼奥都不是无能之辈，但他们的性格比较软弱。布里索最初以卖文为生，没有固定的收入来源，只是在“黑党之友”和《法兰西爱国者报》的帮助下才一举成名。他曾先后为奥尔良公爵、克拉维埃等投机商以及为拉法叶特效力。有人认为他不够清白正直，但他临死时仍两袖清风。他曾游历英国、瑞士和美国，自以为对宫廷和平民均有了解，并以吉伦特派的外交家自居。言谈诙谐和平易近人使人们觉得他和蔼可亲；交谊宽广和精力过人使他成为吉伦特派中的“忙人”。可惜他容易冲动，吉伦特之所以给人处事轻率和糊涂的印象，原因主要在他那里，虽然吉伦特派的政治浪漫主义同其大多数成员的年轻和阅历不深是完全合拍

的。维尼奥的缺点更多地表现为软弱和犹豫。他诞生在利摩日的一个商人家庭里，经过长期的摸索和徘徊后，决定在波尔多开设律师事务所，并与葛瓦代、让索内、格朗日纳夫相结交。大革命发生后，他又与杜科、博瓦野一冯弗雷特等商人抱成集团，并成为该集团最好的演说家。他的一些演说往往采用充满激情的叠句形式，因而具有强烈的煽动性。他多次作为国民的代表慷慨陈词，申述吉伦特派的政策，要求革命作出关系自己生死存亡的决定。但是，讲究风雅的文人习性却使他在紧要关头行动迟缓。他在万多姆广场都登夫人（一位已故包税人的遗孀）家的豪华沙龙里和餐桌旁会商吉伦特派的大政方针；他们往往被自己的巧言令色所迷惑，因而忘记作出应有的决断。

为了说服立法议会，吉伦特派没有别的选择，只有向革命的敌人发动攻击。从 10 月 20 日起，布里索、维尼奥和伊斯纳尔把矛头指向亚多瓦伯爵，指向同国王一起出逃的普鲁旺斯伯爵以及全体流亡者。议会为此通过了 10 月 31 日和 11 月 9 日两项法令。他们还攻击顽固派神甫，这并非因为他们对《教士法》特别坚持：吉伦特派的大多数成员没有真正的宗教信念，与其说他们受到卢梭的
238 影响，不如说他们继承了伏尔泰和百科全书派的思想。葛瓦代后来在 1792 年 3 月 26 日严厉地批评了罗伯斯庇尔，指责他在向雅各宾各分部散发的一份通知中断言上帝保佑了革命。松都纳克斯大声疾呼："不要虚伪的虔诚。"1791 年 11 月 3 日，让索内含沙射影地批评了《教士法》，建议改行世俗的民事登记，并把世俗化推广至教育和济贫部门，但他仍主张保留信仰事业费。可是，杜戈在几天以前已提出了政教分离的要求。由于制宪议会在修改宪法过程

中已把《教士法》同宪法分开，立法议会本可以将《教士法》撤销，但它不打算抛弃忠于革命的神甫。此外，宣誓忠于1790年11月27日的宪法已不再意味着同时忠于《教士法》，神甫们已不再有理由拒绝宣誓。尽管如此，没有一个顽固派神甫打算同意宣誓。冲突已转到了政治领域，拒绝宣誓的神甫充当了贵族的帮手。在这方面，虽然立法议会没有接受关于将这些神甫处以监禁的提案，但它于11月29日决定结束两种神甫同时供职的现状，并威胁说，一旦发生骚乱，将对拒绝宣誓的神甫进行惩处。

国王行使了否决权，不同意惩办流亡者。其实，人们十分清楚，"惩办"二字完全是句空话。责令特里尔选侯解散流亡者的军事集结或许对流亡者是一个更实际的打击。为此，议会于11月29日要求路易十六向特里尔选侯发出警告。由于选侯是神圣罗马帝国的一名王公，他肯定会向帝国议会和皇帝报告和请求援助。饶勒斯写道：吉伦特派发动的这场"色厉内荏"的攻势煽起了舆论的反奥狂热。他们想从这个策略中得到什么呢？他们首先想为自己谋得声誉和威望，但他们也想把国王逼到走投无路的地步，以解除革命的一块心病。因为，只要国王向选侯提出了警告，他实际上就放弃了否决权；吉伦特派接着就能迫使国王同意让爱国分子出任大臣，并由他们主持战争事务。布里索认为，如果对奥国进行突然袭击，法国肯定可以迅速获胜；革命对被压迫民族的号召将具有不可抗拒的威力。他在11月31日说："进行一场新十字军东征的时机已经来到，这将是为世界争得自由的一场十字军东征。"各国在巴黎的流亡者对此欢欣鼓舞，吉伦特派吸收了日内瓦银行家克拉维埃加入他们的俱乐部。12月18日，由瓦特的儿子率领的一

个英国代表团在雅各宾俱乐部受到热烈的欢迎。在北方，比利时人纷纷组织起来，准备投入战斗，列日人要求成立一个外籍军团。
239 比利时和莱茵河地区首先将门户洞开。这一切当然使那些理想主义者头脑发热，以为他们定能把自由带给世界，同时也使那些现实主义者对法国的扩张利益垂涎欲滴。

然而，没有同拉法叶特一伙的勾结，没有宫廷的默认，吉伦特派恐怕也还不能改变航船的方向。拉法叶特一伙打算抓住军队。吉伦特派想通过战争削弱国王的权力，而在拉法叶特一伙看来，战争相反可以加强国王的权威。因为，战争一旦发生，他们便可以振振有词地采取各项措施，必要时调回打了胜仗的军队镇压犯上作乱的平民。斯塔尔夫人的沙龙正是这伙人的会聚场所，她的情夫纳尔蓬伯爵是一位与波旁家族有亲戚关系、但又同情革命的宫廷贵族。纳尔蓬于12月9日出任国防大臣，其政见与拉法叶特完全一致。孔多塞侯爵在他们和布里索派之间起着联系的作用。作为出版伏尔泰著作的主持者和哲学的化身，孔多塞后来成了吉伦特派的思想家和改革公共教育的创始人。在拥护共和制以前，他曾加入了“1789年俱乐部”，担任了制币局局长，同金融界保持密切的联系。他把布里索和克拉维埃带到了斯塔尔夫人家里。虽然双方追求的目的完全相反，但他们都把挑起战争当作首要的目标，他们在这个问题上达成了一致的意见。11月29日，一位名叫达维乌德的拉法叶特派议员提出了关于向特里尔选侯警告的议案。由于拉法叶特一伙同巴纳夫等三巨头一起反对议会通过关于剥夺顽固派神甫年金的法令，双方的原定协议险遭搁浅。吉伦特派作了退让，仍全力支持纳尔蓬伯爵。

杜波尔、巴纳夫以及政府的其他大臣均反对纳尔蓬的政策，但他们勉强同意了向特里尔选侯发出警告。杜波尔和巴纳夫向利奥波德皇帝寄发了一份备忘录，恳请他驱散流亡者。这个行动标志着三巨头共同努力的结束，从此，杜波尔继续反对纳尔蓬和吉伦特派，而巴纳夫则退出政界，回到了家乡多菲内省。他在那里经过思考，得出了与拉法叶特相同的想法，终于建议他的朋友们支持主战派大臣。

12 月 14 日，国王亲临议会宣布，他将向特里尔选侯发出警 240
告。纳尔蓬要求成立三支大军，其中一支就归拉法叶特指挥。如果有人向福扬派和吉伦特派透露，国王十分乐意作出这个让步，他们肯定会感到意外。路易十六向各国国王恳求援助竟毫无效果，他在失望之余，决心迫使他们联合行动：他们一旦自己受到打击，那就不能不出兵了。王后在 12 月 14 日信中对费逊说："这班愚蠢的家伙，他们竟不懂得战争对我们有利。"路易十六同日在给布勒特依的信中说："这将是一场政治战，而不是内战，整个事态只会向好的方向发展。就现状而言，法国在物质上和精神上都不能支持半个战役。"

唯有左派才始终如一地坚决反对战争。罗伯斯庇尔于 11 月末从阿拉斯回巴黎时，最初并未持反战立场。不久，拉法叶特、纳尔蓬和国王的态度使他对战争的后果有了清醒的认识。12 月 16 日，他在雅各宾俱乐部发表了第一篇反战演说。丹东、卡米尔·德穆兰以及部分报刊一度支持他的立场，但他们逐渐沉默了，只有罗伯斯庇尔单枪匹马地坚持到底。他以惊人的预见指出了可能产生的各种危险：群众对"武装输出"革命的抵制，不可避免的独裁，沉

重的军费负担，以及厌倦和失望。他尤其激怒了吉伦特派，指责他们的骑墙立场：他们借口战争要求团结，竟为一手制造了马尔斯广场事件的拉法叶特开脱罪责；要大家对国防大臣纳尔蓬寄予信任。他以敏锐的眼光洞悉了福扬派的奸计，一再坚持在开战以前，必须先控制国王的行动和在军队中清洗反革命军官。

然而，他对吉伦特派的攻讦未免过激。他固然正确地看到了革命面临的威胁，但他也过分强调了各国国王的和平意图。他进行的宣传虽然不能令人满意，却仍然有一定的影响。他未能明确揭露布里索同宫廷的勾结，只是含混地给人这样的印象，而吉伦特派则以同样的手段对他反唇相讥。总之，罗伯斯庇尔的努力未能阻止战争宣传取得大多数爱国分子的拥护。他所揭示的真实而遥远的危险打动不了法国人的心：既然志愿参军作战的人很多，他们
241 就不必为战争担心，却没有想到自己最后也将应征入伍。罗伯斯庇尔在雅各宾俱乐部仍有其拥护者，但他在制宪议会末期所享有的巨大威望在7月前却明显地在下降。

吉伦特派鼓吹的防御战和思想战对革命党人具有毋庸置疑的魅力，即使这个政策在给法国带来了无穷的灾难以后，它的魅力仍没有消失。直到今天，主战派领袖仍深得人心，因为他们是朝气蓬勃、追求解放和把自由带给各兄弟民族，并以此为光荣的法兰西民族的象征。他们的失败并非由于举措失当，而是由于行动不力。他们之所以挑起战争，是想揭露和打击卖国贼。葛瓦代于1792年1月24日大声宣告：“让我们先向卖国贼指出，他们的下场将是上断头台。”布里索已经说过：“我们需要揭发重大的卖国案件，人民将给予制裁！”罗伯斯庇尔反驳说：“作为人民的代表，你们难道不

能制裁卖国贼吗？如果你们只会让人民行使可怕的起义权，那你们还有什么用处？”吉伦特派在关键时刻却胆怯了。

四、奥普联盟(1791 年 12 月—1792 年 4 月)

路易十六和主战派以为选侯和皇帝会拒绝法国的警告。事实恰恰相反，法国的警告使莱茵河各国恐慌万状，贵族们深信，法国一旦出兵，平民将起而响应。选侯恳请皇帝给予援助，而皇帝对流亡者既不同情又不器重，只同意在流亡者于 12 月底前解除其军事集结的条件下给予保护。因此，流亡者的队伍纷纷瓦解，虽然仍不远离这个地区，被允许留在科布伦茨的仅剩下路易十六的几个兄弟。此外，立法议会又下令解散麇集在布拉邦特北部的流亡者的武装。

利奥波德虽然又一次推迟了军事干涉，但仍不放弃其恫吓手段。12 月 10 日，他批准了帝国议会的决议，宣布帝国政府将保护在阿尔萨斯拥有领地的德意志王公。21 日，他警告法国，他在尼德兰的驻军将保护特里尔的安全。与此同时，他严厉斥责雅各宾
派行动越轨，重申了皮尔尼茨宣言中的种种威胁，声称希望雅各宾 242
派不要迫使他动手把他们压得粉碎。接着，科尼兹于 2 月 17 日和 3 月 18 日用更激烈的言辞进一步陈述了以上的警告。

在另方面，利奥波德继续同普鲁士进行预备性谈判。12 月 20 日，他敦促普鲁士签订一项至此他似乎很不重视的协议。这一次，轮到弗里德里希－威廉推托拖延了，他说奥地利误解了 7 月 25 日协议的含义：奥普两国所保证的波兰宪法不是 1791 年 3 月 3 日的

自由宪法，而是尚待草拟的另一个自由宪法。这就意味着要奥地利牺牲波兰。利奥波德没有提出任何异议，而以牺牲波兰为代价，换取了 2 月 7 日的协议；根据这项协议，缔约双方如任何一方受他国攻击，另一方将派遣三万大军给予支援。人们或许会说，这项防卫措施是针对法国而作出的。但是，不能忘记，奥普联盟从没有真正起过作用。就在协定签订的时候，它已经落后于形势。因为早在 1 月 17 日，大臣会议已在维也纳通过了一项关于欧洲联合行动的计划，计划书于 25 日交给了普鲁士。从种种迹象看来，这一计划的成功希望似乎越来越小。俄西两国在年初已一致宣布，它们仅同意让流亡者自由行动，必要时再给予支持。更何况，关于联合行动的请求一直拖到 4 月 12 日才向各国发出。奥地利向普鲁士所建议的实际上是由两国发动进攻，双方各派五万军队，其中六千人立即出发。两国将向法国发出警告，责令法国把德意志王公和教皇的领地归还原主，保障王室安全和维护君主政体。普鲁士立即予以响应，进一步要求禁止雅各宾俱乐部的一切活动，从而使战争的发生更确定无疑了。看来，利奥波德始终指望能避免打仗，他大概以为，雅各宾派会像玛丽一安托瓦内特所说的那样是些“怯懦之辈”，在联军面前肯定会吓得屈膝投降。但也不容否认，进行军事干涉的全部准备现在业已完成。2 月 16 日，弗里德里希一威廉在波茨坦同预定担任联军统帅的不伦瑞克公爵进行会商，共同制订了军事计划。18 日，他又派比硕夫斯威德前往维也纳，敦促他的盟友迅速行动。利奥波德于 3 月 1 日去世，弗朗斯瓦二世的即位更加速了走向冲突的步伐。新皇帝缺少他父亲的稳重和自由思
243 想，对法干涉获得了他无保留的赞同。

出于他的意料之外，革命的法国竟抢在他的前面。3 月 16 日，玛丽一安托瓦内特通知奥皇，法国内阁已决定宣战和入侵比利时。帝国宫廷会议在震惊之余，于 4 月 13 日决定将现有部队全部开往比利时，而把原定发动进攻的部队减少到一万五千人。

普鲁士提出了抗议。仅靠一支六万五千人的军队入侵法国是不可能的，普鲁士不愿仅仅为了保卫奥地利而出兵。弗里德里希一威廉于 4 月 18 日宣布，在奥地利准备用于进攻法国的五万军队尚未确定开拔的日期前，普鲁士将不实行军事动员。过后不久，他又作了让步，决定在 7 月底发动进攻。普鲁士于 5 月 4 日至 5 日的晚间发出了动员令。这使法国人取得了三个月的喘息时间。

局势已经无可挽回。随着普奥两国军队纷纷向西部开拔，波兰已完全听任叶卡特琳娜二世的宰割。沙皇热烈欢迎对法武装干涉，同时于 3 月 15 日接见波兰代表。自从去年夏季以来，一些波兰人竭力争取沙皇支持他们反对新宪法，例如全力维护贵族利益的费利克斯·波托茨基和泽乌斯基，以及贪得无厌的卖国贼勃兰尼茨基。所谓“塔尔哥维查同盟”于 4 月 27 日在圣彼得堡成立，只是为了顾全面子，成立的正式日期推迟到确定入侵的前一天，即 5 月 17 日。早在 2 月 28 日，叶卡特琳娜二世就含糊地向戈尔兹和路易·科本泽尔两位大使宣布她将干涉波兰，但谁也没有想到她竟能占领波兰全国。普鲁士国王对此感到高兴，以为沙皇会分给他一份。2 月 15 日，他从戈尔兹处获悉，叶卡特琳娜二世决心第二次瓜分波兰。他在第二天就作出了命定的决策。一方面他口口声声要求取得儒利埃和贝尔格两地，要向路易十六索取赔款和割地；另方面他打算，假如路易十六无力满足他的要求，从波兰方面

取得出兵法国的军费补偿。3 月 12 日，他把以上意图通知了叶卡特琳娜二世。

弗里德里希—威廉丝毫没有想到等待着他的将是怎样的厄运。至于奥地利，它却做好了最坏的准备，因为在这场战争中，它冒着领土得失的全部危险。普鲁士随时都可能抛弃它，弗里德里希—威廉打的各种算盘足以说明这一点。可是，忠于利奥波德政
244 策的科尼兹不同意分割波兰的土地，他坚持主张给予金钱补贴，这就排除了普鲁士扩大版图的可能。在此情况下，叶卡特琳娜进入波兰就意味着奥普联盟的垮台。科尼兹手下的施皮尔曼和菲利浦·科本泽尔清楚地看到了这个危险。按照利奥波德生前的惯例，施皮尔曼背着他的上级进行了谈判，并于 1 月 17 日通知普鲁士，奥地利愿意用比利时换取巴伐利亚。3 月 28 日，他第一次暗示了俄普两国对波兰的瓜分。奥地利在内部意见分歧的情况下，既没有提出自己的条件，又没有签订一项正式的协议解决赔偿问题，就匆忙地投入了战争。实际上，在瓦尔米战役前，奥普两国并不相信法国人会顽强抵抗，没有想到战争会如此严酷。人们往往毫不留情地指责吉伦特派处事草率，但同旧欧洲的老练政治家相比，他们何尝有逊色之处？

五、杜穆里埃内阁和宣战
（1792 年 4 月 20 日）

1792 年 1 月 6 日，立法议会获悉流亡者正纷纷溃散。德莱萨尔可以认为，法国的要求已得到满足。但是，在 12 月 31 日，人们

已知道了利奥波德的外交文书及其新的威胁，吉伦特派乘机可以 245
向利奥波德寻衅。让索内于1月13日代表外交委员会建议对奥地利发出最后通牒，限它在3月1日前公开宣布是否愿意维持1756年的同盟和放弃预定的联合行动。布里索和维尼奥坚决支持了这项建议，议会于25日通过了有关法令。接着，2月9日，议会决定查封流亡者的财产。纳尔蓬保证部队已整装待命；他派库斯丁伯爵的儿子去劝说不伦瑞克公爵就任法军司令。与此同时，德莱萨尔终于决定派赛居尔前往柏林贿买普王的宠臣，争取普鲁士的中立，又派塔列兰前往伦敦，企图安抚英国和求得贷款。塔列兰同英国在多巴哥殖民主的代表以及同一些金融家协商了一项秘密交易，准备用出让该岛换取贷款。

然而，德莱萨尔对利奥波德仍怀有希望。1月21日，他低声下气地对利奥波德干涉法国内部事务提出了抗议，并表示法国愿意和平。这就使科尼兹更加趾高气扬。2月27日，科尼兹公开谴责“乱党”阻挠修改宪法，从而点燃了火药的导线。拉法叶特和纳尔蓬对国家蒙受的耻辱高声抗议，并同杜波尔和贝特朗·德·莫勒维尔大闹一场。纳尔蓬在大臣会议上向路易十六当面宣读了一份备忘录，逼迫国王以行动表明他对宪法的忠诚，特别要清洗近臣，并在福扬派的帮助下改组王室事务处。然而，被解职的竟不是贝特朗，而是纳尔蓬自己。作为报复，吉伦特派和拉法叶特于3月10日对德莱萨尔提出了弹劾。其他大臣陷于一片恐慌之中，纷纷退出了政府。杜波尔劝说路易十六发动政变。国王无能为力，自己也害怕了起来，于是只得让步。但是，他仍不接受拉法叶特提出的人选，而把组阁的全权交给了杜穆里埃。

杜穆里埃在七年战争期间曾初露头角，后从事秘密外交，寻机发迹。他接着担任瑟堡驻军司令，湮骞多年而毫无建树，突然革命发生，给他开辟了新的历程。在投身革命后，他被派往旺代推行雅各宾的政策，同制宪议会驻旺代特派员让索内建立了合作关系。
246 与此同时，经他的朋友王室财务总管拉波尔特和银行家圣特－福瓦的介绍，他向国王表示愿意效力，国王派他担任了德莱萨尔的副手。他的打算同拉法叶特和纳尔蓬完全一致，他想速战速决，然后带领打了胜仗的军队回国，恢复国王的权力并以国王的名义执掌政权。宫廷对拉法叶特十分厌恶，而杜穆里埃这个新人却以他的充沛精力和直言不讳深得路易十六的好感。他把几个大臣的职位交给了吉伦特派，以便使民主派无从反对。他甚至让丹东和科洛·德布瓦担任大臣。圣特－福瓦说：担任大臣的雅各宾分子将不是雅各宾派的大臣。杜穆里埃个人仅推荐克拉维埃就任税务大臣和原王家工场总监罗兰任内政大臣。其他的大臣职务由王党担任，但安插了几名雅各宾分子担任助理，例如博恩卡雷尔、勒布伦－东杜以及丹东的朋友诺埃在外交部任职，朗特纳斯和巴什在内政部任职。

杜穆里埃的希望实现了。这对罗伯斯庇尔指责“阴谋家”同宫廷狼狈为奸十分有利。民主派的分裂已不可挽回：山岳派和吉伦特派你死我活的斗争从此开始。吉伦特派担起了政府的责任，却又指挥不了这个政府，只得在重重的危险中迂回前进。“吉伦特政府”一词至今仍是个含糊的概念。罗兰夫人敏锐地看到了这个矛盾，并竭力加以克服；在她的一手策划下，赛尔文于 5 月 9 日担任了国防大臣，她自己则在幕后操纵内政部。早在 1791 年春，她在盖内戈街的沙龙里就曾怒气冲冲地责备她的朋友们精神不振。在她丈夫担任了财政总监后，她更成了吉伦特派的智囊。她以为，依靠她的坚毅果敢，她一定能大有作为。但在当时，妇女干预政治是惹人耻笑的，罗兰夫人的活动反而削弱了吉伦特派的影响。更何况，她也许仅有掌权之才，而无执政之力，因为她拿不出一个明确的政纲。最后，她一方面鼓吹团结，另方面却凭个人好恶取人，因而导致了民主派的分裂。她不喜欢维尼奥，讨厌丹东，而对那些拜倒在她石榴裙下的阿谀奉承之辈却关怀备至。

宣战无疑已不可避免，吉伦特派却毫不着急，未作任何准备。杜穆里埃于3月18日发出一份语调相当温和的照会，这份照会恰好同科尼兹的照会互相错过。25日，政府决定向奥地利提出最后
通牒，奥地利置之不理。4月20日，立法议会通过了向波希米亚 247
和匈牙利宣战的法令，也就是说，法国仅向奥地利，而并非向整个神圣罗马帝国宣战。如同其他人一样，康蓬、卡诺、沙博、巴齐尔、蒂翁维尔的梅兰等未来的山岳派也投了赞成票。法国和欧洲的历史从此进入了一个新阶段。

248 # 第三章　第二次法国革命（1792 年 8 月—9 月）

战争使交战双方的预计都落空了。除了短暂的间歇外，这场大战一直延续到 1815 年，整个欧洲因此陷入了极大的混乱之中。战争的后果首先在法国表现了出来：国王的垮台和政治民主制的实现。

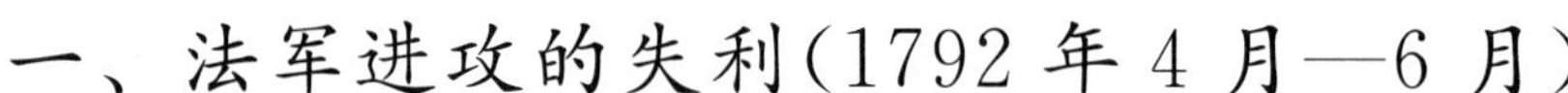

一、法军进攻的失利（1792 年 4 月—6 月）

自命有外交家才能的杜穆里埃主管了对外事务。他力图孤立
249 奥地利和鼓动比利时举行反奥起义；由于奥地利在比利时的驻军不过四万左右，他以为不打大仗就能迫使弗朗斯瓦二世签订和约。他的代表柏努瓦在柏林就修改宪法发表的谈话透露了这个意图。

普鲁士、撒丁和土耳其历来是反奥联盟的积极参加者，但这一次，法国派出的使者却到处碰壁。英国也拒绝了与夏夫兰侯爵一起再次出使伦敦的塔列兰的贷款要求。古斯塔夫三世于 3 月 16 日被一名瑞典贵族所刺杀，弗洛伊达·勃朗卡已经失宠，其职位被阿兰达所取代；由此展示的前景对杜穆里埃似乎是有利的，但他至多也不过能希望争取两国的中立而已。总之，在外交方面，法国遭到了全面失败。

杜穆里埃和布里索还对业已公开组织的宣传活动抱有很大期望。比利时、列日、日耳曼、荷兰、萨瓦等外籍军团纷纷成立。列日的反动势力较为强大,比利时的情形略为好些。在奥地利,由于当局对教会的态度仍不明朗,群众的不满情绪十分强烈。斯特拉斯堡是对德宣传的中心,由市长底特里希、雅各宾分子拉沃、德国难民欧洛格·施奈德尔主持其事。巴黎的埃尔维第俱乐部于 8 月 10 日左右改组为亚洛布罗吉俱乐部,在克拉维埃和杜班的领导下,对瑞士和萨瓦进行宣传。原阿维拉军校教师尚特罗带着秘密 250
使命前往加塔洛尼亚。米兰达宣布,他将领导西属美洲举行起义,敌国逃兵可领取奖金。总之,法国人坚信,他们将作为解放者在边界的对面受到欢迎。问题是法军能否越过边界。

尽管纳尔蓬作出了保证,法军却并未完成战争准备。野战部队中缺额甚多,因为人们更愿意参加义勇军;那里的待遇较好,军官由士兵选举,战后又可以退役。即使有这些好处,义勇军的组织也十分缓慢;真正怀着革命热情志愿投军者只占一小部分。国民卫队不愿意离开家乡,通常必须采用悬赏办法才能征集足够的兵员,而且招募工作也颇费时日。军队装备尚待地方当局筹集,武器严重不足。新编的部队缺少训练。义勇军军官由资产阶级的优秀子弟担任,其中不少人后来成为共和国的著名将领,但暂且,他们首先要学会打仗。杜穆里埃知道这一切,但军队会在作战中学会作战,关键在于要有必胜的勇气。在敌人方面,野战部队不到三万人,分散在从海边到洛林的弧形防线上。法军五万余人兵分四路,于 4 月 29 日分别从富尔纳、利尔、瓦朗西安和吉万出发,力图突破

敌军防线。但是，只会打正规战的将军们对杜穆里埃的这个计划一窍不通，军官们对自己所带的纪律松弛的部队缺乏信心。在法军的九千名军官中，至少有一半已流亡国外；有的在发动进攻前夕开了小差，有的在5月率领三团人投降敌人。4月29日，刚与奥军发生接触，迪永和比隆即下令撤退；部队以为遭到奸细暗算，在一片叫骂声中纷纷溃逃，迪永在利尔被溃兵所杀。卡尔勒和拉法叶特未等见到敌人就慌忙后撤。莱茵军团按兵不动，以免刺激帝国议会。唯有库斯丁部队成功地掩护了波朗特鲁韦的撤退。

将军们把失败完全归罪于部队纪律松弛和政府处理不力。吉伦特派下令追查杀害迪永的凶手和鼓动士兵抗命的马拉。议会通过了法令，决定加强军事法庭，允许将领自行制订纪律，对违令士兵给予包括判刑在内的处分。这一措施显然也反映了立法议会的
251 无能。5月18日，法军将领云集瓦朗西安，竟不顾国防大臣的命令，公然宣布已不能再发动进攻，并建议国王立即媾和。6月，卢斯克内决心攻下库尔特累，但占领后不得不立即退出。吉伦特派在军事上也遭到了全面失败。诚然，将领们有他们不可辩驳的道理，但他们的无能也是一个原因。他们把真正的原因掩盖了起来。拉法叶特在政治上作了个一百八十度的大转弯。

二、第二次革命的根源

吉伦特派的宣传鼓动使法国国内局势更加动荡。在“对祖国的神圣热爱”的号召下，群众情绪空前热烈。鲁日·德·里尔于4月26日在斯特拉斯堡用《莱茵军团战歌》表达了这一热情情绪。

这首歌后来以另一个名称变成了共和国国歌。1792 年的爱国者是革命的拥护者。贵族们通过国王来反对祖国,并践踏民族,他们迫切希望德国军队的到来,或者干脆加入德国军队的行列。鲁日主张对敌人宽大:“饶恕那些被迫从军作战的无辜受害者”,而对“背信弃义”、“残害父兄”和“勾结暴君”的奸贼则应严加惩处。民族狂热和革命热情在歌曲中占着同等的地位。法军在 4 月的失败由于被归罪于“奸细破坏”,一名顽固派神甫在利尔被愤怒的群众杀死;当天,北方省政府决定,将拒绝宣誓忠于宪法的教士监禁在康布雷。贵族们在报刊上和言谈中公开对法军的失败幸灾乐祸,并且积极进行活动。这进一步加深了群众对贵族阴谋的怀疑。拉鲁里、莫尼埃·德·拉卡累、沙里埃兄弟等分别在西部、东南部以及在维瓦雷、热伏唐、符累等地区准备暴动和帮助入侵者。依辛戈于 5 月发生了反革命暴动。瓦伦事件以来,反革命分子控制了阿尔勒市,并在那里建立了据点。

自卫和惩罚情绪再次甚嚣尘上。马赛的雅各宾分子在 2、3 月 252
间自发地在整个普罗旺斯地区采取了行动,他们用武力镇压了阿维尼翁和阿尔勒市的反革命分子。从此,爱国分子把马赛看作是他们的希望。民主运动在不断深入发展。在吉伦特派的首创下,戴红色圆形便帽成为无套裤汉的时髦。吉伦特派还怂恿消极公民用长矛武装起来。各种社团又日趋活跃。议会应群众的要求,决定赦免因南锡事件而判处苦役的瑞士兵。人们不顾安德烈·谢尼埃的怒骂,于 4 月 5 日在巴黎庆祝这些瑞士兵的重获自由。制宪议会关于赦免政治犯的法令,如今被推广应用于孔塔事件中双方的杀人凶手;因此,格拉西埃街屠杀案的凶犯也就免受刑事处分,

以“杀人狂”闻名的儒尔当同马赛人一起回到了阿维尼翁。

在平民阶级中，革命行动具有比 1789 年更强烈的社会性，这引起了资产阶级的惴惴不安。富人到处被勒令捐款，作为奖励和装备义勇军的资金。土地暴动一触即发；到了冬末，凯尔西地区的骚乱日趋活跃。后来，一艘满载国民卫队的船只在前往援助马赛的途中在罗纳河沉没，人们再次大声指责这是奸细破坏，农民暴动的巨大风暴席卷了加尔、阿尔台什和埃罗等州。库通提议必须让贵族出示土地转让的原始凭证，从而实质上要无偿地取消几乎所有贡赋的赎买。议会于 6 月 18 日接受了这个议案，但规定仅取消“节敬”一类的赎金。

一场新的经济危机使群众深受震动，其后果比农村骚乱更加严重，因为它直接威胁到城市。这次经济危机的发生，原因不再是饥荒，而是通货膨胀。从 10 月以来，通货已增加了六亿。指券的价格继续在下跌，汇兑下跌的速度更快。在瓦伦事件前，巴黎的一百里佛在伦敦可换兑七十里佛左右，在 3 月已跌至五十里佛，4 月至 8 月间略有回升。信用券泛滥成灾使不安全感进一步加剧，投机倒把者趁机渔利。3 月，“济贫所”已入不敷出，国家不得不花一年时间为济贫所偿还债务。幸而，物价远没有跟着黄金市价上涨：黄金价格增加了一倍，物价一般只提高三分之一或二分之一。但
253 是，在工人很难得到增加工资的情况下，这也足以引起他们的愤懑。此外，安的列斯群岛的局势仍处在动乱之中。布里索于 3 月 24 日终于使议会通过了关于让有色人种享有平等权利的法令，但对稳定局势无济于事。随着殖民地产品的货源不断减少，投机商人大肆囤积居奇，食糖已成为稀有之物。1 月，巴黎有几家商店被

抢劫;2 月,肥皂供应不足又惹起了新的乱子。粮食供应更加令人担忧。自耕农大户如今不再缴纳贡赋和税款,货币地租可用指券支付,尤其他们可以不在市场出售粮食,于是就把大量粮食囤积起来,坐等粮价的上涨。粮食流通也出现了困难。2 月,努瓦荣附近方圆十里之内的居民拥到瓦兹河边阻止粮船启碇。在敦刻尔克,平民骚动使驶往西部和南部的船只停止装货。佩尔什和曼恩一带的工人拥到博斯地区,在市场强制限价购粮。埃当普市市长西莫诺于 3 月 3 日被杀。战争使经济形势进一步恶化,征集马匹和车辆使粮食脱粒和运输进行迟缓,购买军粮促使粮价上涨。于是,有人主张实行深受平民喜爱的限价和限购制度。5 月,巴黎圣尼古拉一台尚教堂的司铎雅克·鲁要求对囤积居奇者处以极刑。6 月,里昂市政官员朗日建议规定粮食的全国最高限价。一些人认为,不能容许通过囤积而滥用所有权,并主张对所有权实行限制。例如,莫尚的本堂神甫比埃尔·杜里维埃曾积极为埃当普市的乱民辩护,声称必须迫使产业主将他们的大农庄划小。

福扬派的报刊比任何时候都起劲地叫嚷,说限制所有权是对宪法的侵犯,并用"土地法"的幽灵恐吓资产阶级。吉伦特派也忧心忡忡。6 月 3 日,他们为西莫诺的去世举行正式的悼念仪式。他们既然参加了政府,就要对社会秩序负责;他们既然同资产阶级紧密结合,就要无保留地宣传经济自由(特别是罗兰)。他们害怕无套裤汉,逐渐转变为保守派。但是,反革命的危险暂且在他们的头脑中仍占统治的地位。

254 三、杜穆里埃政府的垮台和吉伦特派的失势（1792 年 6 月—8 月）

拉法叶特自己未能受命组阁，而罗兰等小人物却居然出任大臣；他对此怎能不耿耿于怀。军队的失败使他忧心如焚。福扬派的激动情绪感染了他。他在吉万接见了杜波尔，认为必须发动军事政变，封闭各俱乐部和修改宪法。他派出一名使者向梅尔西建议停战，以便带领部队向巴黎进军。梅尔西没有答复，他知道路易十六不愿意让拉法叶特扮演救星的角色。国王完全可以利用他同雅各宾派的关系破裂，而把吉伦特派的大臣免职。杜穆里埃在看到这种可能后，摇身一变，转过来反对吉伦特派的大臣。

在 5 月的下半月，爱国党十分担心会发生政变。5 月 18 日，治安法官拉里维埃尔竟下令逮捕科特利埃俱乐部的三员主将：巴齐尔、沙博和蒂翁维尔的梅兰。吉伦特派在百般无奈之中，被迫又回到了在上台时所采用的虚声恫吓政策。23 日，维尼奥和布里索指责了“奥地利委员会”；26 日，立法议会下令，凡经二十名本州公民检举的顽固派神甫一概处以流放；28 日，议会宣布永不闭会，第二天又宣布解散国王卫队；30 日，让索内提议委托行政部门负责政治治安，并有权逮捕嫌疑犯；最后，6 月 6 日，在赛尔文的建议下，议会决定向各州征召二万名国民卫队，来巴黎参加联盟节活动和拱卫首都。这一系列措施显然是为了保护巴黎免受敌军进攻而采取的，但在敌军到达前，也能帮助爱国党对付反革命。因此，在
255 巴黎的国民卫队的鼓动下，提出了所谓《八千人请愿书》，声称他们

足以维持首都的秩序。路易十六拒绝牺牲顽固派神甫,不同意成立首都卫戍部队。6月10日,罗兰写信给国王,威胁他必须作出让步,否则将导致王政的倾覆和对贵族的屠杀。13日,罗兰、克拉维埃和赛尔文被免职。15日,议会的反应十分强烈,杜穆里埃担心政府将受到弹劾。国王仍坚持己见,只同意解散国王卫队,杜穆里埃提出了辞呈,前往北方军团担任司令。福扬派夺回了政权,拉法叶特认为时机已到,于18日责令议会粉碎民主运动。

早在5月底,巴黎市郊各区的群众已随时准备采取行动,吉伦特派一直通过佩蒂昂进行劝说,阻止骚乱的发生。如今,他们便撒手不管,听任群众在6月20日举行示威,纪念网球厅宣誓三周年。群众不顾州政府的禁令,列队在议会的门口游行,接着冲进了杜依勒里宫。面对种种斥责和威胁,国王仍镇定自若,坚持不收回他的否决,拒绝召回吉伦特派大臣。对国王的侮辱不但毫无结果,反而激起了部分怀有忠君思想的群众的强烈抗议。国王甚至勒令巴黎市长佩蒂昂和公社检察长马奴埃尔二人停职。28日,擅自离开部队前来巴黎的拉法叶特气势汹汹地出席了议会。在宫廷的阻挠下,他未能把巴黎西部富裕居民区的国民卫队调来议会会场,最后失望而归。但他并不就此罢休。7月底,他在敌军面前突然率领部队同卢斯克内的部队交换了阵地,转道向贡比涅推进,并恳请国王前往该地。国王拒绝了这个请求。福扬派想把国王带到卢昂,进而渡海离法,国王也不为所动。他以为,依靠自己的力量,依靠威胁和收买以及吉伦特派的犹豫,他可以一直坚持到普军进入巴黎。

在6月20日的失败后,吉伦特派曾一度慌了手脚,但他们仍

夺回了大臣的席位。7 月 2 日，议会通过法令，准许各地国民卫队来巴黎参加联盟节。其实，许多国民卫队已经动身。7 月 5 日，议会又决定，当国家危急时，将实行全面征兵和征集武器。11 日，议
256 会果然宣布祖国在危急中。维尼奥和布里索在 3 日和 9 日慷慨激昂地揭露了国王和大臣的叛国行为，要求大臣对国王的否决负连坐责任，威胁将弹劾大臣和废黜国王。因此，政府在 10 日提出了辞呈；在此情况下，路易十六只得召回了吉伦特派的大臣。同过去的左派三巨头一样，维尼奥、葛瓦代和让索内于 7 月 20 日通过与国王首席随从梯叶里·德维尔一达弗兰有联系的画家博兹，向国王转达信件，秘密通气。维尼奥于 29 日又写了第二封信；据说，让索内曾去杜依勒里宫探望国王全家。路易十六不把组阁的使命交给他们，但留下一线希望，从而捆住他们的手脚。他们果然从国王的反对者一变而成了国王的保护人。国王看到，虽然召回了吉伦特派的大臣，但在敌军入侵的情况下，谁也不能阻止他将他们再次免职。参加联盟节的各省代表和巴黎各区对此看得更加清楚，他们决定结束这种状态。一些吉伦特分子试图加以阻挠。7 月 26 日，布里索威胁将对共和分子进行法律处置，公开表示反对废黜国王。8 月 4 日，议会根据维尼奥的提议，撤销莫孔赛依区关于“不再承认路易十六为法国国王”的决议。伊斯纳尔声称要对罗伯斯庇尔提起公诉。因此，正当革命人民力图贯彻吉伦特派的政策时，吉伦特派却同革命人民一刀两断了。葛瓦代在 1793 年 1 月 3 日解释说，吉伦特派写信给国王是因为担心，一旦暴动失败，其后果将比 6 月 20 日后的形势更糟。然而，吉伦特派的张皇失措有着更加深刻的原因。这些“政治家”对无套裤汉的同情是有限的，暴动

使他们感到害怕,因为他们担心不能控制局势,从而像福扬派所预言的那样,使财产和所有权蒙受损害。但是,在这千钧一发的时刻后退,无疑是为自己和本派宣告死刑判决。

四、1792年8月10日的革命

在瓦伦事件发生后,外省对巴黎的共和分子几乎没有帮助,但
在6月20日后,鼓励就源源而来了。虽然各州县当局对6月20 257
日事件感到愤慨,许多市镇却明确表示反对国王,这在东南部地区尤其如此。当无套裤汉的处境危急时,他们向取得了春季斗争胜利而闻名全国的马赛,向蒙彼利埃和尼姆请求声援。当时在巴黎的巴巴鲁要求他的家乡派五百名不怕死的战士前来首都。蒙彼利埃的雅各宾分子派了共和国未来的将军米勒尔前往马赛磋商。他把鲁日·德·里尔的《莱茵军团战歌》教给了马赛的义勇军兄弟,这就是马赛义勇军向巴黎进发时所唱的歌曲。义勇军于8月10日出发不久,马赛市首先提出了建立共和国的主张。其他各地的义勇军赶在南方义勇军的前面早已到达巴黎。7月11日,罗伯斯庇尔发表了告联盟节代表书。这些全副武装、热情洋溢的代表是革命巴黎的一支重要援军。他们在17日和23日向议会递交了请愿书,主张停止国王的职务。从这个意义上讲,8月10日的革命不是巴黎的革命,而如同7月14日革命一样,是全国的革命。

各地义勇军的代表成立了中央委员会和秘密的指挥中心,同首都各区保持联系的巴黎领袖也加入这两个组织。现在,巴黎各区每天都在开会;7月15日,议会承认了各区的"常设性";27日,

佩蒂昂答应在市政厅设联络办事处。各区并不全都反对国王，但越来越多的消极公民参加了各区的活动。7 月 30 日，法兰西剧院区决定在本区实行普选制。雅各宾分子和无套裤汉终于同温和派人士展开了斗争，并逐渐占领各区阵地。议会于 7 月 30 日通过法令，接受消极公民加入国民卫队。

四十七个区陆续同意废黜路易十六和任命一个执行委员会。
258 但罗伯斯庇尔指出，不把议会抛开，仍将一事无成。他主张，必须经普选选出一个立宪议会，即美国人所说的国民公会。在 7 月的最后几天里，形势急转直下，终于使群众情绪达到狂热的程度。自 22 日至 24 日，人们在街头宣布祖国在危急中，征兵开始了。普军即将从科布伦茨开拔；8 月 1 日，不伦瑞克的宣言传到了巴黎，宣言威胁说，如果国王全家蒙受“最小的屈辱”，他将对巴黎实行“军法处置和全面破坏”。另方面，布雷斯特义勇军于 25 日到达巴黎；马赛义勇军于 30 日高唱战歌在“光荣的市郊”列队游行。《马赛曲》从此闻名于世，并始终同王政的倾覆和政治民主制的建立联系在一起。在 26 日和 30 日，起义已处于一触即发的状态。准备于 8 月 3 日代表各区呈递请愿书的佩蒂昂劝说大家耐心等待。巴黎市郊圣安东尼区确定 9 日为最后期限，要求议会下令废黜国王。让索内后来说，他在小组委员会会议上曾同意废黜国王，但在当时，没有任何希望能促使议会通过这样的法令。8 月 9 日，议会甚至拒绝弹劾拉法叶特。到了晚间，警钟便敲响了。

无套裤汉领袖不但对起义的成功没有把握，相反，他们在最后关头还害怕这是贵族用以对付市郊和议会的一场新阴谋。这种“恐惧”不是毫无道理的：瑞士雇佣兵在杜依勒里宫已集结完毕，数

百名王党分子正前往支援(其中许多人后来领导了旺代暴乱),宫廷完全可以相信国民卫队司令芒达的忠诚。即使不能发动进攻,宫廷至少有打退进攻和解散议会的能力。如果有巴拉斯或波拿巴这样果断有力的人物在掌舵,路易十六本可能作为胜利者迎接普军的到来。在这个意义上,8 月 10 日起义仍然是平民的自卫反应。革命党人看到这个危险,勇敢地投入了拼搏。

圣安东尼区邀请各区派代表前来市政厅协助合法的公社指挥起义。芒达被传到市政厅后,随即被逮捕和处死,已下的命令也一概撤销。杜依勒里宫的国民卫队纷纷溃散。那时候,检察官罗埃德累为了吉伦特派的利益而出面调解,劝说国王全家前往议会躲避,希望因此避免动武,而把冲突留待议员解决。

在杜依勒里宫,只剩下少数瑞士兵同由肖梅特和哥尔萨带领 259
的马赛义勇军对垒。瑞士兵让义勇军进入王宫大院,甚至走到楼梯口上,假意表示准备握手言和;接着,他们突然开枪射击,冲出王宫,把义勇军一直逐出卡罗塞尔广场。在市郊各区的增援下,义勇军重新发起攻势,迫使守军再次退进王宫。如同巴士底狱的战斗一样,义勇军大声谴责国王设置埋伏的阴谋。上午十时许,当国王下令守军停火和撤退时,义勇军拒绝给予宽恕,当场杀死了许多瑞士兵。五十名瑞士兵被带到市政厅,并在那里处死。部分守军被监押起来,幸免一死。

如果说 7 月 14 日事件挽救了制宪议会,那么,8 月 10 日事件则埋葬了立法议会。胜利者企图解散议会,以便独掌政权。但是,新公社中的无名之辈害怕这个举动会使外省感到惊恐,因为吉伦特派在外省仍深得民心。因此,革命派只得实行妥协,将吉伦特派当作保证人留了下来。立法议会暂时也不解散，但它承认了领导起义的公社的合法地位。公社成员经补造后扩大到二百八十八名，其中包括罗伯斯庇尔在内。路易十六没有被废黜，而仅仅被停职。公社把他全家禁闭在丹普尔堡，留待普选产生的国民公会再作决定。议会任命了一个临时执行委员会，增选蒙日和勒布伦一东杜二人协助原吉伦特派大臣工作。为了利用丹东和拉拢公社，议会又增选了丹东为大臣。

丹东是阿尔西一名检察官的儿子，曾任枢密院律师，于 1791 年任州政府委员，后任公社代理检察长；他从 1789 年起就以民主分子而著名。但是，人们突然发现他十分有钱。据说这钱是从国王那里得来的。米拉波在一封密信中证实曾收买过丹东。但究竟宫廷从他那儿得到了什么，却至今是个谜。关于他在 8 月 10 日扮演的角色，他在革命法庭面前夸耀自己是事件的策划者，但有关的旁证不但很少，而且说法不一。无论如何，吉伦特派既然需要他的帮助，他同起义者的关系必定很深，并深得起义者的欢迎。如同米拉波一样，丹东是个容易冲动、贪图享乐、不讲道德和性格随和的
260 人。他没有著述，因而我们往往抓不住他的政治思想和真实意图。作为一名老谋深算的政治家，他在作出决定前总要窥测方向。但他也表现了政治家的才华：目光敏锐、处事果断、注重实际、不择手段和擅长演说。他从不记仇和嫉妒，始终主张为行动而团结。这位“平民的米拉波”（革命的敌人给他的名称）至今仍得到法国许多中产者的同情，他的爱国主义、他那奋勇向前但又不作无谓牺牲的现实考虑使人们觉得他特别亲切。丹东实际上主持了执行委员会，并为革命立了功劳。

在外省,主要的危险来自拉法叶特,他煽动阿登州反对革命, 261
准备向巴黎进军;同时,他的朋友底特里希试图在斯特拉斯堡发动叛乱。这些行动全都失败了:拉法叶特被部下所抛弃,于 8 月 19 日投奔奥军,并被囚禁。内地还有几个州政府不服从议会命令,后被勒令停职而告终。虽然如此,许多地方当局仍掌握在宪政派手里,它们同雅各宾俱乐部经常发生冲突。为此,议会决定援引军队的先例,向各地派遣特派员。丹东向执行委员会推荐了一些起义者担任这一职务,罗兰也派出了他的几名亲信,公社则另行选派自己的特派员。某些特派员采取了革命的措施:逮捕嫌疑犯,任命监视委员会,清洗地方当局。地方当局对特派员进行了抵制,有时甚至下令将他们逮捕。如同巴黎一样,各地也处于几个政权互相敌对的混乱状态。

8 月 10 日事件的确是一场"第二次革命"。革命带来了普选制,实际上也是共和制。不同的是这次革命得不到全民族几乎一致的热烈拥护。自从 1789 年以来,革命队伍中许多人追随了顽固派神甫;在仍然忠于革命的这部分人中间,一些人谴责 8 月 10 日事件,另一些人战战兢兢地采取观望立场。敢作敢为和坚定不移的革命分子只占少数。他们决定不惜一切手段打败反革命:恐怖统治便由此开始。但是,人们看到,在救国委员会成立前,基本上仍是无政府状态。

五、第一次恐怖统治(1792 年 9 月)

起义的胜利者首先着手建立专政。公社从一开始便取消了反

262 对派的报刊，封锁了交通，并通过多次搜查，捕获了许多顽固派教士和贵族缙绅。8 月 11 日，立法议会同意授权各市镇当局逮捕嫌疑犯。这项法令的执行在各地很不一致。科尔多州对嫌疑犯发出了许多逮捕令，但大多数地方当局表现谨慎，或根本不行使这项权力。随着外国军队的入侵和选举的迫近，议会于 8 月 26 日决定将顽固派一概放逐。在巴黎，被捕的顽固派仍被关在狱中；在外省，大多数顽固派流亡国外，个别留下未走的也未受到迫害。此外，许多被捕者并未长期被关下去。即使在巴黎，在押犯的人数也被夸大了。9 月 2 日，当行刑队巡视九个监狱时，在押犯不过二千六百
263 人左右，其中将近一千人还是在 8 月 10 日后入狱的。总之，尽管第一次恐怖统治使人不寒而栗，但如果这场恐怖让行政当局主持，本可能温和得多，因为市镇官员一般尚未改选，而资产阶级共和派不愿意取消人和公民的权利。

不幸的是，这场恐怖同平民的忿激情绪有关。在 8 月 10 日前后，外省曾出现过多起杀人暴行。8 月 30 日，当隆维陷落的消息传来时，康布雷市差一点导致了把在押神甫斩尽杀绝的事件。义勇军往往最容易不问是非而随意杀人。巴黎决心为 8 月 10 日中了埋伏而牺牲的起义者报仇雪恨，这更增加了随意杀人的危险。起义者最初威胁说，如果不把犯人迅速移交人民法庭审判，就把犯人一概处决。议会于 8 月 17 日勉强同意由各区推选代表组成人民法庭。出人意外的是，法庭的审判进展缓慢，论罪又十分宽大。当外国军队入侵的消息传开时，群众更加迫切地要求杀一批犯人。而且，议会中关于使用暴力的呼声也日益提高，蒂翁维尔的梅兰建议将流亡者的妻子儿女作为人质关押；德布里要求成立暗杀团，专

门谋刺各国国君。马拉早已反复陈述，杀尽贵族是拯救革命的唯一手段。这位“人民之友”备受贫困、疾病和司法迫害的折磨，但他具有相当的影响，因为他的不祥预言往往竟化为现实，因为他反映着群众的真实痛苦和内心愿望。人们通常把 9 月事件归罪于他，但是，事件的发生毕竟起因于群众的集体精神状态，而集体精神状态取决于当时的环境，不取决于个人的意志。

隆维陷落后，人们于 9 月 2 日(星期日)获悉，被包围的凡尔登也将支持不住。警钟和警炮响彻天空，义勇军整装待发。谣言纷传，说犯人们在义勇军离开后将进行暴动，向爱国分子反扑。其实，犯人虽然渴望普军的到来，却并不想冒险举行暴动。但是，由于监狱的看守的人数少，素质差，越狱逃跑和捣乱反抗的事时有发
生，当局曾表示担心刑事犯会成群结队地在城内流窜。在此情况 264
下，谣传也就变得可信了。对平民说来，除反革命分子外，最可恶的就是这些刑事犯；既然进出监狱是那么容易，他们在狱中伪造大批指券，拿到巴黎各区流通。

当天下午，一批犯人从区政府被押往阿培监狱，刚到目的地就被聚集的人群处死。各区当时正在开会。普瓦索尼埃区作出决定，要求将犯人立即交付审判；在其他各区，持类似主张的人也一致同意执行这项决定。临近傍晚时，屠杀行动开始了，人群先后向卡尔姆、阿培、福尔斯、沙特累、孔西埃日等监狱拥去。人民法庭成立了，犯人未经审判就立即处决。屠杀一直延续到 6 日为止，并扩展到比赛特尔和萨尔佩特里埃两监狱。从事屠杀的人数有限，其中多数是小资产者和义勇军。丹东听任群众滥施暴虐；至于吉伦特派，他们简直噤若寒蝉，因为自己也受人怀疑。罗伯斯庇尔于 2

日揭发布里索和卡拉是敌人的同党，卡拉曾经令人难以置信地主张推举不伦瑞克或约克公爵任国王。布里索被抄了家，有人甚至主张逮捕他，因丹东反对而作罢。根据现有的资料，被杀的人数约在一千零九十人至一千三百九十五人之间，约占在押犯人的一半。在被害者总数中，神甫和其他政治犯有二百二十名，占四分之一，剩下四分之三为刑事犯。在马拉的参与下，公社监视委员起草了告外省爱国分子书，号召他们前来保卫巴黎，并在出发前将当地的反革命分子收拾干净。吉伦特派后来曾借题发挥，但没有事实能证明这篇文告对外省有过什么影响。直到敌军退出国土后，外省的屠杀和流血事件仍继续发生。集体的精神状态足以对此作出解释。

恐怖使 8 月 10 日事件在政治、宗教和社会等方面产生的反响更加强烈。从此，再没有人敢于维护君主制。立法议会于 9 月 4
265 日表示，希望国民公会废除君主制；巴黎的议员在唱名投票当选时都接受了明确的委托。外省的一些选民会议也在同一气氛下进行，甚至已开始了清洗。弃权票的数量很大。因此，与其说国民公会的议员选举标志着普选制的实现，不如说这意味着 8 月 10 日起义的拥护者建立了专政。

议会于 8 月 11 日封闭了留下的所有修道院，于 15 日取消了从事教育和济贫事业的教团，并把被国王否决的惩治顽固派神甫法令付诸实施。在 8 月 26 日的放逐令发布后，大批顽固派神甫横遭逮捕和屠杀。原来不必对 1790 年 11 月 27 日宪法宣誓的罗马教神甫，如今却根据 8 月 4 日法令，必须宣誓忠于自由和平等（8 月 4 日法令原来仅对公职人员有效，但从 9 月 3 日起，适用于全体公民)。教皇从未公开谴责这种宣誓,教会中再次出现了分裂。部分神甫表示服从,例如圣苏尔皮斯教堂堂长爱姆里。从此,许多顽固派盘踞的教堂也不得不接纳宪政派神甫。但是,由于宪政派神甫人数不够,议会于 9 月 20 日通过了讨论已达数月之久的关于把民事登记移交世俗机构办理的法案。在同一天,议会还颁布了离婚法。就在战胜顽固派的同时,宪政派神甫自己也受到了打击。国家对教会的权威变得越来越大:国家禁止教会接受“节敬”,教士除履行教职外不得穿着教服,不得登录教徒名册,婚姻除尊重法律规定的条件外,没有别的条件,也就是说,离婚后再婚和神甫结婚均不得拒绝。教堂的钟和银器被夺走,慈善工场的财产被拍卖。共和分子同宪政派神甫的决裂只是个时间问题。

制宪议会建立起来的社会秩序也受到平民所取得的胜利的打击。农民朝着解放的路上迈出了一大步:8 月 25 日,农民对贵族的贡赋,除原始契约依然存在的情况外,全被无偿废除;27 日,布列塔尼停止了租地退佃制度;28 日,市镇当局将领主非法占用或占有的公共产业全部收回。此外,8 月 14 日,决定为乡村无产者取得土地提供方便:根据 7 月 27 日法令规定,流亡者的地产将被
分成小块出售,以年金形式分期付款,市镇产业也允许交给农民平 266
分。在巴黎,公社征募失业者修筑城防工事。

由于一日三餐已成为一个尖锐的问题,公社于 8 月 11 日要求禁止金银贸易和市场的双重价格。一场大暴动使南方运河的交通陷于瘫痪。其他骚乱接连发生,里昂和图尔实行了强制限价,各地均自动恢复了限价制。最后,议员通过了 9 月 6 日和 16 日法令,允许各县政府实行粮食普查和强制出售,以保证市场供应。议会

拒绝实行限价，不敢再前进一步。以上措施似乎预示着其他措施将接踵而来。一些雅各宾分子的言论让人很不放心。在厄尔州和卡尔瓦多斯州，杜福尔和莫姆洛声称，工商业所有权得到了国家的保障，但国家在暂时尊重土地所有权的同时，应对土地产品享有节制权。兰代主教写道：“留神，可别又搞土地法。”在歇尔州，本堂神甫普蒂让竟请本教区的教徒实行财产公有和不再缴纳地租。

在巴黎当选的山岳派议员不同程度地跟不上形势的发展。他们即使对屠杀能予原谅，却不能容忍街头的无政府状态。他们从未想过要取消所有权，哪怕马拉和埃贝尔也是如此。他们不主张实行限价，尤其不主张由当局强制推行限价。但是，一旦同平民决裂，他们就会成为温和派的掌中玩物，就像福扬派是反革命的掌中玩物一样。另方面，他们想到，为了保卫革命，平民要求采取的某些措施或许是有用的。敌人在国内的同谋者确有自觉和不自觉之分。8 月 21 日，第一次旺代暴乱的叛军占领了夏蒂荣；拉鲁里在布列塔尼的叛乱阴谋已向丹东揭发；凡尔登的投降是王党活动的结果。许多人鼓动抗拒征兵征实，幸灾乐祸地预言奥普联军必将胜利。在恐怖的威胁下，嫌疑分子不敢也不能恣意妄为。征实和限价保证了军需供应，减少了开支和维持了治安。可以说，从那时
267 起，共和二年的制度已粗具规模。公社和议会一致同意在巴黎四郊征召三万军队，敦促义勇军开往边境。法国东部和北部地区正组织全民性的国民卫队。公社开始总动员的尝试，普遍征集武器和马匹，以及教堂的铜器和银器，并成立了被服工场。最后，执行委员会下令对军需粮秣实行限价征购。这些努力虽然需要时间才能见到成效，但这样强有力的支持对国防毕竟是有帮助的。约有

二万军队出发前往香槟。在瓦尔米战役后,这些援军动摇了普鲁士的军心,加强了对比利时的攻势。军队感到政府已下了战斗到底的决心。丹东比任何人都更加坚定地表达了这种必胜的意志。某些大臣表现软弱,他们在8月28日曾考虑撤退至卢瓦尔河一线,如果没有丹东的反对,全国的斗志将彻底崩溃。丹东并不像他所说的那样对胜利有充分把握,他的坚毅镇定表明,他当之无愧地起了领袖的作用。

恐怖无论作为平民的自卫反应或统治手段,毕竟是应付危急局势的临时措施,它在胜利后势必要结束。瓦尔米战役的胜利是局势缓和的信号。何况,吉伦特派未等这一时刻的来到,就开始反扑了。乱杀滥捕激起了强烈的反对;实物征集制和倾向社会主义的言论使资产阶级惊慌不安:他们本能地成为吉伦特派的后盾,吉伦特派同前不久的福扬派一样,谴责社会祸害。在议会和执行委员会中,吉伦特派占了多数,议会改选的结果对他们是个鼓励,因为大多数当选议员拥护吉伦特派。外省的革命分子并不详细了解巴黎内部的党派斗争;由于他们人数少,处境险恶,对团结战斗有更深的感受,所以对党派斗争不很关心。在他们看来,吉伦特派是8月10日起义的代表,因为正是这场起义才使吉伦特派的大臣复职。

9月13日,罗兰对公社特派员横加指责;17日,维尼奥对监视委员会肆意攻击。公社立即屈服:解散了监视委员会,诚恳地承认了错误。但在20日,公社又决定选举新的监视委员会。这仅仅是个开端。布里索分子不能原谅巴黎无套裤汉抛开他们而选了山岳派。罗兰夫人对罗伯斯庇尔简直恨之入骨;她对丹东的仇恨更深, 268

因为他把她的丈夫完全架空了。罗兰夫人想出了建立州国民卫队以保护新的议会的主意；这样，吉伦特派就可以在新的议会中指控山岳派。国民公会开幕前，一场不可调和的内部斗争已经开始了。

第四章　入侵波兰和法国革命的反击：瓦尔米和热马普之战（1792 年 9 月—1793 年 1 月） 269

法军的作战不力使普奥方面得以不慌不忙地继续备战。但同盟国没有很好地利用这个间隙；他们的迟缓使共和派有充裕的时间推翻国王，他们的分歧马上使革命军得以再次发动进攻。

一、入侵波兰和赔偿问题

在柏林，尤其在维也纳，不但行动迟缓，而且各执一词，分歧甚多。弗朗斯瓦二世在整个夏季忙于在布德、法兰克福和布拉格接受加冕。他对出席大臣会议感到厌烦，对决断政务十分勉强。斯皮尔曼坚持联普政策，决心把身家性命寄托于此，菲利浦·科本泽尔小心翼翼地追随着他。科尼兹和其他大臣则忠于传统，对身居要津的幸臣十分憎恶。在普鲁士方面，大臣们对国王的宠臣，尤其对无能的比硕夫斯威德十分嫉妒，尖锐地批评与奥同盟。由于国王主张对法作战，他们只能服从命令，但始终认为这场战争是多余的，甚至是危险的，因为波兰问题现在又提上议事日程。应该承 270
认，叶卡特琳娜的大胆妄为确实超出所有人的意料之外。

面对形势的发展，俄国女皇始终处于主动地位。一方面，她怂恿德意志各国反对法国革命；另方面，等德意志各国刚刚转过身去，她立即着手入侵波兰。就在立法议会对奥宣战的当天，叶卡特琳娜发文通知德意志各国，她将干涉波兰。在5月18日至19日的晚间，将近十万俄军从立陶宛和乌克兰越过边界。波兰议会在把全部权力交给斯塔尼斯拉夫独裁后，于29日宣布解散。两支波兰军队约有三万多人，南方战线的波军司令波尼亚托夫斯基既无经验，又不果断，但他部下的科希秋什科是个参加过美国独立战争并能征善战的军官；波兰军队经过不断回旋，巧妙地避开了俄军的包围。最后，波军退守布格河一线；7月18日，俄军强渡布格河，迫使波军向华沙方向撤退。波兰的形势至此并非已毫无希望，因为俄军远离了他们的基地，而义勇军又蜂拥而起，波兰全国群情振奋。不幸，国王斯塔尼斯拉夫叛国投敌。战端刚起，他就打算牺牲波兰而保全个人地位。6月19日，他向叶卡特琳娜恳求饶恕；7月22日，他接到了无条件加入塔尔哥维查同盟的命令；23日，国王的决定获得了大臣会议的同意。俄国军队占领了波兰全国，同盟派分子恢复了旧宪法，掌握了政权，解散了各地的军队。大多数爱国党领袖被迫流亡国外。

普鲁士和奥地利一时被惊得目瞪口呆。两国君主业已同意不再维护5月3日的宪法，并把这个决定通知了华沙；他们原以为叶卡特琳娜至少会就波兰的命运同他们磋商，没有想到她竟取得如此迅速和全面的成功。他们徒劳地建议俄国加入2月签署的奥普协议，从而恢复三国同盟。俄国女皇对此建议置若罔闻，却于7月14日提出续订俄奥和约，又于8月3日建议重修俄普联盟。换句话说，叶卡特琳娜想同奥普两国分别谈判。由于两国互有猜疑，它们只得向强悍的女皇迁就讨好。

叶卡特琳娜周围的人在处理波兰的问题上意见并不一致，她 271
自己大概也犹豫不决。人们通常认为，叶卡特琳娜想把波兰作为保护国完整地保留下来。实际情形显然要复杂得多。她知道，只要一有机会，波兰将会在邻国的支持下脱离俄国，就像 1789 年那时一样。吞并乌克兰也许更加可靠，她在面子上也很有光彩。另方面，她真诚地希望狠狠地给法国人一番教训；她也清楚，如果不让普鲁士在波兰得到一点好处，普鲁士会放弃对法作战。因此，第二次瓜分波兰本来很可能加强三国的勾结和联盟；可是，为了使科尼兹不能反对，斯皮尔曼突然灵机一动，主张放弃从波兰取得一片土地，而要求用尼德兰去换取老首相垂涎已久的巴伐利亚。

这是一个后患无穷的主张。叶卡特琳娜立即抓住了这个良机，因为根据这个主张，在俄国保护下的波兰疆土只会扩大。于是，奥地利敦促俄国女皇同普鲁士单独谈判，以便立即进占巴伐利亚。然而，交换只能在同法国媾和以后才能进行，更何况，巴伐利亚大公的继承人双桥公爵反对并入奥地利，沿海各国也反对让一位无力守土的王公登上比利时王位。如果战事迁延不决，奥地利将眼看其盟国的利益得到满足，而自己却两手空空，除非它请求各盟国等待，以便同奥地利一起分享利益。无论如何，这对三国同盟都是个精神上的打击。但在当时，人们以为联军能势如破竹地进入法国。因此，普鲁士痛快地答应，奥地利和普鲁士将同时获得相应的战争赔偿。斯皮尔曼终于在迷路上愈走愈远。如果他得到充分的授权，他或许会同普鲁士方面达成一项正式的协议。

在波茨坦会议(5 月 12 日至 15 日)后,许伦贝格提出了正式
的建议,斯皮尔曼那时必须把他私下活动的经过报告皇帝和科尼
兹。首相恼怒万分,叫嚷奥地利上了大当。弗朗斯瓦二世于 8 月
接受了科尼兹的辞呈,但这没有影响他听取反对斯皮尔曼计划的
其他大臣的意见。巴伐利亚的收益不能同比利时的相提并论。为
此,奥地利要求“额外”的补偿,弗里德里希一威廉刚继承的昂斯巴
272 赫和贝勒脱这两块领地恰好能满足奥地利的要求。在动身前往法
兰克福前,问题仍悬而未决;妥协终于在 7 月 17 日达成,但弗朗斯
瓦二世仍坚持要英国表示同意。许伦贝格对普鲁士负担奥地利索
取的额外补偿深感不快,但勉强同意将此事报告国王。双方没有
签署任何协议就分了手;因此,在 8 月初,当俄国问及法兰克福会
议对战争赔偿有何结果时,普鲁士的答复是:在奥国方面,问题仍
悬而未决,而普鲁士方面则已经作出了决定。这个答复使柏林和
彼得堡之间的谈判得以开始。那时候,许伦贝格明确指出,国王不
会出让他的两块领地,奥地利或者接受交换,或者另提方案。双方
在维也纳再次进行了长时间的讨论。9 月 9 日,皇帝终于表明立
场:如果奥地利不能取得两块领地,就谈不上交换,因而也谈不上
割地赔偿。如果普鲁士不肯让步,它也只能同奥地利一样仅得到
一笔赔款。斯皮尔曼于 12 日动身把这份计划交给弗里德里希一
威廉。与他同行的有普鲁士新任驻奥大使豪格维茨,后者是奥普
联盟的坚决支持者。他们并没有失望:皇帝怎么可能会不要阿尔
萨斯和直到摩泽尔河的洛林这大片土地呢?在他们的想象中,他
们将在巴黎会见普鲁士国王。

二、奥普联军

欧洲其他国家没有给奥普联盟提供任何援助。3 月 6 日瑞典国王遇刺，使反革命失去了一根重要的支柱：苏但马尼公爵担任摄政后，向法国靠拢。西班牙的阿兰达竭力同法国和解，至于皮特，他仍持超然事外的立场。唯有俄国和撒丁积极响应了 4 月 12 日的通告。但是，在法国入侵威胁下的维克多·阿梅代仅答应奋起 273
抵抗，并要求给予援助。叶卡特琳娜同意提供一万五千人，比订立俄奥同盟时答应派遣的一万二千人仅增加了三千人，但她又表示，这支军队要等波兰平定后才能出发。于是，奥普方面建议用资助军费代替出兵，沙皇慷慨地给了四十万卢布。

在德意志人和意大利人看来，这场战争不是民族的战争，而是阶级的或意识形态的战争；而在他们的王公看来，这则是一场政治战争。反动势力在德意志各国更加猖獗，在反动势力的鼓动下，弗里德里希·根茨于 1791 年末翻译了伯克的著作。同情法国革命的人仍然不少，而且他们仍然敢作敢为，特别在莱茵各国是这样。他们谴责干涉，预言雅各宾派必将取得胜利。法军在 4 月的失利使他们深感痛心，毕尔格尔在《责备之歌》中表达了他们的失望心情："谁不能为自由去死，就只配忍受奴役。"反革命分子则赠给无套裤汉一句新的格言："战不胜，就逃命。"至于王公们，他们看到从中无利可图，不肯参与战事。维克多－阿梅代于 1791 年 10 月曾试图组织意大利半岛各国的邦联，但没有取得成功。奥普联盟以为至少能指望莱茵各国的君主给予帮助；可是，只要奥普方面不能

保护他们，他们便同法国举行谈判，以免法军侵入他们的国土。他们后来虽然同法国绝交，但只有黑森公国勉强派了几个团的军队交联军指挥。

奥普两国军队在名义上分别拥有二十二万三千人和十七万一千人，但两国都不想把全部兵力投入战争。根据协议，不伦瑞克公爵只能调动十万人，黑森部队和尼德兰驻军不包括在内。当他在7月到达科布伦茨时，他发现他所能调动的兵力还达不到这个数字。在扣除守卫部队后，普鲁士所提供的战斗部队仅四万二千人。由于匈牙利议会和比利时各省三级会议的抵制，奥地利暂时不能集结军队。普鲁士国王并不富有，他把老弗里德里希的遗产在1789至1791年间花掉了一部分，但他还能在荷兰借到一笔贷款。
274 奥地利已被土耳其战争搞得民穷财尽，甚至日常开支也难以应付。何况，它还要向尼德兰增援，而部队的逃亡现象又十分严重。奥国仅交给不伦瑞克二万九千人，其中一万五千人由霍亨洛赫—基尔什贝克指挥，一万一千人来自尼德兰，由克勒腓率领。在普王的坚持下，不伦瑞克勉强接受了四五千名流亡者，他认为这些人的军事价值很小。一万六千六百名奥军留守莱茵河，二万五千名奥军驻扎尼德兰。尼德兰总督萨克森—但辛公爵阿尔伯派出其中的一万三千人攻打利尔。

人们当时判断，联军的训练有素足以弥补数量的不足。普鲁士军队是欧洲公认最精锐的部队。这支部队在演习和操练时不仅令行禁止，一丝不苟，而且纪律严明，秩序井然；但正因为如此，军官和士兵的能动性不能有任何发挥。弗里德里希二世把士兵训练成一架完美无缺的战争机器，并为各国军事家所赞叹和竭力模仿。

其实，这种练兵方法主要是为了适应普军的兵源条件，因为士兵或者来自目不识丁的农民，或者来自身份不明的投军者。同时，这种方法也为了适应线状队列的需要，通过排枪和快速射击最大限度地提高步枪的射击效率。然而，弗里德里希－威廉二世的军队从未经过实战，一上战场，许多严重的缺点便暴露了出来：炮兵低劣、工兵无能、救护不足、指挥平庸。早在1790年，军事动员中的种种弊端导致了国防大臣的自杀。普军士兵不在战地就食，而随身携带九天军粮，不足时再用现金洽购。为此，普军必须设立兵站、仓库和面包房，然后用军车运送。军官的随身行李太多，部队行军速度很慢。人们认为奥军素质不如普军，因为它完全照抄弗里德里希的一套办法。玛丽－泰丽莎于1753年曾要德意志各省根据普鲁士的分区团练制推行抽签征兵，练兵的办法也模仿普鲁士。可是，奥军刚同土耳其打过仗，这同普军相比无疑是个优点。奥地利的民事部门已经学会了在资源不足和交通不便的地区保证部队的粮食供应。因此，在法国的边境上，奥军的处境比普军略为好些。

不伦瑞克公爵对军事进展缓慢并不担心。从王朝政治出发， 275
他首先要避免轻举妄动，因为建立一支军队需要花费很多时间和金钱；此外，政治战的目的与其说是消灭敌人，毋宁说是为在今后的谈判桌上抓到几张王牌。部队的训练条件和战术条件也不鼓励他寻求决战，他必须找到类似练兵场的合适地形，才能考虑决战。线状队列利于防守而不利于进攻，因为在行进中，线状队列势必被打乱，不能发挥排枪的威力，经不起骑兵的袭击和不适宜追击敌人。这些缺点早有人指出过，但弗里德里希有他无法克服的困难：纵深队列固然利于步兵冲锋，但射击时火力不强；散兵队列也不可

靠，因为它不能组成对付骑兵的方阵，士兵又容易临阵脱逃，这个方法只能用于前哨战或攻坚战。在这方面，奥军也比普军优越：它拥有一支由蒂罗尔人和克罗地亚人组成的轻步兵，只是兵员尚嫌不足。因此，根据军事规范的要求，部队应避免决战，而应设法威胁敌军的交通，压迫敌军后退，使敌方要塞陷于孤立，然后从容地加以围攻。由于敌方采用同样的战术，他必须注意保护侧翼的安全，特别要保护仓库和运输线。不伦瑞克因把部队沿战线平均铺开，丧失了进攻的能力。在法国方面，吉伯特伯爵曾指出，当一支军队成为国民的军队时，由于战士的爱国热诚和忠实可靠，它将能革新战略和战术。大革命终于使吉伯特的预言得以实现。在普鲁士方面，弗里德里希的军事主张不能被任何人接受：人们指出，他不但吃过多次败仗，而且在晚年变得更加谨慎小心；他所打的胜仗同他提出的军事原则无关，只是由于敌人无能或者由于侥幸而已。不伦瑞克就有这样的想法，他是一位勇敢善战的名将，但他缺少伟大军事家的基本品质，即缺少进取精神。由于害怕有损自己的名声，他推卸责任，而让霍亨洛赫负责执行既定的军事计划。他对国
276 王深怀敬意，不敢把国王撇开或违抗他的命令；因此，联军实际上竟有三名主帅。

根据不伦瑞克公爵于 2 月和 5 月两次在无忧宫会议上陈述的计划，普军应经隆维向凡尔登进发，由霍亨洛赫和克勒腓两路分割麦斯和色当的两支法军，在到达默兹河后，再围困尚未攻下的要塞，并采取必要措施，准备于春季进军巴黎。这个计划是符合战略原则的。但舆论界普遍认为法国军队将如同 1787 年的荷兰军队那样不堪一击。布叶甚至断言，他对夺取堡垒已胸有成竹，大多数

法国人渴望着解放。人们以为，只要发表一纸宣言进行威胁，就能把那些犹豫不定的人争取过来。因此，弗里德里希－威廉要求普军在夏末就进入巴黎。公爵认为兵力不足和限期过早，但他既不反对，又不放弃其计划。普军未等作出最后决定便开始进攻。

就在德意志帝国庆祝弗朗斯瓦加冕的那几天里，最后的军事准备已经完成。马莱·杜潘把路易十六从福扬派那里接到的宣言草案交给了各国君主；里蒙侯爵另行起草了一份宣言，取得了费逊的赞同。外交官们心不在焉地比较了两份宣言，莫名其妙地采纳了第二份。7 月 25 日，不伦瑞克就任联军司令：他对此感到后悔终生。

三、瓦尔米之战（1792 年 9 月 20 日）

7 月 30 日，联军终于从科布伦茨出发，于 8 月 19 日才越过边界。天开始下雨，连续不断的滂沱大雨使笨重的联军逐渐陷入伏埃福尔和阿尔贡地区的泥泞之中。这场雨是革命最宝贵的同盟者。公爵于 22 日攻打隆维；由于没有攻城器械，他下令炮轰，隆维 277
于 23 日投降。凡尔登于 29 日被围，9 月 2 日投降，城防司令博尔贝尔一说自杀，一说被杀。洛林的居民并不与革命为敌，就连入侵军也不得不承认这一点。但城市居民在敌军炮击下软弱了，当时也没有革命政府激励士气和镇压王党，王党乘机威吓军事当局。“凡尔登的处女”虽然没有用玫瑰花为普王铺路，但也对他笑脸相迎，她们后来都被送上了断头台。

不伦瑞克至此没有放弃他的计划。在卡龙和布勒特依的影响下，普王坚持加快进军，公爵终于让步了。此外，色当和麦斯的法军正在后撤，他不再害怕被包抄。于是，他把霍亨洛赫召来，后者伪装屯兵蒂翁维尔城下。9 月 8 日，联军向阿尔贡地区进攻，霍亨洛赫进占夏龙至巴黎途中的依斯莱脱，公爵突破埃尔河防线向格朗普累推进，克勒腓则向北攻击前进。三支大军与杜穆里埃指挥的法军正面遭遇。

杜穆里埃由于被路易十六所抛弃，同吉伦特派也闹翻，眼看自己的地位已岌岌可危，但他并不因此泄气。他在摩尔德兵营创造了奇迹：不但挫败了拉法叶特的阴谋，而且重新获得了雅各宾派的信任。那时，色当法军正群龙无首，执行委员会便派杜穆里埃出任驻军司令。杜穆里埃于 8 月 28 日来到军中，他的意图仍然是想入侵比利时，以为不伦瑞克公爵会率军援救萨克森—但辛公爵。相反，为了安抚舆论，赛尔文却敦促杜穆里埃加强对巴黎的掩护。从
278 战略上看，不伦瑞克似乎不可能绕道回守尼德兰：一旦普军进入巴黎，即使杜穆里埃占领了比利时，那也没有什么用处。当普军向默兹河进逼时，杜穆里埃不得不改变主意；9 月 1 日，他离开色当，率领二万三千人从侧翼向阿尔贡转进，麻痹大意的克勒腓竟没有给予丝毫阻挠。杜瓦尔和勃农维尔从法国北部带来了一万援军，凯莱尔曼率领一万八千人从麦斯赶到。

春天以来，经过一系列前哨战的锻炼，法国军队有了一些进步。尽管立法议会拒不同意将义勇军编入野战部队，将领们却开始对不同体制的营队实行混合编制和统一指挥。临阵胆怯还时有发生，杜穆里埃认为部队仍不宜进行野战，但至少已能进行防御战，特别在阿尔贡这类地区。同敌军相比，法军的大炮占了很大优

势，拉法叶特已给法军配置了用马牵引的炮队。法军将领仍保留许多传统的战术：根据吉伯特的军事思想制订的1791年8月战术规程仍主张步兵采用两行三排的狭长队列，进攻时有时采用以营为单位的纵深队列。但是，形势迫使法军逐步改变其作战方法。由于法军在防御战和前哨战中需要使用义勇军，而满怀热情和主动精神的义勇军却从未受过线状队列的训练，部队就让越来越多的战士以散兵队形投入战斗。杜穆里埃作为指挥这支军队的将军，确实显示了杰出的才干。他不但勇敢顽强，而且善于亲近士兵，因而深获士兵的爱戴。他性格开朗活泼，即使在最险恶的环境下仍信心十足，从不张皇失措。可惜，如同在执政期间一样，他在处理军务时也有点莽撞和草率，这个缺点使他险遭失败。

由于过分信任部下，杜穆里埃在克瓦奥博瓦隘口竟没有加派重兵驻守，致使克勒腓于9月12日得以攻下隘口，杜穆里埃全军被断了后路。经过连夜的急行军，杜穆里埃总算从格朗普累逃出险境，来到圣梅内乌特一带驻扎，背靠据守依斯莱脱的迪永；不久，勃农维尔和凯莱尔曼也率领援军赶到。通向巴黎的大道从此已畅通无阻。但是，不伦瑞克在其后方有受攻击危险的情况下不能长驱直入，因而在17日前仍按兵不动。接着，他穿过阿尔贡地区包 279
抄法军阵地，威胁法军的唯一后方通道维特里大路，以胁迫法军撤退。19日，急于求成的普鲁士国王竟不顾军事准则，下令向敌军展开正面攻击。20日，普军向法军发动了进攻，凯莱尔曼率部在瓦尔米和依弗隆的高地上摆开阵势迎敌。一场猛烈的炮战开始了，普军步兵从下午开始冲锋。法军岿然不动，加强了炮兵火力。攻击部队在强大炮火下畏缩不前，不伦瑞克看到计划受挫，便下令

撤退。瓦尔米在军事上不算是一场大战，但在心理上却是革命对其敌人的一次大胜。据歌德自称，他立即看到这次胜仗将激起无穷的反响。当然，这场胜利在军事上的意义也不可低估，因为它使法军争取到时间，而使敌军士气受挫。

人们最初以为，瓦尔米之战已使战局趋向缓和。杜穆里埃却心惊未定，力图延长作战间隙。他一心想利用普军的士气低落，逼迫普军撤离法国；在此有利条件下，他便能把战争引向比利时，进而同普鲁士缔结和约或反奥同盟。22 日，他提出了谈判的创议。普方作了积极的响应，以为杜穆里埃也像拉法叶特一样，想向巴黎进军，以复辟君主制度。为此，普方宣布，只要路易十六重登王位，谈判随时均可开始。但在 23 日，杜穆里埃获悉共和国已经成立，并把这个消息通知普鲁士国王。普王于 28 日发表了一篇措辞激烈的文告，宣布谈判破裂。然而，不伦瑞克的部队在泥泞的香槟平原上不但供应十分困难，而且困于秋季的滂沱大雨，病员不断增加，士气一落千丈，尚能作战的士兵只剩下一万七千人。为此，不伦瑞克决定在 10 月 1 日全线撤退，普军的形势十分险恶，他们能否通过阿尔贡森林，完全在杜穆里埃掌握之中。于是，普军主动重开谈判，就在那时，执行委员会在了解情况后，于 25 日和 26 日连下了两道停止谈判的命令。

丹东对战局怀有与杜穆里埃相同的忧虑。早在月中，勒布伦已向普王进行了停战试探；赛尔文始终希望把军队调回马恩河一线或陈兵巴黎城下；奥军已经侵入诺尔州，正在攻打利尔。8 月 10
280 日事件在国外引起的不幸后果开始表现出来：英、俄、西、荷和威尼斯纷纷同法国绝交；瑞士各州开始武装起来，伯尔尼人占领了日内瓦；撒丁军队正准备发动进攻。孟德斯吉乌和安塞姆接到命令，率军向萨瓦和尼斯挺进。库斯丁已获准向斯皮尔进发。但是，这种四面出击的形势又会带来怎样的结果？在此情形下，执行委员会认为谈判是扭转局面的意外机遇，因而让杜穆里埃全权处置。然而，执行委员会没有想到敌军会自动撤退，也就忘记嘱咐杜穆里埃，在没有保证的情形下，不能让敌军脱逃。

杜穆里埃以及丹东的特派员威斯台尔曼正是把这个问题给疏忽了。双方的会谈至今是个谜，但事实表明，普军不费一枪一弹就退回了科布伦茨。不伦瑞克赶紧跟着后撤，分别于 8 日和 22 日放弃了凡尔登和隆维。谈判仍在正常进行，直到普王脱离险境后，才终于停止。能否认为普王玩弄了法国人呢？那也未必如此。普军一旦撤出法国领土，法军就能向比利时进攻，甚至进一步离间普鲁士与奥国的同盟，这一切可能促使杜穆里埃以及支持他的执行委员会决定放过普军。某些历史学家由于怀疑这项政策的背后隐藏着不可告人的目的，往往抓住不放，大做文章。但是，这场令人惊异的撤退毕竟是年轻的共和国的辉煌胜利；应该承认，正是这次胜利才推动了另一次胜利的到来。

四、热马普之战——共和军的胜利（1792 年 11 月 6 日）

孟德斯吉乌于 9 月 22 日攻克蒙梅里安后，于 24 日又占领了尚贝里。整个萨瓦像迎接解放者一样欢迎他。人们请求他把伯尔尼人从日内瓦驱逐出去，他选择了谈判的方式，使伯尔尼人自动离开日内瓦。安塞姆于9月29日进入尼斯。库斯丁于30日占领了斯皮尔。奥国军队退回到莱茵河东岸，接着从沃尔姆斯继续后撤，于10月21日到达美因兹，最后一直退到法兰克福。

281 与此同时，萨克森一但辛公爵仍炮轰利尔，但始终未能将该城合围。正在勒奎斯诺尔开会的诺尔州选举会议决定将会址迁到利尔。虽然会议代表只剩下少数雅各宾分子，但他们在诺尔弗本堂神甫的领导下，动员了四分之一的国民卫队，坚定地守卫着城市。奥军于10月8日退守蒙斯。杜穆里埃集中四万大军，于11月6日在利尔前方向敌人发起进攻，一举攻克了热马普高地。从此，占领整个比利时已如探囊取物。杜穆里埃占领了亚琛，锋芒直指罗埃河。

战局的转折在法国内外引起了强烈的震动。继瓦尔米大捷后，热马普之战是革命军以正面攻击而并非巧妙的包抄战术所取得的一次真正的胜利；高唱《马赛曲》和《卡马尼奥曲》的无套裤汉奋勇前进，终于以优势兵力压倒敌人，大举征兵的思想以及不依赖科学和组织的人民战争思想便从此产生。

五、第二次瓜分波兰以及奥普联盟的动摇

瓦尔米之战使奥普联盟摇摇欲坠。当豪格维茨和斯皮尔曼于10月8日到达凡尔登时，他们看到部队已溃不成军，普王恼恨交加，失宠的比硕夫斯威特已被反奥派大臣卢谢西尼所取代。豪格维茨立即改变了立场。对普鲁士说来，现在的问题已不再是入侵法国，而是保卫德意志帝国和尼德兰！从此，奥地利在战争中便首

当其冲；普鲁士既然只是奥国的帮手，即使不求平等，至少也能抛开利益共享的原则，放心大胆地向其同盟国进行勒索，在尚未得到波兰的一块割地前，不再参加新的战斗。弗里德里希一威廉虽然 282
比他的大臣更讲信义，明确表示了他将不停止对法作战，但他知道俄国已迫不及待，戈尔兹还说叶卡特琳娜同意与普王单独谈判。10 月 17 日，普王委托大使全权进行谈判；25 日，他在卢森堡的梅尔勒大本营将他的意图通知了奥国方面。如果奥国拒绝他的要求，普王将援引 2 月 8 日协议的规定，只提供二万军队，或者在帝国议会决定对法宣战的情况下，只提供作为帝国成员国所应提供的军队份额。

11 月 20 日，普王的照会和热马普战役的消息同时到达维也纳，这就加重了照会的分量。奥地利或者将失去其盟国，或者将暂时失去取得战争赔偿的权利，二者必居其一。面对这个可怕的选择，斯皮尔曼等大臣仍不死心，他们希望普王回心转意，因而竭力拖延时间，于 12 月 11 日才作出答复：同意普鲁士“必要时”可进占波兰。表面上，普鲁士似乎已取得了任意行动的许诺。其实，奥地利秘密请求英国出面反对瓜分波兰，又请叶卡特琳娜推迟瓜分和减少分给普鲁士的地盘。人们知道，在瓦尔米战后，叶卡特琳娜也还担心弗里德里希同法国和解，担心英国从中插手。她最迟于 12 月 13 日作出了决策；奥斯特尔曼于 16 日向戈尔兹指出，俄国要取得其领土相当于普鲁士四倍和人口达三百万的乌克兰和白俄罗斯。弗里德里希得到的好处也不小，共有但泽、托伦、波兹南和卡利什。谈判只花了六天时间，协议于 1793 年 1 月 23 日签署。普鲁士保证在西线继续作战，但实际上，它抽调部分军队前往波兰，

一心不给奥国任何切实的帮助，使奥国得不到任何补偿。俄普两国仍请奥皇赞同这次瓜分，表示对奥国在进行可望而不可即的交换时，两国也将给予通融。维也纳接到俄普协议的照会后，愤怒和惊诧的情绪简直难以形容。

第五章　反法大同盟的产生 283

如果革命当局在取得军事胜利和占有敌国土地的形势下，能够观望等待，直到第二次瓜分波兰的发生；同时以尊重它的独立为条件而主动归还其占领地，它或许能拆散奥普同盟，从而取得和平。丹东在10月初显然就想到过这一条出路。但要采取这个方案，就绝对不能被胜利冲昏头脑，不能被宣传战和吞并别国的企图所迷惑，以致同英国决裂。同时，也应该赦免路易十六。总之，这项政策意味着共和派必须保持团结一致。在四分五裂的情况下，国民公会不可能向欧洲提出和平建议。

一、国民公会初期的吉伦特派和山岳派

9月20日下午，正当瓦尔米战役接近尾声时，国民公会召开
首次会议，宣布自己正式成立；21日，它已代替了设在骑术院大厅 284
的立法议会。在格雷古瓦的热烈支持下，科洛·德布瓦在会议结束前提出了废黜国王的建议，轻而易举地获得了与会代表的同意。第二天，比约－瓦伦又毫不困难地取得国民公会的同意，规定今后的议会法令改从共和元年开始算起。因此，共和国的建立并非根据郑重宣布的理由直接作出的抉择，而是由于革命的法国为了自

身的安全，在推翻路易十六后不得不采取的统治形式。

国民公会不能忠实地反映全国的意愿。8 月 10 日革命势必
285 把勾结外国或有通敌嫌疑的王党统统排斥在外。没有参加选举的群众深深地感到忧虑和不满，他们不想为革命承受重担，却想享有革命带来的利益。新议会是面对危险拒绝一切妥协调和的少数人的产物。根据西哀士的理论，国民公会是体现国民主权的制宪议会，它享有无限的权力：它在事实上和法律上都拥有独裁权。但是，国民公会的成员远不能满足公社和 10 月 8 日起义者的要求。一方面，不少议员只是迫于形势才赞成共和。另方面，无套裤汉和主张恐怖与限价的平民在国民公会中没有自己的代言人。山岳派还没有真正的社会和经济纲领，只是部分地代表他们的意见，而迷恋《土地法》的“狂徒”则遭到一致的谴责。排斥在国民公会门外的极端分子不久控制了科特利埃俱乐部；随着形势的发展，他们在 1793 年推动山岳派和巴黎各区的前进向议会施加压力，强迫议会按照他们的意志办事。

议会中山岳派和吉伦特派这两个司令部立即发生了冲突。他们都不构成有组织、有纪律的政党，而是内部意见不一、行动散漫的派别。他们的政见并不截然相反，而只是代表了不同的倾向，由于互不相让和遇到难以解决的问题才变得分歧越来越大。他们之间的对立最早可追溯到布里索和罗伯斯庇尔在宣战问题上的冲突，两人互相指责对方同宫廷勾结。接着，发生了 8 月 10 日事件：罗兰夫人不能容忍丹东的地位不断上升，因而在她的周围集合了同丹东势不两立的巴巴鲁、蒲佐和卢维等一伙人，佩蒂昂对巴黎人没有选他当议员始终耿耿于怀；他们对 9 月的恐怖全都心有余悸。

两派的争执愈演愈烈。吉伦特派在反对中央集权问题上取得了地
方行政当局的支持，即使在国民公会下令改选后，地方行政当局仍
由温和的资产阶级所盘踞。吉伦特派鼓动自 1789 年以来广泛发 286
展的地方自治情绪，他们中间虽然有些人对联邦制感兴趣，但整个吉伦特派却从未有过在法国实行联邦制的打算。他们更多地强调地方的独立性，其结果自然更糟。他们同商业资产阶级联系紧密，同平民很少交往，自从离开了雅各宾俱乐部以后，便经常在都登夫人、罗兰夫人或瓦拉泽家中会商；他们坚持经济自由的主张，因而同热衷限价的平民百姓不相融洽。两派的冲突具有一定的社会性。资产阶级几乎全都紧跟吉伦特派；在国民公会，尤其在外省，吉伦特派的名称为资产阶级中的王党分子充当屏障。在巴黎当选的山岳派议员自然偏向各区的无套裤汉群众。他们以雅各宾俱乐部为基地，同这些群众交换意见，并为群众的利益辩护。吉伦特派对他们不但是个威胁，而且他们认为，吉伦特派不可能投票赞成或至少不可能有力推行因战争而必须采取的措施，他们终于不无勉强地接受了平民的主张，成为在议会中没有席位的革命极左派的首领。当然，他们同平民的联合并非亲密无间，随着外省人的不断加入，山岳派就更加不是整齐划一的集团了。

处在两派之间的中间派拥有举足轻重的多数，他们的选择又经常出现反复。这些议员在维护革命和国王完整的问题上态度坚决，但对采用什么手段却游移不定。他们实际上害怕平民，十分接近资产阶级。他们厌恶暴虐和流血，把经济自由奉为准则。但是，在共和国处境危急的情况下，他们又认为不宜同 8 月 10 日的起义者分道扬镳，更何况后者的要求在胜利前暂时尚有用处。所以，中

间派的巴雷尔、卡诺、兰代、康蓬等部分议员归附了山岳派。大多数议员比已被仇恨迷了心窍的派别领袖较为明智，他们认识到，共和派本来人数太少，如果发生内讧，只会彻底垮台。为了面对现实，他们不断改变立场，从而使国民公会令人难以置信地出尔反尔。

287 二、党派斗争和处死国王（1792 年 9 月—1793 年 1 月 21 日）

吉伦特派在最初几个星期享有威望，国民公会似乎已被他们所控制。外省对公社和无套裤汉的嫉妒，屠杀引起的惊恐，由于所有权蒙受威胁而激起的愤怒，军事胜利迅速带来的安全感以及全国性的反恐怖情绪，这一切使大多数人向吉伦特派靠拢。丹东选择了国民公会议员的职务，离开了执行委员会，“德高望重”的罗兰从此成为执行委员会的领袖。公社直到 11 月底才被解散，但在这以前它已失去了它的特殊权力，并撤销了监视委员会。中央政权派往各地的特派员纷纷被召回。警察由罗兰和议会公安委员会接管。查办嫌疑犯已经停止，被捕人犯已陆续释放，许多被流放的神甫和流亡贵族已允许回国。随后，8 月 17 日成立的人民法庭已经取消，正常的法院恢复了工作，不再有镇压反革命的专门司法机构，高等法院也被取消。粮食贸易法规已不再适用，9 月法令从未得到真正执行。罗兰始终反对限价；由于限价在厄尔河和卢瓦尔河之间的地区再次引起了重大的骚乱，罗兰于 12 月 8 日下令恢复粮食贸易自由。战争开始以来，军需供应商简直福星高照；在比利

时战场，依靠杜穆里埃的配合，他们更是财运亨通，特别是爱斯泊
涅教士。新任国防大臣巴什一度曾设立“采购署”代替军需供应 288
商，遭到了杜穆里埃将军的不断抗议，国民公会最后让他自行处置供应军需的必要开支。与此同时，由于不必再加固巴黎城防，负责挖壕筑垒的工人均被解雇，罗兰并在国家工场中恢复了计件工资。他竭力主张取消公社规定的每磅三苏的平价面包，不再把这大笔开支转嫁到纳税人身上。农民的利益也遭受损害：平分公地和出售流亡者产业已被推迟。这项政策使无套裤汉对罗兰分子更加怨恨。但在国民公会，这项政策却没有遇到人们所设想的抵制；在粮食贸易的大辩论中，作为正统经济学家的圣茹斯特指出，对付价格上涨的唯一办法是紧缩通货。罗伯斯庇尔虽然雄辩地反映平民的怨愤，并要求制止囤积居奇，但没有提出征购和限价的建议。共和派在对待教会的问题上意见比较一致。他们拒绝了康蓬关于取消从国家预算中开支信仰费的建议。但是，在 12 月，他们平静地讨论了孔多塞所作的关于建立世俗的、免费的和义务的公共教育的报告，这项报告没有被通过。最后，丹东不同意罗伯斯庇尔处处与吉伦特派为敌的立场，主动向吉伦特派提供支持。

正如勒瓦舍尔所指出的，丹东实质上属于中间派。他一心想抛弃极端措施；当泰奥都尔·德·拉默在 10 月从伦敦赶来向他说情时，他曾答应尽全力去救护路易十六。他知道这是和平的条件之一。为了求得和平，他甚至会同意恢复君主立宪，例如让沙特尔公爵就任国王。早在 10 月 4 日，他就建议宣布祖国不再在危急中。但是，从相反的角度看，必须有了和平才谈得上稳定局势和采取温和政策。这个困难必须通过共和各派的团结才能够解决，至

少也要使山岳派不公开反对。丹东于9月21日和25日在否定联邦制的同时,否定了专制和土地法。从理智出发,吉伦特派应该同丹东握手言和。

但吉伦特派却想压倒他们的对手。他们要求清算丹东的秘密
289 开支,而丹东又交不出账目;罗兰夫人还把王室失窃的财物说成被丹东所偷盗,这就把丹东推到了左派的一边。9月25日,马拉和罗伯斯庇尔受到了猛烈的攻击,说他们企图擅权独裁;对公社的攻击成倍增加;卢维于10月29日再度向罗伯斯庇尔开火。吉伦特派的目的十分明显,他们企图把屠杀和革命专政的罪名加在那些没有像卡拉和巴巴鲁一样投靠他们的8月10日起义者身上,并进一步加以惩办。他们完全懂得,在这样的威逼下,巴黎的无套裤汉忍无可忍时会冒险再次闹事。因此,罗兰于9月23日要求国民公会设置守卫;因爱上罗兰夫人转而反对其旧伙伴的蒲佐鼓吹成立旨在保护国民公会的"州国民卫队"。

国民公会大多数议员虽然与吉伦特派一样讨厌无套裤汉,但不同意让吉伦特派处置对手。这就暴露出第三派的存在,即与山岳派相对而言的平原派,或用贬义的名称,即沼泽派。他们暗中承认罗伯斯庇尔11月5日的发言是篇出色的辩护词:8月10日的某些后果令人惋惜,但对于推翻了路易十六和制止了通敌阴谋的人们,绝对谈不上予以法办。否则,国民公会岂不等于谴责起义和葬送自己的权威;此外,如果它对巴黎的无套裤汉使用武力,就会使自己受王党的摆布。因此,国民公会仅对马拉表示鄙视。罗伯斯庇尔没有被法办。经过这场考验,罗伯斯庇尔名声大振,一跃成为山岳派的领袖。为了避免挑动外省反对首都,国民公会对外省

寄来的支持吉伦特派的文告只能表示欢迎，并听任外省自发派遣许多联盟军前来巴黎。

吉伦特分子这次由于未能说服国民公会，他们的势力开始下降。在执行委员会，国防大臣巴什和海军大臣蒙日脱离了罗兰。巴黎资产阶级坚持不参加选举，雅各宾分子掌握了州政府，公社选了一名温和派分子任市长，但又配备肖梅特和埃贝尔任正副检察长。更糟糕的是山岳派在反驳时指责他们的对手拖延审判国王。 290

吉伦特派确实希望拖延审判。他们的国内政策要求宽赦路易十六。丹东曾对拉默说过："一旦把国王交付审判，怎么再能救他？国王出庭受审，他就必死无疑。"事实上，国民公会只有宣布国王有罪这条路可走，除非它对 8 月 10 日的起义、它自身的存在、共和国的成立统统加以谴责。罗伯斯庇尔于 12 月 2 日以不容置辩的逻辑向国民公会指出："假如国王无罪，推翻国王的人便有罪……制宪议会禁止你们去做已经做过的一切……你们应该向路易十六跪下，恳求他的饶恕。"在认定国王有罪后，国民公会就很难不判国王死刑，因为他召请外国入侵法国，因为力争为同伴报仇的无套裤汉认为他是杜依勒里宫设伏袭击的主谋。为了救国王一命，必须不提审判的问题，这正是吉伦特派的愿望。但是，他们既要排挤山岳派，就不能阻止山岳派打破沉默：国王的脑袋成了党派斗争的赌注。

国民公会到 11 月才开始讨论这个问题。在听取了瓦拉泽和梅勒的平庸乏味的报告后，辩论开始呈胶着状态，一直拖到 11 月 20 日，从宫中发现了装有罪证文件的铁柜；由于疏忽，罗兰没有先独自检查文件的内容，从而铸下了大错，使审判国王成为不可避免

的事情。12 月 11 日，路易十六出庭受审：他或者矢口否认，或者以宪法作掩护。他获准聘请了特隆歇和马勒谢尔伯为咨询律师。26 日，德歇兹律师提交了辩护词：他也否认国王犯有叛国罪，但他主要指出国民公会无权审判国王，并强调国王人身不受侵犯。作为制宪议会，国民公会理应拥有全部权力，大多数议员对此毫不怀疑。在瓦伦事件后，布里索和罗伯斯庇尔一致主张，君主仅在其文书符合宪法、并经一名大臣副署时才能免于追究责任。1792 年 7 月 3 日，维尼奥曾愤怒指出，宪法中恭敬地对叛国罪只字不提，这竟被解释成国王免受法律起诉。尽管如此，吉伦特派采取了阻挠的手段。他们要求将波旁家族一概放逐，其借口是：主张处死路易十六的那些人打算让已当选巴黎议员、改称菲力浦一平等的奥尔良公爵代替路易十六。这样，山岳派便被迫为奥尔良公爵辩护，吉伦特派就能指责山岳派是王党。随后，他们又坚持判决须交人民
291 批准。巴雷尔于 1793 年 1 月 4 日用他最杰出的演说对他们进行了反驳。在迫不得已的情况下，他们又说，弑君将导致全欧性的反法同盟，使共和国再次处境危急。这是避免审判的决定性理由，但到现在提出已不合时宜，它只会使吉伦特派理屈词穷，因为他们在 11 月主张把战争进行到底。

投票在 1793 年 1 月 14 日开始，每一名议员都登台陈述理由。认定国王有罪获一致通过，诉诸人民的建议被否决。决定国王生死命运的投票从 16 日开始，延续了二十四小时之久。在出席的七百二十一名议员中，三百八十七人主张判处死刑，三百三十四人反对。但是二十六名主张判处死刑的议员曾建议考虑缓期执行，其中梅勒最早想出这个巧妙的主意。如果他们以此为条件，真正主

张判处死刑的票数只多半票，因此必须让他们明确表态。经过协商，决定就缓刑问题举行了投票，议案以三百八十票对三百一十票被否决。每次投票，吉伦特派都发生一次分裂。

在审判期间，巴黎各区动荡不安，谣传纷纭，都说议员们将因害怕而退让。一位名叫勒佩蒂埃·德·圣法戈的山岳派议员于1月20日被王党刺杀，但受害丧命的毕竟仅他一人。另方面，收买政策使少数派人数不断增加。西班牙驻法代办奥卡里茨不仅公开拉拢议员，而且从银行家勒戈特那里借到二百万巨款，广为散发。直到最后时刻，王党仍抱有希望，而投票结果使他们感到意外。

1月21日上午，公社在通向断头台的路上布置了全部国民卫队。路易十六在革命广场引颈受刑。除个别地区例外，全国都保持沉默，但人们在思想上震动很大。处死国王的后果如何，将始终是个争论不休的问题。可以肯定，这刺激了一些人对国王的怜悯，又加强了另一些人的信念。但总的看来，忠君思想无疑受到了决定性的打击：既然一位国王已像一个普通人那样被处决，君权也就永远丧失了“神授”的性质；而在处决路易十六以前，即使法国革命也未能将君权神授予以勾销。随着国王的被处决，投赞成票和投反对票的两派议员之间结下了不可解开的仇恨；整个欧洲决定发动一场剿灭弑君者的战争。面对这些后果，大多数法国人被惊得目瞪口呆。审判国王其实是“调和派”和“不调和派”之间的一场斗争：前者为了实现和平，多少有意识地准备同反革命派妥协；后者 292
则切断任何后路，使民族危亡同战争胜败联结在一起。

三、宣传战和领土兼并

吉伦特派希望避免专政和不杀国王，这一政策的前提是实现和平。然而，他们却偏偏主张战争：他们眼看无套裤汉在远离他293 们，便大胆抬出法国是世界的解放者这个幽灵，竭力把无套裤汉争取过来。这里并不单纯是派性在起作用，浪漫的梦幻迷住了他们的眼睛。他们凭本能感到，宣传战仍为革命人民和许多山岳派分子所珍爱，革命人民之所以责备吉伦特派，并非因为吉伦特派开展了宣传战，而是由于他们未能打好这场宣传战。

国民公会对有关革命前途的某些紧迫问题迟迟不肯作出决策。人们相信，被占领的国家渴望摆脱旧制度。但是，究竟让这些国家自己解放自己，还是迎合它们的愿望，直接在那里“设置政府”？此外，法国究竟应该自己出钱，即通过输出铸币的办法，去解放这些国家，还是应该用征购实物和索取赔款的手段去养活自己的部队？巴黎的外国难民十分活跃，其中的克拉维埃竟是法国政府的一名大臣，他下令将迁就日内瓦贵族的孟德斯吉乌免职。在11月，尼斯、萨瓦和莱茵诸国提出了一个新问题：它们要求并入法国。由于接不到指示，将领们便各行其是。安塞姆改组了尼斯当局，设置了市政府；孟德斯吉乌在萨瓦则听任各俱乐部自行成立，并于10月20日召集“亚洛布罗吉国民议会”。在莱茵地区，库斯丁亲自着手组织俱乐部——其中最著名的是美因兹俱乐部——积极主张废除封建制。杜穆里埃希望成为独立的比利时的首脑，他商得冯克派的同意，决定选举各省议会，以代替三级会议，这一行

动足以使他同国家派闹翻。此外,他阻止不了反教会的民主派在列日取胜,更不能阻止他们在其他各地开设立即引起教会敌视的、大吵大嚷的俱乐部。在财政方面,所采用的方法也因地而异:安塞姆、孟德斯吉乌和杜穆里埃尽量少向当地居民索取;杜穆里埃试图向教会借款,他的军需供应商用纸币购买物品。相反,在莱茵地区,库斯丁在占领区就食,向富有的资产者,例如法兰克福的银行家,征收税款。直到 11 月中旬,国民公会仍不表明态度。

就在这时,发生了热马普战役。信心和热情顿时大增。山岳 294
派也同样兴奋,罗伯斯庇尔不再试图抵挡这股滚滚洪流。人们甚至不肯花时间认真思考。11 月 19 日,当鲁勒陈述美因兹俱乐部的担忧以及它希望取得法国的保证时,拉雷韦里埃-勒卜当即让国民公会通过法令,决定向争取自由的各国人民提供"博爱和救援"。由此,革命向世界进行了挑战。27 日,格雷古瓦在接见前来祝贺共和国取得成功的一个英国代表团时,预祝一个新的共和国不久将在泰晤士河两岸诞生。布里索全力推动同西班牙断交,他说:"只要波旁家族还有一人留在王位上,我们的自由便不得安宁。同波旁家族决没有和平,因此必须考虑讨伐西班牙。"他要杜穆里埃派手下的军官米兰达去组织拉丁美洲的起义。德意志帝国和意大利没有被忘记。布里索于 11 月 26 日写道:"只有整个欧洲着了火,我们才能安宁";肖梅特在 16 日已经预言:革命政权不久将在全欧建立,直到俄国为止。各国在法的政治难民有力地鼓动法国东征,其中最引人注目的是克洛兹;荷兰人要求杜穆里埃侵入他们的国家。马谢那和黑维亚在巴约讷组织对西班牙的革命宣传。

自然,国民公会首先要解决被占领国家的命运问题,由于占领

地区已延伸到阿尔卑斯山和莱茵河沿岸，有人主张将法国的疆土扩展到“天然边界”为止。从此以后，许多历史学家都把这种理论说成是王朝遗产和民族传统。其实，法国的历代国王似乎从未有过这个设想。曾经有几代国王向尼德兰扩张他们的势力，在十六世纪前，尼德兰的佛兰德公爵曾是法国国王的附庸，尼德兰的边界曾十分靠近巴黎，甚至影响法国国王的安全。但是，到了十八世纪，路易十五不再效法先王。由于偶然的机会，亨利二世进占了三个主教国，黎塞留又占了阿尔萨斯。但在更接近北部的地区，法国从来只求保住莱茵河左岸的几块领地。因此，所谓天然国界命定
295 地构成法国框架的说法，大概是在军事胜利的影响下产生的浪漫想法。这种影响的存在是不容怀疑的。何况可以肯定，人们的思想也已经有了准备，因而乐于接受以上的说法。天然边界的概念至少在为黎塞留效劳的一些文人那里已经出现过；被十八世纪奉为经典的史学家梅泽兰作出了明确的表述。此外，或许人们对学校时代听到的关于《高卢战记》的解释没有完全忘记。在这部著作的开头，恺撒确实如同革命党人所要求的那样，划定了高卢的界线。总之，布里索在11月写道：“法兰西共和国只能以莱茵河为界”，执行委员会为了讨好安特卫普人，竟将威斯特伐利亚条约置之不顾，于16日决定开放斯凯尔特河的入海口，似乎比利时已经并入了法国。因此，解放事业就有演变为征伐战的危险。宣传的失败和军事的需要加速了这种演变：几星期后便见了分晓。

如同吉伦特派一样，国民公会本希望在法国四周出现几个姊妹共和国。但人们不久明显地看到，被占领国的居民对此表示反对，或谨慎地持保留态度。再说，军事占领给各地带来了痛苦或困

难，人们希望从这种痛苦和困难中解脱出来。唯有萨瓦直截了当地废除了旧制度，要求并入法国。相反，比利时派出代表团，于12月4日向国民公会要求承认该国的独立：这些代表本身因害怕教会，不准备采取全部革命性改革。莱茵地区的情形同样如此。总之，各国人民既不能自己解放自己，又不愿别人解放他们。共和派为此怒不可遏。丹东于9月28日惊呼："我们在给予人民自由的同时，我要说，我们有权告诉他们：'你们不会再有国王了'。"革命的外国朋友想到，如同反法联军获胜一样，独立会使他们受敌人的摆布。尼斯人于11月4日就说过这样的话；美因兹俱乐部感到十分孤立，福斯泰终于建议同法国合并。

11月27日，国民公会跨出了决定性的一步，同意萨瓦并入法国。格雷古瓦在为法令辩护时援引的理由如下：主权属于国民，萨瓦天然就是法国的一个地区，法国和萨瓦具有共同的利益。这些
条件至少要求，在决定每个被占领国并入法国时，应分别进行讨 296
论。可是，军事和财政的需要却加快了兼并的步伐。

11月30日，正当杜穆里埃及其军需供应商大吵大闹，责备"采购署"置军队于缺衣少食的境地时，国民公会派遣了几名特派员来到比利时。卡缪代表特派员回国报告时指出，部队确实备受饥寒之苦，因此杜穆里埃推翻了康蓬的决定，获得便宜行事的权力。但是，卡缪通知政府各委员会，杜穆里埃不会借到足以应付其开支的钱：这些开支应该由共和国负担。康蓬回答说，在这样的条件下，法国不能把战争再继续下去了。战争应该伴以革命的措施。教会、王公以及"助纣为虐者"的财产要一概没收，充当指券的抵押，而指券要在被占领国流通，以免法国向那里输出铸币。什一税

和领主权要废除，旧税收要取消，改变为向富人征收捐税。新的行政官员要推行改革：凡向自由宣誓和放弃特权者才享有选举权和被选举权。这样，群众就会感受到革命的好处。“向宫室开战，给茅屋以和平”这个著名的法令于 12 月 15 日在欢呼声中被通过。在法国刺刀的保护下，少数革命分子着手建立专政，他们不顾人民愿意与否，硬要人民出钱去换得幸福。这一次，杜穆里埃终于碰了壁。他不但要取得经济独立，而且竭力迁就比利时人，以便将来有建立独立政府的可能时，自荐出任政府首脑。战争进行了还不到一年，他已开始玩波拿巴的那套把戏。眼看自己的计划全遭搁浅，杜穆里埃于 1 月 1 日赶回巴黎，最终一无所获。

正如罗伯斯庇尔所预言的，采取以上的措施，结果是场灾难，就连平民也拒绝接受这份得不偿失的赠礼。三十名特派员分布在比利时各地，强制推行国民公会的法令。康蓬于 1 月 1 日为从比利时榨取六千四百万里佛而自鸣得意，但他剥夺教会财产，势必同约瑟夫二世一样失去居民的支持。同月 17 日，特派员毫不掩饰地指出，只要法国打一次败仗，比利时居民就会群起造反。其他各国
297 的情形也同样如此；萨瓦开始同法国疏远。国民公会不得不作出这样的结论：兼并是在被占领国预防反革命的唯一手段。尼斯于 1 月 31 日并入法国。当天，丹东要求对比利时采取同样措施，他用特别简短的话语提出了一个理论，即共和国必须把版图扩大到天然边界。2 月 14 日，卡诺援引历史为证，补充了这项声明：从这天然范围中离弃的各部分，“纯粹是非法侵占的结果”。由于不敢召集比利时全国议会，合并的问题在法国代理人的亲法分子主持下被交付各省分别表决。莱茵地区在同样条件下选出了一个议

会,于 3 月 17 日同意并入法国。国民公会在当月完成了批准手续。于 1792 年 11 月刚成立罗拉西亚共和国的原巴塞尔主教国在 1793 年 3 月 23 日变成了蒙代里布尔州。

就在那时,反法大同盟已基本形成,开始向共和国发起进攻;从此,只有军队才能保证这个政策的成功。当国民公会经过六个月的讨论终于采纳这个政策时,军事失利已经开始了。

四、与英国断交

局势的发展使皮特感到突然。他在 1792 年 2 月 17 日作预算报告时曾断言英国能安享十五年和平。为此,他削减了二千名水兵和五千名士兵。当大陆爆发战争时,他严守中立。他大概像所有人一样,以为革命不久将被镇压下去,他对此感到高兴,因为这反过来会使英国的骚乱气馁。

民主派的宣传在日趋扩大。好几名辉格党领袖在 4 月组织了“人民之友社”。但这些激进分子控制不住局面:就像在法国那样, 298
民主派从天然的斜坡上往下滑,开始触及社会纲领。潘恩于 2 月发表《人权》的第二部分时,猛烈攻击英国贵族,建议征收累进税,凡收入超过二万三千英镑的部分一概归公。葛德文正在写作其主张实行空想共产主义的《政治正义论》一书,该书于 1793 年出版。然而,早在 1791 年末,伦敦的一名穷修鞋匠托马斯·哈第在一家小酒铺集合了几名工人,他们于 1792 年 1 月 25 日成立了共有八人参加的“伦敦通讯会”,规定每星期缴纳会费一便士。与此同时,谢菲尔德有五六名工人也组织了起来。无产者或至少手工业者参

与公共生活，这是一件大事：社会问题已成了政治现实。斯托克波特俱乐部指出："正是我们的劳动养活了君主、贵族和教士，我们不是伯克先生所说的群氓。"苏格兰诗人彭斯以更加粗犷的言词表达了平民的感情。新人物的涌现推动了民主运动的蓬勃发展。3月24日，各俱乐部代表在诺威奇举行会议，希望实现自由之友的大团结。平民联合的思想不久成了贵族的心腹之患；贵族担心十七世纪的"平等派"将会复活。如同法国一样，民主宣传的抬头是由当时的经济形势造成的。谷物法的执行在1791年变得特别严格；这也是英国出口小麦的最后一年。从冬天开始，面包价格日益昂贵；1792年预计将会歉收。到了5月，骚乱此起彼伏，罢工也成倍增加。那些不住在兵营而仅靠薪饷维生的士兵深受物价上涨之害。他们在各俱乐部的鼓动下，纷纷在请愿书上签名，军纪逐渐松弛了。爱尔兰的形势也不妙，土地暴动在那里重新出现。天主教的抵抗分子和新教的"黎明之友"[①]开始同政治团体携手合作。这些团体——例如沃尔夫·汤恩于1791年末组织的"爱尔兰人联合会"，还有于1792年2月由各地方分会派遣代表组成的"天主教委员会"——一致要求废除对非国教的新教徒的限制和给天主教徒
299 选举权。格拉坦在议会为这个纲领辩护，但同时又不赞成骚动。天主教徒的要求在对法宣战前不久终于得到了满足，但其他建议均未被接受。

直到1792年5月，皮特似乎没有感到惊慌。就在5月，虽然

① 1784至1795年间英国非国教的新教徒团体，他们往往在清晨活动，故称"黎明之友"。

他拒绝了格雷关于选举改革的新动议，他仍让关于文字案件需交公法团审理的福克斯法案得以通过。但在21日，国王在一篇文告中突然检举有的出版物“混淆视听”，并下令追查。同时，政府开始津贴保守派的宣传。6月，在赶走了长期同他作对的掌玺大臣梭罗后，皮特开始同波特兰领导的辉格党右翼谈判，企图组织联合内阁。如果没有国王的反对，皮特本想接受福克斯加入内阁；由于排斥了福克斯，联合内阁也就组织不成了。

法国民主派的胜利促使英国形势进一步恶化。这一次，皮特和格伦维尔不再隐藏他们的个人感情，因为他们反映着乔治三世和广大选民的感情。驻巴黎大使高威被召回国内，同肖夫兰的一切官方关系全告断绝。皮特的冷淡和格伦维尔的倨傲使非正式会谈难以进行。何况，法方又提出承认新政府作为先决条件，英方则指责肖夫兰支持在野的辉格党和资助民主宣传。9月屠杀事件后，大批难民涌向英国——总数达三千七百七十二人，其中神甫约二千人，舆论界反应十分强烈。人们传说，巴黎的雅各宾分子竟以人肉为食。沃森主教等对革命同情者发生动摇，开始转变立场。丹东的使者诺埃在9月承认，局势正变得日益危险。

虽然如此，民主宣传在秋季仍进展迅速。革命的初步胜利，无论在法国或英国，都激发了人们的革命情绪，革命者公开组织庆祝活动，哈第的通讯会派遣代表向国民公会祝贺。在苏格兰，缪尔于10月3日创立了“宪法和人民社”，彭斯集资购买大炮送给法国，并在剧院中高唱《前进曲》。据揭发，有人在私造武器；伯克于12月向下议院进行检举，并拿出一把匕首掷在地上当作证据。11月
24日，诺埃断言革命运动即将兴起，贵族和资产阶级一面毫无根 300

据地硬说英国的俱乐部分子企图暴动，一面又指出皮特能够应付局面。历史学家里夫斯建立了“反平等社”。大批忠君的和排法的团体纷纷出现。随着战争的迫近，统治阶级十分乐于制造惊慌，这对他们有利，因为他们既能就此向法国报复，夺取它的殖民地，又能乘机镇压民主派。出于这个打算，皮特和格伦维尔为同法国绝交而高兴。他们宣布，向各国人民许诺友爱和援助的 11 月 19 日法令是一份“宣战书”；这实际上就等于指控英国的民主派犯有叛国罪。潘恩因在加来海峡州当选国民公会议员，被缺席审判。缪尔刚动身前往巴黎，司法追查便接踵而至。此外，对法开战还可以加强政府在议会中的权威，因为部分辉格党人将抛弃福克斯和投靠多数派。

然而，皮特只是为了维护英国的特殊利益，才下了断交的决心。11 月 6 日，格伦维尔还对驻海牙大使奥克朗声称，他认为放弃中立没有任何好处。皮特在 10 月 16 日说过，如果法国兼并萨瓦，事情就会发生全盘的转折。尽管如此，即使法国兼并了阿尔卑斯和莱茵地区，皮特恐怕也不会断然动武。但是，杜穆里埃和国民公会如果以为皮特会听任他们征服或兼并比利时，那就大错特错了。人们至多可以设想，皮特或许能容忍杜穆里埃把战争引向比利时，但他要杜穆里埃的正式保证作交换：法国未得英国的认可，不能支配比利时的命运。勒布伦曾派马雷向皮特保证，共和国将不把比利时据为己有；开放斯凯尔特河入海口一事使马雷的使命失去任何价值，在皮特看来，执行委员会的这个决定具有象征的意义。国民公会 12 月 15 日的法令证明了皮特的看法是正确的。何况，英国是荷兰的盟友，开放斯凯尔特河直接有损荷兰的利益。一

支法国舰队闯过了荷兰设置的各道关口，陆海军统领面临法国的入侵威胁，要求英国给予支持，皮特立即答应了请求。 301

吉伦特派在12月显得犹豫不决：他们曾希望争取英国和普鲁士。波尔多和其他港口的资产阶级已因殖民地的动乱受到了损失，他们对海上战争不能怀有好感。热马普战役以来，杜穆里埃一再坚持进兵荷兰；阿姆斯特丹是欧洲最大的银行中心，不少人以为入侵荷兰后军费便有了着落。然而，执行委员会于12月5日却推迟作出决定；后来，国王审判案终于促使吉伦特派用外来的威胁进行恐吓。恰恰在这个问题上，吉伦特派内部又出现了分裂：海军军官盖尔森于1月1日列举种种理由说明法国可以认为英国不堪一击，这个建立在信贷基础上的现代迦太基将如同纸糊的大厦那样彻底倾覆。至于山岳派，他们对必然导致扩大战争的措施都不反对，甚至鼓掌拥护。罗伯斯庇尔保持沉默。吉伦特派为了掩饰自己的犹豫，只要对方有反对的一点表示，肯定会加以揭发。这一次，党派斗争又起了决定的作用。杜穆里埃赶到巴黎后，于1月10日取得了执行委员会的赞同，但命令于31日才终于发出。吉伦特派因此丧失了两个月时间，否则，占领荷兰就不会遇到任何困难。

皮特和格伦维尔表现得非常果断。格伦维尔于11月29日接见了肖夫兰，向他指出16日的决定和19日的法令必须撤销。皮特于12月2日向马雷作了同样内容的谈话。在前一天，他已下令召集民兵。议会于13日开会，除个别例外，辉格党议员决定支持政府。福克斯、兰斯多恩、谢里丹谴责了法国的行动，但在荷兰不受侵犯的条件下，他们坚决反对战争。皮特轻而易举地占了上风：

20 日，要求增加水兵二万人；31 日，议会通过了外侨法案；1 月，停止装载粮食和原料的船只开往共和国。路易十六之死加速了事态的发展进程。肖夫兰于 1793 年 1 月 24 日开始收拾行装；勒布伦预计事情已不可挽回，于 25 日将肖夫兰召回国内。在肖夫兰到达的当天，即 2 月 1 日，国民公会通过了宣战法令，议案的报告人竟是布里索！

302

五、与南方各国断交

对英国说来，处死国王只是一个借口；西班牙则不然，处死国王是它同法国宣战的真正原因。8 月 10 日以来，阿兰达仍处处迁就法国，他甚至采取了一些不利于流亡神甫的措施。勒布伦不顾布里索的反对，要布古安大使采取克制态度，并建议在西班牙承认共和国之前，两国同时裁军和宣布中立。但在 11 月 15 日，一场宫廷政变迫使阿兰达下台，由王后帕尔玛的玛丽－路易丝的情夫戈多伊接任。接着，路易十六审判案又激起了反法示威。戈多伊决定根据审判结果再考虑中立问题，并于 1 月 22 日拒绝了法国的建议。布古安于 2 月 22 日离开了马德里，国民公会于 3 月 7 日对西班牙宣战。地中海的大门从此向英国打开，意大利各王公认为从此可以毫无顾忌地反对法国。

同罗马的绝交已是既成事实。由于教皇监禁了法兰西学士院的两名学生——随后即行释放——法国驻那不勒斯的代表马科派了他的秘书胡古・德・巴斯维尔前往罗马交涉；巴斯维尔不但公然佩戴三色绶带，而且坚持要树起三色国旗。巴斯维尔于 1 月 13

日在一场暴乱中被杀。由罗兰夫人起草的执行委员会抗议书斥责了“罗马的凶残和虚伪”。

于 12 月处在拉图什一特雷维尔率领的法国舰队威胁下的那不勒斯等着英国舰队的到来。费迪南四世及其大臣阿克通加入了反法同盟。托斯卡纳也不得不同法国绝交；威尼斯同样如此。帕尔玛和莫德纳分别以西班牙和奥地利为榜样行事。即使在遥远的土耳其，什瓦塞尔一戈费埃大使无疑会警告大公要提防继任大使台什科希。除了瑞士和斯堪的纳维亚半岛的两国外，法国几乎同 303
整个欧洲开了战，而法国军队却日趋崩溃。义勇军参加了野战，但到冬季即开始撤退，因为他们看到祖国已不再在危急之中。吉伦特派也不再像在春天那样积极主战。

吉伦特派的政策是自相矛盾的，他们希望恢复自由体制和挽救国王，这就应该实现和平，而他们却挑起一场全面战争。他们唯有达成各派共和分子的一致，才能赦免国王和缔结和约，而他们却拼命攻击山岳派和无套裤汉，从而使团结完全没有了希望。反法同盟出师作战初期取得了辉煌胜利，这些胜利对未能克服其自身矛盾的吉伦特派是个致命的打击。

第四编

一七九五年和约缔结前的反法同盟和革命

第一章　欧洲反法同盟
（1793—1795）

绝大多数欧洲国家现在已向法国开战，但它们之间尚不团结：英国是组织反法同盟的发起人，由于它自己的错误，它未能给反法同盟灌注旺盛的生命力。各盟国对战争的目的始终未能取得一致意见，因而作战时兵力分散。它们对波兰、海战和殖民战争的关心至少等于或甚至超过对法的陆上进攻。结果是，在取得某些初步胜利后，同盟军便停止进攻或向后撤退。1794 年后，同盟军开始抵挡不住革命军的攻势，并像瓦尔米和热马普战役后的奥普联军一样土崩瓦解。

然而，反法同盟诸国间的争执尚不足以说明它们的失败。这里还有更深一层的原因。通过比较，我们可以从中看出革命的独特性质。反法同盟诸国未能利用自己的物质优势，看不到这是一场崭新的战争，它们因循守旧，丝毫不改变其统治方式和作战方法。当然，反法同盟的作战不力也并不完全出于因循守旧：它们不敢要自己的臣民作出过分的牺牲，因为它们担心臣民们在胜利后 306
会反过来要它们作出相应的让步。

一、反法同盟的形成

根据历来的传统，英国同法国作战总要挑动大陆各国与法国为敌，必要时还不惜出钱收买。荷兰早已是英国的盟友，格伦维尔在 11 月曾向奥地利进行了试探。宣战后，他先后同各交战国结成同盟：3 月 25 日同叶卡特琳娜二世；4 月 25 日同撒丁国王；5 月 25 日同西班牙；7 月 12 日同那不勒斯的波旁；7 月 14 日同弗里德里希—威廉二世；8 月 30 日同奥地利；9 月 26 日同葡萄牙。德意志帝国于 1793 年 3 月决定对法宣战后，巴登和黑森两公国也同英国一致行动。至于汉诺威，它本是乔治三世的领地。由此逐渐形成了欧洲第一次反法大同盟。这个大同盟以英国为主体，共同对敌的需要使各国在一定程度上互相声援，但这种团结从未以正式的条约形式固定下来，更谈不上建立统一的指挥和共同使用各国的资源。

在英国与同盟诸国的关系上存在着明显的不平等。萨丁、那不勒斯、葡萄牙、汉诺威、巴登和黑森以领取津贴为出兵的条件，皮特把它们看作是英国的雇佣军。荷兰在财政上资助战争，但不能守住自己的国土。奥地利和普鲁士则相反，它们希望取得经济援助，但不准备接受别国的命令。英国同西班牙和俄国的协定仅规定组织禁运。实际上，假如德意志和意大利实现了统一，假如这两大民族倾全力对付法国，它们足以左右大陆的战局，法国革命很可能遭到失败。在欧洲当时的形势下，只有英国在战争目的问题上同不受其霸权控制的各国协调一致，反法同盟才能有效地发挥作

用。可是,情况却偏偏不是如此。

二、反法同盟诸国的战争目的 307

两个战争目的对反法同盟诸国可能是一致的。一个目的是要拯救欧洲的文明,即正如伯克和法国流亡者早已鼓吹的,破除法国的革命事业,重建贵族的统治;这就是所谓理想主义的十字军战争,实际上也是一场阶级的战争。另方面,皮特和格伦维尔主张进行一场政治战,其目的是要重建国际法和恢复欧洲均势,这意味着要法国遵守国际协定,放弃宣传和归还从别国夺取的土地。

不容否认,同盟诸国对两个目的都没有成见。皮特拒绝了伯克建议发表的文告,因为英国贵族并无理想主义的倾向,不想为法国贵族报仇雪恨。更何况,坚持在法国复辟旧制度只会使战争难以取胜。大陆国家则不同,它们决心推行反革命。但在 1793 年 4 月的安特卫普会议上,英国人没有反对大陆各国的意图。这一意图主要在诺尔州得到执行:一个由奥国官吏组成的委员会,即瓦伦西安军政府,在该州部分地区统治了一年之久。军政府恢复了什一税和领主权,让顽固派神甫返回家乡,把尚未售出的国有财产交还原主,并宣布将收回已出售的国有产业。由此可以看到,一旦法国沦陷,将会发生怎样的事情。至少就其内心而言,皮特也决意在法国复辟君主制,并像在英国那样,建立贵族和大资产阶级的立宪体制。对于皮特所设计的政治战,大陆国家肯定不如皮特自己那样感兴趣。各国都没有认识到法国的扩张损害了它们自己的利益。版图有所扩大的俄国、普鲁士和撒丁只是在获得同等利益的

条件下才予以容忍的。最后，各国都明白，英国主张大陆均势是为
308 了保障它的海上霸权。但是，皮特的原则在表面上显得十分合理，因而任何人都从未提出异议。

虽然如此，参加反法同盟的每个国家都指望取得一块割地。伯克曾预言，领土野心将在同盟诸国间制造分裂和刺激法国的民族精神。但是，皮特不能鼓吹放弃利益，因为他需要盟友，最初仅处次要地位的赔偿问题已变成大陆各国最关心的事情，它们甚至不等英国投入战争，就把问题解决了。此外，人们不久看到，皮特也赞同赔偿的原则。他指望夺取科西嘉岛和法国的殖民地，以便扩张大不列颠帝国。尽管他一再否认，人们仍怀疑他还想兼并敦刻尔克和土伦。总之，在安特卫普会议上，英国代表同其他代表一起反对了科布尔大公的主张：为了促使杜穆里埃同国民公会对立，与会各国宣布保证法国的领土完整。因此，奥地利人在诺尔州拒绝了让路易十七登基即位，甚至拒绝让原来不住在该州的法国流亡者进入这个地区。在土伦，豪厄承认了路易十七，并挂出了白旗；皮特不但不予批准，反而不许普罗旺斯伯爵进入该城。由于割地赔偿成了同盟诸国的战争目的，事态的发展比伯克的预见更加糟糕。

革命显然只能在大陆上被扑灭。皮特却忽略了这一点，他迫切希望先占领法国的殖民地，消灭法国的海军和夺取法国的市场。这种做法惹恼了坚持既定原则的西班牙，使它对自己的海上利益和殖民利益感到担心；由于缺少西班牙的真诚合作，英国的海战不能取得决定性的胜利，卡洛斯四世终于脱离了反法同盟。英国的榜样促使同盟诸国首先寻求自己的利益。由地理位置所决定，它

们不愿意也不可能从法国取得领土利益。斯皮尔曼计划承认了这一点。因此,虽然它们理应集中力量对付共同敌人,俄国和普鲁士——甚至奥地利——却认为袭击波兰对它们更有利可图。斯皮尔曼计划要求俄普两国负有关心西线战事的道义责任:为使交换尼德兰成为可能,必须先从法国手中夺回这个地区。根据 1793 年 1 月 23 日协定,叶卡特琳娜确实曾要求普鲁士国王在西线出力。不幸的是,皮特既然接受了割地赔偿的原则,他对割地赔偿的方式就不能漠不关心。他廉价出卖了波兰。在 1792 年底和 1793 年 2 309
月 12 日,格伦维尔始终还反对瓜分,但在 7 月与普鲁士结盟时,他只得表示赞同。相反,在交换尼德兰的问题上,皮特寸步不让。为了鼓动奥地利保留尼德兰,他向奥地利建议,把尼德兰国界扩展到索姆河。但普鲁士不同意这个新计划,并以此为借口,摆脱了西线作战的义务。遭到玩弄的奥地利于是跟着把部分兵力调回东线。

因此,大陆诸强国在波兰和法国之间平分兵力;英国主要从事海上战争和殖民战争,不能给革命以决定性打击;其他盟国懂得,英、俄、普、奥四强不打算分给他们一杯羹,因而只是看准了才肯下赌注。这是革命军胜利的基本原因之一。

三、反法同盟与波兰问题 (1793 年 4 月—1794 年 10 月)

第二次瓜分波兰直到 1793 年 9 月方告结束。随着但泽的投降,普鲁士于 4 月 4 日完成了军事占领,兼并公告于 7 日发表,余下的事便是让波兰议会正式批准。根据叶卡特琳娜的指示,西韦尔斯费了很大力气才勉强完成这项任务。尽管各种离间和收买，仍有二十五名爱国分子当选议员，斯塔尼斯拉夫以及塔尔哥维查分子羞于充当卖国贼的角色，也在议会召开后，暗中加以阻挠。西韦尔斯为了克服种种抵制，冻结了国王的收入，逮捕了几名议员，并威胁要查封反对派的财产。对俄盟约于 7 月 22 日批准。对普鲁士的抵抗继续在进行，西韦尔斯的态度现在显得比较和缓了。9
310 月 2 日，在叶卡特琳娜的命令下，部队包围了波兰议会，议会终于屈服，但仍要普鲁士在贸易方面作出某些让步，而普鲁士又拒不接受。于是，在 23 日再次采用了暴力手段。倒霉的波兰人已经精疲力竭，终于以沉默表示认可；协定在 25 日签字。急不可耐的弗里德里希—威廉已于 22 日动身前往波兰，把对法战争撂在一边，他实际上离开了反法同盟。

在此期间，普奥之间的摩擦正日益增加。普鲁士于 2 月向维也纳宣布了瓜分波兰的决定，但它一直等到尼德兰战役开始、奥地利不能再出兵波兰时，才说明瓜分的条件。3 月 23 日，俄普两国将协定内容通知了奥地利，激起了一场轩然大波，因为两国所得的利益远远超过了奥国的一切预计。科本泽尔和施皮尔曼于 27 日失去了皇帝的宠信，并被新任外交大臣图古特所取代。

图古特是个只顾自己升官发财的暴发户，他以为只要用武力或用肮脏的交易攫取几块土地，满足哈布斯堡王朝的领土欲，自己的荣华富贵便得到了保障。他比他的几位前任确实较为高明，但用贪得无厌的利己主义去代替施皮尔曼和科本泽尔的软弱无能，其结果只能使反法同盟诸国间的联系更加松弛。

图古特一上台便指责豪格维茨玩弄两面手腕，并同他进行了猛烈的论战。普鲁士采取后发制人的策略,耐心地等待奥国恢复理智。叶卡特琳娜指出,奥地利假如固执己见,恐怕会被弗里德里希一威廉所抛弃。图古特知道有这个危险,因而不打算拒绝承认1月23日协定。他只是设法拖延,希望普鲁士对他作出给予补偿的正式保证。普鲁士仅答应支持奥国打赢正在进行的战役,而图古特却已预见到第三次战役即将开始:在皮特的压力下,他既然已秘密放弃了用尼德兰作交换的原议,他就必须让法国同意把尼德兰的边界推进到索姆河和摩泽尔河一线。弗里德里希一威廉的大臣们借口波兰局势未稳,怂恿国王决不可加强皇帝的地位;他们高兴地从英国那里听说,奥地利已放弃了用比利时作交换的原议。当奥普两国于8月开始谈判时,卢谢西尼宣布普鲁士仍坚持原议,
既然比利时已被重新占领,普鲁士认为已忠实地完成了作为盟友 311
的义务。随后,由于华沙的事态日趋混乱,普王终于被说服,并明确向奥地利表示,1月23日协定的许诺从此一笔勾销,奥地利假如要从法国取得领土,可自己设法去夺取。但他仍然接受,如果奥地利为他提供必要条件,他可以考虑参加第三次战役。普王不久离开了莱茵河前线,不伦瑞克跟着一走了事,听任武尔姆泽尔挨打,并把联军司令一职让给了最坚决的对法主和派之一莫伦道夫。

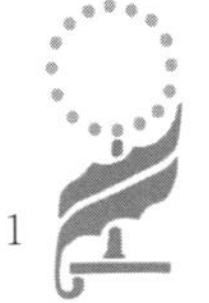

图古特至此仍不死心,希望依靠英国的支持夺取法国领土。同时,他开始寻找较易得手的猎物,并像以往的约瑟夫二世一样,把目光转到了威尼斯。他发觉叶卡特琳娜现在对普鲁士的态度十分冷淡。女皇在帮助了普鲁士扩大版图后,认为应该转而向奥地利靠拢,借以遏制普鲁士。图古特为了推动这个转变,承认了1月23日协定有关俄国的条款。1794年2月27日,奥俄两国达成了

建立新同盟的初步协议，同意把威尼斯交给弗朗斯瓦二世，如果奥地利在法国不能夺得土地。此外，图古特肯定有私下的盘算，他还想从波兰分割到一块土地。他显然对西线的战事越来越不感兴趣。就在同一天，他不顾英国的劝告，拒绝了弗里德里希－威廉提出的关于津贴军费的要求，声称他只要求普鲁士根据 1792 年 2 月 7 日协议的规定，提供二万名军队。作为反击，普王下令莫伦道夫把军队撤至威斯特伐利亚境内。后来只是由于皮特答应提供军费，普军才参加了 1794 年的战役。英国白白作出了牺牲，因为波兰的危机又重新开始了。

波兰的爱国分子不甘心让国土任人宰割。在萨克森避难的科希秋什科正准备起义；1794 年 3 月，遣散波兰军队触发了这次起义，科希秋什科立即赶到克拉科夫。4 月 4 日，俄军在腊茨瓦维采战败；华沙发生了暴动，俄军于 29 日撤出华沙。接着，起义者向普鲁士占领区渗透。科希秋什科认为，如果得不到两个德意志大国的中立，起义必定会失败。因此，他让普奥两国仍占有在前二次瓜分中取得的外省土地，并建议在此基础上谈判。弗里德里希－威廉拒绝了这个建议，图古特作了敷衍推诿的答复。显然，他们仍想
312 把波兰起义镇压下去，并把剩下的国土据为己有。这一次，叶卡特琳娜吃了大亏，她在波兰驻军太少，要把苏沃洛夫的部队从乌克兰调来，还需要时间，而奥普两国却左右着局面。图古特急匆匆地从尼德兰赶到波兰，皇帝也接踵而至，命令能够调动的部队一万五千至二万人全部向加里西亚开拔。奥俄协议日趋明朗，双方一致同意，奥地利将占领以克拉科夫为中心的帕拉丁南部地区。可是，普鲁士却捷足先登，华沙起义消息传来后，大臣立即开会，军队立即

出发,国王亲自率领五万人于6月3日到达沃拉,并于15日进入了克拉科夫。7月,普军一万五千人和俄军一万三千人包围了据守华沙的科希秋什科。波兰内部不幸出现了分裂:起义者准备按法国的模式制订民主宪法和解放农民,而贵族却坚决不肯接受。在“自由之友”和王党之间发生了流血冲突。虽然如此,华沙的守卫者进行了出色的防御;如同1792年一样,运输的迟缓和国王的犹豫使普军久战不胜。前沿防线在7月28日仍未被打开,进展十分缓慢,而波兹南的一次起义却威胁着普军的后方交通。弗里德里希—威廉于9月6日终于撤围退兵。接着,东布罗夫斯基夺取了勃隆贝尔,普军甚至对自己能否守住维斯杜拉河和保护奥得河感到怀疑。

然而,俄军却攻势凌厉,苏沃洛夫于10月在马切约维采打败了波军,生俘科希秋什科。11月4日,他又一举攻下普拉加,放肆屠杀居民;起义者控制下的华沙于6日投降。另方面,图古特在丢失尼德兰后,曾于8月照会英国,请求英国帮助收复这个地区。由于普军始终留在克拉科夫,图古特没有一分钟时间可以耽搁。他从此竭力拉拢叶卡特琳娜,准备进行第三次瓜分波兰。如果能把弗里德里希—威廉排斥在外,奥地利也就报了大仇。

柏林对这一企图十分清楚。为了对付这可能的打击,普鲁士的唯一办法是把本国军队全部调到东线。只要普鲁士在东线拥有强大武装,奥地利在西线又面临革命军的进攻,就不敢轻举妄动。富有预见的莫伦道夫已于7月31日向法国驻巴塞尔的代表巴特
勒米进行了谈判的试探。普王仍犹豫不决;普军从华沙撤围,加上 313
皮特恰巧在这时又笨拙地断绝了粮草供应,终于使瓦尔米战后开

始的谈判试探得以成功。1794 年 10 月 25 日，国王下令同“弑君者”举行正式谈判。

就这样，波兰危机不仅使俄国军队，而且使普鲁士和奥地利的部分军队被牵制在远离法国的波兰；它终于使大陆的反法联盟陷于瓦解。波兰牺牲了自己的独立，却为拯救法国革命作出了贡献。

四、反法同盟诸国在对法作战中的胜利和失败(1793—1794)

反法同盟诸国在 1793 年向法国发动了十分猛烈的进攻。科布尔率领的奥军五千五百人和普军一万一千人投入了作战。英国、荷兰、汉诺威和黑森又陆续向他派出援军。1793 年 8 月，他在北海和默兹河之间部署的兵力达十一万人。普鲁士国王带领四万二千人向美因兹进军，另派三万三千人留守威斯特伐利亚。武尔姆泽尔率奥军二万四千人以及各德意志公国的军队一万四千人前往增援普王。英国在撒丁和那不勒斯收集的雇佣军分别达二万人和六千人。西班牙提供五万军队，葡萄牙派出一个师。但是，革命政权之所以在秋季前形势十分危急，也还由于它受到了与联军携手合作的国内敌人的夹击：从 3 月开始，旺代暴乱者请求英军登陆；6 月 2 日后，整个南部燃起了暴乱的熊熊烈火，这使撒丁和西班牙有了大可利用的机会。

然而，这场战役却以高唱《卡马尼奥曲》的法国革命军取得胜利而告终。人们当时认为，普鲁士和奥地利应负失败的主要责任：驻守威斯特伐利亚的普军开往了波兰；尼德兰的普军擅自离开阵

地，去同莱茵前线的普军会合，而莱茵前线的普军对作战仍然表现
消极。为了增援武尔姆泽尔，图古特后来把准备在土伦登陆和协 314
同撒丁部队作战的军队从意大利调回。撒丁部队因而感到惊慌，不敢全力投入作战。在土伦登陆的部队还不足一千六百人。皮特也理应受到责备。在外交方面，他的声望从1791年起便直线下降。作为一名军事领袖，他只具备他父亲具有的许多品质中的一种：固执；他的坚毅使他不甘屈服，但他的能力却不容他控制局势。

他看不到这是一场新的战争，问题已不再是把某个国王拖垮，从而求得和平。雅各宾派拒不接受任何妥协，只愿在战胜和战死之间作一抉择。为了进行谈判，就必须先推翻他们的政府，也就是先夺取巴黎。富于远见的伯克说得好：“这是一场旷日持久的和危险的战争。”可是，皮特和格伦维尔却偏偏看不到敌人的强大，在他们看来，只消一二个战役便足以解决问题。他们还没有充分认识到反法同盟的弱点。皮特在一块小纸片上就各国许诺的出兵人数想当然地算了一笔账。根据他的计算，10月底将有三万四千二百人在土伦登陆；实际到达的部队却只有一万七千人，真正可用的仅一万二千人。

由于皮特以为能够在未来的战役中轻易取胜，他首先关心的是如何确保英国在战争中的利益和领导地位。他让盟国军队和雇佣兵在陆上进攻，而英国则负责在海上和殖民地作战。英国部队固然也参加了欧洲的战事，但这是为了取得英国的直接利益，或者为了夺得战利品，而且军队人数不能太多。皮特对比利时战役的态度最能说明问题。虽然他非常坚持要把法国军队从比利时赶走，但约克公爵却拖到1793年2月20日才率领三营部队出发，而

且有不得越出荷兰边界的命令。在尼温顿战斗后，约克公爵终于获准向安特卫普和根特挺进。直到4月末，他所指挥的英军仍不超过六千五百人。皮特拥有的部队确实不多，但他至少可以避免分散兵力。

皮特的政策带来了两个不幸的后果。首先，他错过了一个极好的机会：响应旺代的召唤。在当时的反法同盟诸国中，唯有英国
315 能够援助旺代。伯克和温德海姆指出，虽然出兵旺代会有一定困难，因为英国舰队并不掌握制海权，但冒这个风险还是值得的。伯克和温德海姆的努力未见成效：军人们对暴乱分子只是以一笑置之，统治阶级也不抱好感。后来，胡德海军上将应普罗旺斯地区王党的请求占领了土伦。面对这个新局面，皮特终于动心了，因为土伦的陷落使法国舰只损失了一半，且不说港口本身就是战利品。但是，他仍只肯动用少量兵力，仅在都灵、米兰、那不勒斯征集部队和船只。直到12月，他终于从爱尔兰抽调增援部队，但已为时太晚。与此同时，英军七千人却于1793年11月26日在海地登陆。

另外，他使同盟军处于瘫痪状态。同盟军在军事行动方面的致命弱点是互相缺乏配合。由于当时交通很不发达，伦敦的命令至少需十一天时间才能到达土伦，因此，各条战线同时发起进攻是不可能的。但在进行决战的东北战场，各部队的指挥官却完全可以经过协商，同时向前推进。这里确实有许多不可克服的困难：普军和奥军互相敌对；将领们过分看重要塞的得失，而不注意消灭敌人，力图夺得战利品，而不愿改变陈腐的战略。英国既然是反法同盟的中心，皮特本应该代表英国去敦促各军配合全面进攻，而他却丝毫没有这样想过。因为如果他这样做，英国就必须派出一支大

军前往尼德兰，必须带头停止为攻打敦刻尔克而进行的运动战。

其实，反法同盟诸国在几个月内之所以能接连取胜，这是由于法军的内部分裂和指挥不当。不伦瑞克和科布尔的大军插在库斯丁和杜穆里埃两支部队的中间，十分利于发动进攻。当库斯丁向美因兹进发时，杜穆里埃的部队沿着罗埃河一线分散掩护。尤其，当科布尔于2月26日发动进攻时，杜穆里埃却进入了荷兰。人们对指挥这场战役的马克(科布尔的参谋长)的军事天才大事赞扬， 316
其实他只是长驱直入而已。3月1日，同盟军沿罗埃河一线把敌人打得丢盔弃甲，接着便向列日进逼。杜穆里埃只得从荷兰后撤，未等集中兵力就仓皇应战。3月18日尼温顿一战失利，接着卢万一战又败，杜穆里埃勉强守住了斯凯尔特河防线。但在那时，他刚同国民公会闹翻，准备向巴黎进军。他同马克达成了停战协议，并从比利时撤军。根据协议，科布尔到达边界后即停止前进。

反法同盟诸国的外交官当时正在安特卫普开会。他们于4月28日对科布尔的按兵不动提出了抗议。图古特于9日批准了协定，但于次日又立即推翻。杜穆里埃进军巴黎遭到了失败，停战协定也就自然失效。科布尔随即越过了边界，而援军却姗姗来迟。丹比埃尔在斯卡普河附近的树林抵抗了几星期，法马尔兵营坚持到5月23日，法军随后退向斯凯尔特河和桑赛河之间的恺撒兵营。科布尔现在可以腾出手来，不慌不忙地围攻孔代和瓦伦西安。由于枪支弹药和攻城器材都不足，科布尔在那里停留了二个月，直到7月10日和28日，才迫使两地先后投降。8月，科布尔的部队经康布雷齐迂回运动；可是，他既没有夺取康布雷，又没有在该城以北渡过斯凯尔特河，却从该城以南渡河，而且没有使用骑兵，这

使四万名法军得以退守斯卡普河。但是，前往巴黎的大路从此被打通，科布尔指挥的野战部队现在已有十一万人。

正在那时，在宾根以北渡过莱茵河的普军包围了美因兹。武尔姆泽尔也在曼海姆以北渡河。遭到前后夹击的库斯丁匆忙向兰道撤退。美因兹的围城战从此开始，战斗直到7月23日方告结束。兰道在8月已被切断后路，武尔姆泽尔曾深入到凯什和兰道之间的边瓦尔特。在其他战线上，同盟军也节节胜利。撒丁部队推进到塔朗代士、莫里埃纳和伏西尼地区，但里昂的围城战刚刚开始。8月29日，王党把土伦港交给了英国人，马赛险遭同样的命运。在比利牛斯山以西，卡洛率军进抵尼维尔河，里卡多攻克了鲁
317 西荣地区的前方据点，并于9月包围了佩皮尼昂。最后，旺代叛军击退了政府军的多次进攻。革命政府刚刚建立，科布尔还有展开进攻的充裕时间。

就在这时，他的部队却开始解体。英国人只是勉强同意推迟敦刻尔克的围城战，他们现在变得更加急不可耐，约克公爵接到了前往该地参战的命令。荷兰的部队跟着英军一起行动。普军则转而增援不伦瑞克。由于兵力的削弱，科布尔于9月12日迫使勒奎斯诺瓦要塞投降后，只是从莫伯日方向出击。不伦瑞克在帕拉丁仍取守势，武尔姆泽尔不敢在劳特河以北渡过莱茵河，只从正面进攻维桑堡的防线。他于10月13日才决定发起进攻，等到把战线推进到了佐恩河，时机已经错过。法军利用了同盟军的驻足不前，在诺尔州集结了大批部队，先于9月6日至8日在洪兹肖特击败了约克公爵，后于10月16日在莫伯日附近的瓦提尼击败了科布尔。武尔姆泽尔接着挨打，重新退守维桑堡防线。12月底，由于

防线被法军攻破,他被迫解除对兰道的包围。南方的战事同样对同盟军不利。撒丁部队因得不到奥军的支援,停止了前进;里昂于10月9日失守后,撒丁部队被赶出法国,退往萨瓦。在比利牛斯山方面,卡洛退守比达索亚河,里卡多则回军布洛兵营。法军随即加紧围攻土伦,于1793年12月19日攻克该地,从而标志战役的结束。反法同盟诸国收复了比利时和莱茵河左岸,仍占领着法国北部的三个要塞。但是,革命军重新展开的攻势显得比以往更加凶猛。

应该承认,皮特正努力改善同盟军的作战方法。他尖锐地批评了科布尔的无能。但他不能撤换科布尔,因而派马克充当科布尔的副手,而马克却因作战受伤,于1793年5月回到了奥地利。弗朗斯瓦二世亲临尼德兰前线,统一指挥同盟军各支部队。反法同盟诸国先后在布鲁塞尔和伦敦举行了两次会议,准备在莱茵河和北海之间发动新的战役。马克坚持主张把全部兵力,即至少二十万大军,集中在尼德兰,并从那里向巴黎挺进。由于普鲁士以退出反法同盟相威胁,新的战役前景并不美妙。皮特派了马姆兹伯里爵士向普方疏通,暂时弥补了同盟的裂痕。图古特拒绝承担弗 318
里德里希-威廉索取的十万士兵的军费,即二千二百万塔勒,莫伦道夫因此接到命令,率军回渡莱茵河。在马姆兹伯里的劝说下,普方总算没有退兵;马姆兹伯里和豪格维茨一同来到海牙,签署了1794年4月19日协定。英国负责向六万二千四百名普军发饷,除一次付清三万英镑外,再按月付给五万英镑。

这一切并没有从根本上改变局势。英国在尼德兰的兵力始终不超过一万二千人,因而没有足够的权威。弗朗斯瓦二世的近臣

对马克谗言中伤；当皇帝于3月底因波兰危机返回维也纳时，马克也离开了部队，使同盟军的指挥又恢复原状。皮特不但无力消除波兰事件引起的种种后果，他的笨拙处置反而加剧了普鲁士的离心倾向。他于5月22日批准了马姆兹伯里签订的协定；随后，他声称有权任意调动由英国发饷的部队。最后，他决定将普军从帕拉丁移防尼德兰；诚然这一决定是明智的，但普王却对皮特擅自调动普军一事深感震怒。莫伦道夫要了一个花招，借口在法军面前不能进行侧翼行军，拒绝了皮特的要求。由于图古特迟迟不派援军，科布尔在北海至卢森堡的前线只剩下十八万五千人，这同与他对垒的法军人数相当。科布尔企图实行中心突破，但未能集中足够的兵力。他先在桑布尔河发起攻势，夺取了朗德兰西；接着他让部队朝利尔方向穿插，结果于1794年5月13日在图尔昆打了败仗。莫伦道夫的消极避战像1793年时的不伦瑞克一样，是同盟军失败的决定因素。在法军方面，摩泽尔军团已开到桑布尔河前线，在阿登军团的配合下，对科布尔前后夹攻。共和军通过6月26日在弗勒留斯的一场大战，打开了比利时的大门。皮特丝毫没有放弃他的幻想：他估计奥地利在年底将派十万军队前来尼德兰。但是，当他看到奥军退回莱茵河一线和约克公爵回守荷兰时，便慌了手脚；他把失败的责任栽在普鲁士的头上，并于10月17日取消了军费补贴。这一举动终于促成了弗里德里希－威廉同法国进行谈
319 判。人们当然可以想到，皮特个人的努力终究挽回不了反法同盟的失败。他对保证反法同盟取得胜利贡献甚少，而对促使它的破产却显然起了推动作用，这表明他还算不上是个伟大的政治家。

五、海上战争和殖民战争

皮特留给自己的基本任务是轻松的。在美国独立战争期间，法国为恢复均势需要取得西班牙和荷兰的支持。如今，西荷两国却反对法国，法国的失败也就毫无疑问了。然而，在战争的最初几年里，英国不但不拥有绝对的制海权，而且还打过几次败仗。

反法同盟诸国给英国的帮助甚少。荷兰拥有四十九艘舰，但火力很弱，仅用于护航和封锁。那不勒斯只提供了四艘，葡萄牙提供了六艘，由英国军官指挥。唯独西班牙拥有远洋船只七十六艘，其中五十六艘于1793年已改作军用。它本可以成为英国的有力帮手，并为英国打开地中海的大门；假如西班牙坚决支持英国在地中海的作战，英国就能把大部兵力用在英吉利海峡和大西洋。但是，西班牙对英国怀有戒心，不愿意让英国占有科西嘉。胡德企图把土伦的法国舰队带走，朗格拉同他发生了争吵。霍桑得不到西班牙的任何帮助。英国吞并法属安的列斯群岛和海地加深了西班牙的忧虑，且不谈西班牙海军大臣瓦尔德斯是个不折不扣的反英分子。

同法国舰队相比，英国舰队在数量上占有明显的优势。战争初期，从可动员的船只数量看，英国有一百一十五艘，法国仅七十六艘。在技术方面，英国也略为领先，虽然大炮的火力不如法国： 320
英国船只的桅杆较轻，附属器材较好，航行时进退自如，利于进行接舷战，船上的炮火不再是以破坏敌方的桅杆为目标，而是击沉敌船。但是，英国舰队要完成作战、封锁和护航这三重任务，仍不敷

使用。最后，作战准备尚未全部完成，英国在海上还面临重重困难，它需要经过几年努力，才能适合战争。造船技术变化不大，标准船仍备有大炮七十四门，船身长二百英尺，横梁宽五十英尺，装有双层甲板，船员约六百人。原为斯宾塞爵士的巴朗爵士继米德尔顿之后于1792至1801年间担任了海军大臣，他不太困难地解决了船只的建造问题。除了本国的栎树和苏格兰的松树可供造船外，英国还可购买波罗的海诸国的木料和美洲的白松，法国则不能做到这一点。但英国的武器制造尚不发达，因此在1793年至1801年间造出的二十四艘远洋船只中，只有两艘被交付使用。英国招募水兵也有困难：舰队于1792年拥有一万六千名水兵，于12月又增加了九千名，而在1790年同西班牙作战时动员的水兵达四万名；后来在1799年，雇佣的水兵超过十二万名。英国舰队在宣战后之所以立即占有优势，是因为法国舰队在军官外逃投敌和水兵纪律松弛的影响下，处于群龙无首的状态。即使如此，在战争初期，英国舰队也只限于监视敌人，把几乎所有船只用于巡逻和护航。后来，它才逐渐转入进攻；直到1795年，它仍未将共和国的船只在海上清扫干净。

海军部的行政长官查塔姆和里士满不但无能，而且轻敌，部队的部署和指挥均不得当。当然，海军的素质比陆军还略为强些。由于需要很多军官，人们不再过分重视出身，甚至开始从商船抽调军官。一些杰出人才已担任下级军官，例如科林伍德、康沃利斯、特鲁布里奇以及当时年仅三十四岁的船长纳尔逊；他们将革新海军战术，尤其纳尔逊将成为最著名的海军将领。在美国独立战争期间涌现出的老一代军官中，有邓肯和杰维斯两位出色将领；但豪厄显得已不能胜任其职，霍桑则更是如此。海军大臣命令英国舰队寻找敌人加以消灭。豪厄却首先想到保存实力，坚持不把法国 321
海军困在港口，深怕自己的船在海上巡逻中过分疲劳。他继续采用陈腐的战术，即船对船地摆开阵势作战。胡德虽然比较灵活，但也没有打过大的胜仗。

这最初几年里出现的重要转折是英国联合西班牙开辟了地中海战场。胡德于7月将脱洛戈夫封锁在土伦港内。在叛国分子向他出卖了法国舰队后，他带走四艘，另在撤退时又焚毁九艘。因此，他顺手征服了科西嘉岛，正在该岛领导分离主义运动的帕奥利把王冠交给了乔治三世。由于英国登陆部队不多，三座要塞进行了持久的抵抗，卡尔维直到1794年8月才落入纳尔逊之手。英国驻守该岛的官长仍像在土伦一样内部不和，皮特又几乎不给他们增援。法国人乘机积极活动，并于1794年6月重新在海上出没。胡德迫使法国舰队退进儒昂海湾，却不能进一步发起攻击。1795年初，当法国从布雷斯特开来六艘军舰时，胡德的处境日益危急。胡德因表示不满而被撤职，其继任者霍桑虽然得到了增援，却于5月和7月在科西嘉海域面临海军上将马丁的挑战，霍桑不敢贸然进行决战。杰维斯于11月重新恢复了对土伦的封锁。

英国人在大西洋海战中也没有占决定性优势。豪厄在贝勒岛海域不愿同莫拉尔·德·加尔交战；他接着又拒绝在布雷斯特港口外巡航。在遭到严厉申斥后，他于1794年5月出海拦截从美洲开来的法国船队，并同从港内开出保护船队的由维拉雷一儒瓦依厄士率领的法国舰队相遇。两支舰队于5月26日、29日和6月1日进行了三次激战。豪厄虽然俘获六条法国船只，并以十五艘舰

对付法国的九艘，维拉雷仍然安全无损地掩护船队开进布雷斯特。维拉雷在 12 月再度出海迎战，因风暴而被迫折回港口。1795 年夏，布里特博尔和康沃利斯在基勃隆登陆，终于迫使维拉雷逃往洛里昂藏身。可是，在 1796 年 1 月，奥什的远征军在爱尔兰成功登陆。

在以上情况下，法国坚持殖民地战争的时间远比人们意料的
322 长。这场战争争夺的中心是英国垂涎已久的、盛产食糖的安的列斯群岛。自从圣多明各发生奴隶起义以来，种植园主纷纷向外国求援。西班牙出于对革命的仇恨，宁愿帮助起义的奴隶。皮特在宣战前袖手旁观；后来，他同殖民主谈判，企图取而代之，彻底征服这些岛屿。他在这里使用了大量兵力，而这些兵力如果用在土伦和旺代，就会对欧洲战局产生巨大的影响。英国军队从 1793 年 9 月开始陆续占领了圣多明各的各个港口，并于 1794 年 6 月占领了太子港。但在 5 月，杜山—路维都尔在同西班牙人决裂后，投靠了拉伏将军。国民公会废除了奴隶制，使黑人重新回到法国人的一边。此外，疫病使英军减员甚多。到了 1795 年末，英国军龟缩在沿海城市，等待撤出海地。向风群岛的情况略为好些。从 1793 年 4 月起，英军兵不血刃地占领了多巴哥。英军在马提尼克首战失利，但杰维斯于 1794 年 3 月及时赶到，夺取了这个岛屿。随后，圣卢西亚和瓜德罗普也被英军攻占。维克多·雨盖使局面稍微好转，他夺回了瓜德罗普，坚守该岛，并以此为基地，不断骚扰敌人。荷兰的殖民地自从被共和军占领后，成了英国争夺的新对象。英军于 1795 年 9 月 16 日占领了好望角和荷属圭亚那。形势对英国越来越有利，但最后的结局仍不可预测。继荷兰之后，西班牙离开

了反法同盟。

六、经济战

皮特和格伦维尔长期认为，法国的经济困难是他们对前途持
乐观态度的根据。指券贬值和饥荒将使法国束手就擒。何况，人 323
们正力促这一时刻的到来。法国流亡者早在1792年已向普鲁士
国王建议伪造指券，遭到了普王的拒绝。至于皮特，他不择手段地
印造了大批指券，运往法国流通。此外，在1793年7月，国民公会
指责皮特向银行家发放贷款，以便银行家把伦敦的证券向巴黎出
售，压低法国的汇率，造成法国资本外流。这一指责看来是有根据
的。可以肯定，皮特同巴黎的金融家，例如同英国人博伊德、瑞士
人培勒戈等，始终保持着联系。根据七年战争和美国独立战争的
传统，皮特还使用另一个更有效的手段，即用封锁来削弱法国。鉴
于法国政府有权征用国内资源，粮食进口可直接为军队服务，皮特
于1793年6月8日下令将粮食列入禁运范围，并于1795年4月
25日重申了这一法令。这个措施实际上是第一次把整个敌国的
和平居民当作被包围的城市居民对待。封锁变得比以往任何时候
都更加严密。在过去历次战争中，法国的陆地边界至少大部分始
终是开放的，许多大陆国家或者保持中立，或者同法国有联盟关
系，地中海又不受英国的控制。现在，反法同盟诸国封锁法国的港
口，冻结法国人的财产，禁止向法国出售禁运商品和断绝一切借贷
关系。除瑞士一角外，法国的边境被大军团团围住，英国舰只在地
中海游弋。包围几乎涉及所有的领域，在拿破仑时代尚且从未间

断的银行业务往来，这时却至少在原则上被割断了。

尽管如此，封锁远不是密不通风的。反法同盟诸国在执行封锁措施时并不同样热心。例如，奥国皇帝一直拖到 1794 年 3 月 17 日才下令在尼德兰禁止向法国人付款。汉堡参议院不顾帝国议会的三令五申，仍允许商人和银行家同共和国做生意；里窝那港只是在下了最后通牒和派了军舰巡航后，才向法国关闭；即使在荷兰，人们也设法逃避封锁。在军舰仍使用船帆的时代，封锁网难免
324 疏漏，对近海航运阻碍不大，例如热那亚的近海航运就从未间断过。当时，既没有国际的商业间谍组织，又没有足够的通讯手段，向巡航军舰提供情报。何况还有中立国的存在，瑞典、丹麦和美国只是在不得已的情况下遵守禁运，热那亚和瑞士则利用它们的地理位置逃脱禁运。法国可以通过瑞士向德意志诸国、奥地利和意大利购买物品。

此外，还必须看到，英国推行封锁政策并非单纯是，甚至主要不是为了对付敌人的军事抵抗；封锁政策和重商政策相配合，可以使英国摆脱法国的竞争和占有法国的市场。它把种种苛刻的规章强加给各国商船，其目的是为了英国的利益而消灭中立国乃至同盟国的商船。1793 年 11 月 6 日关于殖民地贸易的“内阁命令”在重申 1756 年规定的同时，充分暴露了封锁的本质。通过禁止中立国同法国殖民地进行贸易（法国在战前不准外国同其殖民地贸易，国民公会现在让殖民地对外开放），英国便能对殖民地产品实行垄断。然而，从商业的角度看，绝对的封锁政策是愚蠢的。禁止敌国出售商品诚然有利，尽可能将英国商品运往敌国也同样有利，这使英国可以从敌国取得现金和自己缺少的产品。因此，政府酌情向

一些驶往敌国港口的船只发放通行证。实际上国民公会也禁止同英国贸易，但商品很容易从中立国转道。例如，大宗贸易在埃姆登十分活跃，不过收取百分之一至二的佣金而已。海上运输一般由中立国船只承担。从 1792 年至 1800 年，英国对法国和尼德兰的出口在出口总额中的比重实际上只是从百分之十五下降为百分之十二。甚至可以认为，当局为了顾及商业利益，对走私活动相当宽容。中立国既然在帮忙，尤其为了避免海盗的抢劫，英国不得不作出某些让步。关于不准向法国出口粮食的禁令被推迟到 1794 年
8 月执行。可见，英国人乐于放宽封锁，继续出口商品，而法国人 325
破釜沉舟的决心，特别是他们推行的经济统制政策，却阻止了英国人这样做。

在当时情况下，封锁给反法同盟诸国造成种种困难。首先，它们同中立国发生了纠纷。丹麦大臣伯恩施托尔夫和瑞典摄政王坚决维护自己的权益，并于 1794 年 3 月 27 日共同签署了一项协议，决定派遣十六艘战舰武装保护两国的贸易和对交战国关闭波罗的海。格伦维尔对此毫不惊慌，因为他知道，伯恩施托尔夫并不真想同英国绝交，而且协议规定的措施要等次年春季才付诸实施。美国的态度显得更加强硬。当同法属安的列斯群岛进行贸易的三百艘美国商船被扣留时，美国对英国船只采取了同样的措施。1794 年 4 月 29 日，斯堪的纳维亚诸国照会美国表示支持；据传说，这些国家准备与美国采取一致行动。但是，法国驻美代表的态度令华盛顿不快，国务卿汉密尔顿也不惜一切代价，竭力避免同英国发生冲突。杰伊于 1794 年 6 月来到伦敦，并于 11 月 19 日达成了著名的杰伊协定。美国保证其港口不再收留法国海盗，但对同英国交

战的船只仍予开放。协定对封锁只字未提而予以默认。杰伊甚至答应把美国同安的列斯群岛的贸易降低到几乎等于零，不再向欧洲运送殖民地产品。参议院拒绝了如此屈辱的条件，但仍批准了协定的其余条款，因为英国保证，为了和平的利益，将从它占领的美国北部几个要塞撤退。

另方面，法国采取的措施，在海盗活动的配合下，给同盟诸国的贸易造成了严重的损害。尽管远洋船队有战舰护航，英国在1794年和1795年损失的船只每年都在六百艘以上。保险金平地飞涨，在英国港口交货的贸易中，中立国的比重在1792年仅占总吨位的百分之十，而在1793年则一跃为百分之二十五。

英国在宣战后的第一年内遇到了极大的困难。信贷紧缩导致了一百多家银行的倒闭和大批企业的破产。伦敦银行的库存现金于1793年2月降低到四百万英镑。港口停泊总吨位在这一年里
326 减少了百分之十七，出口额从1792年的二千四百万英镑下降到一千九百万英镑。殖民地产品的价格一落千丈，汉堡港有货满之患。伦敦银行顶住了以上的冲击，它放手开展商业期票的贴现业务，发行票面五英镑的纸币，从而缓和了对货币的需求。随着法国黄金大批流入英国，伦敦银行动用了四百万英镑进行收购，使库存现金重新上升。它交给皮特五百万英镑贷款，用以帮助企业主。在渡过了这个难关以后，英国的进出口贸易不断增加，贸易额从1794年和1795年的二千五百万回升到1796年的二千八百万。在法属安的列斯群岛发生骚乱后，奴隶贸易从1792年起有了飞跃发展，至此仍兴盛不衰。运到美洲的奴隶总数1789年为一万一千人，1792年为二万七千人，1794年为一万四千人。

当然,有些工业日趋衰落,例如,斯皮塔尔费德的绸缎织工陷于失业。但大陆各国的处境要更加困难得多。历来从法国购买商品的西班牙和意大利货物供应严重不足。输出贵金属和化学产品的德意志诸国从此失去了一个重要的市场。这时又恰好发生了波兰危机,更使这些国家备受封锁之苦。德意志诸国的纺织业,特别在西里西亚,几乎陷于停工状态。某些国家食品供应不足:普鲁士和波兰的粮食不能大批运出,需要供应军粮的荷兰和尼德兰也不能出售粮食。从 1793 年春天开始,巴塞罗那开始吃杂面面包。1794 年和 1795 年,西欧各国普遍歉收,粮食形势更加暗淡。英国所受的影响特别显著,小麦价格不断上涨,于 1796 年每公担高达二十八英镑,等于法国共和二年的最高限价的二倍。1795 年的物价指数超过 1790 年的百分之二十六,涨风仍不能刹住。英国的日子开始难过了。

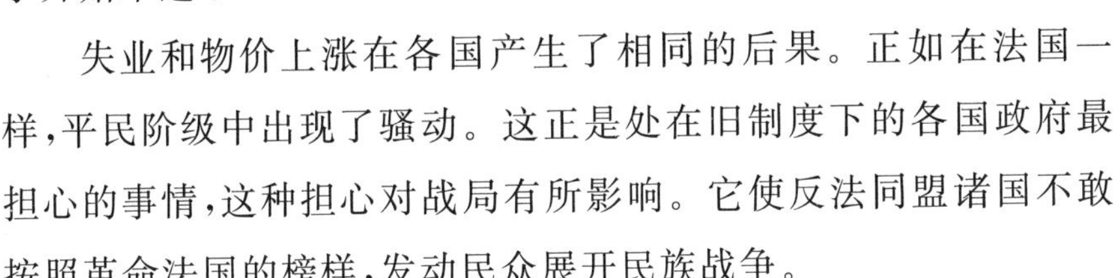

失业和物价上涨在各国产生了相同的后果。正如在法国一样,平民阶级中出现了骚动。这正是处在旧制度下的各国政府最担心的事情,这种担心对战局有所影响。它使反法同盟诸国不敢按照革命法国的榜样,发动民众展开民族战争。

七、反法同盟诸国的战时政体 327

反法同盟失败的直接原因是互相缺乏配合,以及外交官们不能打破陈规陋习,但根本的原因却在旧制度本身。法军在这场战争中采用了崭新的作战方法,而同盟诸国却在长期内丝毫没有变更其统治方法。

君主和贵族被世袭、特权和偏见捆住了手脚，不懂得调动和发挥新生力量的作用。大陆各国政府没有进行革新，这是不足为奇的：除了口头上起劲地叫喊反对革命的叶卡特琳娜以外，各国的王公碰巧都是些低能儿，比较能干的还是奥国皇帝和普鲁士国王。前者弗朗斯瓦二世受皇后（那不勒斯费迪南大公的女儿）和他的副官洛林人洛兰将军的操纵，他们二人同图古特一起，任意干预军事决策，极力排斥马克。至于弗里德里希－威廉，在瓦尔米战役以后，是唯一主张继续对法作战的普鲁士人；他的大臣在王太子昂利的支持下，不断向他劝驾；普国军队几乎成为国中之国，其统帅莫伦道夫竟敢自作主张同法军举行谈判。更加令人诧异的是，英国虽然不存在同样的无政府状态，却没有及早觉悟到应该顺应战争的要求，进行必要的改革。

皮特改组了内阁，但这仅是议会的策略需要。战争使辉格党终于彻底分裂，福克斯、谢里丹、兰斯多恩经常提出和平动议，温德海姆准备同意加入政府。皮特很愿意让温德海姆当他的副手，但
328 遭到了邓达斯的反对；掌管内务部、陆军部、海军部和爱尔兰事务部的邓达斯坚决拒绝减少其众多的兼职。邓达斯在陆军部其实只是挂名，他对军队一无所知，把陆军部事务完全交给不参加内阁的该部首席书记官荣吉。皮特和格伦维尔负责实际的军事指挥。可是，即使在外交问题上，他们的意见也并不始终一致。两人都无指挥才能。乔治三世趁机为所欲为：他强行决定围攻敦刻尔克，随意把莫伦道夫于 1794 年调往尼德兰，阻止召回约克公爵达一年之久，尽管后者在军中遭人耻笑。海军主帅也任用不当：在两名行政长官中，皮特的兄弟查塔姆爵士平庸得令人可怜，里士满公爵的懒

散和无能也堪称一绝。英国舰队不派一兵一卒参加敦刻尔克的围城战;正当土伦急需增援时,莫瓦拉爵士却在朴次茅斯按兵不动,驻守英吉利海峡诸岛的四营军队无所事事;当爱尔兰部队整装待发时,竟没有运输工具协助登陆。一直等到弗勒留斯战役失败和比利时陷落后,皮特才决心改变这个局面。邓达斯终于放弃了陆军部的行政职务,改由温德海姆任陆军部的国务秘书;约克公爵不久被召回;斯宾塞和康沃利斯接替了查塔姆和里士满。事实证明,斯宾塞和康沃利斯堪当重任,而温德海姆却是个很不高明的大臣。他根据自己的一贯主张,仓促地组织了旺代的远征,结果导致了基勃隆的惨败。

同盟诸国丝毫没有改变他们的征兵方法。德意志诸国在1794年有过全民武装的主张,但未付诸实施。志愿兵越来越少,抽签征兵日益频繁。征兵的困难部分地说明了兵员的严重不足和派遣援军的迟缓。直到1794年,英国仍满足于招募志愿兵和由购买官职的贵族充当军官;它共新建了三十四个联队。爱尔兰的新教徒表现了忠君爱国精神,提供了二万五千名士兵。还有三万名民兵在绅士的领导下担负地方防务;居民们自发组织营队,配合民兵维持秩序。海军除了不分国籍地广泛接收志愿兵以外,还违背 329
法律对海员和非海员,甚至不顾美国的抗议,用“拉伕”的办法强迫外国人入伍。海军还把犯人送到舰上服役,在暂停实行“人身保护令”后,更派政治嫌疑分子充当水兵。英国终于被迫推行了抽签征兵制:最初在1794年征召民兵已激起了多起反抗事件,接着在1795年征集三万水兵,最后在1796年推广到正规陆军。抽签征兵势必产生在大陆诸国业已出现的营私舞弊,沉重的负担压在穷

人头上。新兵由于缺乏训练，往往被派往殖民地换回训练有素的职业兵。他们因水土不服而大批减员。不习海上生活的水兵受苦更大：军饷被层层克扣，食物不堪下咽，既无医务设施，又无假日。兵变在英国舰队中如疫病蔓延，也就毫不奇怪了。

虽然同盟诸国的征兵人数远不能同法国相比，各国却都遇到很大的困难；它们不能通过正常途径装备军队，甚至养活士兵也很不容易。这些国家没有发动人民，人民对战争也漠不关心，到处都在消极抵抗，奥军在尼德兰不能征集到足够的军粮。人们发现，产生这些困难的根源几乎都在于财力不足。普鲁士本是个穷国，又因波兰市场的关闭而受到很大损害，财政收入大幅度下降。由于普鲁士每年用一千八百万至二千万塔勒向外国购买军需，它不久就处于货币危机之中。此外，财政大臣施特伦泽在财务管理上遇到很大的困难：弗里德里希二世把唯一真正能提供财政收入的西里西亚省划为国王私人产业，设立没有正常用途也可动用资金的特支金库，从而削弱了其父亲（士兵王）好不容易才实现的中央集权。施特伦泽实际上只能支配军队和领地的经费；由于这笔经费十分有限和早已超支，需要从弗里德里希－威廉二世的特别金库取得补充，而国王的特别金库却由沃尔纳经管。施特伦泽花费九牛二虎之力才缩减了王室的奢侈费用。他不得不把1792年末剩
330 下的一千九百万塔勒的军费全部花光，并先后于1793年和1794年向荷兰和法兰克福借贷五百万和八百万盾，短期贷款尚不算在内。1795年发行的国内公债遭到了失败。普鲁士全靠英国的军费补贴才能勉强维持。1794年10月补贴被取消后，施特伦泽除了废除特权外已别无出路：战争迫使他采取革命措施，他在万般无

奈之下，只得停战求和。

需要兼顾比利时和匈牙利的奥国皇帝也同样捉襟见肘。财政赤字从1793年的三千万盾上升到1795年的六千六百万盾。自1793年起，不断向国内和国外借款：债务从1789年的三亿六千二百万盾上升到1796年的四亿七千七百万盾。然而，奥地利仍只能依靠发行纸币过日子，纸币流通量从1789年的二千三百万增加到1796年的三千五百万。假如图古特在巴塞尔协定后得不到英国的军费补贴，奥地利也将不能把战争继续进行下去。

西班牙大笔动用圣卡洛斯银行的“现金”，当局于1794年没收教会的部分银器；在教皇的同意下，国王于1795年将空缺教职的收入据为己有，并决定在一年内不再任命新的教职。总之，西班牙逐步开始变卖教会的产业。西班牙人曾责备法国人不该采用这项权宜之计，如今在形势逼迫下，终于向法国人学习了。

人们可能会认为，支持宣战并从战争中获利的英国富裕阶级一定会同意负担军费开支的，但皮特却通过借款来弥补赤字，尽可能长久地使富裕阶级免于承担这一义务。国库收入不但没有增加——1792年为一千四百二十八万四千英镑，1795年为一千三百五十五万七千英镑——，同期的海军支出却从一百九十八万五千英镑提高到六百三十一万五千英镑，陆军支出从一百八十一万九千英镑增加到一千一百六十一万英镑。借款总额1793年为四百五十万，1794年为一千三百万，1795年为一千九百五十万。皮特用新的借款分期偿还原有借款，利率越提越高，现有的资金即将告罄。与此同时，伦敦银行同意发放贷款和接受“财政证券”，总数在1793年达一千八百万。英国也朝着货币危机的方向前进，皮特理

财家的名声将经受考验。

331 ## 八、欧洲的反动

贵族不敢像雅各宾分子那样采取革命措施，于是就装模作样地对这些措施表示愤慨，并以此恐吓群众。在整个欧洲，报刊文人、作家、演说家和布道者纷纷谴责吃人的生番，硬说雅各宾分子用断头台胁迫本国同胞从军打仗，用纸币使他们沦于破产，用征集军需使他们陷于饥馑，总之，使他们回到野蛮时代。法国流亡者竭力推动这一宣传运动。在维罗纳，昂特雷格伪造了大批告发信，译
332 成法文后广为散发。巴吕埃尔教士积极收集霍夫曼对共济会和光明异端会以及对新教徒的指控。接着，在洛桑领导皮埃蒙特间谍的约瑟夫·德·梅斯特尔集整个宣传运动之大成，把法国革命描绘成撒旦妖魔缠身。日内瓦人伊佛诺瓦和马莱·杜潘以及穆尼埃等宪政党人向自由资产阶级进行政治灌输。这些宣传产生了很大的影响，不仅在观念上，而且更多地在物质利益上使人们惊恐不安。即使对自由和权利平等怀有同情的人也不得不承认，法国人付出的代价实在太大了。至于那些隔岸观火的人，他们则认为恐怖统治总是不能持久的。最有勇气的人仅仅在谴责的同时，试图作一番解释。

恐惧和怜悯使更多的人改变原来的主张，但在各地，自由和民主的拥护者毕竟依旧存在。战争带来的出人意外的后果不久将为他们提供新的机遇。人们指控法国的种种罪状，如征兵、征粮、失业、发行纸币、物价上涨和饥荒等，也将在欧洲各地陆续出现。富

人和生活尚称优裕的人在法国和反法同盟诸国之间划了一道鸿沟,因为同恐怖分子相反,旧制度尽了最大的可能使他们免受以上的灾难。但在痛苦中煎熬的平民阶级也作了比较,他们对贫困已忍无可忍,随时准备揭竿而起。随着战争的旷日持久,反动统治变得愈加严酷,当局有时甚至实行血腥镇压。在整个欧洲大陆上,只许人们安分守己,服从专制统治。英国暂停执行宪法规定的自由,如同在法国一样,自由的相对性在英国已变得显而易见。英国贵族为了维护自身的利益,用恐怖措施建立起本阶级的专政,并试图用最低工资限额去平息平民的怒火,同时却厉声斥责实行食物限价的法国煽动家。

在东欧和北欧,反对派早已销声匿迹。叶卡特琳娜封闭了共济会组织,监禁了诺维科夫,并把主张废除农奴制的拉季舍夫流放到西伯利亚。在斯德哥尔摩,托利特律师于1793年1月被捕。在哥本哈根,鲍杰逊如今写的是反对恐怖统治的诗歌。马尔脱一布吕恩逃往法国。在挪威,对农民运动领袖拉福图斯的审判在继续 333
进行。

在西班牙,战争没有带来任何变化,在宗教裁判所面前不甘屈服的人们早已逃往法国避难,国民公会给了奥拉维特政治避难权。在战事发生后不久,戈多伊在教会的支持下动员民众参战。但平民们看到,无套裤汉没有入侵西班牙,因而很快表示冷淡,不满情绪逐渐在平民中滋长。统治阶级和军队也感到不满,这主要是因为他们对英国人很不放心。戈多伊的政敌趁机设法推翻政府。戈多伊于1795年声称发现了一个旨在召集议会开会的阴谋。假如他没有及时缔结和约,戈多伊大概不能维持下去,但反政府倾向似乎并不具有革命的性质。

意大利出现的征兆更有威胁性。从表面上看，自由派似乎已经不再存在，他们或者不敢说话，或者背离原来的信仰。品德蒙脱兄弟改换了阵营；阿尔菲耶里由于在 1793 年侨居巴黎期间指责革命者，同“生来只配当奴隶”的法国人断绝了关系，尽管他的《憎恶高卢》一诗只是在较晚些时候才发表。在巴斯维尔被杀害后，蒙蒂为了向反动派献媚取宠，写了《哀悼乌哥·巴斯维尔》的长诗，一度曾轰动文坛。罗马仍是反革命宣传的中心。贝尔尼、埃斯米维·多里博等几名法国人在那里坚守阵地，各地的学士院和报刊也同样为反革命宣传服务。但是，革命思想的影响仍在不断扩大。托斯卡纳长期对法国人开放，热那亚的报刊走私一直在进行，该地已成为救国委员会对外联系的主要窗口。皮埃蒙特受到了热那亚的感染，都灵、萨卢佐、阿斯蒂、维切利都成为传播革命思想的中心。不满情绪在军队中蔓延，警察的无法无天激怒了所有人。宫廷对奥地利又恨又怕，很想签订和约，但又不敢这样做。在罗马涅和威尼西亚，人们的思想也开始觉醒。1794 年 11 月，波伦亚的两名青年打起了意大利的三色旗，号召人民举行起义。即使在南部，那不勒斯的政局也不稳定。据说，1795 年曾在巴勒莫发现一起密谋，巴西利卡塔的起义农民高呼：“我们要像法国人那样去干！”然而，
334 自 1793 年以来，恐怖统治笼罩着整个王国；特别军事法庭审理了八百一十三项案件，判处了五十一人死刑。撒丁国王于 1794 年采取了同样的措施：特别刑事法院于 7 月判处十四人死刑。两名波伦亚青年被处以绞刑，但其他青年踏着他们的足迹继续从事他们的事业。现在问题已不仅是推翻暴君和废止特权，人们将会看到，

民族统一与革命理想已同时成为意大利奋斗的目标。

瑞士也出现了动乱。1791 年末,沃州和瓦莱州开始进行镇压,五人被判死刑。1793 年末,圣加伦地区出现了土地运动。格里松斯人民于 1794 年起来反抗。日内瓦起义于 1794 年 7 月 19 日取得胜利,革命法庭判处了十一人死刑。在这一榜样的鼓舞下,苏黎世州斯塔发的居民于 1795 年向贵族递交了陈情书;作为答复,贵族进行了大逮捕,幸而经拉瓦代的阻止才投有判处死刑,但仍有二百六十人被判徒刑。

在德意志诸国,莱茵地区的俱乐部分子的态度导致和加剧了反动镇压。皇帝于 1792 年 10 月即在其领地禁止法国报刊。1793 年 2 月,他建议帝国议会禁止各种形式的宣传,特别是俱乐部。皇帝于 4 月 30 日发布文告,斥责“无知的哲学家传播危险的革命原则”。6 月 14 日,帝国议会决定取消各种学生社团。到处都有人在监视和告密;警察私拆信件,搜查民宅;许多市镇禁止“在旅店、街头散布不轨言论”;书店受到严密监视。维也纳大主教主持书报检查;各地的共济会组织普遍受到攻击,卡尔斯鲁厄的共济会被封闭。1794 年,反动恐怖在巴伐利亚日益猖獗,开始了对叛国案的审判,特别在维也纳和布达佩斯,开始了血腥镇压。一个宣传委员会因传抄和散发了马尔提诺维支起草的共和主义教义问答,受到了司法当局的查究;1794 年 11 月,大批嫌疑分子被逮捕,马尔提诺维支和拉兹科维奇等七名自由派分子于 1795 年 5 月被送往刑场处决,其他嫌疑分子仍在狱中关押。布德的教师受到了清洗;康
德的著作或者被禁止,或者被焚毁。图古特不许约瑟夫二世的朋 335
友阿尔辛格和桑南费尔公开讲话,而霍夫曼则在根茨的支持下,继

续进行反动宣传。

反动恐怖使自由派的人数大大减少。艾瓦德被迫离开德特莫尔德，波赛特被迫放弃卡尔斯鲁厄的教职。于1794年应聘到耶拿大学执教的费希特不久也成为众矢之的。雷伯曼取道阿尔顿纳逃往巴黎；克拉麦尔、雷哈德、特伦克男爵也跟着出逃。此外，法国的事态发展使革命的同情者深感失望，克洛普什托克和赫尔德起而反对恐怖分子，至于歌德和席勒，他们同“刽子手的走卒”简直势不两立。

虽然如此，自由运动并没有销声匿迹。匿名小册子不断在流传；康德坚定地忠于1789年原则，李希特尔继续为吉隆特派唱赞歌；维兰特至少仍反对武装干涉；即使达尔贝格和穆尼埃也为共济会和启蒙思想家辩护。当时在不伦瑞克任宫廷内侍的本雅明·贡斯当出于对愚民政策的恶感，对共和分子颇表同情。最后，同别处一样，战争终于激起了德意志诸国平民的骚动。1793年春，西里西亚的批发商由于不再能出口织物，把织工的工资压到极低的程度，因而遭到了织工们的暴力报复。布雷斯劳的工人在1794年举行了起义，全省实行了军事占领，暴动遭到了血腥镇压。在德意志诸国，没有任何人利用这种局势去反对旧制度。萨克森各大城市和汉诺威的资产者和农民在1793年仅提出税务平等的要求，但毫无效果。巴伐利亚的贵族于1794年向地方议会呈递了一份意见书；符腾堡的地方议会同公爵争吵不休；但特权等级只考虑他们自己的利益。

英国的情形完全不同，这和英国的历史有很大的关系。辉格党的分裂表明，战争进一步加强了统治阶级内部的反革命感情。

福克斯及其党羽，还有谴责战争的维尔倍福斯，显然由于国民公会兼并外国、处死国王和滥施恐怖而感到为难。诗人们最初尚能顶住反动逆流；沃兹华斯支持处死路易十六，并宣布拥护共和国。这 336
种思想在沙赛的《边境居民》和《瓦特·泰勒尔》中均隐约可见。然而，由于被“社会”视作异端邪说，他们逐渐泄气了，柯尔律治和沙赛于 1794 年为自己的梦想破灭而痛哭流涕；科尔律治为罗伯斯庇尔的垮台而庆贺。相反，民主派的领袖却毫不动摇；俱乐部的数量仍成倍增长；哈第及其助手——裁缝普拉斯——于 1794 年售出潘恩的《人权论》达二十万册，诺威奇地区共有三十多个民友社组织，谢菲尔德的民友社竟拥有五千名会员。

托利党很早就主张进行追查。皮特最初并未采取非常措施，满足于让邓达斯和掌玺大臣劳格博罗格在义勇军组织的配合下进行镇压；这些组织不久演变为真正的监视委员会，从事检举、告发、密探以及搜查可疑的书刊和招贴等活动。法官们积极受理种种密告，并作出了罚款、示众和监禁的大批判决。在苏格兰，布拉克菲尔特和邓达斯(内务大臣的侄子)以判案不公和营私舞弊而闻名。福克斯惊呼：“让上帝保佑不幸遇上这类法官的人民吧！”他们往往使用内奸，思想不轨即可定罪，一切有关改革的宣传均被看作煽动叛乱。苏格兰人比英格兰人更加大胆，他们因此首先受到打击。1792 年 1 月 2 日，律师缪尔在动身前往法国时被人告发；被押回国后，尽管他勇敢地进行了辩护，仍被判处流放澳大利亚十四年。敦提的牧师帕尔梅因起草一份招贴，遭到了同样的判处。民心更加不稳。三十五个民友社团体于 10 月组织了新的苏格兰国民代表会，约克郡、伦敦和爱尔兰也派遣代表参加。与此同时，伦敦的

平民举行集会,要求实行普选和成立一年一度的国会。11 月底,在内奸的怂恿下,苏格兰国民代表会通过决议,组织整个联合王国的国民代表会。邓达斯和布拉克菲尔特用武力加以驱散,并趁机将三人判刑。

英国的俱乐部纷纷举行群众大会,以示抗议;并于 1794 年 3 月 27 日决定召集新的国民代表会。辉格党拒绝在议会中维护民
337 主派的愿望,硬说民主派企图使用暴力和秘密制造梭镖,但始终不能提供证据。以在爱丁堡准备暴动的罪名被处决的瓦特其实是一名内奸,他因从事挑拨性破坏活动而被卷入旋涡,终于不能自拔。皮特亲自过问了这一案件,正是这一案件为托利党人和辉格党人正式达成联合提供了机会。这就表明,组成国会的两个政党本质上是团结一致的。5 月 12 日,当局逮捕了哈第、杜克、赛尔威尔等人并查封了俱乐部的文件;议会委员会对这些文件进行了审查,16 日,皮特配合议会委员会的行动,宣布暂缓施行人身保护令。然而,他尚不敢成立非常法院,当局在遴选伦敦的法官时也没有或未能作弊。由于厄斯金的出色辩护,10 月,案件以宣判无罪释放而告终。仅哈第的一名伙伴事后被判处二年徒刑。政府放弃了司法起诉,但它从此可以任意逮捕和监禁嫌疑犯,或把他们押上军舰充当水手。

尽管如此,政府未能把民主派完全镇压下去,由经济混乱带来的失业和食品价格上涨使人民深受痛苦。自 1793 年起,粮食批发商的囤积居奇激起了群众的强烈不满,皮特决定对中立国开往法国的粮船行使先购权。1794 年和 1795 年的歉收以及出口困难使形势更加恶化,而在 1795 年达到了令人担心的程度。骚动正成倍

增多，尤其在伦敦、伯明翰和敦提；在农村中，威胁保安官的事件时有发生，圈地并地往往激起民变，土地纠纷有时导致凶杀。抽签征兵当时也遇到反抗；利物浦不得不停止“拉伕”。由于军队变得更容易接受宣传，当局用抗命不服的罪名处决士兵。反法同盟的军事失败对士气是个很大的打击。到 1795 年 10 月议会开会时，危机达到了顶点。伦敦于 27 日举行群众大会，国王和皮特于 29 日遭到乱民的羞辱。反动派于是加强镇压：11 月 4 日，当局宣布，大型集会和煽动性刊物一概禁止；12 月 14 日，国会通过法案，五十 338
人以上的集会须经申请并由官吏在场方得举行。民主派纷纷提出抗议，但毫无结果。马姆兹伯里以极大的遗憾指出，民主派始终不肯采取武装起义的手段。

民主派的影响从此日逐下降，其原因与其说是镇压的结果，不如说人民的生活条件有了相对的改善。一方面，1796 年的粮食收成尚好；另方面，当局的济贫措施使英国工人免受食品价格上涨之苦。1795 年 5 月 26 日，伯克郡的保安官参照每个工人的家庭负担和根据面包的价格，制订出生活必需品的指数，决定动用部分税收，弥补工人工资的不足。惠特布雷德于 12 月建议定出最低工资限额，勒令雇主执行，这一建议遭到平民院的拒绝。皮特却赞同在伯克郡推行的制度，并在 1796 年 11 月建议将该制度写入法律，他甚至主张，应准许乡村教堂给贫民提供一头奶牛和开设从事职业教育的学校。国会认为皮特的主张过分慷慨了，但各郡纷纷学习伯克郡的榜样。这个做法也许是由宗教感情所推动的、并同统治阶级利益相协调的一种恩施，其结果也十分明显：统治阶级由此解除了民生派的武装，巩固了贵族制度，同时又使工业家取得了廉价

的劳动力,而吃亏的只是中产阶级,因为济贫费用大部分由中产阶级承担。地主高价出售小麦;军需商和制造商摆脱了法国的竞争,名正言顺地谋取暴利;他们全都不用负担军费,因而主动向政府提供利率优厚的贷款。反法同盟遭到了失败,但贵族和大资产阶级的利益并未因此受到损害。

爱尔兰的情形却大不相同。皮特于 1793 年 1 月对改革运动作了让步,同意给天主教徒以选举权。这一让步似乎足以恢复平静,天主教委员会宣布解散,格拉坦甚至保证,爱尔兰在对法冲突中忠于英国。但自从加入内阁后,辉格党人要求任命菲茨威廉为
339 爱尔兰总督,后者甚至表示将把政权交给格拉坦和解放天主教徒。爱尔兰贵族公开提出抗议,国王以否决权撤销了任命。皮特一如既往地顺从了,于 1795 年 1 月 4 日到达都柏林的菲茨威廉于 2 月 19 日被召回。当时,早已觉醒的天主教徒提出了自己的权利要求。当新任总督坎登就职时,都柏林发生了暴动。北爱尔兰的奥伦治王族在责怪天主教徒的同时,也蠢蠢欲动。1796 年的饥荒终于使爱尔兰陷于无政府状态。在另方面,救国委员会于 1795 年派了原新教牧师杰克逊前往爱尔兰,杰克逊被捕后服毒自杀。沃尔夫·汤恩在美国积极筹款;菲茨威廉在汉堡同法国进行谈判。爱尔兰处在暴风雨的前夜,但英国本土仍一片平静。假如英格兰在 1794 年也出现旺代式的叛乱,贵族的处境将十分危险,他们推行的镇压措施也许会是流血的,而不是不流血的了。

同法国相比,反法同盟诸国在统治手段方面显得比较宽容,人们确实可以认为,同盟诸国通过预防措施避免了最严酷的恐怖镇压。但是,措施虽然温和,其目的却总是为了遏制民主运动的兴

起,这使同盟诸国未能煽动民族感情和动员人民参加战争。当法国革命随意利用人才和调动法兰西民族的全部力量时,同盟诸国却固守其传统偏见和信用那些唯唯诺诺的无能之辈。马莱·杜潘说得好:"他们害怕本国臣民甚于害怕敌人",这是他们失败的根本原因。

340 第二章　革命政府(1793—1794)

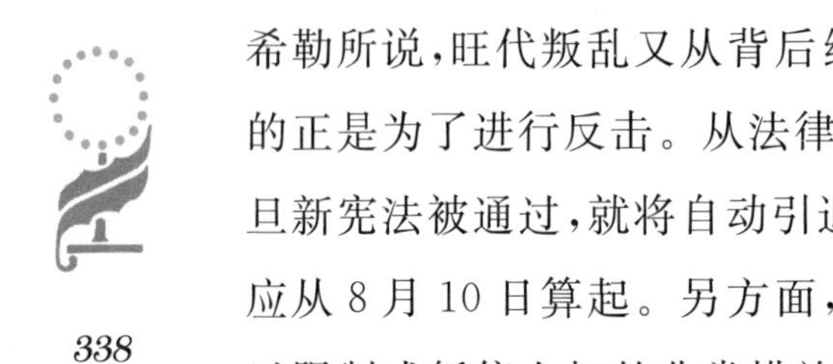

革命刚向欧洲宣战不久就面临死亡的威胁:外敌入侵、国内战争、经济危机,这一切都把它推向深渊。它曾幻想解放世界,如今却被逐出比利时和莱茵地区,国土随时有遭入侵的危险,而且如米希勒所说,旺代叛乱又从背后给它插上一刀。组织革命政府的目的正是为了进行反击。从法律上讲,革命政府是一种临时体制,一旦新宪法被通过,就将自动引退。在这个意义上,革命政府的成立应从8月10日算起。另方面,临时政府也是一种战时体制,它通过限制或暂停人权的非常措施来保卫革命和打击国内外敌人。因此,敌人的威胁同非常措施的严厉程度成正比。在瓦尔米和热马普的胜利后,吉伦特派转而谴责8月和9月间采取的权宜之计,而山岳派却于1793年继续和进一步推行这样的策略。结果,尽管新宪法已被通过,政府体制却取得一定的稳固性,人们甚至同意这个体制一直延续到战争结束。革命政体是在形势逼迫下逐步形成的,它经历一段漫长的孕育阶段。这里,我们将首先研究它的孕育过程,然后再探讨这一制度的性质和业迹。

一、吉伦特派的垮台,1793 年 5 月 31 日和 341
6 月 2 日的革命

1793 年 1 月 25 日,杜布瓦—克朗赛的一份报告指出,必须征
集三十万新兵,以便把军队总数增加到五十万。报告还要求将义
勇军同野战军合并,恢复统一的军事组织,但骑兵和炮兵仍实行募
兵制。国民公会接受了"混编"的原则。作为准备,它首先于 12 月
21 日统一了军饷和晋升制度,采用了国民卫队的蓝军服作为统一
的军服,并定出了新的番号和军衔。但是,由于新的战役即将开
始,关于建立新联队的措施决定暂缓执行。征集三十万新兵的工
作一直拖到 2 月 23 日才决定在二十至四十岁的单身或丧偶男子
中进行。虽然人人都懂得服兵役是件令人生厌的差使,但没有人 342
想到征兵会激起强烈的抵制。

人们对海战的前景和殖民地的命运不能抱有幻想。甚至连科西嘉岛也离开了共和国。制宪议会把帕奥里放回科西嘉,这位曾经领导反对热那亚和法国统治的领袖把该岛看作是自己的属地,并在副检察官波佐·迪波尔哥的配合下,请求英国帮助科西嘉脱离本土。法国曾指望海盗对它有利。事实也并非如此:海盗虽然给敌国带来了损失,但法国商船所受的损失甚至更为严重。中立国船只已成为对外贸易中的主要中间人。在以往的战争中,法国国王历来以"海洋自由"的保卫者自居,站在中立国的一边,坚持"国旗掩护货物"的原则,从而取得中立国的帮助,逃避英国的封锁。国民公会采取的政策恰恰相反,它不仅废除了和敌国过去签

订的贸易协定——首先是1786年协定——和禁止了来自英国的许多商品，而且于5月9日通过法令，声称把服从英国命令的中立国船只一概当作敌对国财产加以没收。主张实行贸易保护政策的制造商，特别是棉纺厂主自然感到十分高兴，其中原商事裁判官杜歇自荐在《总汇报》和巴雷尔身边充当代言人；相反，港口的大资产阶级却怨言颇多。从这个角度看，国民公会的不妥协政策正是吉伦特派软弱的表现。

加强封锁只能使经济形势变得越来越坏。处死国王和向全欧宣战造成了指券的贬值；指券愈贬值，人们的生活也愈困难。在1月初，指券的牌价还等于面值的百分之六十至六十五；到了2月，已降低到百分之五十，2月至10月间更是不断下跌。革命派把指券贬值归罪于外国银行家，说伦敦的贝林银行、阿姆斯特丹的霍普银行、汉堡的帕里什银行不但互相串通，狼狈为奸，而且勾结巴黎的金融家——其中相当部分也是外国人——为皮特的利益大搞投机活动。但是，明眼人都能看到，相当多的法国人同样在搞指券投机，更多的人抛售货币，抢购实物。物价上涨的速度之快已使工资的增长无法跟上。里昂工人于1月要求制订最低的工资限额。惊
343 慌不安的各地居民完全切断了粮食的流通；政府力图依靠进口粮食来缓和粮荒，但外国粮食也越来越少。在巴黎，公社争取国民公会拨款，仍维持每斤三苏的面包价格，但在2月25日至27日，发生了抢劫食品店和肥皂船的事件。

政府日渐衰弱。罗兰于1月22日辞职，吉伦特派因此失去了一员大将；但是，吉伦特派于2月把巴什从国防大臣的职位上赶走，接任的勃农维尔对两派玩弄两面手法，把无套裤汉从部内各司

局赶走，而对军需商的要求一概满足。担任内政大臣的加拉虽然内心倾向右派，却不打算受到牵连；担任司法大臣的戈叶同蒙日一起投靠了雅各宾派。勒布伦和克拉维埃受到越来越多的攻击，担任指券局局长的拉马什遭到了弹劾。国民公会于1月1日成立了由吉伦特派操纵的国防委员会；但是，为了尊重三权分立，国防委员只是对越来越暮气沉沉的各部实行监督。孔多塞于2月就宪法草案作了报告。这项报告并未取得人们应有的重视。山岳派认为当前的时机不宜考虑宪法问题。对宪法草案的讨论至4月方才开始，吉伦特派那时想赶紧颁布宪法，以为通过选举就能排斥山岳派。其实，双方都不希望对方建立一个强有力的政权。党派斗争无休止和无结果地在继续下去。外来的力量对这场斗争的胜负起了决定作用。

在审判国王案后，无套裤汉不断攻击那些主张"处决国王应诉诸人民"的议员，接着又要求将这些议员逐出国民公会。他们认为，只有这样，政府才能恢复团结，逮捕嫌疑犯，建立革命法庭，并击破贵族的阴谋。作为平民的领袖，无套裤汉同普通百姓保持直接的联系，他们懂得群众当时最关心的问题是维持生计。群众要求实行食品限价、征集粮食、救济贫民和士兵家属，以及组织革命军队。最后一项要求具有双重的好处，它既保证群众掌握权力，又使群众不致失业。至于资金来源，他们主张向有钱人征税，其中表现最积极的是所谓"忿激派"，即雅克·卢神甫和瓦尔莱(家境小康 344
的驿站职员)，以及他们在外省的党羽，例如里昂的沙里埃和勒克莱尔，奥尔良的律师塔博罗。他们并不要求实行《土地法》；3月18日法令早已规定，提出这类建议的人将被判处死刑。但在他们看

来,社会问题的重要性胜过政治问题:现在主权已经属于人民,假如人民仍不免饿死,那要主权又有什么用处?已取得一定社会地位的俱乐部分子或已有一定名望的报刊文人,如埃贝尔和马拉等,虽然对忿激派心怀妒忌,但他们最终还是照忿激派的愿望行事。大多数无套裤汉注视着山岳派和雅各宾派,随时准备响应他们的号召。也有部分无套裤汉表现急躁,特别是瓦尔莱,他们认为山岳派过于谨慎和温和,主张自己采取主动,即令解散国民公会和夺取政权也在所不惜。有些曾参与9月屠杀的无套裤汉甚至企图利用当时的危机,把吉伦特分子和其他嫌疑分子送交临时组织的革命法庭或人民法庭审判。

丹东直到最后关头仍希望恢复所有共和分子的团结。在雅各宾派和公社的支持下,罗伯斯庇尔和山岳派认为恢复团结已不再可能,因而同无套裤汉一样,力图搞垮吉伦特派,并根据救国的要求,建立独裁政府。由于他们同样面临着被对方排斥和指控的危险,出于对自身的安全考虑,他们也不能不这样做。共和分子在社会纲领问题上更难达成一致意见,因为这涉及是否实行限价的问题。作为信奉经济自由的资产者,山岳派并不相信限价有任何好处。在他们看来,政治高于一切。罗伯斯庇尔在2月的骚动期间愤怒地指出,不该让"无足轻重的商品"转移人们对反革命活动的注意;肖梅特在公社会议上仅提出了查究囤积居奇者和雇佣失业工人从事公共建设的建议。他们于4月在限价问题上作了让步,但十分勉强,以后几个月的事态足以表明,他们从未完全赞同这个做法。此外,平原派是否愿意消灭吉伦特派,这还是个问题。罗伯斯庇尔曾长期希望在国民公会内部解决这个问题:一方面他也许

在理论上有所顾忌,因为强行解散国民公会不符合代议制原则;另 345
方面他对起义会带来什么后果,也很不放心。如同在8月10日前一样,他反复重申,从各方面看,对人民负责都比对选民负责更加重要,他的任务是根据人民合法表达的意志,引导选民服从人民。这里包含着很大的幻想成分,雅各宾派对他鼓掌欢迎,无套裤汉却公开指责他是巧言令色的骗子。实际上,罗伯斯庇尔最后仍支持举行强大的群众示威,迫使国民公会就范。但是,万一国民公会坚决顶住,又该如何办好?山岳派不同意驱散国民公会,更不愿意重演9月的惨剧。在此情况下,政权就会旁落,公社和无套裤汉头目就会得势。外省将不能容忍9月事件的重演;为了团结外省,必须保留国民公会,并让它保证山岳派的专政。这些错综复杂的倾向极其重要,它们说明吉伦特派为什么在4月后才垮台;由于这些倾向的存在,革命政府的稳定始终得不到保证,且不说这些倾向后来还促使了革命政府的垮台。

在处死国王后,局势一度趋于相对平稳;随着国内外的威胁再度出现,危机又重新发生。3月1日,杜穆里埃刚刚进入荷兰,他的后方在罗埃河一线被科布尔突破:科布尔不久又占领列日,渡过了默兹河。勃农维尔和吉伦特派在最初几天曾竭力安抚舆论;但是,丹东在7日从比利时赶回巴黎后,立即发出了警报,接着又反复重申1792年说过的那句名言:“我现在只知道要对付敌人;让我们先把敌人打败。”由于时间紧迫,他要求巴黎爱国者作出新的努力,以挽救比利时。但是,如同9月那时一样,爱国者回答说,他们不能让卖国贼利用他们离开首都的机会来制造奸计。丹东因此建议成立革命法庭,以防止出现新的屠杀。巴什于9日代表巴黎各

区支持丹东的建议。与此同时，起义运动正在街头酝酿：9 日晚间，吉伦特派几家报馆的印刷厂遭到了袭击；各区代表在主教府集会；瓦尔莱于 10 日说服了科特利埃俱乐部带头举行起义。起义失败了，因为公社和雅各宾派都不赞成。国民公会根据兰代的报告，同意设立终审的非常法庭，但保留对法官、陪审团和公诉人的遴选
346 权。丹东还要求国民公会设立一个拥有行政全权的委员会，这一建议取得了罗伯斯庇尔和康巴塞雷斯的一致赞同。吉伦特派大肆鼓噪，高呼反对独裁；拉雷韦里埃－勒卜于 11 日推翻了这一动议。危机终于流产。

那时候，国民公会代表派往比利时各省的特派员正忙于搬迁公共金库和查抄教堂的财物；当地居民或者抗议，或者抵制，到处都乱成一团。杜穆里埃从荷兰撤出后，赶到了布鲁塞尔；他把教会置于自己的保护之下，压制俱乐部分子的胡作非为。接着，他于 3 月 12 日向国民公会寄出一封语含威胁的信件，除了大发一通牢骚以外，还专门攻击 12 月 15 日法令。国防委员会于 15 日就该信进行了辩论；丹东在发言中保证能让杜穆里埃回心转意。但他终于失望而归，从此一直保持沉默。杜穆里埃于 18 日和 21 日分别在尼温顿和卢万战败后，同奥军签订了停战协定，企图回师巴黎，拥立路易十七为国王和恢复 1791 年宪法。国防委员会决定将杜穆里埃解送法庭受审，国民公会于 31 日派遣勃农维尔和四名议员送达这一命令。杜穆里埃于 4 月 1 日把他们统统交给了敌人。他看到巴黎大门已开，没有任何军队能阻拦他重演拉法叶特的故伎。由于部队拒绝随他行动，杜穆里埃于 4 月 5 日越过边界投敌。与此同时，库斯丁于 3 月 27 日和 28 日在纳厄河打了败仗，放弃莱

茵左岸防线向兰道撤退，听任普军围攻美因兹。

在法国国内，征募三十万新兵引起了居民的普遍惊慌。征兵法令规定，入伍新兵应由合格壮丁互相推选。因此，有的地方采取推举的方式，其结果十分荒唐；多数情况是出钱购买壮丁；也有因互相推诿而导致无穷的争执。但是，有的壮丁对免服兵役的地方官员群起攻击，甚至举行暴动，这类事件曾多次发生过。3 月 9 日，国民公会通过法令，派遣八十二名代表去各地执行法律；3 月 19 日法令接着宣布，对为首闹事者处以极刑。一般说来，事态很快平息下去了，即使在布列塔尼也是如此，但在 3 月 10 日至 15 日间，整个旺代地区闹了起来。旺代的农民既不留恋国王，又不拥护旧制度；但他们对城里的雅各宾分子和行政当局制造的教会分裂以及严厉镇压顽固派神甫的做法，从内心感到愤慨。宗教改革在普瓦图地区有很深的影响，由格里尼翁创立的玛丽亚会以及各种修女会自十七世纪末以来一直狂热地向居民进行宗教灌输。在 1791 年 8 月，乡村的人并没有支持贵族造反；他们在 1792 年也没有为使善良的神甫免遭流放而起来反抗。但在 1793 年 8 月，征兵却第一次在农民中激起了反抗运动；可以预见，他们决不同意为革命打仗。就在那时，所有的部队都已向边境开拔。

叛乱在整个旺代地区同时爆发，这表明事先肯定经过了协商。但从表面看来，这场暴动似乎使贵族感到意外，因为他们也在密谋叛乱，只是认为时机尚不成熟。叛军攻陷了好几座县城；肖莱陷落后，行政机关被解散，担任公职的资产者遭到虐待；在马什科尔，官员甚至被毒打或处死。一些贵族很快成为叛军的首领，但平民也并非完全被排斥。斯托弗莱和卡特里诺等人原是旧军官，容易成

为独当一面的首领。沙列特在马雷地区称王称霸：罗亚朗和萨皮诺兄弟占领着整个灌木丛地区；莫日地区仍被天主教军所占领，该军在蓬尚、代尔贝、斯托弗莱、累斯库尔、拉罗什雅克林的指挥下，与培尼埃教士一起组织了政府。居约·德·丰维尔也前来投奔叛军，他自称是主教，大概同法国流亡者有联系。叛军立即向英国求援，一些叛军领袖曾主张向巴黎进军，另一些则企图进入布列塔尼。但他们不能组成一支常备军：当“蓝军”出现时，农民们蜂拥而来；打了胜仗后，农民即各自回家。这种状况使共和国终于得救。叛军打了不少胜仗，在灌木丛生的丘陵地区，道路曲折稀少，农庄分散隐蔽，地形利于进行防御和突然袭击。如同义勇军一样，旺代叛军自发地采用适于发挥其特长的战术：以散兵队形接近敌人，布置埋伏，当敌人出现动摇时群起攻击。国民公会在最初几个星期仅派出了国民卫队或新兵前往清剿；除努瓦莫提埃外，勉强能守住

348 或夺回海岸线。到了夏季，蓝军在蒙吕松连打三个胜仗。这对改变战局具有根本的影响，但在 4 月向莱荣河发起的进攻失败了。旺代军占领了布雷絮尔和帕特内；5 月 5 日，又攻克杜阿尔。丰特内一战失利后，叛军又卷土重来，在丰特内城大肆劫掠。6 月 9 日索米尔战役获胜不久，叛军进入了昂热城。最后，叛军于 6 月 29 日进攻南特，遭到了失败。政府于 5 月不得不从边境调回部分军队，但国民公会派驻索米尔和图尔的众多代表不但互不服气，而且同据守尼奥尔基地的比隆意见相左。威斯台尔曼于 7 月 3 日夺取夏蒂荣后，于 5 日被击溃；桑台尔于 13 日在维依埃遇到同样的命运。罗西涅尔和龙森于是出任政府军正副指挥，但这些无套裤汉将领仍不济事；截至 10 月前，旺代叛军仍未被消灭。

杜穆里埃的投敌叛国和旺代的内战对共和派震动极大:这是一次新的“恐慌”,共和派又开始逮捕嫌疑犯。这两个事件比外敌入侵更加触到了共和派的痛处,他们不能不采取非常措施。即使在国民公会中,反对非常措施的人也越来越少。国民公会于3月18日决定,流亡分子和被判流放的神甫,凡在共和国国土上被捕者,一经验明正身,即可处决;第二天又决定,对手持武器的叛乱分子也一概处决。21日,出现了由选举产生的各监视委员会,负责检查护照,监视陌生人或外国人,后来的人惯于称它们为革命委员会。无套裤汉在这些委员会中人数众多,很快垄断了这个政治警察机构。国民公会于28日通过了惩治流亡者法,对流亡者一概判以褫夺公权终身,他们从祖上获得的遗产在五十年内由共和国保管,如回法国则处以极刑。最后,国民公会于4月5日决定,向革命法庭解送人犯的任务不再由国民公会自己担任,变为交给公诉人富基埃—丹维尔负责,但涉及政府大臣的案件属于例外。

在雅各宾派分子的影响下,外省的行政当局自发地建立了名目繁多的救国委员会,负责征兵事务和地方安全。埃罗州于4月
19日通过了一项著名的决定,委托救国委员会征募五千名士兵, 349
供本州调遣,并强行摊派五亿公债。先后于3月9日和4月30日派往外省的两批国民公会代表推动了革命措施的酝酿和制订。吉伦特派为了削弱山岳派在国民公会中的力量,故意将山岳派分子送往军中效力,结果搬起石头砸了自己的脚。5月6日的政府命令规定,国民公会代表有权任命特派员和建立特派员办事处,其人员自然也在雅各宾分子中遴选。因此,特派员在各地清洗行政当局,逮捕嫌疑犯,征收捐税和征发军需。他们的活动多次遇到了依

旧追随吉伦特派的地方当局的强烈抵制。像卡诺这样的资产阶级保守派开始认识到把战争进行到底的必要。他于3月18日写道："只要敌人还存在，就不能指望得到和平，外部的敌人是如此，内部的敌人更是如此。必须把敌人彻底歼灭，否则我们就会被他们所压垮。"

只要政府仍然软弱无力，即使努力作战又有什么用处？杜穆里埃的叛变激化了国民公会中的党派斗争。吉伦特派因与杜穆里埃关系密切受到了牵连；万一政变得以成功，那些借将军的名声保护自己的吉伦特议员肯定会拍手叫好。他们如今采取了以攻为守的策略。在杜穆里埃的亲信中，有些是菲力浦－平等的亲友，后者的儿子沙特尔公爵甚至跟随将军一起叛逃：这是再次指控山岳派搞奥尔良主义的极好借口。丹东由于多次出使比利时，回来后又保持沉默，也引起了人们的怀疑。4月1日，拉索斯揭发了阴谋，遭到丹东的猛烈反击；丹东不但不为自己辩护，反而在山岳派疯狂的掌声中，明确表示他同那些曾企图挽救暴君的人断绝关系。第二天，罗伯斯庇尔要求弹劾吉伦特分子，他的建议未被采纳。

平原派不想追随罗伯斯庇尔，但形势使他们向丹东靠拢。4月6日，国民公会终于接受丹东的提议，成立了救国委员会；同丹东一起选入该委员会的还有巴雷尔和康蓬等人。他们虽然不同程
350 度地倾向山岳派，但仍被认为是独立的。丹东在救国委员会占有十分明显的优势，因而该委员会几乎可被看作是第二届丹东内阁。丹东依旧推行妥协和拖延的政策，尽管他在4月1日作了引人注目的表态。平原派对这个政策十分满意，新成立的救国委员会不能直接下达逮捕令，但可对大臣实行监督，从而徒劳无益地削弱了

大臣的权威。这个办法当然不是山岳派所希望的,也遭到吉伦特派的反对。斗争继续在进行中。

4 月 1 日,应比洛托的要求,国民公会通过了一项法令,规定凡议员有叛国嫌疑者,人身不受侵犯的条款不再适用:这个规定为国民公会议员的互相残杀打开了畅通无阻的道路。比洛托一伙指望利用这项法令来对付山岳派,机会不久便来到了。4 月 5 日,马拉以雅各宾俱乐部主席的名义发表一项通令,请求外省的爱国者前来援救蒙受杜穆里埃威胁的巴黎,他同时还揭发在审判国王案期间持"诉诸人民"意见的议员是卖国将军的同谋者。吉伦特派立即进行反击,于 4 月 13 日取得国民公会同意,把马拉解送革命法庭受审。在这以前,巴黎麦市口区已于 4 月 10 日发起请愿,要求把持"诉诸人民"意见的议员交给他们的选民,让选民收回对议员的委托。平原派肯定不能接受这项请愿,而吉伦特派却一再要求用这项措施处置山岳派议员。罗伯斯庇尔对这种无理纠缠提出了抗议,但巴黎各区的代表却通过了请愿书。这项文件本是丹东派执笔起草的,丹东的另一名亲信却建议国民公会拒绝接受请愿书;国民公会于 4 月 20 日宣布,请愿书是对持"诉诸人民"意见的议员的"污蔑"。丹东显然想把水搅浑,仍然希望把吉伦特派争取过来。至于马拉,他于 24 日被宣布无罪释放。

就在那时,山岳派终于彻底与无套裤汉和科特利埃俱乐部合流,决定实行经济统治。这一重要事实改变了整个局势。罗伯斯庇尔于 24 日建议在人权宣言中增加四项条款:规定所有权是"法律保障公民享有的那部分财产的权利",也就是说,所有权的范围受法律的限制;规定所有权"不能损害我们周围人们的安全、自由、

生存和财产”，从而以含蓄的方式为经济统治进行辩解。4 月 11
351 日，国民公会下令禁止通货买卖和两种物价并存，对拒绝接受指券者将予严惩。18 日，巴黎地区各有关当局的代表决定举行请愿，要求实行限价。国民公会于 25 日前进行分组讨论，接着举行全体会议。30 日，市郊圣安东尼区的群众拥进国民公会会议厅，以进发凡尔赛闻名的巴黎妇女也及时赶到。5 月 4 日，一项法律确定了本州粮食草秣的最高限价，各县负责对粮食实行登记和征购，以供应市场，市场外的粮食交易从此一概禁止。

无套裤汉当时正忙于应付在旺代军事失败后出现的骚乱。4 月 25 日，蓬孔赛依区要求巴黎出兵镇压“盗贼”，公社于 5 月初决定征募一万二千名新兵，并根据埃罗州的原则（已取得国民公会批准），委托各革命委员会强行摊派公债。骚乱在巴黎到处蔓延。无套裤汉首先想把公证所办事员和店铺伙计送进军队，这些年轻人坚决进行抵制，并于 5 月 4 日至 6 日在卢森堡公园和香舍丽榭大街举行群众大会。各区的无套裤汉自己也不准备从军出征，他们历来主张实行直接民主，如今在征兵的问题上，却要由他们代替别人作主。国民公会终于接受了他们的要求，按照老习惯悬赏五百里佛征集“英雄”。为了加快征兵工作的进行，议会同意垫出这笔资金，尽管毫无偿还的希望。从那时起，各区的集会变得吵吵嚷嚷，无套裤汉的敌人决心在会场上进行一番较量，双方在本区结帮成派，互相对立，有时不惜大打出手。5 月 8 日，罗伯斯庇尔指出了这个危险，要求由“身穿金饰套裤的富人”承担建立革命军队的一切费用。

这些骚乱事件表明，群众对为共和国作战缺乏热情。政府既要依靠群众,又要强迫群众:这一矛盾不是个好征兆。但是,山岳派和无套裤汉当前最担心的事,还是在许多外省城市早已出现、而在巴黎正酝酿中的“地方自治运动”。 352

地方自治运动最早出现在第一次恐怖时期,处死国王使这一运动重新活跃起来。吉伦特派的紧急呼救、山岳派代表与地方缙绅的对立促进了地方自治运动的发展。征集新兵、港口封锁以及由此产生的失业,更使地方自治运动的拥护者日渐增多。一些外省试图组织营队派往巴黎,菲尼斯太尔曾派出了一营士兵。早在3月16日,国民公会派出的代表在奥尔良市受到侮辱,莱奥纳尔·布东被刺受伤。人们对地方自治机构逐渐重视起来,积极参加它们的集会,并要求各区都有常设的区公所:既然巴黎自1792年7月以来已存在常设的区公所,为什么外省就不能呢?人们不等国民公会的同意,便立即见诸行动。

在波尔多,各区公所满足于在5月9日发表一篇咄咄逼人的宣言。在马赛,由于雅各宾分子与巴巴鲁关系破裂,他们失去了对城市的控制,国民公会派出的代表于4月29日离城出逃;各区公所组织了联区委员会,并用1792年9月未经许可建立的人民法庭镇压无套裤汉。里昂的情形更糟:该城于5月29日发生了反对雅各宾公社的暴动。经巷战后,国民公会代表暂时把暴动镇压下去。沙里埃被投入狱中。5月24日,汝拉州建议在布尔日召开候补议员会议;安州表示赞同,科多尔州建议派军队保护。5月30日,卡昂在是否派一营新兵前往巴黎的问题上出现了分歧。一些真诚的共和分子像平原派一样反对极端民主派,他们参加了地方自治运动,但在其中仅占少数。地方自治运动的主力是仍然拥护君主制

的资产者、顽固派神甫的信徒以及旧制度的拥护者。他们全都自称是吉伦特派，但这只是障人耳目的招牌而已。加尔州副检察长格里约雷写道："争夺我们的两大派都十分恶劣；布里索、佩蒂昂和葛瓦代与马拉、丹东和罗伯斯庇尔同样令人可恨。"假如吉伦特派在其盟友的帮助下压倒山岳派，反动派也将很快压倒吉伦特派。米希勒说得好，吉伦特派"已不再有革命精神"。无套裤汉清醒地看到，大多数国民既依恋制宪议会的业迹，又急于求得平静和安逸的生活，假如能通过妥协达成和平，他们会乐于接受。假如地方自治运动在外省和巴黎同时发展起来，吉伦特派迟早会以地方自治的名义，把他们的意志强加给国民公会。由此可见，6 月 2 日的革
353 命是山岳派和无套裤汉针对所谓"贵族阴谋的变种"而采取的防御行动和惩罚行动。

吉伦特派像以往一样轻率，在胜利条件尚未完全具备前，就仓促上阵，企图进行最后决战。根据罗伯斯庇尔的要求，公社已决定建立一支革命军队和逮捕嫌疑犯；各监视委员会的代表举行了会议，会上提出了各种建议。5 月 19 日，两名警察官员甚至主张把吉伦特派的主要首领绑架和秘密处死，然后就说他们已流亡国外。这一主张当即遭到一些人的反对，巴什终于使会议转入正题。但是，获悉这一秘密策划的葛瓦代于 18 日揭发了阴谋；根据巴雷尔的建议，国民公会任命一个十二人委员会负责进行调查。该委员会由清一色的吉伦特分子组成，其决议也就可想而知；它于 24 日下令逮捕包括瓦尔莱和公社副检察长埃贝尔在内的四名无套裤汉，后者所办的《杜歇老爹报》十分风行。公社于第二天提出了抗议，当时任国民公会主席的伊斯纳尔在一篇"不伦瑞克式的宣言"

中对巴黎大肆威胁。群众于27日聚集在杜依勒里宫四周——国民公会自5月10日后一直在那里开会,并于晚间拥进了会议厅。由于丹东的干预,国民公会在深夜十二时决定撤销十二人委员会。实际上,国民公会不久又推翻了这一决定,但释放了被捕人犯。事情已闹得不可开交,无套裤汉于当晚在主教府开会,成立了起义委员会,瓦尔莱大概是该委员会的关键人物。

在5月30日至31日的那个晚上,各区的代表停止了公社的职权,接着又让公社暂时恢复职权,并表示服从公社的指挥。昂里约出任国民卫队司令,下令管制和逮捕嫌疑分子。尽管山岳派赞成排斥吉伦特派,但他们对事态深感忧虑。他们在革命委员会的联席会议上提请注意,万一国民公会进行抵制,事态将变得不可收拾。必须避免解散国民公会,尤其不能重演9月的屠杀。因此,巴

黎州召集各有关当局代表开会,任命了一个委员会,协助起义委员 354
会工作。巴什和肖梅特将协调两委员会的活动。巴黎各区迟迟没有行动起来,5月31日又是个星期五,工人们都已出门工作。游行队伍于下午才开始出发,国民公会并未受到很大威胁。十二人委员会被再次撤销,至于逮捕吉伦特分子的问题,国民公会把这个要求交给救国委员会研究,在三天内提出报告。这是一次失败。第二天,起义委员会再次提出要求,仍无结果,便决定于6月2日星期天围困国民公会,勒令立即解决问题。这是大革命中组织得最好的一次“行动”。丹东放任不管,内部意见不一的救国委员会对围困杜依勒里宫的各区群众毫无办法。在一些议员的建议下,国民公会决定列队走出杜依勒里宫,企图强行突破围困。形势一度变得十分紧急,万一出现不测,国民公会就会垮台。但昂里约仅

满足于挡住通道，这使瓦尔莱深感遗憾。议员们回到大厅后，被迫下令逮捕二十九名议员以及克拉维埃和勒布伦。建立革命军队的要求已原则通过；至于忿激派的社会纲领，国民公会未予采纳。

山岳派从此占了上风：他们于6月8日建立了巴黎州救国委员会，以代替和取消原来的起义委员会，瓦尔莱及其一伙均被排斥在外。国民公会已名存实亡，山岳派以国民公会的名义操纵一切。其实，国民公会永远不能原谅山岳派的专权；更何况，它只是把吉伦特派议员软禁在家，而不提出起诉，根据议会制原则，法律起诉是开除议员的唯一方式。在另方面，无套裤汉仍一无所得。山岳派有受两面夹攻的危险，对他们说来，“五月三十日革命”仅是一个过渡阶段而已。

二、1793年夏季的革命危机

山岳派的胜利不久又成了问题。七十五名议员签署了一份抗
355 议书；其他议员离开了巴黎或故意逃会。各区群众反对征兵和建立革命军的活动又日趋活跃；外省传来的消息更令人震惊。6月6日，以巴雷尔和丹东为首的救国委员会建议撤销监视委员会，并向逮捕了议员的各州派送人质。罗伯斯庇尔力主拒绝这些措施。忧心忡忡的山岳派始终不能作出决断。被捕的吉伦特分子虽然在逐渐增多，但他们的命运仍悬而未决。直到7月8日，圣茹斯特仍主张仅打击内战的煽动者。革命军队尚未组成，摊派公债的问题议而不决。尤其，国民公会匆忙讨论了于6月24日完成的1793年宪法。宪法在前言中用信仰自由和经济自由补充了1789年的人

权宣言,从而建立了政治民主制:立法团由选民以单名投票方式直接选出;执行委员会由立法团在选民推举的候选人中遴选。根据 356
孔多塞的建议,为放宽人民行使主权的范围,将以美国的某些州为榜样,采用公民投票的形式:宪法将交给人民批准;紧急法令可由公民投票批准,但对一般法律则伴以严格的条件予以限制。宣言没有特别强调社会民主,仅满足于宣布:社会的目的是共同幸福;救济是“一项神圣的债务”,也就是说,贫民有获得救济的权利。国民公会自成立以来,反复重申民族团结的原则,答应抚恤残废军人和“祖国保卫者”的亲属,救济战争难民和其他灾民。罗伯斯庇尔对他以前提出的可能使资产阶级害怕的几项条款从此不再吭声;巴雷尔于 6 月 27 日愤怒斥责土地法,尽管 3 月 18 日法令已经规定,对土地法的拥护者处以死刑。山岳派希望宪法将扫除人们对无套裤汉专政的恐惧,但他们并不因此忘记满足农民的愿望,因而无论在 5 月 31 日革命或 7 月 14 日和 8 月 10 日的革命中,农民都得到实在的好处。6 月 3 日,国民公会通过法令,将流亡者的产业分小份出售,价款分十年付清;6 月 10 日的法令规定,地方公产可按人口平均分配;7 月 17 日又规定,无偿废除剩下的一切领主权。

虽然如此,新的内战仍不可避免。我们已经看到,地方自治运动在 5 月已挑起内战。山岳派首先在巴黎动手必然地刺激了反叛思想的抬头。外省对首都的嫉妒以及地方主义的残余显然起了推波助澜的作用。此外,地方当局在同国民公会断绝关系后便各行其是。从统一的和不可分割的共和国的观点看,人们确实可以给这种倾向加上“联邦主义”的罪名。不容否认,联邦主义观点对某些革命分子具有魅力,比约一瓦伦于 1791 年就有过这种主张,拉

雷韦里埃等吉伦特分子则更加积极。可是，“联邦主义者”无非是想掌握政权；在环境的逼迫下，他们把1789年以来兴起的地方自 357 治推向极端，他们表现出的独立性和主动性既是革命党人历来具有的特点，也是雅各宾派不断采用的手段。随着群众骚动的接连出现，地方自治运动把那些为自己财产担忧的资产者、反对普选制的福扬派、依恋顽固派神甫的天主教徒和旧制度的拥护者都集合在一起。除了这些人以外，还应该加上对残害国民代表的罪行感到愤慨的那部分民主分子，他们的加入大大壮大了地方自治运动的力量。革命队伍中如此错综复杂的党派分野损害了内部团结。忠于1789年革命和关心民族独立的吉伦特派拒绝与挑动内战的旺代叛乱分子同流合污，不愿向外国求援。因此，巴黎四周、卢瓦河流域和边境的三十多个州顺利地接受了既成事实；在东南地区，没有这类顾忌的反革命分子领导了暴动，并顽固地坚持下去。

然而，布列塔尼、诺曼底、弗朗什一孔代和法国南部各州的行政当局纷纷独树一帜。他们同首府的地方当局一起向周围各县发出号召，召集初级议会的议员开会。业已变成“联邦主义”的地方自治运动仍旧模仿雅各宾派的种种做法。他们纷纷成立救国委员会或监视委员会，逮捕嫌疑分子，封闭俱乐部，决定征集部队；在里昂、马赛和土伦，“人民法庭”把爱国分子送上断头台或处以绞刑。分裂活动的结果相当可悲。群众对吉伦特分子和山岳派分子的派别斗争不感兴趣；分裂主义的头目如同国民公会一样，因下令征兵而使群众感到厌恶，因不能解除饥荒而引起群众不满。何况，为使分裂得以成功，就必须在布尔日召开前面刚提到的候补议员会议和建立新的中央政权。但是，法国西北部和南部被忠于中央政府

的几个州所隔开,在布列塔尼和阿基坦之间插着一个旺代,里昂被
与阿列州相邻的索恩－卢瓦尔州所隔开而不能同科多尔州连成一
片,被与伊泽尔州相连的德龙州所隔开而不能同普鲁旺斯州相接
壤。即使地区间的合作也实现不了:图卢兹终于拒绝了波尔多的
请求,切断了阿基坦和下朗格多克之间的联系。最后,各州仍有一 358
些县和市镇不肯参加分裂活动,一些爱国官员或者抵制叛乱,如图
卢兹的台孔贝尔,或者拥护无套裤汉,如瓦朗斯的约瑟夫·培扬。
许多联邦主义者因力量太弱而迷途知返,他们在山岳派谨慎地给
予宽恕的期限内承认了错误;同时也因为,随着宪法的通过,他们
希望利用下届立法团的选举,抛弃国民公会。

在国民公会看来,直接的危险是在诺曼底:当时已没有部队防卫巴黎,又没有粮食运来首都。蒲佐、佩蒂昂、巴巴鲁在卡昂会面后,敦促各省加紧行动。但下塞纳州不受他们的控制,仍让粮食通过。旺代叛军于6月9日攻占了索米尔,牵制了奥恩和曼恩两州,唯有菲尼斯太尔表现得特别积极。诺曼底叛军在同布列塔尼叛军会师前,已开始进军。7月13日,正当他们在厄尔河上的帕西毫无戒备地休息时,由救国委员会勉强拼凑的一支几千人的共和军突然出现在他们的面前,诺曼底叛军不战而逃。法国西北部从此平服,吉伦特分子离开了卡昂和布列塔尼,前往波尔多。在向法国东部的科多尔州、杜州、上索恩州、汝拉州和安州进攻和向南部的图卢兹和下朗格多克进攻时,共和军也一帆风顺。陷于孤立的波尔多于8月19日让国民公会的代表进入该城,接着又加以驱逐;雅各宾派于10月重占优势,波尔多城于19日才被占领,该城已无力进行武装抵抗。

真正对爱国党的事业有致命威胁的是东南部。在阿尔卑斯山和意大利作战的法国军队被切断了后路。里昂的叛军司令普莱西向撒丁求援，马赛和土伦以及科西嘉的帕奥里则请英国出兵。在德龙州各俱乐部的支持下，卡尔图于 7 月 27 日打退了马赛的叛军，并夺回了阿维尼翁；里昂叛军除直至 9 月还在西部占有卢瓦尔州外，已处在被包围之中。卡尔图于 8 月底再次发动攻势，于 25 日恰好赶在英军到达前占领了马赛。相反，土伦向外敌打开了大门，并于 8 月 29 日交出了地中海舰队。共和军于 10 月 8 日进入
359 了里昂，而土伦则一直坚持到 12 月 19 日。在这个地区，内战的激烈程度不亚于旺代，也导致了流血的报复。从 8 月份起，叛乱的范围总算被控制住了。但在 7 月，整个法国简直四分五裂。

边界上的形势也十分危急。丹东自重掌政权后，始终在进行谈判。根据丹东的要求，国民公会于 4 月 13 日变相撤销了 1792 年 11 月 19 日法令，共和国将不再干涉他国的内部事务。丹东虽然试图争取瑞典、土耳其、皮埃蒙特和科希秋什科，努力拉拢那不勒斯和佛罗伦萨两国的宫廷，但成效甚微，因为小国对失败者的话不容易听得进去。丹东也向英国、普鲁士和奥地利方面进行和平试探。格伦维尔傲气十足地把谈判推给了参谋部，福斯泰竟未能同参谋部取得联系。丹东怎么可能把交回共和国夺得的土地作为和谈的条件呢？反法同盟诸国已经收复了失地，并准备肢解法国。他们把已经陷入绝境的弑君者提出的不值一文的建议当作笑柄。这种外交实际意味着，在战争中如不能胜利，便只有以妥协面目出现的投降。因此，山岳派怀疑丹东想释放王后及王子，甚至想复辟君主制：丹东于 4 月 13 日曾声称，人民的主权应该被承认，但这与

君主制不相矛盾。罗伯斯庇尔于是让国民公会作出决定，禁止进行可能牺牲共和制的任何谈判，并重申兼并的既成事实。早在4月10日，他已要求把玛丽—安托瓦内特送交革命法庭审判。6月，宪法的一项条款宣布，法国人民不同占领其国土的外敌媾和。丹东仍坚持主和。在此期间，军火制造毫无进展，对军需商的攻击日趋猛烈。根据都尼埃的一项报告，国民公会下令逮捕了爱斯帕涅。法军在前线接连败北。杜穆里埃失败后，科布尔正围攻孔代和瓦朗西安；法军向雷姆和维科涅树林中的进攻也遭失败，丹皮埃尔阵亡。5月23日，接任的法军司令撤出了法马尔兵营，退至斯凯尔特河和桑赛河之间的恺撒兵营，使康布雷和通向巴黎的大道暴露在敌人面前。尽管库斯丁为援救美因兹而再次发动的进攻遭到失败，救国委员会仍委托他主持北方军团。这位大贵族的努力 360
获得了一定的成功，但他对政府的态度十分放肆，对只有少校军衔的国防大臣布硕特、国防副大臣埃贝尔分子文森，以及对在利尔支持发伐尔州长反对拉摩利尔将军的雅各宾军官和军事特派员全都不屑一顾。因此，库斯丁虽然得到国民公会特派代表的支持，不久便以嫌疑罪被控，于7月12日被召回巴黎，终于一事无成。撒丁军队威胁着萨瓦和尼斯，西班牙军队越过了比利牛斯山，正向佩皮尼昂和巴约讷挺进。在西线，威斯台尔曼在夏蒂荣一战取胜后，于7月吃了败仗。接着，桑台尔在维依埃战败。

经济危机一天比一天更严重。5月4日的法律未被严格执行。持温和立场的地方当局对征发粮食往往敷衍了事，因而限价最后只是导致了市场的空虚。由于最高粮价由州政府统一规定，不考虑运输费用，越是缺粮地区就越没有粮食运来。在普遍的无

政府状态下，各地行政当局便禁止粮食运出。国民公会不但不加强法律，反而干脆放任自流：7 月 1 日，它允许地方当局在市场外购买粮食，军粮的筹集也以同样办法进行；它还让特派代表和州政府有权暂停执行限价法。巴黎和各大城市的面包铺门前排起了长队，骚动随时可能爆发。与此同时，指券的比价于 7 月已下降到百分之三十；资金纷纷流往国外；交易所的投机活动十分猖獗；人们囤积商品；物价不断上涨。6 月 25 日至 28 日，肥皂涨价在巴黎触发了新的暴乱。

国民公会越是表现无力，群众请愿就越多和越强烈：政府必须作出新的努力以应付局面。和平已不再可能：同盟诸国要复辟旧制度，奥军在诺尔州已见诸行动。无套裤汉因为只能在胜利或屈服两者中作选择，便孤注一掷，宣布把战争进行到底："不自由毋宁死。"在这生死存亡的关头，为什么不动员全国的力量呢？大举征兵的思想开始抬头；平均主义的本能和对热马普胜利的怀念也有助于这一思想深入人心。无套裤汉认为"自私的富人"居心不良，
361 要求对囤积居奇者处以死刑，要求封闭交易所和取消股份公司。运动在不断深入，因为用镇压手段结束投机活动似乎十分容易。全国性的反动正在形成中；革命派对盲目追随暴君的"奴隶"，以及对抢购商品准备出口的外国人怀着鄙视和仇视的感情。因此，法国似乎理所当然地应该禁止投机活动和保留自己的食品。在里昂人勒克莱尔·道兹的帮助和在演员克莱尔·拉孔勃领导的"革命妇女社"的支持下，忿激派竭力拨旺人民的怒火。雅克·卢于 6 月 25 日在国民公会旁听席上，代表科特利埃俱乐部。以极大的愤慨指责国民公会的软弱无力："山岳派的议员们，请不要以屈辱结束

你们的议员生涯!”人们纷纷斥责雅克·鲁散布反革命言论;罗伯斯庇尔要雅各宾派对此提高警惕;马拉、埃贝尔和肖梅特也随声附和,趁机中伤他们的政敌。抢劫肥皂的事件恰好在那时发生,人们把责任加在雅克·卢的头上。但是,人们后来称之为埃贝尔党的那派人——尽管埃贝尔从来不是该派的首领——主张把战争进行到底和消灭所有贵族,他们不久就把忿激派的社会纲领接过手来,因为无套裤汉对忿激派唯命是听。在他们尚能希望通过山岳派操纵国民公会时,他们宁肯同山岳派一致行动;虽然如此,他们也并非不想再发起一次新的“行动”。他们或许会就此上台执政,因为他们已控制着科特利埃俱乐部,在布硕特主持的国防部内党羽甚多,他们还可以把公社带动起来;总之,国民公会的命运已在他们的掌握之下。

这种形势具有严重的危险。全靠无套裤汉的奋力猛进,共和国才得以拯救;无套裤汉的生硬简单的思想作风以及他们自身的需要推动着共和国沿着笔直的道路前进。圣茹斯特大声疾呼:“勇敢!”在1793年7月,国民公会表现得优柔寡断,山岳派则争吵不休,革命的推动力来自外部。但是,没有一个采取统一革命行动的政府,没有取得为革命提供干部的大小资产阶级的同意,平民的热情终究不能持久。由第三等级发动的革命,其生死存亡取决于第三等级的团结。国民公会是第三等级的象征,因为它是各派爱国分子不得不接受的唯一权威。由国民公会接受的并经一百八十万 362
张选票批准的宪法把共和分子结合成一个集团。如果解散或分裂议会,就有使内战重起和使革命力量在无政府状态下互相抵消的危险。皮特清醒地看到了这一点。银行家培勒戈竟出钱雇人,专

门负责“煽风点火”；在7月末，利尔查获一名英国间谍的皮包，其任务就是挑动骚乱。一名自称巴兹男爵的冒险家在试图援救国王失败后，正准备组织王后越狱；他看到，只有挑动共和分子互相残杀，才能扑灭革命。这位狂热的阴谋家和投机家同许多贪恋声色之乐的腐化分子建立了联系，其中包括一些企图浑水摸鱼的议员、俱乐部的演说家和外国难民；他们积极主张采取极端措施，企图利用公司股票下跌谋取暴利。德洛内和法布尔·代格朗丁分别于7月和8月在国民公会的讲坛上揭露了他们的阴谋。罗伯斯庇尔从一开始就怀疑，极端分子中可能混有反革命的代理人。

法国终于建立了一个革命政府。在7月初，形势的日益恶化使人们对国民公会的批评更加尖锐。此外，人们指控迪永将军正为援救王后和王子而策动兵变，这一下使形势出现了新的转折。国民公会于7月10日改组救国委员会，把丹东等人开除出去。共和二年的大救国委员会花了二个月时间才逐渐组成。忠于库斯丁的加斯巴朗很快宣布退出；丹东的朋友杜里奥于9月相继退出；贝尔加拉特夫人——其丈夫在撒丁军队中任职——的情夫艾罗·德·塞舍尔很快变得形迹可疑。库通、圣茹斯特、让蓬－圣安德烈和马恩的普里厄组成了取得巴雷尔和兰代支持的坚定的山岳派核心，随后加入这个核心的有罗伯斯庇尔(7月27日)、卡诺和科多尔的普里厄(8月14日)，以及比约－瓦伦和科洛·德布瓦(9月6日)。在不少问题上，他们的意见互不一致。兰代厌恶恐怖主义；比约和科洛倾向无套裤汉。他们虽然都属于资产阶级，但在社会问题上，主张实行社会民主制的罗伯斯庇尔和圣茹斯特同具有明显保守倾向的卡诺和兰代之间存在着深刻的分歧。他们的脾性也不尽相同,个人好恶最终转化为仇隙。但在几个月内,危急的形势使最终导致革命垮台的分裂暂时得以避免。这是一些廉洁勤奋但又独断专行的人,他们有着明确和坚定的目标,并为实现这些目标而发号施令、坚持奋斗和夺取胜利。共同的工作、面临的危险、因掌权而沾沾自喜和自命不凡,这一切使他们在救国委员会这个独立的机构中创造了某种团结气氛。他们一致反击旨在国民公会和第三等级中制造分裂,从而乘机推翻他们的任何势力。他们大部分都兢兢业业地处理繁重的行政事务。人们往往为了贬低一些成员而过分赞扬另一些成员的功绩,似乎这些人对维持政局的安定能无动于衷。应该看到,政局的安定是他们成功的保障,特别是罗伯斯庇尔,他在巴雷尔、圣茹斯特和比约的辅佐下,反复向国民公会和雅各宾派宣讲和维护他们的政策,使革命政府得以保持下去。

马克西米里安·罗伯斯庇尔曾靠助学金在路易十四中学上学,成绩优异,毕业后在故乡阿拉斯的律师公所享有颇高的声誉;自1789年当选三级会议代表以后,他在制宪议会、雅各宾俱乐部以及在报刊上坚持不懈地维护民主原则,深受革命人民的尊敬。可是,在吉伦特派雄辩的鼓动下,革命人民陷入了宣传和战争的狂热之中,罗伯斯庇尔未能加以阻止。如今,他的种种担心都得到了证实。可悲的是他担负着比任何人都更重要的责任,要在他曾徒劳地努力予以制止的风暴中挽救革命。出于自尊和自信,罗伯斯庇尔勇敢地坚持他所主张的原则,但他并非如人们所想象的那样是一个抽象的理论家。相反,人们可以看到,在接踵而来的漫长的危机中,他专心致志地注视环境的变化,并善于用政治家特有的灵活性去适应环境。长期以来,他始终认为,为了保持稳定,革命政

府应该以国民公会的名义去行使权威，但是为了加强这一权威，还应该同无套裤汉群众密切结合；救国委员会必须置于国民公会和无套裤汉之上，有选择地接受平民的愿望，并交议会通过，从而实现救国委员会的目的：镇压共和国的敌人和使贵族的最后希望破灭。打着国民公会的名义并强迫国民公会就范，控制人民而又不
364 打消人民的热情，这是罗伯斯庇尔的统治秘诀。作为经受过种种考验的议员，他同他的亲密同事全都懂得，一场“变乱”正在准备中。在极其动荡的局势下，他们勉强统治了一年之久。

但是，我们不能忘记，在 1793 年 7 月那时，虽然指导方针早已确定，但这些方针尚待在执行中加以具体化，因为政府还没有足够的有力的手段去付诸实行。由政治危机、军事危机和经济危机触发的群众运动终于在夏季迫使救国委员会采取更强有力的措施。

三、山岳派专政的建立 （1793 年 7 月至 12 月）

新的救国委员会刚成立，灾难便接连发生，救国委员会差一点被国民公会所推翻。7 月 13 日，马拉被诺曼底的一名年轻的女王
365 党分子夏洛脱·科代所刺杀。16 日，里昂的叛乱分子砍了沙里埃的脑袋。愤怒的群众纷纷要求报复，吉伦特派首先倒了霉。联邦主义在法国西北部已立足不稳，但旺代叛军于 17 日在维依埃把桑台尔的军队打得落花流水。国民公会派驻卢瓦尔河前线的代表同在尼奥尔指挥军事的比隆不能合作，他们在对待无套裤汉龙森和罗西涅尔问题上的分歧反映着国民公会内部的分歧。一方面是菲

力波的指责,另方面是舒蒂欧的支持。龙森一度被送回巴黎,罗西涅尔被逮捕。边境的形势更糟,孔代、瓦朗西安和美因兹先后于10日、23日和28日投降。

救国委员会召回了比隆,又于22日逮捕了库斯丁。这些将军的朋友以及支持他们的国民公会代表立即提出了强烈抗议,加斯巴朗退出了救国委员会。与此同时,人们大肆攻击布硕特、国防部以及无套裤汉军官。国民公会甚至决定撤换国防部长。全靠罗伯斯庇尔的干预,局势方告平复,他也正在那时才加入了救国委员会。25日,罗西涅尔代替了比隆;28日,国民公会下令对库斯丁和吉伦特分子提起公诉,对逃亡的议员进行通缉。8月1日,恐怖措施断然开始执行:国民公会把玛丽—安托瓦内特送交革命法庭,下 366
令平毁在圣但尼的历代国王坟墓。国民公会还命令爱国军队在撤出旺代后把该地区化作一片焦土,并派被普军放回的美因兹驻军前往清剿。巴雷尔检举了英国的间谍活动,救国委员会于3日决定对英国人一概施行逮捕,又于7日宣布皮特为“人类公敌”。在此以前,人们对里昂叛乱一直比较宽容,叛军在7月底倾向实行停战,以求得和解。但在8月4日,救国委员会下令凯莱尔曼围攻里昂。

尽管救国委员会推行了这些严厉措施,骚乱看来仍随时可能爆发。反革命分子在各区顽强抗拒。据谣传,他们正准备一次圣巴特罗米之夜,拿爱国分子开刀;又谣传,爱国分子为预防反革命暴动,将再次屠杀嫌疑分子。当时,大卫正筹备一次盛大的节日,以庆祝8月10日一周年和宪法的颁布,各地方议会的代表届时将来巴黎报告公民投票的结果。这可能成为利用食物匮乏制造“事

变”的一个机会。这一次，救国委员会成功地维持了平静，终于使庆祝仪式顺利进行。

各地初级议会的代表已把装有宪法文本的“方盒”郑重地交给了国民公会，现在是否应该准备选举呢？丹东的朋友德拉克鲁瓦要求立即准备选举；忿激派、埃贝尔和许多平民领袖也持同样的主张，并对拖延选举提出一连串的抗议。他们全都以为选举将对他们有利。其实，不把反对5月31日革命的人排斥在选举之外，立即选举纯粹是一种儿戏。企图取代救国委员会成员的幻想使他们迷了心窍。罗伯斯庇尔在雅各宾俱乐部的一篇演说终于使人们的头脑清醒起来：宪法将在恢复和平后方可执行。

不仅如此，各区的代表和无套裤汉还狂热地要求逮捕嫌疑分子，实行大举征兵和对日用品全面限价。在外省的某些地区，人们自发地采取了这些措施。在诺尔州，国民公会特派代表于8月4日推行了前两项措施，使该州陷于一片恐怖之中；阿尔萨斯于18日也出现了同样情形。逮捕嫌疑犯的问题不难解决：根据丹东的提议，国民公会于8月12日发布了监禁令。至于大举征兵，救国
367 委员会感到犹豫，国民公会则设法拖延：征集一伙乌合之众，究竟能有什么用处？国民公会不能不让步，卡诺被召回起草8月23日法令。应征服役的新兵仅限于十八至二十五岁的未婚男子，其他公民必要时可应召参加兵工制造和后方勤务。从此，救国委员会的作用开始明确了。在平民的推动下，救国委员会支配着国家的全部力量；但是，救国委员会从大举征兵这个简单的主张中，吸取了有组织的全民动员的思想。

还有限价问题，这一措施似乎已势在必行，因为大举征兵势必

导致征集大量的军需,军费开支极大,仅靠征税已不能遏制通货膨
胀;国家利益与人民愿望在这个问题上没有矛盾。仍然抱住经济
自由原则不放的救国委员会和国民公会只得一步步地后退。7 月
26 日,国民公会通过了惩治囤积居奇法。根据这项法令,拥有食
品和日用品的商人,凡不作申报和不把商品列单张贴在其店门者,
一概处以死刑。各市镇当局将任命专人负责追查囤积行为。但
是,这种专横的经济统制能否平抑物价还是个问题。8 月 1 日,国
民公会通令禁止资本外流;15 日,许多产品被勒令停止出口,由此
造成的禁运中止了至今由中立国维持的海上贸易。9 日,另一项
法令决定建立以丰补歉的谷仓。在 8 月下半月,终于对燃料、盐和
烟草实行限价。军需商和金融家遭到了沉重的打击。交易所自 6
月 27 日起被关闭。7 月底,军邮和军运划归国家经营;8 月 24 日
法令取消了透支金库、印度公司和所有的股份公司。康蓬利用争
取到的这段时间,致力于回收流通的指券和缩减开支。他于 7 月
25 日决定,印有国王头像的指券不再作为货币流通,仅用于纳付
税款和购买国有财产。8 月 24 日,他采取了一项重大的政治和财
政决策:国家的所有债务,除终身年金外,一概由共和国将债权人
应得的全部定期利息(不是本金)转为公债;但到了共和二年花月
二十三日(1794 年 5 月 12 日),终身年金也不再作为例外。在当 368
时环境下,许多证券已不能兑现,许多息票也同地产一样须扣除税
金。康蓬被人恨之入骨,被冠以“租息刽子手”的恶名。此外,9 月
3 日,发行了强制认购的公债十亿里佛,还有一笔自由认购的公
债,总额不限,可用于购买国有财产,认购者可不再认购强制公债。
但是,赤字的数目仍大得惊人。人们不得不承认,在恢复和平前,

共和国注定要有通货膨胀。因此，如不实行征购和限价，又有什么办法？要解决这个问题，还必须经受一场新的危机。

虽然粮食收成尚好，但在青黄不接时，骚动仍经常发生；8月底，由于干旱和风小，磨坊纷纷停工。忿激派再次煽动群众的不满，埃贝尔现在同他们一鼻孔出气。如同过去一样，食物匮乏使群众蠢蠢欲动，闹事的头目首先想到采取政治措施：库斯丁于8月27日被送上了断头台，但审判王后和吉伦特分子的要求未获满足，救国委员会被斥责为“巧言令色的骗子手”，即使丹东和罗伯斯庇尔也未能幸免。在这以后，传来了骇人听闻的消息：土伦发生叛变，舰队被交给敌人。比约和科洛以及公社和雅各宾俱乐部一致赞成采取行动。9月4日，无套裤汉占领了市政厅，决定于次日举事。国民公会在游行队伍团团包围下，于5日开始讨论实行恐怖统治的问题，并通过了一项纲领；救国委员会接着赞同了这一纲领，并在随后的几天中付诸实行：6日至8日，逮捕敌国的侨民，没收他们的财产，查封银行家和经纪人的家产；9日，组织革命军队，由龙森任司令，17日，发布嫌疑犯法，其规定有很大的弹性，因而革命委员会几乎能为所欲为；21日，公民必须佩戴三色徽饰。在经济统制方面，也采取了更加激进的措施：11日，改进粮食和草料的征购办法，在整个共和国境内实行统一价格；22日，以英国为榜
369 样制订航行法，排斥中立国船只，使海上进口几乎不能进行；22日，开始讨论主要食品和工资的最高限额。

但是，事情至此并未结束。审判嫌疑犯问题仍未提上议事日程，忿激派的批评比以往任何时候都更加尖锐。丹东于5日取消了区议会的常设制，代之以每周开会二次。另方面，由于出席区议

会的无套裤汉如今领取四十苏的津贴,救国委员会在巧妙地吸收了比约和科洛两人后,认为抛弃忿激派的时机已经成熟;于是,雅克·鲁和瓦尔莱被逮捕;勒克莱尔失踪;克莱尔·拉孔勃的革命妇女社被撤销。

沙博、于连等"腐化分子"在国民公会中组成的山岳反对派对救国委员会是个更大的威胁,他们让国民公会废除了或减弱了打击外国人和金融家的各项法令。9月14日,救国委员会终于把这伙人从他们盘踞的公安委员会中驱逐出去。此外,救国委员会同许多被认为可疑的国民公会代表分道扬镳,因而失去了他们的支持,例如从美因兹回来的勒贝尔和蒂翁维尔的梅兰;从瓦朗西安召回的布里兹;库斯丁的支持者杜海姆;曾下令逮捕罗西涅尔的瓦兹的布尔东。在洪兹肖特战役胜利后,战局转而对法军不利:胡沙特先让英军脱逃,又在梅嫩吃了败仗。勒奎斯诺瓦要塞投降。康布雷的驻军试图援救要塞,结果在阿韦斯纳—勒赛克被歼灭。胡沙特将军当即被撤职并被逮捕。消息传来,一场反对救国委员会的总攻击随即发生。杜里奥宣布辞职,并于9月25日挑起辩论,攻击救国委员会扩大经济统制的范围和壮大无套裤汉的声势。国民公会热烈欢迎杜里奥的演说,增选布里兹为救国委员会成员。罗伯斯庇尔起而反对,指出国民公会如果坚持这个决定,就请它将救国委员会彻底改组。这是罗伯斯庇尔最出色的演说之一:"我曾答应把全部真相告诉你们,现在我将履行我的诺言:国民公会没有表现出它应有的坚定性。我可以告诉你们,在敌人进入瓦朗西安后仍留在该地的那个人不配当救国委员会的委员……这样做似乎过分严厉,但对一名爱国者说来,更加严厉的是以下的事实:两年以

来，十万公民因叛国事件和行动不力而惨遭杀害；如果对卖国贼宽容，我们就必定失败。”这篇有力而明确的演说使国民公会惊呆了；国民公会当即宣布，救国委员会仍得到国民公会的信任。但是，一
370 些议员对强迫他们负起责任的罗伯斯庇尔从此怀恨在心。他们把罗伯斯庇尔的行为称作“舆论专政”。

虽然如此，事情已不可挽回。29 日通过了最高限价法；10 月 9 日，英国商品被查禁，英国侨民被关禁，他们的财产被没收；6 日，重申逮捕一切敌国侨民的法令。重大的叛国案件开始审理。10 月 10 日，根据圣茹斯特的报告，国民公会正式宣布：“法国将保持革命政府，直到恢复和平为止。”

在救国委员会的默许下，恐怖分子从此横行巴黎。直到 9 月，革命法庭的审判进展不快，庭长蒙塔内因处事不力受到了牵连。在二百六十名人犯中，六十六名已被处死，约占总数的百分之二十六。在 9 月 5 日那天，人们决定增加革命法庭的工作人员，并设立四个分庭；埃尔曼出任庭长，富基埃·丹维尔仍任公诉人。自 10 月至 12 月，处决加快了步伐。王后于 10 月 16 日被送上断头台；一项专门法令决定不准为维尼奥和布里索等二十一名吉伦特领袖辩护，二十一人于 31 日处死。对吉伦特派的残杀在巴黎和外省延续了几个月时间；罗兰夫人、拉博、勒布伦等人被斩首示众，罗兰、克拉维埃、佩蒂昂、蒲佐等人以自杀毕命。巴依和巴纳夫等福扬派分子以及菲力浦一平等和比隆走上了断头台。在三百九十五名被告中，第三季度共判处了一百七十七人死刑，占总数的百分之四十五，比例的增加是因为对吉伦特派首领的镇压已经开始。逮捕在继续进行，在押犯的总数从 8 月 1 日的一千四百一十七人猛增到

雪月一日(12月21日)的四千五百二十五人。各区公所、平民团体和行政机构纷纷实行清洗,虽然国民公会拒绝把前贵族统统开除公职,但对他们的使用却十分慎重。巴黎的秩序正日趋平稳,因为无套裤汉逐渐重新找到了谋生的手段:大举征兵和建立革命军队使无套裤汉的队伍有所减少;许多无套裤汉或者在兵工厂工作,或者在救国委员会和政府各部的下属机构工作,这些机构都有了极大的膨胀。各区又用"革命捐"养活了一批无套裤汉,后者分别充当脱产的国民卫队、区代表或查封房产的看守。各区的慈善委员会还发放救济。人们试图用严密的警察制度监督最高限价的执行,公社规定了面包和食糖实行凭证定量供应的办法。但是,店铺 371
的商品售完后,已不再有新的货源。肖梅特威胁商人和厂主说,将把他们的企业收归国有。在打击了"自私的富人"以后,同样的命运如今落到一般店铺主,甚至落到属于无套裤汉的小商人的头上。这正是救国委员会感到担心的事情。

救国委员会的权威仍不稳固。事实上,无套裤汉领袖在代替忿激派的同时,建立了街区的平民团体,从而恢复了区公所的常设性质。在巴黎地区,革命军队正在发展;人们认为,革命军司令龙森很可能像克伦威尔一样搞军事政变。救国委员会采取经济统制措施,显然主要是为了军队和公共机构的利益,对于平民,它所关心的仅是保证面包的供应。另方面,它还想照顾农民、小手工业者、小店铺主以及富裕消费者的利益。因此,国民公会于雾月二日(10月23日)决定牲畜可自由出售;物资管理委员会虽然一再表示反对,国民公会仍寸步不让,这使肉类限价成为徒具空名的欺骗。再者,救国委员会禁止在巴黎按家搜查食品,对黑市贸易没有

采取任何措施，对追查囤积居奇的专员不给任何支持。供不应求和商品匮乏的现象仍然存在。无套裤汉的愤慨情绪使政府随时可能陷入危机。

外省的困难表现在另外一方面。那里的无套裤汉对国民公会和救国委员会的权威并未提出挑战或构成威胁；但是，地方上往往不经请示就自行其是。国民公会派出的大批代表主持大举征兵的工作。他们拥有相机处置的权力，一切均以“革命的方式”行事，也就是说，他们自己负起责任，迅速有力地采取非常措施，迫使全体公民为救国事业服务。由于通讯迟缓和事出紧迫，还由于他们掌握着全权，救国委员会不能密切监督他们的行动。当然，人们可以想象，这些独立行事的特派代表程度不同地以山岳派的思想为行动指南，他们在一定程度上像是黎塞留和柯尔培尔时代的巡按使，

372

在非常环境下充当中央集权的工具。他们和平民团体互相配合，清洗地方当局，逮捕嫌疑犯，征集新兵，以征购手段为军队提供装备和武器，并且以同样的手段使居民能有饭吃。但是，不同的地区有不同的情况和不同的环境，国民公会特派代表的政治倾向、个人品性和道德水准也各不相同。许多代表满足于推行为国家安全和抵抗外敌所必需的措施；另一些代表则坚定地执行在巴黎占据优势的社会政策。富歇在涅夫勒，博图和塔依菲在西南部，依佐雷和夏斯尔在北部把失业者组成革命军队，向富人征收捐税，创立工场和济贫所，强制执行最高限价；这类情形远不仅限于以上少数地区。与巴黎最明显的不同表现在恐怖措施的执行方面，真正导致流血的仅是个别例外。大多数国民公会代表满足于进行逮捕；另一些代表，例如瓦兹州的杜蒙，虽然令人生畏，却作恶不多。还有

的代表仅严厉惩处了一些暴乱分子和叛国分子，例如首次出使外省的勒蓬。特别对联邦主义者，处置的方式往往完全相反：在某些地区，联邦主义者被斩首示众；在别处，他们同革命派重归于好，兰代和弗兰芒瑞在诺曼底对联邦主义者不予处置。但某些国民公会代表自行决定设置了革命法庭。在内战盛行的地区，例如科洛·德布瓦、富歇、巴拉斯和弗雷隆等在土伦大批处决犯人，卡里埃在南特甚至不经审判就下令处死俘虏。此外，巴拉斯和弗雷隆在普罗旺斯、洛万在沃克吕兹、塔里安在波尔多的政绩是否清廉，确实令人生疑。

如果说不同的国民公会特派代表在不同的时间和不同的地点推行不同的政策，每个代表推行其政策的力量也各不相同。由于他们不可能亲自主持和照管一切，他们便依靠曾参加过 8 月 10 日事件、后被国民公会派往家乡协助征兵的本地雅各宾分子。他们为这些雅各宾分子撑腰或承担责任，例如卡里埃在处理溺死事件上就是如此。库通在安倍尔让本地的雅各宾分子在各行政部门任职，并授权他们组织并无法律根据的州、县两级的救国委员会或革 373
命委员会。在特派代表的纵容下，本地的雅各宾分子坚决推行革命的措施，随心所欲地对待国民公会的法令，甚至公然置之度外。如同特派代表一样，他们的作风也互不相同；他们住在城里，对乡镇只能实行遥控，而他们在乡镇又没有可靠和能干的党羽。因此，有的乡镇对追随雅各宾派毫无热情，有的乡镇则制造借口，胡乱捕人。即使在城里，也往往出现两派，持激烈主张的不一定就是原来的民主派，却往往是新加入无套裤汉行列的原福扬派分子，他们持激烈的主张，无非是为了让人们忘记他们的过去，为了逃避革命捐

税或享有权力。温和派和激烈派在各行政部门平分秋色。于是，监视委员会、市政机关和县政府开始互相争权；它们争夺平民团体，包围特派代表，要求逮捕对立派和清洗机构。即使最忠诚的爱国分子也没有免遭不测的安全感。特派代表同地方实权派发生冲突的事也时有发生：圣茹斯特和勒巴斯取缔了以欧洛格·施奈德尔为首的亚尔萨斯极端分子的职务，亨兹和居约在北方省也同样如此。派别对立并非是唯一的原因；当巴拉斯和弗雷隆宣布解散“南方平民团体代表会”时，当塔里安和富歇同地方恐怖分子闹翻时，个人间的争权和嫉妒大概也是个重要因素。外省的雅各宾分子，特别在里昂，想在本地当家作主，对外来的巴黎人看不入眼。还不应该忘记，某些地区有数名特派代表在一起共事；他们之间也多次出现争吵：勒巴斯和圣茹斯特同博图和拉科斯特闹得不可开交；亨兹和居约在诺尔州同夏斯尔和依佐雷又针锋相对。还有在同一地区的前后任特派代表之间也表现出不同的倾向，后任程度不同地修改前任的做法，一些人因此失宠或受到惩罚，另一些人被开释或重新得到重用。

在政府暮气沉沉、毫无作为的情况下，正是雅各宾派和特派代表的主动性于1793年夏季拯救了共和国。他们恢复了民族的统
374 一，招募和补充了军队并使人民免于饥饿。然而，当时政出多门、互不配合和纪律废弛的情形十分严重；逮捕和捐税激起了人们的愤怒；革命军队有调转枪口反对国民公会的可能；地方冲突可能使行政机关趋于瓦解，或至少使革命努力归于徒劳。平民的自发行动曾经起过积极的作用，但正如勒瓦舍尔所指出的，无政府状态已不能再延续下去了。救国委员会认为必须健全政权机构和加强中

央集权。但问题在于，这样做会挫伤革命精神，阻碍主动精神的发挥，以致削弱对反革命的镇压。从政治角度看，救国委员会感到左右为难，但经济形势已使它不再有其他的选择。

根据 9 月 29 日的法令，各县政府主管食品限价，市镇当局则负责确定工资限额；一般说来，食品价格比 1790 年上涨三分之一，工资则提高二分之一。人们立即发现，各地确定的价格和工资标准有很大的不平衡。各县往往抬高本地产品的价格，贬低外地货物的价格。此外，法令对运输费用和商业利润率均不作规定；因此，商品生产者、批发商和零售商对限价不能达成一致意见。相反，9 月 11 日法令却对粮食草秣规定了划一的全国最高限价，甚至对运输费用也没有忽略。那年的粮食收成较好，但部分地区因受战争破坏或需筹集军粮而感到不足。新兵的开拔使粮食的脱粒迟迟不能完成。因此，各县的征粮工作仍困难重重，地方当局只是勉强供应本地市场；邻县前来采购粮食很难获得批准。在某些地区，特别在法国南部，由于从国外进口粮食几乎没有可能，居民势必将陷于饥馑。然而，人们总不能坐以待毙，对外贸易于是又自发地活跃起来。派驻波尔多和马赛的国民公会代表在征求了商人的意见后，分别于 10 月和 12 月建立了专门的委员会，负责通过中立国对外购买粮食。由于中立国拒绝接受指券，特派代表同意让某些商品出口，同时还征购外国证券，搜括教堂的贵金属用以制造铸 375
币，甚至强行规定铸币必须换作纸币流通，企图使纸币的市价得以回升。

救国委员会不能放弃限价，否则就会同无套裤汉闹翻，让极端分子的奸计终于得逞。由于需要制造大批军事装备和筹集大批军

粮，救国委员会不能放弃实物征购和征用制。不实行限价，指券将彻底崩溃；相反，实行了限价，指券行市于12月回升到面值的百分之五十。因此，救国委员会必须切实健全经济统制，统一食物的最高限价，并以由中央政权决定的实物征购和征用制为手段，在共和国各地区之间公平地分摊资源。对外贸易也应收归国有，救国委员会在决定从各种渠道进口原料和物资后，又制止地方自行其是，以免个别州为自己的特殊利益而穷竭交换手段。经济的需要比政治的需要更有力地推动救国委员会把整个国计民生掌握在自己手里，由此建立的绝对权威确实是前所未有的。

在10月至12月间，有关经济统制的理论、行动计划和执行机构在逐渐形成。继圣茹斯特之后，比约在雾月二十八日(11月18日)的报告中陈述了革命政府的原则和目标；共和二年霜月十四日(1793年12月4日)法令进一步确定了革命政府的基本特征：一切违法行为均得依法惩处；行政机构间或平民团体间的串联活动一概禁止；外省的革命军队全部解散，额外的捐税一律取消。于10月22日成立的物资管理委员会主持经济统制事务。该委员会分别于11月18日和12月10日获得了进口贸易的垄断权和出口贸易的批准权。从雨月二十四日(1794年2月12日)起，除地方的市场供应外，它又获得了实物征购和征用的全权。雾月十日(1793年11月1日)，根据国民公会的法令，物资管理委员会负责制订各种商品在其产地的标准价格，并为此展开了一次广泛的调查。国民公会拒绝停止铸币在市场的流通；但在雪月五日(12月
376 25日)，康蓬通知银行家，决定征用他们的外汇。革命政府的形式在年底业已确定。

但是,革命政府的支柱——救国委员会——却费了极大努力才能勉强维持;从9月开始,山岳派的分裂已显而易见,并且日趋严重,两个对立的派别都想压倒对方,伺机取而代之。

四、破除基督信仰运动

破除基督信仰运动于11月猛烈展开,触发了一场出人意外的社会动荡,最后的危机也因此开始。危机延续至冬季方告结束;在此期间,救国委员会的立场曾多次左右摇摆。

这场运动的发生有着深刻的原因。除少数“红色神甫”外,8月10日事变使宪政派神甫普遍感到惊慌;他们既不赞成处死国王,又不主张推翻吉伦特派,自然就成了嫌疑分子。国民公会于10月25日通过了惩治顽固派神甫的法律,同时还规定,凡经六名公民检举的宪政派神甫,也一律处以流放。另方面,越来越多的共和分子认为不必继续进行制宪议会开始的试验:康蓬早在1792年11月已经建议,不再向教士发薪,虽然这一建议未成现实。由于人们对是否实行政教分离尚在犹豫之中,由于大多数无套裤汉已不参加宗教典礼,人们的传统信仰逐渐同自1789年起开始孕育的 377
革命信仰发生对立。1793年举行的8月10日事变一周年纪念首次成为纯世俗的庆祝活动:新宗教有它的象征和仪式,崇拜“神圣的山岳”及其先烈勒佩蒂埃、马拉和沙里埃。雾月三日(10月24日),国民公会听取了罗默和法布尔的报告后,接受了共和历法。共和历法试图把共和国成立的第一天,即1792年9月22日代替耶稣的生日作为纪元,从而把破除基督信仰运动推广到日常生活;

它用法国人熟知的生产和工具的名称代替宗教节日和圣徒纪念日的名称，并且用“旬末休息日”代替“周末礼拜天”。玛丽一约瑟夫·谢尼埃在雾月十五日(11 月 5 日)所作的关于公民节的报告预示着民族信仰的正式形成。在这之前，天主教徒的宗教信仰尚未受到任何法律限制。

然而，山岳派分子已越来越不能容忍天主教徒的信仰。9 月 22 日，富歇同前往讷韦尔呼吸“故乡空气”的肖梅特一起，在大教堂举行了纪念布鲁土斯的盛大仪式；10 月 10 日，富歇禁止在教堂外举行任何宗教典礼，即使送葬和下葬也一概举行世俗仪式。肖梅特返回巴黎后，把以上措施向公社大加推崇。其他特派代表也采取了类似的措施，革命军队也不例外。一些神甫自动辞职，科尔贝县宣布，该县的大多数居民不愿再信仰天主教；雾月十六日(11 月 6 日)，国民公会表示，各市镇有权自行决定是否放弃天主教。于是，某些极端分子便迫不及待地采取了行动。在 16 日至 17 日的深夜，他们强迫巴黎主教戈培尔退职。大主教同他的助理司铎于 17 日来到国民公会郑重宣布辞职。雾月二十日(11 月 10 日)被定为“自由节”，庆祝哲学对宗教狂热的胜利。公社占领了巴黎圣母院，在祭坛上树起了一座山岳，一名女演员装扮成自由神。国民公会获悉后来到了被命名为“理性庙堂”的大教堂，参加了国民节日的庆祝活动。一些区公所也依此榜样行动。雾月三十日(11 月 20 日)，团结区(前称四国区)的公民披着教堂的饰物在国民公
378 会门前载歌载舞地列队游行。接着，霜月三日(11 月 23 日)，公社封闭了各种教堂。

国民公会的多数派接受了共和历法，这已表现出他们对基督

的敌视。但他们对化装游行这类胡闹感到不快，并认为在破除宗教信仰的问题上犯了政治错误。共和国已经树敌太多，不宜再把那些愿意望弥撒的教徒推到反对派方面去。议会拒绝取消神甫的薪俸，救国委员会也持同样的主张。卡诺一类的保守分子同伏尔泰以及同后来的拿破仑一样，深信为了预防社会动乱宗教对人民是必需的。罗伯斯庇尔在这个问题上更加高瞻远瞩；他怀疑在破除基督信仰运动的背后有无神论——这是与平民格格不入的富人的理论——在作祟，在他看来，无神论同伤风败俗的不道德行为是分不开的。为此，他在雅各宾俱乐部让人把爱尔维修的胸像砸碎。

对救国委员会说来，它有更加紧迫的问题要考虑：破除基督信仰运动是否掩盖着一种政治阴谋？毫无疑问，这一运动反映着无套裤汉的感情；上等阶级的伏尔泰主义在平民阶级中历来几乎没有信徒，而现在，平民阶级对教会的敌对情绪却更加强烈，这就是一个证明。因此，信仰问题上出现的危机加剧了各区和各俱乐部中旨在威胁救国委员会的鼓动。更糟糕的是，在 10 月 12 日左右，法布尔·代格朗丁由于同极端分子反目，指责他们是为皮特和巴兹男爵服务的“外国阴谋集团”的同谋，救国委员会严密监视外国政治亡命者的行动，特别是布拉邦特的富人普罗里，据说他是科尼兹的私生子，古兹曼已被逮捕。在参加逼迫戈培尔主教退职的那些人中，尚有德意志男爵克洛兹和葡萄牙人佩雷拉。另方面，在赞同破除基督信仰的议员中，有搞投机嫌疑的沙博，以及丹东的朋友、以温和著称的杜里奥，他们在国民公会中同时向救国委员会发起攻击。处决吉伦特分子在议员的心里留下了忧虑的阴影：他们能否允许救国委员会任意逮捕议员，并且在不让有关议员进行辩

护和不让议会了解案情的情况下提起公诉？如果听任救国委员会大批处死议员，救国委员会岂不将用恐怖手段把议员压服，而使自
379 己摆脱议员的监督？雾月十九日（11 月 9 日），国民公会不得不把奥斯兰——他让当了他情妇的一名贵族夫人免于被逮捕——交给了救国委员会。第二天，国民公会突然反悔，决定今后将听取被控议员的辩护；巴雷尔于 22 日费了好大力气才说服国民公会撤销这一法令。随后不久，因与嫌疑甚大的奥地利犹太人弗雷兄弟的妹妹结婚而受到猛烈攻击的沙博，为了给自己开脱，于雾月二十四日（11 月 14 日）向救国委员会进行告密，巴齐尔进一步确认了沙博对法布尔的指控。据沙博说，德洛内和图卢兹的于连在巴兹的串通下，曾给法布尔一笔贿赂，要他在一份关于印度公司清账的伪造法令上签字。救国委员会和公安委员会决定把原告和被告一概逮捕。在夏季重新结婚和在 10 月起住在阿尔西的丹东立即于雾月三十日（11 月 20 日）赶回巴黎，显然是为了援救他的密友巴齐尔和法布尔。救国委员会开始怀疑，“外国的阴谋”牵涉到两个派别：一方面是沙博与之结党的埃贝尔派，另方面是同一个沙博与之串通的贪污分子，这些贪污分子与巴兹男爵以及丹东的朋友结合在一起，作为国民公会中的反对派向贵族提供帮助。

罗伯斯庇尔把革命的航舵转向右方，并在丹东的配合下反对破除基督信仰运动；应该看到，反法同盟的威胁当时极其严重。法布尔承认，他未经过目，便在德洛内伪造的法令上签了字。救国委员会不但不动法布尔的一根毫毛，反而让他参加调查工作，贪污分子也没有送交法庭审判。罗伯斯庇尔带领雅各宾分子一起抵制破除基督信仰运动，丹东则恳请国民公会“放下栅栏”。国民公会的

霜月十六日(12月6日)法令确认信仰依然是自由的。霜月二十九日法律宣布,教育也是自由的,神甫不受歧视和排斥;救国委员会雪月四日(12月24日)的通告再次指出暴力的危险。

救国委员会的成功实际上完全是相对的。国民公会于霜月十八日(12月8日)指出,国民公会代表关于封闭教堂的命令仍然有效。公社承认,宪政派神甫可以在私下举行宗教仪式,但巴黎的教堂仍然关闭。国民公会的一些代表遵从了救国委员会的意向,但大多数代表认为,安全措施不能与暴力相混淆。在他们看来,宪政 380
派神甫的影响对革命不利,因而他们肆意虐待或监禁拒绝放弃信仰的教士。国民公会甚至在芽月六日(3月26日)停止发放圣职津贴,不少县政府甚至停止给神甫发薪。但是,我们已经指出,破除基督信仰运动发展很不平衡,一切还取决于地方当局的态度。在一些地方,人们很快就关闭教堂,甚至对原来不参加弥撒的人也滥加逮捕;在另一些地方,停止举行宗教仪式的命令执行得很慢,也很勉强。在个别地区,破除基督信仰运动激起了骚动,这使人们不得不慎重行事。直到热月,仍有一些教堂对外开放,虽然其数量越来越少。总而言之,埃贝尔的主张占了上风,这对山岳派专政没有任何好处,破除基督信仰运动只能在平民阶级中制造分裂。

救国委员会主要在政治方面取得了胜利:它击破了旨在把它架空、然后再把它打倒的温和派阴谋。这是皮洛士式的胜利[①],因为温和派在帮助罗伯斯庇尔同无套裤汉斗争的同时,希望把罗伯

① 皮洛士系伊皮罗斯的国王。公元前278年曾战胜罗马人,但损失惨重,耗尽全部力量。“皮洛士式的胜利”意为得不偿失的胜利。——译者

斯庇尔争取过来，使救国委员会丧失主心骨。军事形势的改善为他们提供了论据。建立革命政府难道不是为了战胜敌人吗？既然革命军在战场上接连取胜，革命政府还有什么存在的理由？这对救国委员会说来是一个新的危险。

五、革命政府初获胜利
（1793 年 9 月至 12 月）

征集三十万新兵的决定在夏季终于得到执行；在 7 月前后，兵员总额达到了六十五万人。救国委员会正是使用这些部队才胜利结束了 1793 年的战役。征集的新兵由于缺少武器装备，长期留驻
381 国内。困难确实很大，于 9 月开始动工的军火制造业，到年底才取得重大的成果。指挥系统处在清洗的危机中。出身第三等级各阶层和穷贵族家庭的新一代将领初试锋芒，一些杰出的军事领袖崭露头角，但许多无能之辈也打了败仗。救国委员会一方面为在未来的决战中取胜做好准备，另方面又不能不立即打几次胜仗，以阻止外敌入侵和内战蔓延。任凭它如何坚毅果断，它毕竟需要时间和机会。波兰的起义，反法同盟诸国的内部分裂，以及同盟军将领的平庸无能，为救国委员会提供了它所需要的时间和机会。

反法同盟诸国于 8 月已各行其是，它们的部队已完全投入围城战。约克公爵竭力要攻下敦刻尔克；从路易十四以来，这一海港的造船速度始终遭到英国同行的嫉妒。科布尔先向勒奎斯诺瓦发起进攻。工兵军官卡诺对要塞寄予极大的重视。他利用革命的动员措施，集中大量兵力守卫要塞，但他不想为打开比利时的通道而

同科布尔进行一场决战。他首先率军增援胡沙特的军队，再派胡沙特去援救处境危急的敦刻尔克。胡沙特打退了掩护围城英军的弗雷塔格，并于9月8日在洪兹肖特把弗雷塔格彻底击溃。胡沙特没有切断英国和汉诺威军队的后路，听任其脱逃。不久，他在梅嫩被荷兰军队打败，接着被送上了断头台。勒奎斯诺瓦要塞陷落后，科布尔向莫伯日进攻，进驻桑布尔河以南，截阻法国援军。由于不伦瑞克作战并不积极，卡诺把部分军队从摩泽尔河北调。因此，一支机动部队朝吉兹方向集结，由茹尔丹指挥，卡诺本人则于10月8日与茹尔丹会师。共和军先于15日向科布尔的部队发动正面进攻，但被打退；又于16日在瓦提尼从左翼包抄，莫伯日之围因此被解除。莫伯日驻军没有出兵夹击敌军，驻军司令尚赛尔将军也被送上了断头台。在这期间，自7月以来同莱茵军团在劳特河以北不断交战的奥军发动了攻势；武尔姆泽尔于10月13日攻占了被称为“维桑堡防线”的坚固阵地，并在封锁兰道的同时，进入阿尔萨斯境内；法军或者被迫退守孚日山区，或者龟缩在斯特拉斯堡的炮火保护之下。幸而，不伦瑞克作战不力，没有向摩泽尔军团 382
争夺萨尔河防线。赶往斯特拉斯堡的圣茹斯特和勒巴斯，以及在洛林地区主持战事的博图和拉科斯特及时准备了反击；当战役在北部结束后，卡诺率军东进。庇什格律负责指挥莱茵军团，于11月18日发起了进攻，但战果不大。摩泽尔军团已由在敦刻尔克建立卓著战功的奥什将军充任司令。他于28日至30日攻打不伦瑞克守卫的凯泽斯劳滕，普军打退了进攻，但未敢穷追。于是，奥什翻越了孚日山，取道弗勒什维莱和弗尔特袭击武尔姆泽尔的后方，迫使他且战且退。奥什同庇什格律会师后，被博图和拉科斯特推

举为总司令，他夺回了维桑堡防线，于12月29日解除了敌军对兰道的封锁，并占领了斯皮尔。入侵的外国军队到处被打退或停止前进。西班牙军队退到了巴约讷以南，在东比利牛斯一线，则退到了台什河。凯勒尔曼于10月已解放了萨瓦。

王党的暴乱同时也被镇压下去了，但花了几乎同前线作战一样大的力气。杜布瓦·克朗赛于8月宣布里昂已迅速投降；实际上，炮轰里昂并未平息市内的抵抗；何况，只是在库通从奥弗涅抽调的军队于9月17日到达后，该城西面的通道才完全封闭。9月29日的总攻终于使富尔维埃等地落入共和军之手，而共和军进入里昂则是10月8日的事情。救国委员会对久攻不下里昂感到十分恼怒，因为这牵制了阿尔卑斯前线的军队，妨碍了卡尔图出兵援救土伦。最令人气愤的是普莱西竟得以逃跑；他手下的部队虽然已被分割包围，但人们仍担心残部会窜入普罗旺斯。救国委员会为此召回了杜布瓦·克朗赛。国民公会下令里昂改名为“被解放的城市”，城内的富人住宅一概平毁。罗伯斯庇尔要求在里昂组织镇压。库通在进行镇压时显得有点手软；但从11月起，科洛和富歇接替了库通，对犯人的处决便成倍增加。截至3月前，革命特派员共判决了一千六百六十七名犯人死刑。在攻下里昂后，共和军已能加紧围攻土伦。杜戈米埃在炮兵上尉波拿巴的协助下准备向土伦发起总攻；总攻于12月15日开始，城市于19日落在共和军的手中。巴拉斯和弗雷隆下令枪决了几百名叛乱分子。

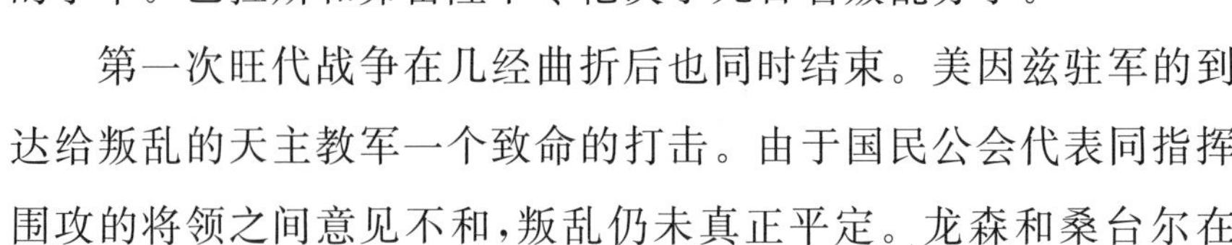

383 第一次旺代战争在几经曲折后也同时结束。美因兹驻军的到达给叛乱的天主教军一个致命的打击。由于国民公会代表同指挥围攻的将领之间意见不和，叛乱仍未真正平定。龙森和桑台尔在

科龙战败，克累贝在托尔富失利(9 月 18 日和 19 日)。蓝军于 10 月 17 日在旭雷会师，并打垮了白军，白军的首领几乎损失殆尽。但拉罗什雅克林和斯托弗莱率领约二三万人渡过了卢瓦尔河，在曼恩河一带与舒安党人会合。叛军于 10 月 25 日在拉瓦尔以南的恩特劳姆被尾随的共和军所赶上，接着于 11 月 13 日和 14 日，叛军给了共和军严重的打击，以致它后来可以在据守该地的国民公会代表勒卡邦蒂埃的保护下放心地向格朗维尔进发。由于在前进中被击败，叛军回师向南，接连打败了企图阻击它的分散的共和军部队。叛军最后到达了昂热，于 12 月 3 日和 4 日又打了败仗。马尔苏这时已取代了无套裤汉将领，他率领经过整编的部队及时赶到。旺代叛军扼守通向勒芒的大道，但在一场激烈的巷战中遭到彻底失败，叛军残部窜至萨维内附近，于 23 日被歼灭。可是，拉罗什雅克林和斯托弗莱又回渡卢瓦尔河，沙列特尚未离开马雷地区。沙列特甚至还偷袭努瓦莫蒂埃，但该地于 1794 年 1 月 3 日由哈克索收复。游击战仍绵延不绝，共和军司令图罗在旺代全境派出清剿部队，执行 8 月 1 日法令规定的扫荡计划。

军事特派员将大批“土匪”处死。仅昂热一地，“清查委员会”不经审判下令处死的就有二千余名。国民公会代表弗朗卡斯台尔的名声虽然不像卡里埃那么坏，但他的手段却同样毒辣。在旺代叛军最后溃败前，不经审判的处决在南特已经开始；在这次最著名的大屠杀中，等待处决的犯人之多竟使军事委员会穷于应付，南特法庭的被告席也有人满之患。监狱中疫病流行，犯人食不果腹。为了加快处理，当局竟让监狱把犯人丢进罗瓦尔河溺死。第一次溺死犯人的行动可能是由地方恐怖主义分子搞起来的，但卡里埃

听任他们继续干下去，被处死和被溺死的犯人总数，包括顽固派神
384 甫、嫌疑犯、“土匪”和一般刑事犯在内，至今说法不一，而各种传说更使这些夜间的屠杀令人毛骨悚然。在12月和1月期间，被杀害的人数至少有二三千人。

旺代叛乱没有完全被征服，人们毫不怀疑，反法同盟诸国到来年春天将进行新的反扑，但当前的威胁已经消失了。因此，政府是否还要把弦拉紧呢？救国委员会作了肯定的回答，其理由是必须付出沉重的代价去争得决战的胜利。事态的发展将证明救国委员会的决策是正确的。至少，人们是否能够缓和镇压措施呢？国民公会的许多议员有这样的想法，一些山岳派议员更把这种想法付诸言辞。对此，无套裤汉大叫大嚷地指责叛变。救国委员会再次处在前后夹攻之中。

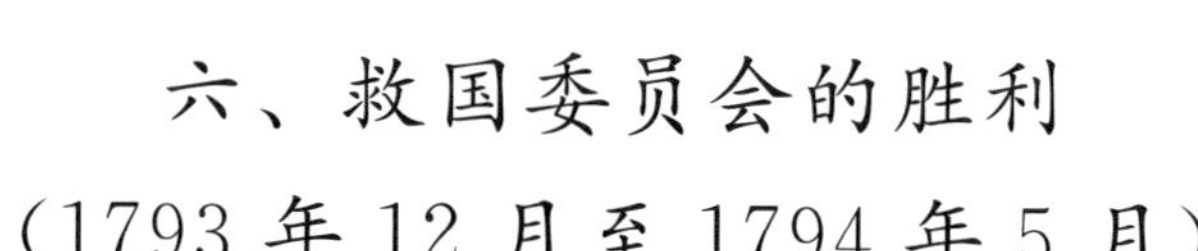

六、救国委员会的胜利
（1793年12月至1794年5月）

破除基督信仰运动已被救国委员会所否定，这在极端分子中带来了恐慌；科特利埃俱乐部以变节罪将肖梅特开除。丹东一伙在罗伯斯庇尔的默认下，向科特利埃分子展开反攻。卡米尔·德穆兰创办了《老科特利埃报》，头几期获得惊人的成功：法布尔、布尔东、菲力波揪住龙森和文森不放，并于霜月二十七日（12月16日）让国民公会下令将二人逮捕。

与此同时，温和倾向开始抬头：霜月二十五日（12月15日）出版的《老科特利埃报》第三期对惩治嫌疑犯法提出了指责；三十日，

许多妇女前来恳求国民公会释放无辜被捕的犯人，在罗伯斯庇尔亲自建议下，国民公会任命了一个负责复查案情的委员会。雪月二日(12 月 22 日)，根据国民公会的决定，一名因囤积居奇而被判刑的商人恢复了自由，7 月 26 日法令不久也停止执行。

通过对布硕特部长以及对海隆(政府的一名官员)的攻击，温 385
和派的矛头所向已暴露无遗。布尔东早在霜月二十二日(12 月 12 日)就提出清洗救国委员会，蒂翁维尔的梅兰主张救国委员会成员每月改选三分之一。罗伯斯庇尔似乎已同“宽容派”妥协，丧失了保证救国委员会内部团结的仲裁者立场。就在霜月二十二日那天，他把克洛兹从雅各宾俱乐部驱逐出去。比约和科洛当然不同意这个做法。救国委员会内部出现了分裂，人们就可以要求改选，所有的人都以为，丹东将重新成为救国委员会的领袖。

如同在瓦尔米战役胜利后一样，丹东认为，既然祖国已不再处在危急之中，人们可以缓和镇压措施。他于 12 月 2 日大声疾呼：“我要求减少流血。”结束革命统治意味着对外和平；关于和谈的传闻到处在散布；伯恩施托尔夫在哥本哈根暗示他可以出来调停。如同埃贝尔一样，丹东也不是派别的领袖。但宽容派的策略和希望同丹东的一贯政策以及同他那见风使舵的调和立场正不谋而合。不幸的是，在主张宽容政策的人中有一批“腐化分子”，他们“因害怕自己被送上断头台而想砸碎断头台”；由于丹东也有“贪赃枉法”的行为，人们只要把宽容派向前推进一步，便足以把它当作一个为“外国阴谋”服务的集团，并说这个集团同过激派怀有相同的目的，领取同等的津贴，只是采用不同的途径而已。

科洛·德布瓦从里昂赶回巴黎后，形势发生了急剧的转变，他于雪月一日(12 月 21 日)在雅各宾俱乐部勇敢地为恐怖分子作了辩护。罗伯斯庇尔显然也有所退缩,再次揭露来自右翼和左翼的双重危险。雪月六日,比约大概在取得公安委员会的一致赞同后,让国民公会撤销了负责复查案件和持宽容立场的“司法委员会”。不久,人们在雅各宾俱乐部对《老科特利埃报》大兴问罪之师;罗伯斯庇尔最初装出一副责备卡米尔不该乱捅娄子的样子;但是,卡米尔·德穆兰听到罗伯斯庇尔要他焚毁已出版的各期报纸时,立即对这种劝说进行反驳:“烧毁报纸不能代替对问题的答复。”第二天,即雪月十九日(1794 年 1 月 8 日),罗伯斯庇尔再次陈述了两派的论据,指出二者的势不两立,但他仍设法避免撤除卡米尔的职务。政府在同宽容派的斗争中掌握着更加有效的手段:它知道在已被逮捕的贪污犯中,一些人是宽容派的朋友,因而把贪污犯留作
386 人质。对贪污犯的查处开始加紧进行。人们完全明白,法布尔所谓未经过目就在伪造的法令上签字的借口是站不住脚的。法布尔于雪月二十三日至二十四日(1 月 12 日至 13 日)的夜间被逮捕归案。丹东要求援引 11 月的先例,在逮捕国民公会议员前听取被告的申诉,比约用明确的言辞对丹东进行威胁。另方面,到了雨月,马絮埃尔、龙森和文森先后被释放出狱。

救国委员会在局势稳定后,因派别斗争白白浪费了两个月时间。德穆兰和菲力波继续在进行宣传活动;为了反击,埃贝尔分子大肆检举囤积居奇者,要求通缉反对 6 月 2 日行动的七十五名议员(罗伯斯庇尔没有把他们解送革命法庭受审),通缉在 1792 年的所谓八千人请愿书和二万人请愿书上签字的人以及路易十七。相反,兰代在救国委员会会议上要求,在他就联邦主义分子的活动提

出报告前——这份报告始终没有提出——暂缓审理有关联邦主义分子的案件。对于去冬押来巴黎的一百三十二名南特人，也没有进行审判。政府在外省同艾贝尔分子的决裂使无套裤汉处境不利。善于见风使舵的富歇同里昂的无套裤汉断绝了关系，果利在布尔也如法炮制。经过反复估量，宽容派并未丧失希望。虽然救国委员会没有对他们作出让步，但它至少在遏制平民的行动。雅克·鲁在狱中自杀。卡里埃、塔里安、雅伏格、巴拉斯、弗雷隆等以推行恐怖政策而闻名的国民公会代表纷纷被召回巴黎；奥古斯丹·罗伯斯庇尔让贝尔纳·德·圣得在弗朗什一孔代地区结束恐怖政策。

到了冬末，经济形势更加恶化，政局不稳已发展到了非彻底解决不可的地步。面包量少质次，肉类奇缺，农民由于害怕各区征购专员的横征暴敛，提供的食物越来越少。科特利埃分子煽动无套裤汉要求政府采取强硬措施。军火制造厂爆发罢工。罗伯斯庇尔正在病中，人们显然把希望寄托在比约、科洛和圣茹斯特身上。救国委员会当时的态度十分和缓。雨月十三日(1794 年 2 月 1 日)，国民公会决定拨发救济款一千万；风月三日(2 月 21 日)，巴雷尔提出了新的全面限价法令。8 日，圣茹斯特让国民公会通过法令，
没收嫌疑犯的财产，平均分给农民。9 日，一项新的反囤积居奇法 387
草案在国民公会宣读。科特利埃分子认为，如果施加更大的压力，他们将彻底取得胜利。风月十二日(3 月 2 日)龙森扬言要发动起义；十四日，埃贝尔指名攻击了罗伯斯庇尔。十七日科洛代表雅各宾派前往科特利埃俱乐部争取两派实现和解，但对方仍威胁要如同 9 月那样组织一次新的示威行动。在这种情况下，警察当局一

再声称有人已武装了起来，而且狱中的犯人也正蠢蠢欲动。人们可以设想，救国委员会是何等的惊慌，即使逮捕一些人，也不足以使它安心。总之，救国委员会丧失了耐心，罗伯斯庇尔于风月二十二日（3 月 12 日）出席了救国委员会，决定同埃贝尔分子作最后的较量。他把普鲁里、克洛兹、佩雷拉等外国亡命者列入埃贝尔、龙森、文森和莫姆洛集团，以便指责他们“勾结外国、图谋不轨”。所有这些人于芽月四日（3 月 24 日）均被处死。无套裤汉竟毫无反抗，这一事实说明，国民公会的法令、对埃贝尔的指控、食物的分发以及革命军的分散都是为达到同一目的而采取的措施。

五天前，法布尔、沙博、巴齐尔、德洛内等“腐化分子”已被提起公诉。在芽月九日至十日（3 月 29 日至 30 日）的晚间，救国委员会决定增加丹东、德拉克鲁瓦、菲力波和卡米尔・德穆兰为委员。在公安委员会的支持下，科洛和比约显然觉得，在打击了左派后，必须也压服宽容派。比约从圣马洛出差回来后，得知埃贝尔分子已被处死，感到十分惊诧，他后来责备罗伯斯庇尔不该拒不对宽容派进行新的镇压。罗伯斯庇尔被说服后，立即负起了责任，他帮助圣茹斯特起草了报告，并在国民公会中使那些被惊呆的和吓得发抖的议员不敢为“早已腐化的偶像”辩解。被列入宽容派的还有：爱斯帕涅教士，他是著名的投机倒把分子；威斯台尔曼，据信此人历史上有污点；艾罗・德・塞舍尔，此人虽是救国委员会的成员，但救国委员会早已把他撇在一边，因为他泄露会议的机密；古兹曼和弗雷兄弟，他们一起被控参与了“外国阴谋集团”。正如过去不让吉伦特分子辩护一样，人们以有人正阴谋进行劫狱为借口，阻止丹东进行公开辩护。丹东和其他被捕人犯于芽月十六日（4 月 5

日)一起被送上了断头台。这仅是检举阴谋的一个序幕,另一批犯 388
人,其中包括肖梅特、埃贝尔的遗孀和吕西·德穆兰,接着被处死。

这场危机具有决定性意义。在革命运动历史上,埃贝尔分子的垮台标志着革命运动开始走下坡路。从 1789 年以来,政府第一次抢先行动,把平民领袖消灭掉。接着,它又采取果断措施,完成自己的胜利。革命军于芽月七日(3 月 27 日)被宣布解散;临时执行委员会,即各部部长,于芽月十二日(4 月 1 日)被撤职;陆军部各司局在文森被捕后,已不受布硕特的控制,布硕特本人也于热月三日(6 月 21 日)被关进监狱。州政府、市政府、公社议事会和警察局均经过清洗,改派可靠的人组成。巴什市长于花月二十一日(5 月 11 日)被捕。自芽月八日起,物资管理委员会控制了巴黎的面包和肉类供应。科特利埃俱乐部已降到无足轻重的地位,各区俱乐部在政府的压力下,于花月末和牧月纷纷宣布解散。被指控为埃贝尔分子的平民领袖从此感到心虚胆怯。巴黎的一些平民领袖被监禁,有的甚至被送上了断头台。在布尔,自从国民公会代表阿尔比特离职调往萨瓦后,平民领袖被投入狱中。在里昂,富歇清洗了平民团体和市政府。在奥尔良耐,救国委员会特派员德马约将恐怖分子武装押送巴黎。经过这次打击,无套裤汉再也无力威吓救国委员会,政府的权威得到了恢复。

诚然,罗伯斯庇尔及其一伙仍指望沟通同平民的联系。但他们没有估量到风月惨剧的道义影响:在忿激派之后,杜歇老爹[1]和科特利埃分子已是无套裤汉的真正领袖。其中的幸存者不能原谅

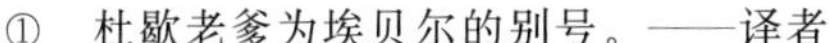

① 杜歇老爹为埃贝尔的别号。——译者

救国委员会杀害了他们的朋友。既然他们自己不能主持革命专政，他们便开始与革命专政对立，并且不遗余力地反对革命专政。眼看这些爱国分子被当作卖国贼而遭到打击，群众怎能不感到泄气和失望？救国委员会的经济政策现在已赤裸裸地暴露了它的真实面目，这项政策完全是为了支持战争，毫无满足平民愿望的打算。在社会政策方面，救国委员会的措施是否足以使平民追随山岳派，那就更成问题了。

救国委员会实际上已受国民公会的任意摆布。救国委员会迫
389 使国民公会先后交出了吉伦特分子和丹东，以为能掌握国民公会的多数。这个估计完全错了；不但如此，国民公会不能饶恕救国委员会强迫它作出这些牺牲。国民公会出现那么多的空缺席位，这在议员的心中播下了恐怖的种子，而恐怖的种子很容易长出反抗的果实。救国委员会之所以有力量，这是因为它在议会和无套裤汉之间处于调解人的地位。它一旦同无套裤汉断绝了关系，议会也就获得了行动的自由；加上内部又出现分裂，救国委员会的末日终于来临了。

七、革命政府的性质和组织

自共和二年芽月十六日至热月六日（1794 年 4 月 5 日至 7 月 27 日），革命政府还没有在环境的影响下随波逐流，相反，由于救国委员会的专政地位的确立，革命政权显得相当稳固。

救国委员会的基本思想是要建立一种战时政体。无论在边境或在内地，革命都处于守势。罗伯斯庇尔指出：“内部的敌人同外

部的敌人难道不是一致的吗?”革命必须为自身的存在而奋斗,这
种“必要性”使非常措施成为合理。在共和国获得胜利、和平到来 390
的那天,宪政制度将重新施行。

议会已投票通过了一些重大的非常措施,但这仍不足以支持战争,必须有一个强有力的政府协调各方面的努力和贯彻执行这些措施。波拿巴于热月一日(7 月 19 日)曾向马克西米利安的弟弟指出,“在我们所进行的巨大斗争中,绝对必须有稳定的革命政府和中央权威”。由于时间紧迫,这个政府的行动必须如闪电般迅速和雷击般有力。所有行政部门都应服从中央的权威;一切反抗都要被强力手段,也就是被恐怖手段所粉碎。任何人违抗法律都将作为“人民公敌”而被处死。革命政府实质上是要恢复权威。

政府的官吏必须仅仅为救国目的而行使权威,他们的“美德”是保护爱国者。除叛国外,渎职便是最大的罪恶。罗伯斯庇尔于 1792 年写道:“共和国的灵魂是对祖国的热爱,是把一切私人利益汇集在普遍利益之中的无限忠诚。”这些高尚的情操同私生活的不道德是不可调和的。因此,私生活不道德的政府官吏便有犯罪的嫌疑;“共和国的敌人是那些卑鄙的利己主义者,是那些野心家和腐化堕落分子。”孟德斯鸠和卢梭早已这样说过。

革命政权虽然是个临时的和必须灵活地适应环境的政府,它仍需要有一个有机的框架。它的施政准则是共和二年霜月十四日(1793 年 12 月 4 日)的法律。比约于 11 月 18 日和花月一日(1794 年 4 月 20 日),罗伯斯庇尔于雪月五日(1793 年 12 月 25 日)和雨月十七日(1794 年 2 月 5 日)以及圣茹斯特、巴雷尔、卡诺、库通等人曾反复解释过这条法律,救国委员会的历次通告和特

派代表的各项宣言也先后援引过这条法律。这条法律在原则上是符合民主的，因为国民公会拥有最高权威，下属的各委员会则在国民公会的监督下分掌政权；同样，爱国者可以在平民团体中讲话，他们的报纸不受新闻检查。但行政机构是革命政权的根本机构；它的行动不受任何阻挠，它的威信不受任何损害。因此，在芽月后，国民公会的会议变得死气沉沉；各委员会分别在默默地工作；各俱乐部纷纷消失，唯独雅各宾俱乐部例外，但光顾者大部分是执
391 行恐怖政策的官员。在外省，各革命委员会和平民团体协助当局工作和向当局提供建议，但稍有批评便招致嫌疑；独立的报刊已不再存在。国民公会设置的委员会在共和二年达二十一个之多，但掌握大权的仅救国委员会和公安委员会而已。在艾罗·德·塞舍尔被处死后，救国委员会剩下的十一名成员每月都连选连任，从未有所变更。作为“行政权的中心”，救国委员会负责颁发逮捕令，掌管外交事务；它通过其陆地测量部指挥战事，通过军火管理委员会管理武器弹药，通过食物管理委员会主持经济生活（后者在花月十一日即 4 月 30 日被“贸易和供应委员会”所代替）。芽月十二日后，救国委员会下属的十二个管理委员会代替各部部长发布命令；它的秘书处逐渐设置了大批局、处级机构。救国委员会拥有发布行政命令和为执行法律制订细则的权力；因此，它有时甚至歪曲法律或公然自行立法。公安委员会负责执行嫌疑犯法，领导革命的治安和司法工作，实质上是“恐怖统治部”。在长时间内，公安委员会不像救国委员会那么稳定，现在也同样稳定下来了。

革命政权在外省的组织比较简单。州级行政机构由于有搞联邦主义的嫌疑，被缩减成一个州政府，丧失了大部分职权。主要的

行政机构设在县和市镇两级，它们同中央政权直接发生联系。革命委员会仍然存在；但大多数村庄没有这类组织。在每个行政机构中，都设有“国民代表”一职，代替原来的检察官。国民代表由各级行政机构选举产生，但应负责执行政府的决定，县级国民代表每隔十天向政府递送一份报告。所谓选举纯粹是个形式，清洗实际上已使所有公职人员的任免权集中到中央政权及其特派代表手里。圣茹斯特曾设想在每个行政区划中任命一名官员，代表国家执掌该行政区的全部权力。在地方行政机构和国民公会的各委员会之间，还有特派代表起着承上启下的作用。国民公会最后一次派出大批特派代表是在 1793 年 12 月末，其目的是为了贯彻霜月十四日法律。但这项法律本身意味着要限制特派代表的主动权：不准委托授权，撤销革命军队和废除革命捐税。花月十九日(5 月 8 日)，地方革命法庭也被取消。那时，大多数特派代表已回到国 392
民公会：富歇于芽月七日(3 月 27 日)被召回，其他的二十一名特派代表于三十日(4 月 19 日)被召回。比约于 1793 年 11 月 18 日说过，国民公会派出的代表人数愈多，这些代表的权威愈被削弱，代表的人选也就不能十分恰当。实际上，救国委员会的成员对国民公会特派代表的擅自行动和各行其是感到不快，因为这妨碍着中央集权。他们宁肯派遣救国委员会的办事员，例如茹连·德·巴利(德龙地区的一名国民公会代表的儿子)促使了卡里埃和塔里安的被召回。或者，在需要“重新装配机器”时，救国委员会成员亲自前往外省和军队作现场指导。

救国委员会实际上没有彻底推行中央集权的时间。在芽月前后，它不得不迁就国民公会和其他委员会。康蓬控制了财务委员

会；既然国家的财政需要独立，财务委员会被认为是反革命分子的巢穴。公安委员会抵制救国委员会对其职权的侵犯，二者的冲突将导致革命政权的垮台。国民公会特派代表在外省推行他们个人的政策，地方冲突从未停止。革命政权远不如拿破仑统治那么有秩序。然而，制宪议会时代推行的地方分权早已成为人们留恋的往事。无套裤汉曾要求实行专政，这个要求如今已成为现实，但行使专政的却是国民公会各委员会的官僚，无套裤汉则同其他人一样只是默默地服从而已。

各委员会确实尽了一切努力争取无套裤汉心悦诚服的赞同。尽管革命政权在理论上十分严密，但在事实上却并非那么完备，即使领袖们在执行时也不能完全步调一致。救国委员会的大多数成员一心想着战争；对于那些在爱国心驱使下表示服从的人，甚至包括前贵族在内，救国委员会自然乐于接受他们的效力。于是，无论富人、商人或金融家，只要他们表现顺从和忠实，救国委员会一概委以要职。它仅对日用必需品实行限价，但不把限价当作社会改革的工具，以免使第三等级各阶层互相冲突。对它说来，“不反对我们，便是赞成我们。”这种倾向是如此明显，人们简直可以认为革
393 命政府仅仅是个普通的国防政府而已。当然，革命政府确实是个国防政府，但又不仅仅是国防政府。假如仅仅是国防政府，那么，在芽月后，人们希望看到破除基督信仰运动的停止，恐怖统治也会得到缓和。但是，事态的发展却完全不是如此。

问题在于这场战争不仅是民族战争，而且是阶级战争。第三等级在守土卫国的同时，继续在进行从 1789 年开始的反对贵族的斗争。它已看到自己的部分成员——富人和穷人——投靠了敌

人：无套裤汉更加强烈地要把敌对阶级和所有的背叛者铲除干净。对“贵族阴谋”的恐惧，由此产生的自卫决心以及恐怖镇压的本能反应，始终存在着。因此，埃贝尔的思想也始终不能被扑灭：所有的无套裤汉都满脑子这种思想；即使在国民公会及其下属的委员会，这种思想也在散布分裂的种子。

从经济和社会的观点看，战争只是推动建立专政的部分因素：无套裤汉要求实行限价，远不是为了国防和革命的利益，而更多地为了他们自身的利益，哪怕让资产阶级付出代价也在所不惜。山岳派领袖则主要为国家的利益而利用限价，这终于使无套裤汉失望。因此，无论从社会的角度或从政治的角度看，山岳派领袖都悬在空中。

八、共和二年的军队

然而，打赢战争的决心却是一致的。在军队中，山岳派分子无
不甘愿作出一切牺牲。凡对革命多少怀有一点忠诚的人，都不能 394
不心悦诚服地承认他们做得对。共和二年的军队是革命团结的象征。

在救国委员会中，两名工兵军官卡诺和科多尔的普里厄在陆军部长布硕特(芽月前)的协助下，负责组织和指挥这支军队。普里厄主管军火，有关粮秣车马的事务由兰代襄助；卡诺以主帅身份统一部署军事行动。

在大规模征兵后，法国拥有的军队超过了一百万人；但兵源五花八门，有的是行伍出身的老兵，有的是义勇军或刚征集的新兵，即所谓“混账的白军”和“不堪一击的蓝军”。1793 年 2 月，国民公会通过了混合编制的原则，同正规军相比，义勇军热情有余，耐力不足，尤其纪律较差。由于士兵中偏见很深，军官人数过多，作战指挥相当困难。义勇军战士为打败入侵者临时当兵，却不认为自己是个“军人”；行伍兵对他们不免侧目而视，何况，在实行清洗前，行伍兵能否恪守公民职责尚令人担心。组织新部队的工作暂且停止了。已征集的三十万新兵被编到现有的部队中去。到了 1794 年春，军队的混编工作开始进行，前后花了很长时间。两营义勇军同一营正规军混编成一个团；接着是改编连队，有时打散原有连队编制，以便使混合更加彻底。从此，军队名义上只剩下蓝军，但由于蓝色军服不足，原有的白军服仍沿用很长时间。

指挥系统的改组也同时完成。清洗工作告一段落后，贵族纷纷被撤职，但芽月二十七日（1794 年 4 月 16 日）法令仍允许救国委员会保留它所认为有用的贵族军官。新一代的军官现在允许达到最高的军阶，“马尔斯军校”从每县招收六名青年，以改善军事干
395 部的素质。行伍军官为 1793 年的军事训练出了力气；他们陆续被主要从义勇军战士中提拔起来的新军官所取代，这些新军官是在战争中出类拔萃的青年人。1793 年 2 月 21 日法令统一了正规军和义勇军的晋升制度，它强调正规军所注重的资历，大大减弱了选举在任命军官时的作用。士兵仅选举他们的班长；对于班长以上的军官，三分之一按资历晋升；在剩下的三分之二中，士兵可推举三名候选人，但候选人必须在低一级军官中挑选，然后由现任的同级军官决定晋升。校级军官一律按资历晋升；将级军官三分之一按资历，三分之二采取推选的办法。正在作战的部队是否能完全

遵守如此复杂的步骤？这个问题确实值得怀疑。随着军官权威的加强，晋升大概主要采用推选的办法。军团长的任免权由国民公会掌握。

军队的纪律正在恢复中。恢复纪律必须从高级指挥官开始。拉法叶特和杜穆里埃背叛国家和实行军事独裁的企图至今记忆犹新，救国委员会对高级指挥官处处提防。库斯丁因有步二人后尘的嫌疑而被处决，军事首脑只能消极地服从文职政权机关。在军情极其紧急的1793年夏季，一些高级指挥官因无能和疏忽而被认为缺少爱国心，受到了同样的惩罚。国民公会特派代表像过去国王派驻军队中的监军一样成为共和国权威的体现。此外，陆军部特派员以及公社于1793年派驻旺代的专员也参与监视军事指挥，散发无套裤汉的报刊，并且在俱乐部中向士兵发表演说。但在1794年春，他们全都被撤销了。国民公会代表的监督工作并非完全没有缺点，特别是某些代表有时干预了军事指挥，但共和国在对指挥官的忠诚尚无把握以前，就不能赋予指挥官全权。此外，在制订旺代的作战计划时，由于国民公会的许多代表全都插手，大家意见纷纷，莫衷一是。但这种情况毕竟不是普遍的，不少代表确实对胜利作出了决定性的贡献，其中特别突出的是圣茹斯特。国民公会于1793年12月21日决定，禁止部队进行集体请愿。卡诺指 396
出："武装部队应绝对服从法律，贯彻执行法律，决无讨论的余地。"俱乐部不再干预军队的管理；军事法庭的陪审团制度仍被保留，但在形势紧急时，国民公会代表也设立秘密审判的军事法庭，例如共和二年花月十八日(1794年5月7日)摩泽尔军团就曾经这样做。但是，救国委员会并非就像欧洲反动派所宣传的那样，仅仅依靠断

头台来推动将领的积极作战和维持军队的纪律。救国委员会所依靠的，首先是信任以及对祖国和革命的热忱。在共和二年，它对共和军的将领已相当信赖，不再把战斗的失败归罪于叛卖。卡诺简单扼要地指出：“当人们作了一切努力去争取胜利时，即使打了败仗也不算有罪。我们不能单纯以胜败来判断一名军人，还要看他是否努力和是否勇敢。”至于军事法庭，虽然在审理叛逆分子、流亡者、携枪脱逃者的案件时，它根据法律的规定，作出严厉的处置，但在对待士兵的一般过失时，特别在对待抗命不服的士兵时，却表现得相当宽大。从雾月七日（1793 年 10 月 28 日）到风月十六日（1794 年 3 月 6 日），莱茵军团的军事法庭共审理了六百六十名被告，其中二百八十二人被宣布无罪释放，一百八十八人被送回原来部队，一百九十人被判有罪，仅六十二人被处以死刑。军队保持了它的民主性质：共和二年的士兵继续参加俱乐部的活动；政府让他们了解政治形势，向他们分发爱国报纸。国民公会答应为士兵保留十亿巨款的流亡者产业，向残废军人和爱国军人家属发放津贴。圣茹斯特指出：“胜利的取得不能仅仅依靠军队的人数和纪律；唯有共和精神在军队中不断深入人心，才是胜利的保证。”共和二年的军队并不仅仅由热烈的共和分子所组成；但其中的共和分子确实相当多，他们与国内其他共和分子是同呼吸共命运的。人们往往把一心保卫祖国的共和二年士兵同集中精力打击贵族的无套裤汉对立起来，这是完全错误的。从军作战的革命者忘不了他们的
397 仇恨；后方的共和分子也同样忠于祖国和不怕牺牲。奥什曾是马拉的拥护者；克累贝和马尔苏高度赞扬卡里埃的坚毅；波拿巴对罗伯斯庇尔深为爱慕。问题的实质是军队中的共和分子的任务比较

简单,团结也比较容易保持。因此,在事情过去了许多年以后,马尔蒙和苏尔特等人在回顾往事时,无不以激动的心情,陈述他们为保卫“不可分割的共和国”所立下的丰功伟绩。

一支真正全民皆兵的部队开赴前线,这是史无前例的;一个民族竟能养活和武装如此众多的士兵,这也是自古以来首创的新事物,然而这正是共和二年军队的特点。军事技术的革新首先是兵员众多的结果,许多革新没有维持很久或只是缓慢地和不稳定地形成。武器没有明显进步,步兵仍用有效射程为一百米的1777年式步枪;炮兵仍使用能把四磅重的炮弹发射到四五百米远的格里博瓦尔式大炮。战术的运用取决于部队的训练。一般说来,共和二年的士兵作战时善于利用地形,以散兵队形冲锋,然后在有利时机同敌军拼刺刀肉搏。但1791年的军事条令对军官来说仍是必须遵守的法律。在条件许可时,尤其在进行决战时,他们仍采用线状队形。他们认为,由于士兵没有经过足够的训练,在运动时不宜布置攻击纵队,而在对付骑兵时不宜排列方阵。这些战术到了1795年又重新出现;可见,随着共和军逐渐训练有素,它又回到了旧制度时的战术。如果说有新的创造,那主要是系统地成立了师旅两级的建制,这是由兵员众多所必然产生的。作为战术单位,师级组织在1793年仍不十分明确,而到1794年才正式确定。茹尔丹当时规定,每师下辖二个步兵旅、二个骑兵团、一支马拉炮队,附属于各营的大炮不计在内,总共约八千至九千人。至于战略原则的革新,问题在于如何充分利用优势兵力。因此,攻坚战和围城战的陈旧作战法已不受重视。处在反法同盟诸国各军空隙中的法军可以通过内线运动,让一部分军队沿边境进行穿插,并利用一部敌

军的无所行动而击败其余各部。密集行动和以多胜少，这就是卡
398 诺的原则。当然，执行这个原则并非一帆风顺，在波拿巴以前，人们仅取得了局部的成功。卡诺及其助手——例如阿尔松——是些名副其实的工程师，在他们看来，要塞具有头等重要的地位。守卫“钢铁的边界”在 1793 年仍是他们作战的出发点。他们仍像在旧制度下那样指挥战事，最初想采用迂回运动去解除敌军对要塞的包围，当要塞行将陷落时，他们又想在二十万机动兵中抽调部分援军，派遣四万人前往洪兹肖特，五万人前往瓦提尼，剩下的部队则列阵待敌或驻守其他要塞。结果，敌人虽然被击退，但未被消灭。在 1794 年，由于过于重视依普雷的地位和一心想夺取佛兰德，他们让法军向左翼运动，而置右翼于不顾；在当时，唯有通向沙勒罗瓦的右翼才能切断科布尔的交通和歼灭其部队。经过一段时间的摸索后，当他们决定从右翼威胁敌军时，时机已经错过：科布尔在失败后，撤出了比利时，其军队未受损失。指挥技术的高明显然比行动迅速和坚毅果断所起的作用要小，而后面的两项恰好是革命政府的基本力量所在。卡诺在率军到达瓦提尼的第二天便发动了攻击，圣茹斯特驱使桑布尔和默兹军团“如狼似虎地”向沙勒罗瓦猛扑。他们不但是真正的常胜将军，而且在战场上表现得英勇顽强；人们将能看到，他们在国内动员了全民族的人力物力，为军队在前线作战提供条件。

在海上作战方面，救国委员会不但行动迟缓，而且成效很小，纪律松弛使造船工场混乱不堪，舰只在迎敌时往往出现抗命事件。海军军官严重不足；1791 年 4 月法令允许商船船长在海军服役一年后担任大副，在服役二年后担任舰长。到了 1793 年，有的商船

船长甚至可以担任舰队指挥。但多数船长宁肯沦为海盗，例如絮尔科夫。先后在布雷斯特和土伦领导海战的是最初担任商船船长、后来改任牧师的让蓬·圣安德烈。他整顿了纪律，命令造船工场开工，并让舰队出海巡航。但临时拼凑一支舰队比组织一支陆军要困难得多，让·蓬·圣安德烈未能改变海军的落后状况和弥补土伦叛乱所造成的损失。

九、经济统制 399

救国委员会在同意大举征兵的同时，已意识到它为养活如此众多的部队，尤其为解决军服、装备和武器等问题，将遇到极大的困难。大部分兵工厂集中在莫伯日、夏尔维尔、杜埃、克林根塔尔等地，敌人几乎近在咫尺。圣艾蒂安掌握在叛军手中；炸药制造供不应求。封锁使法国得不到德国的钢、印度的硝石、波罗的海的苛性钾、西班牙的苛性钠和意大利的硫磺。必须发展军火制造，复活对外贸易，并在法国找到新的资源。时间十分紧迫，任何人的努力都不足以克服这么多困难，更谈不上恢复均衡生产。如果把军需采办交给私人负责，军需商将勒索高昂的手续费；在此情况下，通货膨胀将在1793年末使指券的价值降低到等于零。此外，整个法国犹如一个被团团包围的堡垒，如果救国委员会不进行干预，先为部队留下军粮，然后把剩余部分进行合理分配，以维持社会秩序，那么，即使非军事人员也会为争夺食物而动起武来。形势逐渐迫使救国委员会不得不实行全国的经济统制。这是它采取的最富特色的一项政策。这同组织一支庞大的军队是分不开的。

部队只征十八至二十五岁的未婚男子入伍，但在许多情况下，
400 那些需要留在后方的人也可缓征或免征；舞弊由此应运而生。许多人设法受雇于运输部门，逃避去军队服役。此外，公职人员仍留任原职。

对所有其他公民说来，大举征兵的决定无疑是一项军事动员令。所有人都是动员的对象，为有效起见，征兵必须从速进行。虽然整个征兵工作处于临时应付的状态，人们仍努力注意才能的发挥，但对政治方面的因素却很少考虑。大工业家佩里埃和沙普塔尔，银行家培勒戈，都得到救国委员会的重用，虽然人们知道沙普塔尔同联邦主义有所牵连，培勒戈是一名同皮特有联系的外国人。科学家尤其得到器重，许多科学家站在革命的一边。哈森弗拉茨是巴黎武器制造工场的主要组织者之一。蒙日、旺代蒙德、贝尔托莱、达尔赛、富尔克鲁瓦改进了冶金业和军火制造业；伏克兰同沙普塔尔和台斯克瓦齐尔一起领导硝酸盐的研究。卡尔尼想出了精炼硝酸盐和制造火药的新工艺。救国委员会在默东设立了研究实验室，贝尔托莱、孔台、古依东·德·莫尔伏都在那里工作。人们试图用氯酸盐炸药制造炮弹，并在弗勒留斯战役中第一次把气球用于军事目的。沙普继续进行光线通讯的试验，并在巴黎和北部边界之间建立了第一条通讯线路。

所有的实物资源自然都进入征用之列。农民必须交出粮食、草料、羊毛、亚麻、芝麻乃至牲畜；手工业者和商人必须出售他们的产品；私人的武器、国民卫队的制服，有时甚至被褥，也被征作军用。圣茹斯特曾勒令斯特拉斯堡居民提供二万双鞋。原材料的征集范围十分广泛，不仅包括各种金属和教堂的钟，甚至还收集绳

索、废纸、破布和草木;墙脚的硝土和厨房的炉灰被用于制造钾盐,板栗用于炼糖。所有的企业都为国家服务:森林、矿山、采石场、各种锅炉和冶金炉、染坊和造纸工场,织布工场和修鞋作坊。国家此外还积极建造新的工厂。必须加紧制造武器弹药,这就要求现有 401
企业不仅达到最高的生产水平,而且采用科学家发现的新工艺,进一步提高产量。共和二年的制度有利于工业技术的进步。

人的劳动和物的价值都受限价法令的制约。最高限价让商人仍有利可图,并给生产以一定的奖励。同流行的说法相反,在共和二年,并非所有的企业都亏本,它们只是不能损害国家谋取巨额利润而已。归根到底,任何人没有搞投机倒把和发国难财的权利。

军队的服装和一般装备主要由地方当局通过开设被服和皮件工场负责解决。中央政权勒令屠宰场交出畜皮,用于制作皮鞋;染坊从国家经营的林场取得树皮充当鞣革的材料,保证日夜开工,不得停顿。塞甘在比扬古的一个小岛上,试验成功了一种快速鞣革法,该岛后来以塞甘命名。制鞋作坊的每个伙计每十天必须做出两双鞋。

武器问题仍令人十分担忧。1793 年 9 月,巴黎动工建造一家生产步枪和刺刀的大工场。除利用私人作坊外,还安排工人在杜依勒里宫和卢森堡宫的两个公园,以及在原罗亚尔广场和残废军人院前面的空地上工作。此外,在外省,不仅让已有的工场复工,而且积极开设新工场;例如诺埃尔·普恩脱和拉克纳尔分别在穆兰和贝日拉克作了这方面的努力。厂址设在夏约的佩里埃工厂同位于卢昂附近的罗米依工厂开始使用青铜铸炮。费烈、普恩脱和罗默大大促进了法国中部和西南部的维埃宗、勒克勒佐、吕埃尔和阿布扎克等工厂的铸铁炮制造。

救国委员会显然在弹药工业方面遇到了最大的困难，但也正是在这方面，它取得了最惊人的成就。由于硝盐货源不足，必须在国内自行解决。大量硝土终于在都兰地区发现，伏克兰亲临现场查勘；根据他的建议，科多尔的普里厄下令建立全国性组织，并实
402 行统一管理。各地市镇当局指定硝土专家领导硝土的普查和淘洗工作，并设置干馏工场。部分硝土专家于风月前来巴黎参加实习训练班。二十八所炼硝工场在巴黎成立，其中最大的一所设在圣热尔曼的大教堂。炸药制造工场同时在发展，最重要的工场设在格勒内尔和里博脱。

这些成就虽足以使欧洲惊慌万状，但仍远未达到人们所希望的目的。例如，巴黎的步枪制造厂本应每天生产一千支枪，但实际生产量不超过六百至七百支，修理的枪支也包括在内。春季战役期间，部队的弹药供应仍感到极大困难。困难表现在多方面。救国委员会不掌握生产进度；没有统计数字，经济统制也就不能进行。它不得不通过仓促的调查和大量的报表作粗略的估计。法国当时基本上还是个农业国，资本集中刚刚开始起步，工业分散在全国各地。此外，工人还有待培训，以使之适应新产品的制造和新工艺的采用，因此必须调动和集中工人，以保证生产的同步进行。最后，运输问题尤其严重。国内几乎没有运河，陆路交通很少维修，马匹车辆不但要满足军队的需要，而且要保证一般居民的衣食供应和土地耕种。当局不得不征用船舶和车辆，设立全国运输管理处，并为这一机构筹集必要的物资。假如救国委员会不用恐怖手段强迫所有公民作出应有的努力，它就既不可能压抑投机心理，又

不可能克服消极抵抗。

国家的经济大部分归国家支配:或者直接地通过创办国立工场,或者间接地通过供应原材料和劳力,以及通过征购和限价对生产实行监督。有人认为,救国委员会有意识地实行生产社会化,以便偷偷摸摸地把法国引向共产主义,而共产主义在他们的心目中 403
是民主的顶峰。虽然经济统制在无套裤汉看来具有社会的价值,但它同共产主义毕竟毫无联系,因为它只是全面调节经济的各个环节,用今天的话来说,只是一种结构改革。在风月前依然存在的物资管理委员会以及国民公会的某些代表可能对国家主义怀有好感;相反,救国委员会从来认为,经济统制只是为保卫革命而必须采取的临时措施。尤其,它在推行这些措施时也极其勉强。对于资产阶级所珍爱的经济自由,救国委员会始终留恋不舍,因而在几个月内曾背离了限价政策。救国委员会一方面在客观环境的推动下不由自主地走向国家主义,同时却注意限制国家主义的扩张。如同地方行政当局一样,作为最高政治权威的救国委员会成员只是出于救国的考虑才执掌了经济部门的职责;他们在思想上始终认为,这些职责超出了他们自身的职权范围,只是额外地增添了他们的工作和责任;因此,一旦危机有所缓和,他们十分希望从中解脱出来。事实上,生产和运输状况不允许他们许诺满足消费者的所有需求。在埃贝尔分子垮台后,他们的观点更赤裸裸地暴露无遗。显然,工业的分散迫使他们向许多小工厂的老板求助。这在蓬提厄、莫雷兹、蒂埃尔是如此,甚至在巴黎也是如此。救国委员会只要下道命令,就能将矿山收归国有和增加国立工场,而救国委员会却毫无行动。相反,卡诺公开反对国家直接经营由国民代表

创设的工场，因为他认为，这样做不但费用浩大，而且容易滋长官僚主义。救国委员会对待以下两个问题的态度是明朗的。首先，人们看到，救国委员会对于把外贸管理交回给批发商真是求之不得；其次，它在市场供应方面无疑对扩大经济统制的职责感到厌烦。

从 1793 年 11 月起，外贸完全集中在物资管理委员会的手里，该委员会为复活对外贸易，向国外派出受权经商的代理人；他们有权征用商船，在港口开设国家货栈。中立国商船重新备受欢迎：航行法暂停执行。交易双方在自愿基础上以铸币或货物充当支付手
404 段。在波尔多和自由镇（阿尔萨斯的圣路易），设有专门委员会负责接待各种客商。法国同热那亚、瑞士、汉堡、哥本哈根和美国都达成了大笔购货协议。在货物进口恢复后，物资管理委员会为保证购货的支付能力，采取了以下措施：在国内征购中立国希望得到的葡萄酒、白酒、丝绸和毛毯；动用缴获或没收的英国货物；在犯人和流亡者的已被充公的财产和国王的动产中挑选宝石、珍贵家具和艺术品用于出口。此外，根据康蓬雪月六日（1793 年 12 月 26 日）的提议，用等价指券强行收购外汇。风月八日（1794 年 2 月 26 日），为防止资本外流，强迫巴黎各银行家交出五千万里佛的外国票据。尽管无套裤汉反对，许多法国的和外国的批发商已开始重操旧业；在埃贝尔分子垮台后，救国委员会更加毫无顾忌地干起来。巴雷尔和罗伯斯庇尔指出，遏制贸易对共和国损害甚大，相反，正确的政策是要发挥批发商的智慧和调动他们的积极性。在风月二十一日和二十三日（逮捕埃贝尔分子的决定恰恰是在二十二日晚间作出的），救国委员会准许除物资管理委员会统制的生活

必需品以外的产品出口,条件是或者进口受限价管理的等量商品,或者为共和国换回铸币和外国期票,统一上交国库。在各大商业城市和港口,批发商组成的贸易经理处必须先垫出一笔兑换券,然后通过出口商品进行支付。物资管理委员会的贸易经纪人纷纷回国,向中立国购货的业务从此移交给充当掮客的私商。在这些措施尚未获得重大成果前,雾月九日的命令终于下达了,但是对制造商说来,这个发展趋向仍没有变化。人们指出,用“贸易和供给管理委员会”取代物资管理委员会是换汤不换药。诚然,只要维持限价,即使容许私商活动,也不能起多大的作用。救国委员会不惜违背法律通过放宽限价的措施为商人提供方便,并根据国家的需要,尽可能缩小经济统制的执行范围。它推行的供应政策就是一个证明。

当某个县拥有足够数量的粮食时,物资管理委员会便向该县征集粮食,供应军队和缺粮的各县。当然,供应的主要对象是军队,缺粮的县很少顾及。鉴于运输的困难,粮食分配不能做到绝对平均。物资管理委员会往往优先考虑供应邻近地区的军民,不惜使产地居民冒挨饿的危险,或者用以后再行救济的诺言敷衍塞责。可见,物资管理委员会丝毫不关心消费者的利益。雾月二十五日(1793 年 11 月 15 日),国民公会发布了磨坊管理法规,勒令磨坊将各种粮食混合加工,以便生产所谓“平等面包”。但物资管理委员会对这项法令置若罔闻,不予贯彻执行。它对居民甚至不实行定量供应,其中的道理是容易猜出的。在统计数字、交通工具和工作人员均感不足的条件下,怎么保证粮食的混合加工?在大多数村庄拥有磨坊的条件下,怎么实行对磨坊的监督?如果在全国给

每个法国人分发粮食供应证，人们是否在所有地方都能保证取得应该供应的份额？对于资本主义集中在今天使政府能愉快胜任的事，在当时的技术水平下却是不可能做到的。

因此，有关粮食供应的全部事务都交给各县政府和市镇当局去完成，前者负责征购粮食和供应市场，后者负责监督磨坊、面包房和点心作坊实行混合加工，必要时实行定量供应。中央集权因而仍停留在浮面。危机在各地产生了同样的后果，但在不同的时间和以不同的严重程度表现出来。在土地肥沃的地区，市场供应有时能维持到夏末，殷实富户仍自己烤制面包，面包商也保留相当的自由。在大城市和法国南部，市场收市很早：农民的粮食一概由市镇当局收购入仓，经混合加工后，交面包房烤制，然后凭证供应
406 居民。面包商实际上成了市镇当局雇佣的工人。市政当局有时也在济贫所或自设烤房制作面包：例如，特鲁瓦市的食品供应完全由当局一手包办。乡村的粮食种植者迫于无奈，使用了种种狡诈手段，当局则以抄家、管制、逮捕等措施作对策。在许多村庄，恐怖统治主要表现在这些方面。农场主至少为自己留下足够的粮食，最可怜的则是那些管家和农业工人。他们被城市拒之门外，不得不恳求农场主出让一点粮食；至于是否按最高限价购买，任何人都不能加以干预。

对于其他食品和商品，物资管理委员会于风月仅公布了产地的最高限价。在这基础上，各县再加上运费、批发利润（通常为百分之五）和零售利润（百分之十），编成大本的价目表。这项工作直到夏末仍在进行，但实际上对大部分商品不起任何作用。对于有关国计民生的有限几种商品，国家尽量采用征购和征用的方法实

行限价;救国委员会还容许许多宽免。至于一般消费者,国家听任他们自己去争得限价。最初,物资管理委员会曾给予消费者一些帮助。例如,委员会在奥尔良扣压了糖厂的食糖,在马赛勒令肥皂厂制造肥皂,产品在法国实行全国分配。但后来,救国委员会很快停止推行这些措施,并规定地方当局不得进行征购和征用。因此,无套裤汉除对商人进行警察监督和恐怖威胁外,就没有任何其他办法,而警察监督和恐怖威胁又几乎没有任何效果。商人即使不克扣斤两或以次充好,还可以进行秘密的黑市交易。这也正是农民最喜欢使用的手段。农产品的地下交易有了飞速的发展。某些市镇向商人提供货源,对消费者实行定量供应。巴黎在实行了粮食的凭证供应后,于春季又增加了肉类供应证。在克莱蒙费朗,当局曾试图将屠宰场收归市有。由于缺少通盘筹划,各地没有取得令人满意的结果。

经济统制的受益者主要是军队。冬季的军粮似乎勉强能够维持。莱茵和摩泽尔军团把在1月新占领的帕拉丁地区的粮食资源 407
罗掘俱穷。服装、靴鞋和其他装备显然仍嫌不足,但从各方面看,士兵在共和二年的生活远没有共和三年那么困苦。相反,救国委员会却不肯包办民用供应。困难肯定是不可克服的,但各州的地方当局确实做了值得称道的努力。为什么诺尔州当局对燃料油不肯实行征购,从而使投机盛行?为什么它坚持议价收购牲畜,而不实行肉食的限价?因为它要迁就手工业者和农场主的利益,就不能不这样做,还因为该州的无套裤汉主要不是工人,而是手工业者和佃农。店铺主和手工业者推行限价本是为了对付农民和批发商,没有想到在执行限价时自己却先受其害。鞋铺和面包铺对自

己竟沦落到雇佣劳动者的地位感到愤愤不平。对于受到更大限制的农民说来，牲畜和其他农产品的议价贸易是一种补偿。如果限价真正严格执行，无论农民或店铺主都将难以忍受；至于资产阶级，它早已渴望取消经济统制。所以，救国委员会最初为维护第三等级反对贵族的革命团结，长期不肯断然实行限价，而在被迫实行了限价后，也尽可能把利益留给国家。

在雇佣劳动者看来，限价似乎有百利而无一弊，因为根据限价的规定，工资比 1790 年增加二分之一，而商品价格只上涨三分之一。但是，既然除面包价格外救国委员会并不强制执行限价规定，雇佣劳动者如果不利用战争时期劳力不足的有利时机，岂不反而吃亏！由于各市镇确定的最高工资限额很不平衡，工人便乘机谋取较高的工资。但是，至少由国家控制的企业不能对工人作出让步，否则整个经济大厦以及指券体系会全部崩溃。工人骚动因此日益增加。救国委员会正确地看到，这里有敌人在趁机捣乱，在巴
408 黎则尤其严重。它在征兵征粮的掩护下，坚决抵制罢工浪潮，对拒不复工者以解送革命法庭相威胁。当收割季节临近时，它还想控制农业工人。它勒令农业工人受国家统一调配，而让各县政府去确定该县的工资，这样做是违背法律的。实际上，救国委员会未能完全遏制工人的斗争行动，雇主一般不可避免地要作些忍让。革命政府为工人阶级提供了工作和面包，使之免受极度的贫困；假如恢复经济自由，受苦最深的恐怕还是工人阶级。这无疑是个事实，但工人阶级不免要尥蹶子：商人既然破坏了限价而不受惩罚，怎么能强迫工人必须接受限制工资呢？

十、社会政策

从社会的角度看,无套裤汉曾寄于限价很大希望,这是他们争取生存权的一种法律形式。限价在历史上已有过先例,在无套裤汉看来,救国委员会的经济统制是他们用传统法规对资本主义得寸进尺的侵犯所取得的一个胜利;这个胜利同时也给后代留下了一个榜样,即把经济统制当作支持民族战争的必要措施。既然限价政策必将失败,为了使无套裤汉不致失望,救国委员会必须设计出一种面对未来的新方案去争取他们。

出身于资产阶级的山岳派分子并不喜欢共产主义。他们认为,共产主义无非是乌托邦式的道德说教。他们把共产主义看作是中学教科书上讲到的在罗马共和国末期曾昙花一现的“土地法”,其内容不过是平分土地而已。根据 1793 年 3 月 18 日法令,
凡鼓吹土地法者将处以极刑。罗伯斯庇尔始终反对实行土地法, 409
他承认世袭的私有财产制有缺点,但又说,这是不可弥补的缺点。经济统制带来的困难足以表明,共产主义所要求的生产集中比资本主义尚未实现的机械化生产在程度上还更进一步。同样,由于无产阶级的分散,建立阶级政党的条件也尚未具备。无套裤汉和雅各宾分子只是组成了一个“人民阵线”,通常殷实富有的批发商、手工业主、法律界人士和公职人员在其中无疑占有优势。何况,无地农民的唯一希望只是取得土地,而各行业的雇佣劳动者所期待的民主也无非是取消行会,因为只是在行会取消后,他们才有自己开业的前景。

但是，所有这些人和山岳派分子都对坐享其成的“豪富”和“大户”怀有敌意。圣茹斯特的《共和体制》一书明确地表达了这种意向，罗伯斯庇尔同样也认为，随着社会不平等的日趋严重，大多数公民的自由和平等也就不再存在。因此，共和国一方面要限制财产和扩大小产业主的行列，另方面则要向所有人提供通过教育提高其社会地位的手段，并通过国家的适当救济为不幸者提供一定的生活保障。他们理想中的社会民主制是要保存农民、手工业者等独立小生产者，但他们没有看到，这个理想是不可能实现的，因为它同为资本主义集中开辟道路的、以竞争为特征的经济自由相矛盾。

国民公会仍在冠冕堂皇地投票通过种种法律。根据雾月五日(1793 年 10 月 26 日)和雪月十七日(1794 年 1 月 6 日)的法律规定，遗产将在直系子嗣——私生子包括在内——间绝对平分，遗嘱赠与仅对族外亲朋有效。此外，1793 年 6 月 3 日通过的关于将流
410 亡者产业分成小块出售的法令，自霜月二日(1793 年 11 月 21 日)起被推广应用于所有国有产业，已被收归国有的慈善机构和教育事业的财产以及已被处决的犯人和被流放的神甫的财产均按同样办法处理。把地块分小诚然使相当数量的农民从此能拥有土地或使更多的农民能扩大其农庄，但地块的出售仍采用拍卖方式，因而绝大多数农民从中没有得到任何利益。1793 年 6 月 10 日法令允许按人口平分市镇公地，使每个居民都能分得一份土地，但并非所有的市镇都有公地可分，有些公地不宜耕种，有些地区则认为平分公地会影响牲畜放牧而加以反对。6 月 3 日法律虽然同意穷人可购买二十至五十公亩土地，地价分多年付清，但到了 9 月 13 日，国

民公会又从财政考虑出发,收回了这个让步,改作发给他们一张分二十年偿还的票面为五百里佛的无息借据,权充购买国有产业之用。这些借据在拍卖行使用的希望极小,因而任何人都未作过这种尝试。一些思想开明的行政官员徒劳地指出,这种虚幻的宽宏只能在农村造成失望。

大多数国民公会议员看来并不感到担忧。他们注意到,大农庄主和制造商正寻找劳动力;他们觉得,在人口不断增长和资本主义日趋发展的社会里,让所有的无产者变成独立生产者将是个幻想。有些议员还强词夺理地指出,只有大农庄才能向城市出售足够的粮食。当然,资产阶级的眼睛正盯住大片的地产,许多县仍有意无意地不分小块出售,尽管救国委员会在夏季曾通令全国,要求地方当局遵守分块出售国有产业的法令。

与此同时,贫苦农民不断要求无偿地或至少以他们力所能及的价格和以分期支付的形式取得部分国有产业。但是,有购买能力的农民,特别是雇有零工的农庄主,对支持贫农的要求丝毫不感兴趣。曾迫使国民公会下令彻底废除领主权的团结精神如今在农民中已分崩离析。更何况,把维护指券看作是首要任务的山岳派 411
也对以上情形装聋作哑。

唯有罗伯斯庇尔分子也许已经觉察到,必须给予贫苦的无套裤汉某些满足。圣茹斯特于风月让国民公会通过法令,“赤贫者”将从没收的嫌疑犯的财产中得到“救济”。这类“危害共和国”的嫌疑犯大约有三十万人。国民公会当真考虑要剥夺那么多人的财产吗?看来未必如此,它作出这种许诺,只是针对埃贝尔分子的宣传。圣茹斯特在其演说中宣布,这些土地将无代价地出让,但法令却对此只字不提，巴雷尔于花月二十二日(5 月 11 日)所作的关于国家济贫工作的报告却相反暗示，这些土地也将投标拍卖。总之，人们没有确定处置的方法，而且即使已作出的明确规定也不能使众多的农民满意。首先，许多嫌疑犯并不拥有地产，因此，国民公会的法令在许多村庄等于无的放矢；其次，分成制佃户和已有小块土地的农民是否算在“赤贫者”之列？他们的恳切要求是把大农庄分给小农经营和改革租佃分成制。第一种要求同分块出售国有产业一样遭到了反对，第二种要求所提出的问题必须加紧解决，因为如同制宪议会和立法议会一样，国民公会认为，废除收成分配前首先扣除什一税和支付领主权制度的收益自然归地主所有，而佃户却相反认为，今后的分成应以全部收成统一计算。热尔州已出现了骚乱；骚乱被镇压后，资产阶级保住了它从废除领主权和什一税中获得的全部利益。特别值得注意的是，罗伯斯庇尔分子一方面想到了赤贫农民，另方面却对赤贫农民的愿望置之不理。这大概同他们对自由经济的依恋有一定关系。他们也许像讨厌限价那样讨厌限制地产。但他们并不要求废止 1793 年 4 月 24 日法令；根据这项法令，村庄不得集体购买国有产业，而私人间合伙购买则完全允许。他们对乡村的实际情形了解不多。至于为公共利益需要
412 而征购和均分大地产，这类建议任何人都从未提出过。革命没收私有财产的起因始终是为了惩罚卖国贼和叛乱者。总而言之，无论罗伯斯庇尔分子或忿激派和埃贝尔分子都没有一项足以使农民群众动心的土地政策。在城市里，罗伯斯庇尔分子一方面听任放宽限价，另方面又不向无产者提供任何生活保障，无产者既不能组织工会，又没有罢工的权利。山岳派假如关心工人运动，他们当然

会废止勒霞不列法。但他们至少仍试图履行制宪议会许下的诺言。花月二十二日(1794 年 5 月 11 日)法律把救济事业交给国家经营,并发起“全国济贫募捐”。这项法律规定医生免费出诊,发放养老金和多子女家庭津贴,从而为今天实行的“社会保险”奠定了基本原则。霜月二十九日(1793 年 12 月 19 日)法律下令开办世俗的、免费的和义务的小学。创设科研机构和高级文化机构的工作正在继续进行;但山岳派把改组中学教育的事推迟到以后去做。他们首先需要教育人民,振奋民众精神和加强国民团结:雨月八日(1794 年 1 月 27 日)法令规定,凡在居民不讲法语的地区,一律开设法语课。可惜的是,人力物力都很不足。组织救济和开展平民教育需要很多的时间和金钱。

山岳派不仅重视学校教育,“旬末礼拜”和公民节日都是学校教育的延续。罗伯斯庇尔打算以上帝主宰一切、灵魂不灭和为来世修善等思想为主体,利用各种场合宣传共和主义思想。花月十八日(5 月 7 日)法令规定了公民节,并以法国人民的名义确认了罗伯斯庇尔的主张。这些主张同某些百科全书派的唯物主义和实证哲学显然是对立的,它们反映罗伯斯庇尔的个人信念,并由罗伯斯庇尔实用主义地加以论证,他那今世不幸求来世的思想反映了他对现实生活的悲观。任何人都没有反驳罗伯斯庇尔,但国民公会的许多议员根本不信这套说教,甚至暗中怀疑罗伯斯庇尔企图 413
同天主教徒握手言和。天主节庆典于牧月二十日(6 月 8 日)在大卫主持下举行,当时任国民公会主席的罗伯斯庇尔以新宗教的教皇身份出现,这个庆典在形式上同圣体瞻礼的游行几乎完全一致,人们因此得出结论,破除基督信仰运动即将结束。把新的偶像崇

拜同天主教混为一谈无疑是荒谬的;假如不采用这种办法,精神至上的宣传便不足以争取乡村的无产者。归根到底,革命政府不但没有满足其创始人——城市无套裤汉——的愿望,反而在无套裤汉深感失望后,对他们进行了镇压;这个政府当然更谈不上去满足乡村无产者的愿望了。

经济形势在夏季更加恶化。即使在博斯、利马涅、佛兰德滨海州等土地肥沃的地区,也开始出现缺粮。当时,脱粒打场的唯一工具是连枷,加上劳力不足,新麦上市还可能拖很长一段时间。此外,由于收成不好,从长远来看希望也很暗淡。救国委员会为保证土地的耕种作出了很大努力,并让地方当局必要时动员市镇劳力提供帮助。国民公会为扩大耕地,下令填池干塘,拔除花卉,改播粮食。人们利用《种植者需知》积极进行宣传,试图改良耕作方法和扩大土豆消费。当局有时甚至制止农民放弃粮食种植而改种非限价作物或改营畜牧。对饥荒的恐惧给政府助了一臂之力。但情况仍不十分美妙。由于缺少车辆、农具和劳力,也由于战争的破坏,相当部分土地仍被荒废或耕作不善。再加上天气失常,人们可以预见共和三年将是一个荒年。通货膨胀虽然有所缓和,但仍在继续,指券再次贬值:在塞纳州,指券在雾月已降到面值的百分之三十四。

革命政府争取到一年时间,战胜了外敌;如今它又面临被经济危机拖垮的危险。由于和平的前景依旧遥远,为了保住革命制度,政府只得让恐怖统治继续维持下去。

十一、恐怖统治 414

我们一开始就已经指出,革命者的心理状态是面对“贵族阴谋”而出现的惩罚决心和自卫反应的结合:根据不同的环境和不同的个人性格,两种因素既不可分割,又交替起着主导作用,从而产生出千变万化的表现形式。镇压行动早在1789年7月已经出现,巴黎各区的常设委员会开始满足于进行秘密监视和调查;但在少数情况下,也有过愤怒的群众随便杀人的事。当局即使动员治安部队,也往往不足以避免此类现象的发生。必须认真破获阴谋,迅速而严厉地惩办阴谋分子,以平民愤。历届议会均设置了调查委员会或公安委员会,并把“危害民族”的罪犯解送专门法庭审判:最初的沙特累审判庭、后来的高等法院和最后的1792年8月17日法庭。在这第一阶段,镇压尚未走上正轨。由于资产阶级对威胁 415
个人安全的临时处置感到厌恶,往往危险刚过去,镇压便停顿下来,惩罚也就敷衍了事;但一旦发生地方事件,平民又故态复萌,随意处决犯人。这类不经审判就地处决的事件随着战争和外国入侵而日益增多,并以巴黎的九月大屠杀而达到顶点。吉伦特派不但不加强政府的镇压行动,反而取消了高等法院和8月17日的革命法庭,把政治犯的审判纳入一般法庭的职权范围之内。

1793年的危机再次提出了实行恐怖统治的问题,平民的惩罚决心和自卫反应的结合使革命政府得以产生,并使革命政府的领导人和拥护者头脑发热。九月大屠杀差一点把他们自己搞垮;他们决不容许屠杀事件的重演,于是便着手组织恐怖统治。镇压的

第二阶段从此开始。最初，于3月21日建立的监视委员会掌握着逮捕嫌疑犯的权力，在9月17日法律通过后，这些组织在公安委员会的怂恿下为所欲为。控告的理由一经提出，由国民公会任命的革命法庭(3月10日成立，9月5日改组)立即就开庭审判。各州刑事法庭也以同样的革命手段对某些罪行进行审判。最后，在内战横行的地区，军事特派员更直接主持审判。总之，审判程序被简化了，陪审团已不再存在，法官代行陪审团的职责，判决后不得上诉。此外，国民公会还规定，对于在逃犯人、叛乱分子、流亡者和被流放的神甫，凡在共和国的国土上抓获，一经验明正身，即可处以极刑。

实际上，政府部分地失去了对镇压的控制。由于时间紧迫，镇压大权被下放给地方当局：地方委员会的成员熟悉当地情况，只有他们才能更好地执行权力。离心倾向在原则上受到国民公会特派代表的遏制。在几个月内，权力主要集中在地区一级。革命委员会在许多市镇或者徒具空名，或者根本不存在。在乡村中，特派代
416 表很难找到可靠和能干的行政机关，往往让县区两级的革命委员会，或者让当地革命者自发成立的救国委员会充当政治警察机构。大权在握的特派代表随心所欲地主持恐怖统治：他们同地方的恐怖分子有时合作，有时对抗。这种变化无常的状况造成了镇压的扩大化，镇压的严厉程度也极不平衡。

当时的所谓嫌疑犯并非指那些可能犯有某种罪行，但对犯罪时的特定环境尚需经过查究对证加以澄清的人，而是指那些由于其思想观点，甚至由于其模糊不清的冷淡态度被认为可能犯罪的人。在普通司法程序下，由于调查十分细致和处理需要时间，很少

有武断的危险和搞错的可能，这些危险和可能如今都大大增加了。尤其，如果动辄对嫌疑犯提起公诉，武断的危险就变得更大和更加严重。当询问犯人的历史时，人们把犯人原本无可指责的言行——如赞同八千人和二万人的请愿书——和在法律上符合宪法的言行——如反对 8 月 10 日事件或 6 月 2 日事件——统统当作嫌疑记录下来，尽管这些所谓的“福扬派”和“联邦主义者”事后再没有任何反对革命的事可被指责，许多人却因此坐牢，甚至被送上断头台。

此外，“贵族阴谋”不再是恐怖统治的唯一对象。在经济危机
及其社会后果日趋严重的情况下，藏匿钱财、资金外流、逃避限价
以及拒收指券如今都可被指控为“人民公敌”。恐怖统治已成为经
济统制的支柱，无套裤汉指望依靠恐怖保障自己的生存。虽然经
济犯罪分子并不全都解交特别刑事法庭审判，但他们往往作为嫌
疑犯被拘押；如果他们的政治观点和外界环境恰好使人认定他们
怀有反革命企图，他们就有被砍头的危险。同其他因素相比，破除
基督信仰运动对普及恐怖统治起了更大的推动作用：过去的修士、
宣誓忠于宪法的神甫、虔诚的教徒统统被当作危险分子或罪犯对
待。恐怖镇压无疑是有效的，许多敌人或者被消灭，或者不敢和不 417
能乱说乱动；但它毕竟打击面过宽，使许多虽然因不同的理由反对
革命政府，但准备采取逆来顺受态度或至少不想搞阴谋活动或武
装暴动的人备受惊吓和感到愤慨。

但是，由于恐怖统治的执行者拥有较大的机动余地，恐怖的严酷程度往往取决于执行者的个性和外界的形势。从一开始，群众的惩罚行动中便夹杂着公报私仇的成分；某些人的专擅弄权有时

使惩罚无端加重，或者使早已平定的事端出现反复。另方面，容忍、友谊和宽宏也往往使镇压措施趋向缓和，国民公会的许多特派代表满足于杀鸡吓猴或只关不杀。各级救国委员会的特派员在镇压问题上的态度也各不相同：在圣波尔县，一名特派员仅在弗雷旺一个区就逮捕了一百四十一人，而其他区的特派员一般只逮捕二至三人，甚至一人。相比之下，外界形势所起的影响要大得多；某些特派代表不完全出于个人的性格，而更多地根据敌人的危险程度，独自决定建立革命法庭或人民法庭，并把巴黎的革命法庭撇在一边，加速处决嫌疑犯。人们注意到，几次搜捕嫌疑犯同局势都有一定的关系：1793 年 8 月的搜捕行动发生在国难当头和大举征兵的时期；秋季大逮捕发生在恐怖统治刚被提上日程的时候；风月大逮捕发生在战事刚开始的时候。格里尔关于死刑判决的统计更突出地表明了环境所起的作用：在所有的死刑判决中，两个内战地区占百分之七十一，其中东南地区占百分之十九，西部地区占百分之五十二，而巴黎则仅占总数的百分之十五。从判刑理由去分析，人们也得出相同的结论：在处死的犯人总数中，百分之七十二属于叛乱罪。相反，有六个州没有死刑判决，三十一个州处死的犯人不到十人，十四个州低于二十五人。

当然，数字本身的比例更能说明镇压对舆论的影响。格里尔的统计可惜只涉及死刑判决：总数约在一万七千人左右。死于恐
418 怖统治的人数实际要高得多。即使两军交战中死去的叛乱分子不计在内，这里至少应加上未经审判而被处死的人：有的是仅凭一纸命令而被直接处死的，例如在南特和在土伦就有这种情况；有的是在战场上、在追捕过程中或在搜查中不肯放下武器而被打死的。

此外,监狱的恶劣生活条件使犯人的死亡率很高。这类死亡不可能作出确切的统计,格里尔认为总数约在三万五千至四万人之间。我们还知道,流亡者、被流放的神甫和已决犯的财产已经被没收,流亡者亲戚的财产已经被封存,甚至应由流亡者继承的遗产也被提前扣除。关于嫌疑犯的人数,圣波尔一个县共关押一千四百六十人,估计全国约有三十万,这个数字是可信的。不言而喻,生活在大革命时代的人对他们经历的恐怖永远不能忘怀,他们的怨恨也传给了他们的后代。

但是,格里尔的统计之所以重要,还因为它证实了恐怖统治的性质。正是在反革命分子拿起武器和公开进行叛乱的地区,恐怖以最疯狂的形式盛行。尽管少数人的轻率处事造成了镇压的扩大化,但直到革命胜利前,恐怖统治始终保留了它原有的性质,这是对“贵族阴谋”的惩罚行动和自卫反应相结合的产物。有人也许会反驳说,在被处死的名单中,百分之八十五属于第三等级,即是资产者、手工业者和农民,而教士仅占百分之六点五,贵族占百分之八点五。但我们应该理解,在这样一场斗争中,背叛者比原来的敌人更难得到宽恕。

以上种种在某种程度上只是恐怖统治的外在表现。如果我们注意到,同革命政府相结合的恐怖统治在赋予革命政府以“强制权”的同时恢复了国家的权威,并能强迫国民为救国作出必要的牺牲,那么恐怖统治便以另一种面目出现在我们的面前。虽然大多数法国人要求革命,反对外国干涉,他们的公民意识毕竟尚不能克制利己主义和处处服从纪律。恐怖统治采用了强迫手段,从而大大推动他们养成一致对外的习惯和发扬团结对敌的精神。山岳派

无疑赞同无套裤汉的惩罚决心，但从这个观点看，恐怖统治毕竟是
419 治理国家的一种手段，其目的是强迫全民族服从这个政府，无套裤汉自己也不能例外。这也许就是恐怖统治的实质。

随着救国委员会专政的确立，恐怖统治表现了第三方面的性质。一些山岳派指责它过于严酷，一些无套裤汉则抱怨它不够有力。恐怖统治的矛头开始转向其创立者。风月和芽月的事变标志着它进入一个新的历史阶段；恐怖统治的目的转而变成维护盘踞在救国委员会中的作为革命专政化身的少数人的政权。

然而，即使在第三阶段，恐怖统治的原有性质依旧存在。中央集权更进了一步。公安委员会要求对逮捕人犯提出罪状；救国委员会派人作了一些实地调查：茹连·德·巴利被派往南特和波尔多；德马约被派往奥尔良耐；卡里埃、巴拉斯和弗雷隆、富歇、塔里安等最著名的恐怖主义者陆续回到了巴黎。芽月二十七日（1794年4月16日）法令决定取消州革命法庭，到了花月十九日（5月8日），这项法令在几乎所有的外省已被执行。不久，局势再次要求采取非常措施。在诺尔州，战事进展不利：朗德兰西于花月十日投降，康布雷已处在敌军威胁之下。匆匆赶到当地主持军务的圣茹斯特和勒巴斯召请勒蓬从阿拉斯革命法庭中抽调部分人员来到该城，康布雷的革命法庭直到穑月二十二日（7月10日）方告结束。在普罗旺斯，梅尼埃指出不可能把几千名犯人解送巴黎，救国委员会于花月二十一日（5月10日）建立了奥伦吉人民法庭，该法庭至雾月九日仍在行使职权。另方面，救国委员会和公安委员会互相争夺对镇压的领导权。为了集中权力，救国委员会必须把镇压大权从公安委员会那里夺走，因而于花月末建立了警察总局。公安

委员会不肯让步。革命政府内部从此出现了裂痕。这将加速革命政府的崩溃。

恐怖只是一种统治手段,救国委员会在胜利条件下本应保持清醒的头脑。所有的独裁制度都采用恐怖方法。其他的制度在战时或遇暴乱时也采用这种方法,但是,政治家们必定注意以往的先例,既要保证大多数人的服从,又不使他们陷于绝望。一些迹象表明,救国委员会中某些人已觉察到其中的危险。罗伯斯庇尔曾因 420
一些议员反对 6 月 2 日事件而把他们逮捕审判。由于兰代的反对,避免了对“联邦主义者”的全面迫害。抵制破除基督信仰运动和召回主要的恐怖主义分子也是为了同一个目的。雪月五日(1793 年 12 月 25 日),救国委员会曾商定要“完善”革命法庭。这是否意味着将明确限制必须镇压的罪行,扩大对辩护的保障和复查已捕的人犯呢?事情完全不是如此。环境再次作为重要的砝码左右着人们的立场。直到 6 月底,战争仍胜败未决,要求人们勉力作最后的拼搏,松劲的时刻尚未到来。因此,国民公会于芽月二十七日通过法令,将贵族和外国人驱逐出巴黎和各个设防城市。救国委员会在迫害宽容派和极端派的同时,并不打算对反革命分子手下留情。它同无套裤汉一样狂热地主张惩罚,不愿被人抓住把柄而受到背叛的指控。巴黎在花月期间出现了几次轰动一时的审判案。一些议员因 1789 年时立场不稳而被交付审判,对包括拉瓦锡在内的原包税人的审判,对伊丽莎白夫人的审判,这些审判无不表明,恐怖统治在保持其原有性质的同时,已不再是单纯的统治手段。贵族阴谋这个概念已广泛地应用于被控反对政府的所有人。不顾真正的司法程序把不同案件和互不相识的被告“混杂”在同一

案件中判决的现象日益增多，这些被告除“阴谋反对法国人民”这个罪名以外，在言行方面竟毫无共同之处。随着暗杀开始威胁着革命领袖的个人安全，恐怖主义的精神状态被进一步激化。恐怖镇压在程序上确实发生了变化，但只是变得更加简单而已。

牧月一日(5 月 20 日)，一个名叫亚德米拉的人用手枪行刺科洛·德布瓦，但未击中。四日晚间，赛西尔·雷诺一再要求见罗伯斯庇尔，遭到了逮捕；她拒绝透露求见的意图，但声称对反法同盟的胜利坚信不疑。就在当天，巴雷尔揭发亚德米拉是皮特收买的旨在反对共和国的阴谋分子。七日(5 月 26 日)，国民公会通过法令，决定对英国和汉诺威士兵格杀勿论，这项史无前例的法令虽然
421 不可能被军队所执行，但它反映国民公会的反英情绪达到了何等强烈的程度，勒佩蒂埃和马拉的被刺显然也是促使国民公会议员感情冲动的原因之一。这种感情冲动还表现在救国委员会于六日向正在前线指挥作战的圣茹斯特发出的召唤中：“自由正面临着新的危险；救国委员会需要集中全体成员的智慧和力量。”他们把暗杀事件归结为无法抓到的巴兹男爵主持的阴谋，尽管没有令人信服的证据。在革命者看来，这种暗杀显然是企图在决战前夕瓦解法国的防务。圣茹斯特于十日到达巴黎。他同一些人进行了秘密会晤，其内容我们一无所知。定于二十日举行的天主节庆典的筹备工作使会晤的成果未能立刻表现出来。圣茹斯特于牧月二十二日(6 月 10 日)终于露面。库通提出了著名的大恐怖法案，法案的原稿出自圣茹斯特之手。主持会议的罗伯斯庇尔上台作了演说，争取国民公会通过法案。后来，救国委员会一些成员在反对派的威胁下，推托法案事先没有征询救国委员会的意见，声称它是由已

被处死的几名成员一手炮制的,这种托词并不能使热月党人信服。但可以肯定的是,这项法案的确没有征求公安委员会的意见,公安委员会并因此怀恨在心。

根据牧月二十二日法律的规定,开庭前的预审一概取消,法庭可自行决定是否听取证人的证词,被告不得请律师帮助辩护,从而使辩护的法律保障彻底破产。此外,法庭除宣布释放和判处死刑外,别无选择余地。既然恐怖统治被认为是政府为保卫革命而使用的工具,它就不需要采取以上措施去加强它。库通曾经说过:“问题不在于采用杀鸡吓猴的办法,而是要把暴君周围的保护人斩尽杀绝。”这种无视政治家风度、彻底陷入镇压狂热的言论是在个人面临被刺威胁时发出的胡言乱语。此外,在国民公会中,牧月二十二日法律使议员们的担忧心情达到了顶点:反对救国委员会的议员指出,这条法律的实质是准许救国委员会不需通知议会就对议员提起公诉。第二天,罗伯斯庇尔好不容易才排除了这种指控,但怀疑仍然存在。由此得出的结论是:救国委员会加强恐怖统治的目的是为了维持自己的政权,这种性质在处死埃贝尔和丹东后已隐约可见,如今则暴露无遗了。

牧月二十二日法律造成了“大恐怖”。从二十九日起,被控图
谋暗杀和参与巴兹阴谋的五十三名犯人被依法处死。然而,人们 422
对监狱的关注进一步扩大了恐怖的影响。就其本身而言,事情并不新鲜:犯人发生暴乱,自然是贵族阴谋的结果,这在 1789 年 7 月和 1792 年 9 月早已被公认。嫌疑犯的数量众多——巴黎约有八千多人——只是加强了这种恐惧心理。关押制度的松弛足以表明,这种恐惧并非没有根据,牧月的一份报告承认,犯人随时都可

进行暴乱。于是,有人便检举埃贝尔分子和吕西尔·德穆兰有搞暴乱的动向。比赛特尔监狱在6月破获了一起越狱阴谋,三批犯人为此被解送革命法庭。既然人们把牧月的暗杀事件归结为反革命阴谋,整顿监狱被重新提上议事日程也就不足为怪了。但是,库通关于斩尽杀绝的这类话也表明,人们欢迎对奸细进行检举。经救国委员会批准同意,在民事和司法事务委员会主席埃尔曼的主持下,自穑月十九日(7月7日)至雾月八日(7月26日),共有七批犯人从卢森堡、卡尔姆和圣拉扎尔等监狱被提出处决,其中包括安德烈·谢尼埃。大恐怖期间处死的犯人总计达一千三百七十六人,而从1793年3月至牧月二十二日,巴黎处决的犯人不过一千二百五十一人。

成批处决令人触目惊心,镇压手段也增添了恐怖气氛:双轮推车带着犯人在圣安东尼区示众,缓慢地行进到"推倒王位"的栅栏口上,这里新近设置了断头台。刽子手当众行刑,开动断头机,割下犯人的首级,污血四溅,令人不寒而栗。可是,恰巧在这个时候,革命在战场上已稳操胜券,对贵族阴谋的恐惧正在消失,群众的惩罚决心在逐渐缓和,平民的狂热开始下降。

十二、革命的军事胜利
(1794年5月至7月)

有人曾责备救国委员会不该放弃丹东的政策,认为它应试图
423 通过外交途径,用较小的代价求得胜利:它本可以利用反法同盟诸国间的分裂,支持波兰,促使斯堪的纳维亚各国采取行动。格鲁威

尔从哥本哈根,巴特勒米和巴歇从瑞士分别向救国委员会作了报
告;他们认为,普鲁士和奥地利倾向同法国谈判,丹麦大臣伯恩施
托尔夫愿意居中斡旋。救国委员会竟置若罔闻。在国内,谈判可
能使宽容派得到鼓励,同时使国民放松努力:1793 年末,关于和谈
的谣传和关于宽容的主张曾同时出现。在国外,谈判决不能达成
任何结果:普鲁士国王已表示,只有在打败弑君者以后,他才能接
受谈判。对于波兰人,救国委员会仅让巴朗蒂埃把科希秋什科派
来巴黎,但拒绝给予任何资助。它曾酝酿一项同中立国结盟的计
划,并通过格鲁威尔做中间人,推动丹麦和瑞典的团结。它曾准备
出资帮助瑞典建立武装,但它无从取得这笔资金。何况,斯堪的纳
维亚同美国一样,无非想不动干戈地做点生意而已。一旦形势严
重,英国只消作出某些让步,便会使法国的牺牲陷于徒劳。波兰对
法国或许更加有用,但法国哪有帮助波兰的力量?受贵族和国王
操纵的波兰"共和国"也不值得革命者的同情。救国委员会大概还
有它私下的考虑:一旦同普鲁士谈判,就必须牺牲波兰;因此,为诚 424
实起见,它不肯向波兰作出任何许诺。

救国委员会对外交活动虽然不太重视,但它毕竟有一定的对外政策,那就是拉拢中立国和尽可能减少敌人。罗伯斯庇尔以历史传统为例,于雾月二十七日(1793 年 11 月 17 日)提醒小国注意:万一法国失败,它们的独立将随之葬送。他痛斥那些主张搞破除基督信仰运动的人,说他们使共和国在国际舆论中陷于孤立。在那以后,法国恢复了同中立国的贸易往来,中立国船只受到相当的优待。尤其,革命宣传也不再进行。瑞士主要对法国的宣传感到恐慌;因此,罗伯斯庇尔勒令埃罗州停止旨在兼并与巴塞尔相邻

的米卢斯的各项活动。蒙贝里亚尔公国决定并入法国，并采取了相应的行动，国民公会却不予宣布。在苏拉维任法国驻日内瓦代表期间，民主派推翻了日内瓦的寡头政治，救国委员会却不主张占领该城。巴特勒米终于平息了瑞士各州的怀疑，大批经纪人向瑞士各州订货，法国则向瑞士供应它所需要的食盐和其他产品。伯尔尼贵族领袖施泰格尔的活动遭到了苏黎世和巴塞尔两州的抵制，后者坚持同法国自由贸易。在美国，吉伦特派的使者热内联合共和分子反对华盛顿，力图把美国拖入战争。热内在美国的港口武装海盗船只。两国关系濒临破裂的边缘，这对法国特别不利，因为美国是法国唯一可以取得信贷的外国债主。热内被撤职后，不敢再回法国。

救国委员会停止宣传活动，并不仅仅出于谨慎。“被奴役国家”人民的麻木不仁和外国的阴谋唤醒了民族利己主义，使革命初期的世界主义幻想逐渐破灭。人们从商业利益出发对撕毁1786年协定和断绝对英贸易感到由衷的高兴。救国委员会赶紧利用这种情绪，使战争具有“民族的”或“人民的”性质。巴雷尔在他的《卡马尼奥》中不断丑化敌国和煽动民族自豪。罗伯斯庇尔在雅各宾俱乐部大声叫嚷：“我不喜欢英国人。”既然敌国人民不反对他们的
425 政府，革命将像对待敌国政府那样去对待敌国人民。救国委员会于1793年9月通令各军团没收其占领区的全部财物，并将军队消费剩余的全部财物运回法国。帕拉丁地区在冬季受到了残酷的搜括。当进攻即将开始时，救国委员会在每个军团附设了一个专门机构（花月二十四日，即5月13日），该机构于穑月三十日（7月18日）正式开始往法国运送财物，在被占领的国家滥施劫掠。在西班

牙的比利牛斯地区，凡不能被利用的金属熔炼厂均遭到了破坏。革命政府的这些措施为今后热月党人的兼并政策开辟了道路，并使欧洲冲突迟迟不能结束。革命政府的本意与热月党人不同。它清楚地看到国家已疲惫不堪；罗伯斯庇尔曾对吉伦特党人预言，如果斗争旷日持久，“人民将会感到厌倦”。救国委员会担心出现军事独裁，丝毫也不希望把战争继续打下去。卡诺写道：我们要在今年结束战争；否则，“就会死于饥饿和疲劳”。

他命令庇什格律率领北方军团十五万人进攻佛兰德，以夺取依普雷斯并最后到达纽波特。在战线的右侧，阿登军团二万五千人应威胁沙勒罗瓦，摩泽尔军团四万人则向列日挺进。法军仍采用旧制度时的战略，以敌人的要塞为攻击目标，采用平行的线状队形包抄科布尔战线的两侧，企图迫使敌军后退，而不集中兵力攻打沙勒罗瓦，切断敌军退路，最后加以歼灭。共和国军队集中了三分之二的兵力在左翼，使敌军掌握了作战的主动权，因为战线中央一旦被敌军突破，指向巴黎的道路便畅通无阻。根据马克的建议，奥军在夺取朗德兰西后，在卡托河附近击溃了法军。但是，科布尔却把进攻指向利尔，他的部队于花月二十九日(5月18日)被庇什格律在图尔昆击退。在此期间，圣茹斯特终于使右翼的包抄行动变成一场真正的猛攻：阿登军团逐渐增加到五万人；他曾四次率领阿登军团回攻沙勒罗瓦，但均未成功。

如同1793年时那样，普鲁士军队的驻足不前决定了战役的命运。茹尔丹率领摩泽尔军团一部顺利地朝阿登省推进，在追击博里厄过程中，又转而朝迪南方向进军。救国委员会决定将茹尔丹部同阿登军团合并，这支拥有九万人的部队不久便成为著名的“桑 426

布尔和默兹集团军”。在一次进攻失利后，茹尔丹终于迫使沙勒罗瓦的敌军投降。这时候，庇什格律正夺取依普雷。两翼包抄的传统战路通过种种摸索取得了成功：科布尔开始向后撤军。但现在，从沙勒罗瓦堵住科布尔的后路已为时过晚。科布尔看到了这个危险，于穑月八日率军在弗勒留斯平原向据守沙勒罗瓦城的茹尔丹进攻；进攻虽然被击退，科布尔却因此平安地撤出了比利时。庇什格律和茹尔丹在布鲁塞尔会师；卡诺当时提出了一个令人不可思议的建议，主张抽调茹尔丹部的主力沿海岸向泽兰发动进攻，由于罗伯斯庇尔和圣茹斯特的反对，这项建议才被否决。

反法同盟军已兵分两路，奥军朝亚琛方向撤退，英国和汉诺威联军朝莱茵河下游发展。法国军队也如法炮制，由茹尔丹尾追奥军，庇什格律紧随英国和汉诺威联军，两支部队于雾月九日(7月27日)同时进入了列日和安特卫普。接着，法军暂停前进，以巩固在比利时的基地，并在后方收复诺尔州的各个要塞。茹尔丹于9月再次发动进攻，在乌尔特河和罗埃河一线击败博里厄后，随即抵达莱茵河。正在那时，普军回师威斯特伐利亚；莱茵军团和摩泽尔军团趁势前进，并封锁了美因兹。庇什格律等待河流冰冻后再进入荷兰。他于12月和1月不费一枪一弹占领了荷兰，英军已退至汉诺威。

在东比利牛斯地区，杜戈米埃在攻克布洛兵营后，于花月十二日(5月1日)重新拿下被占要塞并入侵加塔洛尼亚。在西线，蒙赛避开正面，从侧翼驱散敌军，分别于热月六日和七日(7月24日和25日)占领了丰塔拉比和圣塞巴斯蒂尔。入侵意大利一度已近在眼前。现已担任旅长的波拿巴通过罗伯斯庇尔两兄弟促使卡诺接受了他的计划。但在雾月九日后,卡诺又回到了他原来的打算,即加强杜戈米埃的兵力。西班牙军队在9月的黑山战役中惨遭大败。菲格尔宣布投降。杜戈米埃阵亡后,由佩里贡接任,后者率军包围并攻克了罗扎斯。

海战的情况不同于陆战。在西班牙和那不勒斯的协助下,英军控制着地中海,先迫使托斯卡纳和热那亚就范,后同帕奥利勾结,征服了科西嘉全岛。然而,在大西洋方面,共和舰队仍能开出 427
港口。牧月初,一支满载粮食的船队自美国开来,豪厄企图拦截,维拉雷—儒瓦依厄士从布雷斯特出海迎战(5月28日、29日和6月1日)。法方损失较重,"复仇者"号在海战中被击沉,但豪厄主动撤离了战场,使船队得以逃脱。

在殖民地方面,英国占领了法国在印度的商行以及圣比埃尔和米克隆岛,但置塞内加尔于不顾,也并未染指马斯卡林群岛。双方的争夺集中在安的列斯群岛。制宪议会于1791年9月24日解散前夕,曾经重申有色人种的地位问题委托殖民地议会解决,对维护奴隶制没有提出异议。但是,特派员们既不能恢复秩序,又未能压服起义的黑人。吉伦特派于1792年3月28日承认了有色人种和自由黑人的公民地位,并改派了一批新的特派员,其中最著名的是松都纳克斯。当特派员到达海地时,8月10日事件的消息把白人推到了反革命的一边。立法议会的代表以混血儿为依靠对象,而埃斯帕佩斯和加尔博等将领则偏向对立方面。内战导致了太子港和法兰西角的被破坏。英国同当地殖民主勾结,并在伦敦同殖民主派出的使者马鲁埃和杜比克(马提尼克人)进行了会谈。英军开始占领各港口,松都纳克斯勉强同意给帮助驱逐外国军队的黑

人以自由。随后,国民公会于共和二年雨月十六日(1794 年 2 月 4 日)无条件废除了奴隶制。这项法令在除瓜得罗普外的向风群岛和马斯卡林群岛均未得到执行,前者因已被英军占领,后者因被当地种植园主宣布无效。但在圣多明各,法令产生了共和分子预期的效果。最杰出的黑人领袖杜山一路维都尔在同西班牙闹翻后,投诚了拉伏将军;其他黑人领袖纷纷以杜山为榜样,到了 1795 年底,法国夺回了全部失地。在向风群岛中,法国只剩下由维克多·雨盖收复的瓜德罗普;果阿朗一度收复了圣卢西亚岛,但于 1796 年经长期抵抗后重新失守。雨盖不给英军任何安宁;他虽未夺回
428 马提尼克,但给敌国贸易造成了重大损失。

尽管英国占着优势,法国仍未认输。为了使海上霸主不能为所欲为,法国必须首先重建大陆和平。这在当时却是不可能的:普鲁士和西班牙将接受谈判;尼德兰拥有丰富的资源,法国通过尼德兰同汉堡和波罗的海地区恢复了贸易;共和国本可以推迟金融和经济的崩溃,并以最后的努力迫使奥地利接受和平,从而取得军事胜利。但要达到这个目的,法国的革命骨干必须依然存在。

十三、热月九日事变(1794 年 7 月 27 日)

法国绝大多数国民反对革命。除了那些从 1789 年起就对抗第三等级的人,或那些因利害关系、个人好恶、留恋国王和忠于教会而逐渐转到反革命一边的人以外,即使那些原则上忠于革命的人也因渴望恢复兴业自由和谋利自由而对国内混乱感到厌倦和希望和平。人数达百万之众的雅各宾分子内部也出现了意见分歧:

手工业者和店铺主想方设法要躲开最高限价;至于无套裤汉,他们对救国委员会的统治感到失望和不满,责备救国委员会竟然逮捕他们的领袖;工场里怨言颇多,各种事件层出不穷。在国民公会方面,由资产者选出的议员们希望停止经济统制,恢复资产阶级的政治权威和社会权威。他们不能容忍山岳党人利用群众压力架空议会或迫使议会就范:牧月法律发布后,谣传将进行新的清洗,议员 429
们胆战心惊,朝不保夕。山岳党如今已同无套裤汉闹翻,国民公会觉得东山再起的时机已到。当革命处境危急时,各个派别需要以国防大局为重,不得不对自己的野心有所克制。现在,军事胜利解除了各派的顾虑,派别斗争便变得肆无忌惮。在那些长期明哲保身、躲避危险的人中间,有谁不认为自己理应进入救国委员会和摘取革命果实呢?

那些对革命政府切齿痛恨的人首先把矛头指向了罗伯斯庇尔。这也十分自然,因为正是罗伯斯庇尔在国民公会和雅各宾俱乐部勇敢地和富有远见地为各委员会的政策进行辩护。推崇最高主宰和发布牧月法律便是最后的证明。由于牧月法律是维护现有领导人当政的一个手段,种种罪名便栽在罗伯斯庇尔的头上,似乎罗伯斯庇尔真的想搞个人独裁。其实,罗伯斯庇尔在救国委员会并不享有任何特权;他是进入救国委员会的最后一名委员,既未推荐其他人担任委员,又不主持该委员会的会议,他必须先取得其他委员的同意才能采取行动。当然,他的声望无疑在上升;他有雄辩的口才;坚持原则,决不调和,从而赢得“铁面无私”的美名;对卖国贼处置严厉,决不手软;性格多疑,以致把反对派与卖国贼相混同。这一切使他甚至在雅各宾俱乐部也受到“独断专行”的指责。

由于不再有独立的报刊和选举，所有的决策都由国民公会作出，而国民公会则按月延长各委员会的权力。但是，在没有政党组织的情况下，国民公会的每名议员都感到孤立和为自己担心。谁敢以专横的罪名去赶走和取缔各委员会呢？在派往外地执行使命后回来的国民公会代表中，不少人对各委员会怀有怨恨；那些被召回的主持恐怖镇压的人更认为自身也面临威胁，他们到处活动，拼命拉拢其他议员，其中最突出的有塔里安和富歇。塔里安因其情妇卡瓦鲁斯不久前被捕需要他营救，人们往往认为他是热月九日事变的策动者；而事变的真正策动者还是富歇，他的活动更要聪明得多。当然，单靠他们二人，事变也不会成功。平原派并不喜欢主持恐怖镇压的那批议员，因为其中不少人品德低下，不值得受他人
430 的尊敬。随后的事实将证明这一点。他们的行动之所以成功，这是因为各委员会的部分领导人充当了他们的同谋：分裂使各委员会把自己葬送，而使国民公会重新获得了主宰一切的大权。

公安委员会对救国委员会心怀嫉妒，在牧月法律发布后，双方的冲突更加尖锐。中央集权的倾向对独掌财政委员会和国库大权的康蓬也是个威胁。仇恨又一次集中到罗伯斯庇尔身上。毫无疑问，罗伯斯庇尔和圣茹斯特确实想到，组织一个清一色的中央政权将能促进革命政府的团结，并将进一步加强中央集权。公安委员会的许多成员仍有埃贝尔主义的倾向；反对破除基督信仰运动和推行对最高主宰的信仰使他们感到愤慨。他们对罗伯斯庇尔的个人作风也感到不满，而这种个人作风又偏偏使罗伯斯庇尔在革命小资产阶级中深得人心，因为小资产阶级把罗伯斯庇尔看作是他们的化身。虽有才能而无财产的罗伯斯庇尔住在圣奥诺兰街一位

名叫杜普莱的木匠家里,过着俭朴的生活。民主派的这位创始人同下层百姓亲切相处,但注重外表修饰,讨厌无套裤汉那种衣着不整,大吵大嚷和标新立异的作风。

假如救国委员会本身尚能保持团结,它或许会占有优势:平原派不会追随公安委员会或搞恐怖镇压的那一伙人。可是,救国委员会也发生了分裂,多数委员也反对罗伯斯庇尔,忠于他的只剩下库通和圣茹斯特二人。比约反对罗伯斯庇尔是因为后者迟迟不肯抛弃丹东;科洛·德布瓦曾与富歇在里昂同舟共济,他反对罗伯斯庇尔并不令人奇怪。比约和科洛二人同公安委员会进行了串联。至于救国委员会的其他成员,马恩的普里厄、让蓬·圣安德烈正在外地巡视,与事无关。惯于见风使舵的巴雷尔拖到最后才表明态度。余下的兰代、卡诺和科多尔的普里厄三人,同巴雷尔一样,都属于为拯救革命而投靠山岳派的那部分平原派,他们仍抱住资产阶级的保守思想不放,始终认为经济统制只是临时的应急措施,共和二年民主政治的社会政策至少应予修改,他们对风月法令肯定非常反感。兰代对热月九日事变始终冷眼旁观,科多尔的普里厄仅起帮手的作用,真正发难的人是卡诺。发难的原因除了社会观 431
点的分歧外,无疑还有在极端个人主义刺激下产生的个人恩怨。罗伯斯庇尔和圣茹斯特虽然能干正直,却未免太独断专行。卡诺对他们寸步不让地批评他提出的各项计划尤其感到恼火。他们被工作搞得疲惫不堪,在危险面前又精神高度紧张,往往难以控制自己。罗伯斯庇尔随着身体的衰弱,便好发脾气,轻易不肯饶人。他在私下表现得和蔼可亲,但在公开场合却显得冷淡隔膜,从不微露笑容。争吵便接连不断地发生。

当时有个名叫卡特琳娜·苔奥的老年妇女，自称是“上帝之母”，广收门徒。瓦蒂埃于牧月末借题发挥，耻笑最高主宰及其教主。罗伯斯庇尔反对立案开审，经过大吵一场后，取得了胜利；此后不久，他便不再出席救国委员会的会议。在整个穑月，他始终一言不发，长时间的沉默只能便于敌人进行宣传和加强配合。到了热月初，反对派曾试图填平相互间的沟壑；圣茹斯特和库通也有这种意向，但罗伯斯庇尔却认为反对派没有诚意，要求国民公会作出最后裁决。热月八日（7 月 26 日），罗伯斯庇尔要求实现“政府的团结”，同时又揭露有人反对他。议会投票同意将他的演说印发各市镇当局。当议会要他说出对方的姓名时，罗伯斯庇尔却予以拒绝；这一软弱表现导致了罗伯斯庇尔的垮台，因为人们由此得出的结论是罗伯斯庇尔想取得任意处置权。平原派开始不听号令了，业已通过的决定被推迟执行。可是，当罗伯斯庇尔和圣茹斯特进行反扑时，平原派是否会像以往那样屈膝投降呢？为了避免自己受害，反对派决心先下手为强。他们估计公社或许会号召巴黎各区拿起武器，巧妙地制订了应变的策略，因而让同谋的议员扮演主角。当国民公会于热月九日（7 月 27 日）正午开会时，他们阻止圣茹斯特和罗伯斯庇尔二人发言。在乱哄哄的一片嘈杂声中，各委员会一致决定撤销昂里奥国民卫队司令的职务，下令逮捕革命法庭庭长迪马。接着，一名隐秘的丹东分子提议对罗伯斯庇尔兄弟二人、圣茹斯特和库通起诉论罪，这个提议获得了各委员会的赞同，勒巴斯挺身而出，自愿同以上四人一起受审。到下午三时，事变的全过程已告结束。

432 公社宣布随时准备起义。昂里奥到处活动，企图解救他的朋友,却愚蠢地反而被人抓获。国民卫队仅有两名区队指挥响应了他发出的号召。因此,国民公会的权威仍占了上风,而罗伯斯庇尔分子这时才意识到镇压埃贝尔分子和分散革命力量造成了多大的危害。然而,在七时左右,约有三千群众带着三十多门大炮来到格雷夫广场集合。这支人多势众的武装力量群龙无首。在科菲纳尔的率领下,人们前往国民公会援救昂里奥,但因犯人已被关进监狱,便中途折回,没有去解散国民公会。深感后怕的国民公会于是宣布,对在押犯人和起义分子将依法严惩不贷。巴黎各区和各雅各宾俱乐部惊惶失措,议而不决。群众虽然救出了被捕的议员,而且后者也于晚九时至凌晨一时陆续来封了市政厅,但他们当中无人站出来领导起义。他们并不否认起义的必要性,大概他们认为起义也不是出路。他们历来声称自己以国民代表的名义执掌政权,而面临的矛盾使他们无所作为,听天由命。在放任自流的情况下,无套裤汉陆续离去,到凌晨一时,广场已空无一人。国民公会的武装力量恰在那时赶到。富裕居民区的国民卫队提供了一支分队,由旧军官巴拉斯指挥,后者作为热月党人的救星从此官运亨通。据米希勒说,格拉维利埃区由于不忘雅克·鲁的旧情,同时也派来了一队人。勒巴斯在绝望中自杀;罗伯斯庇尔对自己开了一枪,仅伤及下颚。国民公会的部队未用一枪一弹就进入了市政厅,把留在那里的人统统逮捕。接着,在整个巴黎开始对公社和雅各宾俱乐部的支持者进行大搜捕。

热月十日晚间(7 月 28 日),罗伯斯庇尔、圣茹斯特、库通、迪马同其他十八人一起在革命广场的断头台引颈受刑。第二天,又有七十一人被杀,这是革命期间处决的最大一批犯人。第三天,又

有十二人被执行死刑。三名逃犯在事后被抓获处决,从而结束了这场屠杀。

在整个法国,曾主持过恐怖镇压的人都被吓了一跳:罗伯斯庇尔居然步埃贝尔和丹东之后尘成了共和国的叛逆!他们大部分都对此难以置信。但绝大多数国民都认为这是对革命政府的致命打击,因而感到满意:他们确实没有看错。

第三章　热月反动和1795年和约 433

热月党人正迫害雅各宾党人，瓦解革命政府。他们打着反对“嗜血凶犯”的旗号推行白色恐怖，破除经济统制和社会民主。资产阶级从此奠定了和巩固了1789年革命赋予他们的统治权，这是热月九日事变的真实本质。在这个意义上，迫害忿激派和科特利埃集团正是热月事变的前奏。可是，由于失去了经济统制作后盾，货币便随即彻底崩溃，共和国丧失了继续作战直至实现全面和平的能力。热月党人自称要重建自由制度，但他们带来的经济破产和战争却只会损害自由制度。

一、革命政府的解体

罗伯斯庇尔的敌人在平原派的帮助下渡过了难关后，仍紧紧抓住政权不放。国民公会决心对雅各宾党和无套裤汉进行必要的
处置，拒不恢复立宪政府；由于特别担心又一次落入圈套，国民公 434
会赶紧把行政权力置于自己的控制之下。从热月十一日（1794年7月29日）起，它通过法令，规定各委员会每月改选四分之一的成员，而且每名委员落选后必须间隔一月才能重新当选。一个月以后，除卡诺一人仍留用一些时候外，曾主持过恐怖统治的人全部被

除名。国民公会的议员们为自己终于能粉墨登场而高兴，接二连三地走马上任。都埃的梅兰和康巴塞雷斯等人从此得势，但当权者已不再享有以往的那种权威。

果月七日（8月24日），救国委员会失去了统辖一切的大权，只管作战和外交事务。行政机构随着实行了清洗，内政和司法的权力移交给了法制委员会。代行各部职权的十二个执行机构分别置于议会的十二个主要委员会的管辖之下。议会再次向外省派遣大批特派代表；如同以往一样，他们任意曲解中央政权的政策。权力的分散使国家陷于无政府状态。

最后，舆论界猛烈向恐怖主义的强制手段开火。热月九日事变的第二天，牧月法律便停止执行。大伤元气的革命法庭暂停了工作。改组后的革命法庭也不再动辄杀人，而以犯人没有反革命动机为借口，给予宽大释放。嫌疑犯陆续获释出狱。监视委员会遭到了猛烈的攻击，从果月七日起，每县只保留一个。革命政府的名义依然存在，但已失去了它的三个主要特征：稳定、集权和强制。

435 平原派对热月反动是否会被反革命所利用自然不无戒心，因而号召全体共和分子团结起来。国民公会决定给予已故的马拉以先贤祠名人的荣誉；彻底实行政教分离，教会事业费于共和二年“无套裤汉二日”（1794年9月18日）正式取消。但从热月末开始，山岳党人和雅各宾派对释放嫌疑犯群起抗议。在马赛，无套裤汉发动暴乱，反对国民公会特派员。共和派的分裂使右派——吉伦特派的余党或自称的吉伦特派——重新抬头，塔里安、弗雷隆、洛万便是右派的最早发言人。报纸也变得多了起来，几乎清一色地持热月党立场。沙龙又重新开张。节日庆典在平等宫举行。卡

瓦鲁斯如今已是塔里安夫人、“热月的圣母”和全巴黎的风流人物。金融家和投机家重新登上被政客们占去的宝座。平原派的共和分子自觉自愿地接受上流社会的感染；他们对道德说教早已听厌，自然愿意开戒取乐。

反动分子不仅要平原派把山岳派的成果全部破坏，而且还要把恐怖的矛头指向雅各宾派和无套裤汉，借以报仇雪恨。果月十二日(8月29日)和共和三年穑月十二日(1794年10月3日)，勒库恩特尔两次指出，各委员会原来的成员关于他们与罗伯斯庇尔意见并不一致的说法纯属谎言，并要求对他们提出控告。平原派却不肯走得那么远：他们过去让各委员会放手去干，现在当然不情愿自己来审判自己。对于那些搞恐怖统治的从犯，平原派的政策只是主张惩罚其中为非作歹、触犯刑律的分子。但外部的压力再次迫使他们改变了决定。

反动分子力图复活地方自治运动，并让“纨袴子弟”结成武装团伙，其中除逃兵外，还有许多在老板的鼓励下来凑热闹的店铺伙计。这帮人在各区发号施令，横行霸道，街上见到爱国分子便棍棒交加，紧追不舍，而警察则旁观怂恿。雅各宾派无力进行抵抗，他们尚不是具有严密纪律的阶级政党；尽管经过多次清洗，俱乐部的成分仍很复杂。何况，人们在俱乐部始终只是发点议论，至于行动，这要在公社、革命委员会、各区、国民卫队的范围内民主地作出决定；而这种政治民主制之所以能够实行，完全是由于政府的软弱和容忍。如今，这些手段已不复存在。国民公会于共和三年穑月 436
二十五日(1794年10月16日)重申制宪议会临解散前发布的禁令，不准各俱乐部互相串联和进行集体请愿，从而使俱乐部陷于瘫

痪。最后，无套裤汉各自要去上工，群众行动只能“偶一为之”，而他们的敌人则随时随地都处于动员状态。

前年冬季，卡里埃曾把一百三十二名南特人解送巴黎革命法庭受审；南特人在开审后均获释放，但法庭的辩论却又涉及卡里埃是否有罪的问题。国民公会在修改了有关议员的诉讼程序后，开始审理这一案件，由此引起的一场风波终于使温和的热月党屈从于新的恐怖分子。弗雷隆为威逼温和派不再犹豫，于雾月二十一日带领一伙“纨袴子弟”冲击圣奥诺兰街的俱乐部，政府趁机封闭该俱乐部。卡里埃被解往革命法庭，后来于霜月二十六日（12月16日）被押送断头台处死。八天前，国民公会刚恢复了在5月31日革命后被捕或被开除的七十八名议员的资格；在这批备受迫害和报仇心切的议员的增援下，右派的攻击更变本加厉。雪月七日（12月27日）成立了一个调查组，负责审理比约、科洛、巴雷尔和瓦蒂埃的案情。调查在不慌不忙地进行中，而武装团伙在街头则大打出手，砸毁马拉的胸像，把他的骨灰从先贤祠迁出；在剧院里，《人民觉醒曲》代替了“嗜血凶犯”的《马赛曲》。反动势力在外省正日益加强；纨袴子弟同回国的流亡者和顽固派神甫相结合，开始采取行动。在南方出现了“耶稣团”和“太阳团”，他们的攻击矛头不仅指向雅各宾派，而且指向国有产业购置者、宪政派神甫和1789年的全体爱国分子。共和三年雨月十四日（1795年2月2日）发生的首次大屠杀标志着白色恐怖在里昂的开始。

既然天主教徒站在反动分子的一边，右派便想改善他们的处境，而西部的局势恰好帮助右派从平原派那里争得一些让步。这是本阶段的最后一个特点。沙列特和斯托弗莱始终控制着旺代地

区的乡村;在热月九日事变发生前,舒安党的活动在卢瓦尔河以北地区有了发展。该地区的政府军司令奥什和属于热月党人的国民
公会特派员一致认为,如果不把教堂还给顽固派神甫,如果不给他 437
们传教的自由,叛乱将永远不能结束。共和三年雨月二十九日(1795年2月17日),同沙列特缔结的拉若内协议获得了国民公会的批准,除同意停战外,还答应把叛军发行的公债当作赔偿战争损失由国家负责偿还。共和国甚至给叛军官兵发饷,并许诺永远不把他们派往边境。后来,同斯托弗莱和舒安党也达成了类似的协议。

从此,怎么能不让其他法国人恢复信仰自由呢?何况,信仰自由在名义上从未被取消过。宪政派神甫不顾地方当局采取什么态度,纷纷在各地恢复做弥撒,顽固派神甫则在暗中举行宗教仪式。国民公会于风月三日(2月21日)根据布瓦西·唐格拉斯的报告,重申宗教庆典不受干扰。但它同时确认政教分离原则:共和国既不给教会盖教堂也不给予任何津贴;祭礼仍严格地限于私人行为,不得在公众场合扬幡,敲钟或穿教服。

妥协毕竟不是长久之计。在旺代地区,奥什预见到,妥协并未解除民众的武装,叛党随时有重开战事的手段。叛党头目也正有这种想法。奥什从截获的信件中证实了科尔马丹男爵的不轨行为,于牧月五日(5月25日)将他逮捕。此外,风月三日法律不能满足天主教徒,他们所希望的是要收回教堂和恢复公开布道。还有,虽然顽固派神甫在西部已重新立足,而针对他们的法律却仍然有效。到了春末,热月党即使对众所周知的王党分子也没有任何要求可拒绝了。一场经济危机又使平民蠢蠢欲动,整个资产阶级

正团结起来对付平民。

二、金融危机、经济危机和白色恐怖

上面已经说到，排斥恐怖分子虽然引人注目，但不是热月反动
438 的实质。城乡大小资产阶级最痛恨的还是经济统制。国民公会也有同样的想法；在终于能够自己做主以后，它又回到了它所念念不忘的经济自由上来。

439 国民公会从雾月开始调整限价和修改实物征集制。随着恐怖的矛头转而指向雅各宾派，限价和实物征集制变得越来越难以执行。反对经济统制的人直接攻击官僚机构、贸易管理委员会和国有化企业，指责它们专权、渎职和浪费。何况，经济统制的推行者不正是应予排斥的恐怖分子吗？春季将发生饥荒；必须使商人和中立国都能任意进口，以便取得粮食和利用藏匿在国外的资本。国民公会根据兰代的报告，同意增设一个由商人组成的理事会协助贸易管理委员会工作，并由佩勒戈出任理事长。但在执行限价的条件下，怎么能做买卖？限价终于在共和三年雪月四日（1794年12月24日）宣布废除。在几个星期内，对外贸易、汇兑业务和铸币交易先后获得了自由，交易所也重新开放。军火制造厂停办了，政府于风月又同朗歇尔和赛尔·比尔等军需商洽谈合同。大资产阶级得到了满足，但没有完全满足。在国内，为了供应市场，征购制度依然执行。新成立的“供应管理委员会”仍以国家名义享有先购权，人们不得不依赖该管理委员会供应物资，因为军需商不能履行合同。

放弃经济统制必然导致一场可怕的灾难。物价暴涨，汇兑下跌，共和国注定要发生通货膨胀和货币破产。在共和三年热月，指券的价值只等于面值的百分之三；农民和商人只接受铸币。共和三年穑月三日（1795年6月21日），国民公会根据发行日期的先后，按“比例级数”降低指券的面值，从而自己把指券搞垮。热月二日（7月20日），它规定地产税和地租的半数必须用实物缴付，接着又恢复了山岳派所取消的开业税和动产税。公职人员的薪金按面包价格指数浮动。货币崩溃造成的冲击非常猛烈，使经济生活几乎停顿下来。工资当然不能跟上价格的上涨，由购买力下降造成的市场紧缩甚至迫使某些企业停产。例如，律特里矿区便停止了开采。 440

饥荒大大加剧了危机。市场征集的做法最初准备仅维持一个月，后不得不延长到穑月一日；农民几乎不把任何东西送往市场出售，以免被迫接受指券。政府继续向巴黎供应粮食，但已不能保证宣布的配给数量。其他城市的供应极端困难，于是又开始向农民登门购买或从外国进口。政府给各城市发一点购粮补贴，还允许他们借款购粮，但不得使用强迫手段。因此，市镇限价变得比共和二年时更加严厉，尽管仍不能保证配给足够的数量。农村零工处于无人雇用的状态，他们的贫困往往达到惊人的地步。不少农民如同往常一样，由于在售粮时收进铸币，交租纳税却付指券，从通货膨胀中获利颇丰。通货膨胀使债权人破产，而使债务人占了便宜。由此带来的空前活跃的投机产生了新富人，养活了一些过花天酒地生活的纨袴子弟，他们的挥霍无度同平民阶级的穷极潦倒形成鲜明的对比。

轻率地恢复经济自由所造成的不可克服的困难使政府陷于极度的衰弱之中。没有财力和物力，政府不能进行有效的统治，危机产生的社会动荡差一点使政府垮台。食物匮乏在初春已使国内民变蜂起。巴黎再次发生骚动；无套裤汉听任热月党人打倒了山岳党，如今却开始怀念共和二年的制度，因为他们没有工作，也没有面包。热月党人指责山岳党挑动无套裤汉铤而走险：国民公会于芽月二日（3 月 22 日）开始讨论关于对救国委员会四名原成员提出指控的问题，并于八日开始审讯富基埃－丹维尔和革命法庭的法官。反动分子声称准备起草新宪法。关于雅各宾派的活动，虽然查无证据，但起义者的口号确实是“要面包和 1793 年宪法！”在
441 贫困和政治骚动的配合下，1789 年和 1793 年的气氛又重新出现。但这一次，从共和分子到旧制度的拥护者的整个资产阶级都团结起来对付平民运动，共和二年的经验使他们懂得了阶级纪律的重要。他们现在还掌握着政权。相反，平民阶级却由于其最年轻和最活跃的成员已经从军而处于组织涣散的状态，因而在芽月十二日（4 月 1 日）的起义行动中，一群乌合之众在冲进国民公会后，很快就被富人街区的国民卫队所驱散。这次行动的结果只是使反动更变本加厉。在十二日至十三日的夜间，国民公会决定把比约、科洛、巴雷尔和瓦蒂埃不经审判放逐到圭亚那；几天后，国民公会又下令逮捕康蓬等二十余名议员；二十一日（4 月 10 日），下令将参与恐怖行动的暴徒解除武装；二十七日任命一个由十一人组成的宪法起草小组。花月十八日（5 月 7 日），富基埃－丹维尔和革命法庭的十四名法官被送上了断头台。

巴雷尔并未被放逐；瓦蒂埃则躲藏了起来，从此销声匿迹；康

蓬跑到了瑞士。平原派犹如惊弓之鸟，再也不敢吱声。但是，随着饥荒的蔓延，民心更加不稳，必须采取对策。部队在实行混合编制和恢复纪律后，已掌握在国家手里，政府认为可以让巴黎西部各区的国民卫队配合军队进行镇压。军队自 1789 年以来第一次开进了巴黎，接受了打击起义平民的任务。牧月事件是具有决定意义的转折点。

牧月的平民起义来势更加凶猛，但仍像芽月十二日起义那样一哄而起。牧月一日（5 月 20 日），群众冲进议会，杀死了议员费罗。政府等着山岳党受到牵连，再着手驱逐群众，结果闹事被轻而易举地镇压下去。牧月二日，群众被当局关于和解的甜言蜜语所说服。军队于三日包围了巴黎市郊圣安东尼区，疲劳和饥饿迫使群众在第二天放下武器。如果要确定革命在哪天最后失败，人们或许应该说是在牧月四日，因为革命的活力正是在那天被扼杀的。

从那天起，白色恐怖大肆猖獗。一次军事审判竟判处三十六人死刑，其中包括六名山岳党人，他们是“牧月的烈士”。牧月五日至十三日，巴黎各区展开了广泛的清洗运动，一千二百人被逮捕，
一千七百人被缴械，巴黎的平民运动从此一蹶不振。国民公会下 442
令逮捕除卡诺和科多尔的普里厄以外的原救国委员会全体委员以及十余名议员。在外省，原奥伦吉委员会的委员和勒蓬等恐怖政策推行者均被处决。许多雅各宾分子被追查和撤职，受虐待和威胁，被迫纷纷出逃。在法国东南部的里昂、隆勒索尼埃、布尔、蒙贝里松、圣艾蒂安、艾克斯、马赛、尼姆和塔拉斯贡等地，雅各宾分子先遭监禁、后遭屠杀。耶稣团和太阳团任意捕杀爱国分子。土伦的无套裤汉拿起了武器，起义失败后，被押送军事法庭受审。

右派始终把对敌严和对己亲巧妙地结合在一起，国民公会决定偿还流亡者和服刑者的财产，赦免联邦主义者，取消革命法庭和公民证。它于牧月十一日（5 月 30 日）决定把教堂交回给教徒。恢复祭礼虽然加快了宗教的复苏，但教会内部的和睦却未能实现。一方面，关于不准公开举行宗教仪式的禁令依然存在；在重新开放的教堂里，法令规定每旬的庆典由宪政派神甫和罗马教神甫共同主持，从而引起教徒间不断的冲突。此外，法令还要求祭礼的主持人必须声明服从法律。宪政派神甫接受了法令，并在格雷古瓦的领导下恢复了教会组织。至于罗马教神甫，一部分跟着原圣苏尔皮斯教堂堂长爱姆里表示服从法律，至于那些拒绝服从法律的教士，他们继续从事地下传教活动。

平原派再次感到惊慌。在里昂恢复秩序后，公安委员会不顾巴黎各区的反对，开始释放雅各宾分子，外省的地方当局也纷纷这样做。但是，对于仍然主张实行共和制的热月党人来说，最可怕的事还是王党不再掩饰他们的希望。在国民公会的议员中，打算同王党结成同盟的人为数不少，他们自然不甘心束手就缚；王党内部在关于作出多大让步的问题上，意见也很不一致。有的主张修订制宪议会制订的各项法令和以路易十七的名义进行统治，有的则坚持恢复旧制度。尚未登基的太子于牧月二十日（6 月 8 日）在丹普尔堡不幸夭折，这对君主立宪派是个打击。普罗旺斯伯爵便在维罗纳自称路易十八，并于 6 月 24 日发表宣言，声称将惩罚革命
443 党和复辟旧制度。温和派别无出路，只得同平原派的热月党分子妥协，企图通过一个双方都能接受的新宪法。他们认为，主张推行君主专制的王党分子如果再次勾结外国挑起内战，将会犯莫大的

错误。而王党中的极端分子确实有这样的企图。巴黎王党的一个联络站于 6 月曾向莱茵军团司令庇什格律进行策反;在弗朗什一孔代和南部地区,王党竭力准备暴动,以迎接外国入侵。舒安党于牧月初又拿起武器,以配合亚多瓦伯爵在泽西设立的联络站的活动和响应英国终于宣布的远征。他们的暴动偏偏选错了时间,因为反法同盟正在瓦解。王党极端分子的冒险举事对革命反而有利。

三、热月党的外交

既然法国同欧洲仍处于战争状态,革命政府的垮台、经济统制的放弃和货币的破产自然给军队带来了灾难性的后果。军队中不断有违抗命令和临阵脱逃的事情发生:在共和二年,逃兵要受追究,到了共和三年,却听任他们回家,参加巴黎各区纨袴子弟的团伙,甚至投靠王党和舒安党。其中许多人当然有各种借口。祖国已不再处于危急之中。战争也似乎暂停进行。而且,在大举征兵命令发布的周年日,年满十八岁的未婚男子不再应征入伍:唯独 1793 年入伍的士兵将无限期地在军队服役。总之,从 3 月起,军队名义上有一百一十万人,而真正在编的只剩四十五万,缺额现象在夏季变得更加严重,因而法军在莱茵前线终于丧失了兵员众多的优势。物资和装备状况也大同小异,军需的制造和运输已交给商人经办,但又不能给商人付账。 444

幸而,军队的混乱没有立即影响战局,热月党仍能占领荷兰以及几乎整个莱茵河左岸地区。正当法国已无力同反法同盟作战时，反法同盟却自行瓦解了。正当法国陷于被迫谋和的绝境时，许多敌对国家也同样急切地希望和平。普鲁士自 1794 年 11 月起开始在巴塞尔同法国谈判；身在巴黎的卡莱蒂伯爵有意代表托斯卡纳进行谈判。最后，西班牙也联系谈判事宜。

热月党打算同各国分别进行谈判，以便分化敌国的同盟。此外，全面谈判会旷日持久，英国和奥地利会趁机从中作梗。热月党还打算建议普鲁士和西班牙同共和国采取联合行动：这是丹东外交的复活，也是反奥传统和家族同盟的复活。丹东的政策在 1793 年春不但没有任何成功的希望，而且使法国的处境更加危急，因为在当时，法国连战连败，国土遭到了入侵。如今，军事胜利使丹东的政策不但变得无害；而且完全可能被接受。实际上，能否如此迅速地使各国国王答应同弑君者握手言和还是个疑问，但人们可以试一试。

无论是和谈或结盟，热月党都打算以此为手段，迫使以奥地利为首的其他参战国放下武器。至于其他参战国能坚持多久，这取决于法国的条件。英国肯定会在最后才肯让步；如果法国企图吞并已占领的大片土地，即使经过多年以后，英国也还不肯善罢甘休。国民公会在 1793 年不由自主地把法国版图扩展至“自然边界”，并兼并了萨瓦、尼斯、比利时和莱茵河左岸地区。共和二年的救国委员会大概认为，在未经公民投票通过和具有宪法效力前，这些决议与己无关。但在热月九日事变后，这些决议迅速成了派别之争的焦点。反革命派大肆鼓吹不惜一切代价实现和平（在这个问题上，大多数国民赞成他们的主张）和放弃占有的外国领土（这一立场是由他们同敌人的勾结所决定的）。共和派则谴责这些“恢

复旧边界”的论调是叛卖，他们力图把取得自然边界同保卫革命联系在一起。

共和二年救国委员会的政策已朝这个方向迈出了第一步，它 445
激发民族感情，命令把甘愿忍受奴役的人民当作敌人对待。出于对国家的安全、利益和荣誉的考虑，人们终于把自然边界作为军事胜利的保障和奖励而肯定下来。何况，军队决不会同意放弃自然边界，而军队在共和国占着越来越重要的地位。即使革命政府恐怕也难以解散军队，在共和三年危机四伏的岁月，这更是件不可能办到的事情。何况，正因为共和精神在军队中保存得最好，热月党才号召军队保卫国民公会。如果要原封不动地维持军队，就必须使军队有仗可打。尤其，现在军队反而成了国家的供养者。在军队的保护下，有关部门把被占领国家的物资，包括艺术品在内，统统搬回法国；救国委员会曾发出通令，对于人们把被占领国家同法国合并的愿望要置之不理，因为立即实行兼并会妨碍搬迁工作的进行。热月党撤销了原有的搬迁部门，斥责雅各宾分子的劫掠行为；法国在比利时的布鲁塞尔和莱茵地区的亚琛分别设置了行政机构，莱茵地区被划分为七个县；这两个行政机构向地方当局强制征集实物，支付指券，在 1795 年前始终按限价付款。指券在巴达维亚共和国也实行强迫流通；热月党在同该共和国谈判中，首先强调战争赔偿，把该国的大批热那亚汇票和瑞士支票据为己有，以应付莱茵战役和阿尔卑斯战役的军费开支。在把被占领国家的油水榨干后，法国又跃跃欲试地企图实行兼并，防止当地反法情绪的抬头，进一步再征服其他国家，以保证军需供应和充足国库资金。这样，困难自然越来越大，而热月党已失去了控制局面的能力。

最初，他们对1793年的兼并避而不谈，经过长时间的犹豫后，他们内部出现了意见分歧。分歧的焦点并不在有关萨瓦和尼斯的问题上，而在于如何对待比利时，特别是莱茵河左岸地区。在征服和放弃之间，还有另一个方案，即根据战略需要局部调整边界：只
446 要把桑布尔河和默兹河之间的地区（那慕尔和卢森堡）并入法国版图，法国的安全也就有了充分的保障。因此，温和派和君主立宪派都热衷于这个中间方案。对于比利时，共和派普遍主张实行兼并。但在1795年夏季，都埃的梅兰和蒂翁维尔的梅兰等人都认为莱茵地区的日耳曼居民不可能被法国所同化，反对把该地区并入法国；另方面，亚尔萨斯人勒贝尔则坚持主张兼并，认为不把莱茵地区并入法国，就不能保证亚尔萨斯不受外来的入侵；西哀士则决心把国界推向莱茵河边，以便利用普鲁士由此取得的补偿，调整德意志帝国的版图。这些问题一直拖到督政府成立仍迁延未决。由于热月党人始终拿不定主意，他们从一开始就注意不束缚自己的手脚。同普鲁士签订的巴塞尔协定虽然没有就上述问题作出任何决定，却为热月党人指出了前进的方向。他们从此同反法同盟诸国怀有共同的意图，只要自己能得到一点好处，就可以谈判讲和。人权已被抛到九霄云外；被兼并地区的人民所能获得的利益掩盖着各有关民族将遭受的践踏。救国委员会同托斯卡纳缔结和约所造成的既成事实在1795年2月19日终于被国民公会所追认。该委员会在风月二十七日（3月13日）还争取到了起草秘密条约的全权，签订的条约从此不再提交国民公会批准。

四、巴塞尔协定和海牙协定
（1795 年 4 月至 5 月）

普鲁士的使者梅耶因克于 1794 年 11 月 22 日到达巴塞尔，但谈判并无进展。弗里德里希－威廉愿意谈和，却不知如何谈好。像往常一样，他周围的大臣分成对立的两派，而他则在两派之间摇摆。一味追求领土利益的大臣把注意力集中在波兰，主张不惜一切代价同法国立即单独媾和。他们不打算防守美因兹，如果法国坚持要莱茵河左岸地区，他们认为正好借机要求向德意志帝国方面扩展。在这些问题上，豪格维茨同其他大臣现在是一致的。相 447
反，当时主管普鲁士在法领地的哈登堡却力排众议，指出国王不该在德意志帝国中一意孤行，从而丧失自己对其他王公的影响。他只同意全面媾和，或至少由整个德意志帝国对法媾和。12 月 22 日，帝国议会要求由普鲁士居间对法谈判；莱茵的王公也希望和谈。巴伐利亚对奥军进驻曼海姆处处刁难，不给支持，致使该城于 12 月 24 日投降。哈登堡主张保护其他王公的利益，希望以此扩大普鲁士的势力；但是，为了争取王公们的信任，他必须首先排除肢解德意志帝国的一切可能。由于他出身于汉诺威王族，大臣们纷纷指控他把德意志帝国置于普鲁士之上。普王仍不甘心同弑君者妥协和抛弃盟友，因而乐于听从哈登堡的意见。

其他大臣的主张终究占了上风，因为促使弗里德里希－威廉进行和谈的理由丝毫没有减弱：普鲁士在东线的处境变得越来越糟。攻陷华沙后，叶卡特琳娜二世在波兰又为所欲为，到处推行恐

怖统治；大肆逮捕爱国派贵族，把他们遣送到西伯利亚流放，没收被流放的和逃往国外的贵族的土地，分封给她的宠臣。她决心进行第三次也是最后一次瓜分波兰，以便把俄国边界推进到布格河一线；她并不打算把普鲁士完全排斥在外，因为这样会引起普俄两国兵刃相见，而她对此既不愿意又无可能，打一场俄土战争更合她的心意。何况，尽管内部分歧重重，三国狼狈为奸的局面毕竟依然存在。叶卡特琳娜始终希望粉碎法国革命；为了牵制普鲁士，她本应该让奥地利也同法国和谈。无论如何，她决意把弗里德里希—威廉限制在一隅之地，而把普军占领的帕拉丁地区的克拉科夫和桑道米尔划归奥地利。叶卡特琳娜缩小普鲁士占领区既能恢复德意志两强之间的均势，又能不付任何代价同奥皇实现和解。自年初以来，图古特接二连三地向圣彼得堡表示善意，聆听女皇的意旨。他在 1794 年 11 月 29 日给路易·科本泽尔下达的指令中表

448 示，只要俄国女皇赞同奥国用尼德兰换取巴伐利亚，并从法国方面或威尼斯方面额外割取一块土地，奥国准备承认对波兰的第二次瓜分。对于第三次瓜分波兰，图古特强调必须扼制普鲁士的野心和让奥地利同时取得克拉科夫、桑道米尔以及卢布林和腊多姆。双方毫无困难地达成了一致意见，并于 1795 年 1 月 13 日签订了协定。协定的前半部分事后向普鲁士作了通报，确定了解决波兰问题的最后方案，仅同意分给弗里德里希—威廉包括华沙在内的波兰北部，以涅曼河和布格河为界。后半部分准备暂时保密，由奥国作出保证，在未来的对土战争中同俄国结盟。自 8 月以来被撂在一边的普鲁士大使陶恩青已把俄奥密谋通报了国王。弗里德里希—威廉因而于 1794 年 12 月 18 日决定把众所周知的亲法分子

戈尔兹派往巴塞尔。在准许巴特勒米开始谈判前,救国委员会要求对方先派人来巴黎接洽:它想亲自摸清普鲁士的意图,并想借以表明,是普鲁士主动要求和平,从而加强自己的威望。因此,哈尼埃于 1795 年 1 月 6 日来到巴黎,听取共和国方面的观点;几乎就在同时,莫伦道夫放弃了美因兹和向威斯特伐利亚撤退。巴特勒米于是接到通知,普鲁士准备同意法国对莱茵河左岸地区的兼并。救国委员会为诱使普鲁士作出不再反悔的保证,向哈尼埃表示可让普鲁士获得补偿。巴特勒米起草了协定草案;为了铺平道路,他特意指出,此项条款暂时保密,因为要奥地利割让土地的问题势必等到德意志帝国同法国缔结和约后才能解决。

可是普王仍在犹豫。英国派人在柏林活动,但还不敢出钱收买,因为收买反而会促使普鲁士倒向法国一边。在这期间,戈尔兹于 1795 年 2 月 5 日去世,普王选了哈登堡接任谈判代表,这显然是主战派的一个胜利。哈登堡确实竭力拖延和谈,设法延至 3 月 18 日才到达巴塞尔,并提出了一个新方案,企图确保普鲁士的中立和使普鲁士至少同部分王公保持一致,也就是说,要划定一条分界线,使作战双方在包括汉诺威在内的德意志帝国北部地区脱离接触。救国委员会大声提出抗议;芽月十日(3 月 30 日),尽管在威斯特伐利亚还有八万名普军,救国委员会一致主张对普鲁士下 449
达最后通牒。哈登堡对此正求之不得,便利用法国的反对竭力拖延时间。但在 3 月 31 日,国王发信通知哈登堡,只要法方有所让步,便应立即谈判签约:国王急于要把威斯特伐利亚的军队运往波兰。巴特勒米没有把救国委员会的最后通牒送达对方,断然承担责任,于芽月十五日至十六日(4 月 4 日至 5 日)夜间签署了和约。

巴特勒米的处置显得尤其恰当，因为芽月十二日事件已使救国委员会改变了主意。救国委员会确实感到高兴，因为普鲁士是承认共和国的第一个大国。但往深处一想，有人又拉长了面孔。普鲁士对外仅宣布了中立，它甚至依靠分界线保护了汉诺威。巴特勒米正确地指出，分界线也保护着荷兰，而根据秘密条款，弗里德里希—威廉抛弃了陆海军统领。

实际上，救国委员会所以下令加快完成巴塞尔的谈判，这是因为它怀疑荷兰会依赖普鲁士。达代尔斯和省三级会议于风月二十日（3 月 10 日）派往巴黎的代表勇敢地拒绝了救国委员会的严酷要求，声称他们曾对本国同胞作了保证，要用他们对法国的忠诚换得共和国的宽宏。他们于芽月十日接到了最后通牒，并立即获悉巴塞尔协定已经签订。勒贝尔和西哀士动身前往海牙，迫使荷兰于花月二十七日（5 月 16 日）签订和约。荷兰割让了佛兰德、马斯特里赫特和文洛，并与法国订立了攻守同盟，答应扩大海军和陆军，并供养一支二万五千人的占领军至战争结束。尤其，荷兰还偿付了一笔高达一亿荷盾的赔款。此外，为了整顿货币，荷兰不得不自己掏钱赔偿三千万里佛的指券。在卷入对英战争后，荷兰立即被夺走了部分殖民地，贸易因此大伤元气。

与此同时，巴特勒米同西班牙的使者伊利奥特在巴塞尔开始了会谈，谈判同时也在巴约讷举行。戈多伊在黑山战役前进行的试探无非是想在法国南方为路易十七开辟一个王国和恢复忠于罗马教廷的天主教。救国委员会方面则要求取得吉普斯夸、圣多明各和路易斯安那。路易十七的夭折使第一个困难自动消失；接着，
450 蒙赛发动了攻势，打破了西班牙中部防线，把左翼推向毕尔巴鄂，

沿埃布罗河占领了维多利亚，直至米朗达。基贝隆之战终于使救国委员会降低了要求。法国满足于对方宣布中立，仅从西班牙方面取得圣多明各。

剩下的问题便是同奥地利和谈。在这方面，成功的希望看来不大。图古特在穑月刚拒绝了救国委员会的建议，因为提出的条件总是过高。叶卡特琳娜在听到关于巴塞尔和约的消息时非常愤怒，当即向不久前并吞的库尔兰地区增兵四万。至于皮特，除了在伦敦已答应给奥地利一笔贷款外，又把他笨拙地拒绝给予普鲁士的补贴送给奥地利。英奥两国于 5 月 20 日订立了一项新的同盟协定，英国答应出资六十万英镑，供奥地利维持二十万军队之用。俄国于 9 月 28 日在同盟协定上也签了字。图古特在其盟国的撑腰和保护下，对在波兰分得的土地也心满意足，认为自己完全有能力去恢复比利时。然而，关于第三次瓜分波兰的决定尚未通知普鲁士，图古特对威尼斯也还怀有觊觎之心，假如法国提出平分尼德兰的方案，他或许会同意接受。可是，救国委员会既然排除这个方案，它至少可以试图联合德意志帝国的各王公，使奥地利陷于无能为力的地步。哈登堡在花月二十八日(5 月 17 日)签署了划界而治的协议后，正朝这个方向努力。帝国议会于 7 月 3 日决定接受普鲁士的调解，在保证帝国完整的基础上同法国缔结和约。奥国皇帝对这一决定持保留的立场；假如皇帝断然拒绝，王公们无疑会不听他的号令，黑森一卡塞尔诸侯国于 8 月 28 日已作出了榜样。哈登堡指出，一切都取决于法国，只要法国放弃莱茵地区的领土要求就够了。巴特勒米对此正中下怀，而救国委员会则在牧月和穑月仍下不了决心，都埃的梅兰认为兼并莱茵地区不无缺点；程度不

同地追随君主立宪派的奥布里、昂利一拉里维埃尔、加蒙、布瓦西·唐格拉斯则坚持恢复原来的边界。但是，勒贝尔和西哀士在雾月回到了救国委员会，兼并的主张在委员会中又占了多数；恰巧在那时候，君主极权派和英国开始策动叛乱，这反而稳定了国民公会中平原派的革命感情。

451 五、共和四年葡月十三日事件和基贝隆之战

温德海姆于 1794 年 7 月参加政府后，英国政府中终于有人明确主张推行出征旺代和布列塔尼的计划了。邓达斯反对这一计划，皮特表示冷淡。他对保王党给予反法同盟的帮助不屑一顾；从 1794 年 10 月起，他派驻巴塞尔的代理人维克海姆用巨款资助君主极权派和君主立宪派。皮特个人希望君主立宪派能取得成功；因为热月党打算恢复选举制，和平复辟的希望又重新抬头。如果君主极权派坚持动武，皮特预计这类行动必遭失败，他并不愿意去牺牲原已感到不足的那一点兵力。但是，在普伊泽的怂恿下，皮特终于作了让步。普伊泽虽然属于君主立宪派，却建议招募几团部队搞一次登陆行动，兵员大部分来自德意志各国的流亡者，也有一些自愿入伍的囚犯。

英国海军击败了维拉雷的舰队，穿着英国军服的埃尔维利师于穑月九日（6 月 27 日）在基贝隆半岛登陆。因埃尔维利和普伊泽争夺指挥权，登陆行动耽误了时间，第二批登陆部队松勃勒依师于 7 月中旬方才行动。奥什从截获的情报得知这些行动后，挫败

了舒安党的计划:舒安党仅搞了几次偷袭,绝大部分居民没有起来响应。共和军挖壕设防封锁了半岛,于热月二日至三日(7月20日至21日)晚间突破对方防线:流亡者或者被俘,或者跳海逃命。军事法庭下令枪决了七百四十八名被俘者,其中四百二十八名为贵族。另一支登陆部队占领了耶岛,亚多瓦伯爵一度在那里出现。沙列特为配合流亡者的登陆,重新展开了军事行动。但伯爵不敢冒险向大陆发展,部队于12月被运回英国。从长远来看,整个事 452
件的结果只是挑起了一场新的旺代战争。

但在当时,群众中的反应相当强烈:人们对王党的危险不能再视而不见。在7月14日的周年纪念日,《马赛曲》又大声高唱,无套裤汉和士兵又到处追捕"黑衣领"。平原派仍未同右派决裂;《人民觉醒报》保持了自己的地位;国民公会于热月二十一日和二十二日(8月8日和9日)又下令追捕了富歇等六名山岳派分子。此外,布瓦西·唐格拉斯于穑月五日(6月23日)作了关于宪法草案的报告,国民公会一致同意对草案的讨论一直进行到果月五日(8月22日)。同一天,国民公会还决定,被控告和逮捕的议员将不能参加未来的立法团;次日,国民公会勒令取消各平民团体。

宪法应由公民投票批准,然后再选举新的议会。出于保住个人地位的考虑,热月党人猛然觉察到,他们最危险的敌人并非是那些手持武器反对共和国的王党分子,而是准备通过选举取代国民公会的那些隐秘的王党分子。热月党人虽然已排斥了山岳派,但国民公会毕竟要对以往的一切负责;在镇压恐怖主义分子方面,热月党人不如王党那么坚决。更何况,货币危机和饥荒都会使任何多数派陷于绝境。通货膨胀犹如决堤之水已无法控制:在取消限

价时，纸币流通额约为八十亿，到了雾月一日（1795 年 10 月 23 日），估计高达二百亿。由于许多地区农业歉收，人们为保证市场供应，被迫恢复了粮食征集制和关于必须在市场出售的规定。根据共和四年葡月七日（9 月 29 日）法律——一直保留到 1797 年为止，除不再实行限价外，粮食仍按共和二年的办法由国家统一管理。这使议会很不得人心。

因此，国民公会于共和三年果月五日和十三日（1795 年 8 月 22 日和 30 日）决定，新任议员的三分之二共五百名必须在原国民公会议员中产生；在产生方式的问题上，由于意见不一，便同意交
453 给选民挑选，但又指出，如果选民不遵照以上比例选举，连任的国民公会议员可自行聘任，补足缺额。因此，议员聘任制虽然在共和八年才正式实行，但人们实际上早已想利用这种方式来排挤民主派和王党，使忠于革命和共和国的"缙绅"得以当选。可是，右派投票赞同宪法恰恰是为了通过选举取得政权；因此在整个法国，右派的拥护者对国民公会规定的选举办法提出了强烈的抗议。

宪法恢复了选举保证金制度，但公民投票却由全民参加，陆军和海军也不例外。投票结果表明宪法获得多数拥护。由于新政权迟早总要把反对派排挤出国民公会，许多反对派大概也就心甘情愿地接受宪法，或至多表示弃权。共和四年葡月一日（1795 年 9 月 23 日），国民公会宣布宪法及其附属条款均已被通过。

在巴黎，骚动日益发展。在勒佩蒂埃区（位于交易所附近，银行家和投机家聚居的街区）的带动下，巴黎各区创议成立联区中央委员会，并邀请共和国的各初级议会响应首都的创议。果月二十七日（9 月 17 日），夏托纳夫－昂－提姆雷区发生了暴动。在这样

的威胁下，平原派与右派决裂：它重申针对流亡者和神甫的各项法律，于共和四年葡月七日（1795 年 9 月 29 日）通过了有关信仰问题的新法律，强迫神甫承认人民的主权，并明确规定，凡反对出售国有产业或主张复辟君主制者，将受到刑事处分。平原派不再轻视无套裤汉的支持：葡月十二日（10 月 4 日），它撤销了关于解除恐怖主义分子武装的措施，从而点燃了火药的引信：王党于葡月十三日发动了暴动，所有害怕革命政府反扑的人都追随了王党。

军队再次进行了干涉。由于军方的首脑默努对反对派相当迁就，巴雷尔再次挺身而出，拯救了国民公会。他让当时闲住巴黎的波拿巴充当副手，后者采取果断的行动，粉碎了暴乱，并为自己的发迹作了准备。镇压行动并不严酷，仅枪决了两名暴乱头目，但事

件本身却具有深远的意义。国民卫队被解除了武装；巴黎处于军 454
管状态：巴黎的革命作用从此结束。平原派对右派积恨未消，逮捕了三名右翼分子。弗雷隆前往普罗旺斯制止白色恐怖。据认为，于葡月二十日（10 月 12 日）开始的选举仅保留了三百七十九名国民公会议员，而且几乎全都是右派或有追随王党的嫌疑。因此，有人主张全面否定这次重选，塔里安甚至要求采取“救国”措施。面对这些耸人听闻的言论，骚动逐渐趋向平稳。国民公会只是在雾月四日（10 月 26 日）的最后关头才同意实行大赦，释放已被逮捕的原国民公会议员和许多恐怖主义分子。虽然如此，就像热月九日事变后一样，全体爱国分子团结起来反对王党分子；罗马教会的要求又被提上了议事日程；在这一要求的推动下，又开始实行独裁制。

王党的反扑所造成的结果还不限于此：共和派态度的转变对

外交政策产生了深远的影响。

六、1795 年战役和兼并比利时

由于士兵生活条件日益恶劣和物资供应严重不足，茹尔丹和庇什格律率领的桑布尔一默兹军团和莱茵军团自冬季以来驻足不前。庇什格律如今背叛了热月党，开始接受孔代亲王的补贴，这使热月党的力量大大削弱。孔代亲王的收买没有达到预期的效果，庇什格律不敢交出胡宁格一地。但是，庇什格律不同茹尔丹一起利用现有条件准备进攻，这对敌人至少也是一种帮助。

到了 8 月，作出决断的时候来到了。德意志帝国皇帝同意了帝国议会关于在尊重帝国完整的条件下实现和平的议案。哈登堡重申，如果法国不放弃对莱茵地区的领土要求，普鲁士就不能同法国结成联盟。然而，瓜分波兰的协议导致了奥普两国的不和：1 月
455 3 日协议终于在 8 月 3 日通告了柏林，两国接着在会上发生了激烈的争吵。救国委员会本可以放弃莱茵地区，同奥地利缔约谋和。可是，革命精神在基贝隆战役后有了新的高涨，兼并主义倾向占了上风，因而唯一的出路仍是战斗到底。明确的作战命令接着下达给了将军们。

果月二十日（9 月 6 日），茹尔丹强渡莱茵河，克勒腓因退守迈恩河，使美因兹失去防御能力。庇什格律本可从曼海姆出击，抄克勒腓的后路；但他没有集中兵力，仅派两个较弱的师进攻，结果被敌军坚决的抵抗所击退。两位将军于 9 月 27 日会晤后，向救国委员会请示行动方针，却迟迟得不到答复。

应该承认，救国委员会正忙于监视巴黎各区，无暇顾及前线的军事。但是，它却抽出时间准备吞并比利时。都埃的梅兰刚提出这一建议，就得到了卡诺的赞同。右派纷纷提出抗议。勒萨日指出："救国委员会怎么竟成了强盗窠？"他把罪责加在山岳派头上，忘记了兼并政策的发明权应属于吉伦特派。国民公会于共和四年葡月九日（1795 年 10 月 1 日）接受了关于吞并比利时的提案。此外，梅兰还主张把边界推向莱茵河一线，但又说此事可待全面和平实现后再作决定。

过后不久，事态表明这一和平不会迅速到来。在 10 月初，武尔姆泽尔从上莱茵赶到曼海姆城下；克勒腓也把茹尔丹打回了莱茵河彼岸，并击溃了围困美因兹的部队。庇什格律不再轻举妄动。在 11 月，奥军反守为攻，进入帕拉丁地区，迫使法军退回凯什河，并夺回了曼海姆。在这期间，俄国加入了英奥同盟，普鲁士国王在无奈中于 10 月 24 日接受对波兰的第三次瓜分。普国分得了华沙和纳雷夫河以北地区。图古特在东线已无后顾之忧，在西线也取得了胜利，并夺回了莱茵河左岸地区，因此他全力准备春季战役。不能用武力实现和平的热月党人也把目光转向并吞别国领土上，不再考虑和平。可是，他们将付诸实施的宪法是否允许他们把战争打下去呢？

七、共和三年的宪法 456

国民公会在其生存历程中所出现的反复，在议会史上也是极其突出的；它所推行的政策是那么自相矛盾，因而乍一看来几乎不可能找出其连贯性。但是，有一项政策毕竟是共同的：第三等级决心维护它在 1789 年对贵族的胜利。制宪议会与国民公会之间的鸿沟并不像人们所说的那样深；从这一观点看，甚至山岳派也主张实现革命派之间的团结。

在山岳派看来，国内战争和对外战争都要求有一个集权的政府，只要战争尚在进行，革命派就必须实行专政。山岳派一方面依靠无套裤汉建立革命专政，另方面准备实现社会民主。第三等级内部出现了分化。按照制宪议会的想法，1789 年革命已奠定了自由，并赋予大资产阶级政治的和社会的权力。国民公会大多数成员的想法与此没有什么不同。这里暴露了热月反动的重大意义：它只是结束雅各宾专政和恢复制宪议会传统的过渡阶段而已。制宪议会的君主立宪派同热月党的共和派虽然在行政首脑的名称和职权问题上似乎有分歧，但在起草共和三年的宪法时，他们却一致同意必须重建一个由选举产生的自由政府，并且要让“缙绅”，即让富裕的产业主掌握国家的政治和经济领导权。布瓦西·唐格拉斯说：“我们要让最优秀的分子来治理国家，而所谓最优秀的分子也就是最有教养和最关心维护法律的人。除去个别例外，你只是在产业主中间才能够找到这类人，因为产业主关心其产业所在的国家，关心旨在保护其产业的法律和社会安定；他们依靠自己的产业和富裕而能够受到教育，教育又使他们能够明智地和公正地来衡量决定着国家命运的法律的利弊……一个由产业主治理的国家必
457 定是个法治社会，一个由非产业主统治的国家必定流于自然状态。”

这个观点对热月党人的施政方针起了重大的影响。像山岳派

一样，忠于十八世纪精神的热月党人继续在准备制订民法和统一度量衡；他们还恢复和新建了一些科研和高等教育机构：经度局、自然博物馆、法兰西文物馆、多种技术学校和医科学校。国民公会在临近解散前，还决定成立了法兰西学院。但是，他们为培养门生后辈而下令在各省开设的中心学校只对资产阶级子弟开门；他们在共和三年减少公立小学的数量后，又于共和四年雾月三日（1795年10月25日）通过法案，取消了小学教师的津贴，使公立小学陷于破产。在国家财政拮据的借口下，布瓦西·唐格拉斯等许多热月党人实际上认为，不宜把穷人的孩子培养成"一小撮寄生的野心家"。他们还以财政为理由取消了国家济贫机构。在民法草案未被正式批准前，他们通过了试行草案，放宽了共和二年的遗产继承法，不再把国有产业分割出售，甚至曾提到停止平分公有土地。

共和三年的宪法既标志着热月反动的圆满成功，又为反动势力的发展作了准备。在作为宪法前言的《人权宣言》中，"人生来是和始终是自由的并享有平等权利"这项著名的条款因担心造成危险的后果而被取消了。1793年宣言中被认为可能适用于社会民主制的条款也统统不见了；至于经济自由，那自然得到了明确的肯定。最后，宣言又加上有关公民义务的内容，虽然一部分公民参与制订法律的权利被横遭否定，但全体公民却接到了必须遵守法律的命令。

选举已不再实行普选制。热月党人在某些方面比制宪议会更讲民主：他们在立法选举的问题上虽然取消了诉诸人民的办法，而重建了简单代议制，但他们在立宪问题上仍征询民意，仅要求积极公民纳付一定数额的税款，是否纳税甚至也听凭自愿。但这只是 458

表面现象,因为选举仍以两级投票的方式进行,由积极公民指定的选举人拥有的地产收益必须高于居民总数为六千人以上的市镇中二百个劳动日的价值,其住房的租金高于二百人居住一百五十天的房租或拥有二百人以上的农庄。因此,约三万名选举人符合以上的要求,他们必然地都是从缙绅中选出的,选举人无须缴纳保证金,选举产生立法团,下设两院,其好处是,现在不必担心因出现贵族院而带来的弊病。“五百人院”(议员年龄不低于三十岁)投票通过“决议”,再交给由二百五十名年龄不低于四十岁的议员组成的“元老院”认可和制订成法律。至于政府,则由元老院根据五百人院提出的候选人名单(候选人数为当选人数的十倍)确定五人(年龄也不低于四十岁)组成“督政府”,督政府任命各部部长,部长仅对督政府负责。

热月党人采取了针对雅各宾派和反革命派的预防措施,尤其针对前者。他们决定,在巴黎和各大城市不再成立“公社”,不再设置市长,而采取划市为区的办法。城防部队将负责保护政府和议会,元老院还有权决定将政府和议会迁出首都。俱乐部已获准重新活动,但其作用仅限于普通的公众集会。立法团获得了暂停出版自由一年和批准搜查的权力。督政府有权不经司法当局直接下令逮捕谋反的嫌疑分子。由于内战仍在进行,反革命派处境毕竟最为恶劣:针对流亡者和神甫的非常法依旧有效;共和四年雾月三日(1795 年 10 月 25 日)法律进一步禁止流亡者亲属担任公职,流亡者的财产遭到封存。此外,针对雅各宾派的各项措施对主张君主极权和君主立宪的王党也同样有效。

总而言之,在热月党人看来,只有排斥共和国的创始人,共和国才能生存；只有使部分资产者不能掌权，共和国才能是资产阶级的共和国；只有打着自由的名义，共和国才能保持专权。他们的敌 459
人对他们极尽冷嘲热讽之能事，在国民公会给法国仅留下破产和战争这一种选择的条件下，他们究竟能争取到多少人的拥护？采取选举制对热月党人无疑是一场危险的赌博，关于保留三分之二国民公会议员的法案对此提供了最好的证据。他们曾指责山岳党人停止选举和建立专政，而他们恢复选举却只是为了在选举中作弊；他们离采用简单的议员聘任制仅一步之差。如果他们在未来的选举中遭到失败，他们将只能通过政变和重建专政来保住政权。

由于国内战争和对外战争仍在继续，能否维持政府的稳定，使之迅速果断和行动坚决，这又是一个关键。选举每年都举行，改选三分之一的议员，二分之一的市镇当局，以及督政府和州级行政长官的五分之一。尤其，资产阶级为了防止使国家成为万能，故意增设互相独立的权力机构。热月党人看到了这个危险，宪法赋予督政府广泛的权力：根据“调节权”，它可以在外交、军事、警务等方面任意发布政令，并对州级行政当局严加控制。随着各州当局和市镇当局改由选举产生，地方分权的倾向有所抬头，督政府便加强政府的集权和控制。在各州首府，仅设立一个由五名成员组成的“行政中心”，县级建制被撤销；居民在五千人以上的城市仅设市镇官员，其他城镇一概设联络员和联络助理，在区的首府，由联络员会议组成市镇当局。督政府可取消地方当局的决议，免除地方的全体或部分行政官员的职务；在全体被免职的情况下，新的官员由督政府任命，否则，缺额通过聘任途径补足。它还有权任命特派员，常驻各州主持政务。虽然如此，这同雅各宾的或执政府的中央集

权制却相差甚远：税收仍掌握在由选举产生的地方当局的手里，督政府不能支配财政收支。督政府除非采用特别军事法庭的方式，但还缺少足够的强制力，因为法官依旧由选举产生。更糟糕的是督政府同两院之间的合作没有任何保证。前者无权提出立法动议，并且同后者只有文书来往，不能延缓执行或取消两院通过的法
460 案。后者除拒绝政府预算或对行政长官进行弹劾外，没有迫使行政当局接受其观点的任何手段，两院同各部部长不发生任何关系。那么，能否修改宪法呢？这是可以的，但这至少要等六年时间。因此，为了改变宪法，必须搞一次新的政变，而政变的结果也就使宪法不再继续存在。

第 五 编

革命的征服性进攻

第一章　1795 年末的欧洲和革命

在法国革命与贵族的欧洲之间的冲突中，巴塞尔协定是一个转折点。在这之前，几乎所有的欧洲国家从四面八方向法国进攻。法国革命能否支持得住呢？敌人以为革命必定要失败，革命政府却证明他们的估计是错误的。在巴塞尔协定后，取得了胜利并壮大了的法兰西共和国开始向业已四分五裂的欧洲发动攻势。在热月党的领导下，共和国能否攻城略地呢？昨天的失败者萌发了新的希望。

一、中立国和反法同盟诸国

瑞士、斯堪的纳维亚、热那亚和威尼斯等国利用中立地位谋得
了利益，如今，普鲁士、西班牙和托斯卡纳也加入到它们的行列中 462
来。特别是普鲁士，它在军事分界线后面把北德意志诸王公集合在自己的周围，为能筹组北德意志邦联而庆幸，因为肢解德意志帝国对普鲁士是有利的。至于荷兰，它现在已落在法国人的手里。于 1795 年夏末重整旗鼓的反法同盟，主力只剩下英俄两国。

反法同盟的骨干始终是英国，它出钱收买大陆国家，争取它们继续作战，自己则集中部队和船舰控制海面和占据殖民地。叶卡特琳娜二世也只顾自身利益，她名义上加入了反法同盟，竭力主张对革命进行十字军征讨，但总让别人去打头阵，自己则满足于给奥地利一点钱和派几条船去北海和英吉利海峡。南德意志诸王公坐等入侵和投降；撒丁等着奥军开走，然后投降；意大利的其他国家也纷纷避战。因此，共和国军队的作战对象只剩哈布斯堡王朝的军队。

维也纳和伦敦的行动不十分协调。英国仅要求奥地利从法国夺回比利时和荷兰。除此以外，奥军便可尽力而为。图古特对尼德兰却偏偏兴趣不大，他对意大利甚至比对德意志更加关心，他的注意力首先放在威尼斯的领地。作为一个帝制国家，哈布斯堡王朝同普鲁士一样具有多面性，只要能用遥远的比利时换得巴伐利亚或赛莱尼西姆的领土，它对这场战争也就无所抱怨了。在瓜分波兰结束和部队津贴可望解决后，奥地利就不再考虑和平了，除非法国放弃其占领地和让它自由行动。

英国在 1795 年末的情形不完全是这样。这并非因为英国自身面临威胁：这种担心只是在康波福米奥和约后才产生，英国的立场也在那时候才变得强硬起来。战争对统治阶级还是有利的。在国王的同意下，温德海姆和格伦维尔希望坚持到底，他们想利用伯克创导的这场十字军征讨，把扰乱社会秩序的分子从世界上消灭掉。皮特显得忧心忡忡。且不谈基贝隆和葡月十三日的失利，大
463 陆作战的前景也并不光明：为了夺回比利时，图古特要求俄国出兵支援，要求英国许诺奥国能向荷兰和法国方面扩张领土和确保斯凯尔特河和安特卫普港的自由通行。尤其，国内的形势逐渐暗淡。在那以前，由于法国的竞争已被排斥，英国贸易欣欣向荣；虽然债

务在增加，国家的财政状况却仍然良好，人们以为伦敦银行决不会被压垮。共和军的征服战和巴塞尔协定使局面发生变化；英国失去了对大批市场的控制，而法国在中立国当中又重新开始了贸易竞争。此外，1795 年的收成相当坏：在水深火热中挣扎的人民群众蠢蠢欲动；大规模的群众集会接连举行；10 月 29 日，英王乔治三世在前往出席议会开幕式时，乘坐的四轮马车遭到石块袭击。国王在演说中表示，如果法国提议，政府将同意谈判。

二、热月党人的举措

根据共和三年的宪法，督政府在缔结秘密协议时不得放弃共和国的任何一块国土；宪法并指出共和国的版图包括殖民地在内（塞内加尔因被遗漏，属于例外）。在热月党人看来，这项规定也适用于提交两院批准的各项协定：在这方面，他们的想法同雅各宾派是一致的。他们甚至进一步认为，共和四年葡月九日的法律实质上已同宪法一起由公民投票批准，因而原属比利时的九个州属于“宪法保护的范围”之内。在这种情况下，怎么可能同英国妥协呢？后来的事实证明，只要在海上和殖民地满足英国和在大陆确立巩固的和平，妥协是可能的。但是，法国人由于对资本主义实力的无知，始终把建立在信贷和出口基础上的大不列颠帝国看作是泥足巨人，因而特别不愿意承认“不讲信义的阿尔比昂”[1]对世界的霸 464

① 阿尔比昂是不列颠群岛的古称。“不讲信义的阿尔比昂”是法国共和分子对英国表示蔑视的称呼。

权，更何况法国如今已占有荷兰和阿姆斯特丹银行，并打算迅速把西班牙争取过来。

此外，所谓“自然边界”的观点很可能成为实现大陆和平的障碍，图古特不愿因放弃莱茵地区而使帝国威信扫地。在这方面，热月党人的意见并不十分一致，特别在1795年秋季战争惨遭失败后，许多热月党人更感到灰心。后来，两院和督政府本身都不顾勒贝尔的反对，表现得十分谨慎。总之，任何人都不想越过自然边界和再搞吉伦特派和埃贝尔派的宣传。但是，热月党人当时认为，在共和国版图有了扩大和可望与普鲁士、西班牙结盟的情况下，不宜在公开场合压低自己雄心勃勃的气势。

各国都已回过头来在搞传统的外交。双方都倾向和平，但又都等着对方降格以求地走出第一步。非正式的和谈探索毫无结果：一切都取决于下一场战役；但在反法同盟诸国看来，也取决于共和三年宪法将如何在法国执行。

第二章　首届督政府 465

共和四年雾月四日(1795 年 10 月 26 日),热月党人交出政权,但又立即收了回去;热月党政权和督政府政权是一回事:同样的人,同样的目的,同样的手段。他们为破坏革命政府和迫害雅各
宾派,终于通过了非常法和关于保留三分之二的国民公会议员的 466
法令。首届督政府的历史同这些先行步骤是一脉相承的。

一、督政府的成立

按照法令规定,各州选举人大会首先提出占应选议员三分之二的一份名单:候选人均为原国民公会议员。但是,预计到最著名
的反动派和温和派分子将在几个选区同时得到提名——果然,三 467
十九个州提名朗瑞内,三十七个州提名昂利一拉里维埃尔,三十六个州提名布瓦西·唐格拉斯——又制定了高于原数三倍的一份补充名单;根据他们得票多少的顺序,补足原国民公会议员进行选择后余下的空额。在这以后,选举人再自由地选出最后的三分之一议员:在这部分议员中,除四人例外,原国民公会议员均被排除在外。

根据雾月六日公布的正式名单,史学家们以为仅有三百七十

九名原国民公会议员继续当选。其实，选举结果在那天并未全部揭晓；由于选举的程序十分复杂，当时很少有人能作出十分确切的统计。约·苏哈托研究证实，共有四百一十三名原国民公会议员进入了新选出的两院，其中三百九十四名由选举人大会选出，十九名为科西嘉和各殖民地的代表，根据法律规定延长议员任期。由于立法团应包括五百名原国民公会议员，以上数字远未达到足额。已当选的原国民公会议员组成了“法兰西选举人大会”，在各州提出的补充名单中，以健康等理由为借口，任意剔除部分原国民公会议员，而让另一些原国民公会议员递补，毫不考虑由此产生的议席地理分布的不平衡。由他们指定的新议员达一百零五人，其中十一人已经当选，因而实际上只保留了九十四人。在另外的三分之一新选议员中，只有四名原国民公会议员当选，两院总共包括五百一十一名原国民公会议员。

各州选举人大会普遍赏识那些平庸之辈；“法兰西选举人大会”在指定递补人选时有点偏向左派；而另外三分之一新选的议员加强了右派（著名的君主立宪分子或反革命分子）的势力。总的算来，在主张处死国王的原国民公会议员中，留任的有一百五十八人，比人们所说的要多，此外还有三十七人先投了处死国王的赞成票，后又主张缓期执行。这里应该补充指出，其中有些人已经改变了阵营。在我们比较有把握确定其政治观点的议员中，三百零五名是共和分子，其中多数为热月党人；一百五十八名是王党，其中多数属于自由派；在这两大部分中间，有二百二十六名忠于共和三年的宪法，只要当局采取温和的政策。可见，没有这后一部分人的支持，热月党便不能稳掌政权。于是，热月党在热月九日后不得不

根据形势的发展对他们曲意迁就，以免导致最坏的结果。热月党 468
在葡月十三日的胜利一时使反对派慌了手脚，也使温和派感到紧张；他们因而顺利通过了督政的人选，这是一件大事。

除了为元老院敬服的五名“弑君者”——拉雷韦里埃、勒贝尔、勒图尔纳、巴拉斯和西哀士——以外，五百人院还提出了一份由二流人物组成的候选人名单。西哀士拒绝担任督政：他在热月期间曾建议在宪法中加上一些旨在削弱国家权威的条款，因这项建议未被采纳而怀恨在心；他坚持冷眼旁观，随时准备充当新政权的掘墓人。卡诺接替了西哀士。督政府同伟大的救国委员会一样，其内部关系不大融洽。一方面有集团中的铁腕人物勒贝尔，另方面有虽然为人正直、却既无才干又无威望的拉雷韦里埃，两人的意见远不完全一致，前者原是山岳派，后者是强烈反对雅各宾主义的吉伦特派。同他们对立的有受勒图尔纳支持的卡诺。由于人们怀疑卡诺同情民主派，便让他主持作战事务；但思想保守、作风专横的卡诺后来却转向右派。作为热月九日和葡月十三日的救星而得到提拔的巴拉斯处在这两派之间，所有人都认为他不可靠，因为他从来只考虑自己，他周围的男女都有劣迹在案，自己又肯定贪赃枉法。

这五人组织了一个秘书处（后为波拿巴服务），设立了六个部，不久又增设了第七个部——警务部。都埃的梅兰先任司法部长，接着改任警务部长，该职后来交给了科雄。拉梅尔－诺加雷出任财政部长，直至共和七年。建立地方行政机关和法院要困难得多。由于各州选举人大会的会期不能超过十天，许多州未能完成选举任务，而宪法又不准举行非常会议，两院只得委托督政府补足缺

额。在拒绝任职、辞职和免职层出不穷的情况下，当某机关多数成员出缺时，督政府便掌握了挑选递补者的大权。督政府的权力变得越来越大，它的行政命令甚至侵犯了两院的职权，即使两院提出抗议也纯属徒劳。

内战在继续进行。奥什平息了沙列特和斯托弗莱的叛乱，斯
469 托弗莱被执行枪决。通过收缴居民的枪支，舒安党也被敉平。在
6 月，西路军已能解散，但仍有一些零碎的叛乱分子沦为盗匪。共和分子的团结再次被提上议事日程：政府允许雅各宾派重开俱乐部（首先是先贤祠的俱乐部）和出版报刊（例如巴贝夫的《人民的保民官》），甚至让他们在各地出任公职。但是，不到几个星期，货币危机又将打破和谐的局面。

二、货币危机与平等派密谋

当督政府成立时，通货膨胀达到了最后的阶段。票面一百法
郎的指券仅值十五苏，物价在一日三涨。必须暂停国有产业的出
470 售，并采取延期偿付的办法使债权人免于破产。货币流通量在四个月内增加一倍，总数达到了三百九十亿。人们连夜赶印次日所用的纸币。强行摊派的公债需等很长时间才能筹齐。指券在雨月三十日（1796 年 2 月 19 日）被放弃。

立即恢复铸币看来也行不通，因为当时的铸币流通量据说仅三亿，而在 1789 年则至少有二十亿。金融家们表示愿意成立一个银行，负责国有产业的出售事宜，从而回笼纸币和向共和国提供贷款：这个超级银行只要接受金融家提前兑现的商业期票，便能使金

融家增加其营业额。这一尝试仍遭失败:两院坚持把新发行的纸币掌握在自己手里。风月二十八日(3 月 18 日),两院决定以国有产业作保证发行二十四亿“土地票”,用六亿里佛以三十比一的兑换率赎回指券,其余则归国库支配。土地票得不到任何人的信任,兑换率全靠外国贷款维持。到了 7 月,已无人接受纸币。两院于是下决心恢复铸币,前一措施的主要结果只是把剩下的大部分国有产业奉送给资产阶级和投机分子。

冬季的日子更加难过,尤其农民不再服从征集制,以致市场上已见不到粮食。在农村里,无业游民沿村乞食,到处抢劫,即使出动国民卫队和发布死刑命令也不能阻止。据统计,共和四年,塞纳地区死亡一万多人,虽然进行了食物分配。由贫困带来的社会动荡使雅各宾派的指责显得更加可怕。被剥夺了被选举权的山岳派,特别是兰代,积极进行活动,反对银行家的计划;这一计划于风月三日(2 月 22 日)被否决。督政府于七日以封闭俱乐部为报复,接着又下令追查雅各宾的报刊和撤销雅各宾分子的公职。因再次遭受迫害而进行密谋活动的雅各宾分子使热月的局面重新出现。

然而,这次在巴贝夫和邦纳罗蒂的领导下的革命行动具有崭新的性质。他们主张实现事实上的平等,并以“平等者密谋”作为团体的名称。从此,以乌托邦形式出现的社会主义从书本进入了政治历史。他们两人信仰的共产主义思想尊崇个人的道德操守,
曾使许多十八世纪的作家为之神往。他们认为,革命所宣布的公 471
民平等和政治平等并不有效;他们深知地主占有土地的贪欲;共和二年实行的部分经济国有化,共和三年的通货膨胀和人民生活的极度贫困使他们的思想进一步成熟。巴贝夫主义带有时代的烙

印:它主张农民继续经营土地和把收获送交公共粮仓。由于资本主义集中尚未动摇生产的个体性质,巴贝夫主义的注意力集中在分配上,而不是在生产上,这表明它仍是一种空想。虽然如此,它在许多方面具有先驱的性质:根据它的计划,革命将重视无产者的利益,并在无产者的指引下,进一步解放被奴役的人民;鉴于不能依赖被奴役的人民,它把革命的使命交给少数起义者去完成,从而使马拉和科特利埃俱乐部关于人民专政的思想更加明确了。起义的秘密指导委员会成员看来接受了巴贝夫和邦纳罗蒂的思想,但大多数密谋分子并不主张共产主义,他们或者属于资产阶级民主派,或者坚持建立在个人劳动基础上的小私有制,其中还有几个是企图重新夺权的原国民公会议员。密谋团体超出了民族的范围,在邦纳罗蒂的串联下,吸收了部分外国人参加,特别是意大利人和巴达维亚人。

卡诺接到告密后着手进行镇压,并拼命迫害其原来的斗争伙伴。巴贝夫和邦纳罗蒂于花月二十一日(5 月 10 日)被捕;警察根据搜获的文件又逮捕了一大批人;8 月末,把被告移交旺多姆高等法院审判。巴贝夫分子于果月二十三日至二十四日(9 月 9 日至 10 日)夜间去格勒内尔兵营,企图争取士兵的支持,他们的计划被卡诺获悉:谋反者在骑兵的袭击下死伤甚众,大批被捕者被押送军事法庭审判。终审法庭事后宣布军事法庭无权判决,但三十一名被捕者已被处决。旺多姆高等法院于 1797 年 2 月才开始审判,三个月后,即共和五年牧月八日(1797 年 5 月 27 日),巴贝夫和达尔泰被送上了断头台。

三、督政府的新反动 472

如同共和三年的热月反动一样，督政府分子与雅各宾派的决裂改变了政治均势。左派只是勉强地跟着走，右派势力正在抬头。由返回法国的斯塔尔夫人扶上政治舞台的本雅明·贡斯当主张联合君主立宪分子，以形成一个稳定的保守派。督政府罢免了反动分子所检举的官员，并委派他们推举的人接任。例如，维约被派往普罗旺斯指挥军事，以致白色恐怖在那里再度猖獗。右派在两院中要求撤销共和四年雾月三日法律和雾月四日赦令，但仅取得了关于获赦者不得担任公职的禁令。右派尤其关心改善神甫的命运。卡诺也希望同教皇和解，当庇护六世在波拿巴的大军威胁下提出和谈要求时，他乘机予以接受。当时，达成事实上的和解完全是可能的，因为教皇的使者在皮包中装有一份要求教士承认共和国政府的敕令。但他没有把这份敕令通知督政府，而督政府又要求教皇撤销 1789 年来有关法国事务的各项决定，谈判因而破裂了。敕令后来仍交给了督政府公布，结果再次加剧了顽固派神甫与宪政派神甫之间的冲突。在右派的坚持下，两院废除了雾月三日法律中关于对教士仍然严惩不贷的条款，但整个法律应否同时废除仍是个问题。忠于共和主义的行政官员否认有这样的必要。但根据科雄的命令，实际执行又变得对教士有利。信仰管制业已放弃。流亡者和被流放者可自由回国。国有产业已停止出售。

如同共和三年一样，新的反动对王党有利。在布兰肯堡的不

伦瑞克公爵家里暂住的路易十八坚决拒绝同宪政派作任何妥协，这丝毫不能阻止部分王党在选举中获胜；另方面，他准许极权派王党采用暴力手段。他在巴黎的代理人在督政府的警卫中进行秘密
473 策动，事情暴露后，阴谋集团的首领勃罗蒂埃教士及其主要成员均被送进监狱，其中的杜凡纳·德·普累尔供出了英国和王党的阴谋，政府在果月十八日前始终不予公开。

此外，路易十八的奸细还组织了“秩序之友社”，宪政派王党丹德莱与舒安党人一起将这个团体改组成“慈善会”，并在波尔多打下了很深的根基。维克海姆出资支持办报和组织竞选宣传。但是，各个地区的反动分子也都根据各自的理由自发展开活动。

大多数国民对旧制度并不留恋，对路易十八也不关心。他们不再担心王政复辟，只想少付捐税和不再打仗。国内战争正日趋缓和，对外作战也接连胜利。舆论因而把实现国内和平、恢复安定和复兴经济置于首位。宗教纠纷令人十分担忧。许多顽固派神甫和共和分子所坚持的革命与天主教势不两立的说法对大多数国民已不起作用。宪政派神甫认为这种说法不能成立；以埃姆里教士为首的“顺从派”神甫把教会与世俗、宗教与政治加以区分，不再强调二者之间的冲突。关于在家庭和社会中必须以神的名义灌输道德和培养服从的信念——或毋宁说习惯和确信——使大多数法国人留恋传统的信仰。一些资产者奉行的旬末礼拜的公民宗教——例如，重新开张的共济会以及由书店老板什曼于 1797 年成立的和受到拉雷韦里埃保护的有神博爱教——不能打动群众，因为群众宁愿每七天而不是每十天休息一天。最后，宗教分裂甚至引起了家庭的内部纠纷。宪政派教会失去了一些阵地，但它依旧存在，并

于1797年举行了全国主教会议。在某些城市，例如在色当，宪政派教会仍保持着上升的势头。罗马教徒为内部分裂而激怒，等级制度开始发生动摇。和平的魅力使好战的督政府所推行的政教分离政策也注定不得人心。

更多的人把货币危机和财政困难造成的种种恶果都归罪于督
政府。土地票的灾难已使一次新的延期偿付成为必要，两院至今 474
仍想方设法调和债务人与债权人之间在利益上的对立。此外，对流亡者亲属的遗产问题，两院也感到左右为难。在通货膨胀后，接着又出现通货紧缩的困难：由于铸币不敷流通的需要，信贷几告枯竭，物价一落千丈；尤其，1796年的农业收成极好，因而粮食限价已能停止执行。这种情况使政府更难维持公共事业和应付军费开支。政府向两院指出，必须保持财政收支平衡和找到新的军费来源。两院对此不予置理，随意批准军事拨款，拖延增税法案，拒绝恢复间接税，同时对督政府横加指责，似乎政府只要节省支出，国库就能保证开支。右派打算通过切断财源，迫使政府接受和平。左派对政府百般挑剔，借以降低它的威信。左右两派都害怕选举人。虽然纳税人并不像人们所说那样逃避纳税，国家的财源却始终不足。至于军费，于共和五年雾月十六日（1796年11月6日）再次开始的对国有产业的拍卖成为唯一的来源。

督政府同以往的国王一样穷于应付。它坚持通过发放征用券来征集实物。尤其，它用官职为诱饵同形形色色的金融家作交易；对他们的贷款，督政府根据旬末确定的库存现金零敲碎打地予以偿还，由于国库出纳情况十分混乱，督政府自己对拥有现金的确切数额也不清楚。它还把一些国有产业，例如荷兰根据海牙协定交

来的前摄政王的王冠钻石和“付款书”，出让给金融家，使他们能用以作典押，从而取得贷款。它允许金融家签发“通融票据”在银行贴现，国库居然愿为这种空头汇票作保。预售国有产业的凭证终于付诸流通，人们又回到了旧制度下的“预付制”，即把国有森林的
475 采伐权和某些州的收税权交给债权人。供货的商人根据所冒的风险计算价格，借口他们必须应付穷职员的居间勒索而向国家大敲竹杠。当然，他们不免要贿赂公职人员，而且也不放过同政客打交道。巴拉斯和塔列兰等人贪污受贿已尽人皆知；乌佛拉尔和海盖洛不择手段的手腕也臭名昭著。迪戎公司和弗拉沙公司通过其与共和国的肮脏交易使督政府同自古以来所有在财政上染有污点的政府一样威信扫地。

普通百姓本已深受货币危机和银根紧缺之害，加上政府的贪污受贿，所受损失更大。一般的放款食利者倒了大霉：在他们收回的票据中，四分之一能否换成铸币取决于国家的支付能力，四分之三只能作为“征用券”用于纳税和购买国有产业。为了换取现金，食利者和农民只能把这些票据廉价出让给转手买卖的商人。全国的公用事业都残破不堪：宪兵因无力喂养马匹而将坐骑卖掉；道路因无力维修而毁坏严重；法庭、学校和救济事业完全由同样穷困的地方当局负担。没有钱就办不成任何事情，而钱照例应从纳税人那里收来。但是，困难和亏空照例都被看作是政府的过错。

四、共和五年的选举以及督政府和两院的冲突

督政府对反对派的宣传毫无反应。它也许以为，波拿巴的胜
利会减少宣传的效果。共和五年芽月的选举——改选三分之一的 476
议员，其中“常任议员”占半数——使右派获得大胜。在九十个州中，仅有一半仍忠于共和国；六十三个州推举了一百八十二名反动的或反革命的议员；二十个州选出了三十四名游移不定的议员；在十四个州，共有三十四名不同倾向的共和分子当选。庇什格律、维约、安贝尔·科洛美、罗瓦叶—科拉尔等人的当选充分表明，右派在选举中占了压倒优势。督政府发生了分裂：勒贝尔主张采取专政措施，卡诺倾向同新的多数派协商一致。凑巧的是，两院于牧月一日（1797 年 5 月 20 日）用外交官巴特勒米代替了卡诺的朋友勒图尔纳的职务，使卡诺失去了后者的臂助，作为君主立宪派的巴特勒米处事缺乏魄力。至于巴拉斯，他将站在谁的一边呢？他对王党的劝诱毫无推拒之意。

在右派方面，他们在克里希俱乐部多次会商，仍不能对所应采取的策略达成一致意见。新任五百人院议长的庇什格律始终不敢冒险发动政变。君主立宪派听任舒安党发展，但拒绝给予援助。组成所谓“肚腹派”的那部分人宁愿等待时机。反动分子在外省气焰特别嚣张。“慈善会”到处建立据点。许多地方当局和法院纷纷设法镇压共和派。共和派也试图在巴黎和法国南部建立“宪政俱乐部”等抵抗团体。两院下令予以解散。

两院先撤销了禁止流亡者亲属担任公职的共和四年雾月三日
法律，随后又废止了有关惩治神甫的各项法律。仍然拥有众多议
席的左派得到一些让步：为保持平衡，两院同意于共和四年雾月四
477 日获赦的人也可担任公职，教士仍必须声明服从法律。在共和派
看来，主要的危险还在于右派力图夺去督政府维持统治和继续战争的手段。行政权力机关的瓦解为复辟作了准备，而在复辟前，这对自累欧本停战后开始谈判的英、奥两国说来也是莫大的帮助。为此，吉贝尔－德斯莫里埃于牧月三十日（6 月 18 日）确实从督政府那里收回了全部的财政管理权，转而交给了充斥着反革命分子的国库。元老院否决了这项决议。但是，勒贝尔和拉雷韦里埃已下定决心作最后一次较量。

巴拉斯同他们是一致的。由于波拿巴把在昂特雷格的文件中找到的关于庇什格律叛变的证据交给了巴拉斯，显然，后者因此而害怕自己被王党所排斥。不能考虑动员人民的力量：拉雷韦里埃甚至不能像葡月十三日那样争取无套裤汉的帮助。唯一的办法是使用军队。督政府不能相信莫罗：莫罗听任王党在莱茵军团进行宣传；他在作战中从一名流亡者的行李里也缴获了对庇什格律不利的文件，但他在果月十八日前始终没有报告督政府。相反，波拿巴和奥什则表现得比较可靠。现在担任桑布尔－默兹军团司令的奥什离巴黎最近，他于穑月十三日（7 月 1 日）率部赶回。然而，对三巨头的图谋一无所知的卡诺坚持通过更换部长同右派和解。穑月二十六日（7 月 14 日），面对三名督政官的一致主张，卡诺深感失望：反动分子的亲信均被免职，而梅兰和拉梅尔则被留任。巴拉斯让刚从美国回来的、与他同气相求的塔列兰任外交部长。奥什

出任国防部长。但其前任佩蒂埃赶紧向两院透露了有关调动部队的消息，危机因此进入了关键的阶段。

危机如何解决不仅关系着政权的存亡，而且决定着外交方针。反法同盟诸国比任何时候都更迫切希望看到督政府的衰败。至于波拿巴，他之所以反对两院，无非是为了把决定战争与和平的大权抓到自己手里。

478 第三章　督政府与反法同盟

战争在继续进行，督政府为了养活军队、实现和平、保住比利时和自然边界，就必须先入侵德意志和意大利。但要从事这些新的征服，必定会产生新的危险。军队一旦远征，将领们便成为军队的主宰，共和国的命运将由他们来决定。此外，宣传的精神，各国难民的请求，以及某些将领以杜穆里埃为榜样在军需商的支持下推行个人政策，都促使法国在被占领国家废除旧制度，并像共和二年那样剥削这些国家，这就势必导致法国对这些国家实行军事占领。热月党在出兵争夺自然边界的同时，法国就注定要进行旷日
479 持久的战争。他们如果能像对待普鲁士那样至少让奥国取得它所要求的利益，和平或许尚有一线希望。越过天然边界，也就排除了同奥国和解的任何可能，最好的结果也只是在漫长的战争中订立几项停战协定而已。

一、拿破仑·波拿巴

督政府已看到了这些危险。勒贝尔坚持要统一莱茵地区，但坚决反对其他的兼并。在他的影响下，督政府在几个月内曾表示决心，征服自然边界以外的领土仅仅是为了换得别国对自然边界

的承认。至于将领和军需商，救国委员会曾派遣特派代表对他们进行约束；督政府没有忘记这个先例，并设立了“驻军特派员”：儒贝尔和亚历山大前往北方军团和桑布尔—默兹军团；霍斯曼前往莱茵—摩泽尔军团；萨里赛蒂和加罗前往意大利。督政府最初在原则上只赋予他们监视权，但不久便委托他们签订停战协定，征集军费和镇压劫掠行为。他们的职权虽然小于原来的国民公会特派代表，但这已足以使他们同将领发生冲突。共和二年的革命法庭曾迫使将领服从国民公会代表的命令；如今，督政府本身的地位尚且不稳，特派员的后台不硬，便总是被骄横跋扈的将领所顶回。

一个偶然事件使形势急转直下。根据卡诺的计划，茹尔丹和莫罗应率领桑布尔—默兹军团和莱茵—摩泽尔军团朝维也纳方向发起主攻；由凯莱尔曼和谢雷率领的军力较弱的阿尔卑斯军团和意大利军团将相机夺取皮埃蒙特和伦巴第。但是，督政府于共和四年风月十二日（1796 年 3 月 20 日）派波拿巴接替了谢雷的职务，并让波拿巴首先发起进攻。由于革命影响已波及南德意志，督政府希望同那里的王公进行谈判；不出督政府之所料，奥地利于 5 480
月 20 日撕毁了去年 12 月在莱茵前线签订的停战协定，并从这里开始向法军进攻。波拿巴以迅雷不及掩耳之势击溃了敌军，这一胜利决定了他的未来。

拿破仑·波拿巴于 1769 年生在阿雅克肖，当时法国刚占领了科西嘉岛。他的父亲很早就归附了法国，在被承认为贵族后，他把拿破仑送进布里埃纳军校。拿破仑在军校毕业后获炮兵少尉军衔。贫苦无望的拿破仑全靠大革命才有了一切。但他对法国人深恶痛绝，最初只想利用革命之机，在帕奥里的领导下解放故乡和服

务桑梓。帕奥里对波拿巴一家很不放心，宁愿同波佐·迪波尔哥家族合作，当他同国民公会断绝关系并向英国求助时，波拿巴全家被逐出科西嘉岛。正是那时，拿破仑才真正归化法国，为山岳派效劳。他在围攻土伦之战中崭露头角，接着指挥意大利军团打了萨奥吉乌和德戈两次漂亮的胜仗。他一度作为罗伯斯庇尔分子而被捕和失去军职，在葡月十三日事变时才重上战马，并于风月七日负责封闭雅各宾俱乐部。五天后，他被任命为军团司令，离巴黎前娶了于 1794 年被处死的博阿尔奈子爵的遗孀约瑟芬·塔斯歇·德拉·帕热里为妻。如果说拿破仑对约瑟芬同巴拉斯的暧昧关系一无所知，或者说约瑟芬的影响对拿破仑没有帮助，这是令人难以相信的；但是，拿破仑确实狂热地喜爱着约瑟芬；卡诺一反常态转而赞同拿破仑的计划和任命他当军团司令，显然也不是无缘无故的。

革命法国实行的全民皆兵打破了战争的种种限制，虽然卡诺并未真正领会这一变化的深远意义。直至 1796 年，卡诺派了两个军团向德意志推进，结果被各个击破。拿破仑天才地制定了新的战略，他以空前的自信心把周密和合理的行动同无比丰富的想象力结合在一起。他那指挥战事的高超技巧简直盖世无双，更何况他接连几年都遇到机会的帮助。早在共和二年，他指挥的意大利之役已初步具有以上的基本特征：平定皮埃蒙特，征服伦巴第，接着放下意大利半岛不顾，率部向维也纳挺进。

481 二、督政府的军事胜利和英国的惊慌失措

意大利军团占领了热那亚河的大部分地区，自从谢雷在拉乌

诺一战得胜后，更控制了塔纳洛河上游以及通向博尔米达河的两处隘口。波拿巴集中法军三万八千人，猛攻驻守科利的一万二千名皮埃蒙特部队。博利厄指挥奥军三万五千人；由于法军第一旅正窥伺热那亚，企图夺取该城的钱财，博利厄赶紧前往阻击，并派阿让图切断法军后路。在兵力分散的情况下，博利厄既救不了科利，又救不了他的部下阿让图。波拿巴于1796年4月12日在蒙特诺脱击败了阿让图部，后者被逐出德戈后，与皮埃蒙特部队失去了联系。与此同时，奥热罗把皮埃蒙特部队从米莱齐莫逐走，塞律里埃则沿塔纳洛河向下游发展。于16日和18日分别在切瓦和圣米格尔应战的科利使拿破仑遭受了惨重的损失，但因受到侧后包抄，科利最终退守芒多维一隅之地，并于21日向都灵撤退。革命军军威大振，奥国宫廷开始感到惊慌，便于28日在切拉斯科签订停战协定。博利厄退到特辛河；波拿巴利用奥军回渡波河之机，从背后包抄，在普莱桑斯进行偷袭，但预感到这一危险的奥军已经撤退，逃脱了法军的追击，仅留其后卫部队驻守阿达河。5月10日，洛迪的桥梁被拆毁。波拿巴回军进入米兰。撒丁国王已于5月15日签订了和约，并出让了萨瓦和尼斯。法军继续进军，一路势如破竹，直达明西奥河：曼图亚围城战即告开始。由于博利厄不尊 482
重威尼斯的中立，一项协议把维罗纳交给了法军，并允许法军借道。帕尔玛和莫德纳两公国求得了停战。波仑亚和弗拉拉的教皇城市不费一枪一弹被打开。热那亚同意借款并对英国封闭港口。

到达米兰时，波拿巴的政策已经定型。他允许当地组织一个俱乐部，许诺米兰实行独立，并把意大利的三色徽授予国民卫队。但他也勒令富人交出二千万赔款，军队在驻地就食。矛盾立即表

现了出来：居民进行了暴动，受到严厉的镇压，特别在帕维亚。法国不能指望意大利雅各宾派的支持，后者明确表示他们要对整个意大利进行革命的改造，使之成为统一的共和国。督政府指出它的意图恰恰与此相反：征服意大利只是得到一个抵押，在交回以前，必须充分地加以利用；事后不久，督政府同罗马开始谈判，没有表示破除教皇世俗权力的愿望。它对获取战利品的关心是那么迫切，因而下令波拿巴让凯莱尔曼留守伦巴第，而要他亲自前往半岛索取偿金。当奥军准备卷土重来时，这个命令是愚蠢的。尤其，这使波拿巴可以不冒任何风险地炫耀武力。波拿巴以辞职相威胁，督政府立即屈服了。然而，督政府的愿望得到了部分的满足：帕尔玛和莫德纳公爵以及教皇被迫缴纳了巨额赔款，手稿和艺术品的出让还不算在内。法军一个师占领了英国的主要贸易中心里窝那。波拿巴大约从意大利榨取了五千万里佛，督政府得到约一千万里佛。将军的解放事业因此大大加速。在抵达洛迪的当晚，他意识到了自己的命运："我看到世界在我的脚下陷塌，而我则在空中展翅飞翔。"一批军需商和趋利奉迎之徒在他左右追随不舍，其中有后来担任军团财务长的哈雷尔，以及通过买通约瑟芬而跟来的哈姆兰。波拿巴自己发了大财，军队成了他的私产：他给士兵发饷，一半用铸币支付，这是督政府对其他部队所不能做到的。

督政府并不感到担忧，因为它在整个夏季诸事顺利。茹尔丹
483 于 5 月 31 日渡过莱茵河后，卡尔大公虽把法军击退，但未完全占领莱茵河左岸。在意大利战况传到后，正同莫罗作战的武尔姆泽尔率领部分部队前往意大利。孤立无援的卡尔便放弃了帕拉丁地区。莫罗于 6 月 24 日渡过了莱茵河。茹尔丹转守为攻，前锋抵达

纳布河;莫罗则攻占慕尼黑。在意大利方面,从蒂罗尔河出发、沿加尔达湖两侧运动的武尔姆泽尔部在洛纳都首战失利,并于 8 月 5 日在卡斯蒂利奥内再战再败。回到特伦托后,武尔姆泽尔曾想绕布伦塔河谷进占曼图亚。波拿巴紧追不舍,迫使武尔姆泽尔躲在要塞内不敢出战。胜利者在雅各宾分子萨里赛蒂和加罗的协助下推行自己的政策,不把政府放在心上:10 月 15 日,莫德纳和由教皇割让的管辖区组成了西斯帕纳共和国。但将军仍希望摆脱特派员;意大利的财力渐告枯竭,军队的状况开始恶化;萨里赛蒂已派往科西嘉,只剩加罗一人应付种种怨望。波拿巴于 10 月 25 日跨出了重要的一步,他委派伦巴第驻军司令巴拉盖监督全国行政事务,对特派员不再顾及。

同奥地利的情况一样,英国也在走下坡路。督政府于 8 月 19 日与西班牙结成了同盟:英国舰队在放弃科西嘉后离开了地中海,法军于 10 月重新占领了该岛,波拿巴在这方面已无后顾之忧。自 7 月以来,他一直在组织一次登陆行动,以配合沃尔夫·汤恩在爱尔兰的起义。关于法军即将登陆的消息于 9 月在伦敦引起了普遍的惊慌。经济状况也令人担忧。1795 年末,汇兑率开始下跌;银行力图通过提高贴现率的办法维持汇率,但金融活动受到了相应的损失。更严重的是货币状况:1796 年 2 月,银行的黄金储备降低到二百五十万。9 月,前景变得更加暗淡:叶卡特琳娜二世于 7 日去世;她的儿子保罗一世即位后仅与普鲁士一国亲善,全靠俄国驻伦敦和维也纳的大使沃龙佐夫和拉佐莫夫斯基的努力,才勉强避免了绝交;反法同盟至少不能对俄国有所指望。这些可怕的打击迫使皮特决定谈判,督政府同意在利尔开始商谈:马姆兹伯里于

10月14日动身。

484 三、1796年秋的失败

就在这时，形势已开始变得对共和国不利。茹尔丹和莫罗没有力争会师，卡尔大公集中主力先攻打茹尔丹，因行动迟缓，使桑布尔—默兹军团得以平安撤退；茹尔丹部于9月末渡过了莱茵河。卡尔大公着手切断撤退较迟的莫罗的后路，但他仍未能集中兵力采取迅速行动；莱茵—摩泽尔军团经瓦尔唐费尔转进，于10月26日到达胡宁格。奥军因此随时可以进入意大利的大部地区。可是，奥军仍坚持要夺取凯尔和胡宁格这两个桥头堡，攻守战延续了整个冬季。

奥军新任统帅阿尔文齐在同波拿巴作战中取得了一定的胜利。波拿巴陈兵维罗纳城下，在卡尔迪埃罗击败了敌军的多次猛扑。通过11月14日至17日的阿尔科勒激战，阿尔文齐终于迫使法军撤退。波拿巴险遭全军覆没，物资损失惨重，士气极度低落。

在这种情况下，图古特拒绝了同英国一起参加利尔的谈判。皮特也变得强硬起来，要求法国放弃比利时和出让殖民地。督政府于12月19日勒令马姆兹伯里回国。在奥什的率领下，爱尔兰远征军已扬帆出海；舰队在海上被风暴所阻，无功而返。随后不久，一个名为塔脱的美国人（他在独立战争时曾任军官）所组建和指挥的“黑人军团”在威尔士登陆，但塔脱很快被英军抓获。与此同时，杰维斯于1797年2月14日在圣文森特角击败了西班牙舰队，地中海的大门重新洞开。

在其他将领连战连败、而波拿巴却突出地取得胜利的情况下，波拿巴便成了唯一的希望。更何况，那些败军之将也不比波拿巴表现得更为驯服。克累贝和贝尔纳多特在败退中居然敢向茹尔丹提出辞职，并把他丢下不管。接替茹尔丹的勃农维尔同特派员亚历山大发生了冲突。莫罗未向霍斯曼征求意见便与符腾堡签订了 485 停战协定，接着又与霍斯曼彻底闹翻，径自返回法国。督政府迫于无奈，撤销了特派员，将领们从此便独立行事。另方面，在秋季军事失利后，卡诺开始掌舵。他企图同图古特取得秘密联系，于 11 月要求派遣其军事处处长克拉尔克前往意大利负责停战谈判和调查军情。克拉尔克很快被波拿巴争取了过去；督政府重申了用伦巴第换取莱茵地区的意图，并要克尔拉克征询将军对和平条件的意见。

四、奥地利的投降以及累欧本的预备和约

不久，幸运又一次从一个阵营转到另一个阵营。阿尔文齐于 1797 年 1 月沿阿迪杰河向南发展，普罗弗拉则从弗留利地区向曼图亚前进。这是意大利军团取得的最出色的战功。1 月 14 日，波拿巴将进攻里沃利高地的奥地利几路大军打得丢盔弃甲，儒贝尔于第二天把奥军残部收拾干净。波拿巴立即又率领马赛纳师于 16 日迫使普罗弗拉投降。曼图亚终于投降。胜利的陶醉，加上勃罗蒂埃阴谋案的暴露，促使督政府改变了既定方针。克拉尔克接到了维护西斯帕纳共和国的指示；共和五年雨月 15 日（1797 年 2 月 3 日），督政府又致信波拿巴，要他摧毁教皇政权，但不久又收回

486 成命。波拿巴和克拉尔克要求督政府准许他们为伦巴第颁布宪法，督政府仅允许以将军个人名义设置临时行政机构。随后，交给奥什指挥的桑布尔—默兹军团于4月16日和18日渡过了莱茵河，迅速进逼法兰克福；20日，莫罗也渡过该河。督政府下令克拉尔克推迟停战，因为德意志再次成为主要的战场。时间已经太晚了，波拿巴抢先采取了决定性行动。

波拿巴在夺取曼图亚后，乘胜向罗马进军，但无意走得太远。他从克拉尔克处得知，如果他自己不签订和约，督政府会把伦巴第转让给维也纳；因此，他必须赶在奥军的前面。他在托伦蒂诺与庇护六世匆忙地实现了和平。教皇除出让阿维尼翁和几个管辖区外，只付了几百万赔款。3月20日，波拿巴开始向卡尔大公指挥的奥军发起进攻，莱茵方面派出的援军已使他在兵力上占了优势。他顺利地到达了塔尔维河，马赛纳师更深入到赛姆林山谷的脚下。双方全权代表于4月7日在累欧本全面谈判。和谈建议是由波拿巴于3月30日主动向卡尔大公提出的。由于莱茵军团的援军尚未开始进攻，奥军能够从容地进行阻击，法军的后方也不甚稳固。波拿巴看到，如果对图古特不以利相诱，就不能实现自己的计划，因而在开战之前，曾先向图古特表示可让出威尼斯的部分土地。他的部下于3月在布雷西亚和贝加莫挑动的革命自然先得到他的认可。接着，他们还试图煽动大陆的农民起义；但是，农民在教士和贵族的影响下，对军事占领十分不满，转而反对法国人。4月17日，维罗纳驻军遭到偷袭，死伤甚众。波拿巴的地位不稳，加上他决心不惜代价平定意大利和守住已占领的地区，促使他向哈布斯堡王朝提出了以下的选择：或者出让比利时和伦巴第，以保留伊斯

的利亚、达尔马提亚和直至奥格利亚河的全部陆地，但威尼斯除外；或者收回伦巴第，仅保留威尼斯以及塔利亚门托河，但放弃比利时和莱茵地区。这就等于要奥地利用威尼斯的土地去换回伦巴第，把莱茵地区留给德意志帝国，使皇帝能保住面子。波拿巴在既 487
没有委任、又未征询克拉尔克（当时在都灵）意见的情况下，断然于4月18日签署停战协定和预备和约。事情已经定局：共和国在阿尔卑斯超出了自然边界，而它最想得到的莱茵地区却没有得到。这项协议是瓜分波兰的可耻翻版，它任意牺牲一个独立国家，把意大利部分国土拱手交给了德意志帝国。

波拿巴立即发信通知莱茵前线法军停止前进，并且不让督政府知道就抢先公布和议成立的消息。共和五年的选举刚刚结束，督政府能否对舆论和将军有所冒犯呢？它没有这样的胆量，于是便不顾勒贝尔的反对，批准了协议。如今，波拿巴在蒙贝罗的克利威立宫驻跸设帐，俨然以国君自居。他在伦巴第颁布了宪法，兼并了西斯帕纳共和国、瓦尔特利纳和部分威尼斯领地，进而成立了西萨尔平共和国。他力图说服瓦莱州让新成立的国家从辛普龙取得一条同法国联系的通道；失败后，他立即萌发了出兵瑞士的打算。但是，热那亚的雅各宾分子发动了革命，成立了置于波拿巴保护之下的利古里亚共和国，波拿巴的出海通道也已经随之而打开。

正式的对奥和约尚待签订。为了迁就督政府，波拿巴表示他打算占有曼图亚和取得莱茵地区。5月2日，他自动向威尼斯宣战；12日，威尼斯的共和分子推翻了寡头统治，欢迎法军入境。波拿巴于16日同前政府的代表进行了谈判，这使他可以不承认新政权。波拿巴既已把威尼斯掌握在手，便打算实现自己的目标。图古特并不拒绝谈判，但同时还想得到教皇管辖区。和谈会议在乌迪内开始举行。

五、英国的危机

正当奥地利放弃斗争的时候，英国刚从一场严重的危机中脱
488 身，这场原因复杂的危机从1796年已经开始。巴塞尔协定和海牙协定的签订以及西班牙的参战给英国的贸易带来了一些困难：1797年的出口额同上年相比略有下降，虽然仍高于1792年。法国的海盗船只最多达七百艘，英国议会已禁止没有护航的商船航行。但困难主要来自财政方面。皮特不主张用提高捐税的办法来维持军费开支。他于1796年12月略为增加了由富人负担的附加税。财政收入由1792年的一千九百万英镑上升到1797年的二千一百五十万，增加部分主要来自关税和间接税，同1792年相比，进口额和出口额分别提高了百分之十七和十四。可是，支出却由1792年的二千六百万增加到1797年的七千五百万。

皮特依靠借债弥补赤字：1797年发行的统一公债达四千三百万，占支出的百分之五十七。公债仍嫌不够，他主要以未来的税收作抵押，要求伦敦银行借款二百万；他又发行财政证券——短期国库券——一千五百万至二千万，其中部分留给银行，余下的由他支配。伦敦银行拥有的银行券1795年末约为一千三百万，1797年约为一千零五十万，但其流通额并未增加：1795年为一千四百五十万，1797年2月甚至下降为九百六十万。同1790年相比，1797年的物价上涨了百分之四十一——只是由外省银行造成的通货膨

胀就能促进物价的上涨。但伦敦银行的黄金储备正在减少。

国库必须用黄金维持国外部队和资助反法同盟诸国，这使黄金储备更加减少：自 1794 年至 1797 年，价值约二千一百万英镑的 489
黄金流向欧洲，总数至少高达五百万英镑的奥地利两笔借款尚不计在内。此外，还有殖民地部队的垫款、外国人拥有的统一公债的利息，为英国服务的中立国船只的运费和保险费，也都要用黄金支付。更糟糕的是，1796 年必须花二百五十万英镑从海外购买粮食。金币在国内日渐稀少，伦敦银行出现了用银行券挤兑铸币的现象。黄金储备已告枯竭。

奥什的远征企图也许触发了信用危机的出现。塔脱在威尔士登陆的消息于 1797 年 2 月 25 日在伦敦造成了普遍的惊慌。伦敦银行只剩下一百零八万六千英镑现金。根据大臣会议的命令，自 27 日起停止兑换铸币；这项命令直到 1823 年才停止执行。经济形势也不容乐观，但比 1793 年略好些，皮特认为尚不需国家提供贷款，伦敦银行放宽其贴现政策已足以解决问题。后来，随着铸币越加减少，纸币的币值开始疲软。暂停执行金本位制没有造成不可收拾的灾难。企业界人士从公民的责任心出发，没有忘记资本的利益与共，在收款时同意接受纸币和铸币各一半。在 1812 年前，不需要实行纸币的强制流通。国民情绪的恢复镇定，期票的流通和存款的复原，以及由于大陆战争的停止而英国不需再出钱资助，这一切终于使伦敦银行于 1797 年 8 月重新把黄金储备增加到四百万英镑，并逐渐补足亏空。

英国刚渡过以上难关，便遇到奥地利的背盟，它的痛苦是可以想象的，尤其皮特刚提出全面谈判的新建议。英国陷于与法国孤军作战的境地，而法国则随时可能利用已经开始的爱尔兰暴动。就在那时，岛国的屏障——海军舰队——也闹出了乱子。这与政治动荡没有关系：水兵不但伙食恶劣，薪饷停留在十七世纪的水平，而且没有任何假期，动辄遭到无情的打骂，这种苦难的生活使水兵感到绝望。眼看无人理睬他们的怨愤，他们于 1797 年 4 月 16 日在斯皮梯特举行暴动。经过一个月的坚持，在部分要求得到
490 满足后，水兵终于归顺。但在此期间，北海舰队在泰晤士河口也闹了起来，邓肯率领在荷兰沿海巡航的部分军舰参与了北海舰队的行动，陆军部队也开始不稳。当局作了一些让步，赦免了包括其头目派克在内的部分闹事水兵，但仍有二十三人被处以绞刑，直到 6 月中旬才恢复了秩序。当时，督政府正与两院发生纠纷，错过了这个千载难逢的机会。但在英国，议会和舆论向政府进行猛烈攻击。鉴于法国的局势和巴特勒米就任督政官，皮特决定建议和平，以寻求国内的稳定。马兹姆伯里再次前往利尔，其使命是尽力而为，即使法方拒绝一切，也不使谈判破裂。谈判于 1797 年 7 月 7 日开始。英方希望得到锡兰和好望角，督政府因与其盟国有约在先，不牺牲它们的利益，因而予以拒绝。塔列兰任外交部长后，气氛立即发生变化：在同英国政府联系后，他让督政府请求荷兰和西班牙给他一定的自由。协议似乎已可望达成，特别是英国的最后盟友葡萄牙代表也已与法国议和签约。

六、果月十八日政变的背景

在乌迪内和利尔举行的谈判都毫无结果，因为图古特和皮特

对巴黎的动向一清二楚。前者试图转移谈判的地点;一名秘密使者会见了卡诺和巴特勒米,要求否定波拿巴的和平条件,表示愿意用莱茵地区换取教皇管辖区和德意志境内的割地。两位督政官声称无能为力,除非两院能制伏波拿巴。利尔谈判中出现了通敌行为:塔列兰(也许还有巴拉斯)接受了贿赂,许诺力争让督政府同意放弃一些殖民地。在巴特勒米的授意下,马雷把协议的内容透露给了葡萄牙,格伦维尔赶紧辟谣。同图古特一样,皮特也等着看督政府的命运如何确定。从大革命开始起,法国的对外政策总是同国内的政局变化相联系,这种联系如今变得更加密切了。如果督政府在英国和王党的阴谋打击下垮台,外国为和平付出的代价自然将便宜得多。

右派纷纷攻击将领们的抗命行为。威尼斯事件已点燃了导火 491
线。穑月五日(1797 年 6 月 23 日),迪莫拉尔在一篇充满愤怒的演说中历数波拿巴的种种罪行。作为反击,将军发表了一篇咄咄逼人的公告,并于 7 月 14 日那天向全军将士宣读。其实,他在玩弄两面派手腕:他同卡诺保持通信联系,并派奥热罗去面见督政府和执行政变使命;但是,他又根据随同来到巴黎的副官拉瓦莱特的建议,不交出他曾许诺的三百万里佛。奥什对其中的曲折一无所知;如果督政府聪明一点,奥什近在咫尺,政变行动本可以由他来领导。共和国的命运很可能因此而变化。这位士兵公民在果月十八日政变过后几天就不幸去世,忠于共和主义的国民至今仍亲切地怀念着他,认为他是忠勇兼备的青年的象征。

士兵们完全追随他们的将军。意大利军团的各师分别发出了语气强硬的宣言;桑布尔-默兹军团不久也跟着这样做。许多战士始终对革命和“不可分割”的共和国怀有无比的忠诚；他们为革命和共和国浴血奋战，认为自己有权阻止由百姓造出的王党胡作非为。情况当然并不都是如此：在有些部队中，军官的态度也起一定的影响，例如莫罗指挥的莱茵－摩泽尔军团远没有同其他两个军团采取一致行动。

将军们在共和国中的政治影响大部分来自他们在部队中的威望，而他们威望的提高又在于士兵心理状态的迅速变化。这种变化最初是随着部队实行混合编制后出现的；从那时起，志愿兵和应征新兵都必须根据革命政府关于整顿军纪的规定，严格遵守正规军的纪律。热月党人执政后不断强调自下而上的绝对服从。军事法庭开庭时不再设陪审团，法官中不再有普通士兵。此外，在督政府统治期间，由于逃兵甚多，留下的士兵几乎可以说都是志愿兵。他们之所以留下，只是因为他们喜爱打仗和冒险，或者因为一旦离开部队，他们不知道干什么是好。他们逐渐变得不同于普通百姓，
492 特别在共和二年的大举征兵后再没有征召过新兵，军事胜利又使他们离法国本土越来越远。这些驻守国外的职业军人怎能不以他们的军官马首是瞻呢？但是，他们毕竟不是雇佣军，士兵和将军只是应资产阶级的召唤，才在果月十八日和雾月十八日发动了政变。

第四章　果月十八日政变和康波福米奥协定 493

共和五年果月十八日(1797 年 7 月 4 日),督政府在军队的帮助下粉碎了两院中的反对派,把革命重新引向专政的道路。政变的后果与其原因同样复杂。它暂时导致了对英谈判的破裂,并使波拿巴得以迫使奥地利接受和平条件,但这样的和平只能是一种休战。

一、果月十八日政变(1797 年 9 月 4 日)

当右派获悉他们所信任的部长全遭解职,奥什的部队开始调动,骑兵已到达科尔贝附近的拉费尔代一阿莱(根据宪法部队不得进入的地区)时,他们已能断定督政府准备搞一次政变。他们企图与卡诺合作,对督政府下弹劾令。但是,卡诺已从巴拉斯处得知庇什格律的叛国行径,改变了主意,并明确表示决不赞同复辟。在另一个阵营,奥什以为调动部队已获卡诺的同意,在受到后者的责备后,与巴拉斯大吵了一场。此外,右派又指责奥什任国防部长为非法,必须予以撤换,因为将军还不到四十岁。督政府以向布雷斯特增援为名解释部队的调动,并说进入禁区是“误入”。这样一场风 494

波才暂告平息。

政府利用了这一点。奥什率部兼程前进。他的朋友谢雷担任了督政府警卫长，奥热罗任巴黎卫戍第十七师师长。部队、武器和弹药以各种借口进入了巴黎，对“黑衣领”寻衅之事重又开始。右派对军队散发的非法公告提出抗议，督政府则把扰乱秩序的罪名归诸反革命。拉雷韦里埃声称他同共和国的敌人决不调和。怎么办？两院决定重建国民卫队的精壮营，以武装富裕街区的资产者和准备一次新的葡月行动。但是，三巨头对法律已置之不顾；其他的有效措施或者议而不决，或者在元老院搁浅。果月十七日，右派终于决定对督政府提出弹劾，但后者已抢先动手。

在十七日至十八日的夜间，巴黎被置于军事管制之下。奥热罗在凌晨逮捕了巴特勒米、庇什格律及其同伙。卡诺只身脱逃。一项公告宣布，对复辟王政或恢复 1793 年宪法的捣乱分子将格杀勿论。两院感到十分惊诧，左派也不能不承认宪法受到了致命的践踏；根据三巨头的建议，两院通过了果月十九日非常法，接着于二十二日又通过了新闻限制法。

四十九个州的选举结果被全部撤销，其他各州的任命也经过清洗。六十五位知名人士被勒令流放圭亚那，其中十七人被押送前往，八人死于流放地，包括庇什格律在内的少数人得以脱逃。总计有一百七十七名议员被除名，并且不被替补。有些议员不再出席两院会议或保持沉默。四十二家反对派报刊被取消，报社社长和主编均被判流放，但他们几乎全躲避了起来。此外，既然宪法允许，报刊在一年内由警察当局任意主宰。

已回国的流亡者接到必须在十天内离开法国的命令，违者将被处死。共和四年雾月三日法又重新生效，并进一步剥夺流亡者亲属的选举权。关于撤销镇压神甫法的命令被收回后，被流放的神甫又不得不再次离乡背井。但是，对违背这一法律的神甫不再 495
处死，改为流放圭亚那。另方面，督政府取得了以命令形式遣送任何神甫流放的权利；从此，神甫不但必须答应服从法律，而且必须宣誓仇恨国王和1793年宪法，这使又一批神甫坚决进行抵制。行政部门的权威扩大了：政府从此负责撤换行政官吏和法官；终审法院也遭清洗，唯独国库仍保留原班人马。政府还从两院夺回了随时随地发布戒严令的权力。

果月十八日事变不惜践踏宪法，结束了热月党推行的自由化尝试，用武力建立了专政，但这个专政终究没有得到巩固。如同5月13日后的国民公会一样，立法团决不甘心自己地位的下降。它比以往更不能同督政府合作，最终推翻了督政府。军队的作用使军事专政的前景进一步明朗，波拿巴的威望正与日俱增。

二、康波福米奥协定（1797年10月18日）

既然王党同外国的勾结部分地说明事态的演变，对外政策也间接受到了影响。勒贝尔主持外交事务后，塔列兰采取委婉顺从的态度。新任全权代表在利尔通知马姆兹伯里，必须交回法国及其盟国的全部殖民地，而共和国的战果则不让分毫。谈判因此而破裂。在莱茵地区，随着奥什的去世，由他支持的和由戈尔策划的建立西斯莱茵共和国的计划也烟消云散。图古特忍气吞声地派遣科本泽尔前往乌迪内附近的帕沙里亚诺乡间别墅，同波拿巴继续商谈。

496 督政府在自然边界问题上不再左右摇摆。它不但保留西萨尔平,而且坚持不放弃威尼斯。它要求取得整个莱茵河左岸,只让奥地利占有依斯的利亚和达尔马提亚,并恢复赛莱尼西姆共和国。冬季战役即将进行。

波拿巴完全知道冬季战役将在德意志境内进行,他不愿因此而使自己处于次要地位。他擅自把包括首府在内的阿迪杰河以东的威尼斯领地交给奥国,但把爱奥尼亚群岛留给法国。作为交换,奥地利同意出让除科隆地区外的莱茵河左岸。科本泽尔终于接受了条件。肢解德意志的问题将在拉施塔特同帝国议会讨论解决。双方于 10 月 18 日在帕沙里亚诺签字;但协定以小村庄康波福米奥命名,因为签字仪式原定在那里举行。

督政府虽感失望,但仍批准了这一协定。政变以来,督政府面临着重重困难;它怎能同飞扬跋扈的将军闹翻?尤其是现在,奥什已经去世,莫罗又居心叵测,不可重用。可是,协定有关莱茵地区的条文在外交上会导致不可收拾的后果。图古特把科隆地区作为例外,不予出让,因为普鲁士的领地就在那里;人们不能不担心普鲁士会反对出让和离开法国。在这种情况下,只要同英国的战争仍在进行,反法同盟就有复活的可能。

共和国既然没有完全达到自然边界,这就更加促使它在自然界之外扩大占领区。它必须相信作为它屏障的保护国:巴达维亚和西萨尔平共和国的情况就是如此。为了把西萨尔平同法国连接起来,波拿巴企图夺取瑞士或至少瓦莱州,如能在皮埃蒙特立足对他更加方便。新任大使们——驻海牙的德拉克鲁瓦、驻都灵的让格内、驻马德里的特罗盖——到处以主人的身份颐指气使。

此外，雅各宾分子虽然没有接到当局的正式请求，却为政变拍手叫好，并随时愿意出力效劳。督政府强调王党的危险，也就激发了革命热情，并鼓励人们同暴君决战到底和普及革命宣传。正是在共和六年，共和分子开始为自己属于负有解放世界使命的“伟大 497
民族”而感到骄傲。拉雷韦里埃感到吉伦特的理想主义在觉醒；巴拉斯不反对闹个天翻地覆。勒贝尔同他们一样乐于展望教皇政权的垮台；与巴塞尔的民主派相联系，他势必经不住入侵瑞士的诱惑。最后，从自身的利益和倾向出发，将军们和军需商对于使他们得以名利双收的宣传运动自然表现得十分积极。

在果月十八日后不到六个月，法军在波拿巴的赞同或唆使下，进入了伯尔尼和罗马。波拿巴自己出征埃及，促使了第二次反法同盟的迅速形成。

498 # 第五章　第二届督政府

在热月党建立的政权的历史上，果月十八日是两个截然不同的时期的分界线：政变结束了比较自由的立宪制尝试。第二届督政府——我们惯于这样称呼它——不但采用了已被其前任多少放弃的非常措施，而且又想出了迫使它的敌人不敢讲话的新镇压措施。由于大陆和平的实现，它已能把更多的精力集中在内政方面，但它始终不能取得舆论的支持。

一、督政府的恐怖统治

督政府虽然以恐怖手段支撑其独裁统治，但它毕竟没有把恐怖主义发展到1793年的程度，因为外国的威胁暂时已不再存在，国内的叛乱者也已沦为打家劫舍的盗贼。最高法院办事拖沓，态度暧昧；人们有时诉诸普通的刑事法庭，那里也有类似的缺点；革命法庭始终没有恢复。人们对非常案件采取军法审判；在果月十
499 八日后，军法审判主要用于对付地方骚乱，虽然只是在南部的个别地方曾出现过比较严重的骚乱。立法团只是在共和六年穑月这一个月内准许抄家，但这种准许其实完全是可有可无的形式，正如乡村中打猎不需经过任何人批准一样。地方当局虽然无权捕人，但

它们步督政府之后尘，下令对嫌疑犯执行为期不等的关押。通信秘密和个人自由均不被尊重。政府分批取缔了许多报刊，留下的几家变得没有政治色彩。书刊和戏剧也逃不过警察的专横检查。

以下三种人是主要的打击对象：强盗、流亡者和神甫。

一项新的非常法规定盗匪按军法审判，两人以上作案者处以死刑，这使人不能不联想到过去的重罪法庭，并使人想象到未来执政府的特刑庭。

惩治流亡者的问题在理论上似乎是清楚的，但在实行中却不无困难，因为流亡者的名单常有差错。督政府历来反对任何玩忽法律的行为，军事法庭和地方当局也就审慎从事。尽管如此，至少在共和六年，对流亡者的处决仍在进行。流亡者亲属仍受共和四年雾月三日法的约束，在遗产预分前不能支配他们的财产。督政府的一些成员准备走得更远。尤其是西哀士，他甚至主张驱逐所有贵族。这个建议遭到了强烈的反对，两院于共和六年霜月九日(1797 年 11 月 29 日)仅决定取消贵族的居住权，除非他们像外国人加入法国国籍那样提出申请；这对那些对革命有功之人自当别论。由于名单迟迟定不下来，这项法律也就成了一纸空文。

神甫的地位比流亡者更不明确：1792 年和 1793 年的有关法律是否仍可执行，始终没有作出决定；警务部长于共和七年重申，被流放的神甫返回国内者将遣送圭亚那。但是，许多神甫同时也出现在流亡贵族的名单上，据说约有四十余人因此丧命。军事法庭和地方当局对另一些神甫网开三面，警务部长于共和七年表示，被告可对其身份提出异议。

在另方面，督政府往往根据特别法令，将拒绝宣誓仇恨王政 500

的，甚至其他遵纪守法的神甫遣送流放地。但是，它也曾一次把九千二百三十四名比利时教士统统判处流放。在共和国的其他地区，约有一千七百至一千八百名神甫受到同样的打击。实际上，仅有三艘船开往圭亚那，英国截获了一艘，其他两艘共载有二百六十三名流放者。另有一千一百余名被禁闭在雷岛和奥列龙岛。老弱病残者悉遭关押。犯人待遇恶劣，死亡甚众（年老病死也是其中的原因之一）。

对教徒们说来，新的恐怖统治还表现为重新执行共和四年葡月七日法——禁止公共的宗教仪式，破除信仰的外部象征，出售不再有神甫定期举行祭礼的教堂。督政府分子对共和历和旬末礼拜的热衷也使教徒感到愤懑。督政府明令规定，各政府部门必须严格使用共和历；共和四年热月十七日（1789 年 8 月 4 日）法和果月二十三日（9 月 9 日）法确认了旬末休息一天，并规定了应予庆祝的节日。此外，督政府既无力负担公立学校的经费开支，又鉴于公立学校遭到坚持教会教育的家长的抵制，便对私立学校——几乎全部由天主教主办——横加限制。它下令将私立学校置于市镇当局的监督之下，禁止公职人员的子女进私立学校上学，并表示政府官员今后将从公立学校毕业生中选拔。这些措施看来并未真正奏效，但也有一些教会学校因此关了门。

被称作“不流血的断头台”的流放政策给人们留下很坏的印象，但督政府的恐怖统治毕竟杀人不多。由军事法庭判处枪决的至少有一百六十人，刑事法庭的死刑判决尚无统计。随着时间的推移，人们对最残酷的刑罚越来越明显地表示反感。1798 年 8 月后，不再有人被遣送圭亚那流放；1799 年 3 月后，仅一名流亡者被处死。督政府分子比雅各宾分子更加聪明，他们的恐怖不针对特定的社会阶层，因而广大居民并不觉得受到威胁。镇压完全由政 501
府执行，没有设立监视委员会。监视委员会固然因熟悉当地情况而有效率，但往往夹杂着个人恩怨和种种敲诈。只是到了共和七年末，当王党同外国的勾结激起普遍的愤慨时，恐怖统治才有重新加剧的危险。然而，许多法国人把恐怖统治同督政府的宗教政策联系在一起，这在很大程度上造成了督政府的不得民心。

拉雷韦里埃等部分共和分子对推行镇压政策仍嫌不够，还要像“暴君罗伯斯庇尔”那样用最高主宰的公民宗教反对天主教。大多数共和分子始终不同意这么做。但是，少数人仍跃跃欲试，并于1797年1月创立了“博爱教”。这一与共济会具有类似信条的新教会从未深入群众；自1796年起，在罗蒂埃·德·蒙塔洛的创导下，共济会恢复了活动。政府把主要精力放在改善小学教育方面，但因经费支绌而毫无作为。实际上，它仅开办了几所高等学校和筹建了由“观念学派”所控制的法兰西学院。在推行共和历和旬末礼拜的同时，政府打算扩大宣传，但也没有结果，因为这不但遭到天主教徒的反对，而且也打乱一般人的习惯，使人们感到不便。

督政府虽然得不到舆论的支持，却至少用恐怖手段使反革命在大陆和平期间无力反抗；一旦实行恐怖，谁也阻止不了督政府转移目标，当雅各宾派重新成为它的可怕对手时，恐怖措施也就转而针对这些人了。

恐怖是专政的必要手段，但恐怖却弥补不了领导者的无能和政权组织的不完善。梅兰参加督政府后曾起过一定的作用，但他的副手弗朗索瓦·德·纳夫沙杜只是一名行政官员。共和四年的部长中仅留用了拉梅尔，除比利时人朗布莱奇外，人员更替并未使督政府有新的起色。许多督政府分子表示，不该像山岳派那样暂停执行宪法，而应修改宪法，以便不断加强行政权。西哀士和塔列
502 兰，大概还有斯塔尔夫人和本雅明·贡斯当，共同进行了周密的策划。塔列兰通知波拿巴说，西哀士打算去拜访他，策划者对将军的答复早已心里有底。波拿巴主张取消立法团对战争与和平的决定权和对税收的批准权。他说："根据我的设想，政府应该是国民的真正代表。"两院自然不打算这么做，因而两次建议督政府在若干年内暂停选举。三督政在果月十八日曾要求议员赞同这一创议，但不敢同时要求扩大他们自己的职权。机会既已错过，那就必须发动一次新的政变，因为合法地修改宪法需要很长时间。三督政在政变问题上意见不能一致。拉雷韦里埃认为，破坏宪法正是为了保存宪法；勒贝尔对巴拉斯，尤其对波拿巴，很不放心。尽管督政府变得更强有力了，但对两院和国库仍毫无办法，各州的地方当局也很不稳定。

在几个月内，共和派的团结至少在表面上已经恢复。丧失被选举权的山岳派得到了平反；一些雅各宾派被政府重新录用，对报纸的控制也有所放松。在冬季结束前，人们几乎可以认为，督政府最害怕的还是军事将领。奥热罗因为没有当上督政，正大骂忘恩负义。波拿巴在共和六年霜月二十日（1797 年 12 月 10 日）对巴黎给他的隆重接待表现冷淡和傲慢，并针对巴拉斯的演说，讲了下面这句名言："一旦法国人民的幸福有了最好的组织法作保障，全欧洲都将获得自由。"在随后的几个月里，人们仍征询他对外交事务的意见，他比任何人都更加有力地推动共和国走上他所主张走

的那条道路。

二、第三次反动：共和六年花月二十二日（1798年5月11日）

选举制度原封未动，政界满怀焦虑地等着改选的到来；这次改选很可能在春末改变果月十八日的结果。改选涉及的面相当大：由于不久前撤销了部分议员的职务，应该补足的议席达四百三十 503
七个，其中包括“终身”议员的一半。人们决定采用在共和五年被认为背离代议制原则而遭否定的预防措施。共和六年雨月十二日（1798年1月31日），立法团宣布自己负责对新任议员的资格审查，因而二百三十六名原国民公会议员将同二百九十七名现任议员一起参加对即将代替他们的新选议员的清洗。二十四日（2月12日），在职的两院确定于花月二十七日（5月16日）选举新督政，也就是说，把改选权抓住不放。改选结果是让特雷拉取代弗朗索瓦·德·纳夫沙杜。

人们逐渐觉察到，王党分子或者已经被排斥，或者因害怕而不再投票，但对现政权不满的人仍不选现任议员。这种状况岂不对雅各宾派有利？他们领导着许多宪政小组，在行政官员中朋友甚多，他们的宣传也使人担心，拉雷韦里埃总以为恐怖分子会暗杀他，因而惴惴不安。梅兰或许真的感到担忧，或许出自策略需要，扮演了卡诺的角色，他警告资产阶级应防止共和二年民主制的再现。《政府通报》提醒有产者注意，“无耻的无政府主义正宣扬罗伯斯庇尔的平均和平等，向一无所有者许诺将把有产者的产业分给

他们”。本雅明·贡斯当从理论上作了进一步的论述。其实，新雅各宾派同无套裤汉已不再有联系，但“社会恐惧”过去对热月党人有用，现在对督政府分子有用，将来对波拿巴依然有用。巴拉斯高声反对在共和派内部制造分裂，但也毫无用处，因为其他几名督政另有自己的小算盘。督政府与两院争吵不休：问题在于督政府不仅要排斥雅各宾派，而且要排斥拉马克这样的独立派（尽管拉马克原是吉伦特分子），以便在议会中取得驯服的多数。波拿巴后来指出：“决不容许反对派的存在。”打定主意以后，督政府对这次选举作了认真的准备。它免除许多官员的职务，在许多城市宣布戒严，并借口检查路捐执行情况，派遣巡视员携带命令和经费送交各地的特派员。梅兰的拿手好戏正是大搞分裂，以便操纵对立的各派。

504 选举的结果没有任何地方可以使资产阶级感到惊慌，但人们认为，新的立法团大概不会像以往那么顺从。由于议会将在牧月一日（5 月 20 日）开会，必须赶紧动手。督政府的亲信拟出了一份应予剔除的议员名单，提交两院通过。共和六年花月二十二日（1798 年 5 月 11 日）法规定：在未发生分裂的八个州中选出的议员均被除名，议席空缺待补；在十九个选区中当选的分裂分子准予取得议员资格；在别的选区中也有个别当选议员被撤销；另有六十余名行政官员和法官被驱逐。总计共有一百零六名当选议员受到花月法的制裁；约有六十名反对派逃过了厄运。花月二十二日选举进一步表明，政府的势力——六十八名特派员、十七名一般官员以及一百零六名行政官员和法官，其中大部分都依靠督政府才谋得官职——进入了两院。立法权的地位正继续下降，国家官吏闯入立法机构将长期毒化代议制的气氛。

失望接踵而来。多数议员眼看许多备受他们尊敬的人竟被除名，他们在不满之余，暗中对他们服从的领导人怀有怨望。在反对派方面，吕西安·波拿巴危言耸听地抨击当局。督政府达到了权力的巅峰，它的垮台也就为期不远了。

三、财政问题与国民经济

然而，督政府的业绩主要是在果月十八日后的二十个月内完成的；人们对此没有作出公正的评价，尽管督政府远不止在经济方面为执政府作了准备。

当务之急是要恢复经济。两院迅速采取措施，再次削减债务。国家债册仅留有或登记有债权人三分之一的证券，这些证券可用于纳税和支付购买国有产业时必须用铸币偿付的部分，余下三分之二的证券改作银行券，可与其他“死价值”一样抵偿购买国有产业的其余部分价款。这就是所谓“拉梅尔清账”或三分之二的信用 505
破产，也就是共和六年葡月九日（1798 年 9 月 30 日）对世袭年金和霜月二十四日（12 月 14 日）对终身年金、养老金以及对待积欠债务和浮动债务提出的解决办法。

预算因此减少了一千六百万，并且不留尾欠。余下的事是争取财政收支平衡。为了加快征收直接税，各州均成立了税务局：督政府的特派员与纳税人代表一起确定课税基数和制表造册。但特派员往往忙于其他事情，对征税业务也不在行，因而这次改革没有取得预期的成果。看来，派遣税吏前往欠税人家里索取的措施比较有效。两院还决定开征新税，特别是路捐，但仍毫无计划地批准各种开支以及缓纳税款。两院始终不愿增设间接税，后来虽勉强予以同意，但也只是由市镇当局征收。共和六年的财政赤字高达二亿五千万。共和七年初，正值秋季，也许因为大陆战争又迫在眉睫，两院终于批准了关于征收营业税、印花税、注册捐、地产税、动产税等基本法，其中一些税则或者长期有效或者至今有效。此外，两院还设立了一项门窗直接税。增税措施在短期内仍不能使财政收入显著增加，出售国有产业不足以应付非常开支；主要财源来自对英作战的一笔八千万借款以及对"姊妹共和国"的榨取。

国库罗掘俱空，"金钱"主宰一切：督政府继续对金融家曲意奉承，听取他们的要求。乌佛拉尔、海盖洛、保莱、范勒尔贝格、塞甘和朗热小姐的丈夫西蒙的名声都与日俱增。官员和政客中贪污成风：1798 年 8 月，国防部长谢雷的几名助手被撤职，其中就有部长的兄弟，人们认为他是受贿的主犯；许多丑闻暴露了军需供应中的舞弊行为。督政府制伏不了国库，叛国者混迹其中：共和六年热
506 月，国库中的叛国分子用拒付军费的办法，导致了第二次爱尔兰远征的失败。

大陆的和平仅维持了一年半时间，而不是执政府时期的四年，执政府还取得一年的海上和平。督政府的政绩较为逊色原是不足为怪的。更何况，由信用破产和价格下跌带来的通货紧缺使督政府面临重重困难。货币不足使贷款利息超过百分之十，短期借款的月息也高达百分之七。培勒戈和雷卡米埃于 1796 年创办了"往来客户银行"，1797 年又出现了"商业透支银行"；外省也开办了几家货币发行银行。但两院始终拒绝承认这些银行发行的纸币为货币，国库也不予接受，这些银行只是以透支形式为其股东的商业往

来服务。

价格下跌还促使了经营积极性的下降。1796 年和 1798 年的丰收导致粮食过剩，加上 1798 年葡萄酒销售不畅和出现干旱，农民被迫卖掉牲畜。政府从中得到好处：生活好过了，社会秩序也日趋安定。但是，收入长期不高使大农庄主、富裕农民和大地主对督政府十分不满，而他们多数又都是选举人。

农业危机反过来影响到工业，制造商很难弥补增税、征购和战争给他们造成的亏损。国内运输遇到许多困难：道路破坏严重、运河年久失修、盗匪出没抢劫。海上贸易困难更大：商船日益减少；殖民地与本土几乎不再有联系；远征埃及切断了法国同土耳其和中东的来往。

鉴于以上情况，督政府在经济方面所做的努力无法取得重大成果。出力最多的要算是在共和六年就任内政部长的弗朗索瓦·德·纳夫沙杜。他曾设想过许多计划，但最终只能发些通报和给人们一些鼓励而已。共和七年葡月二十四日（1798 年 10 月 15 日），他主持了国家博览会的开幕式。法国基本上仍是个农业国，生产水平仍低于 1789 年，农业发展十分缓慢。经济萎缩势必影响 507
财政收入，而沉重的军费又使财政陷于百孔千疮的境地；哲学家关于国民教育和社会救济的理想原则曾由山岳派付诸实施，如今越来越显得只是好大喜功的空想。必须像过去那样，踏实而缓慢地去争取进步。在这方面，弗朗索瓦·德·纳夫沙杜是最能干的组织家：在他的创导下，设置了公共教育委员会，筹建了“法兰西子弟学校”，接受奖学金生入校寄宿，以补充中心学校的不足；每个市镇均设立“济贫办公室”，负责救济事务，其开支有时由市镇征收的税

款提供。

法国人的生活改善不大。督政府只是依靠和平才能维持下去，因为它的部队大部分由其附庸国供养。随着战火重起和军事失利，军队退到了国境线内，军事负担再次加重，使政府走投无路。

第六章　英法战争 508

英国在被大陆国家抛弃后感到处境危急，便在国内推行一定程度的卫国措施，皮特终于开始增加税收和扩大征兵。实际上，督政府动摇不了这个海上贸易强国，远征埃及虽使英国感到不安，但也给它提供了重建反法同盟的良机。

一、英国的努力

法国扩大了疆土，控制着荷兰，并与西班牙结成联盟；英国政府同这个强敌孤军作战，不能不正视面临的危险。大西洋的局势看来还不用担心，但假如土伦的舰队联合西班牙舰队一起前来增援布雷斯特舰队，局势将会变得严重起来。此外，法国的扩张很可能使英国的出口减少，并进一步减少公债的财源——利润。因此，对英国说来，复活反法同盟实是上策。奥地利已疲惫不堪，普鲁士一心等着在德意志境内得到补偿，它们对英国的建议都置若罔闻；在远征埃及前，保罗一世始终持观望态度，尽管他一贯反对革命。英国在一年内只能指望自己，它因此必须加倍努力。

统治阶级在春季危机期间已显示了精诚团结，如今更患难与共；政府多数派内部的勾心斗角暂时消停了。历来有亲法嫌疑的 509

坎宁劲头十足地投入了反对均产革命的战斗，并着手出版《反雅各宾》杂志。报纸和漫画家——特别是吉尔莱——虽然不放弃批评的权利，却都为“正义事业”服务。法军对瑞士和日内瓦的入侵，加尔文主义在罗马的抬头，激起了许多有识之士的愤怒，例如柯尔律治为此创作了一首诗歌，反对亵渎神圣的法国。

另方面，国民的情绪仍不稳定。在这之前，大部分居民不关心战争：旧制度下的人民历来认为战争是政府的事。皮特对平民审慎地采取安抚政策，避免使国内同胞承受强制和牺牲，以待他们终于觉悟到大难临头而自愿为国献身。法国的入侵威胁加快了这一时刻的到来。继续呼吁和平和表示同革命者休戚与共的民主派被指为卖国贼而遭到唾骂。福克斯本人及其辉格党朋友也未能免遭非难。

从年底开始，皮特利用了国民的觉醒来提高税收。1798 年的财政预算以多种名义增加附加税——这一措施被称作“三重附加”，还号召富人自动认捐。认捐结果仅得到预期数字的三分之二。皮特于是在 1799 年开征所得税，凡收入高于二百英镑者按百分之十的税率——即每英镑缴纳二先令——计征，低于此数者税率递减，六十英镑以下免征。统治阶级所作的牺牲仍然有限：以 1801 年为例，直接税收入仅一千零五十万，而间接税竟达二千三百万；所得税的征收额由乡绅确定，由财政部派员监督；此外，皮特还准许以认购公债的形式赎买土地税，这对地主十分有利。

改善征兵制度更加困难。军人认为民兵毫无用处；1794 年后，许多志愿者为了避免转入民兵，自发地组织起来，答应在家里等着，一旦有事，便在划定的战区内同入侵者作战。看来，比较有用的还是在战争期间按正规编制组织起来的国防自卫队，这支拥有二万五千人的队伍只在国内服役。这些军事组织的出现使正规 510 军的兵源枯竭。在1796年，决定以抽签方式向各地招募一万五千名新兵，违令者将处以罚款。这一措施遭到彻底失败，因为各地宁肯缴纳罚款。政府于1798年又建议民兵自愿从军，响应者将受到奖励。这个办法取得了成功，并于1799年7月12日以法律形式肯定下来，一直执行到1815年为止。部队的兵员自1793年的三万九千人增加到1801年的十四万人，但大部分新兵均用于殖民地；扣除留守部队后，真正能出征作战的部队仅一万人左右。英军于1799年第一次（这也是1794年至1801年间唯一的一次）。试图登陆进攻荷兰。国防自卫队也同意配合正规军作战。英军在战术上有了一些进步：炮车于1797年开始出现，炮兵于1799年成为独立的兵种；但在部队的管理和指挥方面，群龙无首的状态仍未结束。

不容否认，英国的确作了努力，但这种努力仍很有限。军事准备仍不能保证战胜入侵者，义务兵役制没有实行。英国继续相信自己的舰队，这诚然不无道理，但只要法军的登陆威胁仍然存在，只要能够助法军一臂之力的爱尔兰起义尚未被粉碎，英国人就不免要提心吊胆。沃尔夫·汤恩及其朋友仍同英格兰的民主派，以及同督政府保持联系。政府注视着他们的一举一动，并利用奸细的告发：奥康纳和菲茨杰拉德先后被捕。爱尔兰人等待着波拿巴，而波拿巴却于1798年5月19日扬帆启航前往埃及。爱尔兰人因不明情况，于月底在东南各郡揭竿而起；英格兰的援军来得很慢，起义者的抵抗坚持到六月底；当康沃利斯前来担任指挥时，起义已

经被扑灭。鼓动起义的两名神甫米歇尔和墨菲，前者战死，后者被绞杀。康沃利斯的作战对手只是在亨倍尔率领下于 8 月登陆的一支小部队，这支部队于 9 月 8 日全军覆没。皮特乘机加强镇压和取缔英国的雅各宾分子。政府于 1798 年宣布，继续暂停执行人身保护令。翌年又规定印刷机必须申报登记，非法结社者将受到流放七年的处罚。

511 从此，英国可以安下心来赞赏他们的水兵的战功了。纳尔逊歼灭了波拿巴的舰队。马耳他岛被团团围困。到了年底，尽管皮特下了救援的命令，那不勒斯仍然失守；但英国舰队保护了西西里岛，并占领了梅诺卡岛：地中海已成为英国的内湖。殖民帝国不断在扩大：圣卢西亚岛被收复；荷兰失去了圭亚那、锡兰以及通向印度之路的主要中途站好望角，韦尔斯利在印度完成了对迈索尔的征服；西班牙失去了可利用其邻近海岸从事走私的理想储运站——特立尼蒂岛；被督政府驱逐的米兰达现在正争取英美两国的支持，把起义引向南美大陆的西属殖民地。英国的出口在持续增长，1798 年和 1799 年的出口额分别比 1792 年增加百分之二十三和三十七。同土耳其结盟为英国打开了中东的门户；全部殖民地贸易都在英国的控制之下。

英国坚定地经受了考验，但如果没有大陆国家的帮助——即令是雇佣军，它还是制伏不了自己的对手；在 1798 年底，各种迹象表明，英国将能得到这样的帮助。

二、法国的计划以及大陆封锁的前奏

在法国这方面，自从敌国只剩下英国后，战争形势立即有了改
观。海上和殖民地战争使它遭受了严重的损失。军舰只能偷偷摸
摸地航行，再也不敢轻易挑起战端。远洋贸易已降低到等于零。
除维克多·雨盖坚守的瓜德罗普外，除马斯卡林群岛（法兰西岛的
殖民主拒绝解放奴隶，已责令督政府特派员登船离开那里）外，所
有的殖民地均已陷落；荷兰丢失的圭亚那和好望角以及西班牙丢
失的特立尼蒂岛尚不计在内。法国名义上还留在圣多明各：杜山一 512
路维都尔同坚守南部的拉伏一起迫使英军撤退。但过后不久，杜
山一路维都尔在当地自行其是：他借口拉伏将军和回任就职的特
派员松都纳克斯已当选立法团议员，硬把二人送回法国。从而前
来接替以上二人的埃杜维尔将军不久也离职而走。杜山强迫黑人
劳动，积极恢复生产，不同督政府断绝关系，宗主国仅在名义上保
留权威。法国人不能不承认，那时的景况同路易十四为征服海洋
和世界而进行的第二次百年战争的最后一幕已相差无几了。

法国人历来把英国人当作最可恶的仇敌，共和派更责难不讲信义的阿尔比昂为满足其利己的欲望而组织雇佣的反革命十字军。早在共和二年，雅各宾派和无套裤汉已明确表示，共和国的军队将在岛国登陆，推翻那里的商人寡头。现在，大陆既然实现了和平，摧毁现代伽太基的时机已经来到。亲英分子塔列兰在共和六年风月的一篇通告中大骂英国是世界的暴君和海上的吸血鬼。督政府为准备这场战争发行了八千万公债，一些发明家建议制造导

航气球或潜艇。一支五万人的大军朝布雷斯特方向集结，波拿巴被任命为“英格兰军团”司令。

经济战因此具有了新的特点。热月党人名义上继续抵制英国商品。两院在关税问题上有时表现出自由化的倾向，共和六年的关税率甚至比1791年略低；但官员们仍坚持重商主义，持强烈的关税保护主义立场的制造商，特别是棉布厂商，包围着政府。共和五年雾月十日（1796年10月31日）通过的一项法律把追查英国货重新提上议事日程，追查范围包括货物数量和真实产地，并要求其他货物必须备有各领事颁发的产地证明书。随之而来的是对英国国民的抄家、查封和逮捕。到了夏季，督政府通知各中立国，如果他们继续顺从敌国的要求，他们的财产将予没收，即使在海上也
513 不例外。尽管如此，中立国没有停止他们在法国港口的交易。督政府不得不考虑到两院的反对，帕斯托雷在两院明确反对已宣布的强暴措施，指出这会导致同美国的决裂。但在果月十八日后，主战热浪使威胁转化为行动：共和六年雪月二十九日（1798年1月18日）法批准，凡服从英国法规的或夹带英国物品——即使是水手的小刀或船长的餐具——的中立国船只一律予以扣留。这项空前严格的措施在1807年的米兰敕令中将再次出现。拿破仑再次实行的战争封锁不仅给殖民地产品的消费者带来不便，而且引起了制造商的不满。制造商必须取得必要的原料，尤其是棉花，他们主张推行英国那种有利于本国商业利益的封锁。应该规定出禁运当中的许多例外。督政府采取的政策削弱了出口，使法美两国处于战争的边缘；作为报复措施，美国对法国船只也不放过。但美国仍想谈判，这给了塔列兰向美国使者索取贿赂的机会。这些使者

的信件在送交参议院后被泄露了出去，于 1798 年春掀起了一场轩然大波。断交已迫在眉睫。

没有大陆各国的合作，没有旨在推动革命扩张的宣传相配合，这样的经济战不可能获得圆满的成果。为了推行总体战，必须采取以下措施：完成对意大利的征服，控制汉萨同盟诸城市，进而割断德意志诸国同英国的贸易。法国于 1798 年吞并了米卢斯和日内瓦（后者成了莱蒙州的首府），原因之一正是为了摧毁两个走私据点。督政府的封锁范围虽然比 1793 年大得多，但远不能削弱英国的出口，甚至阻止不了它的发展，封锁因而不是一种长久之计。

三、远征埃及 514

向英国本土登陆的准备工作即将结束。1797 年 10 月 11 日，邓肯在坎贝尔敦打败了荷兰人。杰维斯封锁了卡迪斯，纳尔逊的舰队进入了地中海。布律克斯声称不能率舰只前往布雷斯特。将领们认为登陆没有成功的希望。共和六年风月五日（1798 年 2 月 23 日），波拿巴从西部视察归来后，决定放弃原定计划。结果，只是派了亨倍尔将军率军救援爱尔兰起义：在法军登陆时，起义已失败了两个月。为失败辩护的理由似乎很多：海军不肯出力，大陆和平尚不稳固，共和国不能派出一支大军和最优秀的将领。然而，波拿巴却指出，应该把战争引向埃及。但是，如果以上理由不利于在英国本土的登陆行动，它们至少应该成为反对远征埃及的更有力的理由，且不谈许多其他的理由。

早在意大利期间，波拿巴的心就步亚历山大的后尘飞向了神奇的东方。他占领着爱奥尼亚群岛，又窥测着马耳他岛。他当然更想征服英格兰，这个计划既然必须放弃，东方也就上升到首要地位。无所作为会使他的威望黯然失色。他决定选择埃及，大概是受了塔列兰的影响，后者的作用始终是个谜。埃及无论在十字军东征以来的法国传统中，或是在实行特惠条例后的马赛贸易中，都占有重要的地位。商人们对马穆鲁克抱怨不已，这些雇佣军以苏丹的名义剥削当地居民。麦加龙领事断言，法国出兵埃及必将取
515 得成功。此外，从埃及还可以打开通向印度的道路，铁普正据守迈索尔，抵抗韦尔斯利的进攻。共和五年穑月，塔列兰在法兰西学院发表演说，主张重振殖民扩张的旧业。难道埃及不正是最好的猎物吗？但是，塔列兰希望同英国讲和，并坚持保留自然边界（这正与传说相反）。他不可能看不到，远征埃及将使同英国的和解化为泡影，东方问题还会导致法国同土耳其和俄国开战，从而使法国不能保住已征服的国土。塔列兰也许只想为波拿巴效劳；但也有可能，塔列兰想把威胁英格兰的军队转移到埃及，以便使英国取得重建反法同盟的条件。他的情妇格朗特夫人在一封信中说，他想“给他的英国朋友帮忙”；这封信落到了督政府的手里，后者在暗中把事情掩盖了过去。在共和六年选举的前夕，督政府认为不能把塔列兰和波拿巴推向反对派的一边。无论是出于软弱或是为了调走野心勃勃的将军，督政府采纳这个冒险的建议对自己没有任何不利之处。

在共和六年风月十五日（1798 年 3 月 5 日）作出决定后，经过极其秘密的准备，远征军于花月三十日（5 月 19 日）离开了土伦，共有战列舰十三艘，护卫舰十七艘，其他战舰三十五艘，运输船只

二百八十艘，水兵一万六千名，陆军官兵三万八千名，还有包括贝尔托莱、蒙日和若弗鲁瓦—圣—伊莱尔在内的一百八十七名文人、学者和艺术家。由于队伍庞大，行进缓慢，远征军于6月6日才抵达马耳他。马耳他骑士团大首领已被收买，不战而降。法国舰队继续前进，凑巧躲开了纳尔逊的拦截。纳尔逊未发现落在自己后面的法国舰队，先在亚历山大港停泊，接着向爱琴海驶去。波拿巴占领该港后，率军沿尼罗河进发，并与马穆鲁克发生前哨战。法军于7月21日在金字塔附近击溃马穆鲁克，进入开罗。波拿巴追击易卜拉欣至地峡附近，德赛则把穆拉德驱逐到阿斯旺的另一侧。

与此同时，业已回军西西里的纳尔逊在王后卡罗莉娜和大臣阿克通的帮助下进行了整休。7月31日，他终于出现在阿布基尔港的外海，他已获悉布律埃斯的舰队在那里停泊待命和准备返回

科孚岛。8月1日，法国舰队全军覆没，主将阵亡。这场大败使波 516

拿巴的远征丧失了后退和取得增援的任何希望，在整个欧洲也激起了极大的反响。9月9日，土耳其对法宣战。纳尔逊在那不勒斯会见了汉密尔顿夫人，这位在那不勒斯王宫发号施令的风流女子指望依靠英国军队促使那不勒斯向法国人刚建立不久的罗马共和国发动进攻。

波拿巴似乎仍准备长期经营其占领地。他让当地居民成立行政机构，由他实行监督，换句话说，他把埃及当作一个保护国。他的意图逐渐明朗：他建立了一个由他遴选的缙绅组成的代议机构，这也正是他所设想的立宪制和社会等级制。在宗教政策方面，他表示完全尊重伊斯兰教，并给宗教领袖许多优待。他采取了一系列开明专制措施，着手对埃及进行现代化改造：防治鼠疫，整修水

渠，设置邮政驿站，推广印刷和风车，计划用灌溉代替水淹肥地，并把尼罗河同红海连接起来。随行的科学家成立了“开罗学院”，起草著名的《埃及风物志》。穆斯林始终持怀疑态度，并在土耳其的号召下投入了圣战；他们袭击零星士兵和孤立哨所，游牧部落从未放下武器。假如法军不靠征税、征粮和没收等手段维持生存，埃及人或许还能忍耐。可是，波拿巴勒令居民申报地产，并对财产转让、公证文书和户籍登记开征税收。由此导致了10月21日在开罗爆发的一次大起义，起义遭到血腥镇压。

由于土耳其准备在英国舰队的支持下侵入埃及，波拿巴决定前往叙利亚，企图消灭在那里集结的土耳其军队。他于1799年2月率军一万五千人出发，穿过沙漠后，抵达圣让达克尔城下，途中未遇到重大的抵抗。但是，杰扎尔巴夏和流亡者菲力波坚守城防，西德奈·史密斯又截获载运攻城大炮的船只。波拿巴于5月20日被迫退回埃及，法军伤亡不小。但土耳其向地峡的进攻被推迟了。另一支军队不久在阿布基尔登陆；波拿巴于7月25日将该军歼灭。然而，处境仍十分危险，督政府曾试图派布律克斯前来增
517 援，但未成功。波拿巴于8月把军队丢给了克累贝，独自回到法国去从事新的冒险。

那时，由于波拿巴的远征埃及，第二次反法同盟业已形成，并且向共和国发动了进攻。对此，革命的扩张至少应与波拿巴一样负有不可推卸的责任。

第七章　革命的扩张 518

为使对英战争有取胜的一线希望，督政府同以往的维尔琴纳一样需要大陆的和平。从 1798 年初开始，督政府又着手新的扩张行动；奥地利认为，在奥国疆土得不到相应扩大的情况下，法国的行动违背了康波福米奥协定，主战派在维也纳又逐渐抬头。因此，如果说远征埃及促使土耳其和俄国同英国结成了新的同盟，那么，督政府的外交政策则推动了奥地利参加这个同盟，而唯有奥地利加入反法同盟，同盟诸国才能对共和国的领土造成严重的威胁，从而使英格兰和大不列颠王国免遭任何攻击。

波拿巴当初坚持保住伦巴第，正是为了准备入侵意大利。他还推动了对瑞士的入侵。人们承认波拿巴对促成这两件事具有很大影响，但这个影响还比不上他在埃及的冒险，因为在法国的边疆，还有其他因素也促使督政府走上入侵的道路。首先，为了同英国作战，督政府需要取得各姊妹共和国的帮助，需要夺取敌国的市场，而使本国的贸易从中得益。其次，波拿巴的榜样使将领们都希望建立听命于自己的其他附庸国；军需商和金融家也正窥测机会，从附庸国大捞一把。最后，果月十八日后兴起的革命狂热感染了督政府，革命宣传再次变得活跃；在依然处于贵族和专制统治下的地区进行政治革新又一次被提上了议事日程。

519 一、荷兰和意大利

督政府从西班牙方面得不到很大的帮助。戈多依及其后任萨维德拉和乌尔基霍都不同意入侵葡萄牙和参加对英作战的准备。另一个海上盟友巴达维亚共和国因而更加引人注目:必须使它有一个稳定的和能够协助其保护人的政府,而情况偏偏又不是如此。于1795年上台的临时领导人已让国民公会投票通过了宪法,准备于1797年8月交公民投票批准。但是,奥伦治王族的拥护者与统一民主派相联合,利用法国统治者要钱要人而激起的不满情绪,使宪法遭到了否决。在果月十八日后,资产阶级稳健派因宪法遭到否决而丧失了督政府的支持。派往海牙的德拉克鲁瓦在商得民主派的同意后,向巴黎建议搞一次政变。荷军司令达代尔斯和法国占领军司令儒贝尔答应给予合作。共和六年雨月三日(1798年1月22日),巴达维亚议会宣布为立宪议会,经清洗后,起草了新宪法,这一次终于获得了通过。

520 确保西萨尔平也同样必要。风月三日(2月21日),督政府与西萨尔平缔结了同盟条约,规定维持一支二万五千人的占领军,费用由新共和国承担。同时还签订了一项相当宽容的贸易协定,但西萨尔平政务会议认为代价太高而予以否决。现政权原是波拿巴一手炮制的产物,既未经过人民的认可,又未取得法国的同意。督政府便进行干预,改组了政务会议。经过清洗,又逮捕了一些人,条约和协定也就被批准了。

另方面,波拿巴的征服埋下了一颗火种。西萨尔平的保守派居然以为,凭他们同法国的融洽关系,理应扩张领土;共和国在巴黎的谈判代表塞尔贝洛尼和维斯孔蒂提出了对皮埃蒙特、教皇领地和热那亚的领土要求。怀有统一意大利理想的人从半岛的四面八方云集西萨尔平,他们纷纷同法军将领和军需商拉关系,成群结队地进入马尔凯地区。人们希望革命者在罗马采取行动。革命者于1797年12月28日曾试图暴动,但被反革命派所镇压。反革命派把暴动归罪于法国人,威胁由波拿巴的哥哥约瑟夫主持的大使馆;杜福将军在冲突中被打死,约瑟夫离开了罗马城。对教皇怀有强烈敌意的督政府乘机下令贝尔蒂埃率领意大利军团向罗马进军。但是,督政府不打算为贝尔蒂埃建立一个新的西萨尔平。它立即派遣多努和蒙日等一批文职专员前往组织罗马共和国。贝尔蒂埃对身负的使命并不满意;当他到达罗马城下时,他更感到为难,因为庇护六世已接受他的全部条件。然而,一些革命者却在罗马广场面对好奇的人群宣布了共和国的成立,并向法军求援;贝尔蒂埃给予了承认,占领了城市,在把教皇遣送至锡耶纳后,即自动卸职,由马赛纳接替。专员们颁布了由梅兰起草的宪法,成立了法院、参议院和任命了执政官,但规定政府的各项法令须交法国将军批准,因而罗马共和国在各姊妹共和国中享有的自由最少。它受到的勒索却又最大:法军将领和军需商从一开始就四出劫掠。下级军官纷纷抗议,马赛纳一到任,就发生了兵变:马赛纳以强抢豪 521
夺而著称,下级军官中多数来自莱茵军团,他们在1797年初早已与马赛纳师团结下了不解之仇。文职专员们不能恢复秩序,督政府便让莫罗部下的一名军官古维翁－圣西尔代替马赛纳。可以说,罗马共和国从一开始就遇到厄运。

皮埃蒙特的丧钟尚未敲响，但已为期不远。撒丁国王于1797年严厉镇压了一场革命运动，他与法国的同盟协定也因此搁浅。果月十八日后，他赶紧批准了这项协定；但是，让格内不久赶到都灵，他同新任意大利军团司令的布律纳一起积极帮助雅各宾分子，成批的雅各宾分子因此进入了皮埃蒙特。经过督政府几个月的调解，让格内终于使惊恐万状的国王接受一项协议，把都灵炮台交给法军，督政府认为法军有据守该炮台的必要。

二、瑞士

督政府对瑞士邦联各州也有许多不满；它几经周折，如今得到一些让步：维克海姆、流亡者以及反革命的雇佣文人马莱·杜潘离开了瑞士；双方谈判达成一项协议，把巴塞尔主教同所属的汝拉地
522 区和比安市划归法国，成为蒙代里布尔州。瑞士民主派把目光转向督政府，特别是巴塞尔人奥克什。他们希望把瑞士各州改造成为统一的共和国，并结束寡头家族的统治，但他们不依靠本国同胞的主动性，而希望法国用威胁手段(但不是发动入侵)迫使寡头统治集团下台。沃州人拉哈尔普走得更远：他援引十六世纪的一项条约——根据这项条约，法国国王在承认伯尔尼对沃州的权利的同时，应保证沃州的自由，要求法国进行干预。直到果月十八日为止，法国对这些要求未置可否。

波拿巴的态度显得十分蛮横：他不顾瑞士人关于建立“灰色同盟”的要求，断然把瓦尔特利纳并入伦巴第。他决心在瓦莱州开辟一条联系西萨尔平和法国的自由通道，但他未能控制辛普龙山口，因而乐于给瑞士的求援者以大力支持。1797年12月8日，波拿巴和奥克什在勒贝尔家共进晚餐时谈成了这笔交易。奥克什接着四处奔走，争取瑞士各州接受由他和梅兰起草的宪法。不少州表示可以同意。与此同时，意大利军团的一个师开到了沃州的边境，但规定如不受到攻击则不得侵入沃州。沃州人赶紧赞同新宪法。伯尔尼方面派兵前往制止；法方派出一名谈判使者，在黑暗中因误会受到对方的射击。沃州全境立即被法军占领。不仅如此，督政府于1798年2月13日至14日的晚间突然向伯尔尼进军，这大概是波拿巴的坚决主张。布律纳从洛桑以及从汝拉地区的绍恩堡出动，经过相当激烈的战斗，终于攻克了伯尔尼城。

督政府立即任命原国民公会议员勒卡里埃为文职特派员，由勒贝尔的表兄拉皮纳充当副手。为人正直的拉皮纳后来受到了许多很不公正的责难。两人查封了伯尔尼的金库，夺取这笔钱财显然是法国出兵的原因之一，这笔钱后来用于远征埃及。由于金库包括部分外国财产，需要通过谈判解决，塔列兰乘机从中捞了一把。各州被勒令助饷一千五百万。在阿劳召集的议会决定把宪法
付诸实施。但奥克什和拉哈尔普都不得人心，两人在海尔维第共 523
和国督政府中均未占有一个席位。特派员们竭力取消强征暴敛和镇压抢劫行为，但内战爆发了：乌里、施维茨、翁特瓦尔登等信奉天主教的州举行了起义；瓦莱州单独制订宪法，宣布独立。这些反抗必须镇压下去。

伯尔尼人更加机智，他们收买了塔列兰，进而达成一项协议，减少助饷的数额。接替勒卡里埃不久的拉皮纳担任了警务部长，他对这一协议表示愤慨，并且拒绝执行，这使他同海尔维第的督政

府闹得很僵。他不向巴黎请示，径自于牧月二十八日(6月16日)发动了政变。奥克什和拉哈尔普接掌了行政机构。海尔维第共和国的处境虽然比罗马共和国略为好些，但它的地位从一开始就显得很不稳定。取消封建的人身依附、小什一税和劳役，停付实物贡赋和大什一税，这些措施固然能使农民满意；但是，实物贡赋和大什一税按规定仍需赎买。此外，又增设了土地税，农民得益十分有限。

三、拉施塔特会谈

在康波福米奥协定签订后，奥地利似乎已甘心失去比利时和莱茵地区。拉施塔特会谈于1797年11月6日开始，督政府的使者准备就德意志帝国割让莱茵河左岸的问题同帝国议会代表磋商。波拿巴曾露过一面，以同意奥地利占有维也纳换取奥国放弃美因兹，接着便让特雷拉代替他。督政府在包括奥属尼德兰、列日主教国和荷兰转让地在内的九个州推行法国的体制，开始在那里
524 出售国有产业；困难主要在于宗教冲突，虽然暂且并不严重，但为今后的动乱埋下了种子。督政府把莱茵地区的政务交给了特派员鲁德勒，他采用了法国的行政体制，把该地区划分成四个州。不等帝国政府作出决定就采取这个行动将会引起争议。法国把势力范围扩展到康波福米奥协议规定的界线之外，奥地利怎么能够无动于衷？

为此发怒的不仅图古特一人。图古特始终想向意大利方面扩展，只是坐等索取补偿的机会罢了。在罗马和瑞士建立表面上独

立的共和国当然是个机会，但还不是最好的机会，督政府在拉施塔特的谈判立场公然违背了协定的条文。勒贝尔对科隆地区留在帝国版图之内感到遗憾：他的同事不能否认，从一般政策的观点看，假如他们放弃这个要求，就会使等着在德意志帝国内部取得有利补偿的普鲁士失望，从而同法国疏远。因此，特雷拉要求得到整个莱茵河左岸，并于共和六年风月十九日(1798 年 3 月 9 日)取得了帝国议会的原则同意。科本泽尔立即要求补偿。特雷拉的回答坚决果断而又出人意外：早已被军事占领的科隆地区不能被看作是新的征服。如果这样，战争怎能不加快爆发呢？就在四月，当法国驻维也纳大使贝尔纳多特因在升三色旗时遭到暴徒的袭击，且没有得到适当的赔偿而离开这个城市时，战争确实已迫在眉睫，波拿巴甚至为此推迟了出征埃及的日期。但危机接着平息了。无论是图古特还是督政府，都不想让形势恶化。因为前者尚没有准备好，后者正忙于选举。此外，巴黎的风向又一次发生了变化，督政府既同雅各宾派一刀两断，它的对外政策自然也跟着变化。

四、共和六年花月二十二日事件的后果

督政府确实已站在保守派一边，开始打击各姊妹共和国——特别是意大利——中的雅各宾派，它对鼓动革命宣传的将领和军需商也怀有戒心。巴达维亚共和国首当其冲：统一民主派在同达代尔斯和儒贝尔闹翻后，被缙绅们指控为危险的乱党。德拉克鲁 525
瓦接着被召回。牧月二十四日(6 月 22 日)，巴达维亚政府实行了清洗，新的选举使政府获得了多数。在瑞士，督政府挫败了拉皮纳

的政变；后者虽被革职，但仍留任，因为没有人去接替他，8 月 19 日的同盟协定仍由他签署。反革命并不甘心屈服；在信奉天主教的州区里，人们又拿起了武器：他们在斯坦兹遭到惨败，死伤甚众；但寡头们于 10 月让奥军开进了格里松斯州。

督政府的态度的急剧变化在西萨尔平导致了一片混乱。督政府派往意大利的财务经纪人一般都很能干，但将领们对他们的监督极为憎恶。他们出身于贵族家庭，同雅各宾派势不两立，因而被视为反革命，特别是前部长费布尔特·德·梅松塞尔、阿迈罗·德·夏约（路易十五时代一位大臣的儿子，曾任勃艮第的财务总管，制宪议会时期任非常金库主任）、罗蒙（先在审计署任职，后接替德·夏约任非常金库主任）和埃马尔（他的哥哥埃马尔教士曾是制宪议会中"黑党"的成员之一）。此外还有志大才疏的特鲁维，他是拉雷韦里埃的亲信，当时任驻西萨尔平大使。在伦巴第贵族的影响下，督政府宣布波拿巴的宪法无效，责成特鲁维另行起草，并不顾布律纳的反对，把新宪法强加给西萨尔平。但过后不久，布律纳大概通过巴拉斯争取到把新宪法提交公民投票决定，并让富歇和阿迈罗接替特鲁维和费布尔特，后两人提出了抗议。布律纳勾结富歇于 10 月 17 日至 18 日晚间发动了一次新的政变，特鲁维之流全被赶走。接着，公民投票批准了新宪法。与此同时，让格内和布律纳的部下在都灵组织了一次示威，企图挑起骚乱，趁机占领皮埃蒙特。这一次，督政府终于发怒了；它撤了让格内的职，召回了富歇，又把布律纳调驻荷兰。虽然如此，热那亚政府仍遭到了清洗。

那时，敌对行动已经开始，那不勒斯正入侵罗马共和国；督政府所采取的措施只能表明，它费力不小，却收效甚微。共和六年霜

月五日(1798年11月26日),督政府恢复了驻军特派员制度,分别派遣拉皮纳、阿迈罗和费布尔特前往瑞士、米兰和罗马。同以往 526
的特派员相比,他们得到的权力并不更大,而后来的下场却更坏。接替布律纳的儒贝尔不能容忍特派员的监督,提出了辞职。督政府于1月终于接受了他的辞职;但是,它始终左右摇摆,便让罗蒙替代了阿迈罗。儒贝尔的后任谢雷对特派员相当客气,这也正是他招致其部属仇恨的原因之一,他将为此付出沉重的代价。马赛纳一到瑞士,便把拉皮纳撇在一边,拉皮纳只得要求将马赛纳召回法国。最糟糕的是负责击退那不勒斯进攻的军事首脑尚比奥内同特派员费布尔特之间的冲突,这在当时引起了很大的震动。

可见,督政府在一定程度上遏制了宣传家的活动,它阻止他们在皮埃蒙特煽动革命和向托斯卡纳发展。但是,它不改变既成事实便不能把奥地利争取过来,这无论如何是办不到的。花月二十二日后,督政府和图古特商定,派弗朗索瓦·德·纳夫沙杜和科本泽尔去阿尔萨斯的赛尔兹会谈。纳夫沙杜接到的命令是仅讨论维也纳发生的事件,而把补偿问题留待拉施塔特去解决。奥地利在会上只能提出德意志范围内的领土要求,但它所看中的却是意大利。在督政府看来,意大利显然已是自己的猎获物。

督政府并不真正改变其对外政策;担心战事过早发生曾使它稍有收敛,但拖延不等于悔过。姊妹共和国中雅各宾分子的失势;以及某些雅各宾分子转而与法国为敌,这只是以花月二十二日事件为标志的督政府对内政策的逻辑结果,督政府试图对将领实施的监督似乎主要是对专政的补充。反雅各宾运动未能推迟战争,却增加了混乱,损害了共和国的威望,并使督政府遇到了新的劲敌。

527 # 第八章 第二次反法同盟

与法国对峙的英国并没有忘记，为了压倒对方，必须在大陆重新燃起战火。尽管德意志国家迟迟不肯动手，远征埃及和成立罗马共和国却为英国重建反法同盟提供了机会。已成为土耳其盟友的保罗一世从此能进入地中海，并以马耳他骑士团和那不勒斯王宫的保护人自居。那不勒斯已在纳尔逊的鼓励下开始了敌对行动，意大利的局势再次不稳，图古特也接受了俄国人的帮助。

一、俄国进入地中海

保罗一世同他的母亲一样憎恨法国革命。在康波福米奥协定后，他豢养了孔代的军队，并准许路易十八在米塔瓦安居。有人向他报告说，一些波兰的重要人物混迹在波拿巴的军队中，并受到法国驻维也纳大使的款待。他的近臣——其中就有约瑟夫·德·梅斯特尔——挑拨他对法国的仇恨。他同试图说服他皈依天主教的
528 耶稣会教士结为朋友，并于 1797 年置马耳他骑士团在他的保护之下：他对该岛的陷落深为震怒，开始调兵遣将。1798 年 10 月，骑士们推举他任大首领。鉴于那不勒斯处境危险，他决定给国王以支持。

这个方针并非纯属一时任性的产物。自从叶卡特琳娜扩张到黑海之滨以后，俄国的目光便转向地中海。保罗一世把克里米亚辟为对外的商埠，让希腊的商船在港口从事贸易；他十分希望能打开海峡的通道。这一经济政策只是自凯纳吉条约以来向奥斯曼帝国进行渗透的必然后果，这项条约给了沙皇为保护基督徒而进行干预的权利。土耳其的瓦解使沙皇有了得寸进尺的可能。塞利姆三世自 1793 年以来一直致力于建立一支现代化的军队，但他在许多省并不掌握实权。阿里·泰布兰在阿尔巴尼亚和埃皮鲁斯割据自立；帕斯万·奥格卢占有维丁，向亚得里那堡进军，并自封巴夏；杰扎尔统治着叙利亚；瓦哈比教派的首领阿卜杜勒·阿齐兹已征服了内志，并威胁着圣城和巴格达的巴夏。希腊人，特别是塞尔维亚人，也让人很不放心。前者利用土耳其在战争中的中立，趁机在地中海各大港口积极活动，并在那儿建立商业据点。他们从柯勒爱斯和来格斯的作品中知道了法国革命，并且看到了飘扬在爱奥尼亚群岛上的三色旗。至于被土耳其近卫军所激怒的塞尔维亚人，他们早已帮助了约瑟夫二世：卡拉一格奥尔吉和奈纳多维奇只求充当俄国人的帮手。

远征埃及使莫斯科的扩张取得意外的成功。土耳其在向法国宣战后，认为必须同俄国结盟，而这正是保罗一世求之不得的事。1798 年 12 月 23 日协定为俄国开放了两海峡和奥斯曼帝国各海港，双方同意让进入地中海的俄国海陆军攻占爱奥尼亚群岛；科孚岛于 1799 年 3 月 3 日最后陷落。俄国在奥斯曼帝国的欧洲部分有了立足之地，取得了前所未有的有利地位。马耳他和那不勒斯已唾手可得，还有意大利的其他公国，这都将为保罗一世称霸地中

海提供基地。

529 与此同时,那不勒斯的马丽亚—卡罗莉娜听信了纳尔逊的保证,下达了入侵罗马共和国的命令。此举使保罗一世深受鼓舞,他于 1798 年 12 月 29 日同那不勒斯和英国结为同盟,答应派兵前往那不勒斯和伦巴第。

二、意大利战争和帕尔瑟诺佩共和国

那不勒斯军队在奥地利将军马克的指挥下,于 1798 年 11 月 26 日占领了罗马,又取得纳尔逊的协助,在里窝那登陆。这一行动为革命宣传达到最大的成功作了准备。督政府向那不勒斯国王及其同谋撒丁国王宣战,撒丁国王退守卡利亚里。皮埃蒙特全境被占领。尚皮奥内带领其小部队自罗马退回台伯河。他在契维塔—卡斯台拉那一举歼灭了进攻的敌军,重返罗马,转而采取攻势,于 1799 年 1 月 23 日占领了那不勒斯。他对文职特派员费布尔特故意不予理睬。军队和许多军官一路上滥施劫掠;那不勒斯的凡尔赛——卡塞特宫——被洗劫一空;将领们夺占了那不勒斯全部的公有金库。尚皮奥内表明他以南意大利的波拿巴自居:他同资产阶级和开明贵族一起宣布了帕尔瑟诺佩共和国的成立,让资产阶级和开明贵族组织政府,自己只要一笔六千万的贡金。费布尔特提出了异议,要尚皮奥内尊重他的职权和督政府的意图。督政府不希望成立新的共和国,要把占领地留作交换的筹码,并下令进行深入的搜括,也就是说,恢复 1796 年的政策。费布尔特责

530 令上交战利品,封存王室和追随西西里国王的流亡者的财产,并要

全国按月纳贡。尚皮奥内予以拒绝,并把费布尔特逐走。督政府召回了两人,经调查后,下令逮捕将军,解送军事法庭审判。尚皮奥内的多名部下遭到了同等的命运,均被革职。督政府第一次对将领们采取强硬手段:将领们将为推翻督政府出力。

三、奥地利参战,反法同盟的性质

为了向共和国进攻,反法同盟必须有德意志国家的帮助。

格伦维尔本希望普鲁士能够出力,但普鲁士却闪烁其事。弗里德里希—威廉三世对督政府于1798年5月派来游说的西哀士也不予理睬。在“分界线”背后的普鲁士蒸蒸日上,居北德意志诸邦之首,它一面窥伺汉诺威,准备吞并纽伦堡,一面耐心地等着因放弃其贫瘠的莱茵属地而取得应有的补偿;它坚持中立,毫无内疚地为促使德意志帝国寿终正寝助一臂之力,戈尔不无嘲弄地为帝国填发了死亡证书。

图古特长期不肯表态,因为皮特对提供军费补贴很不积极。奥地利首相暗中同那不勒斯互通声气,却不给任何帮助。在没有普鲁士的条件下,他要确有把握地取得俄国的支持。在保罗一世出动第一支军队后,他终于作出了决定,让俄军从奥地利借道。当督政府以此作为宣战理由时,一个月的时间已经过去:共和七年风月二十二日(1799年3月12日),督政府向奥地利宣战,奥地利也就在未经签署任何条约的情况下,加入了反法同盟。法军立即占领了托斯卡纳,把庇护六世裹胁到瓦朗斯,庇护六世于8月在那里去世。

在革命的法国看来，4 月 28 日的流血悲剧具有冲突的性质。那天晚间，当法国全权代表离开拉施塔特时，遭到了奥地利轻骑兵的袭击；其中一人让·德布里受伤逃命，另二人罗伯若和布尼埃当
531 即丧生。督政府高呼“报仇”，指出谋杀事件是国王和贵族对共和国盲目仇恨的表现。其目的无疑是要使德意志帝国卷入战争，至少也要把南德意志的诸侯牵进去，因为普鲁士坚持置身事外。图古特知道这些王公根本不想打仗：符腾堡公爵弗里德里希二世陷于同省三级会议的纷争中不能脱身；于 1799 年接替查理－特奥多尔就任巴伐利亚大公的马克西米利安－约瑟夫担心哈布斯堡王朝不承认他的继承权。

第二次反法同盟终于形成了。瑞典的古斯塔夫四世最后加入，但不提供参战部队。图古特未签署任何协议。这次反法同盟比第一次更加脆弱。英国始终是同盟的轴心，至少应向俄国提供一笔二十二万五千英镑的现金军费，还有每月七万五千英镑的饷银。反法同盟一开始就有裂痕，在其拼凑过程中又增加新的裂痕，终于导致同盟的瓦解。格伦维尔向保罗一世保证，英国围困马耳他，但不打算占有该岛；格伦维尔终于争取到两海峡对英国商船的开放。人们怎能相信，英国资助莫斯科军费，竟是让后者称霸地中海？至于图古特，他之接受援助，却是为了夺得意大利。但保罗一世又怎肯拱手相赠？英国并不比沙皇笨，他只想从法国那里夺回荷兰，而奥国首相又对此不感兴趣。

反法同盟拥有足够的兵源；尽管俄国因距离太远仅派八万人前来西欧，同盟军在兵力上仍占优势。但他们的军事组织和作战方法没有任何进步。卡尔大公计划改编奥军，实行师团编制，因战

争发生而未及贯彻。金钱尤其缺乏。保罗一世在位期间把债务从四千三百万卢布增加到一亿三千二百万，他还发行了五千六百万纸币。奥地利每年都有财政赤字，债务自 1792 年的三亿七千万盾上升到 1798 年的五亿七千二百万盾，军费开支全靠发行银行券，其流通量自 1793 年的二千七百万提高到 1801 年的二亿。

作为反法同盟的支柱，英国经济在 1799 年遇到了困难。随着 532
金本位制的暂停执行，铸币在逐渐减少，小面额的银行券越来越多，通货略有膨胀；这与地方银行的增多有关，这些银行增发了货币和扩大了信贷。此外，汉堡在冬末发生的危机波及了英国：伦敦一地至少有二十起破产事件；工业受到了影响；面包价格因年成不好而上涨。鉴于工人的骚动，皮特决定强化镇压措施，并把范围扩大到无产者：1799 年 7 月 12 日的“结社条例”重申禁止罢工、结社以及旨在筹备或支持结社的募捐。年关将近，政府不得不向国外购买粮食，为此支出了三百五十万英镑。虽然如此，英国资本主义在政府的巧妙支持下，总算经受住了冲击。皮特被迫放弃了银行券的兑现办法，堵住了通货膨胀；但通货仍在增加，随着价格的上涨，企业避免了使督政府摆脱不了的那种银根紧缺的沮丧局面。国家财政状况仍然健康，银行通过接受适当数量的财政证券支持了国家的财政预算。

四、督政府的战备工作

从秋季开始，共和国立即准备抵抗，但其努力程度不能同救国委员相比。督政府不愿仓促投入战争也就可想而知了：当春天到来时，它还没有准备好。果月十八日使全民武装的问题重新提上议事日程；当时任议员的茹尔丹于共和六年雪月二十三日（1798年1月12日）提出了一项草案，经退回修改后，于果月十九日（9月5日）才被通过。茹尔丹法或征兵法规定，除共和六年雪月二十
533 三日前结婚者外，二十至二十五岁的男子均有服兵役的义务。这项法律使1793年8月23日的征兵令具有永久的性质。应征服役的新兵登入国防部的名册，并根据出生日期分作五等。如果需要用兵，立法团先确定人数，国防部长则从最年轻的开始，按数召用。另一项法律取消了1793年以来采用的各项免征规定。

不久，共和七年葡月三日（1798年9月24日），决定征发新兵二十万人。征兵工作又一次遇到了极大的困难。户籍登记已经散失或者不很完整；体格检查没有具体规定。国防部长在适龄青年家长中找人组成审查委员会，产生了众所周知的弊端。开列全国的应征名单实际上是不可能的。共有十四万三千名新兵经审查合格，留下的缺额依旧很大。可是，真正前往兵站报到的仅九万七千人；新兵按小分队向各军团输送，这为逃兵开了方便之门。最后，约七万四千人到了部队，占总数的百分之五十一。共和七年芽月二十八日（1799年4月17日），立法团下令补足缺额，同时对征兵法作了重大修正：允许应征青年提前集中，实行自愿报名或抽签决定。被确定的人选可找人替换。这也就回到了1793年2月的征兵办法。可是，仅七万一千人应召报到，其中五万七千人去了前线。

督政府时期的军队早已是一支职业军队，随着新兵入伍和实行混编，军队又有了共和二年那时的某种平民性质。但是，在会战

开始前，新兵尚未完全到达，因而部队也就不像以往那样在兵力上占有优势。军需供应不能令人满意；为解决新兵的服装、装备和武器等问题，立法团出售了价值一亿二千五百万的国有产业，共和七年的增税法大体上也反映了这方面的努力。时间已经太晚，供应仍嫌不足。新兵不能整装出发，原有的军队在备受搜括的附庸国和敌国驻扎，生活条件十分困苦。在意大利，军需物资主要来自占领不久的皮埃蒙特，那里也已被罗掘俱空。

五、1799年的春季战役 534

新的战争在作战方针上没有一点新思想。茹尔丹率领多瑙河军团四万五千人进入南德意志，贝尔纳多特率三万人沿莱茵河中段掩护其左翼。谢雷从意大利驻军十万人中只能抽调四万五千人沿阿迪杰河列阵。处在两人中间的马赛纳将占领格里松斯州，继而进逼蒂罗尔。法军全线出击，没有利用瑞士的地理位置，在那里集结大量机动兵力；而这本可以使法军任意向意大利或德意志扑去，从而稳操胜券。人们可以想到，奥地利军队是同样的守旧。卡尔大公率七万五千人驻巴伐利亚，克雷率六万人驻威尼西亚，另留二万人守蒂罗尔。他们似乎不知道他们兵力的优势，等着俄军到来，再采取进一步行动。图古特的外交考虑使战役迟迟不能全面展开，这种零敲碎打的作战方法同旧时代的战争一模一样。

相比之下，马赛纳打得最出色：他占领了格里松斯州；但在进入福拉尔贝格后，即在费尔德吉柯失利。茹尔丹步步为营，前锋抵达康斯坦次湖，于3月25日在斯托卡克向卡尔大公进攻，失败后率军退回莱茵河，并提出辞职。卡尔大公没有乘胜追击，因为图古特派他前往瑞士。谢雷攻下了帕斯特朗戈和里沃利两个要塞，但他向维罗纳的包抄行动却因配合不周遭到了重大损失。4 月 5 日，谢雷在马尼亚诺遇敌军进攻，未决胜负即行撤退，不加抵抗地一直退到阿达河，接着把部队交给了莫罗。克雷并未紧追不舍，他
535 等着苏沃洛夫率俄军一万八千人前来主持军事指挥。苏沃洛夫这位老将因在俄土战争和在波兰作战中屡战屡胜而闻名，他带兵有方，但不是一位战略家。他于 4 月 25 日至 27 日向阿达河的渡口进攻，在卡萨诺等处强渡该河，歼灭了塞律里埃师团。莫罗撤出米兰地区后，在亚历山德里亚收集残部。苏沃洛夫在米兰举行了隆重的入城式，派出相当数量的部队分散布防，于 5 月 12 日才向莫罗进攻，战果不大。与此同时，法军再次后撤至热那亚和康尼奥。督政府的对内和对外政策使法军在意大利吃了亏。主张意大利统一的人通常持雅各宾派的观点，他们因对督政府的立场感到失望，转而站在反法同盟一边。拉贺兹将军向法军开了火；皮埃蒙特的雅各宾分子组织了暴动，与旧制度的拥护者并肩作战。

莫罗指望同麦克唐纳会师，后者正历尽艰辛把那不勒斯军团从暴乱丛生的意大利半岛带回。莫罗没有要麦克唐纳直接向自己的防区靠拢，而让他在亚历山德里亚附近等着会师。麦克唐纳翻越了亚平宁山后，在特雷比亚河岸被苏沃洛夫阻住去路。自 6 月 17 日至 19 日激战三天，麦克唐纳未能突破防线，便重新翻过大山，沿海岸曲折前进，到达热那亚。已经进抵马伦哥的莫罗率军后退，同麦克唐纳会合。

德意志和意大利前线战事的失利牵动马赛纳跟着后撤；他退

出格里松斯后，由于卡尔大公已渡过了莱茵河，便继续退至利马特河后方。6 月 4 日，面对敌军的进攻，他赢得了苏黎世首次战役的胜利；但为谨慎起见，他又回渡利马特河，放弃苏黎世城，而在莱茵河和楚格湖之间布防，侧翼以利马特河和苏黎世湖为掩护。然而，由于勒克布被迫放弃了圣戈塔德和罗伊斯河谷，马赛纳的后方可能被来自意大利的军队所包抄。

夏季到了，人们以为会有几场大仗要打。结果却完全不是如此：同盟诸国的政府花了几个星期讨论作战计划，在计划未定前，各支部队便在原地作战。苏沃洛夫围攻的几个要塞，包括曼图亚在内，纷纷投降，其迅速程度令人难以置信，这在法国激起了人们对背叛的厉声斥责。苏沃洛夫接着粉碎了儒贝尔的反攻，后者已前来担任意大利军团司令，莫罗留任副职。儒贝尔因急于返回巴黎——西哀士准备让他扮演政治角色——尚未完成军事集结，便 536
于 8 月 5 日攻打诺维。战斗刚开始，儒贝尔率先阵亡。莫罗挡住了敌军，但损失兵员近三分之一，不得不连夜撤退。苏沃洛夫占领皮埃蒙特后，遵照沙皇的旨意，让查理－埃曼努尔的官吏复职，并准备入侵多菲内。

苏沃洛夫的做法不合图古特的心意；在图古特的眼里，苏沃洛夫只是一个普通的帮手，他打算独自主宰意大利的命运。奥地利的文职官员拒绝承认撒丁国王派出的接收人员。图古特对意大利南部的局势也深感不安。麦克唐纳在那里仅留下少量部队，一支英国舰队进入了那不勒斯港口；吕复主教正发动农民起义；俄国和土耳其军队从科孚岛源源运到。首都的守卫部队被困在堡垒中，于 6 月终于投降。纳尔逊撕毁了协议，对爱国的资产者和贵族进

行残酷镇压。但国王费迪南并不以此为满足:他想部分地或全面占有教皇的领地。他的部队于 9 月开了进去,奥军也立即从北方侵入教皇领地。

英国倾向接受沙皇关于扶植意大利正统王公的主张,但它尤其希望反法同盟诸国集中力量夺回瑞士和尼德兰。伦敦开始希望复辟波旁王朝,反革命分子如同以往一样积极卖身投敌。维克海姆又回到瑞士居住,他正准备在弗朗什—孔代和法国南部发动暴乱;布尔蒙准备再次挑起西部的叛乱;还有人打算收买巴拉斯。英国政府坚持要把法军逐出瑞士,并从勃艮第入侵法国。英国把意大利交给了图古特,换取卡尔大公同意对马赛纳作战,又说服保罗一世派科尔萨科夫率另一支俄军二万八千人接受同一项任务。为了抄法军的后路,它还建议苏沃洛夫离开意大利和向圣戈塔德推进。这正合图古特的心意。人们对沙皇说,解放瑞士各州的功绩堪称欧洲的救星,这个理由把保罗一世说服了。

这一计划尚未执行,英国却用另一个计划相阻挠:夺回荷兰和
537 比利时。沙皇早在 5 月已同意派兵一万八千人参加约克公爵准备的远征。图古特对奥属尼德兰的兴趣本来不大,但这些领地一旦从法国手中夺回,他当然要据为己有:7 月 30 日,卡尔大公接到离开瑞士和向美因兹推进的命令。由于俄军在 9 月才能赶到,卡尔大公并不急于去冒危险,整个 8 月仍用于讨论作战计划。

同 1793 年一样,同盟诸国的行动迟缓给了共和国找出对策的时间。法军将领不顾督政府的命令,坚持认为在夏末前不能采取任何行动,而在此期间,战争早已使法国国内局势发生了决定性的变化。

第九章　法国共和七年的危机 538

大陆和平为督政府的专政提供了喘息之机，却未能使它取得群众的拥护。既然战争重起，人们便把责任归罪于它，其领导人自然首当其冲。随着战事的接连失利，由热月党创始的政权便陷于困境。内战又将重开，入侵威胁严重，新的救国措施已被提上议事日程。最后一场反雅各宾运动将为军人专政扫清道路。

一、共和七年牧月三十日(1799 年 6 月 18 日)事件

直到共和七年芽月初(1799 年 3 月末)，法国打了几次败仗，但任何一次都不足以使人忘记征服那不勒斯之战的胜利。然而选举对督政府相当不妙；去秋以来，由战争威胁带来的商业停滞和捐税加重，特别是征集新兵，使不满情绪更趋强烈。茹尔丹法的成效甚微表明了人们对服兵役的恐惧，且不谈这项法律在各地使骚乱闹得越来越凶。早已因宗教冲突而动荡不安的部分比利时乡村，无论在瓦隆地区或在弗拉芒地区，都发生了暴动，这场“农民战争”延续了两个月，局势陷于一片混乱。在法国本土，人们十分担心出现新的旺代叛乱，因而允许政府在西部暂不执行茹尔丹法；舒安党

的活动仍有加强：夏托－贡蒂埃城于3月遭到突然袭击。在各地，抗命士兵和逃兵结帮成伙，凶杀事件日益增多。

广大舆论责备督政府挑起了战争，而雅各宾分子则指责督政
539 府备战不力，听任反革命为敌人效劳。两院的多数议员对来自不同方面的责备并非无动于衷，他们对督政府的专政尤其不能容忍。督政府照例揭发王党和乱党的狼狈为奸，并为讨好资产阶级而把攻击矛头首先指向后者。弗朗索瓦·德·纳夫沙杜在一篇通告中说："难道你们愿意看到最高限价法的再次出现吗？"人们仍按老办法准备选举，但已不如共和六年那么起劲，这大概因为官吏们觉得施加压力并不十分有效。候选人若是由官吏们推荐，往往在选举中反而落榜。那么，是否能再搞一次花月二十二日行动呢？两院的态度使人们不能作这样的考虑。有些选举人再次想搞分裂的选举人会议，但他们选出的议员都遭到排斥，缺额仍由原议会议员充任。

既然督政府主要同雅各宾派为敌，督政府的失败势必被看作是雅各宾派的胜利。实际情况却并非如此。人们将会看到，热月党仍占多数。他们起劲地反对督政府，甚至同雅各宾派协商推翻督政府，但他们并未改变自己政治和社会的倾向。危机将分三幕展开：第二届督政府的垮台；左翼表面上的胜利；猛烈的反雅各宾运动的胜利。

在选举后的几个星期里，共和国的形势变得十分危急：米兰和那不勒斯先后失守，瑞士已遭敌军入侵。对督政府的指责越来越凶：无能，犯罪，甚至叛逆。各州纷纷发来信件，明确指控原国防部长谢雷有罪。吕西安·波拿巴厉声斥责各驻军特派员，得到了将

领们的响应。将领们同反对派的勾结不仅见诸报刊和演说，五百人院在危机期间提出的督政候选人名单中军人所占的位置也是一个明显的佐证：在名单的十名候选人中，陆海军将领就有七人。到了芽月末，当必须审查政府的财政措施时，督政府与两院的关系已紧张到了极点。谣传将发生新的果月事变，尽管这在当时是不可 540
能的，因为政府同将领们的关系搞得很僵，而将领们也因吃了败仗而威信尽失。

在新的两院于牧月一日开会前，形势已对它们有利：勒贝尔离开了督政府，元老院让西哀士接替了他。大家知道西哀士与现领导势不两立，两派的敌对马上公开化了。大家还知道西哀士希望修改宪法，巴拉斯为他的当选助了一臂之力：特洛伊木马被送进了城。从柏林回来后，巴拉斯于牧月二十一日(6 月 9 日)开始全面进攻，不到十天就达到了目的。人们可以怀疑，这只“革命的鼹鼠”大概早已策划了阴谋。

牧月二十八日(6 月 15 日)，普兰一格朗帕雷突然指出，要求督政府报告形势的牧月十七日咨文至今没有答复，五百人院应继续开会等待；元老院仿效五百人院，也不肯休会。当晚，特雷拉在共和六年的当选受到了攻击，理由是他离开立法团未满一年。这种意见在去年已被否决，因为期限的计算应从离职到任职为止，而不是到当选为止。特雷拉终于被赶走，终审法庭庭长戈叶进入了督政府，此人在共和二年曾任司法部长，被认为属于雅各宾派。牧月三十日，攻击再起，这次，矛头指向拉雷韦里埃和梅兰。前一天，西哀士和巴拉斯已敦促他们辞职，以免遭到弹劾。元老院也派出了代表团，劝说他们退让。梅兰首先屈服，拉雷韦里埃跟着顺从。

接替他们的是由西哀士保举的罗热—迪科和由巴拉斯推荐的穆兰，后者是个默默无闻的将军和雅各宾分子。各部部长跟着全部开缺，塔列兰也不例外。

共和七年牧月三十日（1799 年 6 月 18 日）事变不是一次政变：两位督政不敢无视合法的弹劾。这是热月九日事变的重演，它使两院能监督行政权，但又不凌驾于行政权之上或削弱行政权，正如当年国民公会对待热月党的救国委员会一样。在西哀士的坚持下，葬送旧政权的计划终于实现了；他所表现的灵活坚定与他在雾月十八日那时的委琐软弱恰成鲜明对照。

541 牧月三十日事变也是将领们所希望的。贝尔纳多特接任了国防部长，儒贝尔担任了意大利军团司令；尚皮奥内被释放出狱，负责组建准备同苏沃洛夫作战的阿尔卑斯军团。驻军特派员终于失去任何权力：拉皮纳提出了辞职。儒贝尔到达意大利后，将罗蒙遣送回法国。

最后，牧月三十日事变表示对花月二十二日事变的反动。三位新督政在花月事变中曾受处分。原救国委员会委员罗伯特·兰代出任财政部长具有象征意义。许多官员被解职，并由众所周知的雅各宾分子所取代，更加深了人们的印象。在元老院批准恢复出版自由以前，报纸已纷纷复刊。俱乐部也重新开始活动；其中最著名的一个就设在骑术院；五百人院已于共和六年从这里迁往原波旁宫。该俱乐部的第一位“召集人”正是曾卷入巴贝夫阴谋案中的德鲁埃。

二、雅各宾法

左派以共和国处境危急为理由，让议会通过了一系列法律，这似乎证明了雅各宾派的胜利；其实，正如国民公会时期一样，多数派的部分议员对此并非毫无觉察，加之他们受反对督政斗争的激发，已经意识到了这一点，他们正朝着新的革命政府的方向滑去。

由茹尔丹提议的穑月十日（6 月 28 日）法实现了“大举征兵”：五批新兵已征召完毕，替代服役已被取消。据估计，应征入伍的新兵为二十二万三千人，实际出发的仅十一万六千人，约占总数的百分之五十一。一个月后，又一项法律规定改组国民卫队：这不是一句空话，因为国民卫队是用于镇压叛乱的机动部队。

在征兵的同时也征用财产。实物征用制如今已公开推广，督政府为此向各州当局发了通令。茹尔丹在建议征兵的同时，还让立法团同意发行一亿强制性公债。经过诸多周折，公债发行办法 542
于热月十九日（8 月 6 日）才确定下来。公债在缴纳地产税三百法郎以上的纳税人或流动收入在一万法郎以上的公民（收入数字由不需认购公债的公民秉公评议）中累进摊派，对投机收入从严要求，甚至可以责令其主人全部认购公债。

接着是穑月二十四日（7 月 12 日）的惩治法或人质法。当立法团宣布某州全部或部分发生暴动时，中央当局应在流亡者和叛乱者的亲属中挑选若干人质，予以监禁；如有官吏、军人或国有产业购买者遭到杀害，督政府就把四倍的人质发送流放；此外，其余人质一概处以罚款或负责赔偿全部损失。政府发布了一项赦令，规定所有叛乱者，除为首者外，只要交出武器均可免予治罪；否则，捕获后立即解送军事法庭，一经验明正身，格杀勿论。

最后，在同一天，根据各方面的要求，提出了一项弹劾报告，确定对四位已开缺的督政官和谢雷进行弹劾。五百人院同意据此定罪，但按法律规定，需在三十三天预审期后，案件方可移交元老院。反对派有足够的时间进行抵制。

三、最后一次反雅各宾运动

在穑月末，反对派的力量已很强大；二十六日（7 月 14 日），西哀士提出了第一次警告。他对救国措施并无反感，多数派也是如此，但有一个条件，这些措施必须由他自己执行，以便严格控制。雅各宾派惊呼，如果不在人民中唤起往日的热忱，新法律仍将是一纸空文；由此得出的结论是，他们要与人民共掌政权，至少也要让
543 革命委员会再现。上面提到的牧月十八日报告建议像 8 月 10 日后那样派专人去外省促进地方当局，并特意补充说：这些人应在“正直和富裕的阶层”中选拔，“他们应保护人身和财产的不受侵犯”。在反对派方面，拉马克的话讲得同样明白：“一些人希望动员民众力量去打退野蛮人；另一些人害怕使用这股无比强大的力量，也就是说，他们怕共和派群众甚于怕北方的蛮族。”

大举征兵征实无疑在全国使恐惧和愤慨倍增；但这些情绪在唯一受到强制性公债打击的大资产阶级中特别强烈。兰代让一些银行家和军需商同意在账面上耍个花招，把一部分公债利息折算公债，培勒戈首先接受了这个要求。但一般说来，怨声载道和消极

抵抗预示着公债必将失败，实际完成的认购额只到预计额的三分之一。许多有钱人将职工解雇，动身离开巴黎，一些手工工场即将关闭。

督政府及其拥护者最担心的还是有人对牧月下台的一伙人扭住不放，因为这会有重立断头台的危险。巴拉斯和西哀士开始成为攻击的对象；尤其是西哀士，有人说他在柏林同意放弃全部或部分新占国土和让奥尔良公爵或不伦瑞克复辟君主制。在多数派议员和将领中间，有人的确想到了复辟。但这个罪名对西哀士则无论如何也是担当不起的。大部分报刊、小册子和张贴都对着穑月的法律破口大骂。俱乐部分子也蠢蠢欲动，不惜采取挑衅行动，发表敌对言论；例如，茹尔丹在 7 月 14 日的祝酒词中公然提议“为举矛起义干杯！”纨袴青年前来骑术院门前闹事，双方大打出手。在卢昂、亚眠、卡昂等许多城市，类似的冲突扰乱了社会秩序，波尔多甚至发生了流血事件。尽管敌人说这是新的 5 月 31 日事件，左派却不能组织和举行一次群众性行动，因为群众在经历了长期的反动后已灰心丧气和麻木不仁。参加左派示威行动的仅有几百名依 544
恋往日革命的手工业者、小店铺主和小职员。政府把全部行政机构抓在手里；在果月十八日后，它在巴黎留下了一支二万人左右的卫戍部队。唯一需要采取的预防措施是让多数派处于警戒状态，并以坚定的态度防止多数派出现分裂。这正是西哀士果断地去做的事情。

热月八日(7 月 26 日)，西哀士的一名同党科尔内突然要求元老院作出决定，任何政治团体不得进入立法团所在地。由于骑术院是元老院院址杜依勒里宫的一所附属建筑，俱乐部便迁往巴克

街的教堂开会。继科尔内之后，给丹东帮过倒忙的科多瓦断言有人阴谋行刺督政官和召集国民公会开会。为此成立的调查组于热月十三日仅找出两张被认为煽动叛乱的公告，但仍提请督政府“执行宪法”。两天前，警务部长已由富歇担任，马尔波将军于二十四日（8月11日）被撤职，所遗第十七师师长的职务交给了勒费弗尔。就在那天，对“牧月下台的一伙”是否起诉的问题开始最后一轮辩论。富歇于二十六日封闭了俱乐部，起诉的提案于果月一日（8月18日）以二百一十七票对二百一十四票被否决；这就表明，如果西哀士没有采取果断行动使犹豫的人坚定起来，这个提案有很大可能被通过。从此，俱乐部便无声无息，左派的抱怨也纯属徒劳。西哀士同雅各宾派终于彻底决裂；两面不讨好的巴拉斯陷于孤立。

左派还有两次反扑的机会。在前将军鲁热和博罗伯爵的领导下，王党于热月十八日（8月5日）突然在上加龙州及其附近地区举行了暴动。暴动来势很猛，图卢兹一度被包围，但叛乱毕竟孤立无援：布尔蒙只是在8月底到达法国西部，起义日期确定在10月中旬。图卢兹自共和四年以来一直掌握在雅各宾派手里，轻易不能攻下；附近地方的共和派官吏又坚决抵抗，叛乱者在占了一点便
545 宜后便逐渐溃散。最顽固的一伙于果月一日（8月18日）在蒙特雷若打了一仗，彻底失败。

消息于热月二十六日传到巴黎，正是俱乐部被封的那天。两院当即准许在一个月内实行按户搜查，后来又宣布许多州区处于暴乱状态，但未真正实施人质法。西哀士下令根据共和五年果月十九日法将三十四家王党报纸的主编遣送流放，但他乘机一箭双

雕:第二天,另一项命令又以阴谋活动罪逮捕了十六家其他报纸的人,雅各宾派的报纸也被列入这个名单。

热月二十八日(8 月 15 日),诺维一战失败,但其影响比果月十日(8 月 27 日)英军在荷兰登陆为小。如果英军迅速向南挺进,就有入侵法国的危险,情况相当紧急。茹尔丹于二十七日(9 月 13 日)建议五百人院宣布祖国在危急中。会场出现了混乱,议员上台发言受到了干扰:这是大革命中最后一次戏剧性的冲突。吕西安·波拿巴转而反对雅各宾派,多弩要多数派表明立场:宣布祖国在危急中或者纯属夸大其词,或者只是为了进一步采取已有先例可援的革命措施。布莱终于使五百人院同意推迟宣布的日期。然而,群众越聚越多,雅各宾派猜测贝尔纳多特或许会断然采取行动。平时好说大话的贝尔纳多特却害怕冒险,为自己留有退路。西哀士当机立断,用书面通知贝尔多纳特,督政府已接受他的辞呈,尽管他本人并未提出辞职。茹尔丹的提议于二十八日被否决。突然,法军接连打了几个辉煌的胜仗,从而使局势发生彻底改观,并使左派威信扫地。

四、秋季战役

卡尔大公在离开瑞士前,曾于 8 月 17 日试图打垮马赛纳,但
未成功;法军 30 日的一次进攻也告失败。到 9 月初,卡尔只得服
从命令,沿莱茵河南下,离开了战场。在英军的一再要求下,图古
特同意让卡尔大公的部下霍兹率军二万五千人留守原阵地。霍兹 546
守着林特河,科尔萨科夫进占苏黎世和利马特河。与此同时,勒克

布在来自瓦莱的图罗部队的帮助下，已夺回格里姆赛尔和圣戈塔德两个山口，再次控制了罗伊斯河谷，前锋莫利托尔部抵达格拉里斯。苏沃洛夫直到9月11日才离开意大利，但退路已被切断。马赛纳暂时已无后顾之忧，等卡尔大公一动身，便袭击了利马特河的渡口蒂埃提孔，把科尔萨科夫的部队截成两段，将其右翼驱逐到莱茵河一带，把左翼围困在苏黎世。科尔萨科夫勉强脱逃，率领残部渡过了莱茵河。第二次苏黎世战役自共和八年葡月三日至五日(1799年9月25日至27日)持续了三天。

然而，苏沃洛夫在通过圣戈塔德山口后，步步进逼，紧追勒克布至阿尔特多夫。由于沿湖没有道路可通，苏沃洛夫只得翻过大山，与莫尔蒂埃部发生遭遇，刚打了胜仗的马赛纳赶来支援莫尔蒂埃。苏沃洛夫让罗森贝格对付马赛纳，自己率军进攻莫利托尔，莫利托尔沿林特河背水作战，在内费尔斯击退了敌军的冲锋。苏沃洛夫终于获悉霍兹打了败仗，便想取道阿尔卑斯山逃跑，全靠罗森贝格的奋力抵抗，挡住了马赛纳的前进道路，苏沃洛夫总算全师退回。已很疲劳的俄军于10月7日到达莱茵河边的伊兰兹，接着进驻福拉尔贝格。

英国远征军于果月十日(8月27日)在荷兰的赫尔德登陆；巴达维亚舰队不战而降，这是英军在远征中取得的唯一的一点便宜。俄国援军来到后，由约克公爵指挥。约克公爵的攻势于9月19日在贝尔根被布律纳指挥的法国和巴达维亚联军所阻。10月2日，布律纳撤向卡斯特里康姆；但在6日，他再次击退了敌军。奥伦治分子准备举行的暴动未能实现。海堤决口、阴雨连绵、供应不足和疫疾蔓延使登陆部队无法坚持下去。约克公爵于共和八年葡月二

十六日(10 月 18 日)在阿尔克马尔签署了一份撤军协议。俄军被运往泽西,准备在布列塔尼重启战端。

保罗一世对苏沃洛夫的失利十分不满,于 10 月 23 日下令召回俄军,同时致函奥地利,宣布断绝关系。反法同盟开始瓦解。 547

在一片胜利声中,法国又得到另一个奇迹般的消息:波拿巴于葡月十七日(10 月 9 日)在弗雷儒斯登陆,正在返回巴黎的途中。这个消息引起了举国欢腾。“常胜将军”的回国终于使人确信,共和国已经得救了。

自从战争开始以来,局势似乎总离不开这样一个节拍:吃了败仗后要采取极端措施,打了胜仗又使这些措施成为多余;局势危急时,雅各宾派的地位必然上升,因为他们勇敢坚定;一旦危险过去,稳健派便轻而易举地取得胜利。如今,反动派又开始强硬起来。五百人院决定修改人质法和惩治流亡者法令。在元老院,一份报告于雾月九日(10 月 31 日)建议用增加直接税的办法代替发行强制性公债。勒萨日－塞诺惊呼:“反革命已大功告成。”辩论在十六日和十七日继续进行;十八日那天本应接着辩论,想不到却发生了政变。

548 # 第十章　雾月十八日政变

督政府已无紧迫的危险，但这个局面又能维持多久？果月十八日后推行的专制统治显然并不十分有效，因为督政府还想把它的专制统治同造成权力之争和政局不稳的共和三年的自由宪法结合起来。既然热月党同山岳派一样承认在战争时期必须实行革命专政，他们势必让革命专政的组织不损害资产阶级的利益。这也正是雾月十八日政变的目的所在。资产阶级从这场他们所要求的，并取得他们同意的政变中获得了长久性利益，但政变又从资产阶级那里夺走了国家的领导权，因为在政变过程中出现的形势变化突然使军队——也就是波拿巴——扮演了主角。

一、修改宪法的主张

共和七年的难关已经渡过，但在经历了一场如此严峻的考验后，同样的原因是否会导致新的危机呢？开春以后，法国的作战对象就只剩下奥地利，但战争也会在种种偶然因素的作用下重新扩
549 大。内战烽火没有停息。10 月 14 日，在布尔蒙的一声号令下，舒安党先后夺取了勒芒、南特和圣布里厄。这诚然是短暂的胜利：塔拉伏迅速敉平了旺代的叛乱，埃杜维尔通过谈判平定了卢瓦尔河

以北地区。但反革命的威胁始终存在。更何况，各路大军如今已退到了国界之内，它们又从哪里去筹措军费？公职人员和年金收入者纷纷叫苦，公共机构欠账很多。国民要求和平，却不考虑如果仍要尊重制宪议会的社会业绩，政府又怎么能去取得和平。资产阶级看得比较远，他们暂且一点不慌。西哀士稳掌着舵盘，穑月法律或者将推迟执行，或者将适当通融。但是，雅各宾的阴影仍使他心怀恐惧。共和八年的选举将会产生怎样的政府呢？这对热月党说来是个首要问题，因为他们要保住政权，目的自然不仅为了保卫共和国和革命，而且也有着个人的打算。总之，人们已不能忍受每年循环一次的那种不安定局面。

最后，对波拿巴又该怎么办？他于10月14日到达巴黎后，处处装出一副谨慎从事的共和分子的样子；他经常出入法兰西学院，同那里的意识形态家建立了亲密的关系。然而，所有人都把目光注视着他，似乎谁也没有想起，波拿巴对重启战端负有主要责任，而在共和国不久前取得的胜利中却无点滴之功。人们没有责备他去冒险远征埃及：可恶的督政们把他远遣异乡客地，而他却能挫败阴谋，这是怎样的奇迹？他两次意外地逃过了纳尔逊的拦截，的确是福星高照。再没有比这更好的机会使人们确信，对波拿巴说来，重要的不是去说服才智低下的芸芸众生，而是用令人难以置信的功业使他们佩服得五体投地，用令人无从预料的出奇制胜使他们耳目一新。波拿巴在康波福米奥和约后曾任政府的顾问，现在可以让他作为大元帅统一指挥军事。但人们怎能相信他会就此满足。他还年轻，不到担任督政或部长的法定年龄。

修改宪法变得一天比一天更加紧迫。在果月十八日后，持这

550 种主张的人不断增多。三督政不相信法国可能实现共和三年的宪法,他们早在起草姊妹共和国的宪法时已表达了这样的见解。因此,姊妹共和国的宪法在共和三年宪法的基础上作了重大修改,以便扩大行政权的权限。本雅明·贡斯当、斯塔尔夫人以及继承启蒙哲学思想的思想家也有同样的倾向。在这方面,最典型的还是西哀士,他从共和三年起就一贯反对议会通过的宪法,他的想法后来有所变化,我们只是在布莱、多弩、罗埃德累转述的西哀士在政变后的谈话中得知,这些想法部分地被写入了共和八年的宪法。

鉴于不可能立即修改宪法,西哀士在当选督政后就考虑搞一次政变。两院中的多数派虽然认为政变十分必要,却不肯采取主动。因此,政变必定如同果月十八日事变那样是军事的和反议会的,而且更带冒险性。两院在共和五年曾以拯救宪法为借口,向督政府作了让步。这一次,问题就不仅是要破坏宪法,而且要限制两院的职权。如果两院进行抵抗,就必须将它们解散。西哀士是否看不到这种后果呢?政变只要一搞成,势必会导致军事独裁,这是显而易见的。即使西哀士事先同军事首脑达成了协议,那也没有任何办法能约束军事首脑完全遵守协议。看来,他可能希望两院在政变威胁下会同意与他一起起草新宪法。既然西哀士没有作这方面的准备,人们怀疑他是否真有这种幻想;在以上情况下,他的草率从事使他自己反受其害,轻易葬送了自己的前程。

对军队说来,形势也与共和五年那时大不一样。军队曾乐于帮助驱逐王党,而现在的问题是要对付共和派,甚至雅各宾派。军队并不喜欢“律师”,它需要一位具有崇高威望和无可指摘的革命经历的统帅。从各方面的条件来看,任何人都比不上波拿巴:机遇

促使他取得成功。除了与谋反者结合在一起,他别无出路。由于擅自离开了部队,他的合法地位岌岌可危。作为停职待命的将领,如果在督政府和两院中找不到同谋,他便不能担任巴黎卫戍司令。困难在于他不肯同巴拉斯合作,对西哀士也很讨厌。塔列兰从中 551
进行了调解。司法部长康巴塞雷斯显然参与了秘密。他们看来想瞒着富歇,后者打听到了消息,成为非正式的同谋者。在元老院方面,院长勒梅尔西埃以及议院的几名督察起了决定性作用。在五百人院则有担任院长的吕西安可以依靠。茹尔丹、奥热罗、贝尔纳多特等几名将领保持沉默;大多数将领热烈地拥戴波拿巴;莫罗因旧恨未消,不肯出力。军需商科洛拿了一笔钱出来,这当然不是仅他一人。雾月七日(10 月 29 日)通过了一项法律,规定在清账前暂时收回发给金融家的委托书,这些委托书于十九日晚又交给他们。

二、共和八年雾月十八日和十九日(1799 年 11 月 9 日和 10 日)

为了给政变寻找根据,人们便散布恐怖分子在图谋不轨。很多人对这项指控没有怀疑,因为从穑月以来这类传闻已充斥报刊,斯塔尔夫人的一段话可以证明当时的恐慌情绪达到何等程度:“在这种情况下,残酷的迫害随时可能发生;我对此深信不疑,因而把我存在经纪人那里的钱全部收回,由我的两位最亲密的朋友和我分别保管,随时准备动身前往外国。我每时每刻都在注意来自圣克鲁的消息,根据消息的好坏,决定提前或推迟动身的时间。”

政变看来在巴黎之外进行更有把握，恐怖分子图谋不轨可作发难的理由。元老院召集了非常会议，对有嫌疑的议员故意迟发通知。非常会议于雾月十八日通过决定，把会址迁往圣克罗宫，这一措施是合法的。但是，会议任命波拿巴为巴黎卫戍部队司令却属非法，因为任命只能由督政府作出。将领们已在胜利街波拿巴的家里会聚，部队则以检阅的名义已经集结完毕。如果多数督政
552 拒绝承认元老院的违宪决定，或许会有某个将领站出来反对波拿巴。一切都取决于巴拉斯，而巴拉斯却辞职出走。戈叶和穆兰在交出辞职书前始终在莫罗的看管之下。

十九日，军队前来包围两院的会址圣克罗宫。谋反者因未作任何防范，事态转而恶化了。未能出席十八日会议的元老院议员提出了抗议，指出该院不拥有动议权。波拿巴在发言中再次指责雅各宾派，却提不出任何积极的建议。正如他自己所说，他只是在下达命令或在无人顶撞的情况下才善于讲话。当有人援引宪法时，他怒气冲冲地说："你们践踏了宪法，宪法已不再存在！"五百人院的情形更糟：未经传召，波拿巴有什么权利进入会议大厅？在成群议员的围攻下，他离开了会场，到处响起一片斥责"不法之徒"的叫声。吕西安为他的兄弟辩护，那也无济于事；他在卫兵保护下离开了。波拿巴向部队作了鼓动演说，效果不大。吕西安骑在马上讲话，指责议员受英国收买，发动叛乱，要用匕首刺杀将军，这才使士兵跟着他走。立法团的卫队终于跟着行动，吹起冲锋号，把在橘厅中正在开会的五百人院驱散。

元老院以及在晚间才好不容易集中的五百人院少数议员共同决定两院休会，开除六十二名议员，新成立两个委员会代行议会职

权，负责投票通过三执政提交的法律，并与三执政一起起草新宪法。波拿巴、西哀士和罗热–迪科三名执政名义上一样平等，但任何人都不会信以为真。从图谋不轨到匕首行刺统统都是谎言，政变是谎言的节日，也是受骗的节日。波拿巴的地位压倒了西哀士。

第六编

拿破仑登台时的世界

直到雾月十八日，法国革命还远没有到达资产阶级于1789年为它确定的终点：新秩序只是在波拿巴的统治下才开始定型；由此可见，留待波拿巴完成的事业显然是使本书已描绘了其曲折过程的危机告一段落。

此外，没有任何迹象能够表明，革命与旧制度的欧洲之间的和平即将实现。斗争促使贵族、教会和国王的敌对情绪更加激烈。战争促使督政府走上了吞并别国领土和建立附庸国的道路；除革命思想的自发传播外，武装力量也参与破除被占领区的传统秩序和推广法国的政体。冲突既然如此严重，双方几乎结下了不解之仇；只是由于人民已经精疲力竭，各国才考虑谋求妥协，在照顾各自利益的条件下，至少暂时休战。波拿巴的个人作用在这方面具有举足轻重的影响；人们因此可以把执政府和帝国时期看作大革命历史的一个阶段。

本书没有讲完革命的全过程。既然我们要在拿破仑统治前告一段落，这里似乎应该就危机的后果及其悬而未决的问题作一概括的阐述。

第一章　法国革命的成果 554

本书在前面各章中已经阐述了制宪议会在 1789 年为资产阶级所要建立的秩序而确定了的原则。这些原则始终是大多数国民的指导方针，但在如何解释这些原则以及调整政治体制和公共生活的问题上，都存在着重重困难。这首先因为革命是破坏有余、建设不足的一场内战；又因为第三等级内部出现了分裂，山岳派在共和二年推行的经济统制和公有化法律损害了资产阶级秩序的基础。

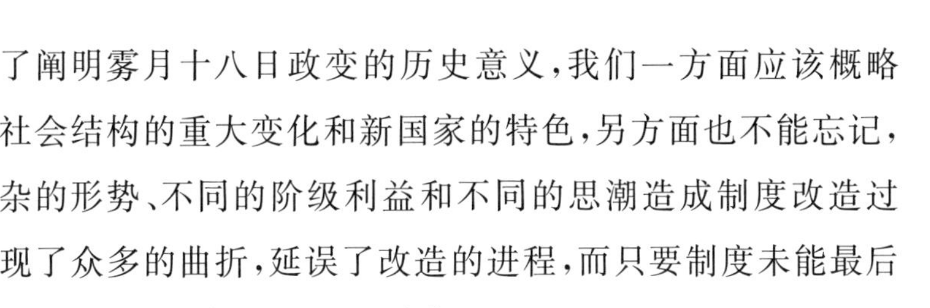

为了阐明雾月十八日政变的历史意义，我们一方面应该概略地指出社会结构的重大变化和新国家的特色，另方面也不能忘记，错综复杂的形势、不同的阶级利益和不同的思潮造成制度改造过程中出现了众多的曲折，延误了改造的进程，而只要制度未能最后确立，资产阶级的要求也就得不到满足。

一、破除行会式的、陈旧的社会结构 555

在新秩序的原则宣布后，革命的资产阶级始终认为，不搞垮建立在门第出身和特权基础上的等级制和行会制社会结构，个人就不能得到解放。有人说，这是抽象的和虚妄的个人主义，因为人们迟早总要按照各自的利益、信念和爱好去组成集团。实际上，资产阶级并不反对结成集团，只要这对它有利。资产阶级在自己的统治确立后，将恢复许多集团。但为建立这一统治，它必须摧毁一切障碍。在8月4日夜晚后，法国人分作三个等级的状况不能再维持下去，1789年11月7日法令终于宣布彻底取消三种等级。如果采用妥协的办法，旧社会的许多特征本可以得到保存。内战使资产阶级为战胜贵族而逐渐走向极端，甚至不考虑由此产生的后果对它自己也有损害。

受害最深的是僧侣。在这以前，僧侣有自己的评议会和法庭，有任意赠与的表决权和独立的财政管理，有什一税和大量地产收入，俨然是个国中之国。随着僧侣等级的消失，由它体现的“教会”便丧失了作为法律存在的任何资格，而仅是一个“信仰群体”。国
556 家的世俗化是大革命的基本特征之一，是大革命所建立的新社会的基本特征之一；可是，国家世俗化的日益深入却使人们对教会的怀念更加强烈。僧侣内部存在着不同的派别：1790年2月18日法令取消了各修道会；7月12日的教士法取消了评议会组织；从事教育和慈善事业的教团虽保留了一段时间，但在8月10日事件后也不能幸存，终于在18日被取缔。素称无主的教会产业一律被交给国家，各种例外被陆续取消，其中包括留给基金会的产业（1791年2月10日），慈善工场的产业（1792年8月19日），马耳他教团的产业（1792年9月19日），教会学校的产业（1793年3月8日），医院和其他救济机构的产业（共和二年穑月二十四日，即1794年7月12日）。在俗的和脱俗的教士统统恢复了普通公民的地位，虽然有一部分仍接受国家的津贴；此外，赞同教士法的神

甫已成为领取薪俸的公职人员，但在共和二年“无套裤汉二日”（1794年9月18日），国民公会取消了他们的公职人员资格。

法国贵族不组成行会团体，但他们在三级会议、省三级会议或在1787年创建的省议会中都构成一个等级。世袭封号、特权和领主权使贵族成为一个特殊的社会范畴。革命使他们丧失了这种地位，制宪议会于1790年6月19日废除了贵族的世袭封号和徽饰纹章，并准备进一步取消贵族和平民之间的任何畛域。然而，最受大多数法国人——处在领主压迫下的农民——欢迎的还是取消领主制。1789年8月5日至11日通过的一系列法令记录了著名的8月4日之夜作出的决定，要求立即无偿地结束农奴制以及农民对领主的人身依附；1790年2月关于市镇当局由选举产生的法令剥夺了领主在乡村中的行政权；3月15日和6月19日法令撤销了领主的荣誉性特权；8月16日的司法改革废除了领主法庭。

贵族同神甫一样成了普通公民，他们的产业也就不再与众不同。随着封建制的灭亡，贵族土地和平民土地之间的区分不再存
在，采邑的等级及其有关习俗，如长子权、采邑转让和贡赋减免等 557
等，跟着也取消了。许多家族的财产减少了，因为它们的主要收益就靠领主权。土地贡赋在领主权中占主要地位，而土地贡赋是需要赎买的，1790年3月15日法令就赎买金额作出了规定，但农民并不执行。1792年6月18日，立法议会取消了节敬一类的领主权的赎买，能出示原始凭证者除外；接着，议会于8月25日把这项规定扩大应用于各项贡赋，并于27日把下布列塔尼地区可退佃的领地列入普通租地的范围。最后，国民公会于1793年7月17日彻底废除了残存的一切领主权。

贵族拥有的土地从此像其他土地一样需要纳税；不仅如此，贵族根据领主对领地内的全部土地享有的领有权（不论有无国王的命令）所霸占的部分市镇产业也一概退归市镇所有。制宪议会于1790年3月15日宣布，国王三十年来违背1669年敕令擅自许可的抽签一概无效。立法议会于1792年8月28日取消了抽签后三十年不变的柯尔培尔法规，承认市镇对其辖区内空地以及道旁树木的所有权。1793年6月10日，国民公会作出了关于把争执交付仲裁的决定，从而再次有利于农民。流亡国外是对贵族更沉重的打击，尽管这仅限于某些贵族家庭。立法议会于1792年3月决定查抄流亡者的财产，国民公会于1792年12月把动产交付出售，1793年6月3日开始出售不动产。此外，1793年3月28日法令给了流亡者褫夺公权终身的处分，同时把他们亲属的财产中可能归他们所有的部分划归共和国所有，因此，他们的亲属在分割遗产前也被禁止动用财产。

未受以上处分的贵族家庭也前景不妙，因为革命派采取的措施旨在把大产业分小。资产阶级当时或许认为，新的经济秩序需要财产的流动，而增加产业主的人数将有利于社会的稳定，但削减
558 贵族影响的决心，内战激起的对贵族的愤恨，以及连带引起的对被视为贵族帮凶的富裕平民的愤恨，这一切虽然也起了很大作用。制宪议会于1790年12月18日禁止签订永久租约，认为这会使采邑制死灰复燃。制宪议会接着制订的乡村法典甚至取消了租约的自动延长。1791年4月5日法令的意义更加重大，它规定遗产在没有遗嘱的情况下实行平分。同年3月17日，遗嘱权以及直系亲属间的生前赠与在原则上均被取消。决定性的打击来自国民公

会:1792 年 10 月 28 日法令谴责为保证长子继承而使用的各种替换和转手的办法,从而使偷偷摸摸地推行长子权也成为不可能。山岳派关于遗产继承的法律走得更远;共和二年雾月五日(1793 年 10 月 26 日)法和雪月十七日(1794 年 1 月 6 日)法确认了有关继承人平分遗产和无限代理的规定,立遗嘱人只是在没有直系或旁系继承人的情况下,才能在遗嘱中将其十分之一或六分之一的财产转赠给非继承人。1793 年 6 月 4 日又决定接受私生子继承遗产,雾月十二日(1793 年 11 月 2 日)法进一步给予他们以婚生子女的同等份额;此外,这些法律的生效日期可追溯到 1789 年 7 月 14 日,并允许为重分遗产而查找生父。

宪法的和体制的改革不仅使贵族丧失了与其特权相联系的声望,而且也意味着他们收益的减少。国王不再能向国库任意提款,给贵族以馈赠和俸禄;他虽然仍可从王室经费中开支,但不能对仅有二千五百万的经费抱有奢望。当路易十六仍保留一定的任免权时,大贵族喜欢在外交界、军界和王室担任高级职务。最初,资产阶级出于传统的恭敬、感激或政治机敏,推举贵族在地方机构或国民卫队中任职,贵族在当选后也乐于接受。部队的改组使居乡贵族受苦不浅;这不仅因为捐纳官职的办法已被取消,而且因为从
1790 年 2 月 28 日起人人都有出任官职的可能;同年 9 月公布的 559
升迁条例开始重视资历,而不再考虑门第出身。遭受打击最重的肯定是在行政和财经部门任职的长袍贵族,他们多数通过捐纳才取得了官职。捐纳官职的办法取消后,他们失去了官职,而得到的补偿却是按官价折算的指券。司法官吏改由选举产生,原有的法官不再保留;财政部门的官吏也同样如此;在旧制度下,他们除了

领取与他们经手的收入成正比的俸禄外，还对这些收入享有一定的支配权，可根据自己的利益发放贷款。在旧制度末期，还有许多贵族是包税人，他们随着间接税的被取消而失去了收入来源。

贵族的境遇在逐渐恶化；除非能对革命作出毋庸置辩的保证，他们由于嫌疑越来越大而很少担任公职。罗伯斯庇尔在国王出逃前已要求清洗军队。无套裤汉于1793年主张剥夺贵族的公民权。救国委员会没有予以同意，继续使用它所信任的人。流放、监禁和判刑接踵而来，共和二年芽月二十七日（1794年4月16日）法决定将贵族逐出巴黎和军事要塞。达武等一些人采取了明哲保身的态度。热月反动在法律上并未使前贵族的处境有明显的改善。共和四年雾月三日（1795年10月25日）法禁止流亡者亲属担任公职；王党议员在共和五年曾使这项法律暂停执行，但果月十八日后又恢复了。过后不久，西哀士让默尔特的布莱提出建议，对在旧制度下曾担任显职的贵族一概处以流放，并把其他贵族贬低到外国人的地位。共和六年霜月九日（1797年11月29日）法采纳了后一项措施，但对革命有功的贵族例外。由于上述豁免未作明确规定，所谓例外并未产生任何效果。直到雾月十八日为止，绝大多数贵族或者逃往国外，甚至同共和国的军队作战，或者蛰居国内，在国家的政治生活中不起任何作用。

560 根据格里尔提供的数字，他所统计的七十二个州约有流亡者十万零九千七百二十人；如果加上对其他十五个州的估计，总数应达到十二万九千人。考虑到遗漏的因素，泰纳所说的十五万人这个数字似乎是可信的。有三十六个州（涉及六万八千一百五十四名流亡者）可作分期统计。在局势比较平稳的二十四个州，约有百

分之七十二的流亡者于1793年1月1日前离开法国，其中十分之九是贵族和神甫。在曾遭到入侵或打过内战的另外十二个州，百分之八十三的流亡者在1793年1月1日前出逃，其中十分之九以上属于第三等级，特别是农民；贵族仅占流亡者总数的百分之十七左右（二万一千六百二十四人），僧侣略为多些（三万二千五百九十七人）。

这里显然还不能就贵族和僧侣所受的打击得出一个完整的印象。我们不仅应该看到平民的滥施屠杀和恐怖统治的处决，而且还应该注意所谓“革命的破坏”：贵族宅邸被毁坏或被焚烧，教堂被抢掠或被捣毁，文献散失，塑像被砸碎，徽饰纹章被践踏。在革命风暴最猛烈的阶段，立法议会和国民公会对破坏行为竟随声附和。为满足国防的需要，人们拿走了钟铃，铁器和其他金属制品，甚至用漂亮的羊皮纸包火药。1793年7月17日法曾命令焚毁封建文书。雾月四日（1793年10月25日）和雨月八日（1794年1月27日）法令作了纠正，焚烧文书事件不再发生，但所受的损失已无可挽回。

我们还看到，在摧毁行会或社会的过程中，受到打击的不仅仅是僧侣和贵族，资产阶级也被强烈的震动所波及。不少资产者在旧制度下正力图挤进贵族行列或取得个人封号，他们眼看历来让发财致富者为之神往的美妙前景毁于一旦。不少资产者，甚至某些人民代表，拥有采邑或某块领地的全部或部分领主权（例如开设磨坊、面包房等），还有些资产者受虚荣或利益所驱使，在订立土地租约时采用了采邑（因为领主的年金不经领主同意不得赎买的形式），例如规定承租人必须缴纳年金。1793年7月17日法剥夺了

561 他们的这些权利。许多官吏并不是贵族，取消捐纳官职的办法以及官职不再与社会地位和个人收益相联系，使担任官职的资产者同其他官吏一样遭受损失。公证人成了公职人员，诉讼不再必须经过检察官，随着机构的撤销，许多执达吏失去了职业。其他自由职业历来不需捐纳，但也受到一定的影响。律师公会解散后，所有人都能扮演“非正式辩护人”的角色。医生不再构成封闭的团体。在大卫的领导下，艺术家们自 1791 年起对垄断着画院和罗马法兰西学院的学院派提出了强烈的挑战。国民公会终于在 1793 年 8 月 8 日取消了各学士院和大学，从而使一部分艺术家、学者、文学家和教授失去固定职业。在山岳派当政时期，商业资产阶级也觉得自己的前程面临威胁。国民公会于 1793 年 8 月 24 日废止了资本主义最先进的形式——股份公司。贴现金库的关闭比印度公司的取消给资本主义的打击更大，因为它担负着发行货币的职能，是高于一切银行的银行。经济统制、限价和实物征集限制了企业的活动和利润，阻碍了资本主义的发展。

至于平民，即手工业者、零售商和小职员，他们也受到了损失。在盐税、入市税、通行税、过境税、什一税、田赋等间接税停止征收后，许多胥吏不得不另谋生路。1791 年 2 月 2 日，制宪议会取消了行业公会。这项法令似乎是符合民主的，因为当时的技术条件已允许雇佣劳动者自己开设铺子。但它使那些师傅、小老板丧失了垄断，他们的利益和自尊受到了伤害：他们历来为拥有特权和受人尊敬而自傲，如外科医生、书商和印刷厂主、首饰工匠、理发师等。

第三等级的私人生活也受到了干扰。遗产继承法对贵族和对平民既然同等适用，平民在分割遗产时不免受到种种限制。上面已经提到，许多资产者向国外流亡；在曾被入侵的地区，当革命军返回时，各种身份的群众却分批离开法国；在遭受恐怖统治迫害的 562
人中间，绝大多数不是神甫和贵族。此外，革命党十分重视放松旧制度下盛行的妻子儿女对家长的从属关系，这种考虑对贵族和对第三等级也同样有效。限制行使遗嘱权正是出自这种考虑：在历届议会的讲台上，总是有人提议应阻止家长剥夺其拥护革命的近亲的继承权。“家长为一家之长”的传统被削弱了；从此，根据1790年4月16日法令规定而建立的家庭会议有权同父亲分掌家法。子女在年满二十一岁后不再受父亲的管束，没有父亲的孩子年满十八岁后解除监护，并收回对自己财产的管理权。妻子不再因被人密告而关在家里，子女的婚事也需征询母亲的意见，她同丈夫一样有权提出离婚；国民公会为此还先后发布了共和二年雪月七日（1793年12月27日）法和花月四日（1794年4月23日）法令。最后，为私生子恢复名誉进一步动摇了家庭的稳固性。任何社会革命终究都会触及家庭：革命需要使个人——尤其使青年——摆脱因循守旧，以便无牵无挂地适应新秩序，而毫不顾及由此可能产生的危险；等到目标达到以后，人们再在新社会中重建纪律。

至此，我们对社会动荡还没有完整的认识。通货膨胀的后果十分严重。雾月十八日后，尽管恢复了金属货币的流通，通货膨胀却继续肆虐，督政府让市场充斥着纸币、付款单和征用凭证，这对有钱人是个沉重的打击。共和三年，指券贬值激起了挤兑风潮，指券持有者纷纷低价抛出，不仅用于缴纳税款和收买国有产业，而且

用偿回本金为手段赎取土地年金。正因为资产阶级愿意把积蓄用于抵押贷款，又把贷款的利息用来赎取土地年金，政府不得不于穑月二十三日（1795 年 7 月 11 日）禁止偿还 1792 年 7 月 1 日前的借
563 款，禁止提前偿还其他借款。法国的大部分地区一般采用分成制租约，佃户在租约期满时（通常一年为期）必须如数退回地主提供的附属于土地的牲畜农具，否则应按清单照价赔偿。从共和二年起，佃户纷纷高价出卖未列入限价范围的牲畜等物，然后用贬值的纸币进行赔偿。救国委员会于共和二年热月二日（1794 年 7 月 20 日）禁止出售这类牲畜，并于果月十四日（8 月 31 日）将禁令的范围扩大至农具，但成效甚微。共和三年芽月十五日（1795 年 4 月 3 日）法令重申了以上禁令，无数的请愿书充分表明了土地出租者的怨愤。现金制佃户也以损害地主的利益为乐事，因为他们完全用纸币支付地租。共和三年穑月三日（1795 年 6 月 21 日），佃户按规定用六倍的纸币缴纳地租；热月二日（1795 年 7 月 20 日），租金和税款改为一半缴粮食，但佃户仍有权以收成不好为理由拒缴粮食。在整个督政府时期，两院曾多次讨论应采取什么手段仲裁租佃双方的利益冲突。他们对保护既得财产的关心——这种关心在当代已不再见到——再次证明热月党人懂得如何恢复资产阶级的优势。但在当时情况下，产业主的损失是不可能完全弥补的。房产主的利益受到更大的侵犯。旨在帮助房产主摆脱困境的共和三年穑月三日法维持用现金和指券各半纳付房租，从而造成了严重的房荒，尤其在巴黎。直到督政府末期，房屋的损坏情况仍十分严重。最后，由于大部分公债证券掌握在资产阶级手里，康蓬关于调整永久债务和终身债务的措施，拉梅尔的“清账”，督政府期间年金

的不断贬值和用不值一文的票据偿还息金，都首先使资产阶级吃亏。

这些变化的范围之大和影响之广触及每个人的灵魂。因此，贵族对现代社会始终感到格格不入，一部分旧式资产阶级倒向反革命的一边，其他资产者则希望通过保守派的反动恢复社会稳定。这种反动倾向从热月九日起已经开始，到雾月十八日还没有结束。564
只有购买国有产业和从事军需供应的资产者占了便宜，但这些投机活动的大部分利润并未落到旧式资产阶级的手里。接连不断的战争和货币动荡使一批新富人应运而生，他们闯进了资产阶级的行列，而原有的资产阶级却由富变穷，这一社会大变动确是资产阶级所未可预见的。

二、国家

在旧制度末年，以君权神授为象征的极权国家仍具有个人的性质。十七世纪以来，随着中央集权的日益加强，逐步确立了一系列的官僚体制，并按照资产阶级的方式，对国家实行合理的改造。这一变革遇到的障碍不仅有某些省或城市保存的部分独立性，有因历史环境发生变化、国家疆土不断扩大而统治方法依旧不变所造成的层出不穷的混乱，更重要的还有等级阶梯的特权。国家本是为了执行人为法和维持社会秩序而建立的，但统治阶级却始终把国家看作是维护其特权的堡垒。主权和贵族利益之间的矛盾导致了革命的发生，资产阶级把国家掌握在自己的手里，终于解决了这个矛盾。

资产阶级取消外省和城市的特权，剥夺贵族的特权，宣布全体法国人在法律面前一律平等；孟德斯鸠认为唯一能遏制国家主宰一切的中间等级不再存在；传统政体被彻底推翻，民族统一通过行政统一而实现。除通讯方面的距离和技术困难外，国家的意志从此不再遇到任何障碍。正是在这个意义上，托克维尔可以说，制宪议会最终完成了卡贝王朝几个世纪以来所追求的事业。

这仅是制宪议会的部分成就。制宪议会还宣布了人权，特别是人的自由权，这是为了保护人权不受国家的侵犯，也就是说，为
565 了改变国家的本质，把主权从君主手里转移到人民手里，并消灭个人政权。国家已由君主的私产变成接受臣民的委托的职能机构，君主的权威应服从宪法的规定。国王在名义上没有被取消，但路易十六却成了国家的头号官吏和代表。他的命令仍交行政机构去执行，但他的臣民却不仅要求自由，而且反对中央集权。他们希望的与其说是掌握中央政权，不如说是争取地方自治。平民的革命赶走了国王的代理人，并根据制宪议会的规定，用民选的市镇委员会去代替。这种自治倾向反映着人的本能；中央集权（即使由人民的代表掌权）总是阻碍自治的发展，这不仅因为官僚主义往往以墨守成规的和颟顸迟钝的办事方式侵犯或无视自治权，而且因为划一不二的政令必定激起爱好独立的个人的愤怒，遇到全国各个具有不同利益和不同习惯的小团体的抵制。

因此，1789 年革命没有使国家变得更加强大，却反而使国家的力量有所削弱：国王和议员暂且共掌政权，他们必须尊重人权，实行权力下放，征收税款和维持社会治安由市政当局负责。许多公民走得甚至更远；他们借口主权属于人民，援引人权宣言第六条

关于不排除直接民主的条款，主张议员的决定应交给选民修改，选民有权撤换议员。这种极端自由的无政府倾向在反革命派、温和派和无套裤汉中都有表现，它同中央政权必要的集中势必发生冲突：自由和权威、个人和国家之间的矛盾是社会的永恒矛盾。

资产阶级并非看不到困难，只是它敢冒风险。确实，一个阶级为取得胜利总要冒点风险。国家体制经受的十年动荡不能证明制宪议员的无能或过于大胆，真正的原因还在于：第三等级同贵族的 566
斗争，路易十六给贵族的支持以及贵族同国王、同外国的勾结。国民不能不觉悟到，为了保障边界的安宁和统一国民的意志，必须有这样一个政府，它的职权应该随着危险的扩大而扩大。

资产阶级不给穷人选举权，只让富人在缙绅中挑选议员。他们不但夺得了政权，而且自信能维持政权；既然新国家应保护资产阶级的经济统治和社会统治，他们就不愿意看到国家的政治机构和行政组织运转不灵。实行严格的三权分立和过分的权力下放有使行政当局瘫痪的危险。议会制度本可以改善三权分立和限制权力下放，而制宪议会却没有朝这两个方向努力。他们既不能信任路易十六，又不敢更换国王或成立共和国，因而组织不起一个真正的政府。在很长时间里，大多数法国人并不感到遗憾，因为这种状况使他们可以随心所欲地批评他们所不喜欢的议会法令；他们以为动乱只是暂时现象，因而并不十分放在心上。直到内战加剧和面临入侵，他们才感到进退两难：或者妥协投降，或者恢复国家的权威。可是，资产阶级内部很早就出现了分裂：王政派和福扬派选择了第一个方案，坚定派则力促第二方案的实现。

在恢复国家权威的同时，坚定派损害了国家的社会基础。由于掌握着国家权力的许多缙绅拒绝追随坚定派，后者只得依靠平民和推行政治平等。8 月 10 日事件似乎解开了死结：国王已被推翻，组织一个有效的行政机构似乎不会再遇到阻力。此外，实行普选制似乎也使缙绅们不再能任意支配国家。而实际上，共和党内部也四分五裂。第一次恐怖浪潮使吉伦特派胆战心惊，他们从此对专政深恶痛绝，并把经济自由奉为首要的信条。相反，与无套裤汉相结合的山岳派强迫国民公会建立革命政府，赋予政府对经济
567 的领导权，并同意与自己的盟友在政权中平分秋色，让平民阶级从革命中得到好处。

国家掌握在雅各宾派手中时，又变得有了权威，它的公职人员在某些方面变得民主起来；此外，国家使有些人员带有社会民主的性质。在革命政府的短暂生命中，人们猛然看到，资产阶级为废除贵族特权而在 1789 年宣布的权利平等将对未来具有无限深远的意义。山岳派没有许诺取消财富的不平等，但已着手缩小财富的差距。他们并不希望让所有人享有完全的平等权利，但他们指出，民主共和国至少有部分实现这一原则的义务。

雅各宾专政仅是大革命中的一段插曲。雅各宾派的许多领导人也认为专政只是救国的权宜之计。为使社会民主制取得成效，需要付出许多金钱和时间。暂且，必须为夺取胜利而牺牲一切。雅各宾国家愿意接受所有人给予的帮助，即令是贵族；它不支持破除基督信仰运动；它所推行的经济统制只是为了满足军队的需要，而无套裤汉却要满足自己的需要。雅各宾国家加强中央集权，停止选举，执行无情的纪律；倾向极端自由和野心勃勃的平民领袖对此深感不满和失望，当平民领袖起而反抗时，国家立即予以镇压。

此外，无论雅各宾派或无套裤汉都没有组织真正的政党来推行他们的专政。他们在政治民主的范围内从事活动，同其他公民一起参加街区、国民卫队和俱乐部，虽然这些组织曾有过几次清洗。他们企图以国民公会的名义发号施令；当他们对国民公会失去控制，国民公会转而动摇国家的统治时，他们便陷于无能为力的境地。他们并不代表一个阶级，他们的成员来自从富裕的资产者到无产者的第三等级各阶层，因而在限价问题上出现了分裂：自耕农、手工业主和商人同工人和消费者发生了冲突。

在热月九日后接管全部政权的共和党资产阶级赶紧取消国家的经济统制。共和三年宪法恢复了制宪议会首创的选举和自由制度。热月党人否定了普选，这是因为他们要建立一个纳税人的共 568
和国，也就是布瓦西·唐格拉斯所说的有产者共和国。这个共和国的坎坷经历给人留下了痛苦的回忆：暂停执行人权宣言已在人们的预料之中，非常法依旧有效，矛头既针对拥护旧制度的立宪派王党和罗马教神甫，又针对民主派。热月党看到，在战争继续进行和指券日趋崩溃的情况下，必须有一个强有力的政府。共和国和革命的前途以及他们自己的前程和生命均有赖于此，因为他们一旦被逐出政府，就会落到与山岳派同样的下场。他们不能不加强督政府的地位。但是，他们又不惜自相矛盾，想方设法在督政府和两院之间维持权力平衡，以阻止国家妨碍资产阶级在国内的行动自由。西哀士修正了他在1789年反对贵族时提出的理论，指出主权属于人民丝毫不等于人民拥有国王曾窃取的极权，享有主权的人民应尊重社会诞生前早已存在的自然权，首先是财产权；从这个观点出发，他声称热月党采取的防范措施不够有力。

然而，行政权和立法权的对立仍使国家无所作为。督政府在有利形势的帮助下扩大了权力：除派遣特派员外，它还任命了许多行政官员和法官；如同救国委员会一样，它通过发布政令扩大其制定法规的权力，而不愿两院勉强同意或表示反对，共和七年牧月三十日事变正是两院对督政府的一次报复。督政府对战争一味临时应付，既不能彻底遏制国内的反革命，又不能实现普遍的和平。政权的社会基础也过于狭窄：平民创立了共和国，而共和国却推开平民的帮助；共和国力图充当资产阶级的代表，而大部分资产者却与共和国为敌。现政权的领导人依靠在选举中舞弊或践踏宪法来维持自己的统治。立法权正日益成为附属品，而督政府却仍未取得
569 它所认为必不可少的特权（它在附庸国建立的体制足以为证）。最后，共和七年的军事失利和雅各宾派的回光返照促使享有选举权的资产阶级同波拿巴携起手来，他们企图在不危及资产阶级优势地位的条件下给行政权注入新的活力。

战争决定了革命必须实行专政，已被共和二年的经验所吓怕的资产阶级宁愿接受军事专政。实现他们在 1789 年憧憬的那种政府暂且还见不到一线希望：那将是很久以后的事情。

三、国家的世俗化

国家的政治改造诚然值得重视，但用今天的眼光看，国家的世俗化似乎也同等重要。

既然哲学家们对教会的褊狭大兴问罪之师，信仰自由似乎理应与研究自由和批评自由在 1789 年的人权宣言中并列首位，世俗

的国家似乎理应作为革命的基本特征而产生。可是，制宪议员们在这个问题上却表现得羞羞答答，仅把宗教宽容轻描淡写地一笔带过；直到 1789 年底和 1790 年初，他们才前进了一小步，同意给新教徒和南部犹太人以公民权。尽管如此，他们仍不建立世俗的民事登记，因而即使每个人都有选择宗教的自由和改宗的自由，但每个人却都必须信仰一种宗教。

议会暗示今后的法律不受教会的干预，并于 1790 年 4 月 13 日不把天主教当作国教。但议会远没有抛弃天主教，它仍然承认天主教对公共祭礼的垄断，唯有主持公共祭礼的天主教神甫才领取薪俸和配给住房。直到 1792 年，教会的慈善工场的财产仍未触动；本堂神甫继续为出生、结婚和死亡办理登记；教会学校和济贫事业仍予保留，学校和医院中的教团依然存在。

制宪议员明显地迁就爱国的本堂神甫；他们知道僧侣享有很高的声誉，担心因措施过激而引起群众的不满；他们还认为，宗教至少对平民是必需的。此外，他们在世俗化问题上显然没有明确 570
的想法。大多数人民代表是法学家，他们认为国家包括宗教，只要不去触犯教徒公认的教义，国家就能节制教会。更何况，法国教会自主运动早已表现了较大的独立性。旧制度留下的这一传统促使制宪议会通过了本质上与国家世俗化背道而驰的教士法。可是，作为推动国家演变的酵母，由教士法导致的教会分裂不但使革命派把顽固派神甫当作敌人，而且使他们逐渐排斥宪政派神甫，并最终摆脱对基督的信仰。

早在 1791 年，当制宪议会仍允许顽固派神甫进入教堂时，某些外省地区已自发采取了针对顽固派神甫的强制措施；战争进一步使这些措施全面推广；8 月 10 日后，顽固派神甫遭到了取缔。看来，革命党对在革命中遭受损害的神甫仍十分照顾；相反，因一些神甫拒绝宣誓而激起的对整个天主教的敌对却使宪政派神甫跟着受害，因为他们毕竟也信仰天主教。1792 年 9 月 20 日，立法议会终于创设了世俗的民事登记，并允许离婚：这是向世俗化走出的决定性的一步。

已宣誓的神甫的处境变得愈加困难；在政治上，他们很快被认为有留恋王政和支持吉伦特派的嫌疑。1793 年 10 月，国民公会允许将被控通敌的神甫处以流放；创立革命历法和实行旬末礼拜的规定给宗教活动增添了新的困难；无套裤汉后来干脆封闭了教堂。国民公会和救国委员会不赞成使用暴力，12 月 6 日法令重申了信仰自由。这个法令实际上只是一纸空文。热月九日政变也无济于事；相反，康蓬在共和二年“无套裤汉二日”（1794 年 9 月 18 日）又进一步取消了僧侣预算，从而使教士法名存实亡。政教分离至此终于完成。

随着反动的开始，信仰又重趋活跃。热月党制订了详尽的信仰法规，并归还了教堂。顺从派和宪政派神甫趁机公开活动，顽固
571 派神甫则从事秘密活动。直到雾月十八日前，督政府随着形势的变化左右摇摆，有时安抚，有时压制。

与此同时，8 月 10 日后学校和慈善事业中教团的废除以及教会学校和教会医院财产的出售，导致了教育和济贫事业的世俗化。私立学校仍然存在，但在国民公会创设的公立学校里，教士不再有任何地位。山岳派通过“全国慈善募捐”，把济贫的职责交给了共和国。督政府把这一事业又移交给市镇当局，创设了慈善办事处，但世俗化原则保留不变。

国家的世俗化表面上似乎已全面完成。其实，这项任务并未真正完成，因为大多数共和派认为必须为功利主义的公民道德提供一个精神基础。他们从幻想出发，以为自然神论能使教徒的精神有所寄托，旬末礼拜和革命节日至少能有效地代替天主教的种种仪式，因而极力推行在革命初年自发形成的这种国民宗教，用以反对传统的信仰形式。但是，在内战压力下逐渐实现的世俗化并没有开始时曾有过的那种咄咄逼人的气势。由此可见，世俗化运动同信仰自由或者同无视精神因素的实证理性主义并不协调，这确实证明，十八世纪的思想在当时并未真正达到家喻户晓。

革命的急风暴雨没有把基督教传统连根铲除，但它使一部分法国人脱离了这一传统。当国家不再强迫人们在周末望弥撒和在复活节领圣体后，传统势力在许多地区立即大大削弱，巴黎地区和法国中部则尤其明显。在雾月十八日前，僧侣已无扭转局面的能力：僧侣丧失了财产，部分地转入地下和流落异乡，很少接纳新的成员；神甫的人数本就不足，许多年老神甫又后继无人；僧侣内部四分五裂，等级制度发生动摇；一些顽固派教士不受宪政派主教和本堂神甫的约束，自行其是。信徒行圣礼的次数日益减少；儿童的宗教教育往往不能进行；宗教习俗日益淡漠，因而在十九世纪上半 572
期需要花很大力气才能恢复。但是，无套裤汉坚持与教会为敌，并把这种敌对情绪传给了他们的后代。不信宗教在1789年前仅限于贵族和资产阶级，如今在平民阶级中已十分普遍；这一意义重大的新事物，加上革命与教会的决裂，其后果是不可估量的。革命的资产阶级开始认识到，1789年原则同天主教义是互不相容的；教

会也得出相同的结论：庇护六世在 1790 年谴责了人权宣言；至于法国僧侣，他们最初曾表示接受人权宣言，或至少大部分没有反对，但随着教会的分裂、镇压措施的严酷和世俗化的加剧，逐渐采取了与革命为敌的立场，除少数宪政派神甫例外。

绝大多数国民对国家的世俗化并不关心，他们对原则不感兴趣，对原则的冲突兴趣更小；日常的经验告诉他们，他们在生活中注定要左右徘徊。他们已进行了 1789 年的革命，革命的社会成果基本上符合他们的要求。但他们同时坚持要保留自己的宗教，这既出自一种信仰，又出自与信仰相联系的利益，而更普遍的则出自习惯和求得平静：宗教争执造成了家庭分裂、夫妻不和乃至父子反目。许多人希望国家设法结束这种状态，以便只举行共同的弥撒。

宗教和睦看来不能很快实现，因为部分僧侣仍服从流亡的主教和支持英国豢养的王党。当前可行的办法是同教皇达成协议，让教皇要求神甫在政治上服从国家或保持中立。督政府在 1796 年已有过这方面的考虑，但事情却留待波拿巴去做。

四、公共机构

不管时局使中央政府发生了多大的变更，任何人都不能否认，资产阶级在政府中安插了一些有能力的人，他们在执掌政权当中
573 更增长了才干，其中的出类拔萃者后来又被拿破仑接纳到他的班子当中。但是，在一般百姓的生活里，立法部门的决策和政府的命令不是唯一起作用的因素，行政机构的效率以及行政人员办事的认真程度至少是同等重要的，甚至是更加重要的。下级官吏同平

民百姓直接接触，他们对一个政权的名声好坏关系十分重大。

如同各级议会一样，州县的行政官员也来自资产阶级，其范围
直到 1793 年才略有扩大，且主要是县级行政官员。在各大城市 574
中，一些手工业主、零售商和自由职业者进入了市镇委员会；甚至市政府。一些职业地位和经济地位较低的人——胥吏和少数帮工——加入了他们的行列。这种状况使缙绅感到特别恼火。但是，督政府不能完全改变它，因为大多数缙绅是王党。公民们在这些民选机构中逐渐学会管理公共事务，并提拔有才干的人担任高级职务。为此，在制宪议会和共和三年的国民公会中，人们曾主张实行“阶梯制”，这个主张并未被采纳，但大多数政治家实际上都是逐级提升上来的。在农村，市镇机关的官员往往令人失望，有些是目不识丁的农民，有些甚至不懂法语。针对这个缺点，孔多塞等人早在 1789 年就提议建立“大市镇”。他们的主张到共和三年才付诸实施：每个市镇派正副联络员各一人参加区级行政机构的工作。这一尝试因遭到地方自治思想的激烈反对终于被搁浅。

地方议会并不经常开会，开会的时间也不长，议员承担的任务也不繁重。后来，革命政府命令改设常务机构。市镇、县、州三级行政机构是不可缺少的，它们不仅要处理日常事务，而且承担着司法职能：县州两级政府除执掌行政和司法职责外，还负责经营和出售国有产业，开列流亡者名单，贯彻各项革命法律，工作极其繁忙；市镇当局通常处理各项违章行为，在 1793 年后，还处理轻微的违法行为。行政官员们在革命的急风暴雨时期对工作的认真负责值得人们尊敬。尽管选举人资格受财产的限制，革命的资产阶级（尤
其是民主派共和分子）始终反对以政务繁忙为理由，只让富人当 575

选；专职的行政官员同议员一样领取薪俸；但是，仍有许多官员为避免影响自己的事业而不得不辞职。

另方面，也有一些新提拔的官员能力不够或缺乏主见，需要稳定一段时间后才能熟悉自己的职责。可是，选举十分频繁：根据制宪议会的规定，州县两级官员每两年改选一半，市镇官员每年改选一半；共和三年的宪法改为州级行政官员每年改选五分之一，市镇官员每年改选一半。1793 年至 1795 年间的历次清洗加剧了行政机构的不稳定性。频繁的改选固然符合民主思想并能弥补代议制的缺点：这使更多的公民有参与管理公共事务的机会和使他们关心公共事务，这使当选的行政官员不是终身任职，而是定期更换。但是，时间久了，这不但使弃权者日益增多，而且有使当选的官员不能积累经验的危险：在对国民进行公民义务教育刚刚开始的时候，这个缺点显得特别突出。

在任何制度下，行政管理方法的连续和完善部分地取决于下级官员，即人们所说的"职员"。最初，旧制度下的胥吏均被留任；随着各党派更替执政，它们在各办事机构大批任用亲信。革命政府职能的扩大使各类书记的人数成倍增长，这是革命政府的特征之一。许多书记任职不久，由于能力和责任心不强而远不能胜任。共和三年后，情况有了一点好转：督政府的特派员负责领导下级行政人员，他们比民选机构较为稳定。可惜，货币混乱和财政支绌使营私舞弊现象日益普遍，而 1789 年以前远没有现在这么严重：特派员及其同伙的贪赃枉法闹得人人皆知，怨声载道。雾月政变的目的之一正是为了取消选举，巩固行政机构的权威，以重建国家的威望和保证各级机构的效率。谁也不会否认，取消念一税的督察

员严重地损害了直接税的计征工作，革命时期的行政官员忽略了 576
他们的先辈所创立的统计工作。经济统制一度使救国委员会重新抓紧统计工作，但直到督政府末期，弗朗素瓦·纳夫沙杜却还在提出这方面的建议。

选举的原则在司法组织中也一直维持到执政府成立，而且没有遇到那么多困难。治安法官不算真正的司法官员，对他们没有任何技术要求；1790 年 8 月 16 日法要求各级各类法庭的在职法官必须有担任法官职务或从事法律工作五年以上的历史。这一规定于 1792 年 9 月 22 日被取消，但选举人会议在选举法官时仍按老办法行事。治安法官任职期限仅二年，法庭法官的任期则要长得多：按 1790 年法为六年，按共和三年宪法为五年。他们都可连选连任，总的说来比较稳定。治安法官制度颇受人们的欢迎，至少选举时投票的踊跃程度同市镇选举不相上下，拿破仑直到 1804 年才取消这个制度。县级法庭本身似乎没有引起太多的抱怨，如果说有不满，主要因为法律的日趋统一和革命立法的不断变化造成了司法程序的极其复杂。镇压性的非常法无疑引起强烈的愤怒和怨恨。但是，一般刑事法庭及其法官似乎没有遭到众多的责难。雾月党所以要取消选举，主要是想加强国家的权威和保障资产阶级对司法职位的垄断，其最终目的则是巩固资产阶级的社会威望和地位。

制宪议会力图让诉讼人不通过法官和法律界人士而自己解决争端，以便减少诉讼开支，这一努力并不成功。治安法官的仲裁和家庭会议在督政府时期已不复存在，因为被请来为诉讼人做主的
人或者不懂法律，得不到诉讼双方的信任，或者自己感到胆怯，充 577

当了代替他们作主的法律界人士的傀儡。检察官、“诉讼代理人”、律师和“非正式辩护人”虽属可有可无，但仍有人向他们请求帮助，因而法律费用仍然昂贵。共和三年宪法规定每州仅保留一个民事法庭和三至六个轻罪法庭；同时，随着县级行政机构被取消，全部民事纠纷集中到州级部门处理：办事变得旷日持久，旅费开支变得更加高昂。雾月党人为了资产阶级的利益，正式批准检察官重新收取诉讼费。

在雾月十八日前后，对司法机构的批评主要是镇压不力。被制宪议会废除的“检察院”尚未恢复；案犯先由刑警和治安法官预审，后交民事法庭庭长主持的起诉庭受理，公诉人由起诉庭组成人员选出；于 1792 年 10 月被废除的国民特派员又被共和三年宪法所恢复，其职责为监督遵守法律和执行判决。检察院只是在随后的十年中才逐渐恢复。

制宪议会从一开始就十分关心刑事诉讼的改革，这一改革成为它名垂青史的成就之一。设置审判团从未有人反对，尽管对审判官的选任往往因保守利益的力图控制而引起种种争议。普通法庭看来比较注意遵守新的规章。议会仍努力保护一般被告免受军法审判，在陆海军中则采用有士兵和水手参加的陪审团制度。议会最后为叛国罪设立了最高法院，并为诉讼程序制定了规章。

虽然如此，内战还是使一般法的保障受到限制、被抛弃或被践踏。历届议会的查究委员会、监视委员会或公安委员会往往不经司法官员的允许，擅自下令搜查和逮捕；救国委员会自然更不例外。每当形势需要时，地方当局也依此办理，1793 年至 1795 年间
578 的恐怖法律给了它们便宜行事的权力。督政府实际上继承了这个

传统，甚至为准备选举而不惜采用预防性拘留。至于特刑庭，司法程序更加简化，国民公会竟然下令，凡流亡者、流放犯、手持武器的叛乱分子和通缉犯一经验明正身即可处决。督政府也实行军法审判，在处理巴贝夫分子时丝毫不顾法律。在和平尚未恢复前，舆论界并不幻想当局会有任何法律顾忌，也不认为政府会把司法大权交给独立的法律界人士。

然而，自 1789 年以来，民法变动频繁，始终不能形成法典，舆论界对此啧有烦言。制宪议会仅于 1791 年 9 月通过了乡村法典。国民公会在 1793 年和在热月九日后曾讨论过民法典，但未得出结果，只是后来的两院才通过了抵押法典。民法典迟迟不能制订出来，其原因不能完全归结为任务繁重和局势混乱，具有追溯性的山岳派法律的提出，热月党的首鼠两端以及因货币危机而必须对权益进行的许多调整都与此有一定关系。总之，民法典始终有待制订。

制宪议会建立的税务组织经常在变动中。土地税和动产税的征收额随税区的不同而不同，这势必引起很多不满；营业税完全根据纳税人自报确定，弊端自然极大。如果考虑到这两个因素，税务机构的改组就不足为怪了。国民公会于 1793 年 3 月 21 日废除了营业税，接着于共和二年花月二十一日（1794 年 5 月 10 日）取消了动产税和调整了土地税。征税工作在内战期间进展缓慢，山岳派用强制性公债、革命捐、征粮征实和通货膨胀等手段取得财源。共和三年热月，由于指券已经破产，又在新的基础上恢复了动产税 579
和营业税；土地税改为一半用实物缴纳：这些措施在共和五年葡月三日（1796 年 9 月 24 日）暂停执行前曾给督政府帮了大忙。热月

党共和国虽然退回到制宪议会时的制度，种种抱怨却并不因此停止。它两次修改了动产税的税则，营业税则修改的次数更多；两院在共和七年终于决定对这三种税以及对登记捐和印花捐进行一次全面调整，同时又增设第四种直接税，即门窗税。这次调整比以往有了可观的进步，共和七年的法律在半个多世纪内将基本保持不变。纳税人仍不满意。国家的征税额从 1791 年到共和七年确实在减少。土地税由二亿四千万降至二亿一千万，并稳定在这个水平上，实现了耕种者所希望的承包制。动产税由六千万下降到三千万；虽然具体的纳税人对税额减少感到满意，但抱怨并未完全平息，因为这项措施主要有利于城市的富人。此外，制宪议会对动产税中的所得税实行一定程度的累进制，这种累进制经过共和五年热月十四日（1797 年 8 月 1 日）的改革变得更加突出；共和七年雪月三日（1798 年 12 月 23 日）的改革取消了房产税的累进制，改行比例制，从而为执政府制订长期的规章作了准备。但是，由于土地税仍是财政收入的主要来源，土地税如何分配的问题始终是不满的主要原因：在市镇内部，分配做到了大致公平，但各市镇间和各省间的比例尽管进行不断的修正，却始终不能完全合理。人们早在 1789 年就提出编制土地册的要求，因为土地税的合理分配取决于土地册的制订，但这是一件需要花费大量人力、财力和时间的事。拿破仑在恢复国内稳定后才开始这项工作，工作延续了将近半个世纪。

国家最关心的事是征税、筹集军费和保证国库收入。制宪议会委托市镇当局制订税册和负责征收，这一做法带有旧制度的特
580 征，更何况，在这个根本问题上，平民的革命不能同意削弱市镇的

自治。在1789年前，国王不但可以派出税务督察，在纳税人的帮助下，根据各种文书，按部就班地制订出详尽的税册，而且可以要求专职的税吏负责征收税款。税吏不能不加快征税，因为纳税通知书是由他们签署的；他们也希望早日把税款收齐，因为他们的个人收益取决于税收状况；他们可以派员督催拖欠的税款，必要时甚至没收欠税人的财产。大革命用领取薪俸的职员代替了税吏，这些职员既没有独立的地位，又不能使用强制手段，他们自然就没有那么大的积极性。直到果月十八日后，各州才设置了“税务局”，税册的制订由督政府的特派员负责，专业税收人员并不参与其事，而税务局则起保证的作用，这个做法虽然恢复了派员催督拖欠的制度，但也没有取得预期的成效。税款的征收额毕竟有了明显的增加，执政府成立不久，又立即建立独立于地方当局的专门税务机关，负责制订税册和征收税款。

由于直接税的征收工作进展缓慢和很不稳定，国库更加注意通过向消费品征收间接税来增加收入。可是，平民革命却把废除间接税作为首要问题提上议事日程，制宪议会不得不予以同意。督政府时期的两院因不得人心而不敢同意征收盐税，经犹豫再三才决定征收低额的烟草捐。即使拿破仑也直到1804年才断然走上这条道路。此外，国库自己不能签发纳税通知书，发行公债只能采取摊派的形式。但是，它又必须清偿债务和提供额外的军费支出。国家的财政状况日益恶化；对于金融家的贪污中饱和营私舞弊，对于他们贿赂和勾结国家职员和人民代表的行为，山岳派表示了合理的愤慨，他们禁止国库向金融家求助；据说，金融家当时曾同意给国库短期贷款，以保证必要的军需供应。国库只得依靠发

581 行指券和出售国有产业来维持日常开支和军费支出。人们说大革命依靠这两项措施渡过了难关，这种说法并非没有道理。热月党人恢复了兴业自由后，放心大胆地使用军需商。“金钱贩子”一再要求成立拥有发行纸币垄断权的国家银行，但两院拒不同意，督政府只得采用旧制度所惯用的应急措施，结果造成国有产业被出售一空，没有偿还能力的息票充斥市场，信用破产接连发生。

通货膨胀和国库空虚造成了严重的社会后果：关于这个问题，下面还将谈到。这是大革命之外的又一次革命，它使受害者或者离开革命，或者对革命感到失望，而几乎全体国民都不同程度地受到影响。执政府的首要任务正是力争财政状况的好转，随着国家的强盛，波拿巴使自己深得民心。尽管如此，大革命的事业却因财力不足而部分地失败了：制宪议会和山岳派都不敢放手出售国有产业，进而增加产业主的人数；1791 年宪法在前言中曾就教育和救济这两大公共事业许下了诺言，山岳派也认为这是民主共和国的要害部门，但公共教育仅实现了一半，公共救济则完全失败。

百科全书派的门生赋予国民教育崇高的使命，孔多塞用最精辟的语言表达了这样的希望：大革命应该组织国民教育，从而使“知识的不断进步为满足需求、克服弊病、实现个人幸福和共同繁荣开辟无限广阔的前景”，并为“接近一切社会制度所追求的最终目标——人类的普遍完善——作出贡献”。孔多塞的民主思想反映了宽宏的人道主义，这同金钱至上的利己主义势不两立；他接受并进一步发挥了笛卡尔的思想，主张赋予教育以新的使命：“保证
582 人人都能充分发挥自己的天赋，从而在公民间建立事实上的平等，使法律承认的政治平等得以实现。”也就是说，教育的使命是向所

有人提供在资产阶级社会中享受人权的手段。

问题还在于要确定教育制度的性质。教育究竟由国家主持，还是委托地方当局和家长负责，或者是否应该独立自主？为了达到教育的目的，学生入学是否必须是义务的和免费的？假如回答是肯定的，费用应该由谁负担？向所有人开门的国立学校不能是教会学校，而只能是世俗的学校。但是，教育是否应该变教会垄断为国家垄断？在当时的形势下，教育的世俗性质已不成问题，但在其他问题上，意见分歧始终存在。

制宪议会于 1791 年 9 月 10 日听取了塔列兰宣读的一项报告。立法议会于 1792 年 4 月 20 日和 21 日让孔多塞陈述其著名的计划。吉伦特派当政时期的国民公会曾听取过公共教育委员会的多次报告，并在 1792 年 12 月正值审判国王期间进行过讨论，但未能得出结论。孔多塞虽然没有明确谈到义务教育，但看来是同意这个原则的；然而，他反对实行国家垄断，主张任何公民都可开办学校。关于国民教育，他建议首先对男女儿童实行包括基础教育和普通中学在内的初等教育；接着是由“专门学校”组成的中等教育；最后是由九所“公立学校”组成的高等教育。一些出类拔萃的青年人将作为“祖国的儿女”由国家负担学费，逐级升学。至于其他青年，他们将通过演讲会和国家庆典逐步完善早已开始的国民教育，直到成年为止。“全国教育协会”将主持全国的教育工作和科研工作，上下共分四个等级，其人员一概实行聘任制。各级教师的聘用和监督由上一级机构决定。可见，孔多塞是要创立一个独立的行会，使教育不受政治波动、家庭干预和教会检查的影响。人们对他的指责也正是如此。

583 山岳派对建立科研机构也相当热心，他们于 1793 年 6 月 10 日开始把“王家花园”辟为自然博物馆。但他们认为当务之急还是创建初等教育。他们无疑需要通过初等教育对未来的公民进行公民教育。此外，他们希望教育应该是实践的和功利的，因为他们打算通过职业教育使青年获得一技之长。山岳派中最激进的分子从平等思想出发，主张建立单一的学校。罗伯斯庇尔在 1793 年 7 月 13 日把勒佩蒂埃·德·圣法戈草拟的计划提交国民公会审议，并于 29 日以公共教育委员会的名义要求通过这项法案。法案主张实行国家对教育的垄断：共和国将负责全体儿童的教育，女孩自五岁至十一岁，男孩自五岁至十二岁，但学校将作为某种合作组织置于家长会议的领导之下，学生将部分出卖其劳动果实，尽可能做到自食其力。学校主要不是向学生灌输知识，而是使他们掌握伦理原则和职业技能。这里可以明显地看到《爱弥儿》的影响。勒佩蒂埃赞成孔多塞设计的高等教育，但对高等教育如何组织却只字不提。

在共和二年霜月二十九日(1793 年 12 月 19 日)法令中，国民公会既未采纳孔多塞的计划，又未接受勒佩蒂埃的方案；这一法令仅涉及“初等学校”。教育将是自由的，对小学教师不要求任何技术准备。家长至少应让孩子上学三年，但学校可以自选。共和国根据学生人数多少发放教师津贴。如果某个市镇没有人担任教职，市镇当局可聘请一名小学教师，由国家付给固定的薪俸。法令未规定实行世俗教育，不禁止神甫主持学校，但教师必须具有公民证书。市镇、区和家长共同对学校实行监督。小学教师必须使用由救国委员会批准发行的课本，首先是《人权宣言》。教育一方面

受国家的严格控制，另方面又实行分散管理，这同无套裤汉的精神状态完全合拍。已把全部精力投入战争的山岳派仍不时强调教育的实用性，要求科学研究应促进教育的发展。由于时间紧迫，他们总是把革命急需解决的问题首先提上议事日程。例如，他们把从 584
事熬硝的公民从外省召来，交给著名的化学家培训数十天；他们在征集的新兵中选拔一些青年在“马尔斯学校”集中训练，准备提供后备军官。

热月党最初并不否定山岳派的业绩。共和三年葡月十日(1794 年 11 月 17 日)，他们通过了关于开办高等师范学校的法令，派深孚众望的学者培训各县送来的一千三百名教师。共和三年雾月二十七日(1794 年 11 月 17 日)法真正开始了公共教育，决定共和国在每个市镇(至少在千人以上的居民区)开办一所学校，教师领取薪俸；受县督学团监督。私立学校仍予保留，有人公开表示，他们希望资产阶级的孩子有可能在自费学校上学。

但是，热月党从一开始就十分重视高等学校：工艺博物馆建于共和三年葡月十九日(1794 年 10 月 10 日)；为陆海军和桥梁工程部门培养人才的公共服务学校(后称公共工程学校)于雾月一日(10 月 22 日)成立，该校就是今天的综合技术学校。不久又增加了矿业学校。霜月十四日(12 月 4 日)成立了三所医科学校，接着是聋哑人学院和兽医学校。穑月七日(1795 年 6 月 25 日)成立了纬度局，附设的天文台开设天文课。有关语言、考古和艺术的学校也纷纷出现：东方语言学校于芽月十日(1795 年 3 月 30 日)成立，法国文物馆早在共和二年果月十五日(1794 年 9 月 1 日)已经创设，音乐学院也在这个时期开办。国民公会在解散前曾于共和四

年雾月三日(1795 年 10 月 25 日)建议成立法兰西学院,领导全国的知识生活,从而实现孔多塞关于建立"全国教育协会"的愿望,但法兰西学院并不具有孔多塞主张的那种行政性权威。

585 组织中等教育也刻不容缓:资产阶级子弟为准备从事自由职业不能不上中学;学术界为了后继有人和推广知识也不能没有中学。共和三年风月六日(1795 年 2 月 24 日),国民公会根据拉克纳尔的报告,决定各州均可设置一所"中心学校",费用由各州负担,教师可在督学团认可的人选中聘用。中心学校原则上不实行免费制。

热月党显然不同意孔多塞在 1792 年表达的民主意向;货币危机和保守势力抬头是变化的原因之一。普及教育接着也受到影响:国民公会于共和四年雾月三日(1795 年 10 月 25 日)停止向小学教师发薪;教师仅保留住房,于是重新向家长收取学费,数额由市镇当局确定。在此情况下,人们也就再不谈论义务教育了。

督政府成立后,热月党没有修改法律,却把重点放在贯彻执行法律上。高等教育基本上已安排就绪;督政府首先创设了法兰西学院,除原有的数学和物理班外,新开办了伦理和政治班以及文学和艺术班。中心学校也纷纷出现,有几所办得十分成功。课程共分三个阶段,每阶段为两年,学生可自由选课。因此,有人指责这些学校没有正规的学业,不像中学,倒更像大学,尤其它们既不设预备班,又不收寄宿生。有的学校自发地弥补了这些缺陷,但整个教育改革还有待进行;这个问题虽几经讨论,但终未得出结果。至于小学,可以预见的后果终于出现了:教师的素质越来越差;由于没有师范学校,教师素质怎能得到改善?如果不是因为督政府与教会冲突而维持学校的世俗性质，学校很可能会回到旧制度去。因此，私立学校（其中多数是教会学校）的学生人数猛增。政府把私立学校置于市镇当局的监督之下，禁止公职人员送子女上私立学校，并决定政府官吏将仅在公立学校毕业生中选拔。最后两项措施虽然并未真正实施，但市镇当局的监督以及强制推行旬末礼拜导致好几所私立学校自动或被迫关门，而这并不能使国民教育 586
有所起色。

教育制度的民主化演变带有过渡阶段的痕迹。战争、经费不足和时间过短极大地限制了这项试验的成果。但是，应该看到，绝大多数资产者认为新制度是可以接受的，或至少感到满意。新制度与旧传统有着深刻的不同。革命结束了教会的垄断，开创了世俗的公共教育。革命让教育首先重视实证科学，同时也不忘记，除了自然知识以外，还应该有人和社会的知识。革命奠定了以下的原则：教师应把科学研究、技术应用和向青年传授方法结合起来。这是革命的独创之一。尽管这远没有达到尽善尽美的地步，但毕竟反映了百科全书派的思想。

救济事业的情况较差。随着教会不再取得募捐（尽管为数有限）和不再征收什一税，随着教堂的产业以及医院和济贫所的产业被出售，救济事业受到了沉重的打击。地方议会作了一定的努力，不时让市镇当局拨款接济和资助慈善工场。山岳派在共和二年花月二十二日通过的法令描绘了社会保险的草图，但在热月九日后已化为泡影。热月党仅限于把尚未出售的一部分产业退回给医院和济贫所。后来，督政府建立了济贫办事处，允许市镇当局开征慈善捐，用于救济事业，市镇当局实际上也把这笔费用通常列入预

算。救济事业实现了世俗化，这是革命给它打上的烙印；1793 年的人权宣言承认穷人有权要求救济，当时的资产阶级更希望把救济限于救急，并且主要以慈善的形式而出现。

五、军队

在法国革命的建设性事业中，1799 年建立的国民军无疑是最
587 成功的创举。法国人在 1789 年还没有这个打算：他们讨厌民兵抽签，他们热爱平等并不等于希望人人都服兵役。战争本是王公们的事情，新政权难道不正是要争取世界和平吗？制宪议会取消了民兵，但否定了杜布瓦·克朗赛的建议，继续实行志愿募兵制。1790 年 2 月，制宪议会废除了捐纳官职的陋习，宣布所有人都能晋升军官；接着从 9 月开始，每四名少尉的缺额留一名由士官升迁，在晋升中重视资历。除了这些能使下级军官和资产者满意的改革外，军队中的旧秩序很少触动。路易十六仍是军队的统帅；贵族军官只要不流亡国外，一概保留原职。第三等级和贵族的冲突逐渐向军队中渗透，制宪议会始终不肯决定清洗。作战部队正日益瓦解，兵员在不断减少。

然而，为了对付贵族和盗匪，革命的平民成立了国民卫队。议会通过了有关的法律和规章。国民卫队作为不脱产的地方部队，凡能手持武器的公民均可参加，穿蓝色军服，军官由士兵选举，他们自认为完全不同于正规军队。历届议会因对军队很不放心，把国民卫队看作是革命的堡垒，不同意把他们交给正规军官指挥。但是，国王的出逃预示着外国的入侵，制宪议会从国民卫队中抽调

十万名义勇军，以州为单位组织营队。战争开始后，立法议会扩大了义勇军兵员；在此基础上，制宪议会于1793年2月23日又增调了三十万人。国民卫队仍然存在，虽然各地的国民卫队在1792年和1793年间曾局部动员，后来又为督政府提供巡防队，它们仍保持自己的特点。因此，革命的法国具有两种守卫国土的作战部队。8月10日后，国王不再是军队的总指挥，瑞士团队也遭解散。共和二年的一次清洗清除了可疑分子。但军队还远不是国民军；为此，必须实现义务兵役制和部队的统一。这是一件不易做到的事情。

国民公会于1793年2月下令正规军和义勇军实行混合编制；两种部队在原则上统一了规章，但混编工作进展缓慢，直到督政府 588
初期方告完成。在这期间，由于1793年8月23日的大举征兵，已要求适龄的非婚男子服义务兵役，但这仅是一项非常措施。第二年，热月党不再规定年满十八岁的青年必须参军，也没有发布征兵命令。追查抗命士兵的措施今后可能对那些新征入伍者有效；但他们大多数都能有把握地逃离部队，而1793年入伍的士兵却始终留在部队，至少直到执政府成立为止。共和六年果月十九日(1798年9月5日)的茹尔丹法才把二十至二十五岁的男子必须服兵役的规定改变为经常的制度。在共和六年雪月二十三日(1798年1月12日)两院开始讨论该法案前，已婚男子可免予服役，并允许找人替代；有关替代的规定在共和七年穑月十日(1799年6月28日)被取消，义务兵役制的演变至此告一段落。实际上，义务兵役制并不意味着必定要服兵役：茹尔丹法仅规定两院有权根据情况需要征集必要的兵员补充和扩大部队。两院于共和七年穑月再次

大举征兵，向各年阶的适龄男子发出了征召令；鉴于这一措施引起了强烈的不满，波拿巴不但恢复了替代制以安抚缙绅，并且在帝国战争开始前始终限制征兵的数额。

山岳派指望通过部队混编把义勇军的平民性普及到整个军队；实际上，正如后来的经验所证明的，混编使这种平民性在某些方面有所减弱。但是，革命毕竟给军队打上了深刻的烙印，军队即使在沦为拿破仑的私产以后，仍与前贵族和神甫为敌，他们始终是普遍留恋革命的国民。民主精神没有被磨灭：军人只要具有智慧和勇敢就能求得晋升，知识尚在其次。混编仍是军队的一大特点。新兵入伍后不过兵营生活，立即开赴前线参加战斗。

革命军队的以上特点决定了必须改变作战方法。首先，在战术方面，义勇军的主动精神是个始终起作用的因素。当然，骑兵不
589 能不经过长期的训练；法国骑兵尽管在督政府期间有所进步，但直到帝国期间仍不如奥军。战略方面需要革新之处更多。卡诺的战略思想还不完善，波拿巴在意大利一战仅初露头角；在这以后，战略进步暂告停止，1799 年战役几乎使前功尽弃。一切还有待于拿破仑的天才，由革命锤炼的军队只是在拿破仑的战略思想指导下才所向披靡。帝国期间的几次战役充分地显示了这支军队具有攻无不克的威力。

六、民族的统一

法国革命的破坏或建设从多方面完善了民族的统一，正因为如此，它在法国历史上起着承前启后的作用。国内各地区之间的隔阂从此被打破了。在法律面前一律平等的全体居民都要服从国家和统一的行政机构。国内从此不再有重重关卡，在交通条件允许的情况下，民族市场业已形成。法国同外国的边界已明确划定：邻国的领主和主教失去了他们在法国的封建权和司法权。随着“樊篱”已撤至政治边界，阿尔萨斯和洛林停止了同德意志方面的交往，紧密地同法国经济结合在一起。第三等级以联盟的形式团结在国民议会的周围，这对促进民族统一是个十分重要的心理因素，但最重要的因素毕竟是国民军的建立及其进行的战争和取得的胜利。从物质方面看，许多人因为当兵或因为形势所迫而离开 590
家乡，这使他们对历来一无所知的法国其他地区开始有所了解。

但是，必须承认，民族统一的任务至此尚未完成。中央政府和地方当局之间的协调还有待完善。法典的编纂工作几乎完全没有开始。对公民教育至关重要的初等教育体制尚未建立。至于统一市场，尽管陈情书早已提出了统一度量衡的要求，这项工作至今仍未完成。制宪议会曾委托一个委员会就此问题作专门研究，该委员会于 1791 年 3 月 19 日提出了两项新的基本原则：采取十进位制和以科学观测为基础。根据第二项原则，丈量单位将等于地球子午线的四分之一的一个整分数（即千万分之一），称作“米”，而整个度量体系则称作“米达制”。重量单位“克”将由一立方厘米的蒸馏水在特定条件下测出。其实，在测量必然不甚精确的条件下，即使以自然物体为依据，人们也只能得出约定俗成的单位。十进位制的确是个合理而方便的创造。丈量子午线于 1792 年开始；科学院于同年列出了明细表。十进位制后来出现了一个缺口：国民公会于 1793 年 8 月 1 日确定货币单位为“法郎”，相当于十克银的价值；但国民公会于共和三年热月二十八日（1795年8月15日）将法郎贬值一半，使之大致等于旧制度时的“里佛”，其目的显然是为了照顾习惯，使传统的货币单位能永远保留。直到督政府结束时，整个计量制度还没有完全确定，这方面的事也留待执政府去完成。

此外，推广法语仍无进展。十八世纪的世界主义以及所谓民族以自愿结合为原则的观点最初并未使革命者关心语言问题，地方自治的自由主义倾向也促使他们对推广法语不感兴趣。相反，制宪议会于1790年1月14日命令把各项法令翻译成在王国中使用的各种方言。国民公会在推行民族战争时才改变了主意；有人
591 甚至指责，主要为教会所坚持的方言俚语会助长反革命；国民公会的特派代表，特别是派往阿尔萨斯的圣茹斯特，对方言俚语持反对态度。共和二年雨月八日（1794年1月27日），根据巴雷尔的提议，国民公会决定今后的政府文件和公证文书一概使用法语起草，私人文书也须用法语起草才能归档。国民公会还规定，在使用方言的各州，每个市镇必须在十天内接受一名教法语的小学教师。格雷古瓦走得更远，他于牧月十六日（6月4日）建议议会让各机关团体努力取消俚语，他的请求没有被采纳。雨月八日法令能否执行显然取决于小学教师，而在热月九日后，这项法令便被束之高阁。法语的推广和民族心理的形成应归功于中心学校（以及后来的公、私立中学）的建立以及国家的行政统一和经济统一。

然而，就在民族统一日趋完成时，内战却使少数法国人离开了本国，他们是流亡者及其亲属，还有顽固派神甫，照共和六年的法律的说法，其中大多数是贵族。实行大赦固然能使他们回国，但可以预见，回来的人只会在表面上敷衍新政权，而暗中准备东山再

起。总之，如果把目光放远些，人们很容易会看到，利害冲突将随事态发展而加剧，并最终导致势不两立，宗教对立、政治对立、社会对立以及传统和理性主义的对立使新法国比旧法国在精神上更加四分五裂。

七、知识生活

革命党在不同程度上全都坚信理性主义原则。共和二年葡月
十一日(1793 年 10 月 2 日)，国民公会给予笛卡尔配享先贤祠的 592
荣誉。孔多塞于 1794 年写下了《论人类精神的进步》一书，这部堪称十八世纪思想的最高体现的著作虽然遭到取缔，却表明作者对人类的命运充满着信心。自然神论的形而上学丝毫没有丧失其影响，只是以寻求道德(罗伯斯庇尔等人主张还应加上感情或希望)的立论依据的实用主义形式而出现。沃尔内在 1791 年的《废墟》一书中指出，在专制政治和神权政治下的各个帝国因放弃了自然宗教而最终纷纷灭亡。沃尔内于 1793 年发表了《公民的教义问答》，主张实行对最高主宰的崇拜、旬末礼拜和有神博爱教。

到了督政府时期，以法兰西学院为基地的“观念学派”为使认识完全得到实证，牵强附会地使用经验科学的研究方法(不考虑经验科学家对此作何感想)，硬是把认识拉回到感性世界的边缘。德斯杜特·德·特拉西主张采用观测的方法来确定观念的形成过程：观念学派便因此而得名。卡巴尼斯医生首创了经验心理学，在萨尔佩特里埃研究精神病的皮内尔于 1798 年发表了有关病理心理学的第一部著作。在他们看来，道德是一门旨在研究伦理的科

学。让格内和福利埃尔把历史批判主义应用于研究文学和艺术。斯塔尔夫人于1800年出版了《论文学与社会建制的关系》。迪皮
593 伊于1794年在其《一切宗教的起源》中试图把历史批判主义方法推广应用于宗教史。

不断进步中的科学成了理性主义的堡垒。拉格朗日、勒让德尔、拉普拉斯等数学家推动了函数分析的发展，为法国在代数、几何、机械力学和天文学等方面争得荣誉。蒙日的画法几何学创立于1799年，拉普拉斯于1796年出版的《宇宙体系解说》使传统的机械力学达到了顶点，直到二十世纪仍无匹敌。物理学至此还没有出现大科学家。化学的创始人拉瓦锡虽不幸去世，但贝尔托莱和其他化学家都还健在。在自然博物馆讲课的有居维叶、若弗鲁瓦·圣一伊莱尔和拉马克等，但他们关于物种进化的争论尚未开始。

憎恶革命的思想家普遍把理性主义——即使停留在唯灵论和多神论——看作是罪魁祸首。他们背叛了启蒙哲学，主张回到传统和启示宗教那里去：拉哈尔普已沦为信仰主义者，丰塔纳则大谈其社会功利。在流亡的知识界中也出现了类似的现象。博纳德和梅斯特尔正是在国外于1796年发表了他们最早的著作。他们步伯克之后尘，歪曲经验理性主义，为传统辩护，后来被十九世纪的反革命奉为至圣先师，但他们在督政府时期尚未出名。巴吕埃尔教士于1797年所写的《雅各宾主义的历史回顾》较快地取得了成功，作者企图把大革命说成是共济会搞的阴谋。

在思想界，同理性主义作对的主要是卢梭的影响：尽管卢梭的政治理论业已声誉扫地，人们欣赏他作品中所表现出的缠绵悱恻

和多愁善感；其实，卢梭只是崇尚直观，并不赞成精神至上。那些对革命心怀不满的人，那些责备理性主义不能给他们带来感情安慰的人——每当时运不佳，人们总是要寻找精神寄托——，大多把哲学思辨看得无足轻重，因而容易倒向传统宗教或形形色色的神秘主义的一边。天主教会在竭力恢复其已被大大削弱的影响（削弱的原因前面已经谈到）。教会的四分五裂妨碍着这种努力。原有的宪政派教会始终存在，还有四十四名主教，其中最有名的就是 594
格雷古瓦。他们于 1797 年举行了一次全国主教会议，出版《宗教年鉴》刊物。罗马教神甫拼命反对宪政派，但其内部也不团结。以布洛涅教士为首的不妥协派出版《教会年鉴》，谴责以爱默里教士为首的顺从派（顺从派也有自己的报纸，即西卡尔教士主办的《宗教年鉴》），对那些在果月十八日后宣誓仇恨王政的“仇恨派”更大肆攻击。但是，不再受教会纪律约束的人在思想上并不一定信奉理性主义；他们对以神怪为中心的宇宙观十分留恋，不加选择地接受五花八门的神秘主义学说，其统称即是“光明异端派”。圣马丁尚未去世，阿尔萨斯和里昂是神秘主义的两个活动中心。此外，预言和通灵的巫师不时出现；苏珊娜·拉布鲁斯在大革命初年招收了一些愚民为门徒，卡特琳娜·苔奥在恐怖的巴黎也这样做。但值得注意的是，不能把两种思想方法绝对地看作是对待大革命态度的分野。库尔诺曾指出，大多数法国人不能理解党派斗争中错综复杂的和细微曲折的变化，却分成具有截然不同观点的两个对立阵营。他们或者拥护革命，或者反对革命；家庭的传统，加上学校教育、私人关系乃至职业影响，促使两派的对立变得根深蒂固。何况，观念的冲突在 1789 年前业已开始，它的延续只是顺理成章而已。

以上情形在语言方面也有所表现。在革命初年,语言发生了明显的变化。总是同复兴、进步、造福社会等观念相联系的某些词,由于人们怀有的希望和热情在含义上有所扩大,并充满激情。例如,贵族、独裁者、暴君、封建制、旧制度、革命等词具有时代的感情色彩;法律、宪法、公民等词能给人一种肃然起敬的感觉,这种感觉不久便消失了;但也有的词,如民族、祖国等,始终保持崇高的价值。由于感情冲动,人们毫无节制地使用夸张、狂热和过激的言
595 辞,从而产生一些令人不可忘怀的奇谈怪论:“你们同胜利缔约了吗?”——“不,我们同死亡缔了约。”平民的言谈一度使传统的语言受到影响:这种状况推动了简单过去时和虚拟式未完成时的衰退,尽管这两种时态在议会演说中仍照常使用。总的说来,发展的连续性占着主导地位。除个别例外,革命家们都曾上过私立中学,他们力求字斟句酌,遵守语言规范。他们从教义问答和共济会术语中借用词汇以及类比、转喻、暗喻等修辞形式,大量引证古代作家的作品,迎合近几十年来流行的多愁善感的风格。在雾月十八日前,不守语言规范已被当作是雅各宾派和无套裤汉的耻辱,因而越来越少见了。

大革命开创了政论文、政治新闻等新的文学形式,向作家提供了新的题材:安德烈·谢尼埃写的是网球场,他的兄弟却写了查理九世,法布尔·代格朗丁写了《菲兰特》。除了杂志、小册子、游行和庆典外,人们还用戏剧作为宣传手段:一些活报剧应运而生,其内容都猛烈抨击贵族、国王和教会,在热月九日后转而反对雅各宾派;这些剧本毫无成就可言,其中演出时间最长的《自由祭》无疑是

最为重要的。在督政府末年，大演说家已纷纷去世，留下的任何一名时论作家都不能与德穆兰同日而语。古典的文艺形式和千篇一律的题材占着统治地位；一些小有文采而无天才的作家，如杜西、阿尔诺、昂德里厄、德里尔和勒勃伦－潘达尔保持着古典文学的传统。但古典主义正在消亡中，使古典主义得以诞生的社会已经灭亡，其影响也日趋削弱。新富人和小资产者因未上过中学，欣赏不了古典主义的文学灵感，也理解不了希腊文和拉丁文的典故。他们更喜欢毕克塞雷古和杜克莱－杜米尼的传奇剧——最早的浪漫主义戏剧。贝尔纳丹·德·圣皮埃尔于 1787 年创作的《保尔和薇吉妮》始终获得读者的热情欢迎。特雷桑伯爵的仿古行吟诗体因配有小曲和木刻而广为风行，预示着浪漫主义对中世纪的留恋。外国的浪漫主义作家也开始使法国读者入迷，麦克孚生于三十年前编造的《莪相诗歌》在督政府时期获得空前的成功。旧制度末期 596
的复古倾向未能让文学面目一新：安德烈·谢尼埃的仿希腊诗歌尚未问世。但复古倾向却使革命时期的演说家和时论作家更加怀念过去的中学。这种状况在督政府时期仍继续存在。

在绘画和雕塑方面，复古倾向也十分顽固。人们或许会说，艺术教育和艺术创作中的继承性肯定会因文物遭到破坏而受到损害。其实，历届议会有时虽放任不管，但毕竟也采取了一些制止措施。制宪议会设立了“文物委员会”，专门负责保护文物；后来的国民公会于 1793 年 12 月 18 日成立了“临时艺术委员会”，代替了“文物委员会”；格雷古瓦曾多次提出报告，要求制止对文物的破坏。国立图书馆、国家档案馆、卢浮宫博物馆和亚历山大·勒努瓦领导的自然博物馆、法国文物馆都收集和保存了不少历史文献和艺术珍品。随着画院和罗马法兰西学院的消失，由大卫领导的一大批艺术家终于获得了解放，这同时也预示着，艺术意境和创作技术从此将面目一新。绘画家和雕塑家都从当时发生的事件中取得灵感和题材，大卫的《网球场的宣誓》和《马拉之死》等杰作就足以证明。在大卫的推动下，艺术家们组织了庆典：1793 年 8 月 10 日的复兴节、共和二年牧月二十日（1794 年 6 月 8 日）的最高主宰节都极其出色地表现了革命的精神状态。人们可以认为，大卫在 1789 年前后展出的历史画《贺拉斯兄弟盟誓》和《处死自己的儿子布鲁特斯》中对公民尽忠报国的歌颂，同革命的精神状态也完全合拍。

然而，传统没有丧失自己的权利。弗拉戈纳尔、乌东、克洛迪翁、帕儒始终忠于十八世纪的艺术。大卫一派在 1789 年前具有的那种复古和重画面轻色彩的特征仍保持了自己的魅力。古罗马建筑艺术在革命节日的装饰中仍占重要的地位。在督政府时期，为古典主义所特别推崇的历史画再次以古代题材为楷模：大卫就是
597 于 1799 年展出了《萨比纳》一画。钱拉、吉罗代和格罗尚未脱颖而出，普吕东也尚未成名。复古风尚使亚历山大艺术以及所谓伊特鲁立亚图案或埃及图案深受欢迎，因而在装饰和家具方面，没落中的旧制度的传统竟同时得以保存，并为“帝国风格”的出现做好准备。正如“路易十六风格”一样，“督政府风格”是多种风格的混合物。

同文学和雕塑艺术相比，音乐更容易被革命热情所感染。戈赛克、梅乌尔和格雷特里为革命节日谱写了赞歌；直到督政府时期，这类歌曲仍有新的创作。共和派总是用自己的歌声压倒《人民

觉醒报》，著名的《马赛曲》（鲁日·德·里尔词曲）和《出征歌》（梅乌尔曲，玛丽一约瑟夫·谢尼埃词）在革命后经久流传。但是，在室内音乐和咏叹喜剧方面，传统势力还很强大：格雷特里和德莱拉克仍然健在。

八、新社会

同旧社会相比，雾月十八日前的新社会的一个明显特征是天主教僧侣的消沉。他们过去人数众多，备受尊敬，有钱有势，现在不但陷于贫困，流落异乡，而且被督政府当作嫌疑犯和敌人对待，世俗化的国家只允许教会享有教徒所承认的精神权威。暂且，贵族的命运似乎并不比他们强。门第和封号虽然已被取消，但前贵族仍保持一定的潜在影响，此外，这种影响的物质源泉并未完全枯

竭。有些贵族家庭，例如费里埃尔侯爵家，照常过着佣仆成群的生 598
活，他们受到佣仆的暗中保护，或至多受到逮捕或临时骚扰，但地产却未受任何触动。一些流亡者的妻子甚至用假离婚的办法，保住自己的陪嫁或原丈夫的遗产。一些回国的流亡者，不论是否已在户籍册除名，竟在白色恐怖时期胁迫别人归还他们原有的产业，更多的是借他人之名赎回产业。此外，还有不少居乡贵族仍为共和国效力。

大革命对资产阶级有利，这固然是不言而喻的事，但有利的程度对所有人却并不完全一样。那些以“家景颇丰、生活阔绰”自夸的资产者如今不再趾高气扬了：他们开始满足于“年金收入者”、“土地出租者”这类更符合他们社会出身和社会身份的名称。旧制

度时期的一些资产者或者因反对革命，或者因停留在1789年阶段和主张君主立宪，最后被人当作贵族看待。其中，有些流亡国外，丧失了家产，甚至让亲属受到牵累；另一些在果月十八日后仍被资产阶级共和派视为嫌疑分子。明哲保身的资产者也因取消行会、增收革命捐税、摊派公债和通货膨胀而受到财产损失。对商人说来，除了部分地受到以上几方面的损失外，还因经济统制而吃尽苦头，只要战争不停和信贷紧缺，他们不能期望以往的繁荣。由于英国封锁海洋和拦截商船，尤其由于殖民地的丢失，远洋贸易濒临破产。资产阶级的优势地位未受动摇。货币混乱带来的后果不像今天那样普遍，因为动产在整个国家富源中只占较小的地位。地主保留着他们的土地，一旦货币恢复正常，便能重新获得收入。在督政府末期，物价下降使资产阶级陷于困境，但这类有得有失的事在任何时候都会出现。何况，许多资产者显然通过购买国有产业和参加共和四年风月二十八日法开创的分赃弥补了损失。商人有更
599 多的机遇，因为他们在日常活动中学会了投机，他们留在或流向国外的资金在原封未动地收回后，无论用于资助督政府或向国家供应货物，都能获取利润。例如，培勒戈和雷卡米埃等银行家，佩里埃兄弟和沙普塔尔等制造商都能逢凶化吉，甚至捞得油水。另一位被称为“贵人”的佩里埃在旧制度末年曾是多菲内工商界的巨头，并于1788年在维齐尔乡墅接待了革命解放的创导者，他赶上了种种机遇，后来使他的家族成为资本主义上升时期政治生活中享有盛名的一个大家族。

可见，资产阶级只是丧失了自己的部分代表，包括一些杰出的代表在内，阶级的内在结构也有所变化。不从事生产而依靠官职

或祖业为生的那部分资产者，如年金收入者、旧军官、国家官吏、法律界人士等，虽然他们的地位并未真正动摇，但已不如旧制度下那么富裕。关于这一点，我们今天可以看得更加清楚。他们从思想上为大革命作了准备，提出了革命的原则，充当了革命的领导，最后却发现自己的领导地位逐渐被操纵经济活动的新富人所取代，因为这些新富人正购置地产，在缙绅中扩大影响和提高声望。从另方面看，资产阶级的地位也随着新富人加入自己的行列而更加巩固。当然，这些暴发户的类型也有不同。

最大多数的暴发户原是旧制度下所谓平民出身的小手工业主和小商人，他们利用机会买下了自己的住房、城里的其他房屋和市郊的土地。投机活动总是对中间商（特别是粮商和磨坊主）十分有利。个别小手工业主和小商人挤进了批发商和制造商的行列，大多数则沿着普通的道路向前发展：在商业和财产都得到扩大后，他们自己感到心满意足，他们的进过中学的儿子如果不继承父业，便进入行政机关或从事自由职业。他们竭力利用联姻、关系和习俗的途径取得更高的社会地位；正因为如此，他们对纳税人选举制并 600
不反感。文学家、时论作家、演员、艺术家和教授确实通过大革命提高了他们在人们心目中的地位，只要能够功成名就，他们自然乐于为统治阶级服务。可以说，统治阶级也变得比以往较为民主；但是，大批新人的拥入并没有从根本上改变该阶级的性质。资产阶级化是法国社会演变的一大特征，法国大革命只是这个演变的一个历史阶段而已。

在所谓“新富人”中，还有另一种性格类型的人。他们往往不愿通过勤劳刻苦和节衣缩食逐渐发家致富，而企图在社会中一蹴

而至，通过冒险的途径达到自己的目的。这类人虽然在任何时代都是有的，但在社会和经济出现重大动荡的时期，即使平时谨小慎微的人也会不顾冒险而孤注一掷。在热月政变后，冒险家急剧滋生。他们爱虚荣，图享乐，摆排场，成为戏剧、漫画和歌曲的攻击目标。从那时起，昂戈夫人已是讽刺画中的著名人物。这些侥幸发了横财的人多数很快把家产挥霍干净，落到悲惨的下场。但是，情况也不尽如此，一些骗子手靠督政府发财致富，其中最著名的是乌佛拉尔。不少人在社会上神气了很长一段时间。最聪明的一些冒险家后来把资金投入商业，成为生财有道的批发商和制造商。他们不同于旧的资产阶级，因为他们没有文化，对无利可图的知识不感兴趣，对革命理想也一窍不通。他们死守着狭隘的功利主义，贪得无厌，不择手段。然而，即使蔑视他们的人也不能不承认，他们毕竟是资产阶级的一支新生力量，给资产阶级带来了新鲜血液；没有他们，资产阶级将会衰竭，因为暴发户的后几代子孙就不再像第三等级中的富裕家族那样拼命想挤进贵族行列中去了。

乡村社会中也发生了类似的演变，但规模更加巨大，因为农民占法国人口的大多数，正是农民的反抗才给了旧制度以致命的打击。实行税收平等，取消什一税和领主权，使革命精神在乡村有产
601 者的头脑里丧失干净。他们同贫苦农民之间的鸿沟日益加深，贫苦农民所得的唯一好处只是废除了农奴制和对领主的人身依附。农民共同体的解体更加速进行。在实行了瓜分公地的村庄里，农民普遍有了小块土地；但多数村庄不愿瓜分公地，或者因公地面积过少，或者农民更希望保留公共牧场。国有产业的出售使自耕农户以及他们自有的土地有所增加，尤其在革命的第二阶段，即在实

行山岳派法律的时期。到了督政府时期，购买国有产业的主要是资产者，除部分土地外，城市的住房、乡村的贵族宅第、修道院和树林全部落到他们的手里。即使在有利农民的那个时期，国有产业在拍卖时也总是让富裕自耕农和大农庄主占了便宜，因而农民资产阶级的地位正在不断上升和巩固。在实行限价以前或以后的时期，商业自由同样对这些人有利。根据租约法的规定，凡土地出售转让，土地租约同时失效，但教会产业例外。经营教会产业的农庄主获悉制宪议会要求教会土地购买者维持原租约后，感到十分高兴。山岳派国民公会表现得比较严厉：它允许国有产业购买者撤销原租约。经济统制给农业生产者带来了沉重的负担，这使农业生产者更清楚地看到，共同的保守利益把他们同整个资产阶级联系在一起。

在这少数人的强有力的帮助下，新秩序将在下一个世纪中逐步巩固。但也不能否认，大多数法国人的生活状况暂且没有很大改善。地位始终低于资产阶级的手工业主和零售商不但人数众多，而且生活方式也没有变化。据认为，他们的人数可能略有增加，这在原来行会领袖为保持其地位而禁止别人开业的行业和地方至少是如此。农村的前景看来较为暗淡，因为土地危机没有得到根本解决：许多农民仍感土地不足或租不到土地。前面已经讲 602
到，分成制佃户对法律不能感到满意。

至于无产者，他们像其他人一样因取消间接税而有所得益，至少在城市，征税工作还没有全面铺开。乡村无产者摆脱了对领主的人身依附。工资没有随物价下跌，仍比 1790 年约高四分之一到三分之一，督政府的最后几年恰逢丰收，穷人得以有暂时的喘息。

然而，失业威胁仍然存在，特别是零工，济贫事业的衰落更使他们的生活没有保障。最后，工人的状况没有任何改善：帮工会逐渐在恢复，互助会正在开始建立，有些互助会成为支持工人反抗的互助组织，但禁止工人“同盟”和罢工的法令仍然有效。

雾月十八日前夕，法国社会的上等阶层还处于重新组合的状态，缙绅们希望在改组中夺回对社会的领导，重享荣誉和利益；他们正确地看到，关键在于如何维持国民的生计和习惯。国民为消灭贵族而容忍了对行会旧秩序的打击，也容忍了为他们鄙视的少数人飞黄腾达，但他们始终认为这是令人遗憾的权宜之计。除了在奥特依区的斯塔尔夫人、雷卡米埃夫人和孔多塞夫人的沙龙外，巴黎还有其他一些沙龙，各种出身和各种文化程度的人均混迹其中，核心人物则是巴拉斯、乌佛拉尔以及他们得宠的轻浮女子，如塔里安夫人、哈姆雷夫人和约瑟芬·德·博阿尔内。她们的敞胸露臂和放荡不羁成为督政府时期种种传闻轶事的最好题材。但是，这个由几百人组成的上流社会并未用他们的伤风败俗影响法国人民。悲观论者认为传统的习俗已被动摇；其实，货币的混乱以及大批人经济地位的改变会使社会风气不可避免地偏离正轨。人们希望减轻道德败坏的严重程度，这无疑部分地说明了对基督教
603 和教会学校的留恋，因为它们同道德教育是不可分割的。离婚在村镇尚未开始流行，虽然它把旧制度下被认为是见不得人的丑事合法化了。即使在城市，许多人也把它看作是避免被没收财产的权宜之计。最热烈的革命者尽管在公共生活中积极争取自由和平等，但一回到家里，仍像 1789 年前那样坚决维护自己作为丈夫、父亲和老板的权威，而且丝毫不觉得这有什么矛盾。雅各宾分子反

对私生活中的不道德，无情地取缔妓女，但不主张家庭解体，也不赞成妇女解放。虽然妇女在某些“群众行动”中起了重要作用，雅各宾分子仍把她们排斥在政治生活之外，并封闭了她们的俱乐部。

九、经济自由和权利平等

人们往往单纯用逻辑推理来判断制宪议会宣布的原则将会产生怎样的必然后果；其实，继承性的意义远比人们所想象的要深远得多。资本主义集中的发展只是在后来才改变了社会的结构，经验科学的技术革新也只是在后来才在改变物质生活条件的同时，扩大了个人的独立性。同这些后果相比，经济自由显然是新秩序的一个根本特征；何况，商人们也认为经济自由是制约其他一切因素的因素。但是，在十八世纪末，即使思想最大胆的人也没有充分认识到经济自由的重大意义，它的直接后果甚至得不到人们的普遍重视。

毫无疑问，经济自由有一个方面对法国人很有吸引力：只要具备了创业的条件，每个人都可以碰碰自己的运气，即使雇佣劳动者也有权决定在自己喜欢的时间和地点就业。当然，个人的抱负决
不是大革命的产物，它存在于人的内心；但是，大革命既然给人以 604
各种自由，它也赋予个人抱负以合法的地位。在这个意义上，经济自由便与其他各项自由不可分割地联结起来，成为最宝贵的自由，甚至是各项自由的象征。

技术革新如今已摆脱了一切障碍，而人们却对此十分冷淡。由于谨小慎微、因循守旧、自以为是或缺少资本，小手工业主不经深思熟虑决不肯轻易接受技术革新。他们逐渐由不愿革新转变为反对革新，因为采用新技术，特别是蒸汽机，势必会导致资本的集中。小手工业主害怕自己沦为雇佣劳动者；工人懂得，机器将扩大失业队伍；农民看到，在集体权被取消后，他们将只能放弃土地。资产阶级希望革新农业耕作技术，因为土地仍是最宝贵的财富，因为农业生产提供国民收入的主要部分；但是，工业资本主义的情况就不完全如此。从事自由职业的资产者曾受过经济学家和百科全书派的熏陶，他们相信大企业能使科学同生产相结合，并有招收部分穷人做工的优点。然而，他们对扩大企业仍然犹豫，担心大企业会被金融家所操纵；担心企业的迅速致富会背离传统；担心经济的优势地位会削弱他们引以自豪的精神生活的作用；担心经济有朝一日会把政治垄断起来。即使在商人中，兴办事业的进取心也很不够。不建立银行足以表明他们的胆怯。很少有人想当工业巨头。法国人对英国经济普遍抱有偏见，相信建立在信贷基础上的英国经济势必会因采用机器而导致生产过剩，而欧洲一旦停止接受英国的出口，英国经济就会垮台。这种心理状态十分说明问题。假如法国像英国一样拥有丰富的煤矿，假如法国加速引进英国的机器和技术，大革命或许会给法国人一个心理冲击，从而打开他们的视野。可是，战争相反却中断了外来的进步影响。在督政府末
605 期，技术进步有所恢复，但几乎仅限于棉纺业；蒸汽机仍未被利用，水力也往往不足：长期作为最重要的工业中心的巴黎正属于这种情况。一些资本主义大企业家，例如巴黎的里夏尔和勒努瓦，巴黎和根特的鲍文斯，图卢兹的博瓦野—冯弗雷特，占用国有的厂房和雇佣贫苦的劳力，特别是济贫所收留的弃儿，开始建立起大工厂。

如同英国一样，这些工厂还远没有实行严格的专业化生产；有些企业家，如泰尔诺，仍保留商业资本主义的传统，除实行工场制造外，还利用家庭加工和农村劳动力，把制造、批发、销售、运输和借贷结合在一起。他们取得的实际成果给不少历史学家留下印象，但也不应忘记，工场企业毕竟规模较小，而且极其分散，小手工业在国内仍占主导地位，法国基本上是个农业国。耕作技术的停滞不前突出地表明了资本主义发展的迟缓。历届议会虽然对英国的耕作方法很感兴趣，却不敢用圈地运动普及这些方法。制宪议会准许实行圈地，但为了缓和群众的反对，同时规定凡实行圈地借以逃避自由放牧的地主不再有让自己的牲畜进入他人土地的权利。制宪议会还决定，人工草地仍将不许自由放牧，因而不必圈起篱笆。随着耕作规章被取消，强迫轮作制也跟着取消，因而自由放牧只能在市镇公地才可进行。但是，由于没有用行政命令推行土地兼并，以上措施的进展极其缓慢，其效果在当时简直微乎其微。国民公会允许瓜分公地，以便增加小规模经营的数量。供不应求鼓励农民种植土豆、菊苣和油料；助税的取消使葡萄种植大大增加。这些演变没有打破传统的约束，丝毫不意味着现代农业的诞生。

可见，在革命的十年中，资本主义发展并未加快；相反，时局的 606
动乱只是延缓了这一发展。大企业继续让小手工业主和农民很不放心，但并没有给他们带来比革命前更多的损害。大企业还没有把劳动力集中起来，严格意义上的无产阶级尚未形成。总之，在当时人们的心目中，大量的小手工业主同他们的佣工之间的界限仍然是模糊的。

经济自由和权利平等之间的矛盾尚未明显地暴露出来。在资产阶级看来，两者之间没有任何矛盾，因为他们认为，平等意味着所有人在法律面前一律平等。然而，当他们为废除贵族的血统特权而宣布这一原则时，却暴露了第三等级内部各社会阶层之间的利益对立，并加速了乡村共同体的瓦解；换句话说，经济状况的不平等上升到了首要地位。因此，即使在 1789 年 7 月，当资产阶级庆祝平民革命拯救了国民议会时，他们也没有摆脱他们历来对“平民”和“贱民”怀有的恐惧。在《人权宣言》宣布全体公民有权参与制订法律以前，制宪议员们接受了西哀士的意见，把能力（即财富）作为选举公职人员、特别是当选公职人员的先决条件。

选举保证金制度把国家的领导权交给了资产阶级，正是在这个问题上，权利平等首先出现了矛盾：政治民主制是解决矛盾的一个方法。但是，从开始起，一些民主分子就走得更远。他们揭露有产者对雇佣劳动者的为所欲为，这些猛烈的批评堪称未来的社会主义理论的序曲。他们指出，对不具备享有权利平等能力的人说来，权利平等和自由只是一句空话。然而，他们的思考仍停留在富人和穷人之间的传统对立上；他们虽然经常为穷人辩护，却始终不能为穷人下个确切的定义；他们的分析显得软弱无力，因为他们维护旧的经济，而不突出强调生产资料的私有制和生产的技术进步。只是在食物危机的压力下，他们才离开泛泛的空谈，站在消费者一
607 边去反对生产者，实际上是站在城市人一边去反对农民，并要求把土地收归集体所有；他们的目的不是要剥夺耕种者的土地，而是为国家征集农产品寻找合法的理由。值得指出的是，莫姆洛于 1792 年 9 月提出这个论断时曾补充说，工商企业的所有权仍受国家的保障：这就证明，当时的经济基本上是农业经济，即使在形势极其

紧迫的情况下，也改变不了这个事实。最后，山岳派企图把民主共和国的意志强加于有产者和雇佣者。他们保护有产者，宣布对支持“土地法”者处以极刑，但同时又试图用继承法限制有产者的财产。他们向雇佣者提供免费的公共教育，并给生活最没有保障的人提供初步的社会保险。这种社会民主制构成解决权利平等问题的第二个方法，这个值得怀念的方法长期受到资产阶级的反对。尽管如此，山岳派虽然没有像后来的圣西门那样对财产的继承原则提出异议，他们并不反对经济自由，因为他们只是把限价制度当作战时的权宜之计。手工业者和零售商大致也有这种想法：他们不喜欢“大老板”，但又很愿意加入这些人的行列，这是他们的根本性矛盾。许多农民进行请愿，抱怨出售国有产业时没有给他们留下一份，可见他们也希望成为产业主。无套裤汉确实比山岳派更重视限价，百物昂贵和失业直接损害了他们的利益，物质利益在平民运动中所占的地位大大超过意识形态观点和对未来的憧憬。但是，他们强制推行的办法经不起实践的检验，因为在人们的回忆中，这些办法总是同物品匮乏和官僚主义的分配混乱联系在一起。此外，无产者纷纷反对限制工资；从这个角度看，那些从自由经济制度得益最少的人也不由自主地赞同自由经济。

当政治民主和社会民主已面临穷途末路的绝境时，巴贝夫和邦纳罗蒂提出了共产主义是实现权利平等不可缺少的条件的主
张。但是，他们的预言仍带有时代的烙印。他们建议实行“土地 608
法”，其目的是要把土地平分给耕作者，而并非主张集体生产。他们的共产主义仅限于实行产品的社会化，这就等于把共和二年的经济统制加以全面推广。在当时，唯有他们持这第三种方案。

雅各宾派的试验足以使绝大部分资产者不再像在大革命前那样乐善好施和对未来充满乐观，也不再像在革命最初几个月那样为维护第三等级的团结而鼓吹博爱。缙绅们永远忘不了经受的这场惊吓。热月九日标志着长时期的政治反动和社会反动的开始。共和三年宪法恢复了选举保证金制度，并特地给平等和所有权下了一个符合资产阶级要求的定义。在督政府统治期间，余下的国有产业多数都落在资产阶级的手里。共和七年风月十四日(1799年3月4日)，共和国把君主时代典押的产业无偿或廉价出让给典据持有人，得到好处的也还是资产阶级。共和国本可以按照1793年7月17日法案收回那些因带有封建语汇而已失效的土地租约，但这个方案长期议而不决。但是，共和国却强制拒不退佃的布列塔尼农民同意地主必要时可赎回租约。值得注意的是，关于租佃双方洽商租约的新法律于果月十八日前由五百人院通过，又在果月十八日后被元老院通过。资产阶级在这类问题上总是意见一致的。乡村居民的集体权再次引起争议，在树林问题上尤其如此；瓜分村社公产已经停止。司法改革略有改变：家庭会议被逐渐取消；治安法官的裁决逐渐减少；立案审理恢复了收费制度。家庭问题引起了人们的注意：有人反对离婚，共和二年通过的便利离婚的法律被废止；康巴塞雷斯指出，1793年关于准许私生子寻找生父的法律仅对过去有效，他提出的法典草案在一定程度上恢复了父权和夫权，同时也限制了私生子的权利。

但是，反动并未走得太远，因为缙绅内部也四分五裂：怀念旧
609 制度的一些人不能原谅另一些人，坚持君主制的1789年革命者对共和派有很多不满，并恨透了“弑君者”；督政府分子害怕新雅各宾

派；许多革命者所共有的强烈反教会倾向更增加了混乱。

十、贫困化和战争

当十八世纪行将结束时，绝大多数国民认为旧制度已一去而不复返，他们对政治生活和社会对抗也不再关心，资产阶级已胜券在握。青年人完全没有 1789 年的激情。他们不幸生长在动乱的年代，每当回顾童年时经历的磨难，无不充满着怨艾；这一代青年十分贪图享乐，比通常的青年更加容易同他们的父辈对立。许多成年人已对动乱感到厌倦；他们希望安享晚年和重见繁荣。

革命让他们付出了沉重的代价，革命使法国变穷了。公共设施破败不堪，即使巴黎的建筑物和道路也年久失修。死亡率上升了：据说，仅在军队中就有六十万人死亡或失踪。共和国虽然把疆土扩展到了“天然边界”，但它失去了殖民地，海上封锁使法国出口额比 1789 年减少一半。此外，为了保住新占领的土地，法国必须继续打仗；在上一次战役里，法国丢失了整个意大利以及瑞士的一半，勉强避免了国土遭到入侵。

可是，人们的最大希望是先结束国外战争，再结束内战。只有军需商和害怕英国竞争的制造商才对敌对行动称心如意。即使在
多次依靠军队渡过难关的督政府中，也有不少人主张为建立和平 610
不惜放弃全部或部分兼并土地。共和八年雾月二日（1799 年 10 月 23 日），元老院否决了五百人院的一项议案，该议案提出对主张或支持割让国土的人，以及对接受包含这类条件的人处以死刑。波尔歇在反对该议案时直截了当地指出，在他看来，如果在谈判过

程中硬是不肯把部分同胞交给外国统治，那将是荒唐的。雾月十日（10 月 31 日），据说热月党人多努在《十年》发表一篇文章，责备国民公会不该宣布共和国的边界不可更改，因为这就等于宣布“把战争无限期延长，直到所有法国人死光为止”。这些对战争已感厌倦的法国人认为，1793 年共和派的英雄主义是可笑的蠢举。

十一、雾月十八日事变的意义

除军队以外，革命的建设性业绩尚未完成；人们对宪法的许多条款持有异议。热月九日后的反动仍未使宪法满足资产阶级的愿望。此外，共和三年宪法的自由化尝试并不成功，督政府只是用一些权宜之计弥补该宪法的缺陷，未能赋予制度以必要的效率。最后，一年一度的选举使督政府成员面临被反革命派或被民主派排斥的危险。他们在策划新的政变时，首先就想到用聘任制代替选举制，以便稳掌政权。反对派指责他们企图玩弄花招谋取“终身职务”，这确实正中他们的要害。这伙人其实并不单纯为自己谋利：反革命派或民主派的胜利会使整个资产阶级受害。因此，雾月十八日事变，或更确切地说，雾月十九日事变，在历史的远景中具有广阔的意义，因为它更加符合法国当时的社会发展，波拿巴的上台又为它增添了光彩。

611 当时的形势使波拿巴政变变成军事独裁，而波拿巴的大权在握又对资产阶级十分有利。没有雾月党的帮助，波拿巴不能建立和巩固其政权；但是，为了登上皇位，他又必须摆脱对雾月党的依赖。波拿巴因此与教会重归于好，大赦流亡者，任用所有愿意投靠

他的人,不论他们是贵族或资产者,是王党或共和分子。这样,他促使了当时统治阶级的不同派别达成暂时的团结,而他则以监护人身份,督促这个阶级根据他的意愿创建体制和制订法典,并让其成员担任国家和各级行政机构的高级官员,以便加快经济复兴,巩固阶级统治,进而实现资产阶级在 1789 年所确定的最终目标和完成大革命的任务。

内战终于结束,欧洲和平也一度实现,而法国的占领地和殖民地却未受丝毫损失,波拿巴的深得人心与此关系甚大。

然而,雾月党人对波拿巴的专横跋扈和耽于幻想却估计不足。他们以为波拿巴在处理政务时会同他们协商一致,而波拿巴对他们却不予理睬;他甚至剥夺资产阶级起码的自由。最令人失望的是,他竟越过“天然边界”重启战端,肆无忌惮地和无限期地把战争进行下去,终于把国家引向了灾难。

612

第二章　革命扩张和反动

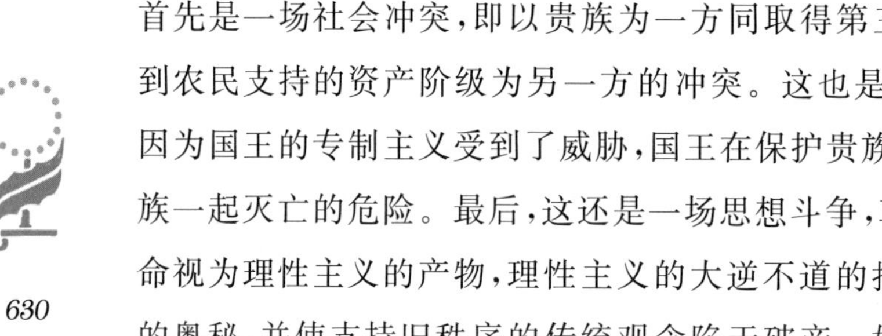

战争刺激了各国的领土野心，这使得革命的法国与旧制度的欧洲之间的斗争本质变得模糊不清。当时的人清醒地意识到，这首先是一场社会冲突，即以贵族为一方同取得第三等级特别是得到农民支持的资产阶级为另一方的冲突。这也是一场政治冲突，因为国王的专制主义受到了威胁，国王在保护贵族的同时，有同贵族一起灭亡的危险。最后，这还是一场思想斗争，革命的敌人把革命视为理性主义的产物，理性主义的大逆不道的批判揭示了世界的奥秘，并使支持旧秩序的传统观念陷于破产。如果说君主之间的战争仅仅为了扩展版图，那将是错误的。利己主义固然破坏了君主间的联盟，但他们对伯克鼓吹的以及马莱·杜潘和弗里德里希·根茨等御用文人不断推崇的十字军征讨也并非无动于衷。何况，如有必要，贵族也会提醒他们，这是一场保卫社会和文明的“意识形态”战争。皮特和格伦维尔声称，只是在恢复欧洲均势和维护英国利益的条件下，他们才能接受和谈；但他们从不放过机会大骂革命把法国搞得疮痍满目，并要求对方恢复社会等级制的不可缺少的基础和复辟君主制。“神圣同盟”是反法同盟的指导思想，正如它将是反拿破仑同盟的指导思想一样。

一、革命扩张 613

旧制度在比利时和列日已不再存在，这两个地区已并入法国版图，被划成行省，并推行共和国的全部法律。莱茵地区的情况并不完全如此：莱茵河左岸的割让问题还悬而未决，行政改组刚刚开始，但那里的贵族已经被消灭。在依靠法国军队的保护新建立起来的巴达维亚和海尔维第共和国，革新正在进行之中。在西萨尔平，革新曾取得很大进展，但奥军和俄军在夺回意大利后，破坏了革新的成果；同时，他们还在利果里亚、罗马和那不勒斯制止了革新的进行。

然而，革命只是通过武力征服，付出巨大代价和经历艰苦曲折才得以扩展自己的影响。在法军占领的地区，革命唤起的同情被战争带来的破坏、占领的负担以及文武官员的横行不法所损害。在其他各国，事态的发展使一般居民深感恐惧，使新秩序的拥护者不免痛心和失望。并非所有人都否定革命的原则。德国的康德和费希特仍坚定不移；在英国，集合在福克斯周围的辉格党始终为革命原则辩护。但是，越来越多的人转而保持沉默或承认自己的失望，甚至投靠敌对阵营。何况，当时很少有人相信能够不要国王，人们把共和国看作是昙花一现的怪物。革命的平民性质以及对权利平等的解释莫不令人愤慨；民主一词在其他各国比在法国更使 614
资产阶级感到恐慌。革命尤其成为寡头统治借以进行恐吓的稻草人，这在英国和美国特别突出，因为那里的立宪制已根据资产阶级的需要推行了和平的改革。华盛顿和联邦派以这个理由反对杰弗

逊和共和派，同样，热内的活动在平民中也并非毫无反响。大陆各国的情况自然更不在话下。

督政府的成立及其在军事和外交方面的成功使新法国的拥护者增强了信心。共和三年的宪法使资产阶级共和国容易被人们所接受；法军的接连胜利和辉煌战果证明，一个国家在破除君主制以后，未必就会垮台。兼并地区的资产者和开明贵族同督政府携手合作，接受归化；附庸国的资产者和开明贵族则创建与共和国类似的制度。

革命虽然在恢复声望，但我们不能把自由思想的传播完全归功于它。英国的影响并未减少；1789 年原则的许多信奉者仍持亲英立场，因为他们认为，英国政府实行的民主比较缓和，不那么使人感到害怕。贵族和官吏历来对英国十分向往，贵族认为那里仍是贵族统治，官吏把英国当作革新经济的楷模。美国的榜样也令人神往；拉丁美洲的白人后裔同时吸取美国和法国的经验。最后，推动舆论转变的主要因素还是战争的进行及其后果，革命的思想渗透有时当然也起作用，但不能说它起主要作用，尽管推行旧制度的各国政府把一切都归罪于它。

在普鲁士，巴塞尔协定助长了启蒙思想家中与法国和解的倾向：例如，里埃姆牧师曾毫不隐讳地提出过这种主张。在军官中，甚至在宫廷里，这种意见也相当强烈，不过以维护国家利益的面目出现而已。督政府在 1796 年曾希望南德意志的骚动继续发展，因
615 为入侵的前景正使不满情绪日渐加剧；巴伐利亚贵族和符腾堡三级会议始终反对入侵法国，但他们从没有想过要放弃自己的特权。汉堡仍是法兰西影响的中心，既然政府不让商人从军需供应中谋

得利益，商人也就对继续战争公开表现出不满。基于同样的理由，和平请愿运动在英国正日益高涨：厄斯金于1797年1月发表的《简论当前对法战争的起因和后果》获得了巨大的成功。税收加重，经济困难，特别是饥馑，造成了人心不稳：本书在前面曾经谈到1794年西里西亚的织工暴动以及1795年秋季伦敦出现的严重骚动，伦敦骚动对皮特决定和谈有一定的影响。当形势在1797年变得对英国极端危急时，皮特强迫英国作出的努力确实非同等闲；鉴于自己越来越不得人心，为谨慎起见，皮特再次把马姆兹伯里派往法国。

同大陆的情形相反，法国革命在英国的影响只能导致民主；英国政府的反应因而与其他各国不同，它担心手工业者的不满以及工人阶级因百物昂贵而掀起的零星骚乱，因为这种状况只会有利于反寡头统治的宣传。1797年5月18日，在伦敦的一次宴会上，有人提议为选举改革、为爱尔兰自由和法国联盟而干杯。各种社团秘密地或合法地存在着；有一篇政论文自称代表八百名坚定的雅各宾分子讲话。假定这种说法并无夸大，那就不说明一场暴动正在准备当中，而且，大批送往内务部的使人不安的报告也并没有证据。但是，政府却草木皆兵，故意制造紧张为实行镇压寻找理由。

任何人都不能再否认，资产阶级的上升是欧洲文明的一个主要特征；盎格鲁－撒克逊的革命已经证明了这一点；法国革命以更加激进的方式表现了资产阶级的强大，因为这场革命要消灭贵族。
法国革命将在未来激起无穷的反响。但在雾月十八日前夕，吉伦 616
特派怀抱的希望竟全部落空，没有任何一国的人民按法国人的榜样行事。旧制度的拥护者在各国牢牢地掌握着镇压机器，显然不肯轻易放手。

二、反动

革命政府以个人权利的相对性作为在革命时期或在国内外战争时期暂停行使权利的依据，从而引起了各国君主和作家们的一片鼓噪。英国政府显得尤其不满，因为英国在十八世纪被认为是人身得到尊重的少数国家之一。实际上，经验表明，如果国家利益需要，英国政府也同样践踏个人权利，反动的出现正是一个新的证明。“人身保护令”停止执行后，警察横行无忌；忠于政府的顺民及其组织通过监视和告密赋予自己类似俱乐部和革命委员会的使命。在1799年，又加强了对煽动暴乱的集会和出版物的镇压措施，勒令印刷商必须申报登记。英国没有发生旺代叛乱，因而不必设立特别法庭，镇压措施仅限于法国督政府时期使用的所谓“不流血断头台”，即把嫌疑犯送上国王陛下的船舰服役和把为首者流放到澳大利亚。只是在爱尔兰才出现流血事件，那里的起义者遭到了屠杀和处决。

大陆诸国的专制君主没有宪法的约束，他们的镇压机器随时都可以开动：他们只要根据形势的需要决定镇压的严厉程度。在
617 伊比利亚诸国和教皇领地，宗教裁判所无须接到新的命令。在拉丁美洲，纳里尼奥被判处十年徒刑，罗德里格斯在一次密谋失败和同党多人丧命后，于1797年离开本国避难；他的门生玻里瓦尔在两年后跟着出走。沙皇保罗一世同样转向反动。他最初曾释放了

诺维科夫、拉季舍夫和科希秋什科；但他同他的母亲一样极端仇恨革命，不久就加强了镇压，接纳了孔代的军队，并让路易十八在米塔瓦定居。哈布斯堡王朝的首席顾问大臣科洛雷多完善了约瑟夫二世的警察制度，后来的梅特涅为他担了恶名。警察的权威高于一切，暗中操纵内阁，实行新闻检查，普遍监视官吏的言行和任意实行逮捕。在匈牙利杀了一批人以后，世袭领地陷于一片沉寂。帝国的其他各邦也根据君主的不同态度，不同程度地以匈牙利为榜样。甚至在耶拿，费希特因被指控为无神论者，于 1799 年离开了学校的讲台。不甘屈服者流亡国外，例如雷伯曼于 1796 年来到了巴黎。在普鲁士，启蒙运动继续在抵抗；弗里德里希一威廉于 1797 年去世，他的儿子弗里德里希一威廉三世继位后，沃尔纳开始失宠，迫害政策也告停止；即使如此，康德仍必须极其谨慎小心。在法军被逐出意大利后，白色恐怖便横行无忌；在罗马，特加在那不勒斯，白色恐怖就在纳尔逊的眼皮下猖獗。

维护政府的权威并不等于要放弃一切改革。皮特不能否认，辉格党主张的某些改良能取得他的赞同。在大陆上，效法英国革新农业的主张引起了政府和开明贵族的重视，其中包括废除农奴制、赎买领主权、小块土地合并和取消集体权。制宪议会和救国委员会的某些建设性措施也适用于开明专制，战争暴露了旧时代遗留下来的行政体制的种种积弊。

在特权阶层中，大多数人憎恶变革，深怕雅各宾主义的蔓延会
引起连锁反应；英格兰主教霍斯雷于 1795 年声称，平民百姓对法 618
律唯有服从，无权说三道四。政府也持同样的主张；皮特认为改革只会助长平民运动；何况，即令他有别的看法，他已被乔治三世的

盟约捆住了手脚。改善行政机构和施政措施十分缓慢，成效甚少，几乎可以说毫无进展，官僚们上下勾结，暗中加以阻挠。

在奥地利，弗朗斯瓦坚持事必躬亲，同大臣的交往都以书面形式或由科洛雷多转达。他想方设法让贵族担任高级官职。他放弃了土地改革，并于1798年作出规定，减轻劳役须经领主和农民协商一致和取得当局的批准。

人们对保罗一世不能寄予更高的期望。虽然他表面上似乎偏向农奴：确实，他禁止在小俄罗斯不附带土地出售农奴，并规定劳役为每周三天。但是，这些规定实际上无人遵守。他满足于让里沃尼亚省议会略为减轻对农奴的压迫，他派驻多瑙河公国的特命大臣吉谢廖夫并未作更多的努力。保罗一世还把皇家农奴分配给臣属，使这批农奴的处境更加困苦。行政改革也完全落空；他对臣属喜怒无常，即使潘宁、罗斯托契尼和苏沃洛夫这样的近臣也不免突然失宠。这种走马灯式的更替不仅造成人人自危，而且使政府无所适从，终于以沙皇遇刺而完成了一场宫廷革命。

改革思想在普鲁士高级官员中仍相当活跃；例如，在科尼斯堡受过康德和克劳斯的熏陶的舍恩和施勒特尔鼓吹经济自由。一些来自西德意志的流亡者，如莱茵人施泰因、汉诺威人哈登堡和丹麦人施特伦泽等人，也有同样的想法。弗里德里希—威廉三世最初准备同意实行税务平等；后来仔细一想，又改变了主意。施泰因只是在金融管理上作了一点技术改革，甚至未能取消国内税卡。贵族保留了高级职位：在1800年，在六七千名官员中，非贵族仅占六
619 百九十五人。当时谣传，新国王希望结束农奴制度，请愿书便纷至沓来。土地改革在国王领地继续进行，但容克的财产不受影响。

普鲁士同奥地利一样，行政体制没有任何进步。相反，由于归化的困难，不久前从波兰割让的土地另设总督单独管理，同西里西亚一样不受政府各部的节制。1794 年的起义导致了教会的土地和让给贵族的王室领地一概没收，仅把收入的百分之三十五作为薪俸留给教士，把百分之六十一留给未参与叛乱的贵族。国王成了被兼并地区最大的地主，拥有土地一千五百平方公里。这片领地的经营人在出租时只收极低的贡赋；农业大臣助理泽尔伯尼曾揭发营私舞弊，但他因此被控参与秘密会社，并被判终身监禁。

只有两个公国属于例外。在巴伐利亚，蒙特热拉于 1799 年执政，开始行政改组，奠定了新任的选侯和未来的国王马克西米利安的统治：他用大臣代替了政务官，并建立了枢密院。在丹麦，特别在荷尔斯泰因和石勒苏益格地区，土地改革正深入进行；人们定出了劳役的赎买价格，土地兼并加快了，其结果与英国的圈地运动相类似，农民变成了为贵族地主做工的农业工人。

可见，改革者与革命的同情者几乎同样软弱无力。正是共和国的军队才使世界的面目为之一新。可是，既然法国人渴望和平，这将会带来什么结果呢？雾月党在拥立波拿巴的同时，决心让革命大军在所到之处推翻旧制度。

三、美国

美国的保守派领导人——如今称作“联邦党”——虽然恪守中立，却不免对革命的事态发展感到不满；路易十六的处死，拉法叶 620
特的出走，流亡者（例如塔列兰和原来的杜邦·德·纳莫尔）的叙述使他们愤慨莫名。民主派的暂时胜利尤其使他们恼怒，因为平民骚动在美国正此起彼伏。俱乐部纷纷成立，处处可以感到法国事态的影响。禁酒令更激化了矛盾，乡村中酿酒户有成千上万，他们的激烈抵制实在令人担心。在宾夕法尼亚西部边区，华盛顿于1794年不得不派出军队，粉碎反对派的抵抗。吉伦特派的使者热内要求美国预付应偿债务和给法国购买食物的贷款，或至少根据同盟条约给法国必要的援助，当他的要求被华盛顿拒绝后，他竟诉诸舆论。总统把因禁酒令激起的骚乱的责任加在俱乐部身上，声称要像法国的福扬派、拉法叶特和热月党一样取消俱乐部。

联邦党在党内和本阶级中都不能保持一致意见。作为种植园主的杰弗逊不赞成汉密尔顿的政策，辞去了国务卿的职务：他责备
621 政府歪曲宪法，一味为商业资本家谋利，不惜损害农场主和小自耕农群众的利益。麦迪逊也分裂出去。杰伊协定呼吁维护民族尊严，指责汉密尔顿卑躬屈膝地为英国人效劳。于是，便逐渐形成了一个反对党，即以民主为号召的“共和党”。华盛顿于1797年离职后，约翰·亚当斯接任总统，但他仅以微弱多数战胜了杰弗逊。他同汉密尔顿关系不和，后者接着辞职。但是，亚当斯对平民运动和法国革命都怀敌意，他利用与督政府的关系破裂，使国会不仅通过了外侨法案，以驱逐可疑的法国人，而且通过了惩治叛乱法案，以查禁被认为危险的俱乐部和书刊。弗吉尼亚州和肯塔基州相继提出抗议，均属徒劳。这为1800年的选举作了准备，杰弗逊在那次选举中当选了总统。

如果把极不相同的新旧两大陆的自然条件和历史环境撇开不谈，人们会发现，有产者的担心虽然会因为悲观而加重或因为乐观而减轻，(其程度自然因各人的性格不同而异)，但这种担心却到处都是历史的普遍运动的原动力。联邦党对伯克的思想怀有好感。他们没有国王、勋爵和教会需要保护，假如不是法国革命的曲折进程和反宗教措施已把他们吓怕，他们本来会更加靠拢已持保守立场的法国资产阶级及其代言人西哀士。

杰弗逊的民主思想远不如人们所想象的那么彻底。他并不坚持普选制，他的理想是要建立一个乡村独立小生产者的共和国，这同山岳派和某些制宪议员没有太大差别。作为地主，他对工业资本主义怀有戒心，深怕由此而形成人数众多的无产者；如同卢梭、罗伯斯庇尔和圣茹斯特一样，他认为这同政治民主是决不相容的。他以为找到了一条脱身之计：让欧洲去搞工业，而美国仍停留于农业国家。这当然是个幻想。只图近利和不顾将来的商人不由自主地登上历史推动者的宝座。杰弗逊至少希望乡村的小产业主能大
批增加；在这方面，他比最有宽阔胸怀的法国革命者更有理由采取 622
乐观主义的立场。

在旧大陆，扩大耕地需要以艰苦的垦荒为代价，而且这种代价正变得越加高昂，但在美洲，辽阔的处女地和丰富的自然资源均有待人们放手大胆地去开发，这种状况减轻了社会的压力。所以，虽然大西洋地区的小农仍反对大农庄主，并拥戴杰弗逊任总统；虽然新边疆人民的艰难和冒险的生活促使他们更明确地转向政治民主，资产阶级却仍能最完美地和最无阻力地奠定在美国的统治。

四、观念的冲突

政治冲突和社会冲突继续在观念世界中得到反映。在统治阶级内部，权威和传统又重新变得时髦起来，越来越多的作家或者出自信念，或者为了迁就读者，对法国革命表现得冷淡和敌视。坎宁在英国创办了《反雅各宾报》，后来成为激进派领袖之一的科贝特猛烈斥责革新派。政府有鉴于宣传的重要，从经济上给予资助。皮特给最著名的漫画家吉尔莱发放津贴。来自日内瓦的避难者约瑟夫·台萨尔、伊佛诺瓦和马莱·杜潘在宣传运动中占了重要地位。维也纳人霍夫曼、瑞士人吉尔塔内和汉诺威人齐默尔曼声称法国革命是光明异端会和共济会阴谋的结果，这种说法在德意志诸国传播甚广，一个名叫罗宾逊的军官于 1797 年在爱丁堡再次申述了这个观点。

623 法国流亡者也是反革命宣传的参与者。但他们之间的意见并不一致。例如，穆尼埃后来为共济会辩护；君主立宪派与君主专制派相对立。布瓦日兰在伦敦策划了一项宣传计划，夏多勃里昂继 1796 年发表了《论古今革命》后，于 1799 年开始撰写《基督教的真谛》，这些也许就是以上计划的一部分。另方面，维里埃热烈地信奉了康德主义。但大多数流亡者都毫无例外地诅咒大革命，巴吕埃尔于 1797 年和 1799 年出版的著作获得了经久不衰的成功。

新制度的最杰出的捍卫者主要在英国出现。潘恩的《人权论》的第二部分于 1792 年问世，这是法国革命唤起的最热烈的同情表现。葛德文于 1793 年发表了《政治正义论》；他在次年发表的《卡莱布·威廉斯》中对当时的社会作了辛辣的讽刺。在他看来，社会不平等是最大的不公平，而传统的所有制是罪恶的发源地。同巴贝夫一样，他的主要目标是实现土地所有权的平等；但作为极端民主派，他对政府和政党不寄任何希望，而想通过个人的完善与和平而合法的演变达到共产主义。如果说他在当时已成为独立的派别，这恐怕还不尽然，他的妻子玛丽·沃斯托恩克拉夫是最早的女权主义者，但其影响更要小些。程度不同地倾向民主派的律师和演说家直接接触群众；尽管警察的查禁，秘密出版从未停止过。自从英国认为不再有入侵的危险后，宣传运动的势头有明显下降。彭斯于 1796 年去世；其他诗人默不作声；科尔律治在听到法军进入瑞士的消息后，竟公开承认错误，并在一篇“自嘲诗”里谴责敌人的大逆不道、出尔反尔和轻佻残忍。在现存的大批漫画中，有反革命画家讽刺宫廷和大臣的对内政策或对外战争的作品，却几乎见不到民主派的作品，他们即使有作品，恐怕也无人印刷和购买。

在欧洲大陆，革命的同情者不能公开投入论战，只是从事一些
地下活动，还要冒很大的风险。黑格尔不能发表抨击符腾堡大公 624
暴政的檄文。赞同新原则的思想家往往只谈哲学，不谈时事。而哲学几乎完全被德意志所垄断。赫尔德、康德和费希特至少仍忠于启蒙运动，但不免遭到他人的指责。费希特于 1793 年发表了《确立争取思想自由的原则》和《对法国革命公众评价辨谬》。深受卢梭影响的费希特主张国家以契约为基础，反对特权，认为只有劳动所得才合理合法。总之，他似乎是一个强烈反对国家的个人主义者。但是，他于 1796 年在《根据认识原理谈天赋人权的基础》一书中奠定了先验论唯心主义的基础。他在该书中不再谈论法国革

命，他的政治观点已转到另一个方向：人们只是在社会中生活；人与人在发生关系时便出现权利，国家则用强制手段保障权利；因此，个人的实现有赖于国家。到了 1800 年，费希特甚至主张，为了保障生存权，应该让封闭的商业国家来领导经济。

赫尔德于 1793 年至 1797 年期间所写的《论人类进展的通讯》更接近启蒙运动。康德在 1795 年的《论永久和平》、1797 年的《道德的形而上学》和 1798 年的《学院之争》阐述了关于“法权国家”的原则和国家间法律关系的原则，这些原则同 1789 年展望的理想是一致的。威廉·洪堡在其未发表的《论国家的界限》一书中提出了关于个人不受任何限制的主张，这种主张肯定不会使雾月十八日时的西哀士感到不快。

然而，所有这些思考都不促使人们采取行动。德意志思维的特点在于它强调人的解放从属于个人精神和道德的进步：自由首先是个人努力服从康德的“绝对要求”的产物。积极投身政治生活、甚至为法国出力的人，如福斯泰、雷伯曼和戈尔等，声称法国大
625 革命之所以名声不好，是因为法国人的道德低下。这种说法同哲学家们的说教遥相呼应。康德认为，即使国家首脑推行暴政，反抗也应受到谴责。费希特指出，人民不能自己管理自己，因为一旦人民破坏权利，又有谁行使否决权呢？

其他一些思想家虽然并不打算维护旧制度，却甘愿与反动派携手合作，因为他们对法国发生的事怀有强烈的反感。其中主要有魏玛文人，首先是歌德和席勒；两人在经历了狂热的青年时代后，已适应了环境：歌德担任了魏玛的卡尔·奥古斯特的大臣，席勒在耶拿执教。他们声称从古希腊文化中发现，艺术能使人的不

同倾向和谐一致，使生命的冲动和人的激情同理智互相协调。这种新兴的人道主义要求个人独自进行全面的修养；在哲学方面，它具有泛神论的倾向。歌德于1794年至1796年发表的《威廉·迈斯特》以及席勒于1789年和1799年发表的《华伦斯坦》三部曲和《钟之歌》曾轰动一时，人们争相阅读。威廉·洪堡加入了古典主义的潮流，贺尔德林也不置身事外。这些作家强调思想修养和艺术修养，但在政治上墨守成规。

人们在阅读这些作家的作品时总有这样一个感觉，似乎在聆听一些在旧制度下过着安逸生活的人的对话：他们对旧制度不抱幻想，但特别害怕自己的平静被搅乱。他们默认自己的软弱无力只能表明他们的孤陋寡闻，他们的见解远不像他们所想象的那么独具一格。公民道德很难同个人道德相分开，没有公民道德，就不能设想有自由和民主：这类的话自亚里士多德以来已是老生常谈。德国人本该承认他们已熟知孟德斯鸠、卢梭和罗伯斯庇尔的主张。法国人也完全了解，如果没有维护个人自由和提高人的精神水平的政治制度，"道德"之花便不能盛开。德国作家要他们的同胞作出精神的和道德的努力，却又不想把他们从农奴制下解放出来，这岂不是件令人啼笑皆非的事！此外，人归根到底还不能仅仅依靠精神，人的行为也取决于人的感情、感觉和肉体，这本是古人早已知道的事，特别在文艺复兴以后，自由派难道不正是大谈特谈这些东西吗？总之，每当历史环境还不允许人们打破暴君的统治时，便 626
一定会有某种哲学或宗教出来向民众指出，他们应该把内心的自由和精神的拯救放在首要地位。从这个意义上看，德意志的思想家虽然否定禁欲主义和愚民政策，却仍然在军队的残酷统治下，奉

行摒弃一切人间希望的斯多葛主义和基督教义。

在其他各国,理性主义的统治似乎不如法国那么稳固。首先,各国科学发展的程度十分参差不齐;在这方面,法国暂时占着无可争议的领先地位。德国的高斯在数学方面仅仅初露头角。避居美国的英国化学家卡文迪什和普里斯特莱年事已高。才华出众的尼科尔森尚未完成水的分解。戴维和道尔顿只是初出茅庐,瑞典人柏采留斯也属同样情况。只有盎格鲁－撒克逊的沃拉斯顿和伦福德才能和法国物理学家平起平坐。在意大利,对电的认识正酝酿着一场革命,波伦亚的解剖学教授加尔瓦尼的试验最早从 1786 年开始;正在帕维亚任教并已有起电盘和气体燃化计这两项发明的伏打即将向世界揭示电流的奥秘,但他在 1801 年已发现了电池。至于博物学家,亚历山大·洪堡正在拉丁美洲旅行,另一名德意志人帕拉斯正漫游俄罗斯帝国。这些观测和实验虽然具有很高的价值,但在思考的深度上毕竟比不上拉瓦锡所表现的综合天才以及意识形态家们的科学实证观。善于收集新事物的普里斯特莱直到临死仍顽固地抱住司塔尔的燃素说,拒绝接受近代的化学。

此外,正如人们所知道的,英国的经验主义从休谟开始早已变得保守,而到了边沁那时则更是如此,他们否认法国哲学关于人有主宰自己命运能力的主张,竭力重建道德的规范和权威,他们持这种观点并非出自形而上学的考虑,而是有历史观察和政治经验作依据。人们通过实验找出物理世界的规律,从而加以掌握和遵循;在观察社会生活时,同样的方法也能使人们注意到,旧体制既然存
627 在已久,早为人们所习惯,它不但“顺乎自然”,并且在事实上具有相对的“真理性”。在伯克那里,这种实用主义由于增加了从医学

上借来的生机论而变得复杂起来，蒙彼利埃学派曾在十八世纪的法国传播过这种生机论，比夏在督政府时期还坚持这个观点，因为拉瓦锡开创的实验生理学当时还没有占压倒优势。生机论认为，生物是一种叫做生命的非理性的和神秘的力量逐渐和自发成长的结果。伯克指出，社会像是一株植物或一种动物，而个人只是它的器官之一，因而社会的权威作为个人的生存条件而强加于个人，个人却不能摆脱社会的权威，正如他不能拒绝其躯体的需求一样。这种经验理性主义经过同神秘主义相杂交，开始与浪漫主义相衔接，并从英国经汉诺威传到了德意志：雷贝尔和布兰德受到生机论的深刻影响。费希特承认国家对公民具有至上权，这一新转变表明他的哲学也走上了同一条道路。于1793年翻译了伯克著作的弗里德里希·根茨抛弃了神秘主义倾向，而用功利主义的观察为政治保守主义辩护。人们认为政治哲学便由此产生，后来成为根茨得力助手的梅特涅就用政治哲学为哈布斯堡王朝效劳。甚至政治经济学也忍不住要压一压理性的傲气。马尔萨斯通过对当时英国的观察于1798年指出，人类的无限进步只是一种幻想，因为尽管技术在进步，人口增长的速度要比生活资料的增长快得多。一切社会改良既然促进人口的繁衍，便只会使祸害加剧，而疾病、恶行、饥荒和战争却能促使社会恢复平衡。作为一名自由主义者，马尔萨斯找到的解决办法是规劝穷人节欲和忍耐。恪守传统的思想家认为，马尔萨斯给了孔多塞和葛德文的希望一个致命的打击。

正流亡国外的博纳特和约瑟夫·德·梅斯特尔于1796年分别发表了《关于政权和教权的理论》和《论法兰西》，这两部著作与以上保守的经验论也有一定的联系。例如，博纳特经常以所谓“顺

乎自然”为理由。他们要个人从属于社会，正是在这个意义上，有人竟把他们列入“社会主义”的范畴。但是，他们用上帝造物论代628 替了生机论。既刻板又武断的博纳特还醉心于天主教的王政传统；在他看来，上帝为社会确定的结构将永恒不变，家庭作为社会的原始结构是社会基础在人类存在中的延续，国王则是家庭扩展成社会的一家之长。作为一名忠实的教权主义者，富有历史感的约瑟夫·德·梅斯特尔对世俗政府的形式不大在乎；在他看来，明智的上帝满足于用极其灵活的行动维护社会现状，因而必须服从现实。

反对知识至上的运动在各国远比在法国更为强烈地同实证科学和理性主义相对立，不管实证科学和理性主义的方向是什么；这个运动在1789年前曾启发了卢梭和“狂飙突进”，如今为各种事件通过宣扬投机冒险和不健康的东西所加强，安娜·拉德克里夫的小说风靡一时正是个证明。多少不幸的情景重新刺激了人们的悲剧感，促使人们去思考人同自然力和命运作斗争的意义。然而，我们只有充分认识追随这个倾向的人的精神状态和社会地位，才能充分衡量出这个倾向的力量：他们多数不能适应环境，因自己的病态或精神不定而陷于苦恼或企图自杀；他们是些渴望自立和贪图享乐的青年，但在谋求出路时因遇到社会的限制或受到地位、财产、名望和特权的阻挠而郁郁不乐。他们对锄恶扶善的“绿林英雄”怀有好感，这并不奇怪；其中许多人到了成年或在事业上取得成功后，自己就会清醒过来。在任何时代，都有一些耽于幻想的人，但随着资产阶级的上升，原有的社会框架被打破，许多青年人容易变得愤世嫉俗或心灰意懒，耽于幻想的人也就成倍增长。

这种思想状态在德意志比在任何其他地方表现得更加突出。它清扫了启蒙运动的影响和歌德人文主义的短暂魅力。事情并非出自偶然;因为神秘主义在德意志比在其他各国更加强大。神秘主义是路德教派的核心;通过虔信派和摩拉维亚修士派,人们可以发现十七世纪自称有神附身的鞋匠雅各布·伯梅同浪漫主义之间的亲缘关系。维尔纳、里特尔和巴德尔等学者对他们的经验认识居然作了最出人意外的上帝显圣的解释。因此,渗透进共济会和 629
光明会的种种愚妄暗昧竟自称有科学理论或科学发现为依据:他们从医学那里借用了生机论,从物理学借用了磁力学,磁力也被认为是一种非理性的力量。催眠术把精神引向心荡神驰的无意识状态,进而接触超自然世界。这些有知识的人竟以自己的方式同神秘主义的宇宙观相妥协了,而神秘主义的宇宙观只能反映同启蒙运动始终格格不入的普通居民的原始迷信思想。神秘主义侵入了哲学领域。康德在破除了形而上学以后,又声称道德意识归根到底是神的直觉,从而为新的形而上学奠定基础。继康德之后,德意志哲学朝着这个方向走上了先验论唯心主义的道路。费希特在1794年出版的《知识学基础》一书中,通过精神的幻觉,把"自我"当作唯一的实体;活动中的"自我"赋予自己活动的理由,并在竭力吸收"非我"的同时创造出"非我"。接着,谢林又赋予"非我"一个独特的但又纯观念性的存在;自然和自我从此成为绝对的两个表现方面,思考把绝对的无意识统一分割为二,但艺术天才却能凭直觉达到绝对,并在其作品中表现绝对。最后,这种思潮对器乐的进步大有好处;作为典型的浪漫主义艺术,器乐的规则完全取决于自身,因为它没有固定的形式,需要人们意会,着重在打动人的情感,

即所谓以声娱人。德意志在器乐方面取得了无比光辉的成就。

十八世纪的最后十年尚未完全过去，已有一群作家背离歌德和席勒，打出了浪漫主义的口号，并因此交上了好运。弗里德里希·施勒格尔在其兄弟奥古斯特的帮助下，于1798年在柏林创办了一个名叫《雅典娜神殿》的杂志，该杂志共维持了三年。他们于1798年在德累斯顿，1799年又在耶拿同诺瓦利（他的真名是哈登堡男爵）、谢林和蒂克交往频繁。当时，蒂克刚出版了他的已故朋友瓦肯罗德留下的遗著《一个艺术之友、世俗修士的倾诉》，他们共同讨论哲学，但始终未能得出一个能够自圆其说的哲学体系。作为古典作家的门生，他们最初认为世界是生命力的变化无穷和永不枯竭的创造物；接着，在谢林和其他学者的影响下，他们又认为创造物之间具有某种“普遍的同情”，其表现形式有化学亲合、磁力

630 吸引和人类之爱等。后来，他们被施莱尔马歇的宗教狂热所感动，终于从伯梅那里借用了中心一词充当世界的灵魂和神的本原。总之，只有天才的艺术家才能通过直觉，甚至通过梦幻和奇迹，接触到真正的实在，而这种神秘的体验又通过艺术家转化成为艺术品。诗人变成了传教士，哲学也屈服于奇迹。这些假道学家如同被他们不屑一顾的穷人一样在坐等奇迹的出现。可惜的是，人们不能说他们等到了奇迹；他们没有留下伟大的作品。较受欢迎的只是诺瓦利的作品，特别是1798年和1799年写下的《夜之颂歌》。

造型艺术没有突破性的进展。新古典主义的建筑风格继续遥遥领先；卡诺瓦的塑雕把十八世纪的美色传统同学院派的题材结合在一起。然而，在英国，风景画正刷新绘画艺术；布莱克的超自然视野与浪漫主义的梦幻相当接近。德意志的音乐也有进步；海

顿当时创作了他最伟大的作品《四季》和《创世纪》，他的灵感使人想起十八世纪那种怡然自得、充满信心的乐观主义，而贝多芬的悲壮激越的灵魂已活跃在他的奏鸣曲中。

就其本身而言，浪漫主义不是一种政治学说。但是，由于浪漫主义在政治领域中也诉诸人的感情，浪漫主义者的政治立场往往随环境而转移。当反动派得势时，他们为了在事业上有所成就，很快变成了狂热的反革命分子。但是，由于不满现状，他们力图在虚幻的过去中寻找藏身之地。诺瓦利发现了神圣罗马帝国和中世纪教廷，他于1799年曾为以往几个世纪增添荣耀的基督教统一大唱赞歌。天主教的祈祷书和音乐使他们深受感动；诺瓦利甚至为圣母玛利亚写了赞美诗，尽管他仍然是新教徒。后来，随着奥地利有更多的官职交给他们，诺瓦利的许多朋友转而为奥国服务，并皈依了天主教。

这些新动向虽然值得重视，但决不能夸大它们对舆论的影响。憎恶法国革命的人多数并非出自哲学方面的原因；如果他们感到有这种需要，他们本可以向教会提出要求。在十八世纪末期，自行
萌发的宗教情绪在保守的实用主义和直觉主义的推动下逐渐重新 631
抬头，这种状况在其他各国比在法国更加明显。贵族在向国王靠拢的同时，深感与国家的信仰休戚相关，大家一致同意：魔鬼是雅各宾派的始祖。更何况，各种灾难和旷日持久的战争总是把胆战心惊的群众拉回到祭坛的面前。

天主教十分需要这样的复兴，因为它在革命中是主要的受害者。法国及其占领的各国只不过是“传教区”而已。在德意志，新的灾难迫在眉睫：巴塞尔协定和康波福米奥协定宣告了一场普遍

的世俗化运动即将来临，甚至反革命的新教徒也都热切盼望“把黑袍军赶出莱茵地区”。另方面，开明专制一直把教会置于自己的监护之下；巴伐利亚向教会征税；在西班牙，历来以哲学家自居的萨维德拉和乌尔基霍于 1798 年接替了戈多伊：他们于 1799 年禁止向罗马教廷上诉，力图攫取教会的产业以开辟财源。庇护六世作为督政府的俘虏刚刚死去，奥地利几乎毫不掩饰它想同那不勒斯王国平分教皇世俗领地的愿望。可是，同敌人的期望相反，教会的不幸变得反而对教会有利，因为不幸引起人们的同情。英国热情欢迎被放逐的法国神甫，从而为天主教的复兴播下了第一批种子。为了安抚爱尔兰人，伯克不断主张给予他们宗教自由，皮特个人也持同样的立场。在德意志，集合在菲尔斯滕贝格和奥韦尔贝格周围的一小批狂热分子在明斯特建立了“神圣家族”，哥里津郡主和蒙塔居侯爵夫人（拉法叶特夫人的妹妹）在其中十分活跃。在 1800 年，施托尔贝格很有改宗天主教的希望。保罗一世也使他们相信，复兴天主教可大有作为；俄国沙皇允许波兰人信仰天主教。约瑟夫·德·梅斯特尔和格律贝尔神甫已说服他提议重建耶稣会，沙皇已把马耳他骑士团置于他的保护之下，并当选为该骑士团的大首领。

新教在大革命期间未受重大冲击，宗教情绪的抬头对它只有好处。在德意志，施莱尔马歇于 1799 年出版的《论宗教》一书再次激发了神秘主义狂热，而瓦肯罗德和浪漫主义者又通过美学直观
632 把人们重新引向宗教。在英国，卫斯理已于 1791 年逝世；他在保留世俗传教士的同时，创立了由教士互相推选的等级体系，从而使卫理公会逐渐向英国国教靠拢；因此，卫理公会于 1797 年发生了

第一次分裂。这个教派竭力煽动平民中的神秘主义情绪，并继续取得进展，它对“英国非国教的新教徒”具有广泛的影响。浸礼会派步卫理公会之后尘，也有相当的进展，而普利斯特莱的索西长老派和普莱斯的卫理公会长老派却正迅速消亡。甚至在英国国教内部，也形成了一个以维尔倍福斯为首的福音派集团，他们试图恢复国教的活力，但未成功。脱离英国国教的革新派教徒抛弃了对法国革命的同情；他们对人民群众的影响虽然被人夸大了，但这种保守主义影响的存在毕竟是无可争辩的。在德意志，雷文特洛在荷尔斯泰因的恩肯多夫建立的新教徒团体与明斯特的“神圣家族”相呼应。斯托尔贝格在皈依天主教前常与这个团体交往，后来在波拿巴统治期间主持宗教事务的天主教徒波塔利斯也和该团体有联系。雷文特洛的宗教热情扩展到整个荷尔斯泰因公国，基尔大学因此受到了清洗。与此同时，雷文特洛坚决维护荷尔斯泰因的自主权，反对丹麦政府的干预；这并不奇怪，因为他要使德意志贵族至高无上的权威免受任何冲击。

在君主们和形形色色的反动派看来，革命党人为之自豪的民族观念引起了敌对或强烈的反感。君主们认为，民族观念意味着主权属于人民，他们明白这对他们统治的国家具有何等的危险。形形色色的反动派认为，民族观念必然和平等相联系：“民族这个词，听起来像雅各宾。”在尼德兰，贵族和教士宁愿回到奥地利的奴役之下，也不肯丧失他们的特权；同样的恐惧削弱了波兰的民族抵抗事业；匈牙利的大贵族仍然忠于哈布斯堡王朝，只要保住对农民的奴役，即使实行部分的日耳曼化也在所不惜。匈牙利议会徒劳地要求维也纳作出让步：以马扎尔语为国语，给予关税优惠，合并

达尔马提亚和阜姆以取得出海通道。弗朗斯瓦不顾摄政王约瑟夫
633 大公的谏劝，对这一要求置若罔闻。在爱尔兰起义后，皮特决心取
消都柏林的政府和议会，进而摧毁爱尔兰残存的自治地位：联合将
于 1800 年实现。

然而，战争正逐渐使民族主义代替世界主义。革命党人又一次作出了榜样。英国在同革命军作战中终于染上了民族主义的狂热。在福克斯领导下的辉格党残余分子长期附和平民阶级，认为战争是皮特和托利党的事情；但在康波福米奥协定后，当英格兰处境孤立、爱尔兰起义蔓延、尤其法军登陆日近时，舆论开始感到恐慌，战争便具有了民族性质。此外，法国在荷兰、西萨尔平和瑞士根绝了旧制度，实现了领土和国家的统一，大大促进了民族觉醒。法国入侵对意大利十分有利，持统一主张的意大利人远比人们通常想象的要多得多，他们指望这次入侵能对他们有所帮助。迫于战争的需要，法国把意大利当成了军事竞技场，让意大利养活它的士兵；这使意大利人明白了独立所需付出的代价；正如罗伯斯庇尔预言的那样，战争必然使意大利人转而反对法国：意大利人于 1799 年把奥军和俄军当作解放者欢迎。但是，传染才刚开始，德意志还未受到影响。文学艺术的蓬勃发展，浪漫主义推崇的“复古”，以及由怀念历史而对神圣罗马帝国的强烈眷恋在文学家中激发了民族感情，但这种民族感情尚未具有政治的形式。它把作为“文化古国”的德意志同陷于野蛮厮杀中的新建民族国家对立起来；德意志人甚至把自己的弱点当作优点，并以此找到自己负有神圣使命的证据。这种傲慢自大和自甘落后的狂妄情绪在德意志遭到入侵后再也不能存在下去了。

第三章　战争的后果：国际政治 634

反法同盟诸国始终幻想打垮法国革命。可是，一方面，它们沿用老一套的作战方法，反而被救国委员会的军事成就打乱了阵脚，另方面，它们一味注意扩张领土，念念不忘传统对立，以致互不配合、四分五裂和各行其是。英国在海上和殖民地占有优势，但唯有大陆战争才能制伏法国。法国在陆上扩大了地盘，第二次反法同盟刚夺回意大利，很快又面临瓦解。正如国内的情形一样，法国革命的对外战争仍胜败未决，欧洲还有待建立新的均势。

一、英法战争

我们已经看到，英国像以往那样进行战争。它首先关心扩大远洋舰队，接着又逐渐增加驱逐舰，用以对付海盗、保护商船和监视敌国港口。直到十八世纪末，它才开始大量增加陆军。为了应付舆论，皮特避免采用义务兵役制，不敢大举增税；公债和银行的流动债务勉强维持着巨大的军事预算。如同往常一样，英国的兵力主要用于追逐海上的敌人，占领殖民地和封锁海岸线。除了战 635
争初起和1799年在荷兰登陆这两次例外，英国只是资助它的盟友在大陆对法作战。格伦维尔在为这种传统政策辩护时毫不隐讳地指出，与其向盟友派遣援军，不如为他们支付军费，因为英国如果缺少劳动力，工业会受到损失；而资助的钱却并非白白扔掉，因为它将用于向英国购买军需品。

这一政策确实取得了重要的成果。法国、荷兰和西班牙的殖民地接连陷落。从 1798 年起，圣文森伯爵杰维斯在敌方海港附近组织了辅以军需供应和定期轮换的不间断巡逻，如果敌方舰只企图冲破封锁，巡逻舰队就奉命在英吉利海峡集结。英国海军于同年重返地中海，占领梅诺卡岛，夺取西西里，在葡萄牙和那不勒斯船只的配合下，军容颇盛。巴达维亚的舰队于 1799 年全部被俘，纳尔逊在阿布基尔摧毁了布律埃斯的舰队：埃及远征军被隔绝在海外，马耳他也遭包围。若不是保罗一世的反对，地中海简直成了英国的天下。商船有了军舰护航，交通线基本上保持畅通；英国每年仅损失五百条船，占总数的百分之三，与通常的海上遇难相差无几。在美国独立战争期间，保险费曾高达百分之五十；自 1793 年到 1800 年，保险费从未超过百分之二十五（1802 年，在亚眠和约后，更下降至百分之十二）。英国捕获了七百四十三条海盗船；截至 1798 年，共俘虏水手二万二千名。最后，封锁使中立国船只听命于伦敦政府，英国从此取得了渴望已久的对殖民地产品的垄断，并大大增加了出口。

海战看来不会很快结束。法国仍与西班牙保持同盟，并掌握着荷兰。它的舰队仍然出海；例如，布律克斯于 1799 年从布雷斯特启航到达土伦，又回到原泊港口。法国的殖民地并未全部丢失，其盟友受的损失更少。法国商船损失较大，但沿海航运仍在继续。如果法国能保住已有战果和重建大陆和平，它就不但能求得生存，

并且能达到新的繁荣。此外，大陆和平将使法国集中全力投入海战。法国人不但不想投降，而且始终希望有朝一日派大军在大不列颠或在爱尔兰登陆；他们鄙视“不讲信义的阿尔比昂”的经济，指 636
望通过停止贸易给予其打击：英国商品被禁止运往法国，督政府于共和六年雪月二十九日（1798 年 1 月 18 日）的决定断绝了利用中立国名义进口英国商品的途径。这项“大陆封锁令”并非仅仅出于战争的需要，具有强烈保护主义倾向的制造商资产阶级对 1786 年条约始终耿耿于怀，乐于取消英国对手的竞争。棉织厂主尤其狂热地主张，即使暂时不能不进口细纱，至少也应禁止进口棉布和其他织品。鲁昂大批发商丰特内是他们的代言人，在雾月十八日后，他们仍然左右着波拿巴的政策。大陆封锁令是项利弊各半的政策，因为它使法国失去了原料和来自殖民地的消费品；何况，人们将不得不承认，这项政策如果仅限于共和国，就不能真正有效，必须让整个欧洲都加入进来。于是，法国便在被占领地区强制推行禁运，西班牙在原则上表示赞同。人们注意到，如果夺取汉萨同盟诸城市，法国将能阻止敌国货物进入德意志的市场。

英国的成功取决于其盟友能否在陆上取胜；法国要实现其计划，就必须取得欧洲的支持，不论是采用和解或强制的办法。总之，战争有旷日持久的危险，“第二次百年战争”的结束取决于国际政治。

二、大陆战争

在大陆上，革命的敌人也遵循历来的传统在继续作战。他们有充裕的兵力。据估计,自 1792 年至 1799 年,约有十四万人战死,二十万人受伤,十五万人被俘。损失虽然很大,但兵员远未枯竭。他们缺少的主要是金钱。在奥地利,尽管提高了税收,财政赤字仍不断增加,政府发行了公债,有时实行强制摊派;英国除给予军费补助外,还允许奥国在伦敦推销债券,甚至由伦敦银行提供担保。尽管如此,奥地利还是依靠发行纸币维持局面,为了进行
637 1800 年战役,决定实行纸币的强制流通。奥盾开始贬值,汇兑比价于 1801 年在奥格斯堡下降了百分之十六。卢布更加疲软;在莱比锡,人们仅按票面的百分之六十接受卢布。保罗一世在位期间主要向荷兰借贷,债券由四千三百万增加到一亿三千二百万荷盾,他每年还增发一千四百万纸卢布。瑞典也大批印发纸币,币值于 1798 年降低了四分之一还多。没有皮特的资助,反法同盟诸国很难继续作战。可是,这个同盟是否还能存在下去?

保罗一世刚把苏沃洛夫召回,不能指望他重返前线;反对向法国出兵的罗斯托契尼接替潘宁出任外交大臣。俄奥断交有导致英俄不和的可能。在两海峡门户洞开后,沙皇在土耳其和地中海的影响之大,为他的继承人从未达到过。爱奥尼亚群岛已成为他保护的共和国,他参与占领那不勒斯王国,支持撒丁国王反对图古特,垂涎科西嘉,并打算以大首领资格定居马耳他岛。1799 年 11 月 3 日,格伦维尔表示,英国在占领该岛后,将不留在那里。可是,保罗一世现在已停止对法作战,他是否打算改变立场还是个问题。由此产生的后果可能十分严重,只要俄国复活中立国同盟并关闭波罗的海,英国的出口和供应将遭到可怕的打击。

至少,奥地利暂时已陷于孤军作战的境地。帝国议会表面上

支持奥地利,但在巴塞尔和约订立后,德意志帝国已徒具空名。普鲁士出面保证了包括汉诺威在内的北德意志的中立。处在分界线以北的这些地区——奥地利的胡德里斯特称之为“迷人的区域”——竟利用偏安局面,取得很大的商业利益;随着普鲁士的威望日益提高,弗里德里希一威廉正成为一颗“与帝星相抗衡的北极星”:他指望充当北德意志邦联的首脑。当然,他还做着扩张领土的美梦,迫不及待地实现教会产业的世俗化,垂涎汉诺威,阴谋吞并纽伦堡。奥地利既被逐出了北德意志,又因丧失了莱茵河左岸而在南德意志威信扫地,它对巴伐利亚的权利要求也被断然拒绝。638
于1799年接替查理一特奥多尔就任巴伐利亚国王的马克西米利安一约瑟夫一度曾担心能否继承王位。至于符腾堡公国,省议会因与公爵弗里德里希二世纷争不息,曾向巴黎派遣专使。在这种情况下,南德意志诸王公只是出于恐惧才追随奥地利,并等待机会同法国和解。因此,德意志诸邦肯定不能团结一致反对共和国,反而德意志帝国很可能灭亡。首相图古特并不为此过分担忧,尼德兰的丢失更不放在心上。他力图在波兰求得补偿,吞并威尼西亚诸邦,并想利用法军被逐出意大利之机取而代之。他想,此举如能成功,主人在算总账时也就没有什么可抱怨的了,这个想法不能说完全没有道理。

共和国必须同奥地利再打一仗:雾月党把政权交给波拿巴,其部分原因正是要他打好这一仗。胜利取得后,法国将处在十字路口。如果它放弃以莱茵河为“天然边界”,实现大陆和平将毫无困难;在相反的情况下,只要法军不越过这一边界,只要法国按旧制度的惯例,同意让其他大国获得相应的好处,大陆和平也并非不能

实现。这样，孤立无援的英国可能因厌战而接受妥协，法国将保住其占领地和殖民地，而让对方称霸海上和彻底征服印度。另一种选择将是越过天然边界，先拼命控制欧洲大陆，然后用“大陆封锁”去迫使英国投降。

毫无疑问，法国的舆论主张第一种选择。虽然大多数共和派不想放弃天然边界；在他们看来，取得天然边界同革命事业是不可分割的，但他们毕竟懂得民族利益要求他们作出这个让步。眼下，一切就看波拿巴如何决定了。

第四章　战争的后果：英国资本主义的高涨和欧洲向世界的扩张 639

战争堵塞了国际贸易的渠道，也阻碍了大陆资本主义的发展。英国从战争中获得很多利益，并扩大了势力范围，但是，欧洲向世界的扩张却停滞不前，殖民体系进一步动摇，拉丁美洲正朝着解放的方向走去，法国甚至废除了奴隶制。

一、国际贸易

英国丧失了法国控制的市场，但却摆脱了与法国的竞争；它通过损害其盟国和中立国的利益取得补偿。它利用汉萨同盟诸港口，全力夺取德意志的市场，英国驶向汉堡的船只在 1800 年达五百艘，而 1789 年仅四十九艘。在法兰克福和莱比锡的博览会上，英商与瑞士、奥地利、波兰和俄国商人开始洽谈贸易；英国的棉织品，特别是棉纱，排挤了瑞士和萨克森的产品；英商和德意志的贸易额由 1789 年的二百万英镑提高到 1801 年的一千三百五十万。阿姆斯特丹落入共和国之手后，金融中心正向伦敦转移：黑森选侯把财产存入伦敦银行，迈耶·阿姆谢尔·罗斯柴尔德在帮助黑森

选侯转移资金的同时，又在法兰克福扩大自己的业务。他的儿子
640 内森于1798年前往英国定居，很快成为富翁。波罗的海在英国贸易中的地位变得更加重要：十九世纪初叶，英国进口商品百分之七十二来自普鲁士和俄罗斯，四分之三的粮食由但泽一个港口运输。汉萨同盟和斯堪的纳维亚诸国的船只也接受运输任务，在督政府同中立国闹翻前，这些船只不论有无许可证，继续在法国港口停靠。荷兰的景况日趋衰落，阿姆斯特丹的地位已被汉堡取而代之；阿姆斯特丹银行的库存现金由1793年的一千三百万荷盾下跌到1799年的一百五十万。

英国在大西洋的海上优势进一步加强。在中立国的配合下，英国掌握了欧洲、贩运黑奴的非洲海岸和盛产热带作物的南美地区之间的三角贸易。新兴的美国在一定程度上能与英国相抗衡：美国商船也开辟了北美港口、安的列斯群岛（或南美）和欧洲之间的三角航线。在杰伊条约签订后，英国竭力迁就美国，因为督政府的立场正使约翰·亚当斯与法国决裂。在大西洋南部地区，西法同盟使英国几乎切断了西班牙与其殖民地之间的联系，经由好望角的海道几乎只剩下清一色的英国船队：法国和荷兰的印度公司先后于1791年和1798年不再存在。

在热那亚和里窝那以及在柏柏尔人和希腊人的帮助下，法国在地中海的处境略为好些。法国通过意大利战役使敌人陷于困境，但未把敌人完全消灭。接着，法国于1798年被逐出地中海东部诸国，并于1799年失去了意大利。

海战正使地中海和北方诸海之间的陆地联系变得更加重要。在这以前，陆地联系主要经由法国、意大利、瑞士和荷兰，如今却因

莱茵通道的关闭而阻塞。法国从1790年起就在莱茵河左岸设立
关卡，阻止货物过境。法军占领莱茵地区和荷兰给这条通道带来
新的障碍。督政府于1798年开始征收莱茵河通行税。由于该河
的入海口已被关闭，科隆的货运业务大幅度下降，在1800年已不
到原来的三分之一。只有从埃姆登到法兰克福的部分贸易还断断
续续地在进行，或者是走私，或者转运至瑞士。另方面，瑞士通往 641
热那亚的道路被切断。正如路易十四那时一样，横贯大陆的通道
在向东部推移，即经由汉堡和莱比锡到达威尼斯，或更多地到达的
里雅斯特。

二、生产

据官方统计，在1800年的英国贸易中，进口额超过三千万英镑，出口额超过三千五百万，比1792年增加百分之五十三，而信贷逆差却几乎等于原来的一倍。但是，前面已经谈到，从1798年起，已有依姆拉的计算可作依据：1798年的实际进口额应为五千六百五十万，出口额为四千二百六十万，入超额达一千三百九十万。1799年的数字是：进口额五千六百九十万，出口额四千六百三十万，入超额一千零六十万；1800年进口额为六千六百五十万，出口额为五千二百三十万，入超额一千四百二十万。可见，英国的进出口贸易处于入超状态。但是，由于有运费、保险、回扣和通过剥削殖民地所获得的收入，英国的外汇结算仍有顺差。船只吨位增加了三分之一，总吨位达到将近二百万。伦敦码头及其仓库设施正是在战争期间建造的。这些进步的取得部分地有赖于市场的扩

大，尤其在中立国和走私的帮助下，英国对法国及其控制的国家的出口没有太大的减少。英国正朝合理化和机械化生产的方向发展，资本主义的集中加快了步伐。

物价上涨也是一个有利因素。战争刺激了各国的物价上涨，从而间接地使几乎所有国家都增发货币。受通货膨胀之苦的决非仅仅法国：在西班牙，圣卡洛斯银行在1799年几乎濒于破产。英国正相反，货币状况和银行的发展恰好有利于兴办企业。随着外
642 国资本的大量流入，伦敦银行于1794年买进了价值三百七十五万英镑的贵金属。当荷兰被法国占领后，英国已成为资本的最可靠的避难所，对外贸易的支付手段正趋向平衡。金币铸造又重新开始：1797年为二百万英镑，1799年将近三百万。在渡过1793年的危机后，地方银行又大批增加，据说其数量于1800年达三百八十六家。它们继续放手地印发纸币，因而伴随着通货膨胀出现了信用膨胀。伦敦银行正逐渐扩大业务范围：在1800年，来往客户已达一千三百四十户。1797年停止兑换银行券本可能给经济带来可怕的打击；但是，前面已经谈到，它并没有造成恐慌；由于通货膨胀率始终不高，货币仍得以维持，这反而使英国避免了像督政府那样苦于银根紧缺。更何况，英镑的贬值对出口有好处，因为企业主收进的是铸币，而支付工人的工资却用纸币。英国金融政策的老谋深算确实为当时任何一个国家所望尘莫及。

物价几乎不停地上涨，如果以1790年的基数为一百，1793年上升至一百零九，1799年则达一百五十六。1780年至1789年间，每夸脱小麦平均价格为四十五先令，而在随后的十年里却上涨到五十五先令。

然而，贝弗里奇认为，战前不断上升的工业指数（以1785年为一百，1792年达到一百一十二）于1797年已下跌到八十五，后来于1803年又回升到一百零七。应该承认，出口的增加在相当程度上来自转手出售殖民地产品，战争使英国几乎垄断了这些产品，因而尽管国内食糖消费在不断增加，种植园主却抱怨糖价下跌。此外，陆军和海军也需要更多的工业品。德意志钢铁货源的断绝有利于冶金业的发展，冶金业开始推广使用煤炭，这对采矿业是个推动。英国于1800年还出口了二百万吨煤和一百五十万吨生铁和熟铁。棉纺织工业比任何工业更加繁荣：出口额由一百五十万英镑上升到1800年的六百万；英国于1797年仅进口价值七十三万 643
四千英镑的棉花，三年后竟激增至一百六十六万三千英镑。

总之，工业革命继续在发展，这是不容怀疑的事实，但必须重申，它的发展速度并不如有人想象的那么快。棉纺业一马当先，但织布仍使用手工：卡特赖特织机于1801年才在格拉斯哥首次被采用，直到拉德克里夫在1804年发明了整理机以后才得到推广。机器纺毛停留在试验阶段，珍妮机还很少使用，卡特赖特的梳毛纺纱机于1803年才真正完善。煤矿开采虽然逐渐采用铁轨运输和使用蒸汽，但仍相当落后。蒸汽动力最初仅限于少数棉纺工场，其他行业仍满足于使用水力机。在交通方面，人们侧重于开凿运河，完好的道路寥寥无几。运输缓慢和工资低下使传统制造业得以顽强地维持下去。资本集中主要表现在商业方面。真正的现代工厂尚待建立。当时的一些工业巨头，如罗伯特·欧文的岳父达维·戴尔和斯托克波特的拉德克里夫，都是依靠分散的家庭作坊起家的。纺棉机虽然还没有被普遍采用，但已使棉纺处于遥遥领先的地位；

针织机和花边织机正蓬勃发展。冶金业正广泛地向现代化发展。工程师们——特别是水压机的发明者布拉默——创造了各式各样的工作母机。

物价上涨也有利于农业的发展。英国当时生产的粮食已不能满足本国的消费，而战争又使购粮更加困难，因而“谷物法”已不起作用。由于小麦价格很高，种植小麦比从事畜牧业更加合算，所以小麦种植面积有所增加。圈地以空前的规模在扩展：这是地主和农庄主的黄金时代。耕作技术不断在改进。约翰·辛克莱和阿瑟·扬格于1793年开始主管农业部。土地革命已蔓延到苏格兰，那里的部族首领兼地主为全力从事畜牧业而竭力排斥当地农民，迫使他们流落他乡。农业繁荣加强了英国的国力，因为它使英国在生
644 活资料方面可较少地依赖他国，使小产业主得以维持生计；在某些郡，小产业主的人数甚至有所增加。其实，小产业主已剩不多，但他们至少能满足现状；这些人和农庄主构成了社会的稳定因素。

英国资本主义虽然有所进步，但还没有想到实行自由贸易。产业主和农庄主不但不要求废除“谷物法”，反而希望强化它。工业家仍忠于重商主义，甚至要求禁止机器出口。但在国内，他们设法逃避限制徒工人数和准许确定最低工资的规定。在工人方面，他们继续援引《劳工章程》，并且以抵制和罢工为手段，坚持自己的要求；这样做在原则上虽然是非法的，但治安法官往往不予判罪，因为雇主本身已经违法在先。因此，这里值得提到1799年7月12日的《结社条例》，这项法案重申，凡工人罢工或组织社团者均应判刑。与此同时，当局却废止了有利于工人的条款。由于贫苦儿童、妇女和破产农民拥入劳动市场，工资远远落后于物价上涨的

速度，实物工资制和专横的罚款更使工资受到克扣。但是，从1795年开始，实行了用济贫税收入补贴工人工资的不足，补贴额随面包价格水涨船高；因此，平民阶级相对地尚能安于现状。

英国的优势地位更加稳固，因为大陆各国的工业革命所遇到的障碍要比法国更大。瑞士和萨克森为抗拒竞争，也想革新棉纺机器：针织机和水力机分别于1797年和1798年在克姆尼茨出现，该地的棉织业日趋集中。一般说来，资本主义仍未超出商业形式。传统产品的生产困难很大，西西里的棉布业从此一蹶不振。在农业方面，唯有丹麦真正以英国为榜样，英国对此十分满意，因为英国粮食主要从丹麦进口。英国也以赞许的目光看待美国的进步，特别是于1786年从巴哈马群岛移植的“海岛棉”在1792年第一次运到格拉斯哥后，立即深得棉纺业主的赞赏。自从惠特尼于1793年解决了机器轧棉的问题后，美国棉花出口额即达到八百万英镑，并于1800年达到二千万英镑，相当于五百万美元。这对美国是件 645 了不起的大事，因为从那时起，奴隶制变成了一项基本制度，种植园主开始垂涎佛罗里达和路易斯安那。但是，北方暂且只是有了一个利于投资和发展航运的机会；英国的机器才刚被引进：斯莱特于1790年根据阿克赖特的原理创造了第一台纺纱机。美国至此仍是个农业国，英国加倍地向美国出口工业品。阿斯托尔家族和吉拉尔家族的巨额财富正在靠贸易、航运和土地投机积聚起来。

当波拿巴上台时，英国的局势相当危急。战争正在大陆进行，饥荒又迫使它进口粮食，价款将近三百五十万英镑。银行现金储备不断减少，汇兑率急剧下降：英镑汇率在汉堡降低百分之八，在卡迪斯降低百分之五。在国内，一二英镑的小面值银行券广为流

通，其总额到年底已等于货币发行总量的百分之十；铸币日益成为奇货可居，违禁的双重价格逐渐普遍。此外，皮特认识到必须加强税收工作。局势变得更加严峻，因为汉堡遭受的打击反过来又影响到伦敦。国际贸易的状况不大健康：伦敦、汉堡和阿姆斯特丹以互相贷款的方式从事囤积殖民地产品的投机活动，造成资金流转不畅。1799 年冬，因易北河已经封冻，货物不能运到，殖民地产品的价格直线上升。该河解冻后，在春季交易会前，船只大批进港，价格又出现狂跌：食糖价格竟降低了百分之七十二。在这期间，战争又重新开始；在英俄联军于 8 月入侵荷兰前，阿姆斯特丹银行停止了贷款。汉堡的一百三十六家商行先后倒闭，帕里什银行损失达一百多万马克。这场危机波及欧洲各地，伦敦受害更大。棉纺工业或者解雇工人，或者降低工资，面包价格却大涨特涨：每夸脱小麦的价格从 1799 年初的四十九先令提高到 1800 年 2 月的一百零一先令。

这场危机不久影响了英国的作战士气，同时又使法国人更加相信英国的经济地位已岌岌可危。

646

三、欧洲的扩张

称霸海洋的英国是当时唯一能够把白人的权威强加于世界的国家，但它却并不热衷于此。重商主义的舆论不愿接受边沁敌视殖民地的立场，美国的独立又使英国不愿占领更多的殖民地。在 1791 年法案通过后，除新苏格兰、新不伦瑞克、爱德华太子岛外，加拿大已分别设立两个仅有议会而没有政府的省，即法语省和英语省,国内形势相当稳定;天主教会对革命的法国不表同情。英国商人对加拿大不感兴趣;他们关心的只是产糖的各岛屿;他们一心谋取利润和扩展商业:英帝国主义更多地具有商业性质。

英帝国的版图有所扩大:法属安的列斯群岛以及库拉索岛和特立尼蒂岛都值得夺到手;英国向 1796 年至 1800 年间占领的荷属圭亚那投放了巨额资本,使那里的生产增加十倍。海军需要好望角这样的停泊港:英国于 1795 年占领了好望角。殖民地官员多数是贵族子弟,他们自发地推动殖民征服,以求有所作为。

在非洲,1792 年建立了塞拉利昂殖民地;芒戈—帕克的尼日尔河探险已深入到廷巴克图。1788 年,菲利普运送第一船流放犯在悉尼登岸。英国的殖民扩张重点放在印度。康沃利斯虽不十分积极,却也不得不支持尼扎姆抵抗铁普于 1789 年末发动的进攻。总督于 1791 年亲自指挥战事,并于次年迫使敌人割让三分之一领地和交纳三百万英镑赔款。欧洲战争又使他得以占领法国的属地。印度公司因欧洲战争而债台高筑:1797 年的收入虽高达八百万英镑,但仍靠借债勉强维持,当年债务已达一千万英镑,至 1805 647
年又翻了一番。康沃利斯致力于改革,在孟加拉建立了由英国法官和印度陪审官组成的法庭。1793 年孟加拉的“永久解决”是康沃利斯最著名的政绩,也是剥削殖民地的一个成功范例。征服者与土著居民的统治阶级互相勾结,共同剥削土著居民:历来靠出租土地、收取贡赋和捐税的“税务官”已被承认是土地的主人,农民只能向他们租地耕种。

康沃利斯于 1793 年离开了印度,他的继承人日子过得相当太平。然而,局势开始变得阴暗起来;铁普同巴黎取得了联系,波拿

巴在埃及的出现不能不令人担忧，印度和马拉塔人居住的地区出现了骚动，尼扎姆也不能使人放心。1798 年，莫宁顿伯爵，即后来又被封为韦尔斯利侯爵的理查德·考利，来到了这里，他强迫尼扎姆接受同盟，并占领了海德拉巴。接着，他于 1799 年向迈索尔发动进攻，于 8 月 4 日攻占首都塞林加帕坦，铁普苏丹当即毙命。考利将其占领地交给印度公司和尼扎姆平分，然后又进攻马拉塔人。他密切注视着旁遮普，那里的兰吉特·辛格于 1794 年迫使阿富汗人割让了拉合尔。马尔科姆于 1801 年迫使波斯接受一项协议，允许英国在海湾沿岸从事贸易。红海中的丕林岛于 1798 年被英国占领。在远东，马六甲和马鲁古相继陷落。

如果没有欧洲战争，远东可能早已受到欧洲的侵凌。在印度支那，阮映逐渐夺回了中越和北越，法国在那里的影响已荡然无存。于 1793 年被派往北京的英国人马戛尔尼未能从清廷取得任何让步。但在乾隆死后，他那酗酒和残暴的儿子嘉庆（1796—1820）因受会党暴动的威胁，已无力抵御外国的大举进攻。更加衰弱的日本对来到库页岛和千岛群岛的英国船只，特别是 1792 年来到北海道的俄国船只深感不安。

传教士仍主要在美洲活动。在中国，乾隆对耶稣会教士的继承者遣使会修士进行了迫害，该修会因法国革命而停止吸收修士，
648 至 1800 年便不复存在。但是，新教的影响开始抬头，在那以前，新教在海外只有莫拉维亚兄弟会的几名教士。改变这种状况的依旧是英国人：浸礼会于 1792 年首先向海外传教；英国国教于 1795 年成立了“伦教布道会”；马香于 1799 年在孟加拉登陆，那里的东印度公司对可能激怒土著居民的传教士的来到不大关心，且表现得

极其冷淡。

白人移民几乎毫无增加。只是由于出生率过高，北美的殖民主才大量增多；他们用武力驱赶印第安人，不断向内陆深入。肯塔基州和田纳西州先后于1791年和1796年加入了美国，俄亥俄在十八世纪末方才建州。直到1800年，在全国三百多万居民中，西部仅占三十七万人。温哥华于1790年至1795年间踏勘了太平洋沿岸，俄国也刚在那里出现；大西洋与太平洋之间的联系全靠赫德森海湾公司的驿站，最远可到达哥伦比亚河。在北方，麦肯齐于1793年前往北极区的荒僻孤岛探险。

四、殖民帝国的动摇

欧洲占有的殖民地略有增多，一次新的瓜分正在酝酿中，受到损失的将是各拉丁大国。

三级会议的召开鼓励了法国殖民地白人的独立倾向。随后，种植园主不但希望摆脱“专营贸易权”，而且有鉴于革命的事态发展，力图维持有色人种的低下地位和防止解放奴隶的任何尝试。他们终于同英国站在一起。法兰西岛因拒绝承认共和三年宪法，后来竟驱逐了督政府的代表。

西班牙暂时尚未失去它在美洲的属地；但暴风雨即将到来。法国革命的影响，加上启蒙哲学和美国独立的影响相配台，只能启 649
发某些当地白人的独立精神，鼓励种植园主为保障贸易自由而反对宗主国的压迫。于1789年旅居西班牙期间接受了新思想的贝尔格拉诺在布宜诺斯艾利斯鼓吹贸易自由，并于1794年任该地商会秘书。卡洛斯四世与督政府结盟更使舆论大哗。英国的封锁使西属美洲各海港的出口几乎完全停顿：布宜诺斯艾利斯的出口额由1796年的五百四十七万皮阿斯特下降为1797年的三十三万五千。中立国和同盟国的船只获准进入港口，这一措施仍无济于事，而且于1800年被取消。贸易危机的持续是独立运动的主要原因之一。

一些大胆的当地白人很早就策划密谋；1796年委内瑞拉的一起密谋失败后，多人被处决，罗德里格斯和玻利瓦尔被迫先后出走。1794年至1799年间，墨西哥发现了三起密谋。一些比较谨慎的当地人企图利用英国对西属美洲的贪欲以及美国的商业利益和欧洲各国间的冲突。早在1792年，布里索曾考虑委派当时在杜穆里埃军中任职的米兰达返回故乡发动起义。在巴塞尔协定签订后，特别在西班牙加入共和国阵营后，这个委内瑞拉人便公开倒向英国，虽然他同英国的联系从未间断过。1795年，他和奥拉维特一起在马德里建立了南美军政府；在卡迪斯，又成立了另一个密谋小团体，智利人奥希金斯于1799年加入了这个团体。在果月十八日后，米兰达因被督政府所驱逐，便以殖民地“总代表”的身份要求皮特给予帮助；英军占领了库拉索岛和特立尼达岛，这些岛屿本是走私活动中心，如今更成为派遣起义分子最好的根据地。伦敦成了殖民地白人避难的大本营，纳里尼奥终于前往伦敦；他们共同创建互济会“劳达罗分会”，准备解放殖民地。皮特在阿布基尔战役后才接见了米兰达，要他转向美国求助（美国因刚同法国绝交），也许能满足他的愿望。但是，美国也一味推诿，直到雾月十八日，事情仍悬在空中。

宗主国和殖民地的白人在革命初期都没有想到土著居民会要 650
求独立。在拉丁美洲，只有少数人接受了新思想，为印第安人仗义执言；有色人种的权利在法国首次有人为之辩护。“黑人之友会”谴责黑人买卖，但对奴隶制却仅表示不赞成而已：制宪议会停止了旧制度为鼓励黑人买卖所发放的奖金，这种奖金在 8 月 10 日后由立法议会正式取消。1791 年圣多明各的黑人起义未能使奴隶制问题的讨论进一步展开，因为人们首先想把起义镇压下去。镇压没有取得成功，而英国人却勾结种植园主着手征服该岛，这使局势又有了新的变化；松都纳克斯向反叛者表示，只要他们站在法国一边，就给他们自由。制宪议会接着于共和二年雨月十六日（1794 年 2 月 4 日）废除了奴隶制，这不仅为了与人权宣言保持一致，而且显然希望把黑人争取到共和国方面，并挑动英国殖民地的奴隶举行起义。英国人因此放弃了圣多明各，而杜山·路维都尔在成为殖民地的主人后，却仅在名义上承认法国的权威。无论松都纳克斯、瓜德罗普的雨盖或杜山·路维都尔都并未完全解放奴隶，因为他们仍强迫奴隶服劳役。在马斯卡林群岛，国民公会的法令只是一纸空文。然而，法国革命毕竟最终把平等权利推广到有色人种和黑人，而且首次导致土著居民建立了一个不受欧洲人控制的独立国家。

651 结　　论

波拿巴将要宣布革命已经结束，也就是说，革命的破坏工作已告一段落。但是，资产阶级在 1789 年设想的新秩序还很不完善；此外，共和二年的民主尝试尚需作重大的修正。拿破仑时期是十年革命的补充，原因之一就在这里。在主宰一切的波拿巴的同意下，缙绅们将改组行政体制，并按他们的意愿恢复社会等级制。但是，政府不受他们的驾驭。1814 年的宪章才能使人相信，缙绅在政府中有了一席之地，但贵族对此仍不甘心。在这个意义上，可以说复辟时期是革命动乱的尾声：1789 年开始的革命直到 1830 年才真正结束。缙绅们把一位接受革命原则的亲王拥上王位后，终于成为法兰西的主人。

在这以前，拿破仑率领大军征伐欧洲。他所妄想建立的帝国虽然完全瓦解，但在时间允许的情况下，他毕竟废除了旧制度；从这个角度看，拿破仑统治是大革命的继续；正如他的敌人所不断指出的，他是大革命的卫士。

拿破仑失败后，1789 年原则的威望并未消失殆尽。社会进化、民族觉醒和意识形态的吸引力不是使 1789 年原则的威望犹存的唯一原因；无论在法国国内或国外，每当人们想起平民起义和为自由而战时，心里总是充满着强烈的浪漫激情，拿破仑的神话更为这种回顾增添了传奇的色彩。然而，资本主义秩序之逐渐走向世界，不能仅仅归功于法国革命。盎格鲁—撒克逊人的革命出现在法国革命之前，虽然它们的保守性和妥协性使有产者感到安稳放心，但正因为如此，这些革命的影响才是不能低估的。此外，资本 652
主义在逐步扩大其统治的同时，也在符合其代表人物利益的条件下，强制推行被认为最适合生产发展的制度。

在资产阶级全面上升中的所有插曲中，法国革命是一段最为响亮的插曲，这不仅因为它悲壮曲折，而且正如1793年事件所能让人预见到的，因为它还包含着子孙后代将遇到的一种新冲突的萌芽。法国资产阶级用权利平等作武器反对贵族，用经济自由作手段为资本主义开辟道路，这本身也为未来的思想运动和社会改造作了准备，观念的矛盾将最终作为新时代的特征出现在历史的辩证运动中。除了资产阶级对权利平等的解释外，法国革命中还出现过另外两种解释——社会民主和共产主义；在雾月十八日那时，人们以为这两种解释将永远不再出现，它们却在十九世纪又重新抬头，并始终成为憎恨平等和赞扬平等的论据：持两种不同观点的人都认为，权利平等是平等的革命。因此，随着时间的流逝，虽然平等的革命将成为往事，但平等的呼声将久久不能平息。

索　　引

（译名后的数字，均为原书页码，即本书边码。）

图书在版编目(CIP)数据

法国革命史/(法)乔治·勒费弗尔著;顾良,孟湄,张慧君译.—北京:商务印书馆,2017
(汉译世界学术名著丛书:120年纪念版:珍藏本)
ISBN 978-7-100-14397-4

Ⅰ.①法… Ⅱ.①乔… ②顾… ③孟… ④张… Ⅲ.①法国大革命—历史 Ⅳ.①K565.41

中国版本图书馆CIP数据核字(2017)第152378号

汉译世界学术名著丛书
(120年纪念版·珍藏本)
法国革命史
〔法〕乔治·勒费弗尔 著
顾良 孟湄 张慧君 译

商务印书馆出版
(北京王府井大街36号 邮政编码100710)
商务印书馆发行
北京通州皇家印刷厂印刷
ISBN 978-7-100-14397-4

2017年12月第1版 开本710×1000 1/16
2017年12月北京第1次印刷 印张48 插页1
定价:238.00元